STAUFFENBURG

Einführungen

Band 17

D1720532

Stefan Müller

Head-Driven Phrase Structure Grammar

Eine Einführung

**STAUFFENBURG
VERLAG**

Bibliografische Information der Deutschen Nationalbibliothek

Die Deutsche Nationalbibliothek verzeichnet diese Publikation in der Deutschen Nationalbibliografie; detaillierte bibliografische Daten sind im Internet über <http://dnb.ddb.de> abrufbar.

Gedruckt mit Unterstützung des Zentrums für Multimedia in der Lehre (ZMML), Universität Bremen

Universität Bremen

© 2007 · Stauffenburg Verlag Brigitte Narr GmbH
Postfach 25 25 · D-72015 Tübingen
www.stauffenburg.de

Gedruckt auf säurefreiem und alterungsbeständigem Werkdruckpapier.

Printed in Germany
ISSN 0948-3365
ISBN 978-3-86057-291-7

Vorwort

Seit 1994 unterrichte ich die Kopfgesteuerte Phrasenstrukturgrammatik (Head-Driven Phrase Structure Grammar). In den ersten Jahren habe ich dazu ein Vorlesungsskript verwendet, das dann in Müller: 1999a eingeflossen ist. Dieses Buch ist allerdings komplex und für eine Einführung wohl weniger geeignet. Ich habe mich also entschlossen, ein Lehrbuch zu schreiben, das sich auf das Wesentliche konzentriert und Problemfälle nicht erörtert.

Das Buch sollte für alle verständlich sein, die mit Wortarten und dem Valenzbegriff vertraut sind. Nach der Lektüre dieses Buches soll der Leser bzw. die Leserin in der Lage sein, aktuelle HPSG-Publikationen zu verstehen. Ziel ist es deshalb, die aktuelle Merkmalsgeometrie zu motivieren und darzustellen, wie zentrale Konzepte wie Valenz und Selektion, Modifikation und lexikalische Prozesse modelliert werden.

In jedem der Kapitel wird ein bestimmter Aspekt der Theorie behandelt, weshalb die Kapitel teilweise recht kurz sind. Die Kapitel bestehen aus der Besprechung des jeweiligen Aspekts, eventuell einer Diskussion alternativer Theorien, einem kurzen Abschnitt mit Kontrollfragen, einem Abschnitt mit Übungsaufgaben und bei einigen Kapiteln Hinweisen zu weiterführender Literatur. Die Diskussion alternativer Theorien ist für den fortgeschrittenen Leser gedacht, dem eine Bewertung der HPSG im gegenwärtigen Forschungsumfeld wichtig ist. Die Argumentation bezieht sich mitunter auf Konzepte, die in diesem Buch nicht ausführlich dargestellt werden können. Es gibt dann immer Verweise auf weiterführende Literatur. Für einen ersten Überblick über die HPSG kann man die Diskussionsabschnitte überspringen und eventuell später beim vertiefenden Lesen zu einzelnen Abschnitten zurückkehren.

Zu diesem Buch gehört ein Foliensatz, der unter http://www.cl.uni-bremen.de/~stefan/ Lehre/HPSG/ verfügbar ist. Von dieser Seite gelangt man auch zu einer Seite, die computerverarbeitbare Grammatiken enthält, die den jeweiligen Kapiteln in diesem Buch entsprechen. Eine CD, die alle zum Grammatikentwickeln benötigte Software und auch die Grammatiken enthält, ist unter http://www.cl.uni-bremen.de/Software/Grammix/ verfügbar. Dem interessierten Leser wird nahegelegt, sich mit den Grammatiken zu beschäftigen, da das anschaulicher ist, als es jeder noch so gute Text sein könnte.

Benutzte Korpora

Die meisten der Beispiele in diesem Buch sind Belege aus der *taz*[1], einer überregionalen deutschen Tageszeitung. Andere sind aus dem Magazin *Der Spiegel*, aus der Computerzeitschrift c't oder aus der *zitty*, einer kleinen Zeitschrift mit Veranstaltungshinweisen aus Berlin.

Es ist sehr bequem, elektronische Korpora zu verwenden, um bestimmte Behauptungen zu rechtfertigen oder zu widerlegen. Für diese Zwecke habe ich die taz-CD-Roms benutzt,

---

[1] http://www.taz.de/

die über 20 Jahrgänge der Zeitung enthalten. Außerdem habe ich das COSMAS-Korpus[2] verwendet, das vom Institut für Deutsche Sprache (IDS) Mannheim zur Verfügung gestellt wird. Die Version, die über das World Wide Web zugänglich ist, enthält 1,489 Milliarden Wörter. Neben COSMAS habe ich das NEGRA-Korpus[3], das Tiger-Korpus[4] und das Digitale Wörterbuch der deutschen Sprache[5] der Berlin-Brandenburgischen Akademie der Wissenschaften benutzt.

Danksagungen

Ich danke allen Studierenden der Universitäten Bremen und Potsdam, an denen ich das Buch ausprobieren konnte. Felix Bildhauer, Johannes Bubenzer, Daniel Clerc, Anna Iwanow, Katarina Klein, Till Kolter, Oleg Lichtenwald, Haitao Liu, Frank Richter, Wolfgang Seeker, Wilko Steffens, Ralf Vogel und Arne Zeschel danke ich für Kommentare zu früheren Versionen dieses Buches. Olivier Bonami, Gosse Bouma, Ann Copestake, Gisbert Fanselow, Kerstin Fischer, Dan Flickinger, Martin Forst, Frederik Fouvry, Tibor Kiss, Valia Kordoni, Detmar Meurers, Ivan Sag, Manfred Sailer, Jan-Philipp Soehn, Anatol Stefanowitsch, Gertjan van Noord und Shravan Vasishth danke ich für Diskussionen.

Beim Tutorial *Grammar Implementation*, das im Rahmen des von der DFG geförderten Netzwerks Cogeti (Constraintbasierte Grammatik: Empirie, Theorie und Implementierung) am Seminar für Computerlinguistik der Universität Heidelberg durchgeführt wurde, konnte ich noch einige kleinere Fehler in der Grammix-CD finden. Ich danke allen Teilnehmern des Tutoriums.

Bei Felix Bildhauer und Renate Schmidt möchte ich mich für das Korrekturlesen des fast fertigen Manuskripts bedanken. Die Fehler, die jetzt noch im Buch enthalten sind, habe ich gestern bei letzten Änderungen reingemacht.

Bremen, 12. Februar 2007   Stefan Müller

---

[2]https://cosmas2.ids-mannheim.de/cosmas2-web/
[3]http://www.coli.uni-sb.de/sfb378/negra-corpus/
[4]http://www.ims.uni-stuttgart.de/projekte/TIGER/TIGERCorpus/
[5]http://www.dwds.de/

Inhaltsverzeichnis

1 Einleitung

In diesem Kapitel soll erklärt werden, warum man sich überhaupt mit Syntax beschäftigt (Abschnitt 1.1) und warum es sinnvoll ist, die Erkenntnisse zu formalisieren (Abschnitt 1.2). Einige Grundbegriffe werden in den Abschnitten 1.3–1.5 eingeführt. Die Abschnitte 1.6–1.9 beschäftigen sich mit Vorgängertheorien, die die HPSG beeinflußt haben. Im Abschnitt 1.10 werden einige Eigenschaften der HPSG vorgestellt, insbesondere die Modellierung sprachlicher Äußerungen mittels Merkmalstrukturen. Dieser Abschnitt dient zur Überleitung ins nächste Kapitel, in dem dann der Formalismus der Merkmalstrukturen vorgestellt wird.

1.1 Wozu Syntax?

Die sprachlichen Ausdrücke, die wir verwenden, haben eine Bedeutung. Es handelt sich um sogenannte Form-Bedeutungs-Paare (Saussure: 1916). Dem Wort *Baum* mit seiner bestimmten orthographischen Form oder einer entsprechenden Aussprache wird die Bedeutung *Baum* zugeordnet. Aus kleineren sprachlichen Einheiten können größere gebildet werden: Wörter können zu Wortgruppen verbunden werden und diese zu Sätzen.

Die Frage, die sich nun stellt, ist folgende: Braucht man ein formales System, das diesen Sätzen eine Struktur zuordnet? Würde es nicht ausreichen, so wie wir für *Baum* ein Form-Bedeutungs-Paar haben, entsprechende Form-Bedeutung-Paare für Sätze aufzuschreiben? Das wäre im Prinzip möglich, wenn eine Sprache eine endliche Aufzählung von Wortfolgen wäre. Nimmt man an, daß es eine maximale Satzlänge und eine maximale Wortlänge und somit eine endliche Anzahl von Wörtern gibt, so ist die Anzahl der bildbaren Sätze endlich. Allerdings ist die Zahl der bildbaren Sätze selbst bei Begrenzung der Satzlänge riesig. Und die Frage, die man dann beantworten muß, ist: Was ist die Maximallänge für Sätze? Zum Beispiel kann man die Sätze in (1) beliebig verlängern:

(1) a. Dieser Satz geht weiter und weiter und weiter und weiter …
     b. [Ein Satz ist ein Satz] ist ein Satz.

In (1b) wird etwas über die Wortgruppe *ein Satz ist ein Satz* ausgesagt, nämlich daß sie ein Satz ist. Genau dasselbe kann man natürlich auch vom gesamten Satz (1b) behaupten und den Satz entsprechend um *ist ein Satz* erweitern.

Im Prinzip können wir durch Erweiterungen wie die in (1) unendlich viele Sätze bilden. Die Gehirnkapazität des Menschen ist aber endlich, so daß die Annahme einer Liste mit Äußerungen und deren Bedeutung unplausibel ist. Es muß also eine Strukturierung der Äußerungen, es muß bestimmte wiederkehrende Muster geben. Solche Muster aufzudecken, zu beschreiben und zu erklären, ist die Aufgabe der Syntax.

Wenn man nicht annehmen will, daß Sprache nur eine Liste von Form-Bedeutungs-Paaren ist, dann muß es ein Verfahren geben, die Bedeutung komplexer Äußerungen aus den Bedeutungen der Bestandteile der Äußerungen zu ermitteln. Die Syntax sagt etwas über die Art und Weise der Kombination der beteiligten Wörter aus, etwas über die Struktur einer Äußerung. So hilft uns zum Beispiel das Wissen über Subjekt-Verb-Kongruenz bei der Interpretation der Sätze in (2c,d):

(2)   a. Die Frau schläft.

     b. Die Mädchen schlafen.

     c. Die Frau kennt die Mädchen.

     d. Die Frau kennen die Mädchen.

Die Sätze in (2a,b) zeigen, daß ein Subjekt im Singular bzw. Plural ein entsprechend flektiertes Verb braucht. In (2a,b) verlangt das Verb nur ein Argument, so daß die Funktion von *die Frau* bzw. *die Mädchen* klar ist. In (2c,d) verlangt das Verb zwei Argumente, und *die Frau* und *die Mädchen* könnten an beiden Argumentstellen auftreten. Die Sätze könnten also bedeuten, daß die Frau jemanden kennt oder daß jemand die Frau kennt. Durch die Flexion des Verbs und Kenntnis der syntaktischen Gesetzmäßigkeiten des Deutschen weiß der Hörer aber, daß es für (2c,d) jeweils nur eine Lesart gibt.

1.2 Warum formal?

Die folgenden beiden Zitate geben eine Begründung für die Notwendigkeit formaler Beschreibung von Sprache:

> Precisely constructed models for linguistic structure can play an important role, both negative and positive, in the process of discovery itself. By pushing a precise but inadequate formulation to an unacceptable conclusion, we can often expose the exact source of this inadequacy and, consequently, gain a deeper understanding of the linguistic data. More positively, a formalized theory may automatically provide solutions for many problems other than those for which it was explicitly designed. Obscure and intuition-bound notions can neither lead to absurd conclusions nor provide new and correct ones, and hence they fail to be useful in two important respects. I think that some of those linguists who have questioned the value of precise and technical development of linguistic theory have failed to recognize the productive potential in the method of rigorously stating a proposed theory and applying it strictly to linguistic material with no attempt to avoid unacceptable conclusions by ad hoc adjustments or loose formulation. (Chomsky: 1957, 5)

> As is frequently pointed out but cannot be overemphasized, an important goal of formalization in linguistics is to enable subsequent researchers to see the defects of an analysis as clearly as its merits; only then can progress be made efficiently. (Dowty: 1979, 322)

Wenn wir linguistische Beschreibungen formalisieren, können wir leichter erkennen, was genau eine Analyse bedeutet. Wir können feststellen, welche Vorhersagen sie macht, und wir können alternative Analysen ausschließen.

1.3 Konstituenten

Betrachtet man den Satz in (3), so hat man das Gefühl, daß bestimmte Wörter zu einer Einheit gehören.

(3)   Alle Studenten lesen während der vorlesungsfreien Zeit Bücher.

In diesem Abschnitt sollen Tests vorgestellt werden, die Indizien für eine engere Zusammengehörigkeit von Wörtern darstellen. Wenn von einer *Wortfolge* die Rede ist, ist eine beliebige linear zusammenhängende Folge von Wörtern gemeint, die nicht unbedingt syntaktisch oder semantisch zusammengehörig sein müssen, z. B. *Studenten lesen während* in (3). Mehrere Wörter, die eine strukturelle Einheit bilden, werden dagegen als *Wortgruppe*, *Konstituente* oder *Phrase* bezeichnet. Den Trivialfall stellen immer einzelne Wörter dar, die natürlich immer eine strukturelle Einheit aus einem einzelnen Element bilden.

1.3.1 Konstituententests

Für den Konstituentenstatus gibt es Tests, die in den folgenden Abschnitten besprochen werden. Wie im Abschnitt 1.3.2 gezeigt werden wird, gibt es Fälle, bei denen die blinde Anwendung der Tests zu unerwünschten Resultaten führt.

1.3.1.1 Substituierbarkeit

Kann man eine Wortfolge in einem Satz gegen eine andere Wortfolge so austauschen, daß wieder ein akzeptabler Satz entsteht, so ist das ein Indiz dafür, daß die beiden Wortfolgen Konstituenten bilden.

In (4) kann man *den Mann* durch *eine Frau* ersetzen, was ein Indiz dafür ist, daß beide Wortfolgen Konstituenten sind.

(4)   a. Er kennt [den Mann].

       b. Er kennt [eine Frau].

Genauso kann man in (5a) die Wortfolge *das Buch zu lesen* durch *der Frau das Buch zu geben* ersetzen.

(5)   a. Er versucht, das Buch zu lesen.

       b. Er versucht, der Frau das Buch zu geben.

1.3.1.2 Pronominalisierungstest

Alles, worauf man sich mit einem Pronomen beziehen kann, ist eine Konstituente. In (6) kann man sich z. B. mit *er* auf die Wortfolge *der Mann* beziehen:

(6)   a. [Der Mann] schläft.

       b. Er schläft.

Auch auf Konstituenten wie *das Buch zu lesen* in (5a) kann man sich mit Pronomina beziehen, wie (7) zeigt:

(7)   a. Peter versucht, das Buch zu lesen.

       b. Klaus versucht das auch.

1.3.1.3 Fragetest

Was sich erfragen läßt, ist eine Konstituente.

(8)   a. [Der Mann] arbeitet.

       b. Wer arbeitet?

Der Fragetest ist ein Spezialfall des Pronominalisierungstests: Man bezieht sich mit einem Fragepronomen auf eine Wortfolge.

Die Konstituenten wie *das Buch zu lesen* in (5a) kann man erfragen, wie (9) zeigt:

(9)   Was versucht er?

1.3.1.4 Verschiebetest

Wenn Wortfolgen ohne Beeinträchtigung der Akzeptabilität des Satzes verschoben bzw. umgestellt werden können, ist das ein Indiz dafür, daß sie eine Konstituente bilden.

In (10) sind *keiner* und *diese Frau* auf verschiedene Weisen angeordnet, was dafür spricht, *diese* und *Frau* als zusammengehörig zu betrachten.

(10)   a. weil keiner [diese Frau] kennt

       b. weil diese Frau keiner kennt

Es ist jedoch nicht sinnvoll, *keiner diese* als Konstituente zu analysieren, da die Sätze in (11) und auch andere vorstellbare Abfolgen, die durch Umstellung von *keiner diese* gebildet werden können, unakzeptabel sind:[1]

(11)   a. * weil Frau keiner diese kennt

       b. * weil Frau kennt keiner diese

Auch Konstituenten wie *das Buch zu lesen* in (5a) sind umstellbar:

(12)   a. Er hat noch nicht das Buch zu lesen versucht.

       b. Er hat das Buch zu lesen noch nicht versucht.

       c. Er hat noch nicht versucht, das Buch zu lesen.

1.3.1.5 Voranstellungstest

Eine besondere Form der Umstellung bildet die Voranstellung. Normalerweise steht in Aussagesätzen genau eine Konstituente vor dem finiten Verb:

(13)   a. [Alle Studenten] lesen während der vorlesungsfreien Zeit Bücher.

       b. [Bücher] lesen alle Studenten während der vorlesungsfreien Zeit.

       c. * [Alle Studenten] [Bücher] lesen während der vorlesungsfreien Zeit.

       d. * [Bücher] [alle Studenten] lesen während der vorlesungsfreien Zeit.

Die Voranstellbarkeit einer Wortfolge ist als starkes Indiz für deren Konstituentenstatus zu werten.

---

[1] Ich verwende folgende Markierungen für Sätze: '*' wenn ein Satz ungrammatisch ist. '#' wenn der Satz eine Lesart hat, die nicht der relevanten Lesart entspricht. '§' wenn der Satz aus semantischen oder informationsstrukturellen Gründen abweichend ist, z. B. weil das Subjekt belebt sein müßte, aber im Satz unbelebt ist, oder weil es einen Konflikt gibt zwischen der Anordnung der Wörter im Satz und der Markierung bekannter Information durch die Verwendung von Pronomina.

1.3.1.6 Koordinationstest

Lassen sich Wortfolgen koordinieren, so ist das ein Indiz dafür, daß die koordinierten Wortfolgen jeweils Konstituenten sind.

In (14) werden *der Mann* und *die Frau* koordinativ verknüpft. Die gesamte Koordination ist dann das Subjekt von *arbeiten*. Das ist ein Indiz dafür, daß *der Mann* und *die Frau* Konstituenten bilden.

(14) [Der Mann] und [die Frau] arbeiten.

Das Beispiel in (15) zeigt, daß sich auch Wortgruppen mit *zu*-Infinitiv koordinieren lassen:

(15) Er hat versucht, [das Buch zu lesen] und [es dann unauffällig verschwinden zu lassen].

1.3.2 Bemerkungen zum Status der Tests

Es wäre schön, wenn die vorgestellten Tests immer eindeutige Ergebnisse liefern würden, weil dadurch die empirischen Grundlagen, auf denen Theorien aufgebaut werden, klarer wären. Leider ist dem aber nicht so. Vielmehr gibt es bei jedem der Tests Probleme, auf die ich im folgenden eingehen will.

1.3.2.1 Expletiva

Es gibt eine besondere Klasse von Pronomina, die sogenannten Expletiva, die sich nicht auf Dinge oder Personen beziehen, also nicht referieren. Ein Beispiel ist das *es* in (16).

(16) a.   Es regnet.

      b.   Regnet es?

      c.   weil es jetzt regnet

Wie die Beispiele in (16) zeigen, kann das *es* am Satzanfang oder nach dem Verb stehen. Es kann auch durch ein Adverb vom Verb getrennt sein. Dies spricht dafür, *es* als eigenständige Einheit zu betrachten.

Allerdings gibt es Probleme mit den Tests: Zum einen ist *es* nicht uneingeschränkt umstellbar, wie (17a) und (18b) zeigen.

(17) a.   * weil jetzt es regnet

      b.   weil jetzt keiner klatscht

(18) a.   Er sah es regnen.

      b.   * Es sah er regnen.

      c.   Er sah einen Mann klatschen.

      d.   Einen Mann sah er klatschen.

Im Gegensatz zum Akkusativ *einen Mann* in (18c,d) kann das Expletivum in (18b) nicht vorangestellt werden.

Zum anderen schlagen auch Substitutions- und Fragetest fehl:

(19) a.   * Der Mann/er regnet.

   b. * Wer/was regnet?

Genauso schlägt der Koordinationstest fehl:

(20)   * Es und der Mann regnet/regnen.

Dieses Fehlschlagen der Tests läßt sich leicht erklären: Schwach betonte Pronomina wie
es stehen bevorzugt vor anderen Argumenten, direkt nach der Konjunktion (*weil* in (16c))
bzw. direkt nach dem finiten Verb (18a) (siehe Abraham: 1995, 570). Wird, wie in (17a),
ein Element vor das Expletivum gestellt, wird der Satz ungrammatisch. Der Grund für
die Ungrammatikalität von (18b) liegt in einer generellen Abneigung des Akkusativ-*es*
dagegen, die erste Stelle im Satz einzunehmen. Es gibt zwar Belege für solche Muster,
aber in diesen ist das *es* immer referentiell (Lenerz 1994, 162; Gärtner und Steinbach:
1997, 4).

   Daß auch der Substitutionstest und der Fragetest fehlschlagen, ist ebenfalls nicht weiter
verwunderlich, denn das *es* ist nicht referentiell. Man kann es höchstens durch ein anderes
Expletivum wie *das* ersetzen. Wenn wir das Expletivum durch etwas Referentielles ersetzen, bekommen wir semantische Abweichungen. Natürlich ist es auch nicht sinnvoll, nach
etwas semantisch Leerem zu fragen oder sich darauf mit einem Pronomen zu beziehen.

   Daraus folgt: Nicht alle Tests müssen positiv ausfallen, damit eine Wortfolge als Konstituente gelten kann, d. h. die Tests stellen keine notwendige Bedingung dar.

1.3.2.2 Der Verschiebetest

Der Verschiebetest ist in Sprachen mit relativ freier Konstituentenstellung problematisch,
da sich nicht immer ohne weiteres sagen läßt, was verschoben wurde. Zum Beispiel stehen
die Wörter *gestern dem Mann* in (21) an jeweils unterschiedlichen Positionen:

(21)   a. weil keiner gestern dem Mann geholfen hat
       b. weil gestern dem Mann keiner geholfen hat

Man könnte also annehmen, daß *gestern* gemeinsam mit *dem Mann* umgestellt wurde. Eine
alternative Erklärung für die Abfolgevarianten in (22) liegt aber darin anzunehmen, daß
Adverbien an beliebiger Stelle im Satz stehen können und daß in (21b) nur *dem Mann* vor
keiner gestellt wurde. Man sieht auf jeden Fall, daß *gestern* und *dem Mann* nicht in einer
semantischen Beziehung stehen und daß man sich auch nicht mit einem Pronomen auf die
gesamte Wortfolge beziehen kann. Obwohl es so aussieht, als sei das Material zusammen
umgestellt worden, ist es also nicht sinnvoll anzunehmen, daß es sich bei *gestern dem
Mann* um eine Konstituente handelt.

1.3.2.3 Voranstellung

Wie bei der Diskussion von (13) erwähnt, steht im Deutschen normalerweise eine Konstituente vor dem Finitum. Voranstellbarkeit vor das finite Verb wird mitunter sogar als
ausschlaggebendes Kriterium für Konstituentenstatus genannt. Als Beispiel sei hier die
Definition aus Bußmann: 1983 aufgeführt, die in Bußmann: 1990 nicht mehr enthalten ist:

   Satzgliedtest [Auch: Konstituententest]. Auf der → Topikalisierung beruhendes Verfahren zur Analyse komplexer Konstituenten. Da bei Topikalisierung jeweils nur eine

Konstituente bzw. ein → Satzglied an den Anfang gerückt werden kann, lassen sich komplexe Abfolgen von Konstituenten (z. B. Adverbialphrasen) als ein oder mehrere Satzglieder ausweisen; in *Ein Taxi quält sich im Schrittempo durch den Verkehr* sind *im Schrittempo* und *durch den Verkehr* zwei Satzglieder, da sie beide unabhängig voneinander in Anfangsposition gerückt werden können. (Bußmann: 1983, 446)

Aus dem Zitat ergeben sich die beiden folgenden Implikationen:

- Teile des Materials können einzeln vorangestellt werden. →
  Das Material bildet keine Konstituente.

- Material kann zusammen vorangestellt werden. →
  Das Material bildet eine Konstituente.

Wie ich zeigen werde, sind beide problematisch.

Die erste ist wegen Beispielen wie (22) problematisch:

(22)   a. Keine Einigung erreichten Schröder und Chirac über den Abbau der Agrarsubventionen.[2]

        b. Über den Abbau der Agrarsubventionen erreichten Schröder und Chirac keine Einigung.

Obwohl Teile der Nominalphrase *keine Einigung über den Abbau der Agrarsubventionen* einzeln vorangestellt werden können, wollen wir die Wortfolge als eine Nominalphrase (NP) analysieren, wenn sie wie in (23) nicht vorangestellt ist.

(23)   Schröder und Chirac erreichten keine Einigung über den Abbau der Agrarsubventionen.

Die Präpositionalphrase *über den Abbau der Agrarsubventionen* hängt semantisch von *Einigung* ab (*sie einigen sich über die Agrarsubventionen*).

Diese Wortgruppe kann auch gemeinsam vorangestellt werden:

(24)   Keine Einigung über den Abbau der Agrarsubventionen erreichten Schröder und Chirac.

In theoretischen Erklärungsversuchen geht man davon aus, daß *keine Einigung über den Abbau der Agrarsubventionen* eine Konstituente ist, die unter gewissen Umständen aufgespalten werden kann. In solchen Fällen können die einzelnen Teilkonstituenten wie in (22) unabhängig voneinander umgestellt werden.

Die zweite Implikation ist ebenfalls problematisch, da es Sätze wie die in (25) gibt:

(25)   a. [Trocken] [durch die Stadt] kommt man am Wochenende auch mit der BVG.[3]

        b. [Wenig] [mit Sprachgeschichte] hat der dritte Beitrag in dieser Rubrik zu tun, [. . .][4]

---

[2]tagesschau, 15.10.2002, 20:00.
[3]taz berlin, 10.07.1998, S. 22.
[4]Zeitschrift für Dialektologie und Linguistik, LXIX, 3/2002, S. 339.

In (25) befinden sich mehrere Konstituenten vor dem finiten Verb, die nicht in einer syntaktischen oder semantischen Beziehung zueinander stehen. Was es genau heißt, in einer syntaktischen bzw. semantischen Beziehung zueinander zu stehen, wird in den Kapiteln 3 und 5 noch genauer erklärt. Beispielhaft sei hier nur für (25a) gesagt, daß *trocken* ein Adjektiv ist, das in (25a) *man* als Subjekt hat und außerdem etwas über den Vorgang des Durch-die-Stadt-Kommens aussagt, sich also auf das Verb bezieht. Wie (26b) zeigt, kann *durch die Stadt* nicht mit dem Adjektiv *trocken* kombiniert werden:

(26)　a.　Man ist/bleibt trocken.

　　　b.　* Man ist/bleibt trocken durch die Stadt.

Genauso ist *durch die Stadt* eine Richtungsangabe, die syntaktisch vollständig ist und nicht mit einem Adjektiv kombiniert werden kann:

(27)　a.　der Weg durch die Stadt

　　　b.　* der Weg trocken durch die Stadt

Das Adjektiv *trocken* hat also weder syntaktisch noch semantisch etwas mit der Präpositionalphrase *durch die Stadt* zu tun. Beide Phrasen haben jedoch gemeinsam, daß sie sich auf das Verb beziehen bzw. von diesem abhängen.

Man mag dazu neigen, die Beispiele in (25) als Ausnahmen abzutun. Das ist jedoch nicht gerechtfertigt, wie ich in einer breit angelegten empirischen Studie gezeigt habe (Müller: 2003a).

Würde man *trocken durch die Stadt* aufgrund des Testergebnisses als Konstituente bezeichnen und annehmen, daß *trocken durch die Stadt* wegen der Existenz von (25a) auch in (28) als Konstituente zu behandeln ist, wäre der Konstituentenbegriff entwertet, da man mit den Konstituententests ja gerade semantisch bzw. syntaktisch zusammengehörige Wortfolgen ermitteln will.[5]

(28)　a.　Man kommt am Wochenende auch mit der BVG trocken durch die Stadt.

　　　b.　Der dritte Beitrag in dieser Rubrik hat wenig mit Sprachgeschichte zu tun.

Voranstellbarkeit ist also nicht hinreichend für Konstituentenstatus.

Wir haben auch gesehen, daß es sinnvoll ist, Expletiva als Konstituenten zu behandeln, obwohl diese im Akkusativ nicht voranstellbar sind (siehe auch (18a)):

(29)　a.　Er bringt es bis zum Professor.

　　　b.　# Es bringt er zum Professor.

Es gibt weitere Elemente, die ebenfalls nicht vorangestellt werden können. Als Beispiel seien noch die mit inhärent reflexiven Verben verwendeten Reflexivpronomina genannt:

(30)　a.　Karl hat sich nicht erholt.

　　　b.　* Sich hat Karl nicht erholt.

Daraus folgt, daß Voranstellbarkeit kein notwendiges Kriterium für den Konstituentenstatus ist. Somit ist Voranstellbarkeit weder hinreichend noch notwendig.

---

[5]Die Daten kann man mit einem leeren verbalen Kopf vor dem finiten Verb analysieren, so daß letztendlich wieder genau eine Konstituente vor dem Finitum steht (Müller: 2005c). Trotzdem sind die Daten für Konstituententests problematisch, da die Konstituententests ja entwickelt wurden, um zu bestimmen, ob z. B. *trocken* und *durch die Stadt* bzw. *wenig* und *mit Sprachgeschichte* in (28) Konstituenten bilden.

1.3.2.4 Koordination

Koordinationsstrukturen wie die in (31) sind ebenfalls problematisch:

(31) Deshalb kaufte der Mann einen Esel und die Frau ein Pferd.

Bilden *der Mann einen Esel* und *die Frau ein Pferd* jeweils Konstituenten?
   Diese Wörter kann man nicht gemeinsam umstellen:[6]

(32) * Der Mann einen Esel kaufte deshalb.

   Eine Ersetzung durch Pronomina ist nicht ohne Ellipse möglich:

(33) a. # Deshalb kaufte er.
   b. * Deshalb kaufte ihn.

Die Pronomina stehen nicht für die zwei logischen Argumente von *kaufen*, die in (31) z. B.
durch *der Mann* und *einen Esel* realisiert sind, sondern nur für jeweils eins.
   Daraus folgt: Auch wenn einige Tests erfüllt sind, muß es noch lange nicht sinnvoll
sein, eine Wortfolge als Konstituente einzustufen, d. h. die Tests stellen keine hinreichende
Bedingung dar.
   Zusammenfassend kann man sagen, daß die Konstituententests, wenn man sie ohne
Wenn und Aber anwendet, nur Indizien liefern. Ist man sich der erwähnten problematischen Fälle bewußt, kann man mit den Tests aber doch einigermaßen klare Vorstellungen
davon bekommen, welche Wörter als Einheit analysiert werden sollten.

1.4 Köpfe

Der Kopf-Begriff spielt in der Kopfgesteuerten Phrasenstrukturgrammatik eine wichtige
Rolle, wie man unschwer am Namen der Theorie erkennen kann.
   Der Kopf einer Wortgruppe/Konstituente/Phrase/Projektion ist dasjenige Element, das
die wichtigsten Eigenschaften der Wortgruppe/Konstituente/Phrase/Projektion bestimmt.
Gleichzeitig steuert der Kopf den Aufbau der Phrase, d. h. der Kopf verlangt die Anwe-
senheit bestimmter anderer Elemente in seiner Phrase. Die Köpfe sind in den folgenden
Beispielen kursiv gesetzt:

(34) a. *Träumt* dieser Mann?
   b. *Erwartet* er diesen Mann?
   c. *Hilft* er diesem Mann?
   d. *in* diesem Haus
   e. ein *Mann*

---

[6]Der Bereich vor dem finiten Verb wird auch *Vorfeld* genannt (siehe Kapitel 8). Scheinbar mehrfache Vorfeldbesetzung ist im Deutschen unter bestimmten Bedingungen möglich. Siehe dazu auch den vorigen Abschnitt, insbesondere die Diskussion der Beispiele in (25) auf Seite 7. Das Beispiel in (32) ist jedoch bewußt
so konstruiert worden, daß sich ein Subjekt mit im Vorfeld befindet, was aus Gründen, die mit den informationsstrukturellen Eigenschaften solcher Vorfeldbesetzungen zusammenhängen, nie möglich ist. Siehe auch
De Kuthy und Meurers: 2003 zu Subjekten in vorangestellten Verbalphrasen.

Die Verben bestimmen den Kasus ihrer jeweiligen Argumente (der Subjekte und Objekte). In (34d) bestimmt die Präposition den Kasus der Nominalphrase *diesem Haus* und leistet auch den semantischen Hauptbeitrag: Ein Ort wird beschrieben. (34e) ist umstritten: Es gibt sowohl Wissenschaftler, die annehmen, daß der Determinator der Kopf ist (Hellan: 1986, Abney: 1987, Netter: 1994, 1998), als auch solche, die annehmen, daß das Nomen der Kopf ist (Pollard und Sag: 1994, 49; Demske: 2001). Ich schließe mich für den Rest des Buches den letzteren an. Argumente für den Kopfstatus des Nomens finden sich in Kapitel 6.6.1.

Die Kombination eines Kopfes mit einer anderen Konstituente wird *Projektion des Kopfes* genannt. Eine Projektion, die alle notwendigen Bestandteile zur Bildung einer vollständigen Phrase enthält, wird *Maximalprojektion* genannt. Ein Satz ist die Maximalprojektion eines finiten Verbs.

Beispiele für Kategorien und die Merkmale, die auf der phrasalen Ebene relevant sind, sind in der Tabelle 1.1 dargestellt. Dabei steht *fin* für *finit*, *bse* für Infinitiv ohne *zu* und

Kategorie	projizierte Merkmale
Verb	Wortart, Verbform (*fin*, *bse*, *inf*, *ppp*)
Nomen	Wortart, Kasus (*nom*, *gen*, *dat*, *acc*)
	Person (*1*, *2*, *3*), Numerus (*sg*, *pl*)
Adjektiv	Wortart, bei flektierten Formen Kasus, Genus (*mas*, *fem*, *neu*), Numerus und Flexionsklasse (*strong*, *weak*)

Tabelle 1.1: Beispiele für Hauptkategorien und projizierte Merkmale

inf für Infinitiv mit *zu*. *ppp* steht für Verben im Partizip II. Die Information über die Verbform ist z. B. wichtig, weil bestimmte Verben Projektionen mit einer bestimmten Verbform verlangen:

(35)   a.   Dem Mann helfen will er nicht.
       b.   Dem Mann geholfen hat er nicht.
       c.   * Dem Mann geholfen will er nicht.
       d.   * Dem Mann helfen hat er nicht.

wollen verlangt immer ein Verb in der *bse*-Form bzw. eine Verbphrase, die ein Verb in der *bse*-Form enthält. *haben* verlangt dagegen ein Verb bzw. eine Verbphrase in der *ppp*-Form.

Genauso ist bei Nomina der Kasus des Nomens bzw. der mit dem Nomen im Kasus übereinstimmenden Elemente wichtig: *den Männern* ist eine Dativ-NP, die mit Verben wie *helfen*, aber nicht mit *kennen* kombiniert werden kann:

(36)   a.   Wir helfen den Männern.
       b.   * Wir kennen den Männern.

Die Eigenschaft des Nomens *Männern*, im Dativ zu stehen, ist für die ganze NP relevant.

Als drittes Beispiel sollen noch die Adjektive diskutiert werden: Adjektive bzw. Adjektivphrasen müssen in Kasus, Genus, Numerus und Flexionsklasse zum Artikel und dem Nomen in der Nominalphrase passen:

(37)   a.   ein kluger Beamter

> b.   eine kluge Beamte
>
> c.   eines klugen Beamten
>
> d.   * eine kluger Beamte

Das Adjektiv ist morphologisch (in (37) durch die Endungen *-e*, *-en* und *-er*) entsprechend markiert. Die Beispiele in (38) zeigen, daß Adjektive im Deutschen auch mit weiterem Material kombiniert werden, d. h. komplexere Phrasen bilden können:

(38)   a.   ein dem König treuer Beamter

>   b.   eine dem König treue Beamte
>
>   c.   eines dem König treuen Beamten
>
>   d.   * eine dem König treuer Beamte

Damit man nun Fälle wie (38d) ausschließen kann, muß sichergestellt sein, daß die Information über Kasus, Genus, Numerus und Flexionsklasse genau wie bei *kluger* auch bei *dem König treuer* als Eigenschaft der gesamten Phrase vermerkt ist. Die Flexion des Adjektivs bestimmt also, in welchen Kontexten die gesamte Adjektivphrase vorkommen kann.

1.5 Argumente und Adjunkte

Konstituenten im Satz stehen in verschiedenartigen Beziehungen zu ihrem Kopf. Man unterscheidet zwischen Argumenten und Adjunkten. Die syntaktischen Argumente eines Kopfes entsprechen meistens dessen logischen Argumenten. So kann man die Bedeutung von (39a) in der Prädikatenlogik als (39b) darstellen:

(39)   a.   Peter liebt Maria.

>   b. $lieben'(Peter', Maria')$

Die logische Repräsentation in (39b) ähnelt der Äußerung in (39a), abstrahiert aber von der Stellung der Wörter und deren Flexion. *Peter* und *Maria* sind syntaktische Argumente des Verbs *liebt*, und die entsprechenden Bedeutungsrepräsentationen sind Argumente der Relation *lieben'* im logischen Sinn. Konstituenten, die nicht zur Kernbedeutung ihres Kopfes beitragen, sondern darüber hinausgehende Information beisteuern, werden *Adjunkte* genannt. Ein Beispiel ist das Adverb *sehr* in (40):

(40)   Peter liebt Maria sehr.

Es sagt etwas über die Intensität der durch das Verb beschriebenen Relation aus. Weitere Beispiele für Adjunkte sind Adjektive (41a) und Relativsätze (41b):

(41)   a.   eine *schöne* Frau

>   b.   der Mann, *den Maria liebt*

Adjunkte haben folgende syntaktische bzw. semantische Eigenschaften:

(42)   a.   Adjunkte füllen keine semantische Rolle.

>   b.   Adjunkte sind optional.
>
>   c.   Adjunkte sind iterierbar.

Die Phrase in (41a) kann man durch ein weiteres Adjunkt erweitern:

(43)   eine schöne kluge Frau

Sieht man von Verarbeitungsproblemen ab, die sich aufgrund zu hoher Komplexität für menschliche Hörer/Sprecher ergeben würden, so kann eine solche Erweiterung mit Adjektiven beliebig oft erfolgen. Argumente können dagegen nicht mehrfach in einer Phrase realisiert werden:

(44)   * Der Mann der Junge schläft.

Wenn der Schlafende benannt worden ist, kann man keine weitere Nominalgruppe im Satz unterbringen, die sich auf andere Schlafende bezieht. Will man ausdrücken, daß mehrere Personen schlafen, muß das wie in (45) mit Hilfe von Koordination geschehen:

(45)   Der Mann und der Junge schlafen.

Man beachte, daß die Kriterien in (42) zur Bestimmung von Adjunkten nicht hinreichend sind, da es auch syntaktische Argumente gibt, die keine semantische Rolle füllen (das *es* in (46a)) bzw. optional sind (*Pizza* in (46b)).

(46)   a. Es regnet.

       b. Wir essen (Pizza).

Normalerweise legen Köpfe die syntaktischen Eigenschaften ihrer Argumente ziemlich genau fest. So schreibt ein Verb vor, welche Kasus seine nominalen Argumente haben können bzw. müssen.

(47)   a.   Er gedenkt des Opfers.

       b.   * Er gedenkt dem Opfer.

       c.   Er hilft dem Opfer.

       d.   * Er hilft des Opfers.

Auch die Präposition von Präpositionalobjekten und der Kasus der Nominalphrase im Präpositionalobjekt wird vorgeschrieben:

(48)   a.   Er denkt an die Eisenbahn.

       b.   # Er denkt an der Eisenbahn.

       c.   Er hängt an der Eisenbahn.

       d.   * Er hängt an die Eisenbahn.

Der Kasus von Nominalphrasen in modifizierenden Präpositionalphrasen hängt dagegen von ihrer Bedeutung ab. Direktionale (also eine Richtung angebende) Präpositionalphrasen verlangen normalerweise eine Nominalphrase im Akkusativ (49a), lokale (also einen Ort spezifizierende) PPen nehmen einen Dativ zu sich (49b):

(49)   a.   Er geht in die Schule / auf den Weihnachtsmarkt / unter die Brücke.

       b.   Er schläft in der Schule / auf dem Weihnachtsmarkt / unter der Brücke.

Einen interessanten Fall stellen nun Verben wie *sich befinden* dar. Sie können nicht ohne eine Ortsangabe stehen:

(50)   * Wir befinden uns.

Wie die Ortsangabe realisiert werden kann, ist aber sehr frei, weder die syntaktische Kategorie noch die Art der Präposition in der Präpositionalphrase wird vorgeschrieben:

(51)   Wir befinden uns hier / unter der Brücke / neben dem Eingang / im Bett.

Lokalangaben wie *hier* oder *unter der Brücke* werden im Kontext anderer Verben (z. B. *schlafen*) als Adjunkte eingestuft, für Verben wie *sich befinden* muß man aber wohl annehmen, daß diesen Ortsangaben der Status eines obligatorischen syntaktischen Arguments zukommt.[7] Das Verb seleglert eine Ortsangabe, stellt aber keine Anforderungen an die syntaktische Kategorie. Die Ortsangaben verhalten sich semantisch wie die anderen Adjunkte, die wir bereits kennengelernt haben. Wenn ich nur die semantischen Aspekte einer Kombination von Adjunkt und Kopf betrachte, nenne ich das Adjunkt auch *Modifikator*. Unter den Begriff Modifikator lassen sich auch die Ortsangaben bei *befinden* fassen. Modifikatoren sind normalerweise Adjunkte, d. h. optional, in Fällen wie denen mit *befinden* aber auch (obligatorische) Argumente.

Argumente werden in der HPSG in Subjekte und Komplemente unterteilt. Nicht alle Köpfe müssen ein Subjekt haben (siehe Kapitel 3.2.3), so daß die Menge der Argumente eines Kopfes durchaus auch der Menge der Komplemente eines Kopfes entsprechen kann. Die Begriffe werden aber nicht synonym verwendet, wie das in anderen Schulen der Linguistik der Fall ist.

---

[7]In ähnlichem Zusammenhang wird meist das Verb *wohnen* diskutiert und die Präpositionalphrase in (i.b) wird als valenznotwendig eingestuft (Siehe z. B. Steinitz: 1969, Kapitel 2, Helbig und Schenkel: 1973, 127, Engel: 1994, 99, Kaufmann: 1995, 119, Abraham: 2005, 21). Einfache Sätze mit *wohnen* ohne Angabe des Ortes oder der Umstände sind meist schlecht.

(i)   a.   ? Er wohnt.
       b.   Er wohnt in Bremen.
       c.   Er wohnt allein.

Wie (ii) zeigt, ist es jedoch nicht gerechtfertigt, sie generell auszuschließen:

(ii)   a.   Das Landgericht Bad Kreuznach wies die Vermieterklage als unbegründet zurück, die Mieterfamilie kann wohnen bleiben. (Mieterzeitung 6/2001, S. 14)
       b.   Die Bevölkerungszahl explodiert. Damit immer mehr Menschen wohnen können, wächst Hongkong, die Stadt, und nimmt sich ihr Terrain ohne zu fragen. (taz, 31.07.2002, S. 25)
       c.   Wohnst Du noch, oder lebst Du schon? (IKEA-Werbung, Anfang 2003)

Wenn man Sätze ohne Modifikator aber nicht ausschließen will, dann wäre die Präpositionalphrase in (i.b) ein optionaler Modifikator, der trotzdem zur Valenz des Verbs gezählt wird. Das scheint wenig sinnvoll. *wohnen* sollte also einfach als intransitives Verb behandelt werden.
(i.a) dürfte deswegen schlecht sein, weil der Nutzen einer solchen Äußerung gering ist, denn normalerweise wohnt jeder Mensch irgendwo (manche leider unter der Brücke). In (ii.a) ist klar, daß die Familie in der gemieteten Wohnung lebt. Der Ort des Wohnens muß nicht genannt werden, da klar ist, daß es sich um eine Mietwohnung handelt. Wichtig ist für (ii.a) nur, ob die Familie die Wohnung weiter benutzen kann oder nicht. Genauso ist in (ii.b) die Tatsache des Wohnens und nicht der Ort wichtig.
Siehe auch Goldberg und Ackerman: 2001 zu Adjunkten, die in bestimmten Kontexten aus pragmatischen Gründen obligatorisch sind.

1.6 Verschiedene Grammatikmodelle

Im Abschnitt 1.3 wurden Konstituententests vorgestellt. Mit Hilfe dieser Tests kann man Wortfolgen in Teile zerlegen. Linguistische Theorien weisen den Teilen eine bestimmte Struktur zu. Welche Aspekte dabei im Mittelpunkt stehen und welche Strukturen letztendlich angenommen werden, unterscheidet sich dabei unter Umständen sehr stark von Theorie zu Theorie.

Die folgende Liste ist eine Aufzählung einiger Theorien oder Frameworks mit dazugehörigen Publikationen. Wenn es größere Arbeiten zum Deutschen/auf Deutsch gibt, sind diese ebenfalls aufgeführt.

- Dependenzgrammatik (DG)
  (Tesnière: 1959, Weber: 1992, Heringer: 1996)

- Kategorialgrammatik (CG)
  (Ajdukiewicz: 1935, Montague: 1974, Dowty: 1979, Ballweg, Frosch und Zifonun: 1997, Steedman: 2002)

- Phrasenstrukturgrammatik (PSG)
  (Bar-Hillel, Perles und Shamir: 1961)

- Transformationsgrammatik und deren Nachfolger

    - Transformationsgrammatik
      (Chomsky: 1957, Bierwisch: 1963)

    - Government & Binding
      (Chomsky: 1981, von Stechow und Sternefeld: 1988, Grewendorf: 1988)

    - Minimalismus
      (Chomsky: 1995, Grewendorf: 2002)

- Relational Grammar (RG)
  (Perlmutter: 1984)

- Tree Adjoining Grammar
  (Joshi, Levy und Takahashi: 1975, Joshi: 1987, Joshi und Schabes: 1997)

- Generalisierte Phrasenstrukturgrammatik (GPSG)
  (Gazdar, Klein, Pullum und Sag: 1985)

- Lexikalisch Funktionale Grammatik (LFG)
  (Bresnan: 1982c, 2001, Berman und Frank: 1996, Berman: 2003)

- Head-Driven Phrase Structure Grammar (HPSG)
  (Pollard und Sag: 1987, 1994, Müller: 1999a, 2002b)

- Konstruktionsgrammatik (CxG)
  (Fillmore, Kay und O'Connor: 1988, Kay und Fillmore: 1999, Goldberg: 1995, Fischer und Stefanowitsch: 2006)

Sieht man vom Minimalismus ab, so finden sich Einsichten aus all diesen Grammatiktheorien in den Analysen, die ich im folgenden vorstellen werde.[8] Den Ausgangspunkt für die Motivation der komplexen Strukturen, die in der HPSG angenommen werden, bilden Phrasenstrukturen, wie sie in der Phrasenstrukturgrammatik verwendet werden. Phrasenstrukturgrammatiken sind Gegenstand des nächsten Abschnitts.

1.7 Phrasenstrukturgrammatiken

Wörter können anhand ihrer Flexionseigenschaften und ihrer Distribution einer Wortart zugeordnet werden. So ist *weil* in (52) eine Konjunktion, *das* und *dem* sind Artikel und werden zu den Determinierern gezählt. *Buch* und *Mann* sind Nomina und *gibt* ist ein Verb.

(52)   weil er das Buch dem Mann gibt

Mit den in Abschnitt 1.3 eingeführten Tests kann man nun feststellen, daß die einzelnen Wörter sowie die Wortgruppen *das Buch* und *dem Mann* Konstituenten bilden. Diesen sollen Symbole zugewiesen werden. Da das Nomen ein wesentlicher Bestandteil der Wortgruppen *das Buch* und *dem Mann* ist, nennt man diese Wortgruppen Nominalphrasen, was mit NP abgekürzt wird. Das Pronomen *er* kann an denselben Stellen stehen wie volle Nominalphrasen, weshalb man das Pronomen auch der Kategorie NP zuordnen kann.

Phrasenstrukturgrammatiken geben Regeln vor, die etwas darüber aussagen, welche Symbole Wörtern zugeordnet werden und wie sich komplexere Einheiten zusammensetzen. Eine einfache Phrasenstrukturgrammatik, mit der man (52) analysieren kann, ist in (53) zu sehen:[9]

(53)   NP → D, N   NP → er   N → Buch
       S → NP, NP, NP, V   D → das   N → Mann
                                   D → dem   V → gibt

Dabei kann man eine Regel wie NP → D, N so verstehen, daß eine Nominalphrase – also etwas, dem das Symbol NP zugeordnet wird – aus einem Determinator (D) und einem Nomen (N) bestehen kann.

Man kann den Satz in (52) mit der Grammatik in (53) zum Beispiel auf die folgende Art und Weise analysieren: Man nimmt das erste Wort im Satz und überprüft, ob es eine Regel gibt, auf deren rechter Regelseite das Wort vorkommt. Wenn dem so ist, ersetzt man das Wort durch das Symbol in der linken Regelseite. Das geschieht in den Zeilen 2–4, 6–7 und 9 der Ableitung in (54) auf der folgenden Seite. Wenn es zwei oder mehrere Symbole gibt, die in einer rechten Regelseite gemeinsam vorkommen, dann kann man diese durch das jeweilige Symbol in der linken Seite der Regel ersetzen. Das passiert in den Zeilen 5, 8 und 10. In (54) sind wir von einer Folge von Wörtern ausgegangen und haben gezeigt, daß wir die Regeln der Phrasenstrukturgrammatik so anwenden können, daß wir ein Satzsymbol ableiten können. Genausogut hätten wir die Schritte in umgekehrter Reihenfolge durchführen können, dann hätten wir aus dem Satzsymbol mit den Schritten 9–1 eine Wortfolge

---

[8]Zu einer kurzen Beschreibung der einzelnen Frameworks und einer historischen Einordnung siehe auch Sag, Wasow und Bender: 2003, Anhang B.

[9]Die Konjunktion *weil* wird vorerst ignoriert. Da die Behandlung von Sätzen mit Verberst- oder Verbzweitstellung weitere Überlegungen voraussetzt, werden hier nur Verbletztsätze besprochen. Zu den anderen Verbstellungen siehe Kapitel 9.4 und 10.

(54)

		Wörter und Symbole					angewendete Regeln
1	er	das	Buch	dem	Mann	gibt	
2	NP	das	Buch	dem	Mann	gibt	NP → er
3	NP	D	Buch	dem	Mann	gibt	D → das
4	NP	D	N	dem	Mann	gibt	N → Buch
5	NP		NP	dem	Mann	gibt	NP → D, N
6	NP		NP	D	Mann	gibt	D → dem
7	NP		NP	D	N	gibt	N → Mann
8	NP		NP		NP	gibt	NP → D, N
9	NP		NP		NP	V	V → gibt
10						S	S → NP, NP, NP, V

abgeleitet. Durch andere Wahl von Ersetzungsregeln kann man von S ausgehend u. a. auch die Wortfolge *er dem Mann das Buch gibt* ableiten. Man sagt, die Grammatik erzeugt, lizenziert bzw. generiert eine Menge von Sätzen.

Die Ableitung in (54) kann auch als Baum dargestellt werden. Das zeigt Abbildung 1.1. Die Symbole im Baum werden *Knoten* genannt. Man sagt, daß S die NP-Knoten und den

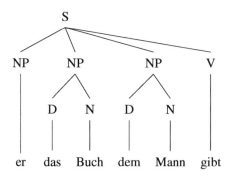

Abbildung 1.1: Analyse von *er das Buch dem Mann gibt*

V-Knoten unmittelbar dominiert. Die anderen Knoten im Baum werden von S ebenfalls dominiert, aber nicht unmittelbar dominiert. Will man über Beziehungen von Knoten zueinander reden, verwendet man Verwandschaftsbezeichnungen. So ist in Abbildung 1.1 S der Mutterknoten der drei NP-Knoten und des V-Knotens. Die NP-Knoten und V sind Schwestern, da sie denselben Mutterknoten haben. Hat ein Knoten zwei Töchter liegt eine binär verzweigende Struktur vor. Gibt es genau eine Tochter, spricht man von einer unären Verzweigung. Zwei Konstituenten sind *adjazent*, wenn sie direkt nebeneinander stehen.

In vielen linguistischen Publikationen werden Phrasenstrukturregeln nicht mehr angegeben. Es werden nur Baumrepräsentationen oder äquivalente, kompakter darstellbare Klammerausdrücke wie z. B. (55) verwendet.

(55)   [s [NP er] [NP [D das] [N Buch]] [NP [D dem] [N Mann]] [V gibt]]

Hier muß darauf hingewiesen werden, daß die Grammatik in (53) nicht die einzig mögliche Grammatik für den Beispielsatz in (52) ist. Es gibt unendlich viele Grammatiken, die zur

Analyse solcher Sätze verwendet werden können (siehe Übung 1). Eine ist zum Beispiel die in (56):

(56)   NP → D, N   NP → er   N → Buch
       V → NP, V   D → das   N → Mann
                            D → dem   V → gibt

Diese Grammatik lizenziert binär verzweigende Strukturen, wie die in Abbildung 1.2.

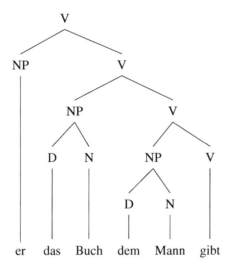

Abbildung 1.2: Analyse von *er das Buch dem Mann gibt* mit binärer Verzweigung

Sowohl die Grammatik in (56) als auch die in (53) ist zu ungenau.[10] Nimmt man noch Lexikoneinträge für *ich* und *den* in die Grammatik auf, so werden fälschlicherweise die Sätze in (57b–d) lizenziert:

(57)   a.   er das Buch dem Mann gibt

       b.   * ich das Buch dem Mann gibt

       c.   * er das Buch den Mann gibt

       d.   * er den Buch dem Mann gibt

In (57b) ist die Subjekt-Verb-Kongruenz verletzt, *ich* und *gibt* passen nicht zueinander. In (57c) sind die Kasusanforderungen des Verbs nicht erfüllt. *gibt* verlangt ein Dativ-Objekt. In (57d) ist die Determinator-Nomen-Kongruenz verletzt. *den* und *Buch* passen nicht zueinander, da die Genus-Eigenschaften der beiden Wörter verschieden sind.

Im folgenden soll überlegt werden, wie man die Grammatik verändern muß, damit die Sätze in (57) nicht mehr erzeugt werden. Wenn wir Subjekt-Verb-Kongruenz erfassen wollen, müssen wir die folgenden sechs Fälle abdecken, da im Deutschen das Verb mit dem Subjekt in Person (1, 2, 3) und Numerus (sg, pl) übereinstimmen muß:

---

[10]Bei der Grammatik in (56) kommt noch dazu, daß man nicht sagen kann, wann eine Äußerung vollständig ist, da für alle Kombinationen von V und NP das Symbol V verwendet wird. Man braucht irgendwo in der Grammatik eine Repräsentation der Stelligkeit des Verbs. Siehe hierzu Kapitel 3. Die Strukturen, die wir in den folgenden Kapiteln motivieren werden, ähneln eher denen in (56) als denen in (53).

(58) a. Ich schlafe.   (1, sg)

      b. Du schläfst.   (2, sg)

      c. Er schläft.   (3, sg)

      d. Wir schlafen.   (1, pl)

      e. Ihr schlaft.   (2, pl)

      f. Sie schlafen.   (3, pl)

Die Verhältnisse können wir mit Grammatikregeln erfassen, indem wir die Menge der verwendeten Symbole vergrößern. Statt der Regel S → NP, NP, NP, V verwenden wir dann:

(59) S → NP_1_sg, NP, NP, V_1_sg

      S → NP_2_sg, NP, NP, V_2_sg

      S → NP_3_sg, NP, NP, V_3_sg

      S → NP_1_pl, NP, NP, V_1_pl

      S → NP_2_pl, NP, NP, V_2_pl

      S → NP_3_pl, NP, NP, V_3_pl

Das heißt, man benötigt sechs Symbole für Nominalphrasen, sechs Symbole für Verben und sechs Regeln statt einer.

Um die Kasuszuweisung durch das Verb zu erfassen, kann man analog Kasusinformation in die Symbole aufnehmen. Man erhält dann Regeln wie die folgenden:

(60) S → NP_1_sg_nom, NP_dat, NP_acc, V_1_sg_ditransitiv

      S → NP_2_sg_nom, NP_dat, NP_acc, V_2_sg_ditransitiv

      S → NP_3_sg_nom, NP_dat, NP_acc, V_3_sg_ditransitiv

      S → NP_1_pl_nom, NP_dat, NP_acc, V_1_pl_ditransitiv

      S → NP_2_pl_nom, NP_dat, NP_acc, V_2_pl_ditransitiv

      S → NP_3_pl_nom, NP_dat, NP_acc, V_3_pl_ditransitiv

Da wir Nominalphrasen in vier Kasus unterscheiden müssen, haben wir dann insgesamt 3 * 2 * 4 = 24 Symbole für verschiedene NPen. Da die Verben zu den Nominalphrasen in der Regel passen müssen, weil man z. B. Verben, die drei Argumente nehmen, von solchen, die nur zwei bzw. eins nehmen, unterscheiden können muß (61), muß man entsprechend auch die Menge der Symbole für Verben aufblähen.

(61) a. Er schläft.

      b. * Er schläft das Buch.

      c. Er kennt das Buch.

      d. * Er kennt.

In den obigen Regeln ist diese Information über nötige Argumente in Form der Markierung 'ditransitiv' enthalten.

Um die Determinator-Nomen-Kongruenz wie in (62) zu erfassen, müssen wir Information über Genus (fem, mas, neu), Numerus (sg, pl) und Kasus (nom, gen, dat, akk) in die Regeln für Nominalphrasen integrieren.

(62) a. der Mann, die Frau, das Buch (Genus)

    b. das Buch, die Bücher (Numerus)

    c. des Buches, dem Buch (Kasus)

Aus der Regel NP → D, N wird (63):

(63) NP_3_sg_nom → D_fem_sg_nom, N_fem_sg_nom
      NP_3_sg_nom → D_mas_sg_nom, N_mas_sg_nom
      NP_3_sg_nom → D_neu_sg_nom, N_neu_sg_nom
      NP_3_pl_nom → D_fem_pl_nom, N_fem_pl_nom
      NP_3_pl_nom → D_mas_pl_nom, N_mas_pl_nom
      NP_3_pl_nom → D_neu_pl_nom, N_neu_pl_nom

      NP_gen → D_fem_sg_gen, N_fem_sg_gen
      NP_gen → D_mas_sg_gen, N_mas_sg_gen
      NP_gen → D_neu_sg_gen, N_neu_sg_gen
      NP_gen → D_fem_pl_gen, N_fem_pl_gen
      NP_gen → D_mas_pl_gen, N_mas_pl_gen
      NP_gen → D_neu_pl_gen, N_neu_pl_gen

      NP_dat → D_fem_sg_dat, N_fem_sg_dat
      NP_dat → D_mas_sg_dat, N_mas_sg_dat
      NP_dat → D_neu_sg_dat, N_neu_sg_dat
      NP_dat → D_fem_pl_dat, N_fem_pl_dat
      NP_dat → D_mas_pl_dat, N_mas_pl_dat
      NP_dat → D_neu_pl_dat, N_neu_pl_dat

      NP_akk → D_fem_sg_akk, N_fem_sg_akk
      NP_akk → D_mas_sg_akk, N_mas_sg_akk
      NP_akk → D_neu_sg_akk, N_neu_sg_akk
      NP_akk → D_fem_pl_akk, N_fem_pl_akk
      NP_akk → D_mas_pl_akk, N_mas_pl_akk
      NP_akk → D_neu_pl_akk, N_neu_pl_akk

Wir brauchen also 24 Symbole für Determinatoren, 24 Symbole für Nomen und 24 Regeln statt einer.

1.8 Erweiterung der PSG durch Merkmale

Phrasenstrukturgrammatiken, die nur atomare Symbole verwenden, sind problematisch, da Generalisierungen nicht erfaßt werden. Wir können zwar als Menschen erkennen, daß das Symbol NP_3_sg_nom für eine Nominalphrase steht, weil es die Buchstabenfolge NP enthält, aber formal ist das Symbol ein Symbol wie jedes andere in der Grammatik, und die Gemeinsamkeit aller Symbole, die für NPen verwendet werden, kann nicht erfaßt werden. Genauso können wir nicht erfassen, daß die Regeln in (63) etwas gemeinsam haben. Formal ist ihnen nur gemeinsam, daß sie ein Symbol auf der linken Regelseite und zwei Symbole auf der rechten Regelseite haben.

Die Lösung besteht in der Einführung von Merkmalen, die den Kategoriesymbolen zugeordnet werden, und der Möglichkeit, die Werte solcher Merkmale in Regeln zu identifizieren. Für das Kategoriesymbol NP kann man z. B. die Merkmale für Person, Numerus und Kasus einführen:

(64) NP(3,sg,nom) → D(fem,sg,nom), N(fem,sg,nom)
      NP(3,sg,nom) → D(mas,sg,nom), N(mas,sg,nom)

Für Determinatoren und Nomina gibt es ein Genusmerkmal. Verwendet man statt der Werte in (64) Variablen, erhält man Regelschemata wie das in (65):

(65) NP(3,Num,Kas) → D(Gen,Num,Kas), N(Gen,Num,Kas)

Die Werte der Variablen sind hierbei egal. Wichtig ist nur, daß sie übereinstimmen. Der Wert des Personenmerkmals (erste Stelle in NP(3,Num,Kas)) ist durch die Regel auf '3' festgelegt.

Die Regeln in (60) können wie in (66) zusammengefaßt werden:

(66) S → NP(Per1,Num1,nom),
           NP(Per2,Num2,dat),
           NP(Per3,Num3,akk),
           V(Per1,Num1,ditransitiv)

Durch die Identifikation von Per1 und Num1 beim Verb und beim Subjekt wird Subjekt-Verb-Kongruenz erzwungen. Bei den anderen NPen sind die Werte dieser Merkmale egal. Die Kasus der NPen sind explizit festgelegt.

1.9 Die $\overline{\text{X}}$-Theorie

Im vorigen Abschnitt wurde gezeigt, wie man sehr spezifische Phrasenstrukturregeln zu allgemeinen Regelschemata generalisieren kann. Diese Abstraktion läßt sich noch weitertreiben: Statt explizite Kategoriesymbole zu verwenden, kann man auch an deren Stelle Variablen setzen. Eine solche Form der Abstraktion findet man in der $\overline{\text{X}}$-Theorie (sprich X-bar-Theorie) (Jackendoff: 1977). Diese Form abstrakter Regeln spielt in den verschiedensten Theorien eine Rolle. Beispielhaft seien erwähnt: Government & Binding (Chomsky: 1981, von Stechow und Sternefeld: 1988, Grewendorf: 1988), Generalized Phrase Structure Grammar (Gazdar, Klein, Pullum und Sag: 1985) und Lexical Functional Grammar (Bresnan: 1982c, 2001, Berman und Frank: 1996).

(67) zeigt die $\overline{\text{X}}$-Schemata und eine mögliche Instantiierung, in der für X die Kategorie N eingesetzt wurde, und Beispielwortgruppen, die mit den Regeln abgeleitet werden können:

(67) $\overline{\text{X}}$-Regel   mit Kategorien   Beispiel

$\overline{\overline{\text{X}}} \to \overline{\text{Spezifikator}}\ \overline{\text{X}}$	$\overline{\overline{\text{N}}} \to \overline{\text{DET}}\ \overline{\text{N}}$	das [Bild von Maria]
$\overline{\text{X}} \to \overline{\text{X}}\ \overline{\text{Adjunkt}}$	$\overline{\text{N}} \to \overline{\text{N}}\ \overline{\text{REL\_SATZ}}$	[Bild von Maria] [das alle kennen]
$\overline{\text{X}} \to \overline{\text{Adjunkt}}\ \overline{\text{X}}$	$\overline{\text{N}} \to \overline{\text{ADJ}}\ \overline{\text{N}}$	schöne [Bild von Maria]
$\overline{\text{X}} \to \text{X}\ \overline{\overline{\text{Komplement}}}*$	$\overline{\text{N}} \to \text{N}\ \overline{\overline{\text{P}}}$	Bild [von Maria]

Für X kann aber auch jede andere Wortart eingesetzt werden (z. B. V, A oder P). Das englische *bar* bedeutet Balken. Das X ohne Balken steht in den obigen Regeln für ein lexikalisches Element. Ein lexikalisches Element kann mit all seinen Komplementen kombiniert werden. Der '*' in der letzten Regel steht für beliebig viele Wiederholungen des Symbols, hinter dem er steht. Das Ergebnis der Kombination eines lexikalischen Elements mit seinen Komplementen ist eine neue Projektionsstufe von X: die Projektionsstufe eins, markiert durch einen Balken. $\overline{X}$ kann dann mit Adjunkten kombiniert werden. Diese können links oder rechts von $\overline{X}$ stehen. Das Ergebnis der Kombination ist wieder ein $\overline{X}$, d. h. die Projektionsstufe wird durch die Kombination mit Adjunkten nicht verändert. Vollständige Projektionen, Maximalprojektionen also, werden durch zwei Balken markiert. Für ein X mit zwei Balken schreibt man auch XP. Eine XP besteht aus einem Spezifikator und einem $\overline{X}$. Je nach theoretischer Ausprägung zählen Subjekte von Sätzen und Determinatoren in Nominalphrasen zu den Spezifikatoren. In Nicht-Kopf-Positionen dürfen nur Maximalprojektionen vorkommen, deshalb befinden sich über Komplement, Adjunkt und Spezifikator jeweils zwei Balken.

In der Theorie, die nun im folgenden entwickelt wird, werden nicht alle Annahmen der $\overline{X}$-Theorie geteilt. Insbesondere die letzte Annahme wird verworfen. Daß die hier entwickelte Theorie deshalb nicht weniger restriktiv ist als Theorien, die sich streng an das $\overline{X}$-Schema halten, haben Pullum (1985) und Kornai und Pullum (1990) gezeigt.

Bevor wir aber zu Grammatikregeln kommen, muß ein gewisser formaler Apparat eingeführt werden, der zur exakten Beschreibung der Grammatikregeln benötigt wird. Dies wird im Kapitel 2 geschehen. An dieser Stelle möchte ich noch einen kurzen Überblick über HPSG geben, der auf die folgenden Kapitel einstimmen soll.

1.10 Einordnung der HPSG

HPSG hat folgende Eigenschaften: Es ist eine lexikonbasierte Theorie, d. h. der wesentliche Bestandteil der linguistischen Zusammenhänge befindet sich in den Beschreibungen von Wörtern. HPSG ist zeichenbasiert im Sinne Saussures (1916), d. h. Form und Bedeutung sprachlicher Zeichen sind stets gemeinsam repräsentiert. Getypte Merkmalstrukturen werden zur Modellierung aller relevanten Information benutzt. Die Strukturen kann man mit Merkmalsbeschreibungen wie der in (68) beschreiben. Lexikoneinträge, Phrasen und Prinzipien werden mit denselben formalen Mitteln modelliert und beschrieben. Generalisierungen über Wortklassen oder Regelschemata werden mittels Vererbungshierarchien erfaßt. HPSG ist eine monostratale Theorie, d. h. Phonologie, Syntax und Semantik werden in einer Struktur repräsentiert. Es gibt keine getrennten Beschreibungsebenen wie zum Beispiel in der Government & Binding-Theorie. (68) zeigt Auszüge aus einer Repräsentation des Wortes *Grammatik*:

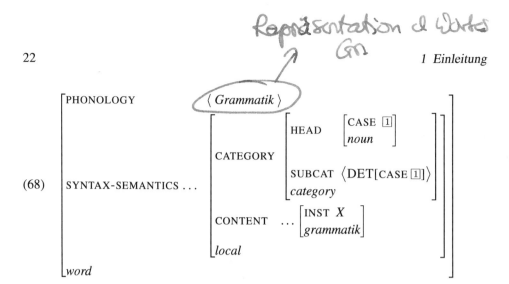

Repräsentation d Worts Gm. (handwritten annotation)

An diesem Beispiel kann man schon erkennen, daß diese Merkmalbeschreibung Information über die Phonologie, die syntaktische Kategorie und den Bedeutungsbeitrag des Wortes *Grammatik* enthält. Was die kursiven Wörter und die Zahlen in Boxen bedeuten, warum die Information so wie in (68) strukturiert ist und wie solche Lexikoneinträge mit den Regelschemata zusammenwirken, wird in den folgenden Kapiteln gezeigt.

1.11 Grundlegendes zu den Daten

Bevor wir uns im folgenden Kapitel den formalen Details und im Anschluß daran den einzelnen grammatischen Problemen zuwenden, soll zum Abschluß dieses einleitenden Kapitels noch einiges zum Umgang mit Daten und zum Grammatikschreiben allgemein gesagt werden.

Es gibt verschiedene Arten, Linguistik zu betreiben, und verschiedene Ansichten darüber, was Grammatiken leisten sollen. Die Grammatik, die in diesem Buch entwickelt wird, modelliert einen Ausschnitt der deutschen Sprache. Daß die vorgestellte Grammatik nicht die gesamte Sprache abdecken kann, wird man verstehen, wenn man die ersten Kapitel gelesen hat: Analysen müssen sorgfältig motiviert werden, und es gibt komplexe Interaktionen zwischen verschiedenen Phänomenen. Wie dieses Buch zeigt, braucht man bereits 397 Seiten, um die wichtigsten Phänomene abzuhandeln. Das bedeutet aber nicht, daß der Versuch, eine explizite Grammatik für eine Sprache zu entwickeln, ein sinnloses Unterfangen ist, wie z. B. Sampson (2001, Kapitel 10) behauptet. Sampson untersucht ein annotiertes Korpus (eine Menge von Beispielsätzen, denen eine Struktur zugeordnet wurde) auf Vorkommen von Nominalphrasenmustern und spekuliert, daß es bei Vergrößerung des Korpus immer wieder Muster geben wird, die bisher nicht aufgetreten sind. Somit – so seine Argumentation – ist der Versuch, eine Grammatik zu schreiben, die wenige Regeln enthält und grammatische von ungrammatischen Sätzen unterscheidet, zum Scheitern verurteilt. Sampson geht sogar so weit zu behaupten, daß man nicht sinnvoll zwischen grammatischen und ungrammatischen Sätzen unterscheiden kann. Sampson diskutiert den Einwand, daß die Konstruktion [NP Nomen Artikel] nie für eine Grammatik des Englischen angenommen würde und daß deshalb Grammatiken des Englischen korrekt vorhersagen, daß *bread the* keine englische Nominalphrase ist. Er schreibt dazu folgendes:

> But to suggest that the construction is not just very unusual but actually impossible in
> English is merely a challenge to think of a plausible context for it, and in this case (as

usual in such cases) it is not at all hard to meet the challenge. There would be nothing even slightly strange, in a discussion of foreign languages, in saying *Norwegians put the article after the noun, in their language they say things like bread the is on table the* – an utterance which contains two examples of Culy's 'impossible construction'. Talking about foreign languages is one valid use of the English language, among countless others. (Sampson: 2001, 177)

Denkt man ein bißchen über diese Sichtweise nach, sieht man, wie absurd dieses Argument ist. Denn man könnte auf diese Weise alle Sprachen der Welt zu Bestandteilen der Englischen Sprache machen. Je nachdem, wieweit Sampson mit seiner Ansicht gehen will, wären dann z. B. ganze deutsche Sätze wie in (69a) oder deutsche Sätze mit Wort-für-Wort-Übersetzung wie in (69b) Bestandteil des Englischen.

(69)   a. I think that Germans say „weil ich diesen Ansatz komisch finde".

       b. I think that Germans say *because I this proposal funny consider*.

Genauso würden alle früheren Sprachstufen des Deutschen, alle Sprachentwicklungsdaten, alle Sprachfehler im Deutschen und natürlich auch in anderen Sprachen zu Bestandteilen des Englischen, denn über diese Themen wird auf Englisch publiziert.

Jemand, der Grammatiken entwickelt, müßte dann eine deutsche Grammatik mit englischen Wörtern als Teilgrammatik des Englischen annehmen. Es ist klar, daß man, wenn man erfassen will, welche Regeln für die Bildung von Wortgruppen in einer Sprache gelten, nicht die Regeln einer anderen Sprache formulieren will. Daß es nicht sinnvoll ist, Metabetrachtungen zu Sprache innerhalb einer Grammatik zu modellieren, zeigen auch die folgenden Beispiele:

(70)   a. I believe that the sequence *the the the the word leave know the that him strange the* is word salad.

       b. In German, you can not use the sequence corresponding to *this because funny I consider proposal*.

Die kursiv geschriebene Folge in (70a) ist arbiträr, und man könnte sie durch die Regeln in (71) erzeugen:

(71)   wörter → wort wort
       wörter → wörter wort

Diese Regeln erzeugen beliebige Wortfolgen. Man kann mit der ersten Regel Folgen der Länge zwei ableiten. Wenn man die zweite und die erste Regel gemeinsam anwendet, kann man Folgen der Länge drei anwenden. Bei Mehrfachverwendung der zweiten Regel kann man beliebig lange Folgen erzeugen. Die Regeln sind jedoch absolut uninteressant und haben nichts mit den direkt verwendeten sprachlichen Fähigkeiten des Menschen zu tun.

Sampsons Position ist eine extreme Position, und wie so oft sind extreme Positionen als Gegenstück zu anderen nicht minder extremen Positionen entstanden. In den Anfangstagen der generativen Grammatik ging man davon aus, daß eine Sprache dadurch gekennzeichnet ist, daß sie durch eine endliche Menge von Ersetzungs- und Transformationsregeln erzeugt werden kann. Ein Satz, der nicht durch die Regelmenge lizenziert ist, gilt als nicht zu der betreffenden Sprache gehörend. Die Grammatiker, die seit den fünfziger Jahren in den von Chomsky dominierten Richtungen gearbeitet haben, verließen sich für die Beurteilung von Sätzen meist auf ihre Intuition. Mittels Introspektion teilten sie Äußerungen in wohlgeformte und nicht wohlgeformte ein und versuchten dann für die wohlgeformten Äußerungen Regeln zu formulieren. Ein solches Vorgehen war in den ersten Jahren der Theorieentwicklung durchaus gerechtfertigt, denn bei einfachen Sätzen wie z. B. Sätzen mit einem intransitiven Verb und einem Subjekt kann man durchaus problemlos die Wohlgeformtheit des Satzes beurteilen. Obwohl man auch für Sätze wie *er schläft* oder *Max rülpst* leicht Korpusbelege wie die in (72) oder (73) finden kann, wäre es Zeitverschwendung, danach zu suchen.

(72) a. Er schläft.[11]

 b. Wenn man ihn dann beispielsweise in eine Lage bringt, wo er isoliert ist, oder man verhindert, daß er schläft, dann kommt er in eine Situation, wo er nur noch hinaus will.[12]

 c. Andrea Rupprecht arbeitet meist am PC, wenn er schläft oder wenn der Vater sich um ihn kümmert.[13]

(73) Max rülpst.[14]

Leider sind jedoch nicht alle Bereiche unseres Sprachvermögens der Introspektion zugänglich, und spätestens zu dem Zeitpunkt, zu dem die generative Grammatik den Bereich sehr simpler Sätze verlassen hatte und mit komplexen Beispielsätzen für Strukturen zu argumentieren begann, ergaben sich Probleme. Die negative Beurteilung von Daten wird benutzt, um bestimmte Strukturen auszuschließen. Oft kann man jedoch zeigen, daß es durchaus Belege für die angeblich unmöglichen Strukturen gibt (siehe auch Müller: Erscheintc, Meurers und Müller: In Vorbereitung). Dieser Punkt wird auch in dem obigen Zitat von Sampson angesprochen: Mitunter gibt es Äußerungskontexte, in denen Äußerungen völlig normal erscheinen, und die jeweiligen Autoren sind nur nicht auf einen solchen gekommen. Somit wird ein Theoriegebäude entwickelt, das leicht durch Daten zum Einsturz gebracht werden kann. Da der Anspruch ist, eine Theorie zu entwickeln, die für alle Sprachen gleichermaßen funktioniert und möglichst dieselben Strukturen und Prinzipien für alle Sprachen oder bestimmte Sprachgruppen annimmt, werden Ergebnisse bei der Erforschung von Einzelsprachen auch für die Motivation bestimmter Strukturen in anderen Sprachen verwendet. Das heißt, daß ein einzelner einflußreicher Artikel, der auf nicht abgesicherten Behauptungen beruht, dazu führen kann, daß Arbeiten in einem theoretischen Rahmen über Jahre oder Jahrzehnte entweder nicht ausreichend begründet oder sogar wirklich falsch sind.

 Behauptungen in bezug auf die Nicht-Existenz von Strukturen lassen sich mit Korpusdaten gut widerlegen, weshalb ich in diesem Buch an Stellen, die kontrovers diskutiert werden (oder kontrovers diskutiert werden könnten) auf Korpusbelege zurückgreife. In Korpora findet man jedoch auch Beispiele wie die in (74):

(74) Studenten stürmen mit Flugblättern und Megafon die Mensa und rufen alle auf zur Vollversammlung in der Glashalle *zum kommen*. *Vielen* bleibt das Essen im Mund

---

[11]taz, 30.04.2004, S. 3 und taz, 03.05.1997, S. 18.

[12]taz, 17.04.1999, S. 3.

[13]taz bremen, 08.03.1999, S. 26.

[14]Axel Hacke. *Der kleine Erziehungsberater*. München: Verlag Antje Kunstmann. 1992. S. 20–22.

stecken und *kommen sofort mit.*[15]

Solche Daten zieht man nicht zur Motivation von Theorien heran, da sie nicht wohlgeformt sind. Sicher ist es interessant zu untersuchen, was beim Verfassen dieser Wortfolgen schief gegangen ist, aber sie sollten nicht direkt von einer Grammatik beschrieben werden. Man muß also Korpusbelege zusätzlich noch mit der Methode der Introspektion absichern. Mißtraut man der eigenen Urteilsfähigkeit, kann man Sprecher der jeweiligen Sprache befragen oder andere psycholinguistische Experimente durchführen.

Ein anderer Kritikpunkt Sampsons ist die Ja/Nein-Unterscheidung, die generative Grammatiken in bezug auf die Grammatikalität von Äußerungen treffen. So wird der erste Satz in (75) als grammatisch eingestuft, die folgenden Sätze werden dagegen gleichermaßen als ungrammatisch zurückgewiesen.

(75)   a.   Der Mann kennt diese Frau.

     b.   * Der Mann kennen diese Frau.

     c.   * Mann der kennen diese Frau.

     d.   * Mann der kennen Frau diese.

Kritiker wenden hier zu Recht ein, daß man bei (75b–d) Abstufungen in der Akzeptabilität feststellen kann: In (75b) gibt es keine Kongruenz zwischen Subjekt und Verb, in (75c) stehen zusätzlich *Mann* und *der* in der falschen Reihenfolge, und in (75d) ist *Frau* und *diese* vertauscht. Genauso verletzen die Sätze in (74) zwar grammatische Regeln des Deutschen, sind aber noch interpretierbar. Sampsons Kritik wird jedoch sofort hinfällig, wenn man Grammatik als ein System von Wohlgeformtheitsbeschränkungen versteht. Eine Äußerung ist um so schlechter, je mehr Wohlgeformtheitsbedingungen sie verletzt. Die Wohlgeformtheitsbedingungen kann man auch wichten, so daß man erklären kann, warum bestimmte Verletzungen zu stärkeren Abweichungen führen als andere. Für die Gewichtung von Beschränkungen kann man auch Korpusdaten und entsprechende Verfahren heranziehen, so daß man von den im Bereich der Korpuslinguistik entwickelten Techniken profitiert. In diesem Buch wird auf Gewichte nicht eingegangen, es interessiert nur, welche Strukturen prinzipiell wohlgeformt sind.

Kontrollfragen

1. Wodurch unterscheidet sich ein Kopf in einer Wortgruppe von Nicht-Köpfen?

2. Gibt es in (76) einen Kopf?

    (76)   a.   er / NP

        b.   Schlaf!

        c.   schnell

3. Wodurch unterscheiden sich Argumente von Adjunkten?

4. Bestimmen Sie die Köpfe, die Adjunkte und die Argumente im Satz (77) und in den Bestandteilen des Satzes:

    (77)   Er hilft den kleinen Kindern in der Schule.

---

[15]Streikzeitung der Universität Bremen, 04.12.2003, S. 2. Die Markierung im Text ist von mir.

Übungsaufgaben

1. Auf Seite 16 habe ich behauptet, daß es unendlich viele Grammatiken gibt, die (52) analysieren können. Überlegen Sie sich, wieso diese Behauptung richtig ist.

2. Stellen Sie Überlegungen dazu an, wie man ermitteln kann, welche der unendlich vielen Grammatiken die beste ist bzw. welche der Grammatiken die besten sind.

3. Schreiben Sie eine Phrasenstrukturgrammatik, mit der man u. a. die folgenden Sätze analysieren kann:

   (78)   a. Der Mann hilft der Frau.
           b. Er gibt ihr das Buch.
           c. Er wartet auf ein Wunder.
           d. Er wartet neben dem Bushäuschen auf ein Wunder.

2 Der Formalismus

In diesem Kapitel werden Merkmalstrukturen eingeführt, mit deren Hilfe wir alle linguistischen Objekte modellieren werden. Für Merkmalstrukturen finden sich auch folgende Bezeichnungen:

- Merkmal-Wert-Struktur

- Attribut-Wert-Struktur

- *feature structure*

Merkmalstrukturen sind komplexe Gebilde, die alle Eigenschaften eines linguistischen Objekts modellieren. Der Linguist arbeitet meist mit Merkmalbeschreibungen, die nur Ausschnitte der Merkmalstruktur beschreiben. Der Unterschied zwischen Modell und Beschreibung wird im Abschnitt 2.7 noch genauer erklärt. Andere Bezeichnungen für Merkmalbeschreibungen sind:

- *attribute-value matrix* (AVM)

- *feature matrix*

Ich beschränke mich im folgenden auf das unbedingt Nötige, um den formalen Teil des Buches so klein wie möglich zu halten. Der interessierte Leser sei auf Shieber (1986), Pollard und Sag (1987, Kapitel 2), Johnson (1988), Carpenter (1992), King (1994) und Richter (2004) verwiesen. Shiebers Buch ist eine leicht lesbare Einführung in Unifikationsgrammatiken, Kings und Richters Arbeiten, die wichtige Grundlagen für die HPSG darstellen, dürften mathematischen Laien unzugänglich bleiben. Wichtig ist, daß es diese Arbeiten gibt und daß man weiß, daß die Theorie auf einem sicheren Fundament steht.

2.1 Merkmalbeschreibungen

Wenn wir sprachliche Zeichen beschreiben wollen, wollen wir etwas über ihre Eigenschaften aussagen. Wir können z. B. einem Nomen Kasus, Genus, Numerus und Person zuordnen. Für das Wort *Mannes* müßten diese Merkmale die Werte *Genitiv*, *maskulin*, *Singular* und *3* haben. Schreibt man dies als Liste von Merkmal-Wert-Paaren auf, so hat man bereits eine Merkmalbeschreibung:

(1) Merkmal-Wert-Paare für *Mannes*:

$$\begin{bmatrix} \text{KASUS} & Genitiv \\ \text{GENUS} & maskulin \\ \text{NUMERUS} & Singular \\ \text{PERSON} & 3 \end{bmatrix}$$

Mit Merkmalbeschreibungen kann man natürlich ganz verschiedene Dinge beschreiben. Zum Beispiel kann man mit (2) einen Menschen beschreiben:

$$(2) \quad \begin{bmatrix} \text{VORNAME} & max \\ \text{NACHNAME} & meier \\ \text{GEBURTSTAG} & 10.10.1985 \end{bmatrix}$$

Menschen sind mit anderen Menschen verwandt, was man ebenfalls in Merkmal-Wert-Paaren ausdrücken kann. So kann man z. B. die Tatsache, daß Max Meier einen Vater namens Peter Meier hat, repräsentieren, indem man (2) wie folgt erweitert:

$$(3) \quad \begin{bmatrix} \text{VORNAME} & max \\ \text{NACHNAME} & meier \\ \text{GEBURTSTAG} & 10.10.1985 \\ & \\ \text{VATER} & \begin{bmatrix} \text{VORNAME} & peter \\ \text{NACHNAME} & meier \\ \text{GEBURTSTAG} & 10.05.1960 \\ \text{VATER} & \ldots \\ \text{MUTTER} & \ldots \end{bmatrix} \\ \text{MUTTER} & \ldots \end{bmatrix}$$

Der Wert des VATER-Merkmals ist dann eine Merkmalbeschreibung, die dieselben Merkmale wie (2) hat.

Ein *Pfad* in einer Merkmalbeschreibung ist eine Folge von Merkmalen, die in der Merkmalbeschreibung unmittelbar aufeinander folgen. Der *Wert eines Pfades* ist die Merkmalbeschreibung am Ende des Pfades. So ist der Wert von VATER|GEBURTSTAG das Datum *10.05.1960*.

Es fallen einem sofort mehrere Merkmale ein, die man noch in Repräsentationen wie (3) aufnehmen könnte. Man überlege sich, wie Information über Töchter oder Söhne in (3) integriert werden kann.

Eine nahcliegende Lösung ist, weitere Merkmale für TOCHTER und SOHN einzuführen:

$$(4) \quad \begin{bmatrix} \text{VORNAME} & max \\ \text{NACHNAME} & meier \\ \text{GEBURTSTAG} & 10.10.1985 \\ \text{VATER} & \ldots \\ \text{MUTTER} & \ldots \\ \text{TOCHTER} & \ldots \end{bmatrix}$$

Diese Lösung ist jedoch nicht befriedigend, da sie es nicht ohne weiteres ermöglicht, Menschen mit mehreren Töchtern zu beschreiben. Sollte man dann Merkmale wie TOCHTER-1 oder TOCHTER-3 einführen?

$$(5) \quad \begin{bmatrix} \text{VORNAME} & max \\ \text{NACHNAME} & meier \\ \text{GEBURTSTAG} & 10.10.1985 \\ \text{VATER} & \ldots \\ \text{MUTTER} & \ldots \\ \text{TOCHTER-1} & \ldots \\ \text{TOCHTER-2} & \ldots \\ \text{TOCHTER-3} & \ldots \end{bmatrix}$$

Wieviele Merkmale will man annehmen? Wo ist die Grenze? Was ist der Wert von TOCHTER-32?

Geschickter ist es hier, eine Liste zu verwenden. Listen werden mit spitzen Klammern dargestellt. Zwischen den spitzen Klammern können beliebig viele Elemente stehen. Ein Spezialfall ist, daß kein Element zwischen den Klammern steht, man spricht dann von *der leeren Liste*. Im folgenden Beispiel hat Max Meier eine Tochter namens Clara, die selbst keine Töchter hat:

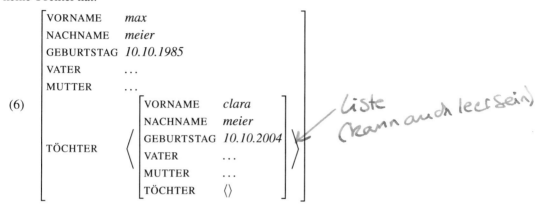

(6)

$$
\begin{bmatrix}
\text{VORNAME} & max \\
\text{NACHNAME} & meier \\
\text{GEBURTSTAG} & 10.10.1985 \\
\text{VATER} & \ldots \\
\text{MUTTER} & \ldots \\
\text{TÖCHTER} & \left\langle
\begin{bmatrix}
\text{VORNAME} & clara \\
\text{NACHNAME} & meier \\
\text{GEBURTSTAG} & 10.10.2004 \\
\text{VATER} & \ldots \\
\text{MUTTER} & \ldots \\
\text{TÖCHTER} & \langle \rangle
\end{bmatrix}
\right\rangle
\end{bmatrix}
$$

Liste (kann auch leer sein)

Nun stellt sich die Frage: Was ist mit Söhnen? Soll man eine Liste der Söhne einführen? Wollen wir zwischen Söhnen und Töchtern differenzieren? Sicher ist das Geschlecht der Kinder eine wichtige Eigenschaft, aber es ist eine Eigenschaft der beschriebenen Objekte. Alle Menschen haben ein Geschlecht. Die Beschreibung in (7) ist also eine adäquatere Repräsentation:

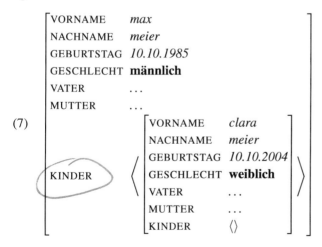

(7)

$$
\begin{bmatrix}
\text{VORNAME} & max \\
\text{NACHNAME} & meier \\
\text{GEBURTSTAG} & 10.10.1985 \\
\text{GESCHLECHT} & \textbf{männlich} \\
\text{VATER} & \ldots \\
\text{MUTTER} & \ldots \\
\text{KINDER} & \left\langle
\begin{bmatrix}
\text{VORNAME} & clara \\
\text{NACHNAME} & meier \\
\text{GEBURTSTAG} & 10.10.2004 \\
\text{GESCHLECHT} & \textbf{weiblich} \\
\text{VATER} & \ldots \\
\text{MUTTER} & \ldots \\
\text{KINDER} & \langle \rangle
\end{bmatrix}
\right\rangle
\end{bmatrix}
$$

Nun kann man fragen, warum die Eltern nicht auch in einer Liste repräsentiert werden. In der Tat wird man ähnliche Fragen auch in linguistischen Aufsätzen wiederfinden: Wie wird Information am zweckmäßigsten organisiert? Für eine Repräsentation der Beschreibungen der Eltern unter separaten Merkmalen spricht eventuell, daß man bestimmte Aussagen über die Mutter bzw. den Vater machen möchte, ohne erst ein passendes Element aus einer Liste suchen zu müssen.

Wenn die Reihenfolge der Elemente egal ist, verwendet man statt Listen auch Mengen. Mengen werden mit geschweiften Klammern geschrieben.[1]

2.2 Typen

Im vorigen Abschnitt wurden aus Merkmal-Wert-Paaren bestehende Merkmalbeschreibungen vorgestellt, und es wurde gezeigt, daß es sinnvoll ist, komplexe Werte für Merkmale zuzulassen. In diesem Abschnitt werden die Merkmalbeschreibungen um Typen erweitert. Merkmalbeschreibungen, denen ein Typ zugeordnet wurde, werden auch *typisierte Merkmalbeschreibungen* genannt. Typen sagen etwas darüber aus, welche Merkmale zu einer bestimmten Struktur gehören müssen bzw. zu einer Beschreibung der Struktur gehören dürfen. Die bisher diskutierte Beschreibung beschreibt Objekte vom Typ *person*.

$$
(8) \quad
\begin{bmatrix}
\text{VORNAME} & max \\
\text{NACHNAME} & meier \\
\text{GEBURTSTAG} & 10.10.1985 \\
\text{GESCHLECHT} & männlich \\
\text{VATER} & \ldots \\
\text{MUTTER} & \ldots \\
\text{KINDER} & \langle \ldots, \ldots \rangle \\
person
\end{bmatrix}
$$

Der Typ wird *kursiv* gesetzt.

In einer Typspezifikation wird festgelegt, welche Eigenschaften ein modelliertes Objekt hat. In der Theorie kann man dann nur über diese Eigenschaften sinnvoll etwas aussagen. Eigenschaften wie BETRIEBSSPANNUNG sind für Objekte vom Typ *person* nicht relevant. Wenn man den Typ eines beschriebenen Objekts kennt, weiß man also, daß das Objekt bestimmte Eigenschaften haben muß, auch wenn man die genauen Werte (noch) nicht kennt. So ist (9) eine Beschreibung von Max Meier, obwohl sie z. B. keine Information über Max' Geburtstag enthält:

$$
(9) \quad
\begin{bmatrix}
\text{VORNAME} & max \\
\text{NACHNAME} & meier \\
\text{GESCHLECHT} & männlich \\
person
\end{bmatrix}
$$

Man weiß aber, daß Max Meier an irgendeinem Tag Geburtstag haben muß, da die Beschreibung vom Typ *person* ist. Die Frage *Wann hat Max Geburtstag?* ist also in bezug auf eine von (9) beschriebene Struktur sinnvoll, was für die Frage *Welche Betriebsspannung hat Max?* nicht der Fall ist. Wenn wir wissen, daß ein Objekt vom Typ *person* ist, haben wir sozusagen seine Grobstruktur:

---

[1] Die Beschreibung von Mengen ist technisch aufwendig. Wir würden in diesem Buch Mengen nur zum Aufsammeln von semantischer Information verwenden. Dies kann genauso gut mit Hilfe von Listen gemacht werden, weshalb wir hier auf die Einführung der Mengen verzichten und statt der Mengen Listen verwenden.

[handwritten margin note: auch Typen, aber ohne Merkmale, die ihnen zugeordnet werden = atomare Typen]

$$
(10) \quad
\begin{bmatrix}
\text{VORNAME} & \textit{vorname} \\
\text{NACHNAME} & \textit{nachname} \\
\text{GEBURTSTAG} & \textit{datum} \\
\text{GESCHLECHT} & \textit{geschlecht} \\
\text{VATER} & \textit{person} \\
\text{MUTTER} & \textit{person} \\
\text{KINDER} & \textit{list of person} \\
\textit{person} &
\end{bmatrix}
$$

In (10) und (9) sind auch Werte von Merkmalen wie VORNAME kursiv gesetzt. Diese Werte sind auch Typen. Sie unterscheiden sich jedoch von Typen wie *person* dadurch, daß zu ihnen keine Merkmale gehören. Solche Typen werden *atomar* genannt.

Typen sind in Hierarchien organisiert. Man kann z. B. die Untertypen *frau* und *mann* für *person* definieren. Diese würden sich dann durch die Festlegung des Geschlechts auszeichnen. (11) zeigt eine Merkmalstruktur des Typs *frau*. Die für *mann* wäre analog:

$$
(11) \quad
\begin{bmatrix}
\text{VORNAME} & \textit{vorname} \\
\text{NACHNAME} & \textit{nachname} \\
\text{GEBURTSTAG} & \textit{datum} \\
\text{GESCHLECHT} & \textit{weiblich} \\
\text{VATER} & \textit{mann} \\
\text{MUTTER} & \textit{frau} \\
\text{KINDER} & \textit{list of person} \\
\textit{frau} &
\end{bmatrix}
$$

Man kann sich hier jetzt wieder fragen, ob man das Merkmal GESCHLECHT überhaupt noch braucht. Die notwendige Information ist ja bereits im Typ *frau* repräsentiert. Die Frage, ob man bestimmte Information als Wert eines speziellen Merkmals repräsentiert oder die Information in einem Typ ohne ein entsprechendes eigenständiges Merkmal unterbringt, wird auch bei der Arbeit an linguistischen Analysen wieder auftauchen. Die beiden Alternativen unterscheiden sich vor allem darin, daß Information, die über Typen modelliert wird, für die im Abschnitt 2.4 besprochenen Strukturteilungen nicht ohne weiteres zugänglich ist.

Typhierarchien spielen eine wichtige Rolle für das Erfassen linguistischer Generalisierungen, weshalb im folgenden Typhierarchien und die Vererbung von Beschränkungen und Information an einem weiteren Beispiel erklärt werden sollen. Typhierarchien kann man sich wie eine effektive Organisation von Wissen vorstellen. In einem Nachschlagewerk sind die einzelnen Einträge miteinander verknüpft, so steht beim Eintrag für Affe und für Maus jeweils ein Zeiger auf Säugetier. Die Beschreibung, die bei Säugetier steht, muß somit bei den Einträgen für untergeordnete Konzepte nicht wiederholt werden. Genauso könnte man, wenn man verschiedene elektrische Geräte beschreiben will, die Hierarchie in Abbildung 2.1 auf der nächsten Seite verwenden. Der allgemeinste Typ *elektrisches Gerät* steht in Abbildung 2.1 ganz oben. Elektrische Geräte haben bestimmte Eigenschaften, z. B. eine Stromversorgung mit einer bestimmten Leistungsaufnahme. Alle Untertypen von *elektrisches Gerät* „erben" diese Eigenschaft. So haben z. B. *druckendes Gerät* und *scannendes Gerät* ebenfalls eine Stromversorgung mit einer bestimmten Leistungsaufnahme. Ein *druckendes Gerät* kann Information ausgeben, und ein *scannendes Gerät* kann

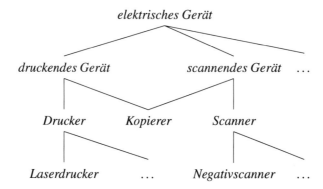

Abbildung 2.1: Nicht-linguistisches Beispiel für Mehrfachvererbung

Information einlesen. Ein *Kopierer* kann sowohl Information einlesen als auch ausgeben. Kopierer haben sowohl Eigenschaften einlesender Geräte als auch Eigenschaften druckender Geräte. Das wird durch die beiden Verbindungen zu den Obertypen in Abbildung 2.1 ausgedrückt. Ist ein Typ gleichzeitig Untertyp mehrerer Obertypen, so spricht man auch von *Mehrfachvererbung (multiple inheritance)*. Können Geräte nur drucken, aber nicht scannen, so sind sie vom Typ *Drucker*. Dieser Typ hat dann wieder spezifischere Untertypen, die bestimmte besondere Eigenschaften haben, z. B. *Laserdrucker*. Bei den Untertypen können neue Merkmale hinzukommen, es kann aber auch sein, daß Werte für bereits existierende Merkmale spezifischer werden. So ist z. B. beim Typ *Negativscanner* im Vergleich zu seinem Supertyp *Scanner* die Art des Eingabematerials sehr eingeschränkt.

Die Objekte, die man modelliert, haben immer einen maximal spezifischen Typ. In unserem Beispiel bedeutet das, daß wir Objekte vom Typ *Laserdrucker* und *Negativscanner* haben können aber nicht vom Typ *druckendes Gerät*. Das liegt daran, daß *druckendes Gerät* nicht maximal spezifisch ist, denn dieser Typ hat Untertypen.

Typhierarchien mit Mehrfachvererbung sind ein wichtiges Mittel, um linguistische Generalisierungen auszudrücken. Typen für Wörter oder Phrasen, die in diesen Hierarchien ganz oben stehen, entsprechen Beschränkungen über linguistischen Objekten, die für alle linguistischen Objekte in allen Sprachen Gültigkeit haben. Untertypen dieser allgemeinen Typen können sprachklassen- oder sprachspezifisch sein.

2.3 Disjunktion

Disjunktionen kann man verwenden, wenn man ausdrücken möchte, daß ein bestimmtes Objekt verschiedene Eigenschaften haben kann. Wenn wir z. B. zwanzig Jahre nach dem Verlassen der Schule ein Klassentreffen organisieren wollen und uns nicht mehr genau an die Namen der Klassenkameraden erinnern, dann könnte man im World Wide Web nach „Julia (Warbanow oder Barbanow)" suchen. In Merkmalbeschreibungen wird das Oder durch '∨' ausgedrückt.

(12)
$$\begin{bmatrix} \text{VORNAME} & \textit{Julia} \\ \text{NACHNAME} & \textit{Warbanow} \vee \textit{Barbanow} \\ \textit{person} & \end{bmatrix}$$

Manche Internetsuchmaschinen lassen durch 'oder' verknüpfte Anfragen nicht zu. Man muß dann zwei einzelne Anfragen nämlich nach „Julia Warbanow" und nach „Julia Barbanow" stellen. Das entspricht den beiden folgenden, disjunktiv verknüpften Beschreibungen:

(13) $\begin{bmatrix} \text{VORNAME} & Julia \\ \text{NACHNAME} & Warbanow \\ person \end{bmatrix} \lor \begin{bmatrix} \text{VORNAME} & Julia \\ \text{NACHNAME} & Barbanow \\ person \end{bmatrix}$

Da wir Typhierarchien als Ausdrucksmittel zur Verfügung haben, können wir manchmal auf die disjunktive Spezifikation von Werten verzichten und statt dessen den Obertyp angeben: Für *Drucker* ∨ *Kopierer* kann man auch *druckendes Gerät* schreiben, wenn man die Typhierarchie in Abbildung 2.1 auf der vorigen Seite zugrundelegt.

2.4 Strukturteilung

Strukturteilung ist ein wichtiger Bestandteil des HPSG-Formalismus. Sie dient dazu auszudrücken, daß gewisse Teile einer Struktur identisch sind. Ein linguistisches Beispiel für eine Identität von Werten ist die Kongruenz. In Sätzen wie denen in (14) muß der Numerus-Wert der Nominalphrase mit dem des Verbs identisch sein:

(14) a. Der Mann schläft.

b. Die Männer schlafen.

c. * Der Mann schlafen. → *Numerus-Wert muss identisch sein*

Die Identität von Werten wird durch Boxen mit Zahlen darin verdeutlicht. Die Boxen kann man auch als Variablen auffassen.

Man kann bei der Beschreibung von Objekten zwischen Gleichheit und Identität unterscheiden. Eine Aussage über die Identität von Werten ist stärker. Als Beispiel soll die folgende Merkmalbeschreibung dienen, die Information über die Kinder enthält, die Max' Vater bzw. Max' Mutter hat:

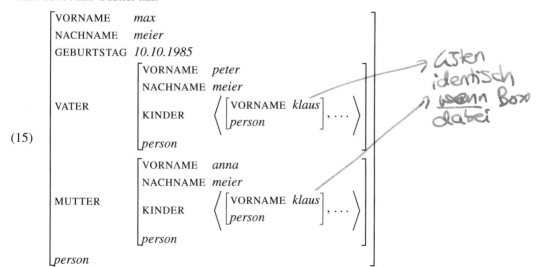

Listen identisch wenn Box dabei

Unter den Pfaden VATER|KINDER und MUTTER|KINDER steht jeweils eine Liste mit einer Beschreibung für eine Person mit dem Vornamen Klaus. Die Frage, ob die Merkmalbeschreibung ein Kind oder zwei Kinder von Peter und Anna beschreibt, kann nicht geklärt werden. Es ist durchaus möglich, daß es sich um zwei Kinder aus früheren Verbindungen handelt, die zufällig beide Klaus heißen.

Mit Hilfe von Strukturteilung kann man die Identität der beiden Werte festmachen:

(16)

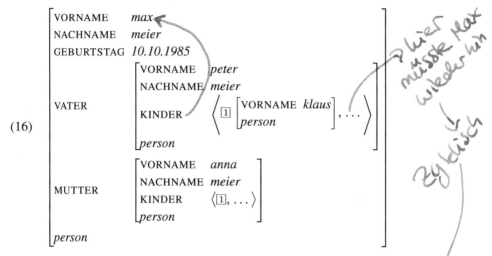

In (16) ist Klaus ein Kind, das beide gemeinsam haben. Alles, was innerhalb der Klammer unmittelbar nach ① steht, ist an beiden Stellen genauso vorhanden. Man kann sich die ① als einen Zeiger bzw. Verweis auf eine nur einmal beschriebene Struktur vorstellen. Eine Frage ist noch offen: Was ist mit Max? Max ist ja auch ein Kind seiner Eltern und sollte demnach auch in der Liste der Kinder seiner Eltern auftauchen. In (16) gibt es an zwei Stellen drei Punkte. Diese Auslassungszeichen stehen für Aussagen über die weiteren Kinder von Peter und Anna Meier. Unser Weltwissen sagt uns, daß die beiden jeweils mindestens noch ein Kind haben müssen, nämlich Max Meier selbst. Im folgenden Abschnitt wird gezeigt, wie man das formal ausdrücken kann.

2.5 Zyklische Strukturen

Wir haben die Strukturteilung eingeführt, damit wir sagen können, daß Max' Eltern einen gemeinsamen Sohn Klaus haben. Es wäre nicht adäquat, Max jeweils separat in die Kinder-Listen seiner Eltern aufzunehmen. Wir müssen erfassen, daß jeweils derselbe Max in den Kinder-Listen steht, und außerdem muß auch noch sichergestellt werden, daß das Objekt, das als Kind beschrieben wird, mit dem Gesamtobjekt identisch ist, denn sonst hätten wir wieder die Situation, in der Max' Eltern noch ein zweites Kind namens Max haben könnten. Die Beschreibung in (17) auf der gegenüberliegenden Seite erfaßt die Zusammenhänge korrekt. Strukturen, die durch Beschreibungen wie (17) beschrieben werden, werden zyklisch genannt, weil man, wenn man bestimmten Pfaden folgt, im Kreis gehen kann: Z. B. den Pfad VATER|KINDER|...|VATER|KINDER|...[2] kann man unendlich lange wiederholen.

---

[2]Die Punkte stehen hierbei für den Pfad zu [2] in der Liste, die Wert von KINDER ist. Siehe Übungsaufgabe 2.

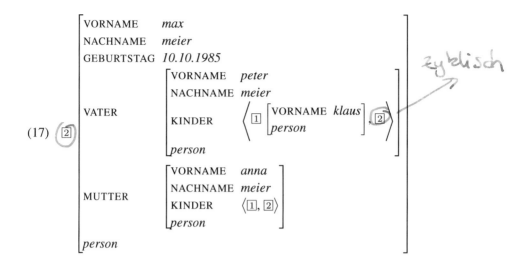

(17)

2.6 Unifikation

Grammatikregeln werden in der HPSG genauso wie Lexikoneinträge mit Hilfe von Merkmalbeschreibungen aufgeschrieben. Damit ein Wort oder eine größere phrasale Einheit als Tochter in einer durch eine bestimmte Grammatikregel lizenzierten Phrase verwendet werden kann, muß das Wort bzw. die phrasale Einheit Eigenschaften haben, die mit der Beschreibung der Tochter in der Grammatikregel kompatibel sind. Liegt eine solche Kompatibilität vor, spricht man auch von *Unifizierbarkeit*.[3] Wenn man zwei Beschreibungen unifiziert, bekommt man eine Beschreibung, die die Information aus den beiden unifizierten Beschreibungen enthält, aber keine zusätzliche Information.

Die Unifikation kann man sich wieder mit Hilfe von Merkmalbeschreibungen, die Personen beschreiben, verdeutlichen. Man kann sich vorstellen, daß Bettina Kant zum Privatdetektiv Max Müller ins Büro kommt und eine bestimmte Person sucht. Normalerweise haben diejenigen, die in das Detektivbüro kommen, nur eine partielle Beschreibung der Person, die sie suchen, also z. B. das Geschlecht, die Haarfarbe, evtl. auch das Geburtsdatum. Vielleicht ist auch ein Autokennzeichen bekannt, zu dem der Fahrzeughalter ermittelt werden soll. Was vom Detektiv nun verlangt wird, ist, daß er Information liefert, die zur Anfrage paßt. Wird nach einer blonden, weiblichen Person namens Meier gesucht, darf keine Personenbeschreibung für eine rothaarige, männliche Person geliefert werden. Die beiden Beschreibungen in (18) sind inkompatibel und unifizieren nicht:

---

[3]Der Begriff *Unifikation* ist mit Vorsicht zu verwenden. Er ist nur bei bestimmten Annahmen in bezug auf die formalen Grundlagen der HPSG sinnvoll einsetzbar. Informell wird der Begriff oft auch in Formalismen verwendet, in denen Unifikation gar nicht technisch definiert ist. In der HPSG meint er dann in der Regel, dass man die Beschränkungen zweier Beschreibungen in eine einzige Beschreibung zusammenführt. Intuitiv will man damit sagen, dass die beschriebenen Objekte dann die Beschränkungen beider Beschreibungen zugleich erfüllen müssen (*constraint satisfaction*). Da der Begriff *Unifikation* aber weit verbreitet ist, wird er auch in diesem Abschnitt verwendet. Der Begriff der Unifikation wird im weiteren Buch außer in den Diskussionsabschnitten bei der Diskussion von explizit unifikationsbasierten Ansätzen keine Rolle mehr spielen. Das hier vorgestellte Konzept der Erfüllung von Beschränkungen ist dagegen für das Verständnis aller Kapitel sehr wichtig.

$$(18) \quad \text{a.} \quad \begin{bmatrix} \text{NACHNAME} & meier \\ \text{GESCHLECHT} & weiblich \\ \text{HAARFARBE} & blond \\ person & \end{bmatrix}$$

$$\quad \text{b.} \quad \begin{bmatrix} \text{NACHNAME} & meier \\ \text{GESCHLECHT} & männlich \\ \text{HAARFARBE} & rot \\ person & \end{bmatrix}$$

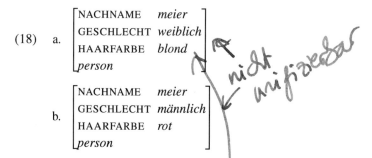

nicht unifizierbar

Die Beschreibung in (19) wäre ein mögliches Ergebnis für eine Anfrage in bezug auf eine blonde, weibliche Person namens Meier:

$$(19) \quad \begin{bmatrix} \text{VORNAME} & katharina \\ \text{NACHNAME} & meier \\ \text{GESCHLECHT} & weiblich \\ \text{GEBURTSTAG} & 15.10.1965 \\ \text{HAARFARBE} & blond \\ person & \end{bmatrix}$$

die sind unifizierbar

Die Person Katharina Meier kann durchaus noch weitere Eigenschaften haben, die dem Detektiv unbekannt sind, wichtig ist, daß die Eigenschaften, die der Detektiv kennt, zu den Eigenschaften, nach denen der Auftraggeber sucht, passen. Außerdem ist wichtig, daß der Detektiv nur gesicherte Information verwendet, er darf sich nicht irgendwelche Eigenschaften des gesuchten Objektes ausdenken. Die Unifikation der Anfrage aus (18a) mit der Information des Detektivs in (19) ist also (19) selbst und nicht etwa (20):

$$(20) \quad \begin{bmatrix} \text{VORNAME} & katharina \\ \text{NACHNAME} & meier \\ \text{GESCHLECHT} & weiblich \\ \text{GEBURTSTAG} & 15.10.1965 \\ \text{HAARFARBE} & blond \\ \text{KINDER} & \langle\rangle \\ person & \end{bmatrix}$$

Es könnte zwar zufällig so sein, daß Katharina Meier keine Kinder hat, aber vielleicht gibt es mehrere Personen namens Katharina Meier mit ansonsten gleichen Eigenschaften. Durch die ausgedachte Information würden dann eine oder mehrere Verdächtige ausgeschlossen.

Es ist auch möglich, daß Max Müller in seiner Kartei keine Information über die Haarfarbe hat. Seine Karteikarte könnte folgende Information enthalten:

$$(21) \quad \begin{bmatrix} \text{VORNAME} & katharina \\ \text{NACHNAME} & meier \\ \text{GESCHLECHT} & weiblich \\ \text{GEBURTSTAG} & 15.10.1965 \\ person & \end{bmatrix}$$

Diese Daten sind mit der Anfrage kompatibel. Unifiziert man die beiden Beschreibungen in (18a) und (21), erhält man (19). Nimmt man an, daß der Detektiv ganze Arbeit geleistet hat, dann weiß Bettina Kant, daß die gesuchte Person die Eigenschaften aus der Anfrage + die neu herausgefundenen Eigenschaften hat.

2.7 Phänomene, Modelle und formale Theorien

In den bisherigen Abschnitten haben wir Merkmalbeschreibungen mit Typen eingeführt. Diese Merkmalbeschreibungen beschreiben getypte Merkmalstrukturen, die eine Model-lierung der beobachtbaren linguistischen Strukturen sind. In den Typdefinitionen legt man fest, welche Eigenschaften der linguistischen Objekte innerhalb des Modells beschrieben werden sollen. Die Typhierarchie zusammen mit den Typdefinitionen wird auch *Signatur* genannt. Als Grammatiker verwendet man die Typen in Merkmalbeschreibungen. Diese Beschreibungen sind Beschränkungen, die für linguistische Objekte gelten müssen. So kann man z. B. in einer Beschreibung des linguistischen Objekts *Frau* auf die Festlegung des Kasuswertes verzichten, denn *Frau* kann – wie (22) zeigt – in allen vier Kasus auftre-ten:

(22) a. Die Frau schläft.   (Nominativ)

        b. Wir gedenken der Frau.   (Genitiv)

        c. Er hilft der Frau.   (Dativ)

        d. Er liebt die Frau.   (Akkusativ)

In einem Modell gibt es aber nur vollständig spezifizierte Repräsentationen, d. h. das Mo-dell enthält vier Formen für *Frau* mit den jeweiligen Kasus. Bei maskulinen Nomina wie *Mann* muß man dagegen in der Beschreibung etwas über den Kasus sagen, denn die Ge-nitiv-Singular-Form unterscheidet sich von den anderen Singularformen, wovon man sich durch das Einsetzen von *Mann* in die Beispiele in (22) überzeugen kann. (23) zeigt die Merkmalbeschreibungen für *Frau* und *Mann*:

(23) a. Frau

        $\left[\text{GENUS } \mathit{fem} \right]$

      b. Mann

        $\left[\begin{array}{l} \text{GENUS } \mathit{mas} \\ \text{KASUS } \mathit{Nominativ} \vee \mathit{Dativ} \vee \mathit{Akkusativ} \end{array} \right]$

(23a) enthält im Gegensatz zu (23b) kein Kasus-Merkmal, da man, wenn man die Merk-malstrukturen für das Objekt *Frau* beschreibt, nichts über den Kasus sagen muß. Da aber alle nominalen Objekte ein Kasus-Merkmal haben, ist klar, daß auch die Strukturen für *Frau* ein Kasus-Merkmal haben. Der Wert des Kasus-Merkmals ist vom Typ *Kasus*. *Ka-sus* ist hierbei ein allgemeiner Typ, der die Untertypen *Nominativ*, *Genitiv*, *Dativ* und *Akkusativ* hat. Konkrete linguistische Objekte haben immer genau einen dieser maximal spezifischen Typen als Kasus-Wert. Die zu (23) gehörenden Merkmalstrukturen zeigen die Abbildungen 2.2 und 2.3 auf der folgenden Seite. In diesen Darstellungen gehört zu jedem Knoten ein Typ (*noun*, *fem*, *Nominativ*, ...), wobei die Typen in den Merkmalstrukturen

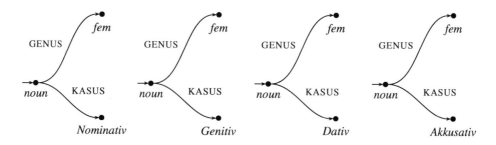

Abbildung 2.2: Merkmalstrukturen zur Beschreibung von *Frau* in (23a)

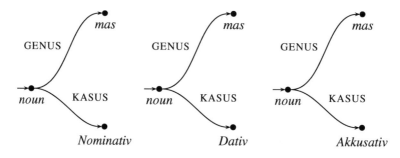

Abbildung 2.3: Merkmalstrukturen zur Beschreibung von *Mann* in (23b)

immer maximal spezifisch sind, d. h. keine Untertypen mehr haben. Es gibt immer einen Eingangsknoten (im Beispiel *noun*), und die anderen Knoten sind mit Pfeilen verbunden, an denen jeweils die Merkmalsnamen (GENUS, KASUS) stehen.

Geht man noch einmal zum Personenbeispiel aus den vorigen Abschnitten zurück, so kann man sich den Unterschied zwischen Modell und Beschreibung so verdeutlichen: Wenn wir ein Modell von Personen haben, das Vorname, Nachname, Geburtstag, Geschlecht und Haarfarbe enthält, dann ist es klar, daß jedes modellierte Objekt einen Geburtstag hat, wir können aber in Beschreibungen die Angaben in bezug auf den Geburtstag weglassen, wenn diese bei der Formulierung von Beschränkungen oder Suchen unwichtig sind.

Den Zusammenhang zwischen (linguistischen) Phänomenen, dem Modell und der formalen Theorie verdeutlicht Abbildung 2.4 auf der gegenüberliegenden Seite. Das Modell modelliert linguistische Phänomene. Es muß außerdem von unserer Theorie lizenziert werden. Die Theorie legt das Modell fest und macht außerdem Vorhersagen in bezug auf mögliche Phänomene.

In den folgenden Kapiteln wird eine Theorie des Deutschen entwickelt. Das bedeutet, daß geklärt wird, welche Merkmale zur Modellierung von Sprache benötigt werden und welche Werte diese Merkmale im Deutschen haben können. Die Theorie formuliert Beschränkungen über das Auftreten bestimmter Werte bzw. die Gleichheit von Werten.

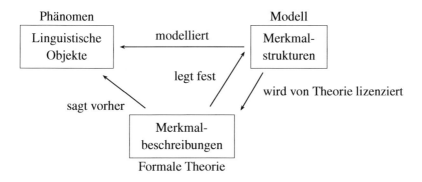

Abbildung 2.4: Phänomen, Modell und formale Theorie

Kontrollfragen

1. Weshalb verwendet man in der HPSG Typen?

2. Sind die folgenden Strukturen jeweils kompatibel, d. h. können sie benutzt werden, um dasselbe Objekt zu beschreiben?

(24)

$$\begin{bmatrix} \text{VORNAME } max \\ \text{NACHNAME } meier \\ \text{VATER } \begin{bmatrix} \text{VORNAME} & peter \\ \text{NACHNAME} & meier \\ person \end{bmatrix} \end{bmatrix} \quad \begin{bmatrix} \text{VORNAME } max \\ \text{NACHNAME } meier \\ \text{VATER } \begin{bmatrix} \text{VORNAME} & peter \\ \text{NACHNAME} & müller \\ person \end{bmatrix} \end{bmatrix}$$

(25)

$$\begin{bmatrix} \text{VORNAME } max \\ \text{NACHNAME } meier \\ \text{VATER } \begin{bmatrix} \text{VORNAME} & peter \\ \text{NACHNAME} & meier \\ person \end{bmatrix} \end{bmatrix} \quad \begin{bmatrix} \text{VORNAME } max \\ \text{NACHNAME } meier \\ \text{MUTTER } \begin{bmatrix} \text{VORNAME} & ursula \\ \text{NACHNAME} & müller \\ person \end{bmatrix} \end{bmatrix}$$

Übungsaufgaben

1. Überlegen Sie, wie man Musikinstrumente mittels Merkmalstrukturen beschreiben könnte.

2. In diesem Kapitel wurden Listen eingeführt. Dies sieht wie eine Erweiterung des Formalismus aus. Dem ist aber nicht so, denn man kann die Listennotation in eine Notation überführen, die nur mit Merkmal-Wert-Paaren auskommt. Überlegen Sie, wie das geht.

3. (Zusatzaufgabe) Im folgenden Kapitel wird die Relation *append* eine Rolle spielen, die dazu dient, zwei Listen zu einer dritten zu verknüpfen. Relationale Beschränkungen wie *append* stellen eine Erweiterung des Formalismus dar. Mittels relationaler Beschränkungen kann man beliebige Werte von Merkmalen zu anderen Werten in Beziehung setzen, d. h. man kann kleine Programme schreiben, die einen Wert in Abhängigkeit von anderen Werten ausrechnen. Es stellt sich die Frage, ob man solch mächtige Beschreibungsmittel in einer linguistischen Theorie braucht und wenn man sie zuläßt, was für eine Komplexität man ihnen zubilligt. Eine Theorie, die ohne relationale Beschränkungen auskommt, ist einer anderen vorzuziehen (siehe auch Kapitel 20.1 zum Vergleich von Theorien).

Für die Verkettung von Listen gibt es eine direkte Umsetzung in Merkmalstrukturen ohne relationale Beschränkungen. Finden Sie diese. Geben Sie Ihre Quellen an und dokumentieren Sie, wie Sie bei der Suche nach der Lösung vorgegangen sind.

Literaturhinweise

Dieses Kapitel sollte den Leser auf leicht verständliche Weise an getypte Merkmalstrukturen heranführen. Mathematische Eigenschaften der Strukturen, der Typhierarchien und der Verknüpfungsmöglichkeiten solcher Strukturen können hier nicht erörtert werden. Die Kenntnis zumindest eines Teils dieser Eigenschaften sind aber für die Arbeit in der Computerlinguistik und auch beim Entwickeln eigener Analysen wichtig. Der interessierte Leser sei deshalb auf die folgenden Publikationen verwiesen: Im Buch von Shieber (1986) findet man eine allgemeine Einführung in die Theorie der Unifikationsgrammatiken. Es wird ein ziemlich allgemeiner Überblick gegeben, und wichtige Grammatik-Typen (DCG, LFG, GPSG, HPSG, PATR-II) werden kurz vorgestellt. Johnson (1988) beschreibt den Formalismus ungetypter Merkmalstrukturen mathematisch exakt. Carpenter (1992) setzt sich sehr mathematisch mit getypten Merkmalstrukturen auseinander. Der Formalismus, den King (1999) für HPSG-Grammatiken entwickelt hat, bildet die Grundlage für den von Richter (2004) entwickelten Formalismus, der derzeit als Standard gilt.

3 Valenz und Grammatikregeln

In diesem Kapitel geht es um die Interaktion zwischen Grammatikregeln und Valenzinformation. Der Begriff der Valenz stammt aus der Chemie. Atome können sich mit anderen Atomen zu mehr oder weniger stabilen Molekülen verbinden. Wichtig für die Stabilität ist, wie Elektronenschalen besetzt sind. Eine Verbindung mit anderen Atomen kann dazu führen, daß eine Elektronenschale voll besetzt ist, was dann zu einer stabilen Verbindung führt.[1] Die Valenz sagt etwas über die Anzahl der Wasserstoffatome aus, die mit einem Atom eines Elements verbunden werden können. In der Verbindung H_2O hat Sauerstoff die Valenz 2. Man kann nun die Elemente in Valenzklassen einteilen. Elemente mit einer bestimmten Valenz werden im Periodensystem von Mendeleev in einer Spalte repräsentiert.

Dieses Konzept wurde von Tesnière (1959) auf die Linguistik übertragen: Ein Kopf braucht bestimmte Argumente, um eine stabile Verbindung einzugehen. Wörter mit der gleichen Valenz – also mit der gleichen Anzahl und Art von Argumenten – werden in Valenzklassen eingeordnet, da sie sich in bezug auf die Verbindungen, die sie eingehen, gleich verhalten. Abbildung 3.1 zeigt Beispiele aus der Chemie und der Linguistik. Weitere

Abbildung 3.1: Verbindung von Sauerstoff mit Wasserstoff und Verbindung eines Verbs mit seinen Argumenten

Information zum Valenzbegriff in der Linguistik findet man in Ágel, Eichinger, Eroms, Hellwig, Heringer und Lobin: 2003, 2006.

Im folgenden wird gezeigt, wie Valenzinformation so repräsentiert werden kann, daß man statt vieler spezifischer Phrasenstrukturregeln ganz allgemeine Schemata zur Lizenzierung syntaktischer Strukturen verwenden kann.

3.1 Repräsentation von Valenzinformation

Die in Kapitel 1.7 diskutierten Phrasenstrukturgrammatiken haben den Nachteil, daß man sehr viele Regeln für die verschiedenen Valenzmuster braucht. (1) zeigt beispielhaft einige solche Regeln und die dazugehörigen Verben.

---

[1] http://www.iap.uni-bonn.de/P2K/periodic_table/valences.html. 09.11.2006.

(1)   S → NP, V   X schläft
        S → NP, NP, V   X Y erwartet
        S → NP, PP[über], V   X über Y spricht
        S → NP, NP, NP, V   X Y Z gibt
        S → NP, NP, PP[mit], V   X Y mit Z dient

Damit die Grammatik keine falschen Sätze erzeugt, muß man dafür sorgen, daß Verben nur mit passenden Regeln verwendet werden können.

(2)   a. * daß Peter das Buch schläft

        b. * daß Peter erwartet

        c. * daß Peter über den Mann erwartet

Man muß also Verben (allgemein Köpfe) in Valenzklassen einordnen. Diese Valenzklassen müssen den Grammatikregeln zugeordnet sein. Damit ist die Valenz doppelt kodiert: Zum einen sagt man in den Regeln etwas darüber aus, welche Elemente zusammen vorkommen müssen/können, und zum anderen ist Valenzinformation im Lexikon enthalten.

Um solcherart redundante Repräsentation zu vermeiden, nimmt man in der HPSG – wie in der Kategorialgrammatik – Beschreibungen der Argumente eines Kopfes in die lexikalische Repräsentation des Kopfes auf: In der Beschreibung von Köpfen gibt es ein listenwertiges SUBCAT-Merkmal, das Beschreibungen der Objekte enthält, die mit einem Kopf kombiniert werden müssen, damit eine vollständige Phrase vorliegt. (3) zeigt Beispiele für die Verben aus (1):

(3)   Verb   SUBCAT
        schlafen   ⟨ NP ⟩
        erwarten   ⟨ NP, NP ⟩
        sprechen   ⟨ NP, PP[über] ⟩
        geben   ⟨ NP, NP, NP ⟩
        dienen   ⟨ NP, NP, PP[mit] ⟩

SUBCAT ist die Abkürzung für SUBCATEGORIZATION. Man spricht auch davon, daß ein bestimmter Kopf für bestimmte Argumente subkategorisiert ist. Diese Redeweise kommt wohl daher, daß die Köpfe bezüglich ihrer Wortart bereits kategorisiert sind und dann durch die Valenzinformation weitere Unterklassen (wie z. B. intransitives oder transitives Verb) gebildet werden. Im Englischen gibt es auch die Verwendung X subcategorizes for Y, was soviel wie X verlangt Y oder X selegiert Y heißt. Man sagt auch, daß X Y regiert.

Statt spezifische Regeln wie die in (1) zu verwenden, kann man Regelschemata wie die in (4) für Kopf-Argument-Kombination benutzen:

(4)   a. V[SUBCAT A] → B, V[SUBCAT A ⊕ ⟨ B ⟩]
        b. A[SUBCAT A] → B, A[SUBCAT A ⊕ ⟨ B ⟩]
        c. N[SUBCAT A] → B, N[SUBCAT A ⊕ ⟨ B ⟩]
        d. P[SUBCAT A] → P[SUBCAT A ⊕ ⟨ B ⟩], B

In den Boxen verwende ich A und B statt 1 oder 2, damit man nicht mit den Strukturteilungen in den folgenden Abbildungen durcheinanderkommt.

Die Schemata lizenzieren die Verbindung von V, A, N bzw. P mit einem Element aus der SUBCAT-Liste. Dabei ist '⊕' (*append*) eine Relation zur Verknüpfung zweier Listen:

(5) $\langle x, y \rangle = \langle x \rangle \oplus \langle y \rangle$ oder
      $\langle \rangle \oplus \langle x, y \rangle$ oder
      $\langle x, y \rangle \oplus \langle \rangle$

Die Anwendung der Regel (4a) soll anhand der Beispiele in (6) erklärt werden:

(6)   a.   daß Peter schläft

      b.   daß Peter Maria erwartet

handschriftlich: V[SUBCAT Ⓐ] → Ⓑ, V[SUBCAT Ⓐ ⊕ ⟨Ⓑ⟩]

Die SUBCAT-Liste im Lexikoneintrag von *schläft* enthält genau eine NP. Setzt man den Lexikoneintrag für *schläft* in die Regel in (4a) ein, ergibt sich (7):

(7)   V[SUBCAT Ⓐ] → Ⓑ NP, V[SUBCAT Ⓐ ⟨⟩ ⊕ ⟨ Ⓑ NP ⟩]

append teilt die SUBCAT-Liste von *schläft* in zwei Teile. Ein Teil ist eine einelementige Liste, die die NP enthält, der zweite Teil ist die leere Liste. Die leere Liste entspricht der Liste der noch zu sättigenden Argumente. Abbildung 3.2 zeigt den durch das Regelschema lizenzierten Baum.

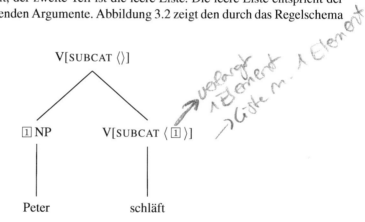

Abbildung 3.2: Analyse für *Peter schläft*

Läßt man die Ausdrücke in Klammern in (7) weg, bleibt nur (8) übrig.

(8)   V → NP, V

Obwohl die Regel in (8) genauso aussieht wie die Phrasenstrukturregeln, die wir im Kapitel 1.7 behandelt haben, ist sie anderer Natur: Die Information darüber, daß ein Verb mit einer NP kombiniert wird, wird nicht in den Regeln spezifiziert, sondern wird über die SUBCAT-Information durch das Verb beigesteuert.
Die SUBCAT-Liste im Lexikoneintrag von *erwartet* enthält genau zwei NPen. Setzt man den Lexikoneintrag für *erwartet* in die erste Regel in (4) ein, ergibt sich (9):

(9)   V[SUBCAT Ⓐ] → Ⓑ NP, V[SUBCAT Ⓐ ⟨ NP ⟩ ⊕ ⟨ Ⓑ NP ⟩]

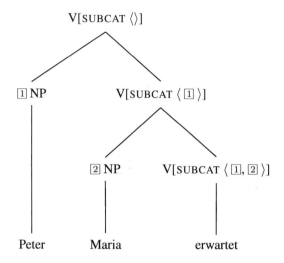

Abbildung 3.3: Analyse für *Peter Maria erwartet*

Das Ergebnis der Regelanwendung ist V[SUBCAT ⟨ NP ⟩]. Das entspricht dem Lexikoneintrag von *schläft*. Die Regel kann also wie in (8) noch einmal angewendet werden, so
daß man dann eine vollständig gesättigte Phrase bekommt. Das zeigt Abbildung 3.3.

Die Regeln in (4) kann man nun auf zweierlei Weise verallgemeinern: Zuerst kann man
von der Abfolge der Konstituenten auf der rechten Regelseite abstrahieren (dazu später
noch mehr). Man erhält dann (10):

(10)   V[SUBCAT A]   →   V[SUBCAT A ⊕ ⟨ B ⟩] B
       N[SUBCAT A]   →   N[SUBCAT A ⊕ ⟨ B ⟩] B
       A[SUBCAT A]   →   A[SUBCAT A ⊕ ⟨ B ⟩] B
       P[SUBCAT A]   →   P[SUBCAT A ⊕ ⟨ B ⟩] B

In einem zweiten Schritt kann man, wie das in den $\overline{\text{X}}$-Schemata gemacht wurde, über die
Kategorie des Kopfes abstrahieren. Man erhält dann ein abstraktes Schema, das die Regeln
in (4) bzw. in (10) zusammenfaßt:

(11)   H[SUBCAT A]   →   H[SUBCAT A ⊕ ⟨ B ⟩] B

'H' steht hierbei für irgendeinen Kopf (also z. B. A, N, P oder V).

Nach diesen Vorbemerkungen zur Repräsentation von Valenzinformation können wir
uns nun dem Aufbau von Lexikoneinträgen zuwenden: Lexikoneinträge werden immer
durch Merkmalstrukturen modelliert. Information über die Aussprache (PHONOLOGY),
die Wortart (PART-OF-SPEECH) und die Valenz (SUBCAT) kann wie folgt dargestellt werden:

(12)   *gibt* (finite Form):

$$\begin{bmatrix} \text{PHON} & \langle\ gibt\ \rangle \\ \text{PART-OF-SPEECH} & verb \\ \text{SUBCAT} & \langle \text{NP}[nom],\ \text{NP}[acc],\ \text{NP}[dat] \rangle \\ word & \end{bmatrix}$$

Als Wert von PHON müßten phonologische Umschriften der Wörter angegeben werden, was oft der Einfachheit halber nicht gemacht wird. Statt dessen verwendet man die orthographische Form. Zur Behandlung der Phonologie in HPSG siehe Bird und Klein: 1994 und Höhle: 1999.

NP[*nom*], NP[*acc*] und NP[*dat*] stehen für komplexe Merkmalstrukturen, die intern genauso aufgebaut sind wie der Eintrag für *gibt* in (12). Wie die Kasusinformation repräsentiert wird, wird auf Seite 58 erklärt. Die Reihenfolge der Elemente in der SUBCAT-Liste entspricht der Obliqueness-Hierarchie von Keenan und Comrie (1977) und Pullum (1977):

SUBJECT => DIRECT => INDIRECT => OBLIQUES => GENITIVES => OBJECTS OF
           OBJECT   OBJECT   COMPARISON

Diese Hierarchie gibt die unterschiedliche syntaktische Aktivität der grammatischen Funktion wieder. Elemente, die weiter links stehen, kommen eher in bestimmten syntaktischen Konstruktionen vor. Beispiele für syntaktische Konstruktionen, in denen Obliqueness eine Rolle spielt, sind:

- Ellipse (Klein: 1985)

- Vorfeldellipse (Fries: 1988)

- freie Relativsätze (Bausewein: 1990, Pittner: 1995, Müller: 1999b)

- Passiv (Keenan und Comrie: 1977)

- Zustandsprädikate (Müller: 2001b, 2002b, Erscheinta)

- Bindungstheorie (Grewendorf: 1985; Pollard und Sag: 1992, 1994)

Eine Alternative für die Anordnung der Elemente in der SUBCAT-Liste wäre die Abfolge NP[*nom*], NP[*dat*], NP[*acc*], die ebenfalls bei vielen Phänomenen eine Rolle spielt. Ein Beispiel für ein solches Phänomen ist die Konstituentenstellung. Diese ist im Deutschen relativ frei. Statt (13a) kann man in bestimmten Kontexten auch (13b) äußern:

(13)   a.   weil der Mann der Frau das Buch gibt

         b.   weil der Mann das Buch der Frau gibt

Die Anzahl der Kontexte, in denen (13b) geäußert werden kann, ist jedoch kleiner als die, in denen (13a) geäußert werden kann. Man bezeichnet die Abfolge in (13a) deshalb auch als präferierte Abfolge oder als Normalabfolge (Höhle: 1982a).

In der Literatur wird mitunter von einer größeren Verbnähe des Akkusativs gesprochen, und es wird behauptet, daß eine Voranstellung des Verbs mit einem Dativ nicht möglich ist (Haftka 1981; Haider 1982; Wegener 1990; Zifonun 1992). Zu dieser Behauptung gibt es Gegenbeispiele bei Uszkoreit (1987), von Stechow und Sternefeld (1988), Oppenrieder (1991), Grewendorf (1993) und G. Müller (1998, 5). (14) zeigt Korpusbelege, in denen ein Dativobjekt, das normalerweise vor dem Akkusativ angeordnet werden würde, zusammen mit einem infiniten Verb vorangestellt wurde:

(14) a. Besonders Einsteigern empfehlen möchte ich Quarterdeck Mosaic, dessen gelungene grafische Oberfläche und Benutzerführung auf angenehme Weise über die ersten Hürden hinweghilft, obwohl sich die Funktionalität auch nicht zu verstecken braucht.[2]

   b. Der Nachwelt hinterlassen hat sie eine aufgeschlagene *Hör zu* und einen kurzen Abschiedsbrief: …[3]

Man könnte annehmen, daß der Dativ nur bei bestimmten Verben zusammen mit dem Verb vorangestellt werden kann und daß bei solchen Verben dafür der Akkusativ nicht mit dem Verb gemeinsam voranstellbar ist. Man würde also für einige Verben die Hierarchie SU > DO > IO und für andere SU > IO > DO annehmen. Die Beispiele in (15) zeigen jedoch, daß mit demselben Verb Dativ + V und Akkusativ + V vorangestellt werden können.

(15) a. Den Wählern erzählen sollte man diese Geschichte nicht.

   b. Märchen erzählen sollte man den Wählern nicht.

3.2 Alternativen

In diesem Abschnitt werden alternative Vorschläge aus anderen Grammatikmodellen diskutiert. Die Abschnitte, in denen solche Diskussionen stattfinden, sind anders geschrieben als das restliche Lehrbuch. Sie enthalten ausführliche Literatur- und Datendiskussionen, wie das für wissenschaftliche Texte nötig ist. Außerdem gibt es mitunter Querverweise auf spätere Kapitel. Dem Neueinsteiger wird geraten, diese Abschnitte zu überspringen und sie erst beim zweiten Lesen des Buches zu berücksichtigen.

Im vorangegangenen Abschnitt wurde das Subjekt genauso wie andere Argumente des Verbs in der Valenzliste repräsentiert und auch in syntaktischen Strukturen wie die anderen Argumente behandelt. Das wird in anderen Grammatiktheorien anders gesehen.

Für Sätze wie (6b) wird in der GB-Theorie oft die Struktur in Abbildung 3.4 auf der gegenüberliegenden Seite angenommen (siehe z. B. Grewendorf: 1988, 49). Die Kategorie I ist eine funktionale Kategorie, die in Grammatiken des Englischen durch das Stellungsverhalten von Hilfsverben motiviert werden kann. Im Deutschen verhalten sich Hilfsverben in bezug auf ihre Stellung aber wie Vollverben, so daß eine Zuordnung von Voll- und Hilfsverben zu verschiedenen Kategorien nicht gerechtfertigt wäre. In Analysen, die dem in Abbildung 3.4 skizzierten Ansatz folgen, geht man davon aus, daß das Subjekt einen Sonderstatus hat und nicht innerhalb der Projektion des Verbs (der VP) steht. Das Subjekt wird deshalb auch *externes Argument* genannt. Es lassen sich durchaus Subjekt-Objekt-Asymmetrien feststellen, ob das allerdings eine strukturell andere Behandlung von Subjekten rechtfertigt, ist eine kontrovers diskutierte Frage (vergleiche z. B. Haider: 1982, Grewendorf: 1983, Kratzer: 1984, Webelhuth: 1985, Sternefeld: 1985b, Scherpenisse: 1986, Fanselow: 1987, Grewendorf: 1988, Dürscheid: 1989, Webelhuth: 1990, Oppenrieder: 1991, Wilder: 1991, Haider: 1993, Grewendorf: 1993, Frey: 1993, Lenerz: 1994, Meinunger: 2000). In Abbildung 3.3 auf Seite 44 werden alle Komplemente des Verbs auf die gleiche Weise gesättigt. Die maximale Projektion ist eine Projektion des Verbs. Es gibt in dieser Analyse für Sätze mit finiten Verben also keine besonders lizenzierte Zwischenstufe

---

[2]c't, 9/95, S. 156.
[3]taz, 18.11.98, S. 20.

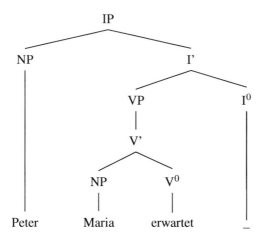

Abbildung 3.4: Analyse von *Peter Maria erwartet* mit IP/VP-Unterscheidung

VP wie z. B. in HPSG-Grammatiken des Englischen (vergleiche Pollard und Sag: 1987, Kapitel 6.1, Pollard und Sag: 1994, Kapitel 1.4).[4] Sowohl Subjekt als auch Objekte des finiten Verbs sind Elemente der SUBCAT-Liste und werden in Strukturen gleichen Typs mit dem Verb verbunden. Das heißt, es gibt keine strukturelle Unterscheidung zwischen Subjekt und Objekten. In der GB-Literatur geht man meistens davon aus, daß Subjekte nicht subkategorisiert sind (siehe z. B. Chomsky: 1993, 26–28, Hoekstra: 1987, 33). Die Anwesenheit eines Subjekts wird durch das Erweiterte Projektionsprinzip (*Extended Projection Principle* = EPP) erzwungen:

(16)　Erweitertes Projektionsprinzip (EPP):

- Lexikalische Information muß syntaktisch realisiert werden.
- Jeder Satz enthält ein Subjekt.

Bresnan (1982a, Kapitel 2) hat gezeigt, daß die Behauptungen, die eine solche Sonderbehandlung des Subjekts rechtfertigen sollen, empirisch falsch sind.

3.2.1 Subjekte als Bestandteil von Idiomen

Eine dieser Behauptungen ist, daß es keine Idiome gibt, die ein Subjekt haben, das Bestandteil des Phraseologismus ist, wobei ein Objekt frei belegbar ist (Marantz: 1981, 50–51). Bresnan (1982a, 349–350) diskutiert folgende Beispiele, die zeigen, daß es durchaus Idiome gibt, deren Subjekt fester Bestandteil des Idioms ist, wobei Nicht-Subjekt-Teile frei belegt werden können:

(17)　a.　The cat's got x's tongue.
　　　　　'X kann nicht sprechen.'

　　　b.　What's eating x?
　　　　　'Warum ist X so gereizt?'

---

[4]Hierbei ist unwesentlich, ob man flache oder binär verzweigende Strukturen annimmt (siehe Kapitel 9.5.1). Wesentlich ist, ob das Subjekt durch ein eigenes Schema gesättigt wird.

Marantz (1984, 29) merkt an, daß Beispiele wie (17a) für die Diskussion seiner Behauptung irrelevant sind, da das freie Element nicht das Objekt ist. Zu (17b) schreibt Marantz:

> From the point of view of the present theory, it is important that this apparent subject idiom has no S-internal syntax, for it is precisely S-internal syntax that is at issue. *What's eating NP?* is not a combination of subject and verb, forming a predicate on the object, but rather a combination of *wh-* question syntax, progressive aspect, plus subject and verb—that is, a complete sentence frame—with an open slot for an argument. (Marantz: 1984, 27)

Wenn man diesem Ansatz folgt, kann man nicht erfassen, wieso (17b) anderen englischen Sätzen ähnelt und wieso (17b) intern den normalen syntaktischen Gesetzmäßigkeiten folgend strukturiert ist. Aus diesem Grund wird idiomatischen Phrasen in HPSG-Ansätzen sehr wohl eine interne Struktur zugesprochen (siehe Krenn und Erbach: 1994, Sailer: 2000, Soehn und Sailer: 2003, Soehn: 2006 zu Idiomanalysen im Rahmen der HPSG).

Andere Beispiele, die Bresnan angeführt hat, erklärt Marantz mit der Annahme, daß es sich bei den Subjekten nicht eigentlich um Subjekte handelt, sondern um zugrundeliegende Objekte. Die Verben in den entsprechenden Wendungen werden in die Klasse der unakkusativischen Verben eingeteilt (Zur Unterscheidung zwischen unakkusativen und unergativen Verben siehe Kapitel 17.1.1).

Die Behauptung, daß Subjekte nie Bestandteile von idiomatischen Wendungen sind, die ein frei belegbares Argument enthalten, ist weit verbreitet (siehe z. B. den Dikken: 1995, 92, Kratzer: 1996, 112–116) und wird auch explizit für das Deutsche formuliert, z. B. bei Grewendorf (2002, 50). Daß die Behauptung für das Deutsche nicht richtig ist – und also auch nicht für alle Sprachen richtig sein kann – , zeigen Beispiele wie die in (18) und (19), die zum Teil schon von Reis (1982, 178) diskutiert wurden:[5]

(18)   a. weil ihn der Hafer sticht

          b. weil ihn der Teufel reitet

          c. weil ihm alle Felle davonschwimmen

          d. weil ihn der Schlag trifft

          e. weil ihn die Wut packt

          f. weil ihm der Kopf raucht

          g. weil kein Hahn danach kräht

          h. weil nach ihm kein Hahn kräht

          i. weil ihn der Esel im Galopp verloren hat

          j. weil die Spatzen das vom Dach gepfiffen haben

(19)   a. weil ihm der Geduldsfaden reißt

          b. weil ihm der Kragen geplatzt ist

          c. weil ihm ein Stein vom Herzen fällt

          d. weil bei ihm Hopfen und Malz verloren ist

---

[5](18a), (18b), (18c), (19a) und (19b) sind von Reis (1982, 178). Siehe auch Haider (1993, 173) für Beispiele, die denen in (18) ähneln.

Marantz (1997, 208–209) formuliert eine Variante seiner Behauptung, die besagt, daß ein Agens nicht Bestandteil eines Idioms sein darf. Wie die Beispiele in (18b) und (18g) zeigen, ist das ebenfalls falsch.

Scherpenisse (1986, 89) behauptet in einer Arbeit zum Deutschen wie auch Marantz (1984) in bezug auf englische Beispiele, daß es sich bei Beispielen mit Subjekten als Idiombestandteil um sogenannte unakkusativische Verben handelt, das heißt, daß die Subjekte keine wirklichen Subjekte, sondern zugrundeliegende Objekte sind. Wäre diese Annahme richtig, dürften keine Passivvarianten von Idiomen mit festem Subjekt existieren, da bei der Passivierung das Subjekt unterdrückt wird und unakkusativische Verben eben kein zugrundeliegendes Subjekt haben (siehe Kapitel 17). Betrachtet man die oben aufgeführten Beispiele, so stellt man fest, daß die Verben in (18) in der wörtlichen Lesart durchaus passivierbar sind. Daß manche Passivierungen der Idiombeispiele schlecht sind, ist von anderen Idiomen bekannt. In vielen der Beispiele ist der Nominativ unbelebt, was Einfluß auf die Passivierbarkeit haben dürfte.[6] Beispiele für Passivierungen auch mit der idiomatischen Variante zeigen (20) und (22a, b):

(20)   a.   Was schon von den Dächern gepfiffen wurde, jetzt ist es amtlich: In *Britische Besatzer unterstützten protestantische Mörder* berichtet der Spiegel über die Vorlage eines offiziellen Untersuchungsberichtes über die Zusammenarbeit der britischen Besatzer mit der Ulster Defence Association (UDA), einer der größten paramilitärischen Gruppen in Nordirland.[7]

     b.   Was vor wenigen Wochen nur vereinzelt von den Dächern gepfiffen wurde, nahm in der letzten Woche konkrete Formen an: US-Milliardär Haim Saban, 58 Jahre, hat den Hamburger Verleger Heinz Bauer beim Bieten um die Konkursmasse des Kirch-Konzerns besiegt und gehört damit nun zu den wichtigen Figuren auf dem deutschen Medienmarkt.[8]

     c.   In einer Pressemitteilung bestätigte die WWF am 23.03.2001 offiziell die Nachricht, die von allen Spatzen längst von den Dächern gepfiffen wurde.[9]

Beispiel (21) zeigt ein Zustandspassiv von (18a), und die Beispiele in (22) sind Passive von (18e), wobei (22c) ein pränominales Partizip mit passivischer Argumentstruktur enthält:

(21)   Vom Hafer gestochen[10]

(22)   a.   Und doch kann sich kaum eine Frau davon freisprechen, daß sie von Empörung oder gar heiliger Wut gepackt wird, sobald sie eines Mannes auf ihrem Territorium ansichtig wird.[11]

     b.   „Ich war so narrisch, weil ich im ersten Lauf so einen Scheiß gefahren bin", sagte nach dem Rennen Michaela Gerg, die nach einem verkorksten ersten Lauf von Wut gepackt wurde, im zweiten Durchgang Bestzeit fuhr und noch auf den siebten Rang kam.[12]

---

[6]Siehe jedoch Müller: 2002b, Kapitel 3.1.2 zu Passiven mit unbelebtem Subjekt.
[7]http://witch.muensterland.org/2003/04/18.html. 05.01.2007.
[8]http://heim.at/paysuspends/kulturmedien/saban.htm.
[9]http://people.freenet.de/wwf-hp/WWFschlucktWCW.htm. 05.01.2007.
[10]taz, 06.04.2000, S. 20.
[11]taz bremen, 29.11.1997, S. 26.
[12]taz, 29.01.1990, S. 13.

    c. Mit 2:6 gab sie den ersten Satz übernervös ab, drehte daraufhin von Wut gepackt teuflisch auf und holte sich den zweiten Satz unter Zuhilfenahme göttlicher Passierschläge und perfekter Lobs ebenfalls mit 6:2.[13]

In (23) und (24) liegen weitere Passivierungen bzw. pränominale Partizipien mit passivischer Argumentstruktur vor.

(23)   a. „Iordannis wird vom Teufel geritten", witzelte Vangelis.[14]

        b. Wird Gerda vom Teufel geritten?[15]

        c. Er wurde verhext, oder sie wurde vom Teufel geritten.[16]

(24)   a. viele vom Schlag getroffene und Lahme aber wurden geheilt.[17]

        b. Jeffrey, der Sohn des vom Schlag Getroffenen, besucht seinen Vater im Krankenhaus.[18]

Das zeigt, daß die Idiome *Die Spatzen pfeifen X von den Dächern, X packt die Wut, der Teufel reitet X* und *Y trifft der Schlag* syntaktisch aktiv sind. Eine Grammatiktheorie sollte erfassen, daß die Aktivstrukturen der Idiome genauso zu den Passivstrukturen in Beziehung stehen, wie das bei nichtidiomatischen Wendungen der Fall ist.

    Sternefeld (1985a, 435) merkt an, daß die Nominative in den von Marga Reis diskutierten Idiomen sich wie Objekte verhalten, da sie adjazent zum Verb auftreten und somit dieselben Stellungseigenschaften wie Objekte haben. Sternefeld nimmt eine Inkorporationsanalyse für solche Idiome an, d. h. die Nominativphrase bildet eine feste Einheit mit dem Verb. Die Beispiele (18g) und (18j) zeigen, daß die Idiombestandteile nicht unbedingt adjazent zum Verb sein müssen. Außerdem ist dieses Idiom passivierbar, was zeigt, daß es nicht legitim wäre, es als unveränderbare Einheit einfach im Lexikon aufzuführen. *die Spatzen* ist ein syntaktisch normales Subjekt, das sich bei Umformungen wie Passivierung auch ganz normal verhält.

    Zusammenfassend kann man also sagen:

- Es gibt Idiome, deren Subjekt Idiombestandteil ist und die gleichzeitig ein frei belegbares Objekt haben.

- Eine Teilklasse dieser Idiome enthält Verben, die nicht unakkusativisch sind.

- Es gibt Idiome mit festem Subjekt, die passiviert werden können bzw. passivische adjektivische Partizipien bilden.

- Es gibt Idiome mit festem Subjekt, deren Bestandteile (inklusive Subjekt) umstellbar sind.

Damit ist Marantz' Behauptung für eine Sprache widerlegt und kann somit auch nicht für alle Sprachen gültig sein.

---

[13]taz, 22.10.1991, S. 13.

[14]Jentzsch, Kerstin, Seit die Götter ratlos sind, München: Heyne 1999 [1994] S. 227.

[15]Dietlof Reiche, Unterwegs mit Gerda, in: Die Zeit 17.09.1998, S. 71.

[16]Schwanitz, Dietrich, Männer, Frankfurt a.M.: Eichborn 2001, S. 241.

[17]http://members.tirol.com/vineyard.grk/predigt.html. 22.09.2003.

[18]Frankfurter Allgemeine Zeitung; 13.11.1986. http://www.davidlynch.de/bluefaz86.html.
   22.09.2003.

3.2.2 Expletivpronomina in Objektposition

Zum anderen wird behauptet, daß Expletivpronomina nicht in Objektsposition auftreten. Doch auch das ist falsch, wie das Beispiel (25) zeigt.

(25)   Er hat es weit gebracht.[19]

Man könnte die Behauptung retten, indem man annimmt, daß *es* eine Quasi-Theta-Rolle bekommt, wie das mitunter für Wetterverben wie die in (26) angenommen wird (Chomsky: 1993, 324–327).[20]

(26)   a.   Gestern hat es geblitzt, ohne zu donnern.

      b.   Gestern hat es geregnet, anstatt zu schneien.

Die Behauptung, daß *es* eine semantische Rolle zugewiesen bekommt, wird dadurch motiviert, daß man sagt, daß sich das *es* in (26) genauso verhält wie eine normale Nominalphrase in bestimmten Infinitivkonstruktionen. Man sagt, daß in (27) das Subjekt von *fährt* mit dem Subjekt von *anzustrengen* referenzidentisch ist, sich also auf dasselbe Individuum bezieht (in (27) auf *Peter*).

(27)   Peter fährt schnell, ohne sich anzustrengen.

Man kann aber Fälle wie (26) auch erfassen, ohne annehmen zu müssen, daß *es* eine semantische Rolle bekommt: Man muß für (26) und (27) lediglich verlangen, daß der semantische Index der beiden Subjekte identisch ist. In (26) handelt es sich um einen nicht-referentiellen Index, in (27) dagegen um einen referentiellen (zu semantischen Indices siehe Kapitel 5.4).

Ich nehme im folgenden an, daß sowohl expletive Objekte als auch expletive Subjekte vom entsprechenden Kopf syntaktisch, nicht aber semantisch selegiert werden. Durch die Einführung von Quasi-Theta-Rollen würde der Begriff der semantischen Rolle syntaktisiert und somit entwertet.

3.2.3 Subjektlose Prädikate

Die Behauptung, daß alle Sätze ein Subjekt haben müssen, die Bestandteil des *Extended Projection Principle* ist, ist für das Deutsche ebenfalls problematisch, wie die Beispiele in (28) zeigen:

(28)   a.   Den Studenten graut vor der Prüfung.

      b.   Heute wird getanzt.

Wenn man Subjekte mit in der Valenzinformation von Köpfen repräsentiert, dann ist der Unterschied zwischen Prädikaten, die ein Subjekt selegieren, und subjektlosen Prädikaten leicht zu erfassen: Bei subjektlosen Prädikaten wie *grauen* gibt es in der Valenzinformation einfach kein Subjekt. Das *Extended Projection Principle* wurde benutzt, um das Auftreten von Expletivpronomina (nichtreferierenden *it* bzw. *es*) in Subjektsposition vorherzusagen. Man könnte für Fälle wie (28) behaupten, daß es ein Subjekt gibt, daß dieses jedoch abstrakt ist und nicht phonetisch realisiert wird. Folgt man einer solchen Erklärung, bleibt

---

[19]Lenerz: 1981, 172.

[20]Berman (1999) zitiert ein Manuskript von Christian Fortmann mit den Beispielen in (26).

aber offen, warum Subjekte, die für die Bedeutung von Ausdrücken irrelevant sind, mal phonetisch leer realisiert werden können (im Fall von *grauen*) und mal – wie bei *regnen* – als *es* realisiert werden müssen (Fanselow: 1991, 80). Zu subjektlosen Verben und dem *Extended Projection Principle* siehe auch Haider: 1993, Kapitel 6.2.1, Berman 1999, 2003, Kapitel 4 und Fanselow: 2000. Zu leeren Subjekten und Kontrolle siehe Nerbonne: 1986, 912.

Kontrollfragen

1. Wofür steht '⊕'? *→ verknüpft 2 Listen → d. SUBCAT- Listen beim Verb*

2. Was ist die Obliqueness-Hierarchie?

Su > DIRO > INDO > ... → Reihenfolge in unmarkierter Stellung, wie nah an Verb

Übungsaufgaben

1. Geben Sie die Valenzlisten für folgende Wörter an:

(29) a. er   *N< >*

     b. seine (in *seine Ankündigung*)   *< >*

     c. schnarcht   *V<NP[nom]>*

     d. denkt   *V<NP[nom], PP[an, akk]> V<NP[nom], S[dass]>*

     e. graut   *V<NP[es], NP[dat] (PP[vor, dat])>*

4 Kopf-Argument-Strukturen

In diesem Kapitel wird genauer auf die Repräsentation von Grammatikregeln im Formalismus der HPSG eingegangen. Es wird gezeigt, wie Bäume mittels Merkmalbeschreibungen repräsentiert werden können. Typhierarchien werden zur Klassifikation verschiedener Grammatikregeln benutzt, und es wird gezeigt, wie Generalisierungen in bezug auf Grammatikregeln erfaßt werden können. Die Lexikoneinträge, die bisher verwendet wurden, werden stärker strukturiert, so daß es möglich wird, die Projektion von Merkmalen, die für Phrasen wichtig sind, elegant zu beschreiben.

4.1 Die Modellierung von Konstituentenstruktur mit Hilfe von Merkmalstrukturen

Wie bereits angedeutet, dienen Merkmalbeschreibungen in der HPSG als einheitliches Beschreibungsinventar für morphologische Regeln, Lexikoneinträge und syntaktische Regeln. Die Bäume, die bisher zu sehen waren, sind nur Visualisierungen der Zusammenhänge, sie haben keinen theoretischen Status. Genauso gibt es in der HPSG keine Ersetzungsregeln.[1] Die Funktion der Phrasenstrukturregeln wird von Merkmalbeschreibungen übernommen. Man trennt zwischen unmittelbarer Dominanz (ID) und linearer Präzedenz (LP). Die Dominanzinformation wird mittels DTR-Merkmalen (Kopftochter und Nicht-Kopftöchter) repräsentiert, Information über Präzedenz ist implizit in PHON enthalten. In diesem Kapitel beschäftigen wir uns nur mit der Dominanz. Zu Abfolgebeschränkungen wird im Kapitel 9 mehr gesagt. (1) zeigt die Repräsentation der PHON-Werte in einer Merkmalbeschreibung, die dem Baum in Abbildung 4.1 entspricht.

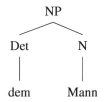

Abbildung 4.1: *dem Mann*

$$(1) \quad \begin{bmatrix} \text{PHON} & \langle\, dem\ Mann\, \rangle \\ \text{HEAD-DTR} & [\text{PHON}\ \langle\, Mann\, \rangle] \\ \text{NON-HEAD-DTRS} & \langle\, [\text{PHON}\ \langle\, dem\, \rangle]\, \rangle \end{bmatrix}$$

---

[1]In vielen Computerimplementationen zur Verarbeitung von HPSG-Grammatiken werden zur Verbesserung der Verarbeitungsgeschwindigkeit allerdings Phrasenstrukturregeln verwendet.

In (1) gibt es genau eine Kopftochter (HEAD-DTR). Die Kopftochter ist immer die Tochter, die den Kopf enthält. In einer Struktur mit den Töchtern *das* und *Bild von Maria* wäre *Bild von Maria* die Kopftochter, da *Bild* der Kopf ist. Es kann im Prinzip mehrere Nicht-Kopftöchter geben. Würde man wie in Abbildung 1.1 auf Seite 16 flache Strukturen für einen Satz mit einem ditransitiven finiten Verb annehmen, hätte man z. B. drei Nicht-Kopftöchter. Auch binär verzweigende Strukturen ohne Kopf sind sinnvoll (siehe Kapitel 11 zur Analyse von Relativsätzen).

Das Regelschema (11) aus dem vorigen Kapitel – hier der Übersichtlichkeit halber als (2) wiederholt – kann man analog in Merkmalbeschreibungen ausdrücken.

(2)   H[SUBCAT $\boxed{1}$] $\rightarrow$ H[SUBCAT $\boxed{1} \oplus \langle \boxed{2} \rangle$] $\boxed{2}$

Das zeigt das folgende Schema:

Schema 1 (Kopf-Argument-Schema (binär verzweigend, vorläufige Version))
head-argument-structure $\rightarrow$
$$\begin{bmatrix} \text{SUBCAT } \boxed{1} \\ \text{HEAD-DTR} | \text{SUBCAT } \boxed{1} \oplus \langle \boxed{2} \rangle \\ \text{NON-HEAD-DTRS } \langle \boxed{2} \rangle \end{bmatrix}$$

Schema 1 gibt an, welche Eigenschaften ein linguistisches Objekt vom Typ *head-argument-structure* haben muß. Der Pfeil steht in Schema 1 für eine Implikation, nicht für den Ersetzungspfeil, wie er in Phrasenstrukturregeln vorkommt. Man kann das Schema also wie folgt lesen: Wenn ein Objekt vom Typ *head-argument-structure* ist, muß es die Eigenschaften haben, die auf der rechten Seite der Implikation angegeben sind. Konkret heißt das, daß solche Objekte immer eine Valenzliste besitzen, die $\boxed{1}$ entspricht, daß sie eine Kopftochter haben, die eine Valenzliste hat, die sich in die zwei Teillisten $\boxed{1}$ und $\langle \boxed{2} \rangle$ unterteilen läßt, und daß sie eine Nicht-Kopftochter haben, die mit dem letzten Element in der SUBCAT-Liste der Kopftochter ($\boxed{2}$) kompatibel ist.

Wie ebenfalls im vorigen Kapitel angemerkt, sind Artikel-Nomen-Kombinationen und Verb-NP-Kombinationen zwei mögliche Instantiierungen für (2):

(3)   N[SUBCAT $\boxed{1}$] $\rightarrow$ Det N[SUBCAT $\boxed{1} \oplus \langle$ Det $\rangle$]
      V[SUBCAT $\boxed{1}$] $\rightarrow$ V[SUBCAT $\boxed{1} \oplus \langle$ NP $\rangle$] NP

Entsprechend kann man das Schema 1 instantiieren und bereits mit diesem einen Dominanzschema komplexe Strukturen analysieren, die dem Baum in Abbildung 4.2 auf der gegenüberliegenden Seite entsprechen. Man sieht recht deutlich, daß die Struktur in (4) eigentlich dem auf die Seite gelegten Baum entspricht.[2]

---

[2]NON-HEAD-DTRS habe ich mit NH-DTRS abgekürzt.

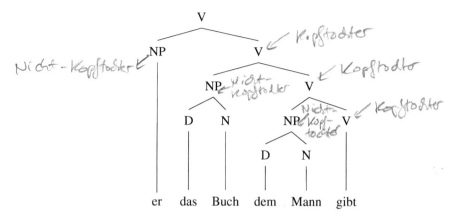

Abbildung 4.2: Binär verzweigende Kopf-Argument-Strukturen

(4)
$$
\begin{bmatrix}
\text{PHON} \langle \textit{ er das Buch dem Mann gibt } \rangle \\
\text{HEAD-DTR}
\begin{bmatrix}
\text{PHON} \langle \textit{ das Buch dem Mann gibt } \rangle \\
\text{HEAD-DTR}
\begin{bmatrix}
\text{PHON} \langle \textit{ dem Mann gibt } \rangle \\
\text{HEAD-DTR} \begin{bmatrix} \text{PHON} \langle \textit{ gibt } \rangle \end{bmatrix} \\
\text{NH-DTRS} \left\langle
\begin{bmatrix}
\text{PHON} \langle \textit{ dem Mann } \rangle \\
\text{HEAD-DTR} \begin{bmatrix} \text{PHON} \langle \textit{ Mann } \rangle \end{bmatrix} \\
\text{NH-DTRS} \left\langle \begin{bmatrix} \text{PHON} \langle \textit{ dem } \rangle \end{bmatrix} \right\rangle
\end{bmatrix}
\right\rangle
\end{bmatrix} \\
\text{NH-DTRS} \left\langle
\begin{bmatrix}
\text{PHON} \langle \textit{ das Buch } \rangle \\
\text{HEAD-DTR} \begin{bmatrix} \text{PHON} \langle \textit{ Buch } \rangle \end{bmatrix} \\
\text{NH-DTRS} \left\langle \begin{bmatrix} \text{PHON} \langle \textit{ das } \rangle \end{bmatrix} \right\rangle
\end{bmatrix}
\right\rangle
\end{bmatrix} \\
\text{NH-DTRS} \left\langle \begin{bmatrix} \text{PHON} \langle \textit{ er } \rangle \end{bmatrix} \right\rangle \\
\textit{head-argument-structure}
\end{bmatrix}
$$

Die Struktur in (4) enthält nur den Ausschnitt aus der Beschreibung des linguistischen Zeichens, der etwas über PHON-Werte und den Status der Töchter (Kopftochter vs. Nicht-Kopftochter) aussagt. (5) zeigt andere Details der Struktur wie die Information über Wortart und Valenz:

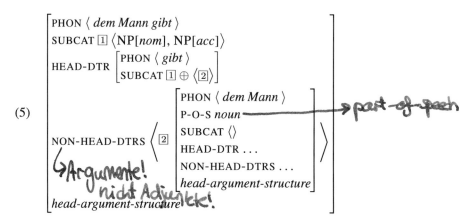

(5)

Natürlich hat die Repräsentation für *dem Mann* selbst wieder eine interne Struktur, die aber aus Gründen der Übersichtlichkeit weggelassen wurde. Abbildung 4.3 zeigt die Valenzinformation in Baumdarstellung.

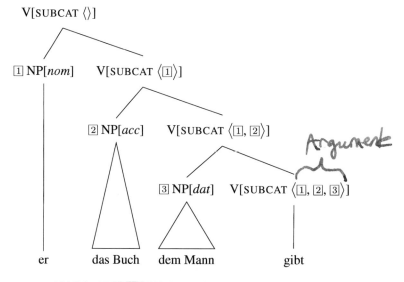

Abbildung 4.3: Abarbeitung der Valenzliste des Verbs

4.2 Projektion von Kopfeigenschaften

Auf Seite 10 wurde gezeigt, daß die Verbform zu den Merkmalen zählt, die für die Distribution von Verbalprojektionen wichtig ist. Die Wortart und Information über Finitheit muß also an der Maximalprojektion von Verben wie *gibt* repräsentiert sein. Das verdeutlicht Abbildung 4.4 auf der gegenüberliegenden Seite. Die Verbform ist bisher noch gar nicht in Merkmalbeschreibungen enthalten gewesen. Eine mögliche Merkmalsgeometrie zeigt (6).

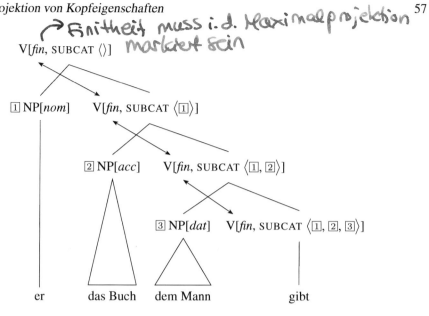

[handschriftlich:] → Einheit muss i.d. Maximalprojektion markiert sein

Abbildung 4.4: Projektion der Kopfmerkmale des Verbs

$$(6) \quad \begin{bmatrix} \text{PHON} & \textit{list of phoneme strings} \\ \text{P-O-S} & \textit{p-o-s} \\ \text{VFORM} & \textit{vform} \\ \text{SUBCAT} & \textit{list of signs} \end{bmatrix}$$

Diese Struktur ist für das, was erreicht werden soll, aber wenig geeignet. Wir wollen immer sowohl die Information über die Wortart und die Verbform gemeinsam projizieren. Man könnte das zwar erreichen, indem man jeweils einzelne Strukturteilungen zwischen den P-O-S- und VFORM-Werten einer verbalen Kopftochter und ihrer Mutter vornimmt, eine Bündelung der Information, die projiziert werden soll, ist jedoch adäquater: Man führt ein neues Merkmal HEAD ein, dessen Wert eine komplexe Struktur ist, die alle Merkmale enthält, deren Werte für die Erklärung der Distributionseigenschaften der Gesamtprojektion relevant sind.

$$(7) \quad \begin{bmatrix} \text{PHON} & \textit{list of phoneme strings} \\ \text{HEAD} & \begin{bmatrix} \text{P-O-S} & \textit{p-o-s} \\ \text{VFORM} & \textit{vform} \end{bmatrix} \\ \text{SUBCAT} & \textit{list of signs} \end{bmatrix}$$

[handschriftlich:] → das Merkmal des Kopfes wird auf die ganze Maximalprojektion projiziert, deshalb HEAD-Merkmal

Nun ist es aber so, daß Köpfe je nach ihrer Wortart ganz verschiedene Eigenschaften besitzen und somit auch unterschiedliche Merkmale projiziert werden müssen. Das Merkmal VFORM ist nur für Verben sinnvoll. Pränominale Adjektive und Nomina projizieren dagegen Kasus. Verben selegieren zwar Argumente, die einen bestimmten Kasus haben müssen, sie haben aber selbst keine Kasusmarkierung. Man könnte alle Merkmale, die projiziert werden können, in einer Struktur wie (8) zusammenfassen und dann sagen, daß CASE bei Verben und VFORM bei Nomina keine Werte (bzw. einen Wert wie *none*) haben.

$$(8) \quad \begin{bmatrix} \text{P-O-S} & \textit{p-o-s} \\ \text{VFORM} & \textit{vform} \\ \text{CASE} & \textit{case} \end{bmatrix}$$

Besser ist es jedoch, davon auszugehen, daß die Merkmalstrukturen für Verben und Nomina Objekte verschiedenen Typs sind: Merkmalstrukturen, die Verben modellieren, sind vom Typ *verb* und haben deshalb ein Merkmal VFORM. Merkmalstrukturen, die Nomina modellieren, sind vom Typ *noun* und haben ein Kasusmerkmal. (9) und (10) zeigen entsprechende Merkmalbeschreibungen.

$$(9) \quad \begin{bmatrix} \text{VFORM} & \textit{vform} \\ \textit{verb} & \end{bmatrix}$$

$$(10) \quad \begin{bmatrix} \text{CASE} & \textit{case} \\ \textit{noun} & \end{bmatrix}$$

Der Lexikoneintrag für *gibt*, der auf Seite 44 angegeben wurde, kann jetzt wie folgt präzisiert werden:

(11)   gibt:

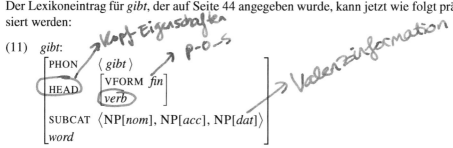

$$\begin{bmatrix} \text{PHON} & \langle \textit{gibt} \rangle \\ \text{HEAD} & \begin{bmatrix} \text{VFORM} & \textit{fin} \\ \textit{verb} & \end{bmatrix} \\ \text{SUBCAT} & \langle \text{NP}[\textit{nom}], \text{NP}[\textit{acc}], \text{NP}[\textit{dat}] \rangle \\ \textit{word} & \end{bmatrix}$$

Ein Lexikoneintrag enthält also phonologische Information, Informationen über die Kopfeigenschaften (*part of speech*, Verbform, ...) und Valenzinformation (eine Liste von Merkmalbeschreibungen).

Bis jetzt gibt es in der hier dargestellten Theorie noch nichts, was sicherstellen würde, daß die Information, die in Lexikoneinträgen unter HEAD repräsentiert ist, auch zum Mutterknoten kommt. Dies wird durch das Kopfmerkmalsprinzip (*Head Feature Principle*) sichergestellt.

Prinzip 1 (Kopfmerkmalprinzip (*Head Feature Principle*)**)**
In einer Struktur mit Kopf sind die Kopfmerkmale der Mutter identisch (teilen die Struktur)
mit den Kopfmerkmalen der Kopftochter.

Bisher wurde erst ein Dominanzschema behandelt, aber in den kommenden Kapiteln werden noch weitere Schemata dazukommen, z. B. Schemata für Kopf-Adjunkt-Strukturen und für die Abbindung von Fernabhängigkeiten. Das Kopfmerkmalsprinzip ist ein allgemeines Prinzip, das für alle durch diese Schemata lizenzierten Strukturen erfüllt sein muß. Es muß – wie oben verbal ausgedrückt – für alle Strukturen mit Kopf gelten. Formal kann man das erfassen, indem man Strukturen einteilt in solche mit Kopf und solche ohne und denen, die einen Kopf haben, den Typ *headed-structure* zuweist. Der Typ *head-argument-structure* – das ist der Typ, den die Beschreibung in Schema 1 auf Seite 54 hat – ist ein Untertyp von *headed-structure*. Objekte eines bestimmten Typs haben immer alle

Eigenschaften, die Objekte entsprechender Obertypen haben. Es sei an das Beispiel aus Kapitel 2.2 erinnert: Ein Objekt des Typs *frau* hat alle Eigenschaften des Typs *person*. Darüber hinaus haben diese Objekte noch weitere, spezifischere Eigenschaften, die andere Untertypen von *person* nicht teilen.

Man kann also formal eine Beschränkung für einen Obertyp festlegen und erreicht damit automatisch, daß alle Untertypen genauso beschränkt sind. Das Kopfmerkmalsprinzip läßt sich wie folgt formalisieren:

(12) *headed-structure* $\rightarrow$ $\begin{bmatrix} \text{HEAD} \boxed{1} \\ \text{HEAD-DTR}|\text{HEAD} \boxed{1} \end{bmatrix}$

Der Pfeil entspricht der Implikation aus der Logik. (12) kann man wie folgt lesen: Wenn eine Struktur vom Typ *headed-structure* ist, dann muß gelten, daß der Wert von HEAD mit dem Wert von HEAD-DTR|HEAD identisch ist. Einen Ausschnitt aus der Typhierarchie unter *sign* zeigt Abbildung 4.5. *word* und *phrase* sind Unterklassen sprachlicher Zeichen.

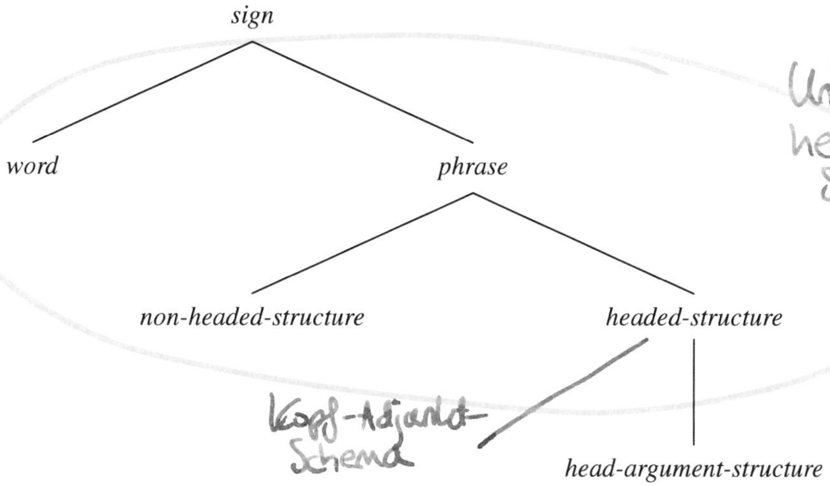

Abbildung 4.5: Typhierarchie für *sign*: alle Untertypen von *headed-structure* erben Beschränkungen

Phrasen kann man unterteilen in Phrasen ohne Kopf (*non-headed-structure*) und Phrasen mit Kopf (*headed-structure*). Auch für Phrasen vom Typ *non-headed-structure* bzw. *headed-structure* gibt es Untertypen. Den Typ *head-argument-structure* haben wir bereits besprochen. Auf andere Typen werden wir in den kommenden Kapiteln eingehen.

Die Beschreibung in (13) zeigt das Kopf-Argument-Schema von Seite 54 zusammen mit den Beschränkungen, die der Typ *head-argument-structure* von *headed-structure* erbt.

(13) Kopf-Argument-Schema + Kopfmerkmalsprinzip:

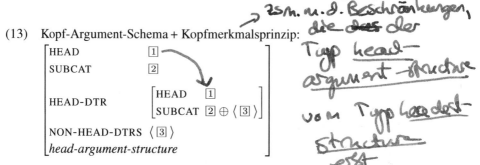

$$
\begin{bmatrix}
\text{HEAD} & \boxed{1} \\
\text{SUBCAT} & \boxed{2} \\[4pt]
\text{HEAD-DTR} & \begin{bmatrix} \text{HEAD} & \boxed{1} \\ \text{SUBCAT} & \boxed{2} \oplus \langle \boxed{3} \rangle \end{bmatrix} \\[6pt]
\text{NON-HEAD-DTRS} & \langle \boxed{3} \rangle \\
\textit{head-argument-structure}
\end{bmatrix}
$$

(handschriftlich:) → zsm. m. d. Beschränkungen, die der Typ head-argument-structure vom Typ headed-structure erbt

(14) zeigt eine Beschreibung der Struktur, die durch das Schema 1 lizenziert wird. Zusätzlich zur Valenzinformation, die schon in (5) enthalten war, ist in (14) noch die Kopfinformation spezifiziert, und es ist zu sehen, wie das Kopfmerkmalsprinzip die Projektion der Merkmale erzwingt: Der Kopfwert der gesamten Struktur ($\boxed{1}$) entspricht dem Kopfwert des Verbs *gibt*.

(14)
$$
\begin{bmatrix}
\text{PHON} & \langle \textit{dem Mann gibt} \rangle \\
\text{HEAD} & \boxed{1} \\
\text{SUBCAT} & \boxed{2}\ \langle \text{NP}[\textit{nom}],\ \text{NP}[\textit{acc}] \rangle \\[4pt]
\text{HEAD-DTR} & \begin{bmatrix}
\text{PHON} & \langle \textit{gibt} \rangle \\
\text{HEAD} & \boxed{1}\ \begin{bmatrix}\text{VFORM}\ \textit{fin} \\ \textit{verb}\end{bmatrix} \\
\text{SUBCAT} & \boxed{2} \oplus \langle \boxed{3} \rangle \\
\textit{word}
\end{bmatrix} \\[6pt]
\text{NON-HEAD-DTRS} & \left\langle \boxed{3}\ \begin{bmatrix}
\text{PHON} & \langle \textit{dem Mann} \rangle \\
\text{HEAD} & \begin{bmatrix}\text{CAS}\ \textit{dat} \\ \textit{noun}\end{bmatrix} \\
\text{SUBCAT} & \langle \rangle \\
\text{HEAD-DTR} & \dots \\
\text{NON-HEAD-DTRS} & \dots \\
\textit{head-argument-structure}
\end{bmatrix} \right\rangle \\[6pt]
\textit{head-argument-structure}
\end{bmatrix}
$$

Für den gesamten Satz *er das Buch dem Mann gibt* bekommt man – wie schon in Abbildung 4.4 dargestellt – eine Struktur, die durch (15) beschrieben wird:

(15)
$$
\begin{bmatrix}
\text{HEAD} & \begin{bmatrix}\text{VFORM}\ \textit{fin} \\ \textit{verb}\end{bmatrix} \\
\text{SUBCAT} & \langle \rangle
\end{bmatrix}
$$
(handschriftlich:) $\} = S$

Diese Beschreibung entspricht dem Satzsymbol S in der Grammatik auf Seite 15, wobei (15) noch Information über die Verbform enthält.

Damit sind bereits einige der wesentlichen Konzepte der HPSG-Theorie eingeführt. Im folgenden Kapitel wird gezeigt, wie man den semantischen Beitrag von Wörtern repräsentieren und den semantischen Beitrag von Phrasen kompositionell bestimmen kann.

Kontrollfragen

1. Wie kann man Konstituentenstrukturen mit Hilfe von Merkmalstrukturen modellieren?

2. Wodurch zeichnen sich Köpfe gegenüber Nichtköpfen aus?

3. Wie wird erreicht, daß in bezug auf den Kopf relevante Information auch auf phrasalem Niveau verfügbar ist?

Übungsaufgaben

1. Zeichnen Sie einen Syntaxbaum für (16):

   (16)   daß der Mann das spannende Buch liest

   Markieren Sie die Kanten im Baum mit Ad für Adjunkt, Ar für Argument und H für Kopf.

2. Geben Sie die vollständige Merkmalbeschreibung für (17) an:

   (17)   Schläft das Kind?

3. Dem Buch liegt eine CD mit Implementationen von Grammatiken bei, die den jeweiligen Kapiteln entsprechen. Die CD enthält ein eigenes Betriebssystem, so daß Sie unabhängig vom auf dem Computer installierten Betriebssystem mit der CD arbeiten können. Voraussetzung ist lediglich ein Intel-kompatibler Prozessor.

   Konfigurieren Sie Ihren Computer so, daß er von einer eingelegten CD bootet und starten Sie den Computer von der Grammix-CD. Es sollte ein Startbildschirm im Corporate Design der Universität Bremen erscheinen. Wenn der Bootvorgang abgeschlossen ist, sehen Sie einen Bildschirm mit einem Begrüßungsfenster in einem Web-Browser und mit verschiedenen Icons, die den einzelnen Grammatiken entsprechen. Klicken Sie auf das Icon, unter dem *Grammatik 4* steht. Es werden sich zwei Fenster öffnen, und die Grammatik 4 wird im größeren der beiden Fenster geladen. Nach Beendigung des Ladevorgangs erscheint ein Prompt (>>>). An dieser Stelle können Sie Sätze eingeben, die dann vom System mittels der jeweils geladenen Grammatik analysiert werden. Die Lexika, die zu den Grammatiken gehören, sind sehr klein, aber der Leser kann sie bei Bedarf selbst erweitern.

   Weitere Details zum Arbeiten mit der Grammix-CD finden Sie im Begrüßungsfenster, das beim Starten der CD geöffnet wird, oder auf der zur CD gehörenden Web-Seite http://www.cl.uni-bremen.de/Software/Grammix/.

   Analysieren Sie die folgenden Sätze:

   (18)   a. Der Mann schläft.

          b. der Mann die Frau kennt

Nach der Eingabe der Sätze öffnet sich ein weiteres Fenster, das Chart-Display. Das Chart-Display ist eine Visualisierung der Prozesse, die bei der automatischen Analyse von Sätzen ablaufen. Die einzelnen Teilphrasen, die von der Grammatik lizenziert werden, sind durch Kanten im Chart-Display dargestellt. Die Kanten kann man anzeigen lassen, indem man sie anklickt.

Nach einer erfolgreichen Analyse einer Eingabe öffnet sich ein weiteres Fenster mit einem Syntaxbaum. Der Syntaxbaum enthält die Phonologie-Werte der im Baum enthaltenen linguistischen Objekte und Information über den Typ dieser Objekte. Klickt man die Knoten im Baum an, wird die zugehörige Merkmalbeschreibung angezeigt. Ein weiterer Klick bringt sie wieder zum Verschwinden. Mit der rechten Maustaste kann man Teile von Beschreibungen ausblenden. Durch Klicken auf die Boxen für die Strukturteilung kann man die Werte, die zu den entsprechenden Boxen gehören, ein- und ausblenden.

Lassen Sie sich die Merkmalbeschreibungen für die Beispiele in (18) anzeigen! Überlegen Sie, wieso die Merkmale die Werte haben, die sie haben!

Geben Sie die ungrammatischen Wortfolgen in (19) (ohne den Stern) ein:

(19)   a.   * Mann schläft.
        b.   * Der Mann kennt.

Inspizieren Sie mit Hilfe des Chart-Displays die Parse-Chart! Welche Wörter werden zu Wortgruppen zusammengebaut, welche nicht? Warum ist das so?

5 Semantik

Innerhalb der HPSG-Forschung gibt es zwei verschiedene Ansätze zur Beschreibung der Bedeutung sprachlicher Ausdrücke. In den ersten HPSG-Arbeiten (Pollard und Sag: 1987, 1994, Müller: 1999a) und auch in einigen Umsetzungen innerhalb der Computerlinguistik wurde die Situationssemantik (Barwise und Perry: 1983, Cooper, Mukai und Perry: 1990, Devlin: 1992) verwendet. Eine Publikation neueren Datums, die ebenfalls Situationssemantik verwendet, ist Ginzburg und Sag: 2001. Einige aktuellere theoretische Arbeiten (z. B. Kiss: 2001) benutzen *Minimal Recursion Semantics* (MRS) (Copestake, Flickinger, Pollard und Sag: 2005). MRS ist für computerlinguistische Systeme gut geeignet, da Skopusbeziehungen unterspezifiziert dargestellt werden können, was eine effizientere Verarbeitung der Grammatiken durch Computer ermöglicht.

Im folgenden werde ich Situationssemantik nutzen, da die Theorie und ihre Umsetzung in Merkmalstrukturen leichter zu verstehen ist.

5.1 Die Situationssemantik

In der Situationssemantik werden Situationen beschrieben. Situationen sind durch Sachverhalte, die in ihnen wahr sind, charakterisiert. Dinge von einer gewissen zeitlichen Dauer, die zur kausalen Ordnung der Welt gehören, die man wahrnehmen kann, auf die man reagieren kann, werden als *Individuen* bezeichnet (*Karl, die Frau*). Dazu gehören auch Konzepte (*die Angst, das Versprechen*). Sachverhalte sind Relationen zwischen solchen Individuen. Relationen können verschiedene Stelligkeiten haben:

- nullstellig: *regnen*' (*Es regnet.*)
- einstellig: *sterben*' (*Er stirbt.*)
- zweistellig: *lieben*' (*Er liebt sie.*)
- dreistellig: *geben*' (*Er gibt ihm den Aufsatz.*)
- vierstellig: *kaufen*' (*Er kauft den Mantel vom Händler für fünf Euro.*)

Die Bezeichnungen der genannten Relationen entsprechen den Infinitivformen der Verben. Für die Repräsentation der Tatsache, daß jemand jemanden liebt, ist Flexionsinformation nicht relevant, weshalb man sich für die Bedeutungsrepräsentation auf eine beliebige Form des Verbs geeinigt hat. Außerdem wird für die Bedeutungsrepräsentation von der konkreten Realisierung im Satz abstrahiert. In der Prädikatenlogik wird z. B. dem Satz (1a) die Repräsentation (1b) zugeordnet.

(1) a. Peter liebt Maria.
    b. *lieben*'(Peter', Maria')

Dieselbe Bedeutung kann aber auch durch den Passivsatz in (2) ausgedrückt werden.

(2)   Maria wird von Peter geliebt.

Um Generalisierungen in bezug auf die Verbindung zwischen Syntax und Semantik (das sogenannte *Linking*) vornehmen zu können, verwendet man zur Kennzeichnung der Argumente in Relationen semantische Rollen (Fillmore: 1968, 1977, Kunze: 1991). Beispiele für solche Rollen sind: AGENS, PATIENS, EXPERIENCER, SOURCE, GOAL, THEMA, LO-CATION, TRANS-OBJ, INSTRUMENT, MEANS und PROPOSITION. Die Zuordnung von Argumenten zu einzelnen Rollen kann von Autor zu Autor stark variieren. **?** formuliert Kriterien dafür, welche Rolle man für welche Art von Argument verwenden sollte. Er schlägt Bezeichnungen wie Proto-Agens und Proto-Patiens vor. Ich werde im folgenden die etablierten Rollenbezeichnungen verwenden.

In der Situationssemantik werden Relationen immer in doppelten spitzen Klammern geschrieben. Innerhalb der Klammern steht an erster Stelle der Name der Relation, gefolgt von Paaren aus Rollenbezeichnungen und Variablen. (3) zeigt Beispiele für Relationen, die einem Verb, einem Adjektiv und einem Nomen entsprechen:[1]

(3)   Verb: $\ll schlagen, agens : X, patiens : Y \gg$
       Adjektiv: $\ll interessant, thema : X \gg$
       Nomen: $\ll mann, instance : X \gg$

Die Variablen in (3) werden auch *Parameter* genannt. Sachverhalte, die solche Variablen enthalten, bezeichnet man als *parametrisierte Sachverhalte* (*parametrized state of affairs* (*psoa*)). Parameter können durch Sachverhalte restringiert werden. (5) zeigt eine Repräsentation für (4):

(4)   Der Mann schlägt den Hund.

(5) $\ll schlagen, agens : X, patiens : Y \gg$
       $X | \ll mann, instancc : X \gg,$
       $Y | \ll hund, instance : Y \gg$

Der Sachverhalt *schlagen* hat die beiden Parameter X und Y. X bezieht sich auf etwas, das eine Instanz von *mann* ist, und Y bezieht sich auf etwas, das eine Instanz von *hund* ist.

Die Bedeutungsrepräsentation für den Satz (6) ist ganz analog:

(6)   Das Buch ist interessant.

(7) $\ll interessant, thema : X \gg$
       $X | \ll buch, instance : X \gg$

X ist das Thema der *interessant'*-Relation, und X bezieht sich auf ein Buch.

5.2 Die Repräsentation parametrisierter Sachverhalte mit Hilfe von Merkmalstrukturen

Die situationssemantischen Ausdrücke lassen sich sehr leicht durch Merkmalstrukturen modellieren: Die Relationsbezeichnung wird zu einem Typ, und alle Rolle-Variable-Paare

---

[1]In der Situationssemantik gehört noch ein Polaritätsbit zu den semantischen Repräsentationen, das anzeigt, ob ein gewisser Sachverhalt in einer Situation gilt oder nicht. Da das hier aber nicht benötigt wird, lasse ich es im folgenden weg.

werden innerhalb der Merkmalstruktur als Merkmal-Wert-Paare aufgeführt. Wir erhalten zum Beispiel die beiden folgenden Strukturen:

(8) $\begin{bmatrix} \text{AGENS} & X \\ \text{PATIENS} & Y \\ \textit{schlagen} & \end{bmatrix}$

(9) $\begin{bmatrix} \text{INST} & X \\ \textit{mann} & \end{bmatrix}$

5.3 Repräsentation des CONTENT-Wertes

Die semantische Information muß in Lexikoneinträge integriert werden. Das geschieht als Wert des Merkmals CONTENT (Abkürzung CONT). Erweitert man die bisherige Beschreibung einfach um dieses Merkmal, so erhält man (10):

(10) $\begin{bmatrix} \text{PHON} & \textit{list of phoneme strings} \\ \text{HEAD} & \textit{head} \\ \text{SUBCAT} & \textit{list of signs} \\ \text{CONT} & \textit{cont} \end{bmatrix}$

Es ist aber sinnvoll, noch eine stärkere Gliederung vorzunehmen und zwischen syntaktischer und semantischer Information zu trennen. Dazu führt man das Merkmal CATEGORY (Abkürzung CAT) ein. Der Wert von CAT ist eine Merkmalstruktur mit den Merkmalen HEAD und SUBCAT. (11) zeigt eine entsprechende Beschreibung:

(11) $\begin{bmatrix} \text{PHON} & \textit{list of phoneme strings} \\ \text{CAT} & \begin{bmatrix} \text{HEAD} & \textit{head} \\ \text{SUBCAT} & \textit{list of signs} \end{bmatrix} \\ \text{CONT} & \textit{cont} \end{bmatrix}$

Mit einer solchen Aufteilung der Information wird es möglich, durch eine einfache Strukturteilung nur syntaktische Information zu teilen. Zum Beispiel möchte man Fälle symmetrischer Koordination wie in (12) so behandeln, daß man einfach die CAT-Werte der Konjunkte identifiziert:

(12)   a.   [der Mann] und [die Frau]

       b.   Er [kennt] und [liebt] diese Schallplatte.

       c.   Er ist [dumm] und [arrogant].

In den jeweiligen Beispielen in (12) sind Konjunkte verschiedener Kategorien (N, V, A) und verschiedener Sättigungsgrade (gesättigt, zwei offene Argumente, ein offenes Argument) miteinander koordiniert worden. Allen Koordinationen ist jedoch gemein, daß die Konjunkte gleiche syntaktische Eigenschaften haben. Dies wird durch Identifikation der CAT-Werte der Konjunkte erreicht. Der CAT-Wert der gesamten Koordination entspricht den CAT-Werten der Konjunkte: Die Verbindung aus *kennt* und *liebt* verhält sich so, wie sich *kennt* und *liebt* einzeln verhalten würden.

5.4 Nominale Objekte

Nominale Objekte führen einen Index (IND) ein. Diesen Index kann man sich wie eine Variable vorstellen. Zum semantischen Beitrag nominaler Objekte können auch Restriktionen (RESTRICTIONS) zum eingeführten Index zählen. Die Restriktionen schränken die Menge der Objekte ein, auf die man sich mit einem referentiellen Index beziehen kann. Mit *mann'*(x) bezieht man sich auf ein *x* mit der Eigenschaft, Mann zu sein. Mit den beiden Restriktionen *mann'*(x) und *klug'*(x) bezieht man sich auf eine Teilmenge der Männer, nämlich genau auf die, die klug sind. Der Wert von RESTRICTIONS ist eine Liste der jeweiligen Restriktionen.[2] (13) zeigt den Lexikoneintrag für *Buch*:

(13)   Lexikoneintrag für *Buch*:

$$
\begin{bmatrix}
\text{CAT} & \begin{bmatrix} \text{HEAD} & noun \\ \text{SUBCAT} & \langle \text{DET} \rangle \end{bmatrix} \\[3ex]
\text{CONT} & \begin{bmatrix} \text{IND} & \boxed{1} & \begin{bmatrix} \text{PER} & 3 \\ \text{NUM} & sg \\ \text{GEN} & neu \end{bmatrix} \\[3ex] \text{RESTR} & \left\langle \begin{bmatrix} \text{INST} & \boxed{1} \\ buch \end{bmatrix} \right\rangle \end{bmatrix}
\end{bmatrix}
$$

Zu einem Index gehören auch Merkmale wie Person, Numerus und Genus. Diese sind für die Bestimmung der Referenz/Koreferenz wichtig. So kann sich *sie* in (14) nur auf *Frau*, nicht aber auf *Buch* beziehen. *es* dagegen kann nicht auf *Frau* referieren.

(14)   Die Frau$_i$ kauft ein Buch$_j$. Sie$_i$ liest es$_j$.

Pronomina müssen im allgemeinen mit dem Element, auf das sie sich beziehen, in Person, Numerus und Genus übereinstimmen. Die Indizes werden dann entsprechend identifiziert. In der HPSG wird das mittels Strukturteilung gemacht. Man spricht auch von Koindizierung. (15) zeigt Beispiele für die Koindizierung von Reflexivpronomina:

(15)   a. Ich$_i$ sehe mich$_i$.

b. Du$_i$ siehst dich$_i$.

c. Er$_i$ sieht sich$_i$.

d. Wir$_i$ sehen uns$_i$.

e. Ihr$_i$ seht euch$_i$.

f. Sie$_i$ sehen sich$_i$.

Welche Koindizierungen möglich und welche zwingend sind, wird durch die Bindungstheorie geregelt. Pollard und Sag (1992, 1994) haben eine Bindungstheorie im Rahmen der HPSG vorgestellt, die viele Probleme nicht hat, die man bekommt, wenn man Bindung in bezug auf Verhältnisse in Bäumen erklärt. Allerdings bleiben einige Fragen offen,

---

[2]Bei Pollard und Sag (1994, 26) ist der Wert von RESTRICTIONS eine Menge. Mengen unterscheiden sich von Listen dadurch, daß nichts über die Reihenfolge der Elemente ausgesagt wird. Wie in Kapitel 2 bereits angemerkt, ist die Formalisierung von Mengen recht kompliziert, weshalb ich auf die Einführung von Mengen verzichtet habe.

die soweit ich weiß auch in anderen Theorien noch nicht zufriedenstellend beantwortet wurden. Einige der Probleme wurden in Müller: 1999a, Kapitel 20 diskutiert. In diesem Buch werde ich auf die Bindungstheorie nicht weiter eingehen. Da es keine zufriedenstellenden Bindungstheorien gibt, werde ich Bindungsdaten auch nicht für die Argumentation für bestimmte syntaktische Strukturen verwenden.

Die Struktur in (16) zeigt einen Lexikoneintrag für das Pronomen *er*. Das Pronomen hat eine leere Valenzliste, da es keine weiteren Konstituenten benötigt, um als vollständige Nominalphrase in Sätzen verwendet zu werden.

(16) Lexikoneintrag für *er*:

$$
\begin{bmatrix}
\text{CAT} & \begin{bmatrix} \text{HEAD} & noun \\ \text{SUBCAT} & \langle\,\rangle \end{bmatrix} \\
\text{CONT} & \begin{bmatrix} \text{IND} & \begin{bmatrix} \text{PER} & 3 \\ \text{NUM} & sg \\ \text{GEN} & mas \end{bmatrix} \\ \text{RESTR} & \langle\,\rangle \end{bmatrix}
\end{bmatrix}
$$

Die Liste der Restriktionen ist die leere Liste, da wir, wenn wir einen Satz wie (17) äußern, nur wissen, daß wir von einem Individuum sprechen, auf das wir uns entweder deiktisch beziehen oder das im bisherigen Diskurs mit einem Nomen in der dritten Person Singular maskulin erwähnt wurde.

(17) Er schläft.

Wir wissen außerdem noch, daß dieses Individuum schläft, aber diese Information kommt vom Verb, sie gehört nicht zu den Relationen, die das Subjekt *er* zur Gesamtbedeutung des Satzes beisteuert.

Im folgenden werden die Abkürzungen in (18) verwendet:

$$
(18)\quad \text{NP}_{[3,sg,fem]}\;
\begin{bmatrix}
\text{CAT} & \begin{bmatrix} \text{HEAD} & noun \\ \text{SUBCAT} & \langle\,\rangle \end{bmatrix} \\
\text{CONT}|\text{IND} & \begin{bmatrix} \text{PER} & 3 \\ \text{NUM} & sg \\ \text{GEN} & fem \end{bmatrix}
\end{bmatrix}
\qquad
\text{NP}_{\boxed{1}}\;
\begin{bmatrix}
\text{CAT} & \begin{bmatrix} \text{HEAD} & noun \\ \text{SUBCAT} & \langle\,\rangle \end{bmatrix} \\
\text{CONT}|\text{IND} & \boxed{1}
\end{bmatrix}
$$

$$
\overline{\text{N}}:\boxed{1}\quad
\begin{bmatrix}
\text{CAT} & \begin{bmatrix} \text{HEAD} & noun \\ \text{SUBCAT} & \langle\,\text{DET}\,\rangle \end{bmatrix} \\
\text{CONT} & \boxed{1}
\end{bmatrix}
$$

Tiefer gestellte Werte beziehen sich auf Index-Merkmale, der Doppelpunkt auf den Wert von CONT und $\overline{\text{N}}$ entspricht einer Nominalprojektion mit dem Bar-Level 1 aus der $\overline{\text{X}}$-Theorie. In der HPSG handelt es sich bei $\overline{\text{N}}$ um ein nominales Objekt, das in seiner Valenzliste noch einen Determinierer enthält.

5.5 Repräsentation parametrisierter Sachverhalte mit Merkmalstrukturen

Den parametrisierten Sachverhalt aus (5), hier der Übersichtlichkeit halber als (19) wiederholt, kann man wie in (20) mittels Merkmalbeschreibungen beschreiben.

(19) $\ll schlagen, agens : X, patiens : Y \gg$
      $X|\ll mann, instance : X \gg,$
      $Y|\ll hund, instance : Y \gg$

(20) $\begin{bmatrix} \text{AGENS} & \boxed{1} \\ \text{PATIENS} & \boxed{2} \\ schlagen \end{bmatrix}$

$\begin{bmatrix} \text{IND} & \boxed{1} & \begin{bmatrix} \text{PER} & 3 \\ \text{NUM} & sg \\ \text{GEN} & mas \end{bmatrix} \\ \text{RESTR} & \left\langle \begin{bmatrix} \text{INST} & \boxed{1} \\ mann \end{bmatrix} \right\rangle \end{bmatrix}$
$\begin{bmatrix} \text{IND} & \boxed{2} & \begin{bmatrix} \text{PER} & 3 \\ \text{NUM} & sg \\ \text{GEN} & mas \end{bmatrix} \\ \text{RESTR} & \left\langle \begin{bmatrix} \text{INST} & \boxed{2} \\ hund \end{bmatrix} \right\rangle \end{bmatrix}$

Dabei steht die $\boxed{1}$ in der oberen Beschreibung und in der linken unteren Beschreibung für den gleichen Wert. Entsprechendes gilt für die $\boxed{2}$. Strukturteilung über mehrere Merkmalbeschreibungen hinweg wie in (20) ist eigentlich nicht sinnvoll, aber die Teilstrukturen in (20) sind nur Ausschnitte aus einer größeren Beschreibung, und innerhalb von größeren Beschreibungen kann man natürlich solche Strukturteilungen vornehmen. Welche Gesamtstrukturen lizenziert werden, wird in Kürze gezeigt werden.

5.6 Linking

Bisher gibt es noch keine Zuordnung der Elemente in der Valenzliste zu Argumentrollen im semantischem Beitrag. Eine solche Verbindung wird auch *Linking* genannt. (21) zeigt, wie einfach das Linking in der HPSG funktioniert. Die referentiellen Indizes der Nominalphrasen sind mit den semantischen Rollen identifiziert.

(21) *gibt* (finite Form):

$\begin{bmatrix} \text{CAT} & \begin{bmatrix} \text{HEAD} & \begin{bmatrix} \text{VFORM} & \textit{fin} \\ verb \end{bmatrix} \\ \text{SUBCAT} & \left\langle \text{NP}[nom]_{\boxed{1}}, \text{NP}[acc]_{\boxed{2}}, \text{NP}[dat]_{\boxed{3}} \right\rangle \end{bmatrix} \\ \text{CONT} & \begin{bmatrix} \text{AGENS} & \boxed{1} \\ \text{THEMA} & \boxed{2} \\ \text{GOAL/} & \boxed{3} \\ geben \end{bmatrix} \end{bmatrix}$

Dadurch daß für die Argumentrollen allgemeine Bezeichnungen wie AGENS und PATI-ENS verwendet werden, kann man Generalisierungen über Valenzklassen und Argument-rollenrealisierungen aufstellen. Man kann z. B. Verben in Verben mit Agens, Verben mit Agens und Thema, Verben mit Agens und Patiens usw. unterteilen. Verschiedene Valenz/Linking-Muster kann man in Typhierarchien spezifizieren und die spezifischen Lexikon-einträge diesen Mustern zuordnen, d. h. von den entsprechenden Typen Beschränkungen erben lassen. Eine Typbeschränkung für Verben mit Agens, Thema und Goal hat die Form in (22):

$$(22)\quad \begin{bmatrix} \text{CAT}|\text{SUBCAT} \ \left\langle [\,]_{\boxed{1}}, [\,]_{\boxed{2}}, [\,]_{\boxed{3}} \right\rangle \\ \text{CONT} \begin{bmatrix} \text{AGENS} & \boxed{1} \\ \text{THEMA} & \boxed{2} \\ \text{GOAL} & \boxed{3} \\ \textit{agens-thema-goal-rel} \end{bmatrix} \end{bmatrix}$$

$[\,]_{\boxed{1}}$ steht dabei für ein Objekt mit beliebiger syntaktischer Kategorie und dem Index $\boxed{1}$. Der Typ für die Relation *geben* ist Untertyp von *agens-thema-goal-rel*. Der Lexikoneintrag für das Wort *geben* bzw. den Stamm *geb-* hat das Linking-Muster in (22).

Zu Linking-Theorien im Rahmen der HPSG siehe Davis: 1996 und Wechsler: 1991.

5.7 Der semantische Beitrag von Phrasen

Bisher wurde nur etwas darüber ausgesagt, wie der Bedeutungsbeitrag von Lexikoneinträ-gen repräsentiert werden kann. Wie sich der semantische Beitrag von Phrasen ergibt, ist noch nicht geklärt. Es ist klar, daß der semantische Beitrag einer Phrase wesentlich von deren Kopf bestimmt wird. In Kopf-Argument-Strukturen ist der semantische Hauptbei-trag der Phrase mit dem Beitrag des Kopfes identisch. Das verdeutlicht Abbildung 5.1 auf der nächsten Seite. *e*, *b* und *m* stehen dabei verkürzend für *er*, *das Buch* und *dem Mann*.

Diese Identifikation des semantischen Beitrags von Kopftochter und Mutterknoten stellt das Semantikprinzip sicher:

Prinzip 2 (Semantikprinzip (vorläufige Version))
In Strukturen, in denen es eine Kopftochter gibt, ist der semantische Beitrag der Mutter identisch mit dem der Kopftochter.

Diese Beschränkung gilt nicht für Kopf-Adjunkt-Strukturen, die im Kapitel 6 behandelt werden. Führt man einen Typ *head-non-adjunct-structure* ein, von dem alle Typen erben, die keine Adjunktstrukturen sind, kann man das Semantikprinzip wie folgt formalisieren:

$$(23)\quad \textit{head-non-adjunct-structure} \rightarrow \begin{bmatrix} \text{CONT} & \boxed{1} \\ \text{HEAD-DTR}|\text{CONT} & \boxed{1} \end{bmatrix}$$

Abbildung 5.2 auf der folgenden Seite zeigt, wie der Typ *head-non-adjunct-structure* in die in Abbildung 4.5 entwickelte Hierarchie unter *sign* integriert werden muß.

Die Merkmalbeschreibung in (24) auf Seite 71 zeigt alle Beschränkungen, die für Struk-turen vom Typ *head-argument-structure* gelten. Das sind die Beschränkungen des Sche-mas 1 und die von *headed-structure* und *head-non-adjunct-structure* ererbte Information:

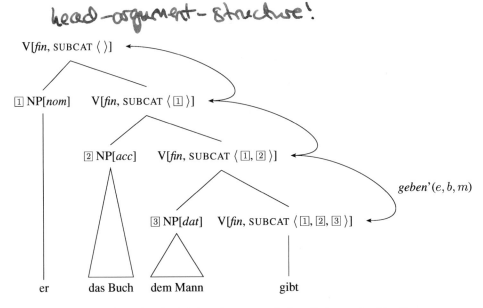

Abbildung 5.1: Projektion des semantischen Beitrags des Kopfes

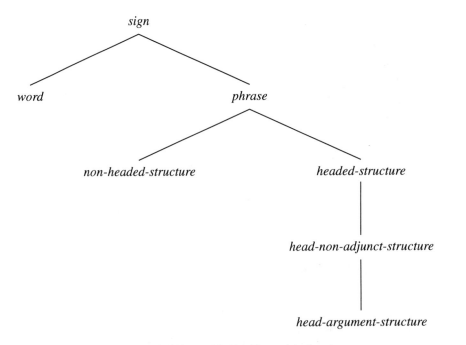

Abbildung 5.2: Typhierarchie für *sign*

(24)   Head-Argument-Schema + Kopfmerkmalsprinzip + Semantikprinzip:

$$
\begin{bmatrix}
\text{CAT} & \begin{bmatrix} \text{HEAD} & \boxed{1} \\ \text{SUBCAT} & \boxed{2} \end{bmatrix} \\[2ex]
\text{CONT} & \boxed{3} \\[2ex]
\text{HEAD-DTR} & \begin{bmatrix} \text{CAT} & \begin{bmatrix} \text{HEAD} & \boxed{1} \\ \text{SUBCAT} & \boxed{2} \oplus \langle\, \boxed{4}\, \rangle \end{bmatrix} \\[2ex] \text{CONT} & \boxed{3} \end{bmatrix} \\[4ex]
\text{NON-HEAD-DTRS} & \langle\, \boxed{4}\, \rangle \\[1ex]
\textit{head-argument-structure} &
\end{bmatrix}
$$

Die Verbindung zwischen semantischem Beitrag des Verbs und seinen Argumenten wird im Lexikoneintrag des Verbs hergestellt. Somit ist dafür gesorgt, daß e, b und m in Abbildung 5.1 den Indizes der jeweiligen NPen entsprechen. Zusätzlich zur Hauptbedeutung *geben'* (e, b, m) müssen die zu den Indizes gehörenden Restriktionen in der Repräsentation der Bedeutung des gesamten Ausdrucks enthalten sein. Das erreicht man, indem man die semantische Information aus den NPen ebenfalls im Baum nach oben gibt. Dazu kann man z. B. eine Liste verwenden, in die beim Zusammenbau komplexer Einheiten der Bedeutungsbeitrag von NPen aufgenommen wird. Leider ist die Sache nicht ganz so einfach, da es in Sätzen mit Quantoren wie *alle*, *jeder*, *ein* usw. komplexe Interaktionen zwischen mehreren Quantoren geben kann, die zu verschiedenen Lesarten führen (Frey: 1993, Kiss: 2001). Auf diesen Phänomenbereich kann hier nicht weiter eingegangen werden. Einige Anmerkungen finden sich noch im Kapitel 6.5.

Kontrollfragen

1. Was versteht man unter Linking?

2. Wie wird in der HPSG eine Verbindung zwischen Form und Bedeutung eines (komplexen) sprachlichen Zeichens hergestellt?

Übungsaufgaben

1. Wie kann man den semantischen Beitrag von *lacht* repräsentieren?

2. Geben Sie die Merkmalbeschreibung für (25) an:

   (25)   Lacht er?

   Dabei soll sowohl die syntaktische Struktur als auch der Bedeutungsbeitrag berücksichtigt werden.

3. Laden Sie die zu diesem Kapitel gehörende Grammatik von der Grammix-CD (siehe Übung 3 auf Seite 61). Im Fenster, in dem die Grammatik geladen wird, erscheint zum Schluß eine Liste von Beispielen. Geben Sie diese Beispiele nach dem Prompt ein und wiederholen Sie die in diesem Kapitel besprochenen Aspekte.

6 Spezifikation und Adjunktion

Im Kapitel 1.5 wurde der Unterschied zwischen Argumenten und Adjunkten erklärt. Im vorvorigen Kapitel wurde gezeigt, wie die Selektion von Argumenten durch ihren Kopf modelliert werden kann, und im vorigen Kapitel wurde erklärt, wie die Bedeutungskomposition erfolgt. In diesem Kapitel sollen nun syntaktische und semantische Eigenschaften von Kopf-Adjunkt- und Spezifikator-Kopf-Strukturen beleuchtet werden.

6.1 Die Syntax von Kopf-Adjunkt-Strukturen

Im Kapitel 1.5 wurde festgestellt, daß die Form von Adjunkten, die mit bestimmten Köpfen vorkommen können, relativ wenig beschränkt ist. Andererseits können Adjunkte oft nur mit Köpfen einer bestimmten Wortart vorkommen. Flektierte Adjektive sind z. B. nur als Modifikatoren von Nomina möglich.

(1)   a.   ein interessantes Buch

        b.   * Peter schläft interessantes.

Analog zur Selektion von Argumenten durch Köpfe über SUBCAT kann man Adjunkte ihren Kopf über ein Merkmal (MODIFIED) selegieren lassen. Adjektive, Nomina modifizierende Präpositionalphrasen und Relativsätze selegieren eine fast vollständige Nominalprojektion, d. h. ein Nomen, das nur noch mit einem Determinierer kombiniert werden muß, um eine vollständige NP zu bilden. Ausschnitte des Lexikoneintrags für *interessantes* zeigt (2):

(2)   *interessantes*:

$$
\begin{bmatrix}
\text{PHON} & \langle\, \textit{interessantes}\, \rangle \\[4pt]
\text{CAT} & \begin{bmatrix} \text{HEAD} & \begin{bmatrix} \text{MOD} & \overline{\text{N}} \\ \textit{adj} & \end{bmatrix} \\[8pt] \text{SUBCAT} & \langle\,\rangle \end{bmatrix}
\end{bmatrix}
$$

interessantes ist ein Adjektiv, das selbst keine Argumente mehr zu sich nimmt, und das deshalb eine leere SUBCAT-Liste hat. Adjektive wie *treu* in (3) würden entsprechend eine Dativ-NP in ihrer SUBCAT-Liste haben.

(3)   ein dem König treues Mädchen

Den Lexikoneintrag zeigt (4):

(4)   *treues*:

$$
\begin{bmatrix}
\text{PHON} & \langle\, \textit{treues}\, \rangle \\[4pt]
\text{CAT} & \begin{bmatrix} \text{HEAD} & \begin{bmatrix} \text{MOD} & \overline{\text{N}} \\ \textit{adj} & \end{bmatrix} \\[8pt] \text{SUBCAT} & \langle\, \text{NP}[\textit{dat}]\, \rangle \end{bmatrix}
\end{bmatrix}
$$

dem König treues bildet dann eine Adjektivphrase, die *Mädchen* modifiziert.

Im Gegensatz zum Selektionsmerkmal SUBCAT, das zu den Merkmalen unter CAT gehört, ist MOD ein Kopfmerkmal. Der Grund dafür ist, daß das Merkmal, das den zu modifizierenden Kopf selegiert, an der Maximalprojektion des Adjunkts vorhanden sein muß. Die Eigenschaft der Adjektivphrase *dem König treues*, daß sie N̄s modifiziert, muß in der Repräsentation der gesamten AP enthalten sein, genauso wie sie im Lexikoneintrag für Adjektive in (2) auf lexikalischer Ebene vorhanden ist. Die Adjektivphrase *dem König treues* hat dieselben syntaktischen Eigenschaften wie das einfache Adjektiv *interessantes*:

(5) *dem König treues*:

$$
\begin{bmatrix}
\text{PHON} & \langle \textit{dem, König, treues} \rangle \\
\text{CAT} & \begin{bmatrix}
\text{HEAD} & \begin{bmatrix} \text{MOD} & \overline{N} \\ \textit{adj} & \end{bmatrix} \\
\text{SUBCAT} & \langle \rangle
\end{bmatrix}
\end{bmatrix}
$$

Wenn MOD ein Kopfmerkmal ist, sorgt das Kopfmerkmalsprinzip (siehe Seite 58) dafür, daß der MOD-Wert der gesamten Projektion mit dem MOD-Wert des Lexikoneintrags für *treues* identisch ist.

Alternativ zur Selektion des Kopfes durch den Modifikator könnte man eine Beschreibung aller möglichen Adjunkte beim Kopf vornehmen. Dies wurde von Pollard und Sag (1987) vorgeschlagen. Pollard und Sag (1994) rücken von diesem Ansatz aber wieder ab, da die Semantik der Modifikation mit diesem Ansatz nicht ohne weiteres beschreibbar ist.[1]

Abbildung 6.1 zeigt ein Beispiel für die Selektion in Kopf-Adjunkt-Strukturen. Kopf-

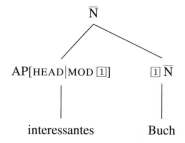

Abbildung 6.1: Kopf-Adjunkt-Struktur (Selektion)

Adjunkt-Strukturen sind durch das folgende Schema lizenziert:

---

[1] Siehe jedoch Bouma, Malouf und Sag: 2001. Bouma, Malouf und Sag (2001) verfolgen einen hybriden Ansatz, in dem es sowohl Adjunkte gibt, die den Kopf selegieren, als auch solche, die vom Kopf selegiert werden. Als Semantiktheorie liegt diesem Ansatz die *Minimal Recursion Semantics* (MRS) zugrunde. Mit dieser Semantik treten die Probleme bei der Beschreibung der Semantik von Modifikatoren, die Pollard und Sag (1987) hatten, nicht auf.

Schema 2 (Kopf-Adjunkt-Schema (vorläufige Version))

head-adjunct-structure →

$$\begin{bmatrix} \text{HEAD-DTR} & \boxed{1} \\ \\ \text{NON-HEAD-DTRS} & \left\langle \begin{bmatrix} \text{CAT} & \begin{bmatrix} \text{HEAD}|\text{MOD} & \boxed{1} \\ \text{SUBCAT} & \langle\rangle \end{bmatrix} \end{bmatrix} \right\rangle \end{bmatrix}$$

Der Wert des Selektionsmerkmals des Adjunkts ($\boxed{1}$) wird mit der Kopftochter identifiziert, wodurch sichergestellt wird, daß die Kopftochter die vom Adjunkt spezifizierten Eigenschaften hat. Die SUBCAT-Liste der Nicht-Kopftochter ist die leere Liste, weshalb nur vollständig gesättigte Adjunkte in Kopf-Adjunkt-Strukturen zugelassen sind. Phrasen wie (6b) werden somit korrekt ausgeschlossen:

(6) a.   die Wurst in der Speisekammer

     b.   * die Wurst in

Das Beispiel in (6a) soll noch genauer diskutiert werden. Für die Präposition *in* (in der Verwendung in (6a)) nimmt man den folgenden Lexikoneintrag an:

(7)   Lexikoneintrag für *in*:

$$\begin{bmatrix} \text{PHON} & \langle\, in\, \rangle \\ \\ \text{CAT} & \begin{bmatrix} \text{HEAD} & \begin{bmatrix} \text{MOD} & \overline{\text{N}} \\ prep \end{bmatrix} \\ \text{SUBCAT} & \langle\, \text{NP}[dat]\, \rangle \end{bmatrix} \end{bmatrix}$$

Nach der Kombination mit der Nominalphrase *der Speisekammer* bekommt man:

(8)   Repräsentation für *in der Speisekammer*:

$$\begin{bmatrix} \text{PHON} & \langle\, in\ der\ Speisekammer\, \rangle \\ \\ \text{CAT} & \begin{bmatrix} \text{HEAD} & \begin{bmatrix} \text{MOD} & \overline{\text{N}} \\ prep \end{bmatrix} \\ \text{SUBCAT} & \langle\rangle \end{bmatrix} \end{bmatrix}$$

Diese Repräsentation entspricht der des Adjektivs *interessantes* und kann – abgesehen von der Stellung der PP – auch genauso verwendet werden: Die PP modifiziert eine $\overline{\text{N}}$.

Köpfe, die nur als Argumente verwendet werden können und nicht selbst modifizieren, haben als MOD-Wert *none*. Dadurch können sie in Kopf-Adjunkt-Strukturen nicht an die Stelle der Nicht-Kopftochter treten, da der MOD-Wert der Nicht-Kopftochter mit der Kopftochter kompatibel sein muß.

6.2 Die Semantik in Kopf-Adjunkt-Strukturen

Es ist noch nicht erklärt worden, wie der semantische Beitrag des Mutterknotens in Abbildung 6.1 bestimmt wird. Der Bedeutungsbeitrag des Nomens *Buch* steht fest: *buch'*(X). Eine naheliegende Möglichkeit, die Gesamtbedeutung des Ausdrucks *interessantes Buch* zu bestimmen, ist, daß man die Bedeutungen der beiden Töchter nach oben gibt und diese konjunktiv verknüpft. Aus der Kombination von *interessantes* (*interessant'*(X)) mit *Buch* (*buch'*(Y)) würde *interessant'*(X) & *buch'*(X). Ein solcher Ansatz ist aber für Fälle wie (9) problematisch:

(9)　　der angebliche Mörder

Die Kombination von *angebliche* (*angeblich'*(X)) und *Mörder* (*mörder'*(Y)) ist eben gerade nicht *angeblich'*(X) & *mörder'*(x), da die Information, daß der Referent der Nominalphrase ein Mörder ist, durch *angeblich* als ungesicherte Information gekennzeichnet wird. Statt *angeblich'*(x) & *mörder'*(x) ist also *angeblich'*(*mörder'*(x)) als semantische Repräsentation anzunehmen. Die Alternative für die semantische Komposition von Adjunkt- und Kopfbeitrag besteht darin, die Gesamtbedeutung des Ausdrucks am Adjunkt festzumachen: Im Lexikoneintrag für *interessantes* bzw. *angebliche* steht, wie der Bedeutungsbeitrag der Mutter aussehen wird. Die Bedeutung des modifizierten Kopfes wird im Lexikoneintrag des Modifikators in die Bedeutung des Modifikators integriert. Für das Beispiel *interessantes Buch* ist das in Abbildung 6.2 dargestellt. Das Kopf-Adjunkt-Schema iden-

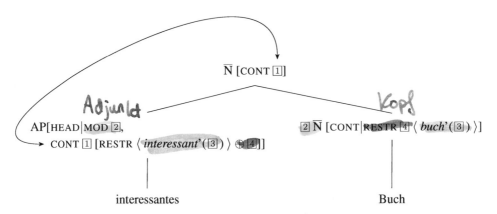

Abbildung 6.2: Kopf-Adjunkt-Struktur (Selektion und Bedeutungsbeitrag)

tifiziert den Kopf mit dem MOD-Wert der Adjunkttochter ([2]). Dadurch wird es möglich, innerhalb eines Lexikoneintrags lokal die semantische Komposition zu regeln, denn man kann auf alle Information innerhalb von MOD mittels Strukturteilung verweisen. Das Adjunkt muß dazu noch nicht mit dem Kopf kombiniert sein. Das Adjektiv *interessantes* vereinigt in seiner semantischen Repräsentation den semantischen Beitrag des modifizierten Nomens ([4]) mit der Liste der Restriktionen, die es selbst beiträgt (⟨ *interessant'*([3]) ⟩). Wird der MOD-Wert des Adjektivs durch Verwendung des Adjektivs in einer Kopf-Adjunkt-Struktur instantiiert, so wird auch der Wert von [4] instantiiert. Im vorliegenden Beispiel ist [4] dann ⟨ *buch'*([3]) ⟩. Auf diese Weise ist es möglich, den gesamten semantischen Beitrag der Phrase beim Adjunkt zu repräsentieren. Er wird dann auch von dort projiziert ([1] in Abbildung 6.2).

Die Struktur in (10) zeigt den vervollständigten Eintrag für *interessantes*:[2]

---

[2]Die Repräsentation der Person-, Numerus- und Genus-Werte wird im Kapitel 13.2 über die Kongruenz innerhalb von Nominalphrasen noch revidiert.

(10) Adjektiveintrag mit Bedeutungsrepräsentation:

$$
\begin{bmatrix}
\text{PHON} & \langle\, \textit{interessantes}\,\rangle \\[2ex]
\text{CAT} &
\begin{bmatrix}
\text{HEAD} &
\begin{bmatrix}
\text{MOD} & \overline{\text{N}}:
\begin{bmatrix}
\text{IND} & \boxed{1} \\
\text{RESTR} & \boxed{2}
\end{bmatrix} \\[2ex]
\textit{adj}
\end{bmatrix} \\[3ex]
\text{SUBCAT} & \langle\rangle
\end{bmatrix} \\[6ex]
\text{CONT} &
\begin{bmatrix}
\text{IND} & \boxed{1} &
\begin{bmatrix}
\text{PER} & \textit{3} \\
\text{NUM} & \textit{sg} \\
\text{GEN} & \textit{neu}
\end{bmatrix} \\[3ex]
\text{RESTR} &
\left\langle
\begin{bmatrix}
\text{THEME} & \boxed{1} \\
\textit{interessant}
\end{bmatrix}
\right\rangle \oplus \boxed{2}
\end{bmatrix}
\end{bmatrix}
$$

Das Adjektiv selegiert das zu modifizierende Nomen über MOD. Deshalb kann das Adjektiv auf den CONT-Wert und damit auf die Restriktionen des Nomens (⟨2⟩) zugreifen und diese bei sich in den semantischen Beitrag einbauen. Die Teilung des Indexes (⟨1⟩) sorgt dafür, daß Adjektiv und Nomen sich auf dasselbe Objekt beziehen.

Die Gesamtstruktur, die dem Mutterknoten in Abbildung 6.2 entspricht, beschreibt (11):

(11) *interessantes Buch*:

$$
\begin{bmatrix}
\text{CAT} &
\begin{bmatrix}
\text{HEAD} & \textit{noun} \\
\text{SUBCAT} & \langle\, \text{DET}\,\rangle
\end{bmatrix} \\[4ex]
\text{CONT} &
\begin{bmatrix}
\text{IND} & \boxed{1} &
\begin{bmatrix}
\text{PER} & \textit{3} \\
\text{NUM} & \textit{sg} \\
\text{GEN} & \textit{neu}
\end{bmatrix} \\[3ex]
\text{RESTR} &
\left\langle
\begin{bmatrix}
\text{THEME} & \boxed{1} \\
\textit{interessant}
\end{bmatrix},
\begin{bmatrix}
\text{INST} & \boxed{1} \\
\textit{buch}
\end{bmatrix}
\right\rangle
\end{bmatrix}
\end{bmatrix}
$$

Die Projektion des semantischen Beitrags erfolgt also nicht wie z. B. in Kopf-Argument-Strukturen entlang des Kopfpfades, sondern von der Adjunkttochter zur Mutter:

(12) *head-adjunct-structure* →

$$
\begin{bmatrix}
\text{CONT} & \boxed{1} \\
\text{NON-HEAD-DTRS} & \langle\, [\ \text{CONT}\ \boxed{1}\ ]\rangle
\end{bmatrix}
$$

Integriert man diese Strukturteilung in die vorläufige Version des Kopf-Adjunkt-Schemas auf Seite 74, erhält man das Schema 3 auf der folgenden Seite.

6.3 Prinzipien

Im Kapitel 5.7 wurde eine vorläufige Version des Semantikprinzips eingeführt. Diese soll jetzt präzisiert und vervollständigt werden. Außerdem wird noch das Valenzprinzip vorgestellt, das etwas über die Argumentabbindung in verschiedenen Strukturtypen aussagt.

Schema 3 (Kopf-Adjunkt-Schema)

head-adjunct-structure →

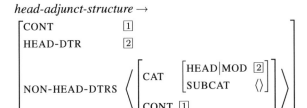

6.3.1 Das Semantikprinzip

Die auf Seite 69 formulierte vorläufige Version des Semantikprinzips besagt, daß in Strukturen mit Kopf der CONT-Wert der Mutter mit dem CONT-Wert der Kopftochter identisch ist. Wie wir im vorigen Abschnitt gezeigt haben, ist ein solches Vorgehen für Kopf-Adjunkt-Strukturen nicht sinnvoll. Das Semantikprinzip wird deshalb in zwei Teile geteilt: einen für Kopf-Adjunkt-Strukturen und einen für alle anderen Strukturen:

Prinzip 3 (Semantikprinzip)
In Strukturen mit Kopf, die keine Kopf-Adjunkt-Strukturen sind, ist der semantische Beitrag der Mutter identisch mit dem der Kopftochter.

In Kopf-Adjunkt-Strukturen ist der semantische Beitrag der Mutter identisch mit dem der Adjunkttochter.

Formal sieht das wie in (13) aus:

(13)   *head-non-adjunct-structure* → $\begin{bmatrix} \text{CONT} & \boxed{1} \\ \text{HEAD-DTR}|\text{CONT} & \boxed{1} \end{bmatrix}$

       head-adjunct-structure → $\begin{bmatrix} \text{CONT} & \boxed{1} \\ \text{NON-HEAD-DTRS} & \langle\, [\ \text{CONT}\ \boxed{1}\ ]\, \rangle \end{bmatrix}$

Strukturen mit Kopf (*headed-structure*) sind entweder Untertypen von *head-non-adjunct-structure* oder von *head-adjunct-structure*.

6.3.2 Das Valenzprinzip

In Kopf-Adjunkt-Strukturen ändert sich die Valenz der gesamten Phrase im Vergleich zur Valenz des Kopfes nicht: *Buch* hat die gleiche Valenz wie *interessantes Buch*: Sowohl *Buch* als auch *interessantes Buch* braucht noch einen Determinator, um als vollständige Projektion verwendet werden zu können. Deshalb muß in Kopf-Adjunkt-Strukturen die Valenzinformation am Mutterknoten der Valenzinformation der Kopftochter entsprechen. Man kann das noch verallgemeinern auf alle Strukturen, in denen kein Argument mit einem Kopf kombiniert wird. Diesen Strukturen wird der Typ *head-non-argument-structure* zugeordnet. Bisher wurden nur Kopf-Adjunkt-Strukturen diskutiert, aber es gibt z. B. auch noch Kopf-Füller-Strukturen (siehe Kapitel 10), in denen wie in Kopf-Adjunkt-Strukturen keine Argumente gesättigt werden. Solche Strukturen sind allesamt Untertypen des Typs *head-non-argument-structure*.

Formal sieht die Beschränkung der SUBCAT-Werte in Strukturen vom Typ *head-non-argument-structure* wie folgt aus:

(14)   *head-non-argument-structure* $\rightarrow$ $\begin{bmatrix} \text{CAT} | \text{SUBCAT} \ \boxed{1} \\ \text{HEAD-DTR} | \text{CAT} | \text{SUBCAT} \ \boxed{1} \end{bmatrix}$

Da in Strukturen vom Typ *head-non-argument-structure* keine Argumente gesättigt werden, ist der SUBCAT-Wert der Mutter mit dem der Kopftochter identisch.

In der HPSG-Literatur wird das Valenzprinzip immer in Prosa formuliert:

Prinzip 4 (Valenzprinzip)
In Strukturen mit Kopf entspricht die SUBCAT-Liste des Mutterknotens der SUBCAT-Liste der Kopftochter minus den als Nicht-Kopftochter realisierten Argumenten.

Zur vollständigen Formalisierung dieses in Prosa angegebenen Prinzips gehören neben (14) natürlich auch die Beschränkungen für Strukturen vom Typ *head-argument-structure*, die im Schema 1 auf Seite 54 formuliert wurden, und hier der Übersichtlichkeit halber noch einmal wiederholt seien:

(15)   *head-argument-structure* $\rightarrow$
$\begin{bmatrix} \text{CAT} | \text{SUBCAT} \ \boxed{1} \\ \text{HEAD-DTR} | \text{CAT} | \text{SUBCAT} \ \boxed{1} \oplus \langle \boxed{2} \rangle \\ \text{NON-HEAD-DTRS} \ \langle \boxed{2} \rangle \end{bmatrix}$

Strukturen mit Kopf (*headed-structure*) sind entweder Untertypen von *head-argument-structure* oder von *head-non-argument-structure*. Einen Überblick über die Untertypen des Typs *sign* zeigt Abbildung 6.3. *head-non-adjunct-structure* und *head-non-argument-*

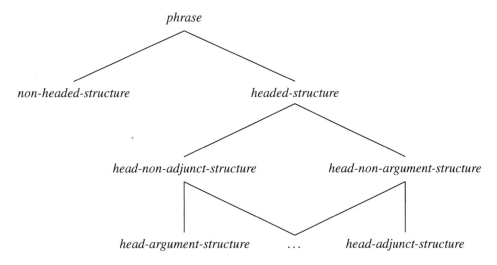

Abbildung 6.3: Typhierarchie für *phrase*

structure haben mehrere gemeinsame Untertypen. Hier ist nur einer beispielhaft durch die drei Punkte angedeutet.

Bevor wir uns der Analyse von Beispielen wie *der angebliche Mörder* zuwenden, soll das Zusammenwirken aller bisher formulierten Prinzipien gezeigt werden. Abbildung 6.4 zeigt, wie das Kopfmerkmalsprinzip (siehe ①), das Valenzprinzip (siehe ②) und das Semantikprinzip (siehe ③) die Eigenschaften der Gesamtstruktur determinieren.

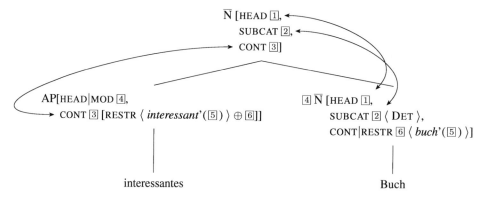

Abbildung 6.4: Kopf-Adjunkt-Struktur (HFP, Valenz, Semantik, ...)

6.4 Kapselnde Modifikation

Die Behandlung der Bedeutungskomposition in Kopf-Adjunkt-Strukturen ist relativ komplex. Sie wurde damit motiviert, daß man Beispiele wie *potentielle Mörder* in (16) nicht einfach durch die Projektion der koordinativen Verknüpfung von *potentiell'*(x) und *mörder'*(x) analysieren kann.

(16)   Gewalt provoziere immer Gegengewalt und: „Soldaten sind potentielle Mörder."[3]

Die Formel in (17) wäre für die Repräsentation des Prädikates im Satz (18) angemessen, für die Prädikation in (16) ist sie es nicht.

(17)   ≪ *mörder*, *instance* : X ≫

(18)   Soldaten sind Mörder.[4]

Sätze wie (16) machen keine Aussage darüber, daß Soldaten Mörder sind, sie sagen vielmehr, daß es möglich ist, daß Soldaten zu Mördern werden. Die *mörder'*-Relation ist unter *potentiell'* eingebettet und nicht direkt für logische Schlußfolgerungen zugänglich:

(19)   ≪ *potentiell*, *psoa-arg* : {≪ *mörder*, *instance* : X ≫} ≫

Dabei wird PSOA-ARG als die Bezeichnung für die Argumentrolle der *potentiell'*-Relation verwendet, wobei PSOA für *parametrized state of affairs* und ARG für Argument steht.

---

[3] 23.12.1993, taz berlin, S. 18.
[4] Tucholsky, Kurt, (1931), „Der bewachte Kriegsschauplatz", *Die Weltbühne*, S. 31.

Adjektive wie *mutmaßlich-* oder *angeblich-* verhalten sich genauso wie *potentiell*: Zeitungen dürfen noch nicht verurteilte Personen nicht als Mörder bezeichnen, auch wenn es starke Evidenz für eine Schuld zu geben scheint. Es muß immer von *mutmaßlichen Mördern* gesprochen werden.

Die Bedeutungskomposition für solche Fälle ist mit der eingeführten Maschinerie einfach: Statt wie bei *interessantes* eine Verkettung der Restriktionsliste des modifizierten Nomens mit der Restriktionsliste des Adjektivs vorzunehmen, wird die Restriktionsliste des modifizierten Nomens ([2] in (20)) als Argument der Adjektiv-Relation eingebettet:

(20) *mutmaßlich-* nach (Pollard und Sag: 1994, 330):

$$
\begin{bmatrix}
\text{CAT} & \begin{bmatrix} \text{HEAD} & \begin{bmatrix} \text{MOD} \; \overline{\text{N}}: \begin{bmatrix} \text{IND} & \boxed{1} \\ \text{RESTR} & \boxed{2} \end{bmatrix} \\ adj \end{bmatrix} \\ \text{SUBCAT} \; \langle \rangle \end{bmatrix} \\
\text{CONT} & \begin{bmatrix} \text{IND} & \boxed{1} \\ \text{RESTR} & \left\langle \begin{bmatrix} \text{PSOA-ARG} & \boxed{2} \\ mutmaßlich \end{bmatrix} \right\rangle \end{bmatrix}
\end{bmatrix}
$$

Der referentielle Index des Adjektivs wird mit dem referentiellen Index des Nomens identifiziert. Das ist wichtig, da der semantische Beitrag von Kopf-Adjunkt-Strukturen ja durch das Adjunkt bestimmt wird. Die [1] in (20) entspricht dem X in (19), d. h. der referentielle Index dient zur Bezugnahme auf das Objekt, über das gerade gesprochen wird. Die Information, daß wir über X bzw. [1] reden, ist also für den Beitrag der gesamten Phrase *potentielle Mörder* bzw. *mutmaßlicher Mörder* relevant. Wir sagen aber nicht aus, daß X ein Mörder ist, sondern daß X ein potentieller bzw. mutmaßlicher Mörder ist. Die Kombination von *mutmaßlicher* und *Mörder* zeigt (21):

(21) *mutmaßlicher Mörder*:

$$
\begin{bmatrix}
\text{CAT} & \begin{bmatrix} \text{HEAD} & noun \\ \text{SUBCAT} \; \langle \text{DET} \rangle \end{bmatrix} \\
\text{CONT} & \begin{bmatrix} \text{IND} & \boxed{1} \begin{bmatrix} \text{PER} & 3 \\ \text{NUM} & sg \\ \text{GEN} & mas \end{bmatrix} \\ \text{RESTR} & \left\langle \begin{bmatrix} \text{PSOA-ARG} & \begin{bmatrix} \text{INST} & \boxed{1} \\ mörder \end{bmatrix} \\ mutmaßlich \end{bmatrix} \right\rangle \end{bmatrix}
\end{bmatrix}
$$

Komplexere Fälle wie (22) können auf ähnliche Weise behandelt werden.

(22) ein scheinbar einfaches Beispiel

Aus Platzgründen kann ich darauf hier aber nicht eingehen. Zu den Einzelheiten siehe Kasper: 1995 und Müller: 1999a bzw. Copestake, Flickinger, Pollard und Sag: 2005, Abschnitt 6.3.

Mit der Diskussion dieser Beispiele ist die Behandlung von Kopf-Adjunkt-Strukturen abgeschlossen. Im folgenden Abschnitt soll noch das Spezifikatorprinzip diskutiert werden. Es erlaubt die korrekte Behandlung der Bedeutungskomposition bei Possessivpronomina. Das dazu verwendete Merkmal ähnelt dem MOD-Merkmal, weshalb das Spezifikatorprinzip noch in diesem Kapitel diskutiert werden soll.

6.5 Spezifikator-Kopf-Strukturen

Wir haben im vorigen Kapitel für den Satz in (23) die semantische Repräsentation in (24) angegeben.

(23)   Der Mann schlägt den Hund.

(24) $\ll schlagen, agens : X, patiens : Y \gg$
       $X\,|\ll mann, instance : X \gg,$
       $Y\,|\ll hund, instance : Y \gg$

Dabei handelte es sich um eine Vereinfachung, denn der Bedeutungsbeitrag des Artikels ist in (24) nicht erfaßt. Betrachtet man (25) ist klar, daß Determinatoren eine wichtige Rolle spielen, da die Aussage von (25) von der Aussage von (23) wesentlich verschieden ist.

(25)   Alle Männer schlagen einen Hund.

Pollard und Sag (1994, 48) stellen den Quantorenteil des semantischen Beitrags einer Nominalphrase wie *alle Männer* analog zu (26) dar:

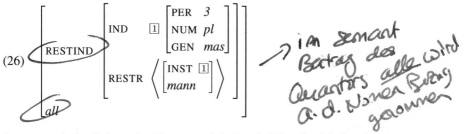

Der semantische Beitrag des Nomens wird also als Wert des Merkmals RESTRICTED INDEX (RESTIND) repräsentiert. Der Typ der Merkmalstruktur ist für definite Artikel *def*, für Determinatoren wie *alle* oder *ein* entspricht der Typ dem Quantor. Ich gehe wie Pollard und Sag (1994, 49) davon aus, daß in Nominalstrukturen das Nomen der Kopf ist. Eine NP besteht aus einem Determinator und aus einer $\overline{\text{N}}$. Der Determinator wird von der $\overline{\text{N}}$ selegiert. Im semantischen Beitrag des Quantors wird auf das Nomen Bezug genommen, wie (26) zeigt. Da das Nomen aber der Kopf ist, stellt sich die Frage, wie die Bedeutungskomposition im Determinator vorgenommen werden kann. Damit der Determinator die Bedeutung des Nomens in seine eigene Bedeutung integrieren kann, muß er Zugriff auf die Bedeutung des Nomens haben. Dies wird durch die Einführung des SPECIFIED-Merkmals erreicht, das zum im vorigen Abschnitt besprochenen MOD-Merkmal analog ist. Auf den semantischen Beitrag des Kopfnomens kann über SPEC zugegriffen werden, der entsprechende CONT-Wert wird mit dem Wert von RESTIND identifiziert. (27) zeigt den Lexikoneintrag für *alle*:

(27) *alle:*

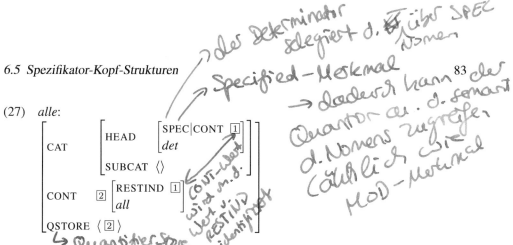

In (27) ist auch das Merkmal QSTORE enthalten. QSTORE steht für *Quantifier Store*. In einem solchen Speicher werden alle quantifizierten Ausdrücke, die innerhalb einer Phrase auftreten, gespeichert. Pollard und Sag (1994, Kapitel 8) und Pollard und Yoo (1998) zeigen, wie man mit Hilfe solcher Quantoren-Speicher die richtigen Lesarten für Quantoren enthaltende Sätze bekommt. Eine Diskussion dieser Mechanismen würde jedoch den Rahmen des vorliegenden Buches sprengen.

Die Identifikation des SPEC-Wertes eines Determinators mit der Kopftochter wird durch das folgende Prinzip geregelt:

Prinzip 5 (Spezifikatorprinzip (SPEC-Principle))
Wenn eine Tochter, die keine Kopftochter ist, in einer Kopfstruktur einen von none verschiedenen SPEC-Wert besitzt, so ist dieser token-identisch mit der Kopftochter.

In Nominalstrukturen gibt es somit eine gegenseitige Selektion: Zum einen selegiert das Nomen den Determinator über SUBCAT und zum anderen selegiert der Determinator das Nomen über SPEC.

Ähnlich liegen die Verhältnisse in Nominalstrukturen mit Possessivpronomen. In Beispielen wie (28) füllt das Kopfnomen eine semantische Rolle in der Relation des Possessivums:

(28) sein Geschenk

Possessiva drücken eine – wie auch immer geartete – Zugehörigkeitsrelation zwischen dem Referenten der Possessivphrase und dem Kopfnomen aus. Die Relation *besitzen'* ist hierbei ein Supertyp der Relation, die durch den Äußerungskontext und durch Weltwissen bestimmt wird.[5]

Ein schönes Beispiel von Jürgen Kunze dafür, daß Possessivpronomina nicht unbedingt eine Besitzrelation ausdrücken müssen, ist die folgende Situation: Karl schenkt Max ein Buch. Wird jetzt über *sein Geschenk* gesprochen, so kann sich *sein* sowohl auf Max als auch auf Karl beziehen. *Karl lag diesmal genau richtig. Sein Geschenk gefällt Max am besten.* oder: *Max bewundert sein Geschenk.* Im ersten Fall bezieht sich *sein* in der naheliegenden Lesart auf *Karl*, obwohl *Max* der Besitzer ist.

Wenn also das Kopfnomen eine Rolle in der *besitzen'*-Relation füllt, muß der referentielle Index des Kopfnomens für das Possessivum zugänglich sein. Da der Determinator aber nicht der Kopf ist, hat er das Nomen nicht in seiner SUBCAT-Liste. Auch hier hilft wieder das Selektionsmerkmal SPEC. In Determinator-Nomen-Strukturen ist der Wert von

---

[5]Siehe auch Jackendoff: 1977, 13. Zur kontextabhängigen Disambiguierung von Possessiva siehe Nerbonne: 1992.

SPEC identisch mit dem Nomen. (29) zeigt den Lexikoneintrag für die feminine Form im Nominativ/Akkusativ von *sein*:

(29)   *seine*:

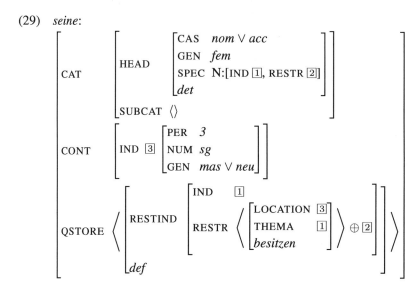

Kasus und Genus gehören zu den Kopfmerkmalen von Determinatoren. Diese Merkmale sind für die Herstellung von Kongruenz zwischen Nomen und Determinator wichtig (zur ausführlichen Behandlung der Kongruenz siehe Kapitel 13). Die Genusmerkmale des referentiellen Indexes können durchaus von syntaktischen Genusmerkmalen abweichen. Mit *sein* bezieht man sich auf einen maskulinen Referenten, die Nominalphrase kann aber syntaktisch feminin sein: *seine Idee*.

6.6 Alternativen

Im folgenden sollen DP-Analysen, d. h. Analysen, die davon ausgehen, daß in Nominalstrukturen Determinatoren der Kopf sind, diskutiert werden. Daran anschließend wird ein Analyse-Vorschlag für Nominalstrukturen ohne Determinator besprochen.

6.6.1 Die DP-Analyse

Die Analyse der Nominalstrukturen ist relativ komplex: Das Selektionsmerkmal SPEC wird benötigt, das Spezifikatorprinzip muß formalisiert werden, und außerdem brauchen wir ein neues Valenzmerkmal und eine neue Grammatikregel für Determinator-Nomen-Strukturen. Diese wurde hier noch nicht eingeführt, das wird aber im Kapitel 9.3 erfolgen. Eine Analyse, die davon ausgeht, daß der Determinator der Kopf ist, scheint wesentlich einfacher zu sein. Für den Quantor *alle* könnte man die Struktur in (30) annehmen:

(30) *alle* in der DP-Analyse:

$$
\begin{bmatrix}
\text{CAT} & \begin{bmatrix} \text{HEAD} & det \\ \text{SUBCAT} & \langle\, \text{NP}:\boxed{1}\,\rangle \end{bmatrix} \\[2ex]
\text{CONT} & \boxed{1} \\[1ex]
\text{QSTORE} & \left\langle\, \begin{bmatrix} \text{RESTIND} & \boxed{1} \\ all & \end{bmatrix} \,\right\rangle
\end{bmatrix}
$$

Eine mit diesem Determinator gebildete DP hätte (vom HEAD-Wert abgesehen) dasselbe Aussehen wie die NP in der bisher diskutierten NP-Analyse.

Problematisch an dieser DP-Analyse sind aber die Possessivpronomina. Man könnte sich hier folgenden Lexikoneintrag vorstellen:

(31) *seine* (falsch):

$$
\begin{bmatrix}
\text{CAT} & \begin{bmatrix} \text{HEAD} & det \\ \text{SUBCAT} & \langle\, \text{NP}:[\text{IND}\ \boxed{1},\ \text{RESTR}\ \boxed{2}]\,\rangle \end{bmatrix} \\[3ex]
\text{CONT} & \begin{bmatrix} \text{IND} & \boxed{3} & \begin{bmatrix} \text{PER} & 3 \\ \text{NUM} & sg \\ \text{GEN} & mas \lor neu \end{bmatrix} \end{bmatrix} \\[4ex]
\text{QSTORE} & \left\langle\, \begin{bmatrix} \text{RESTIND} & \begin{bmatrix} \text{IND} & \boxed{1} \\ \text{RESTR} & \left\langle \begin{bmatrix} \text{LOCATION} & \boxed{3} \\ \text{THEMA} & \boxed{1} \\ besitzen \end{bmatrix} \right\rangle \oplus \boxed{2} \end{bmatrix} \\ def \end{bmatrix} \,\right\rangle
\end{bmatrix}
$$

Das Problem besteht nun darin, daß die Repräsentation für *seine Mutter*, die mit (31) gebildet werden kann, die falsche Index-Information hat, denn das Semantikprinzip sorgt dafür, daß der semantische Beitrag in einer Kopf-Argument-Struktur von Kopf kommt. In der DP-Analyse ist der Determinator der Kopf und steuert somit den semantischen Hauptbeitrag bei. Man würde also eine Struktur bekommen, die durch (32) beschrieben wird:

(32) *seine Mutter* (falsch):

$$
\begin{bmatrix}
\text{CAT} & \begin{bmatrix} \text{HEAD} & det \\ \text{SUBCAT} & \langle\,\rangle \end{bmatrix} \\[3ex]
\text{CONT} & \begin{bmatrix} \text{IND} & \boxed{3} & \begin{bmatrix} \text{PER} & 3 \\ \text{NUM} & sg \\ \text{GEN} & mas \lor neu \end{bmatrix} \end{bmatrix} \\[4ex]
\text{QSTORE} & \left\langle\, \begin{bmatrix} \text{RESTIND} & \begin{bmatrix} \text{IND} & \boxed{1} \\ \text{RESTR} & \left\langle \begin{bmatrix} \text{LOCATION} & \boxed{3} \\ \text{THEMA} & \boxed{1} \\ besitzen \end{bmatrix}, \begin{bmatrix} \text{INST} & \boxed{1} \\ mutter \end{bmatrix} \right\rangle \end{bmatrix} \\ def \end{bmatrix} \,\right\rangle
\end{bmatrix}
$$

Der Index dieser DP entspricht dem Possessivpronomen, nicht aber dem Nomen. Das Nomen ist aber das Element, das eine semantische Rolle eines Verbs füllen kann. Würde man mit dem Eintrag in (31) den Satz in (33) analysieren, bekäme man eine falsche Repräsentation, in der *lachen* über *seine* prädiziert. Die semantische Repräsentation wäre dann (33c) statt (33b):

(33)   a. Seine Mutter lacht.

   b. $\ll lachen, agens : X \gg$
   $X \mid \ll mutter, instance : X \gg, \ll besitzen, location : Y, thema : X \gg$

   c. $\ll lachen, agens : Y \gg$
   $X \mid \ll mutter, instance : X \gg, \ll besitzen, location : Y, thema : X \gg$

Man könnte versuchen, das Problem zu beheben, indem man den Index des Nomens zum Index von *seine* macht. Somit würde dieser Index dann auch zum Index der DP werden. Die Index-Information des Possessivums wäre nur noch in der Argumentstelle der *besitzen'*-Relation repräsentiert:

(34)   *seine* (falsch):

Dieser Vorschlag funktioniert aber auch nicht, da die Information über das Possessivpronomen für die Bindungstheorie gebraucht wird. Zur Bindungstheorie siehe Pollard und Sag: 1994, Kapitel 6. Man könnte vorschlagen, die Bindungstheorie auf semantischen Repräsentationen operieren zu lassen, aber das funktioniert nicht, da man auch die Bindung von Reflexivpronomen im Zusammenhang mit inhärent reflexiven Verben erklären will: Das Reflexivum muß in Sätzen wie (35) immer mit dem Subjekt in Person und Numerus übereinstimmen.

(35)   a. Ich erhole mich.

   b. Du erholst dich.

   c. Er erholt sich.

   d. Ihr erholt euch.

Die Reflexivpronomina in (35) sind keine semantischen, aber syntaktische Argumente. Eine Bindungstheorie muß also auf syntaktischen Strukturen bzw. mit Bezug auf Valenzinformation operieren. Somit muß die Information über den Index des Possessivums außerhalb der Relationen in RESTR verfügbar sein. Eine Analyse mit Possessivum als Kopf scheidet also aus. Damit bleiben nur zwei Möglichkeiten: die NP-Analyse und eine Analyse, die einen leeren Determinator als Kopf nimmt, der dann mit Possessivum und NP verbunden wird (Abney: 1987, 50, 53). Diese Analyse ist dann aber wieder komplizierter als die NP-Analyse, so daß man der NP-Analyse wohl den Vorzug geben muß.

Van Langendonck (1994) und Hudson (2004) führen ein weiteres Argument für eine Analyse mit dem Nomen als Kopf an: Bestimmte Nomina können als Adjunkte auftreten:

(36)   a. Er hat *den ganzen Tag* gearbeitet.

        b. *Eines Tages* werd' ich mich rächen, [...][6]

Geht man von einer Analyse aus, in der der Modifikator bestimmt, welche Köpfe er modifizieren kann, dann muß man in Nomina wie *Tag* den MOD-Wert so spezifizieren, daß diese Nomina Verben modifizieren können. Außerdem muß der Kasus des Nomens im Lexikoneintrag spezifiziert sein, denn die Bedeutung des Modifikators hängt mit dem Kasus des Nomens zusammen (zu semantischen Kasus siehe Kapitel 14.1.2). Es ist dann eine Eigenschaft des Nomens, daß es als Modifikator verwendet werden kann, der Determinator ist dafür nicht verantwortlich. Das Einfachste ist es anzunehmen, daß die Kopfmerkmale alle vom Nomen kommen. Alternativ könnte man Determinatoren natürlich so spezifizieren, daß sie den MOD-Wert vom Nomen übernehmen oder die Kopf-Informationen des Determinators generell mit denen des Nomens vereinigen (Netter: 1996). Beide Möglichkeiten sind aber komplizierter als die hier vorgestellte Analyse.

Ein drittes Argument gegen DP-Strukturen liefern Beispiele mit relationalen Nomina, in denen der Determinator eine semantische Rolle füllt:

(37)   a. Peters Bruder

        b. Peters Zerstörung der Stadt

Für beide Beispiele gibt es eine Lesart, in der Peter ein semantisches Argument des Nomens ist. Wäre *Peters* kein syntaktisches Argument der jeweiligen Nomina, wäre unklar, wie das Linking innerhalb der Lexikoneinträge für *Bruder* bzw. *Zerstörung* vorgenommen werden könnte. In einer NP-Analyse kann man dagegen das Linking im Lexikon vornehmen, da der Determinator vom Nomen selegiert wird.

6.6.2 Lexikalische Abbindung von Determinatoren

Michaelis (2006, 80) schlägt im Rahmen der Konstruktionsgrammatik eine Analyse von Nominalphrasen wie (38) vor, die davon ausgeht, daß der Determinator über eine Lexikonregel abgebunden wird.

(38)   a. Er trinkt Milch.

        b. Er mag Kinder.

Für Stoffnomina und Nomina im Plural nimmt sie an, daß diese eine leere SPR-Liste haben, also keinen Determinator selegieren (zum SPR-Merkmal siehe Kapitel 9.3). Der semantische Beitrag des Determinators wird bereits im Lexikon in die semantische Repräsentation des Nomens (in die FRAMES-Liste) aufgenommen. Folgende Repräsentation zeigt, wie Stoffnomina behandelt werden:

---

[6]Die Ärzte, *Debil*, CBS Schallplatten GmbH, 1984.

(39) Schematischer Eintrag für Stoffnomina nach Michaelis (2006, 80):

$$
\begin{bmatrix}
\text{SYN} & \begin{bmatrix}
\text{HEAD} & \begin{bmatrix}
\text{COUNT} & - \\
\text{AGR} & \begin{bmatrix} \text{PER} & 3 \\ \text{NUM} & sg \end{bmatrix} \\
noun
\end{bmatrix} \\
\text{VAL} & \begin{bmatrix} \text{SPR} & \langle\rangle \\ \text{COMPS} & \langle\rangle \end{bmatrix}
\end{bmatrix} \\
\text{SEM} & \begin{bmatrix}
\text{INDEX} & c \\
\text{FRAMES} & \left\langle \boxed{1}\begin{bmatrix} \text{ARG} & c \\ nominal \end{bmatrix}, \begin{bmatrix} \text{ARG} & c \\ \text{RESTR} & \boxed{1} \\ exist \end{bmatrix} \right\rangle
\end{bmatrix}
\end{bmatrix}
$$

Dabei steht *nominal* für eine nominale Relation, die je nach Nomen noch spezifischer wird, und *exist* für den semantischen Beitrag des Quantors. Der Quantor hat unmittelbaren Skopus über den Beitrag des Nomens, was man an der Strukturteilung $\boxed{1}$ sehen kann.

Diese Analyse hat zwei Probleme: Die Möglichekeit der Modifikation von Stoffnomina bzw. von Nomina im Plural und den Skopus von skopustragenden Adjektiven. Das erste Problem soll anhand der Beispiele in (40) erläutert werden, auf die bereits Netter (1994, 319) hingewiesen hat:

(40)   a.   der gute Wein

       b.   guter Wein

       c.   * guter der Wein

Wenn man davon ausgeht, daß *Wein* einen Lexikoneintrag hat, der keinen Determinator selegiert, dann muß das Adjektiv in (40b) eine vollständige NP modifizieren. Dann stellt sich aber die Frage, wieso das Adjektiv eine vollständige NP, die einen Determinator enthält, nicht modifizieren darf (40c). Nimmt man dagegen an, daß in (40b) ein leerer Determinator an der Stelle steht, an der Determinatoren normalerweise stehen würden, dann folgt die Ungrammatikalität von (40c) automatisch aus der Analyse, die im Abschnitt 6.1 vorgestellt wurde: Adjektive modifizieren $\overline{\text{N}}$s. Da *Wein* nur einen Determinator verlangt, ist *Wein* eine $\overline{\text{N}}$. Die Kombination mit Adjunkten verändert die Valenz eines Kopfes nicht, so daß *guter Wein* genauso wie *Wein* einen Determinator verlangt. Bei Stoffnomina kann der Determinator leer sein, was in (41) der Fall ist.

(41)   [$_{\text{NP}}$ _ [$_{\overline{\text{N}}}$ guter Wein]]

Als Alternative zu einem leeren Element bietet sich eine Spezialregel an, die einen Kopf, der einen Determinator selegiert, zu einem vollständigen Kopf projiziert und den semantischen Beitrag leistet, den der leere Determinator leisten würde (Wunderlich: 1987). Abbildung 6.5 auf der gegenüberliegenden Seite zeigt die Analysemöglichkeiten. Die beiden ersten Analysen sind formale Varianten voneinander und machen in bezug auf die Modifikation durch Adjektive dieselben Vorhersagen. Allerdings ist ein Vorteil der ersten Analyse, daß man ein Objekt annehmen muß, daß bis auf den phonologischen Gehalt Objekten entspricht, die es bereits in der Grammatik gibt (siehe Kapitel 7 zur Organisation des

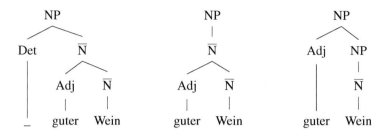

Abbildung 6.5: Analysemöglichkeiten für determinatorlose Nominalphrasen: leerer Deter-
          minator, unäre Projektion, Lexikonregel

Lexikons in der HPSG). Folgt man der Analyse zwei, muß man eine sehr spezielle Grammatikregel stipulieren, die ein Element aus der SPR-Liste abbindet und eine Determinator-
Semantik mit der Kopfsemantik verrechnet. Die Analyse mit dem leeren Determinator ist
also vorzuziehen.[7]

Das zweite Problem, das sich für die lexikalische Abbindung des Determinators ergibt,
ist ein semantisches: Im Abschnitt 6.4 wurden Adjektive vorgestellt, die den semantischen
Gehalt der N̄, die sie modifizieren unter ihre Relation einbetten. Würde man nun den semantischen Beitrag des Quantors im Lexikon einführen, bekäme man für den entsprechenden Ausschnitt aus (42a) statt (42b) die Repräsentation in (42c):

(42)   a. Wenn die Post Hundefutter und „Die Zeit" „angeblichen Wein" vertreibt, darf
            die Weltwoche nicht passen.[8]

        b. $\exists$ x angeblich(wein(x)) $\wedge$ vertreiben(Zeit,x)

        c. angeblich($\exists$ x wein(x) $\wedge$ vertreiben(Zeit,x))

In (42b) wird gesagt, daß es ein Objekt x gibt, das *Die Zeit* vertreibt und das angeblich
Wein ist. In (42c) wird dagegen die Aussage, daß *Die Zeit* Wein vertreibt als nicht gichert
bezeichnet.

In den beiden linken Strukturen in Abbildung 6.5 bildet der Determinator bzw. das
Schema, das die Determinatorensemantik beisteuert, das höchste Element im Baum. Der
Quantor schließt die NP ab und hat Skopus über alles innerhalb der NP. In der dritten Analyse mit der Lexikonregel hat der Quantor immer unmittelbaren Skopus über das Nomen,
zu dem er gehört, was nicht den beobachtbaren Fakten entspricht.

---

[7]Man kann sich jetzt fragen, warum hier einem leeren Kopf der Vorzug gegeben wird, im letzten Abschnitt
jedoch im Zusammenahng mit Possessivpronomina gegen einen leeren Determinator argumentiert wurde.
Die Fälle unterscheiden sich dahingehend, daß für den hier angenommenen leeren Determinator ein direktes
sichtbares Gegenstück existiert (i), beim leeren Kopf, der eine NP und ein Possessivum seligiert ist das
jedoch nicht der Fall. Man muß erklären, wieso Possessiva dieselbe Distribution haben wie Determinatoren, und das ist erklärt, wenn man sie als Determinatoren analysiert. In der DP-Analyse haben sowohl die
Possessiva als auch der leere Determinator, der das Possesivum seligiert, einen besonderen Status.

   (i)   a. ein guter Wein

         b. _ guter Wein

[8]http://www.weltwoche.ch/forum/threads.asp?AssetID=14074&ThreadID=0&ThreadOpen=1. 24.01.2007

Kontrollfragen

1. Wozu braucht man das MOD- und das SPEC-Merkmal?

Übungsaufgaben

1. Wie sieht der Lexikoneintrag für das Adjektiv *großem*, wie es in (43) vorkommt, aus?

    (43)   a. mit großem Tamtam

              b. mit großem Eifer

2. Laden Sie die zu diesem Kapitel gehörende Grammatik von der Grammix-CD (siehe Übung 3 auf Seite 61). Im Fenster, in dem die Grammatik geladen wird, erscheint zum Schluß eine Liste von Beispielen. Geben Sie diese Beispiele nach dem Prompt ein und wiederholen Sie die in diesem Kapitel besprochenen Aspekte.

7 Das Lexikon

In diesem Kapitel wird gezeigt, wie das Lexikon organisiert werden kann und wie Generalisierungen erfaßt werden können.

7.1 Vertikale Generalisierungen: Typhierarchien

Durch die Lexikalisierung der Grammatik haben wir eine enorme Reduktion der Anzahl der Dominanzschemata erreicht. Statt viele verschiedene Grammatikregeln für verschiedene Valenzmuster zu haben, verwenden wir nur ein sehr abstraktes Dominanzschema für Kopf-Argument-Strukturen. Dafür sind jetzt aber die Lexikoneinträge sehr komplex geworden. Man kann jedoch verschiedene Generalisierungen in bezug auf Lexikoneinträge formulieren. Zum Beispiel kann man Verben nach ihrer Valenz klassifizieren und bestimmten Typen zuordnen, die in einer Hierarchie von Untertypen des Typs *word* organisiert sind. Solcherart Generalisierungen nennt man vertikale Generalisierungen, da es immer um die Zuordnung von Beschreibungen zu Typen in einer Hierarchie geht, wobei die allgemeinste Beschreibung oben in der Hierarchie steht und spezifischere Beschreibungen zu in der Hierarchie untergeordneten Typen gehören. Den Gegensatz zu solchen vertikalen Generalisierungen bilden horizontale Generalisierungen, denen wir uns im nächsten Abschnitt zuwenden werden.

Im folgenden soll gezeigt werden, wie man einen Lexikoneintrag für ein Nomen wie *Frau* repräsentieren kann. Der Lexikoneintrag für das Nomen *Frau* ist in (1) angegeben:

$$
(1) \quad
\begin{bmatrix}
\text{PHON} & \left\langle \; \textit{Frau} \; \right\rangle \\[2ex]
\text{CAT} &
\begin{bmatrix}
\text{HEAD} & \textit{noun} \\
\text{SUBCAT} & \left\langle \; \text{DET} \; \right\rangle \\
\ldots & \ldots
\end{bmatrix} \\[4ex]
\text{CONT} &
\begin{bmatrix}
\text{IND} & \boxed{1} & \begin{bmatrix} \text{PER} & \textit{3} \\ \text{GEN} & \textit{fem} \end{bmatrix} \\[2ex]
\text{RESTR} & \left\langle \begin{bmatrix} \text{INST} & \boxed{1} \\ \textit{frau} \end{bmatrix} \right\rangle
\end{bmatrix} \\[2ex]
\ldots & \ldots
\end{bmatrix}
$$

Nur ein kleiner Teil dieser Information – nämlich der grau unterlegte – ist idiosynkratisch. Die Punkte in (1) sollen darauf hinweisen, daß in den folgenden Kapiteln noch weitere Merkmale eingeführt werden, die auch für Nomina relevant ist, so daß sich das Verhältnis von wortspezifischer Information zu allgemeiner Information noch zu Ungunsten der wortspezifischen Information verändert.

Man kann die Information in (1) wie folgt zerlegen: (2) enthält die Merkmal-Wert-Paare, die für alle Nomina gleich belegt sind:

(2) $\begin{bmatrix} \text{CAT} | \text{HEAD } \textit{noun} \\ \text{CONT } \textit{nom-obj} \end{bmatrix}$

noun steht dabei für die Wortart und *nom-obj* für den Typ, den Strukturen mit einem IN-DEX-Merkmal und einem RESTRICTIONS-Merkmal haben.

(3) enthält die Information, die für alle referentiellen, nichtpronominalen Nomina, die einen Determinator verlangen, zusätzlich zu (2) relevant ist:

(3) $\begin{bmatrix} \text{CAT} | \text{SUBCAT } \langle \text{ DET } \rangle \\ \text{CONT} \begin{bmatrix} \text{IND} \quad \boxed{1} \, [\text{ PER } \textit{3} \,] \\ \text{RESTR} \quad \left\langle \begin{bmatrix} \text{INST } \boxed{1} \\ \textit{psoa} \end{bmatrix}, \dots \right\rangle \end{bmatrix} \end{bmatrix}$

Solche Nomina haben mindestens eine Relation zur Beschränkung des Indexes in der Liste ihrer Restriktionen. Das genaue Prädikat (*buch'* oder *haus'*) hängt vom einzelnen Wort ab und ist hier nicht festgelegt. An Stelle des Prädikats steht in (3) der maximal unspezifische Typ für Prädikate: *psoa* (*psoa* steht für *parametrized state of affairs*. Siehe auch Seite 64).

Alle femininen Nomina haben zusätzlich zu (2) und (3) noch folgende Eigenschaft:

(4) $\begin{bmatrix} \text{CONT} | \text{IND} | \text{GEN } \textit{fem} \end{bmatrix}$

Wir haben damit Information isoliert, die für alle Nomina oder bestimmte Teilklassen relevant ist. Wir betrachten noch die Zerlegung der Information, die zur Beschreibung des Verbstamms[1] *help-* gebraucht wird, und schauen uns dann eine Typhierarchie an, die die Information aus beiden Zerlegungen hierarchisch gliedert.

(5) zeigt den Lexikoneintrag für den Verbstamm *help-*. Wieder nur die grau unterlegten Werte sind idiosynkratisch.

(5) $\begin{bmatrix} \text{PHON} \quad \langle \; \textit{help} \; \rangle \\ \text{CAT} \begin{bmatrix} \text{HEAD} \quad \textit{verb} \\ \text{SUBCAT} \; \langle \text{NP}[\textit{nom}]_{\boxed{1}}, \text{NP}[\textit{dat}]_{\boxed{2}} \rangle \end{bmatrix} \\ \text{CONT} \begin{bmatrix} \text{AGENS} \qquad\quad \boxed{1} \\ \text{EXPERIENCER } \boxed{2} \\ \textit{helfen} \end{bmatrix} \end{bmatrix}$

Die Information kann wie folgt aufgeteilt werden: Alle Verben teilen die Information in (6).

(6) $\begin{bmatrix} \text{CAT} | \text{HEAD } \textit{verb} \\ \text{CONT } \textit{psoa} \end{bmatrix}$

Alle Verben mit Subjekt und Dativobjekt haben zusätzlich zu (6) eine SUBCAT-Liste mit einer Nominativ- und einer Dativ-NP:

---

[1]Bezeichnungen wie Lexem, Wurzel und Stamm werden in der Linguistik leider recht unterschiedlich ver-wendet. Ich nehme hier an, daß *Stamm* sowohl Wurzeln als auch komplexe Gebilde wie *be+sing* bezeichnet. Im Unterschied zu Wörtern sind Stämme nicht flektiert.

(7) $\left[\text{CAT}|\text{SUBCAT} \langle \text{NP}[nom], \text{NP}[dat]\rangle\right]$

Alle zweistelligen Verben mit AGENS und EXPERIENCER haben zusätzlich zu (6) die folgenden Eigenschaften:

(8) $\left[\begin{array}{l} \text{CAT} \quad \left[\text{SUBCAT} \left\langle \left[\text{CONT}|\text{IND} \; \boxed{1}\right], \left[\text{CONT}|\text{IND} \; \boxed{2}\right]\right\rangle\right] \\[2em] \text{CONT} \quad \left[\begin{array}{ll} \text{AGENS} & \boxed{1} \\ \text{EXPERIENCER} & \boxed{2} \\ \textit{agens-exp-rel} \end{array}\right] \end{array}\right]$

Siehe auch Kapitel 5.6 zum Linking.

Abbildung 7.1 auf der folgenden Seite zeigt, wie ein Ausschnitt einer Typhierarchie aussehen könnte, in die man die den oben vorgenommenen Informationsaufteilungen entsprechenden Typen integrieren müßte. *root* steht dabei für Wurzel. Bei den Merkmalsspezifikationen in Abbildung 7.1 sind entsprechende Pfade dazuzudenken: So steht z. B. [SUBCAT $\langle\rangle$] für [CAT|SUBCAT $\langle\rangle$]. Wie in Typhierarchien üblich, gelten Beschränkungen für Typen auch für deren Untertypen (Vererbung). Instanzen – also Beschreibungen für wirkliche Objekte – sind mit Strichlinie mit einem bestimmten Typ verbunden. (9) und (10) zeigen die Information, die dann bei der Spezifikation zweier Instanzen angegeben werden muß. Das ist genau die Zuordnung zu einem Typ, der entsprechende Beschränkungen von seinen Obertypen erbt, und die Spezifikation einiger weniger idiosynkratischer Werte für Phonologie und semantischen Beitrag.

(9) $\left[\begin{array}{l} \text{PHON} \; \langle \textit{Frau} \rangle \\ \text{CONT}|\text{RESTR} \; \langle \textit{frau} \rangle \\ \textit{count-noun-root} \end{array}\right]$

(10) $\left[\begin{array}{l} \text{PHON} \; \langle \textit{helf} \rangle \\ \text{CONT} \; \textit{helfen} \\ \textit{trans-dat-verb-root} \end{array}\right]$

7.2 Horizontale Generalisierungen: Lexikonregeln

In Typhierarchien werden linguistische Objekte (Lexikoneinträge, Schemata) kreuzklassifiziert. Man kann so Generalisierungen über Klassen von linguistischen Objekten ausdrücken. Man kann z. B. sagen, was die Wörter in (11) gemeinsam haben.

(11) a. *Frau* und *Mann*

  b. *Frau* und *Salz*

  c. *Frau* und *Plan*

So sind die Nomina in (11a) beides Zählnomina und Konkreta. Die Nomina in (11b) sind verschieden, weil eines ein Zählnomen ist und das andere ein Stoffnomen, aber beide sind Konkreta, und in (11c) liegen wieder zwei Zählnomina vor, von denen das eine ein Konkretum und das andere ein Abstraktum ist.

Aber es gibt auch andere Regularitäten, die sich nicht gut in Hierarchien erfassen lassen:

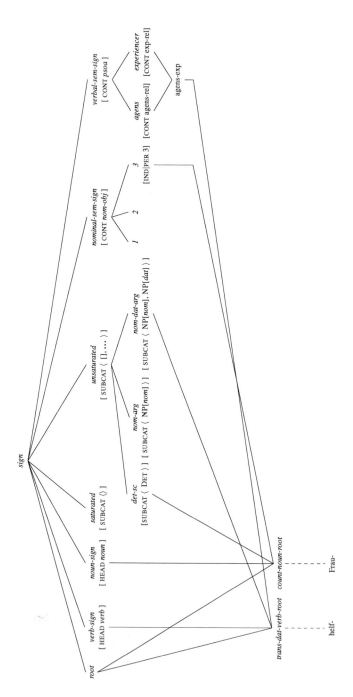

Abbildung 7.1: Auszug aus einer möglichen Typhierarchie

(12)   a. *treten* und *getreten* wie in *wurde getreten*

      b. *lieben* und *geliebt* wie in *wurde geliebt*

Die Wörter könnten ebenfalls in der Hierarchie repräsentiert werden (als Untertypen von intransitiv und transitiv), aber dann wäre nicht erfaßt, daß die Valenzänderung in (12a) und (12b) durch denselben Prozeß ausgelöst wird (siehe Abschnitt 7.5.2.2 zur Diskussion von vererbungsbasierten Ansätzen).

Man verwendet statt dessen Lexikonregeln, die zwei Wörter, zwei Stämme oder einen Stamm und ein Wort zueinander in Beziehung setzen. Zur Verdeutlichung des Konzepts soll im folgenden eine Lexikonregel erklärt werden, die die Beschreibung eines Stamms zur Beschreibung einer Passivform in Beziehung setzt.

Es gibt verschiedene Auffassungen darüber, welchen formalen Status Lexikonregeln haben. Man unterscheidet *Meta Level Lexical Rules* (MLR) und *Description Level Lexical Rules* (DLR)). Eine detaillierte Diskussion der unterschiedlichen Ansätze findet man bei Meurers: 2000. Bei MLR-Ansätzen geht man davon aus, daß Lexikonregeln nicht Bestandteil des Formalismus sind, sondern auf einer Metaebene Aussagen über beschriebene lexikalische Objekte machen. Beim DLR-Ansatz dagegen sind Lexikonregeln in den Formalismus integriert und haben denselben Status wie Lexikoneinträge und Dominanzschemata.

Die Lexikonregel in (14) lizenziert einen Eintrag für das Passivpartizip, das man zur Analyse von (13b) braucht.[2]

(13)   a. Der Mann schlägt den Hund.

      b. Der Hund wird geschlagen.

(14)   Lexikonregel für persönliches Passiv nach Kiss (1992):

$$
\begin{bmatrix} \text{CAT} \begin{bmatrix} \text{HEAD} & verb \\ \text{SUBCAT} & \left\langle \text{NP}[nom], \text{NP}[acc]_{\boxed{1}} \right\rangle \oplus \boxed{2} \end{bmatrix} \\ stem \end{bmatrix} \mapsto
$$

$$
\begin{bmatrix} \text{CAT} \begin{bmatrix} \text{HEAD} & \begin{bmatrix} \text{VFORM} & passiv\text{-}part \end{bmatrix} \\ \text{SUBCAT} & \left\langle \text{NP}[nom]_{\boxed{1}} \right\rangle \oplus \boxed{2} \end{bmatrix} \\ word \end{bmatrix}
$$

Die Lexikonregel nimmt als Eingabe einen Verbstamm[3], der ein Nominativargument, ein Akkusativargument und eventuell noch weitere Argumente (falls $\boxed{2}$ nicht die leere Liste ist) verlangt, und lizenziert einen Lexikoneintrag, der ein Nominativargument und eventuell in $\boxed{2}$ enthaltene Argumente verlangt. Die Ausgabe der Lexikonregel spezifiziert den VFORM-Wert des Ausgabewortes. Das ist wichtig, da das Hilfsverb zur Verbform passen muß. Es darf z. B. nicht das Partizip Perfekt statt des Partizips Passiv verwendet werden:

(15)   a.   Der Mann hat den Hund geschlagen.

---

[2]Diese Lexikonregel wird hier nur benutzt, um die Funktionsweise von Lexikonregeln zu erklären. Dem Passiv und verwandten Konstruktionen ist das Kapitel 17 gewidmet.

[3]Der Begriff *Stamm* schließt Wurzeln (*helf-*), Derivationsprodukte (*besing-*) und Zusammensetzungen ein. Die Lexikonregel kann also sowohl auf *helf-* als auch auf *besing-* angewendet werden.

  b. * Der Mann wird den Hund geschlagen.

Für die Bedeutung von Lexikonregeln gibt es einige Konventionen: Alle Information, die im Ausgabezeichen nicht erwähnt wird, wird vom Eingabezeichen per Konvention übernommen. So wird z. B. die Verbbedeutung in der Passivregel nicht erwähnt, was auch sinnvoll ist, da Passivierung eine bedeutungserhaltende Umformung ist. Die CONT-Werte von Ein- und Ausgabe sind identisch. Wichtig ist dabei, daß Linking-Information erhalten bleibt. Das kann man sich anhand der Anwendung der Passivregel auf den Verbstamm *schlag-* klarmachen:

(16) a. Eingabe:

$$
\begin{bmatrix}
\text{CAT} & \begin{bmatrix} \text{SUBCAT} \left\langle \text{NP}[nom]_{\boxed{1}}, \text{NP}[acc]_{\boxed{2}} \right\rangle \end{bmatrix} \\
\text{CONT} & \begin{bmatrix} \text{AGENS} & \boxed{1} \\ \text{PATIENS} & \boxed{2} \\ schlagen & \end{bmatrix}
\end{bmatrix}
$$

  b. Ausgabe:

$$
\begin{bmatrix}
\text{CAT} & \begin{bmatrix} \text{SUBCAT} \left\langle \text{NP}[nom]_{\boxed{2}} \right\rangle \end{bmatrix} \\
\text{CONT} & \begin{bmatrix} \text{AGENS} & \boxed{1} \\ \text{PATIENS} & \boxed{2} \\ schlagen & \end{bmatrix}
\end{bmatrix}
$$

Die Agens-Rolle ist mit dem Subjekt von *schlag-* verbunden. Bei der Passivierung wird das Subjekt unterdrückt, und das Argument, das mit dem Patiens von *schlag-* verbunden ist, wird zum Subjekt des Partizips. Das Argument-Linking ist davon aber nicht betroffen, weshalb das Nominativ-Argument im Passiv korrekterweise die Patiens-Rolle füllt.

Folgt man dem DLR-Ansatz, kann man Lexikonregeln wie (14) mit Merkmalbeschreibungen beschreiben:

(17)
$$
\begin{bmatrix}
\text{CAT} & \begin{bmatrix} \text{HEAD} & \begin{bmatrix} \text{VFORM} \; passiv\text{-}part \end{bmatrix} \\ \text{SUBCAT} & \left\langle \text{NP}[nom]_{\boxed{1}} \right\rangle \oplus \boxed{2} \end{bmatrix} \\
\text{LEX-DTR} & \begin{bmatrix} \text{CAT} & \begin{bmatrix} \text{HEAD} & verb \\ \text{SUBCAT} & \left\langle \text{NP}[nom], \text{NP}[acc]_{\boxed{1}} \right\rangle \oplus \boxed{2} \end{bmatrix} \\ stem & \end{bmatrix} \\
acc\text{-}passive\text{-}lexical\text{-}rule &
\end{bmatrix}
$$

Was in (14) auf der linken Regelseite steht, ist in (17) als Wert von LEX-DTR enthalten. Diese Lexikonregel ähnelt einer unären Grammatikregel, ist jedoch auf das Lexikon beschränkt. Da die DLRs vollständig in den Formalismus integriert sind, haben die den Lexikonregeln entsprechenden Merkmalstrukturen auch einen Typ. Ist das Ergebnis der Regelanwendung ein flektiertes Wort, so ist der Typ der Lexikonregel (*acc-passive-lexical-rule* in unserem Beispiel) ein Untertyp von *word*. Da Lexikonregeln einen Typ haben, ist es auch möglich, Generalisierungen über Lexikonregeln zu erfassen.

Bisher wurde noch nicht gesagt, wie die morphologische Veränderung modelliert wird.
Die entsprechende Veränderung kann man einfach in die Regel in (17) integrieren:

$$
(18) \quad
\begin{bmatrix}
\text{PHON } f(\boxed{1}) \\
\text{CAT } \begin{bmatrix}
\text{HEAD} & \begin{bmatrix} \text{VFORM } \textit{passiv-part} \end{bmatrix} \\
\text{SUBCAT} & \left\langle \text{NP}[\textit{nom}]_{\boxed{2}} \right\rangle \oplus \boxed{3}
\end{bmatrix} \\
\text{LEX-DTR } \begin{bmatrix}
\text{PHON } \boxed{1} \\
\text{CAT } \begin{bmatrix}
\text{HEAD} & \textit{verb} \\
\text{SUBCAT} & \left\langle \text{NP}[\textit{nom}], \text{NP}[\textit{acc}]_{\boxed{2}} \right\rangle \oplus \boxed{3}
\end{bmatrix} \\
\textit{stem}
\end{bmatrix} \\
\textit{acc-passive-lexical-rule}
\end{bmatrix}
$$

In (18) ist f eine Funktion, die aus dem PHON-Wert der LEX-DTR die Partizipform berechnet, also zu *red- geredet* und zu *schlag- geschlagen* bildet. Diese Funktion mag dem Leser
obskur erscheinen, wir werden aber im Kapitel 19.2.1 sehen, was sich dahinter verbirgt.

7.3 Flexion und Derivation

Im vorangegangenen Abschnitt haben wir gesehen, daß Lexikonregeln benutzt werden
können, um einen Lexikoneintrag zu einem anders flektierten Eintrag mit eventuell anderer Valenz in Beziehung zu setzen. Natürlich kann man Lexikonregeln auch zur Modellierung der derivationellen Morphologie benutzen. Für die Analyse des Nomens *Lesbarkeit*
braucht man eine Lexikonregel, die den Verbstamm *les-* auf den Adjektivstamm *lesbar-*
abbildet. Dieser wiederum wird dann auf den nominalen Stamm *Lesbarkeit-* abgebildet.

Für das Verständnis interessanter morphologischer Regeln müssen Konzepte wie struktureller Kasus und die Repräsentation von Subjekten bei infiniten Verben und Adjektiven
noch eingeführt werden. Die Analyse von Kongruenzphänomenen steht ebenfalls noch
aus. Nach der Behandlung dieser Themen können wir uns dann im Kapitel 19 ausführlicher
mit der Morphologie beschäftigen. Dort wird auch eine alternative Analyse morphologischer Strukturen besprochen, die den Analysen entspricht, die wir bisher für syntaktische
Strukturen kennengelernt haben.

7.4 Zwischenzusammenfassung der bisher eingeführten Beschreibungsmittel

An dieser Stelle bietet es sich an, eine kurze Zwischenzusammenfassung des bisher eingeführten Inventars zu geben, da jetzt nichts qualitativ Neues mehr hinzukommen wird.
In den kommenden Kapiteln wird die Merkmalsgeometrie zwar noch verändert, und wir
werden komplexere Analysen linguistisch interessanter Phänomene kennenlernen, die verwendeten Mechanismen sind aber bereits eingeführt.

Eine linguistische Theorie im Rahmen der HPSG besteht aus folgenden Bestandteilen:

1. einer Anzahl von Lexikoneinträgen, deren Eigenschaften durch getypte Merkmalbeschreibungen beschränkt werden,

2. einer Anzahl von Lexikonregeln, die ebenfalls mittels Merkmal-Wert-Paaren beschrieben werden und die weitere Lexikoneinheiten lizenzieren,

3. einer Anzahl von Dominanzschemata, die die Kombination von Lexikoneinheiten
   zu größeren Einheiten lizenzieren,

4. Prinzipien, d. h. Beschränkungen, die für linguistische Objekte erfüllt sein müssen,

5. Linearisierungsbeschränkungen, die die Abfolge der Töchter in den Dominanzschemata regeln und

6. einer Anzahl relationaler Beschränkungen, die in den Dominanzschemata, den Lexikonregeln bzw. den Merkmalbeschreibungen verwendet werden.

Die durch die Dominanzschemata lizenzierten Einheiten können je nach Schema selbst
wieder mit anderen linguistischen Objekten kombiniert werden, so daß rekursiv beliebig
komplexe Strukturen aufgebaut werden können.

Da die Lexikoneinträge, die Lexikonregeln und die Dominanzschemata mit Hilfe getyp-
ter Merkmalstrukturen modelliert werden, können Generalisierungen über alle drei Arten
von Objekten in der Typhierarchie erfaßt werden. Wird ein Prinzip formalisiert, so geschieht das meistens mit Bezug auf einen Typ. Das Prinzip gilt dann für alle Untertypen
des betreffenden Typs.

7.5 Alternativen

In diesem Abschnitt wird untersucht, wofür sich die in diesem Kapitel vorgestellten Techniken und Beschreibungsmittel einsetzen lassen. In bestimmten Varianten der Konstruktionsgrammatik werden Typhierarchien verwendet, um Generalisierung in bezug auf phrasale Muster oder morphologische Prozesse auszudrücken. Das ist mitunter nicht adäquat,
und Lösungen, die Lexikonregeln bzw. äquivalente Beschreibungsmittel verwenden, sind
vorzuziehen.

7.5.1 Konstruktionsgrammatik

Die Konstruktionsgrammatik teilt viele Ansichten mit der HPSG. Wichtig ist den Vertretern beider Theorien, daß immer Form-Bedeutungs-Paare betrachtet werden. Die beschriebenen linguistischen Objekte werden in beiden Theorien in Hierarchien klassifiziert. Die
formalen Grundlagen der Konstruktionsgrammatik sind noch nicht ausgearbeitet,[4] aber
oft ist klar, daß Konstruktionsgrammatikanalysen direkt mit Merkmalstrukturen und Vererbungshierarchien modelliert werden können.

---

[4]Die Vorschläge in Kay und Fillmore: 1999, Kay: 2005 und Kay: 2002 sind teilweise in sich inkonsistent
bzw. miteinander inkompatibel. Kay (2002) nimmt ungetypte Merkmalstrukturen an, verwendet aber in einem 2000 fertiggestellten Aufsatz (Kay: 2005) getypte Merkmalstrukturen. Relationale Beschränkungen
wie *append* kommen ebenfalls in Kay: 2002 nicht vor, werden aber in Kay: 2005 verwendet. Eine Formalisierung wird wohl darauf hinauslaufen, daß dieselben formalen Mittel verwendet werden wie in HPSG:
getypte Merkmalstrukturen und relationale Beschränkungen. Zur Diskussion der formalen Grundlagen von
Kosntruktionsgrammatik siehe auch Müller: 2006b, 856–859 und Abschnitt 3.

7.5.1.1 Phrasale vs. Argumentstruktur-Konstruktionen

Obwohl sich beide Theorien ähnlich sind, wird die Frage, welche Phänomene auf phrasaler Ebene beschrieben werden sollten und welche im Lexikon, in HPSG und in CxG sehr unterschiedlich beantwortet. In der Konstruktionsgrammatik tendiert man zu phrasenbasierten Analysen, wohingegen in der HPSG oft lexikonbasierte Analysen vorgezogen werden. Problematisch an phrasenbasierten Ansätzen ist, daß man, sobald man den Bereich des Lexikons verlassen hat, nicht mehr dahin zurückkehren kann. Wenn man also – wie es Goldberg (1995) tut – die Bedeutung der Resultativkonstruktion in (19a) an einer bestimmten phrasalen Konfiguration festmacht, dann muß man auch die Bedeutung von (19b) an einer phrasalen Konfiguration festmachen.

(19)   a. Er hat den Teich leer gefischt.

        b. Der Teich wurde leer gefischt.

Man kann dann nicht, so wie das im Abschnitt 7.2 gemacht wurde, einen Verbstamm mittels Lexikonregel zu einem Partizip in Beziehung setzen, um (19b) zu analysieren, da der Verbstamm ja die resultative Bedeutung nicht enthält. Diese wird in Goldbergs Analyse von der Konstruktion auf phrasaler Ebene beigesteuert. Es muß also auch eine phrasale Passiv-Resultativ-Konstruktion geben. Um diese beiden phrasalen Konstruktionen in Beziehung zueinander zu setzen, braucht man dann Transformationen, die über komplexen phrasalen Objekten operieren. Solcherart komplexe Transformationen wurden in den 70er und 80er Jahren in den auf Chomskys Arbeiten basierenden Grammatikmodellen eliminiert. Die genauen Gründe hierfür sind gut in Klenk: 2003, Kapitel 3.1 zusammengefaßt.

In HPSG-Analysen nimmt man dagegen oft Lexikonregeln für Resultativkonstruktionen an (Wechsler: 1997, Wechsler und Noh: 2001, Verspoor: 1997; Müller: 2002b, Kapitel 6).[5] Das Verb *fisch-* lizenziert einen Lexikoneintrag, der zusätzlich zum Subjekt von *fisch-* ein Adjektiv und dessen Subjekt seligiert. Dieser Lexikoneintrag kann dann wieder Eingabe für die Passivierungsregel sein. Die Ausgabe der Passivierungsregel kann zur Analyse von (19b) benutzt werden.

Kay (2005) schlägt Argumentstruktur-Konstruktionen vor, die zu den HPSG-Lexikonregeln äquivalent sind. Somit ließen sich die HPSG-Ansätze auch direkt in Konstruktionsgrammatik übersetzen. Zur Diskussion phrasaler Ansätze siehe Müller: 2006b.

7.5.2 Linking-Konstruktionen

Zu Beginn des Abschnitts 7.2 wurde behauptet, daß man Alternationen wie die Aktiv/Passiv-Alternationen nicht adäquat in Typhierarchien erfassen kann. Genau das wurde aber von Kay und Fillmore im Rahmen der Konstruktionsgrammatik und von Koenig (1999), Davis und Koenig (2000) und Davis und Koenig folgend auch von Kordoni (2001) im Rahmen der HPSG vorgeschlagen. Im folgenden sollen die jeweiligen Vorschläge diskutiert werden.

---

[5]Siehe auch Wunderlich: 1992, 45 und Wunderlich: 1997a, 120–126 zu einem äquivalenten Vorschlag in einem anderen theoretischen Rahmen.

7.5.2.1 Konstruktionsgrammatik

Kay und Fillmore (1999, 12) erwähnen Linking-Konstruktionen nur am Rande, ihr Ansatz wird aber von Michaelis und Ruppenhofer (2001, Kapitel 4) genauer erklärt. In Kay und Fillmore: 1999 wird Valenzinformation in Mengen repräsentiert.[6] Die Auffassungen in bezug auf Mengenunifikation unterscheiden sich sehr stark von denen, die in der HPSG gemacht werden. Kay und Fillmore nehmen an, daß die Unifikation der Menge { a } mit der Menge { b }, wobei a und b nicht unifizierbar sind, die Vereinigung der beiden Mengen, also { a, b } ist. Durch ihr spezielles Verständnis von Mengen ist es möglich, die Anzahl von Elementen in Mengen zu erweitern. Die Unifikation zweier Mengen, die kompatible Elemente enthalten, ist eine disjunktive Verknüpfung von Mengen, die die jeweiligen Unifikationen der Elemente enthalten. Das hört sich kompliziert an, hier ist jedoch nur ein bestimmter Fall von Interesse: die Unifikation einer beliebigen Valenzmenge mit einer einelementigen Menge:

(20)   { NP[*nom*], NP[*acc*] } $\wedge$ { NP[*nom*] } = { NP[*nom*], NP[*acc*] }

Nach dieser Auffassung führt die Unifikation einer Menge mit einer Menge, die ein kompatibles Element enthält, nicht zur Erhöhung der Anzahl der Elemente. Auch der folgende Fall ist denkbar:

(21)   { NP, NP[*acc*] } $\wedge$ { NP[*nom*] } = { NP[*nom*], NP[*acc*] }

In (21) ist NP in der ersten Menge in bezug auf Kasus unterspezifiziert. In der zweiten Menge ist der Kasus als Nominativ spezifiziert. NP[*nom*] ist nicht mit NP[*acc*] unifizierbar, aber mit NP.

Bevor ich jetzt die Linking-Konstruktionen und die sich aus dieser Analyse ergebenden Probleme diskutiere, muß ich noch auf eine Konsequenz der gerade erklärten Mengenunifikation hinweisen: Unifikation ist normalerweise wie folgt definiert:

(22)   Die Unifikation zweier Strukturen FS$_1$ und FS$_2$ ist diejenige Struktur FS$_3$, die sowohl von FS$_1$ als auch von FS$_2$ subsumiert wird und selbst nicht von einer anderen Struktur subsumiert wird, für die das auch gilt.

Dabei subsumiert eine Struktur FS$_1$ die Struktur FS$_3$, wenn FS$_3$ alle Merkmal-Wert-Paare und alle Strukturteilungen aus FS$_1$ enthält. FS$_3$ kann darüber hinaus noch weitere Merkmal-Wert-Paare oder Strukturteilungen enthalten. Die Konsequenz ist, daß wenn die Unifikation von Valenzmengen wie in (23a) erfolgen kann, die Subsumtionsverhältnisse in (23b,c) gelten müssen:

(23)   Eigenschaften der Mengenunifikation nach Kay und Fillmore: 1999:
       a. { NP[*nom*] } $\wedge$ { NP[*acc*] } = { NP[*nom*], NP[*acc*] }
       b. { NP[*nom*] } $\succeq$ { NP[*nom*], NP[*acc*] }
       c. { NP[*acc*] } $\succeq$ { NP[*nom*], NP[*acc*] }

Das heißt, eine Merkmalstruktur mit einer Valenzliste, die nur eine NP[*nom*] enthält, ist allgemeiner als eine Merkmalstruktur mit einer Valenzliste, die eine NP[*nom*] und eine NP[*acc*] enthält (23b). Somit ist die Menge der transitiven Verben eine Unterklasse der

---

[6]Siehe jedoch Kay: 2005, Abschnitt 4.1 und Michaelis: 2006 zu einem listenbasierten Ansatz und Linking-Konstruktionen.

intransitiven Verben. Das ist unintuitiv, aber mit dem System zur Lizenzierung von Argumenten, das Kay und Fillmore verwenden, kompatibel. Allerdings ergeben sich andere Probleme, wie sich gleich zeigen wird.

Michaelis und Ruppenhofer (2001, 55–57) geben die folgenden Linking-Konstruktionen an:[7]

(24) a. die *Transitive Construction*:

$$\begin{bmatrix} \text{SYN} & \begin{bmatrix} \text{CAT} & v \\ \text{VOICE} & active \end{bmatrix} \\ \text{VAL} & \left\{ \begin{bmatrix} \text{ROLE} & \begin{bmatrix} \text{GF} & obj \\ \text{DA} & - \end{bmatrix} \end{bmatrix} \right\} \end{bmatrix}$$

b. die *Subject Construction*:

$$\begin{bmatrix} \text{SYN} & \begin{bmatrix} \text{CAT} & v \end{bmatrix} \\ \text{VAL} & \left\{ \begin{bmatrix} \text{ROLE} & \begin{bmatrix} \text{GF} & subj \end{bmatrix} \end{bmatrix} \right\} \end{bmatrix}$$

c. die *Passive Construction*:

$$\begin{bmatrix} \text{SYN} & \begin{bmatrix} \text{CAT} & v \\ \text{FORM} & PastPart \end{bmatrix} \\ \text{VAL} & \left\{ \begin{bmatrix} \text{ROLE} & \begin{bmatrix} \text{GF} & obl \\ \text{DA} & + \end{bmatrix} \\ \text{SYN} & \text{P[von]}/zero \end{bmatrix} \right\} \end{bmatrix}$$

Die Struktur in (24a) sagt, daß es in einer Valenzmenge eines von der Transitiv-Konstruktion beschriebenen linguistischen Objekts ein Element geben muß, das die grammatische Funktion *Objekt* hat und dessen DA-Wert − ist. Die Subjekt-Konstruktion besagt, daß ein Element der Valenzmenge die grammatische Funktion *Subjekt* haben muß. Die Passiv-Konstruktion besagt, daß es ein Element geben muß, das die grammatische Funktion *Oblique* und einen DA-Wert + haben muß. Dieses Element wird entweder als *von*-PP oder gar nicht (*zero*) realisiert.

Das Zusammenspiel der Konstruktionen in (24) soll am Verb *schlagen* erklärt werden:

(25) Lexikoneintrag für *schlag-*:

$$\begin{bmatrix} \text{SYN} & \begin{bmatrix} \text{CAT} & v \end{bmatrix} \\ \text{VAL} & \left\{ \begin{bmatrix} \text{ROLE} & \begin{bmatrix} \theta & agent \\ \text{DA} & + \end{bmatrix} \end{bmatrix}, \begin{bmatrix} \text{ROLE} & \begin{bmatrix} \theta & patient \end{bmatrix} \end{bmatrix} \right\} \end{bmatrix}$$

Kombiniert man diesen Lexikoneintrag mit der Transitiv- und der Subjekt-Konstruktion, erhält man (26a), wohingegen eine Kombination mit Subjekt- und Passiv-Konstruktion (26b) ergibt:

---

[7]In der *Transitive Construction* ist im Original als θ-Wert DA− angegeben, DA ist aber ein Merkmal. Ich habe das in (24a) entsprechend korrigiert.
In den folgenden Strukturen steht GF für *grammatical function* und DA für *distinguished argument*.

(26)   a.   *schlag-* + Subjekt- und Transitiv-Konstruktion:

$$
\begin{bmatrix}
\text{SYN} & \begin{bmatrix} \text{CAT} & v \\ \text{VOICE} & active \end{bmatrix} \\[2em]
\text{VAL} & \left\{ \begin{bmatrix} \text{ROLE} & \begin{bmatrix} \theta & agent \\ \text{GF} & subj \\ \text{DA} & + \end{bmatrix} \end{bmatrix}, \begin{bmatrix} \text{ROLE} & \begin{bmatrix} \theta & patient \\ \text{GF} & obj \\ \text{DA} & - \end{bmatrix} \end{bmatrix} \right\}
\end{bmatrix}
$$

        b.   *schlag-* + Subjekt- und Passiv-Konstruktion:

$$
\begin{bmatrix}
\text{SYN} & \begin{bmatrix} \text{CAT} & v \\ \text{FORM} & PastPart \end{bmatrix} \\[3em]
\text{VAL} & \left\{ \begin{bmatrix} \text{ROLE} & \begin{bmatrix} \theta & agent \\ \text{GF} & obl \\ \text{DA} & + \end{bmatrix} \\ \text{SYN} & \text{P[von]}/zero \end{bmatrix}, \begin{bmatrix} \text{ROLE} & \begin{bmatrix} \theta & patient \\ \text{GF} & subj \end{bmatrix} \end{bmatrix} \right\}
\end{bmatrix}
$$

Mit den Einträgen in (26) kann man dann die Sätze in (27) analysieren:

(27)   a.   Er schlägt den Weltmeister.

        b.   Der Weltmeister wird (von ihm) geschlagen.

Die Frage, wie man von den Lexikoneinträgen für Verben zu den Repräsentationen in (26) kommt, ist noch nicht beantwortet. Kay (2002) schlägt für (phrasale) Konstruktionen die automatische Berechnung aller kompatiblen Kombinationen von maximal spezifischen Konstruktionen vor. Ein solches Verfahren würde die Beschreibungen in (26) liefern, und man könnte die wohlgeformten Sätze in (27) analysieren. Probleme ergeben sich aber bei ungrammatischen Sätzen wie (28). *grauen* ist ein subjektloses Verb. Würde man einfach alle kompatiblen Linking-Konstruktionen mit *grauen* verbinden, so würde die Auffassung von Mengenunifikation, die Kay und Fillmore vertreten, dazu führen, daß ein Subjekt in die Valenzmenge von *grauen* eingeführt wird. Damit wäre dann (28) analysierbar.

(28)   * Ich graue dem Student vor der Prüfung.

Man könnte dieses Problem dadurch beheben, daß man bereits im Lexikoneintrag für *grauen* ein Element mit der grammatischen Funktion *Subjekt* spezifiziert und zusätzlich festlegt, daß es nie realisiert werden kann (SYN *zero*) und nichts bedeutet. Man hätte somit ein phonologisch nicht realisiertes Expletivpronomen, das nur in Valenzlisten sein leeres Dasein fristet. Eine Analyse, die ohne solche Hilfskonstruktionen auskommt, ist vorzuziehen.

    Kay und Fillmore (1999) repräsentieren den Bedeutungsbeitrag sprachlicher Zeichen genauso wie deren Valenz in Mengen. Damit ist es ausgeschlossen, unerwünschte Unifikationen von Linking-Konstruktionen über Bezugnahme auf semantische Eigenschaften zu verhindern, denn es tritt genau derselbe Effekt wie bei den Valenzmengen ein: Wenn die semantischen Beschreibungen inkompatibel sind, wird die Menge erweitert. Das bedeutet, daß bei automatischer Unifikation alle Verben mit der Transitiv-Konstruktion in (24a) kompatibel sind, was dann neben (28) auch noch Sätze wie (29) lizenziert:

(29)   a.   * Der Mann schläft das Buch.

     b. * Der Mann denkt an die Frau das Buch.

In (29a) wurde ein intransitives Verb mit der Transitiv-Konstruktion verbunden und in (29b) ein Verb, das ein Präpositionalobjekt verlangt, d. h. man kann die Repräsentationen in (26) nicht automatisch berechnen lassen. In Kays und Fillmores System müßte man also für jedes Verb einzeln Unterkonstruktionen für das Verb im Aktiv, im Passiv, in der Medialkonstruktion usw. festlegen, wodurch man nicht erfaßt, daß neu entstehende transitive Verben von Sprechern nach dem Erwerb des neuen Verbs auch ohne weiteres passiviert werden können.

    Michaelis und Ruppenhofer (2001) benutzen keine Mengen für die Repräsentation von semantischer Information. Daher könnten sie in der Transitiv-Konstruktion Beschränkungen für die Bedeutung der Verben formulieren, die mit dieser Konstruktion kompatibel sein sollen.[8] Die Unifikation mit der Subjekt-Konstruktion kann aber nicht aus semantischen Gründen ausgeschlossen werden, da es durchaus Verben mit Subjekt gibt, die semantisch nichts mit dem Subjekt zu tun haben: Das ist bei den sogenannten Anhebungsverben der Fall (zu Anhebungsverben siehe Kapitel 16.1.3). Wie man an der Subjekt-Verb-Kongruenz in (30) sehen kann, ist *du* das Subjekt von *scheinst*. Der Referent von *du* ist aber nicht „der Scheinende".

(30)   Du scheinst gleich einzuschlafen.

Man ist also gezwungen, entweder für subjektlose Verben wie *grauen* ein leeres expletives Subjekt anzunehmen oder explizit zu spezifizieren, welche Verben von der Subjekt-Konstruktion erben dürfen und welche nicht.

    Parallel zu (30) gibt es Objektanhebungskonstruktionen, in denen ein Akkusativobjekt existiert, das auch durch Passivierung zum Subjekt des gesamten Satzes werden kann, das aber keine semantische Rolle vom Verb bekommt:

(31)   a. Richard lacht ihn an.

       b. Richard fischt den Teich leer.

In (31) ist das Objekt ein semantisches Argument von *an* bzw. *leer*, nicht aber semantisches Argument der Verben *lacht* bzw. *fischt*. Partikelverben wie *anlachen* werden im Kapitel 18 ausführlich diskutiert. Zu Resultativkonstruktionen wie (31b) siehe Müller: 2002b. Will man diese Aktivformen und die entsprechenden Passivierungen über die Linkingkonstruktionen in (24) erklären, kann man sich dabei nicht auf semantische Eigenschaften des Matrixprädikats beziehen. Hier bleibt also nur eine explizite Aufzählung der mit der Transitiv-Konstruktion kompatiblen Lexikoneinträge. Man ist also gezwungen, für jedes Verb Aussagen bzgl. seines Vorkommens in Aktiv- und Passivsätzen zu machen. Zu Resultativkonstruktionen und Interaktionen mit anderen Konstruktionen siehe auch Müller: 2006c,b.

7.5.2.2 HPSG

Die Verwendung von Mengen nach Kay und Fillmore sollte man möglichst schnell wieder vergessen, da sie mit nichts anderem in diesem Buch kompatibel ist. In HPSG ist die

---

[8]Hierzu ist eine Repräsentation der Relationen als getypte Merkmalstruktur notwendig, so wie sie in Kapitel 5.2 eingeführt wurde. Mit einer solchen Repräsentation ist es möglich, abstrakt über zweistellige Relationen zu sprechen. Siehe z. B. auch die Diskussion von (8) auf Seite 93.

Unifikation von Mengen, die inkompatible Elemente enthalten, nicht möglich. Es gibt eine schwierige Definition von Mengenunifikation bei Pollard und Sag (1987, 47–49) und Pollard und Moshier (1990). Mengen werden dazu verwendet, sogenannte Schmarotzerlücken (*parasitic gaps*) zu analysieren. Auf Schmarotzerlücken werde ich hier nicht eingehen, da es dieses Phänomen im Deutschen nicht gibt.[9] Es reicht also aus, Listen zu verwenden.

Listen kann man bei Verwendung normaler Unifikation nicht verkürzen oder verlängern. Den Effekt einer Verkürzung könnte man in der HPSG erreichen, indem man ein binäres Merkmal REALIZED einführt und dann bei einem entsprechenden Element den Wert auf + setzt. Eine Liste mit einem auf diese Weise bereits als realisiert markierten Element entspricht einer SUBCAT-Liste, aus der ein Element entfernt wurde. Für die Abbindung von Elementen in der Valenzliste, die einen REALIZED-Wert − haben, brauchte man ein entsprechend angepaßtes Kopf-Argument-Schema, das Bezug auf den REALIZED-Wert von Argumenten nimmt (siehe Kapitel 17.4 für eine Ausarbeitung dieses Vorschlags). Ein größeres Problem stellen Fälle dar, für die man eine Erweiterung der Valenzliste benötigt. Zum Beispiel benötigt man für die Analyse der Medialkonstruktion in (32b) ein zusätzliches Reflexivpronomen in der Valenzliste:

(32)   a.   Er liest den Aufsatz.

        b.   Der Aufsatz liest sich leicht.

Das logische Subjekt[10] von *lesen* wird unterdrückt, und es erscheint ein Reflexivum als formale Markierung im Satz.

Dieses Problem läßt sich ebenfalls lösen, wenn man mehrere Repräsentationsmöglichkeiten für Argumente hat. Einen entsprechenden Vorschlag macht Koenig (1999): In neueren Arbeiten zur HPSG wird ein listenwertiges Merkmal ARG-ST für die Repräsentation der Argumentstruktur lexikalischer Elemente verwendet. Die ARG-ST-Liste enthält dieselbe Information, die wir bisher in SUBCAT repräsentiert haben. Wenn man also im Lexikoneintrag für ein Verb wie *schlag-* die Valenzinformation in der ARG-ST-Liste repräsentiert, dann können entsprechende Linking-Konstruktionen diese Information je nach Aktiv- oder Passivrealisierung auf die SUBCAT-Liste übernehmen. Wie das im Detail aussieht, soll im folgenden erklärt werden.

Koenig diskutiert ein Beispiel, das eine Hierarchie verwendet, die der in Abbildung 7.2 auf der gegenüberliegenden Seite ähnelt. Die eingekästelten Elemente entsprechen sogenannten Partitionen. Für beschriebene Objekte muß jeweils ein von einer solchen Partition dominierter Typ ausgewählt werden, d. h. ein Lexem muß entweder *passive* oder *active* und entweder *lesen* oder *essen* sein. Die jeweils möglichen Kombinationen läßt Koenig automatisch berechnen. Ist die für die entsprechenden Typen definierte Information kompatibel, wird ein entsprechender Subtyp in die Hierarchie eingefügt. Für die Hierarchie in Abbildung 7.2 ergibt sich die Hierarchie mit den zusätzlichen Typen in Abbildung 7.3 auf der nächsten Seite. Der Vorteil einer solchen automatischen Typberechnung ist, daß man nicht für jedes Verb einzeln sagen muß, daß es eine Aktiv- und eine Passivvariante gibt. Fügt man z. B. eine Wurzel für *schlafen* in die Hierarchie ein, wird *active* ∧ *schlafen* und *passive* ∧ *schlafen* automatisch berechnet.

---

[9]Felix (1985) gibt Beispiele aus dem Bairischen. Diese gehören aber garantiert nicht zum Standard-Deutschen und werden auch nicht von allen Sprechern des Süddeutschen akzeptiert. Zu einer Kritik an Felix' Ansatz siehe auch Oppenrieder (1991, 230).

[10]Das logische Subjekt ist das Argument, das im Aktiv als Subjekt realisiert wird.

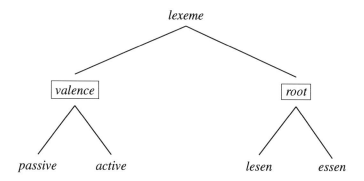

Abbildung 7.2: Typhierarchie mit Partitionen

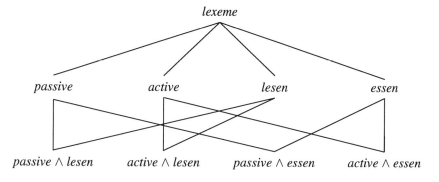

Abbildung 7.3: Typhierarchie mit automatisch hinzugefügten Typen

Für *les-* könnte man den unterspezifizierten Lexikoneintrag in (33) annehmen, der dem von Koenig (1999, 59) für *play* vorgeschlagenen ähnelt.

$$
(33) \quad
\begin{bmatrix}
\text{STEM-PHON} & \langle \textit{les} \rangle \\[4pt]
\text{CAT} & \begin{bmatrix} \text{ARG-ST} & \langle \text{NP}_{\boxed{1}}, \text{NP}_{\boxed{2}} \rangle \end{bmatrix} \\[8pt]
\text{CONT} & \begin{bmatrix} \text{AGENS} & \boxed{1} \\ \text{THEMA} & \boxed{2} \\ \textit{lesen-rel} \end{bmatrix} \\[8pt]
\textit{lesen}
\end{bmatrix}
$$

Die für unsere Merkmalsgeometrie angepaßten Typen *active* und *passive* zeigt (34):

(34) a. Typ für Aktiv-Linking:

$$
\begin{bmatrix}
\text{CAT} & \begin{bmatrix} \text{SUBCAT} & \boxed{1} \\ \text{ARG-ST} & \boxed{1} \end{bmatrix} \\[8pt]
\textit{active}
\end{bmatrix}
$$

b. Typ für Passiv-Linking:

$$
\begin{bmatrix}
\text{CAT} & \begin{bmatrix} \text{SUBCAT} & \boxed{1} \\ \text{ARG-ST} & \langle\, \text{NP} \,\rangle \oplus \boxed{1} \end{bmatrix} \\
\textit{passive}
\end{bmatrix}
$$

Der Aktiv-Linking-Typ übernimmt einfach alle Elemente der Argumentstruktur auf die SUBCAT-Liste. Der Passiv-Linking-Typ übernimmt alle Elemente aus der ARG-ST-Liste außer dem Subjekt. Das Ergebnis der Unifikationen von *lesen* mit den entsprechenden Typen zeigt (35):

(35)   a. *les-* mit Aktiv-Linking:

$$
\begin{bmatrix}
\text{STEM-PHON} & \langle\, \textit{les}\, \rangle \\
\text{CAT} & \begin{bmatrix} \text{SUBCAT} & \boxed{1} \\ \text{ARG-ST} & \boxed{1}\,\langle\, \text{NP}_{\boxed{1}},\, \text{NP}_{\boxed{2}} \,\rangle \end{bmatrix} \\
\text{CONT} & \begin{bmatrix} \text{AGENS} & \boxed{1} \\ \text{THEMA} & \boxed{2} \\ \textit{lesen-rel} \end{bmatrix} \\
\textit{lesen} \wedge \textit{active}
\end{bmatrix}
$$

b. *les-* mit Passiv-Linking:

$$
\begin{bmatrix}
\text{STEM-PHON} & \langle\, \textit{les}\, \rangle \\
\text{CAT} & \begin{bmatrix} \text{SUBCAT} & \boxed{1} \\ \text{ARG-ST} & \langle\, \text{NP}_{\boxed{2}} \,\rangle \oplus \boxed{1}\,\langle\, \text{NP}_{\boxed{3}} \,\rangle \end{bmatrix} \\
\text{CONT} & \begin{bmatrix} \text{AGENS} & \boxed{2} \\ \text{THEMA} & \boxed{3} \\ \textit{lesen-rel} \end{bmatrix} \\
\textit{lesen} \wedge \textit{passive}
\end{bmatrix}
$$

Der aufmerksame Leser wird festgestellt haben, daß in den Spezifikationen keine Kasusinformation enthalten ist. In der Lexikonregel in (16) weichen die Kasus des logischen Objekts im Eintrag für die Aktivform und die Passivform voneinander ab: Im Aktiv erhält das Objekt Akkusativ, im Passiv dagegen Nominativ. Entsprechende Beschränkungen müßten für die Aktiv- und die Passiv-Linking-Typen formuliert werden. Das ist unproblematisch, man würde auf die Kasusprinzipien, die im Kapitel 14 erläutert werden, zurückgreifen.

Der Linking-Typ für die Medialkonstruktion läßt sich analog zum Passiv definieren:

(36)   Typ für Medial-Linking:

$$
\begin{bmatrix}
\text{CAT} & \begin{bmatrix} \text{SUBCAT} & \boxed{1} \oplus \langle\, \text{NP}[\textit{refl}] \,\rangle \\ \text{ARG-ST} & \langle\, \text{NP} \,\rangle \oplus \boxed{1} \end{bmatrix} \\
\textit{middle}
\end{bmatrix}
$$

Das logische Subjekt eines Verbs wird wie beim Passiv nicht auf die SUBCAT-Liste übernommen. Zusätzlich wird noch ein Reflexivpronomen (und eventuell ein Modifikator) an die Liste der verbleibenden Argumente ($\boxed{1}$) angehängt.

(37) *les-* mit Medial-Linking:

$$
\begin{bmatrix}
\text{STEM-PHON} & \langle\ les\ \rangle \\
\text{CAT} & \begin{bmatrix} \text{SUBCAT} & \boxed{1} \oplus \langle\ \text{NP}[\textit{refl}]\ \rangle \\ \text{ARG-ST} & \langle\ \text{NP}_{\boxed{2}}\ \rangle \oplus \boxed{1} \langle\ \text{NP}_{\boxed{3}}\ \rangle \end{bmatrix} \\
\text{CONT} & \begin{bmatrix} \text{AGENS} & \boxed{2} \\ \text{THEMA} & \boxed{3} \\ \textit{lesen-rel} \end{bmatrix} \\
\textit{lesen} \wedge \textit{middle}
\end{bmatrix}
$$

Dieses Verfahren funktioniert gut für die diskutierten Fälle. Probleme ergeben sich aber an zwei Stellen: Zum einen gibt es Sprachen, in denen valenzverändernde Prozesse mehrfach angewendet werden können, und zum anderen gibt es Probleme bei Interaktionen mit weiteren valenzverändernden Phänomenen.

Ich werde kurz das erste Problem diskutieren und mich danach ausführlich mit dem zweiten beschäftigen. Die folgenden Daten aus dem Yukatekischen zeigen, daß das Passiv mehrfach auf einen Stamm angewendet werden kann, wenn zwischendurch eine Kausativierung erfolgt:[11]

(38) a. k=u   kan -ik   le teòria-o'
         INCOMPL=3.ERG lern -IMPF Det Theorie-D1
         'Er lernt die Theorie.'

      b. k=u   ká'an   -al   le teòria-o'
         INCOMPL=3.ERG lern.PASS -IMPF Det Theorie-D1
         'Die Theorie wird gelernt.'

      c. k=u   kan -s   -k   -en le teòria-o'
         INCOMPL=3.ERG lern -CAUS -IMPF mich Det Theorie-D1
         'Er lehrt mich die Theorie.' (Er verursacht, daß ich die Theorie lerne.)

      d. k=u   ká'an   -s   -ik   le teòria-o'
         INCOMPL=3.ERG lern.PASS -CAUS -IMPF Det Theorie-D1
         'Er lehrt die Theorie.' (Er verursacht, daß die Theorie gelernt wird.)

      e. k=u   ká'an   -s   -á'al   le teòria-o'
         INCOMPL=3.ERG learn.PASS -CAUS -PASS.IMPF Det Theorie-D1
         'Die Theorie wird gelehrt.' (Es wird verursacht, daß die Theorie gelernt wird.)

In (38a) liegt ein Verb im Aktiv vor. (38b) zeigt die dazugehörige Passivierung. In (38c) wird das Verb im Aktiv mit einem Kausativmorphem kombiniert, so daß die Bedeutung *lehren* entsteht. In (38d) wird das Kausativmorphem mit der passivierten Form des Verbs kombiniert, weshalb der Lernende nicht ausgedrückt wird. Wie (38e) zeigt, kann das Agens des durch Kausativierung entstandenen Verbs ebenfalls durch Passivierung unterdrückt werden. Will man Kausativierung in das System der automatischen Typberechnungen einbeziehen, so muß man eine eigene Partition für Kausativierung annehmen. Man kann nicht einfach einen Untertyp für Kausativierung in der *valence*-Partition annehmen,

---

[11]Siehe Wunderlich: 1999 für ähnliche Beispiele. Die Beispiele in (38) unterscheiden sich von Wunderlichs Beispielen dadurch, daß die Argumente sichtbar realisiert sind. Ich danke Thomas Stolz für die Konstruktion der Beispiele.

da – wie (38c) und (38d) zeigen – Kausativ und Aktiv und Kausativ und Passiv gemeinsam
vorkommen können. Man muß also wohl eine Hierarchie wie in Abbildung 7.4 annehmen.

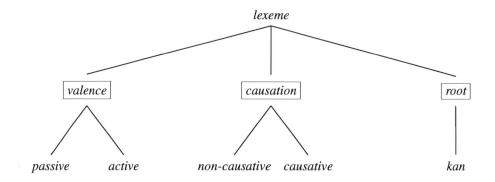

Abbildung 7.4: Typhierarchie mit Partitionen für *active*, *passive* und *causative*

Rechnet man die entsprechende Typhierarchie aus, bekommt man die Hierarchie in Abbildung 7.5. Betrachtet man diese Abbildung, sieht man, daß Fälle wie die zweifache Passi-

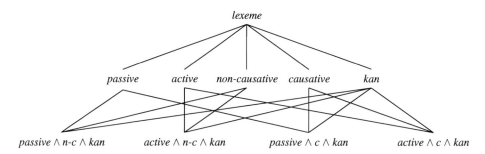

Abbildung 7.5: Typhierarchie mit automatisch berechneten Untertypen für *active*, *passive*
            und *causative*

vierung in (38e) nicht erfaßt werden können. Man kann nur einmal von einem Typ erben,
für das Beispiel (38e) müssen wir aber die Passivierung zweimal anwenden.[12] Damit man
solche Sätze analysieren kann, braucht man Einbettung, d. h. die Kombination eines aktiven oder passiven Verbstamms mit dem Kausativmorphem muß ein Objekt ergeben, das

---

[12]Man könnte den Ansatz vielleicht retten, indem man die Beschränkung für das Passivlinking ändert. Man
    müßte unterdrückbare Subjekte speziell kennzeichnen und könnte dann die Passiv-Linking-Konstruktion
    so formulieren, daß sie eine oder mehrere als Subjekt markierte NP unterdrücken kann. Objekte des Typs
    passive ∧ *c* ∧ *kan* würden also durch Merkmalbeschreibungen mit komplexen relationalen Beschränkungen
    beschrieben, die nach Auflösung jeweils zwei Merkmalstrukturen ergeben würden.
    Wie aus der folgenden Diskussion klar werden wird, braucht man für die Argumenterweiterung durch das
    Kausativmorphem spezielle Hilfslisten, die mit der Passiv-Linking-Konstruktion interagieren müssen. Zieht
    man außerdem in Betracht, daß komplexe relationale Beschränkungen gebraucht werden, kann man wohl
    behaupten, daß eine solche Analyse unattraktiv ist. Außerdem bleibt unklar, wie die richtige Verteilung der
    zwei Passivmorpheme sichergestellt werden kann.

vom selben Status ist wie das Simplexverb *kan*, d. h. ein Objekt, das selbst wieder bezüglich seiner Zugehörigkeit zu Aktiv oder Passiv klassifiziert werden kann. Die notwendige Einbettung kann man zum Beispiel mit einer Kausativierungslexikonregel erreichen. Damit hat man aber Lexikonregeln im System, und die Aktiv/Passiv-Partition wurde ja ursprünglich eingeführt, um Lexikonregeln zu vermeiden. Wenn man ohnehin Lexikonregeln verwendet, kann man auch das Passiv über Lexikonregeln erklären.

Soweit zum ersten Problem. Das zweite Problem sind andere valenzverändernde Prozesse, die mit der Passivierung und untereinander interagieren. Hier können auch Beispiele aus dem Deutschen herangezogen werden: So können z. B. die bereits im Abschnitt 7.5.1.1 diskutierten Resultativkonstruktionen sowohl im Passiv (39) als auch in Medialkonstruktionen (40) vorkommen, wie die folgenden Beispiele von Wunderlich (1997a, 118) zeigen:[13]

(39)   a.   Er hat den Teich leer gefischt.

      b.   Der Teich wurde leer gefischt.

(40)   a.   Der Weinkeller trinkt sich schnell leer.

      b.   Der Rasen läuft sich leicht platt.

Das Problem besteht darin, daß das Objekt in (39a) kein Objekt von *fischen* ist. Damit es beim Passiv zum Subjekt werden kann, muß es vorher eingeführt worden sein. Man könnte vorschlagen, das analog zur Einführung des Reflexivums zu tun, das funktioniert jedoch nicht, wie deutlich wird, wenn man den entsprechenden Typ aufschreibt:

(41)   Typ für Resultativkonstruktion (funktioniert nicht):

$$\begin{bmatrix} \text{CAT} & \begin{bmatrix} \text{SUBCAT} & \boxed{1} \oplus \langle \text{ NP, PREDICATE } \rangle \\ \text{ARG-ST} & \boxed{1} \langle \text{ NP } \rangle \end{bmatrix} \\ \textit{resultative-construction} & \end{bmatrix}$$

Das Problem ist, daß wir in (41) die SUBCAT-Liste spezifiziert haben. Dieser Typ ist deshalb mit dem Passiv-Linking-Typ (34b) und mit dem Medial-Linking-Typ (36) unvereinbar. Damit das oben erörterte System zur Passivierung funktioniert, müßte die Information, die in (41) auf der SUBCAT-Liste steht, auf der ARG-ST-Liste stehen.

Im folgenden diskutiere ich einen Vorschlag von Koenig zur Lösung eines ähnlichen Problems und zeige, daß seine Analyse das Problem nur verschiebt: Koenig diskutiert Extrapositionsdaten wie das Beispiel in (42b), die bisher mit der Lexikonregel in (43) analysiert wurden.

(42)   a.   That they will miss the deadline is likely.

      b.   It is likely that they will miss the deadline.

(43) $\begin{bmatrix} \text{CAT} & \begin{bmatrix} \text{SUBCAT} & \langle \boxed{1} \, S[\textit{fin}] \, \rangle \\ \text{ARG-ST} & \langle \boxed{1} \rangle \end{bmatrix} \end{bmatrix} \mapsto \begin{bmatrix} \text{CAT} & \begin{bmatrix} \text{SUBCAT} & \langle \boxed{2}, \boxed{1} \rangle \\ \text{ARG-ST} & \langle \boxed{2} \, \text{NP}_{it}, \boxed{1} \rangle \end{bmatrix} \end{bmatrix}$

---

[13]Koch und Rosengren (1995, 17) diskutieren ähnliche Beispiele.

Er schlägt vor, die Argumentstruktur feiner zu gliedern und zwischen von einem bestimmten Verb eingeführten Argumenten und zusätzlichen Argumenten zu unterscheiden. Er gibt einen Eintrag für *likely* an, der dem folgenden entspricht:[14]

$$
(44) \quad
\begin{bmatrix}
\text{CAT} & \begin{bmatrix} \text{ARG-ST} & \begin{bmatrix} \text{SEM-ARG} & \boxed{1}\ \langle\ \text{S}[\textit{fin}]{:}\boxed{2}\ \rangle \\ \text{ADD-ARG} & \boxed{3} \\ \text{ARG-LIST} & \boxed{1} \bigcirc \boxed{3} \end{bmatrix} \end{bmatrix} \\
\text{CONT} & \begin{bmatrix} \text{SOA-ARG} & \boxed{2} \\ \textit{likely-rel} \end{bmatrix} \\
\textit{likely}
\end{bmatrix}
$$

Unter SEM-ARG steht eine Liste der Argumente, die eigentlich zu einem Lexikoneintrag gehören. Zusätzlich gibt es eine Liste ADD-ARG. Der Wert ist in (44) nicht restringiert. An diese Stelle kann durch Unifikation mit anderen Typen eine Liste mit einem oder mehreren Elementen gelangen. ARG-LIST ist dann eine Liste, die die Elemente von SEM-ARG und ADD-ARG enthält. '$\bigcirc$' steht dabei für die Shuffle-Relation, die zwei Listen miteinander so verknüpft, daß sich eine Liste ergibt, die die Elemente der beiden Teillisten enthält, wobei Elemente aus der ersten Liste zwischen Elementen aus der zweiten Liste stehen können. Die Reihenfolge der Elemente der jeweiligen Listen untereinander darf jedoch nicht geändert werden. Siehe auch Seite 149. Für unser konkretes Beispiel in (44) heißt das, daß S[*fin*] vor, zwischen oder nach Elementen stehen kann, die durch Unifikation mit anderen Typen zu Elementen von ADD-ARG und somit von ARG-LIST werden. Koenig spezifiziert einen Typ für die Extraposition, der dem folgenden ähnelt:[15]

$$
(45) \quad
\begin{bmatrix}
\text{CAT} & \begin{bmatrix} \text{SUBCAT} & \langle\ \boxed{1}\ldots\boxed{2}\ldots\ \rangle \\ \text{ARG-ST} & \begin{bmatrix} \text{ADD-ARG} & \langle\ \ldots\boxed{1}\ \text{NP}_{it}\ldots\ \rangle \\ \text{ARG-LIST} & \langle\ \boxed{1}\ldots\boxed{2}\ \text{S}[\textit{fin}]\ldots\ \rangle \end{bmatrix} \end{bmatrix} \\
\textit{extraposition}
\end{bmatrix}
$$

Unifiziert man (44) mit (45), wird die expletive NP aus der ADD-ARG-Liste in die ARG-LIST von (44) integriert. Der ARG-LIST-Wert in (45) ist dafür eigentlich nicht nötig, wurde aber wohl spezifiziert, damit das Expletivum vor S[*fin*] in ARG-LIST eingefügt wird, denn durch die Listenverknüpfung mittels '$\bigcirc$' ist ja keine Reihenfolge vorgegeben. Die Unifikation von (44) und (45) ist aber nicht (46), wie das von Koenig behauptet wird:

---

[14] Koenig gibt auch die leere Liste als Wert von SUBCAT an (bei ihm SUBJ und COMPS). Hierbei scheint es sich um ein Versehen zu handeln, denn mit spezifiziertem SUBCAT-Wert würde die Analyse nicht funktionieren.

[15] Bei ihm heißt der Typ *extr-verb*, da *likely* aber kein Verb ist, wären die Typen nicht unifizierbar, weshalb es sich hier um ein weiteres Versehen handeln muß. Bei Koenig steht außerdem S[*comp*] statt S[*fin*] wie im Eintrag von *likely* und dem Unifikat von *likely* und *extr-verb*.

$$
(46) \quad
\begin{bmatrix}
\text{CAT}
\begin{bmatrix}
\text{SUBCAT} \ \langle\, \boxed{1}, \boxed{2}\, \rangle \\[4pt]
\text{ARG-ST}
\begin{bmatrix}
\text{SEM-ARG} \ \langle\, \boxed{2}\ \text{S}[\textit{fin}]\!:\!\boxed{3}\, \rangle \\
\text{ADD-ARG} \ \langle\, \boxed{1}\ \text{NP}_{it}\, \rangle \\
\text{ARG-LIST} \ \langle\, \boxed{1}, \boxed{2}\, \rangle
\end{bmatrix}
\end{bmatrix} \\[30pt]
\text{CONT}
\begin{bmatrix}
\text{SOA-ARG} \ \boxed{3} \\
\textit{likely-rel}
\end{bmatrix} \\[14pt]
\textit{likely} \wedge \textit{extraposition}
\end{bmatrix}
$$

Das Ergebnis der Unifikation ist vielmehr (47):

$$
(47) \quad
\begin{bmatrix}
\text{CAT}
\begin{bmatrix}
\text{SUBCAT} \ \langle\, \boxed{1} \ldots \boxed{2} \ldots\, \rangle \\[4pt]
\text{ARG-ST}
\begin{bmatrix}
\text{SEM-ARG} \ \langle\, \boxed{2}\ \text{S}[\textit{fin}]\!:\!\boxed{3}\, \rangle \\
\text{ADD-ARG} \ \langle\, \ldots \boxed{1}\ \text{NP}_{it} \ldots\, \rangle \\
\text{ARG-LIST} \ \langle\, \boxed{1} \ldots \boxed{2}\ \text{S}[\textit{fin}] \ldots\, \rangle
\end{bmatrix}
\end{bmatrix} \\[30pt]
\text{CONT}
\begin{bmatrix}
\text{SOA-ARG} \ \boxed{3} \\
\textit{likely-rel}
\end{bmatrix} \\[14pt]
\textit{likely} \wedge \textit{extraposition}
\end{bmatrix}
$$

Die Punkte in (45) heißen soviel wie: „Vor der NP können noch beliebig viele Elemente stehen und danach auch". Durch die Unifikation mit (44) werden die Punkte nicht eliminiert, denn (44) sagt nichts über ADD-ARG, und über ARG-LIST wird nur gesagt, daß es S[*fin*] enthalten muß. Die Struktur in (47) ist aber für eine HPSG nicht brauchbar, da sie für die Analyse beliebig vieler ungrammatischer Sätze mit *likely* benutzt werden kann, denn die Valenzliste von (47) ist wegen der Punkte am Ende nicht geschlossen.

Man könnte einwenden, daß (47) ja noch mit einem der Typen *intransitive* oder *transitive* kombiniert werden muß. Das ist richtig, aber da diese Typunifikation automatisch erfolgen soll, würden ebenfalls Typkonjunktionen mit drei- und vierstelligen Valenzlisten berechnet. Somit hätte die SUBCAT-Liste dann zwar ein Ende, ungrammatische Sätze könnten aber dennoch analysiert werden.

Auf Seite 75 gibt Koenig folgenden Typ für die Extraposition von Indefinita an:[16]

$$
(48) \quad
\begin{bmatrix}
\text{CAT}\,|\,\text{ARG-ST}
\begin{bmatrix}
\text{ADD-ARG} \ \boxed{1}\, \langle\, \text{NP}_{il}\, \rangle \\
\text{SEM-ARG} \ \boxed{2} \\
\text{ARG-LIST} \ \boxed{1} \oplus \boxed{2}
\end{bmatrix} \\[20pt]
\textit{extr-ind}
\end{bmatrix}
$$

Bei einer solchen Spezifikation ergibt sich das Problem mit den offenen Listen, das man mit (45) bekommt, nicht. Allerdings sieht man jetzt sehr klar das eigentliche Problem des Ansatzes: Man kann höchstens einmal über ADD-ARG etwas hinzufügen. Ein Typ wie der in (48) ist mit Typen, die andere Elemente in ADD-ARG haben, nicht unifizierbar.

Mit dem Koenigschen System könnte man die Resultativkonstruktion wie folgt definieren:

---

[16]Bei ihm steht die $\boxed{1}$ nach ADD-ARG in der Liste.

(49)   Typ für Resultativkonstruktion (funktioniert auch nicht):

$$\begin{bmatrix} \text{CAT}|\text{ARG-ST}|\text{ADD-ARG} \; \langle \; \text{NP, PREDICATE} \; \rangle \\ \textit{resultative-construction} \end{bmatrix}$$

Ein Verb wie *fisch-* bringt unter SEM-ARG sein Subjekt ein, und der Typ in (49) steuert das Objekt und das Resultativprädikat bei. Die Argumente würden von ARG-LIST je nach Aktiv-, Passiv- oder Medial-Linking auf die SUBCAT-Liste gesetzt. Dieser Ansatz versagt aber ebenfalls, da sogenannte freie Dative auch mit Resultativkonstruktionen vorkommen. Freie Dative wie in (50b) sagen etwas über den Nutznießer einer Handlung aus oder über den, dem sie schadet. Wie (50c) zeigt, können diese Dative vom *bekommen*-Passiv erfaßt werden, was dafür spricht, sie als Argumente zu behandeln.

(50)   a. Er bemalt den Tisch.

      b. Er bemalt ihr den Tisch.

      c. Sie bekommt den Tisch bemalt.

Wenn man diese Dative als Argumente behandeln will und Lexikonregeln zur Einführung dieser Argumente nicht zur Verfügung stehen, dann muß man sie über einen Typ einführen. Damit hat man aber dann Probleme mit Sätzen wie (51):

(51)   a. Er fischt ihm den Teich leer.

      b. Der Teich wurde ihm leer gefischt.

      c. Er bekam den Teich leer gefischt.

Da ADD-ARG bereits im Resultativkonstruktionstyp verwendet wird, kann es in einem Dativtyp nicht anders belegt werden.

    Dieses Problem läßt sich nur durch die Stipulation eines ADD-ARG-2-Merkmals lösen. Finden sich noch weitere Kombinationen von Argumenterweiterungen, muß man weitere ADD-ARG-N-Merkmale in die Grammatik aufnehmen.

    Ein weiteres Problem im Zusammenhang mit Resultativkonstruktionen ergibt sich daraus, daß diese einen semantischen Beitrag leisten. (52a) könnte man als (52b) paraphrasieren und als (52c) repräsentieren:

(52)   a. Er fischt den Teich leer.

      b. Daß er fischt, verursacht, daß der Teich leer wird.

      c. cause(fischen(er),become(leer(Teich)))

Man sieht, daß die Resultativbedeutung die Bedeutung des Verbs einbettet. Um das mittels Vererbung machen zu können, muß man sich ebenfalls der Koenigschen Tricks bedienen: Man braucht ein Merkmal zur Repräsentation der eigentlichen Semantik des Verbs (LEX-CONT), ein Merkmal für Bedeutung, die von anderen Typen kommt (ADD-CONT) und ein Merkmal, das dann den letztendlichen Wert enthält (CONT-OUT):[17]

(53)   Resultativkonstruktion mit Semantik (funktioniert immer noch nicht):

$$\begin{bmatrix} \text{CAT}|\text{ARG-ST}|\text{ADD-ARG} \; \langle \; \text{NP, PREDICATE:}\boxed{1} \; \rangle \\ \text{CONT} \begin{bmatrix} \text{LEX-CONT} & \boxed{2} \\ \text{ADD-CONT} & \boxed{3} \; \text{cause}(\boxed{2}, \text{become}(\boxed{1})) \\ \text{CONT-OUT} & \boxed{3} \end{bmatrix} \end{bmatrix}$$

---

[17] Siehe auch Kathol: 1994, 262 zur Umkodierung von Lexikonregeln in Vererbungshierarchien.

Typen, die nichts an der Semantik ändern, unifizieren einfach LEX-CONT mit CONT-OUT, solche, die etwas ändern, fügen Information in ADD-CONT ein und können dabei auf LEX-CONT Bezug nehmen. CONT-OUT übernimmt das Ergebnis von ADD-CONT. Das Problem ist hierbei ebenfalls, daß das nur einmal funktioniert. Soll der Resultativkonstruktion noch die Information über einen freien Dativ hinzugefügt werden, scheitert das Verfahren.

Wie Krieger und Nerbonne (1993) festgestellt haben, kann man derivationelle Morphologie nicht allein mit Vererbung beschreiben (zu den Details siehe Abschnitt 7.5.4). König nimmt deshalb für Derivation einbettende Strukturen an. Aus Gründen der Einheitlichkeit geht er auch für die Flexion von Einbettung aus. Auf Seite 97 gibt er Beschreibungen für *cat* ('Katze') und *cats* ('Katzen') an, die den folgenden ähneln:[18]

$$
(54)\quad \text{a.}\quad
\begin{bmatrix}
\text{PHON} & \begin{bmatrix} \text{FORM} \ \langle \textit{kæt} \rangle \end{bmatrix} \\
\text{CAT} & \begin{bmatrix} \text{HEAD} \ \textit{noun} \end{bmatrix} \\
\textit{cat} &
\end{bmatrix}
$$

$$
\text{b.}\quad
\begin{bmatrix}
\text{PHON} & \begin{bmatrix} \text{AFF}|\text{SUFF} \ \langle \textit{s} \rangle \end{bmatrix} \\
\text{LEX-DTR} & \textit{lexeme} \\
\textit{plural} &
\end{bmatrix}
$$

Für die flektierte Form gibt er folgende Beschreibung an:

$$
(55)\quad
\begin{bmatrix}
\text{PHON} & \begin{bmatrix} \text{FORM} \ \langle \textit{kæts} \rangle \end{bmatrix} \\
\text{LEX-DTR} & \begin{bmatrix}
\text{PHON} & \begin{bmatrix} \text{FORM} \ \langle \textit{kæt} \rangle \end{bmatrix} \\
\text{CAT} & \begin{bmatrix} \text{HEAD} \ \textit{noun} \end{bmatrix} \\
\textit{lexeme} \wedge \textit{cat} &
\end{bmatrix} \\
\textit{plural} &
\end{bmatrix}
$$

Die in (55) dargestellte Einbettung entspricht dem, was in Abschnitt 7.3 skizziert wurde. Eine solche Einbettung kann man aber nicht in einer Vererbungshierarchie darstellen. In einer Vererbungshierarchie könnte man nur die Information aus (54a) und (54b) unifizieren, nicht aber (54a) in (54b) einbetten, wie das in (55) der Fall ist. Eine zu Abbildung 7.2 auf Seite 105 analoge Abbildung wie die in Abbildung 7.6 auf der folgenden Seite würde also nicht zu dem Ergebnis in (55) führen.[19] Auf Seite 72 gibt König Einträge für das französische *vendre* und Passiv- bzw. Aktiv-Linking an, die hier vereinfacht wiedergegeben sind.

---

[18] Ich habe seinen Pfad μ-STRUC|DGHTR durch LEX-DTR ersetzt und den semantischen Beitrag von *cat* weggelassen.

[19] König (1999, 93) unterscheidet zwischen Wurzeln und komplexen Lexemen (Stämmen und Wörtern). Komplexe Lexeme haben interne Struktur. Der Eintrag für die Wurzel *vendre* ('verkaufen'), den er auf Seite 72 angibt, hat ebenfalls eine komplexe Struktur (siehe auch (56a) auf der nächsten Seite in diesem Buch). Ich verzichte deshalb in den folgenden Abbildungen auf diese Unterscheidung.

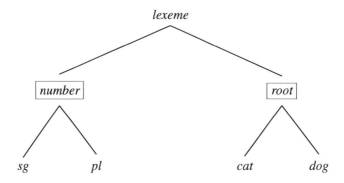

Abbildung 7.6: Typhierarchie für Flexion

(56)   a. $\begin{bmatrix} \text{LEX-DTR}|\text{CAT}|\text{ARG-ST}|\text{SEM-ARG} \ \langle \text{ NP, NP } \rangle \\ \textit{vendre} \end{bmatrix}$

       b. $\begin{bmatrix} \text{CAT}|\text{ARG-ST}|\text{SEM-ARG} & \boxed{1} \\ \text{LEX-DTR}|\text{CAT}|\text{ARG-ST}|\text{SEM-ARG} & \boxed{1} \\ \textit{active} \end{bmatrix}$

       c. $\begin{bmatrix} \text{CAT}|\text{ARG-ST}|\text{SEM-ARG} & \boxed{1} \\ \text{LEX-DTR}|\text{CAT}|\text{ARG-ST}|\text{SEM-ARG} & \langle \text{ NP } \rangle \oplus \boxed{1} \\ \textit{medio-passive} \end{bmatrix}$

Im Gegensatz zu *cat* und *plural* können für *vendre*, *active* und *medio-passive* automatisch die erwünschten Subtypen errechnet werden. Der Trick besteht darin, im Lexikoneintrag für *vendre* die relevante Information eine Etage tiefer, nämlich bei den Töchtern zu spezifizieren. Rechnet man dann automatisch die Strukturen für *vendre* ∧ *active* bzw. *vendre* ∧ *medio-passive* aus, bekommt man auf der obersten Ebene die erwünschte Valenzrepräsentation.

Das ist aber nicht die Lösung des Problems. Das System, das Koenig entwickelt, läßt sich nicht umsetzen, wenn die Typhierarchie Derivationstypen und Wurzeln in Partitionen enthält. Mit einer Hierarchie wie der in Abbildung 7.7 auf der nächsten Seite können wir *lesbar* und *traurigkeit* ableiten, nicht aber *Lesbarkeit*. Das liegt daran, daß das Ergebnis der Typberechnung *les* ∧ *bar* und *traurig* ∧ *keit* enthält. In der Struktur für *traurig* ∧ *keit* ist der Tochterwert instantiiert (als Adjektiv mit PHON-Wert *traurig*). Da wir keine andere Struktur in der Grammatik haben, die das Affix *-keit* mit von *traurig* verschiedenem Material kombinieren kann, wäre das Wort *Lesbarkeit* nicht analysierbar. Daraus ergibt sich, daß Affixe, die mit komplexen Morphemkombinationen kombinierbar sein sollen, nie mit Wurzeln konjunktiv verknüpft werden dürfen. Ohne eine solche Verknüpfung ist aber die Attraktivität der Online-Typberechnung dahin und man ist bei einem Ansatz angelangt, der genau den im Abschnitt 7.2 besprochenen Lexikonregeln entspricht. Auf Hilfsmerkmale wie ADD-ARG oder ADD-CONT kann man dann verzichten.

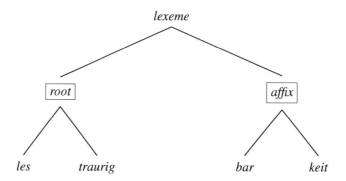

Abbildung 7.7: Derivation mit Wurzeln in Partitionen

7.5.3 Defaults

In der Linguistik ist oft von Default-Werten die Rede. Zum Beispiel wird der Nominativ als Default-Kasus bezeichnet (Jacobs: 1991, 3; Abraham: 2005, 265, 417). Andere Autoren bezeichnen den Akkusativ als Default-Kasus (Zwicky: 1986, 969; Hoeksema: 1991a, 688). Daß etwas einen Default-Wert hat, heißt soviel wie: „Wenn nirgends etwas anderes gesagt wird, dann hat ein Merkmal den als Default-Wert angegebenen Wert". Solche Defaults sind in constraint-basierten Grammatiken aber nicht ungefährlich: Zum Beispiel kann Information in Valenzlisten unterspezifiziert sein. Dadurch daß ein Kopf mit einer selegierten Phrase kombiniert wird, wird auch die Information in der Valenzliste spezifischer; die Information wird ja unifiziert. Würde man so etwas sagen wie: „Wenn der Kasus nirgends sonst in der syntaktischen Struktur spezifiziert wird, ist er Nominativ.", bekäme man falsche Analysen, da die Kombination des Kopfes mit einer Dativ-NP dazu führt, daß innerhalb der syntaktischen Struktur der Kasus spezifiziert ist und zwar unerwünschterweise als Dativ. Man muß also vor der Überprüfung von Valenzanforderungen dafür sorgen, daß entsprechende Defaultwerte zu echten, nicht-veränderbaren Werten werden.

Es kann durchaus sinnvoll sein, von Default-Werten zu sprechen, doch mitunter lassen Autoren im Dunkeln, was genau sie damit meinen. Wenn man keine genaue Erklärung dafür geben kann, was es bedeuten soll, wenn man sagt, daß ein Merkmal einen Default-Wert hat, sollte man Defaults vermeiden.

7.5.3.1 Defaults in Vererbungshierarchien

Das klassische Beispiel zur Default-Vererbung aus der Künstlichen Intelligenz ist die Subhierarchie für das Konzept *Vogel*: Vögel haben normalerweise Flügel und können fliegen. Diese Eigenschaften erbt der Subtyp *Spatz*, beim Subtyp *Pinguin* wird aber die Eigenschaft des Fliegen-Könnens überschrieben. Die entsprechende Hierarchie mit Eigenschaften zeigt Abbildung 7.8 auf der nächsten Seite. Wenn ein solches Überschreiben von Information möglich ist, spricht man von nicht-monotoner Vererbung. Die Information in der Typhierarchie in Abbildung 7.8 läßt sich auch ohne Defaults darstellen, wie Abbildung 7.9 auf der folgenden Seite zeigt. Man sagt eben nicht, daß alle Vögel fliegen können, was ja faktisch auch falsch ist. Statt dessen repräsentiert man am Typ *Vogel* nur die tatsächli-

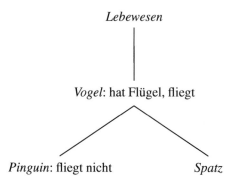

Abbildung 7.8: Typhierarchie für *Vogel* mit Default-Vererbung

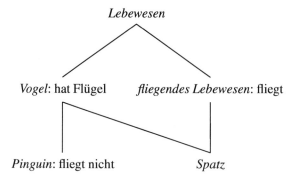

Abbildung 7.9: Typhierarchie für *Vogel* ohne Default-Vererbung

chen Eigenschaften, die alle Vögel besitzen. Die Vögel, die fliegen können, erben diese Eigenschaft von einem Typ *fliegendes Lebewesen*, von dem z. B. auch gleichzeitig noch bestimmte Klassen von Insekten erben können. Die Frage, ob man Default-Vererbung in der Linguistik braucht, wird kontrovers diskutiert. Sind Generalisierungen, die für ganze Subklassen nicht gelten, Generalisierungen?

Ein Problem mit nicht-monotoner Vererbung ergibt sich, wenn man Typhierarchien mit Mehrfachvererbung hat und die Information, die von Obertypen ererbt wird, inkompatibel ist. Das klassische Beispiel für diese Situation ist der sogenannte Nixon-Diamant in Abbildung 7.10 auf der gegenüberliegenden Seite. Man kann die Eigenschaften des Typs *Nixon* nicht automatisch bestimmen. Deshalb muß man irgendeinen Weg finden, festzulegen, welcher Wert 'gewinnt'. Man kann das auf verschiedene Weisen tun. Eine Möglichkeit ist, überschreibbare Information explizit zu kennzeichnen. Man würde dann sagen, daß Quaker nur per Default Pazifisten sind. Wenn die Information über die Republikaner keine Default-Information ist, dann würde das dazu führen, daß *Nixon* die Information „kein Pazifist" erbt. Für den Fall, daß beide Eigenschaften als Default-Information gekennzeichnet sind, muß man sich ebenfalls ein Vorgehen überlegen: Ist der Wert am erbenden Knoten dann eine disjunktive Verknüpfung der Werte des Obertyps, der allgemeinste Typ, der auf beide Werte paßt, oder einfach nicht definiert? In unserem Beispiel hier ist die Entschei-

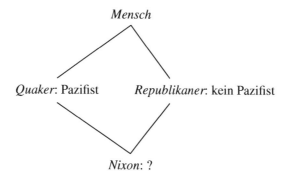

Abbildung 7.10: Der Nixon-Diamant: Das Problem bei nicht-monotoner Mehrfachvererbung

dung für das eine oder das andere relativ harmlos, aber in einer umfangreichen Theorie mit
vielen im Typsystem kodierten Unterscheidungen können die Konsequenzen enorm sein.

7.5.3.2 Mißbrauch von Defaults

Eine interessante Möglichkeit, die die Formalisierung der Default-Unifikation in Lascarides und Copestake: 1999 bietet, ist es, Strukturteilung als Default zu spezifizieren. Dabei
kann die Information über die Strukturteilung überschrieben werden, Information über
Unterstrukturen wird aber dennoch identifiziert. Diese Eigenschaft der Default-Unifikation nutzen Ginzburg und Sag (2001, 33) in ihrer Formulierung des Generalisierten Kopf-
merkmalsprinzips aus:

(57) Generalisiertes Kopfmerkmalsprinzip (Ginzburg und Sag: 2001, 33):

$$\textit{headed-structure} \rightarrow \begin{bmatrix} \text{SYNSEM} / \boxed{1} \\ \text{HEAD-DTR} | \text{SYNSEM} / \boxed{1} \end{bmatrix}$$

Das Prinzip besagt, daß alle syntaktische und semantische Information der Kopftochter
mit der syntaktischen und semantischen Information der Mutter identisch ist (zu SYNSEM
siehe Kapitel 12). Diese Aussage kann bei Untertypen von *headed-structure* überschrieben
werden, was dann dazu führt, daß z. B. nur noch die Kopfinformation (alles unter HEAD)
oder nur noch die SUBCAT-Werte identifiziert werden, also nur noch Teile der eigentlich
identifizierten Strukturen.

Diese Notation ermöglicht eine sehr kompakte Darstellung von Identitätsanforderun-
gen, stellt meiner Meinung nach aber einen Mißbrauch von Defaults dar, denn es gibt
keine einzige Struktur, in der das Generalisierte Kopfmerkmalsprinzip ohne Überschreibung bestimmter Werte gilt: Bei allen Untertypen von *headed-structure* wird die Default-
Pfadgleichung überschrieben. Eine Generalisierung, die nie gilt, ist keine Generalisierung.

Einen anderen interessanten Vorschlag zur Verwendung von Defaults macht Villavicencio (2000, 86–87). Sie schlägt vor, das Ende einer Liste als Default-Information zu
spezifizieren. In der folgenden Beschreibung für intransitive Verben steht *e-list* für die lee-

re Liste und *ne-list* für eine nicht leere Liste. Der Wert von HD ist das erste Element der Liste, der Wert von TL ist der Rest der Liste.

(58)   Beschränkungen für intransitive Verben (nach Villavicencio (2000)):

$$
\textit{intransitive-verb} \rightarrow \left[\text{SUBCAT} \begin{bmatrix} \text{HD NP} \\ \text{TL} \; / \, \textit{e-list} \\ \textit{ne-list} \end{bmatrix} \right]
$$

Da der Listenrest als Default-Wert markiert ist, kann er von Untertypen überschrieben werden. Villavicencio (2000, 86–87) schlägt vor, *transitive-verb* als Untertyp von *intransitive-verb* zu klassifizieren:

(59)   Beschränkungen für transitive Verben (nach Villavicencio (2000)):

$$
\textit{transitive-verb} \rightarrow \left[\text{SUBCAT} \begin{bmatrix} \text{TL} \begin{bmatrix} \text{HD NP} \\ \text{TL} \; / \, \textit{e-list} \\ \textit{ne-list} \end{bmatrix} \\ \textit{ne-list} \end{bmatrix} \right]
$$

Der Wert von TL in (58) wird in (59) überschrieben: Die Liste wird erweitert, so daß sie zwei NPen enthält. Die Beschränkungen von (59) zusammen mit den nicht überschriebenen Beschränkungen aus (58) zeigt (60):

$$
(60) \quad \left[\begin{array}{l} \text{SUBCAT} \begin{bmatrix} \text{HD NP} \\ \text{TL} \begin{bmatrix} \text{HD NP} \\ \text{TL} \; / \, \textit{e-list} \\ \textit{ne-list} \end{bmatrix} \\ \textit{ne-list} \end{bmatrix} \\ \textit{transitive-verb} \end{array} \right]
$$

Die Klassifikation von transitiven Verben als Untertyp der intransitiven Verben dürften die meisten Linguisten unintuitiv finden. Läßt man solcherart Klassifikationen zu, stellt sich sofort die Frage, wo die Grenzen sind: Warum kann ein intransitives Verb nicht von einem Nomen erben und dann die Wortart überschreiben? In der KI-Literatur wurde die Frage wie folgt gestellt: *Wenn ein Pinguin ein Vogel ist, der nicht fliegen kann, warum kann man dann nicht sagen, daß ein Holzklotz ein Vogel ist, der nicht fliegt, keine Federn hat und keine Eier legt* (Luger und Stubblefield: 1999, 330) oder daß ein Pferd ein Tisch ist, außer das es lebt, denn immerhin hat ein Tisch ja vier Beine? Die Antwort, die darauf gegeben wurde, ist das *Best Fit Principle* (Winograd: 1976, Hudson: 2003). Nach dem *Best Fit Principle* wird nur dann etwas als Vogel klassifiziert, wenn es mehr Eigenschaften mit Vögeln teilt als mit allen anderen Objekten. Das Problem am *Best Fit Principle* ist, daß es im vorliegenden Fall nicht hilft, denn bei einer Klassifikation von Valenzmustern ist zwischen den beiden Möglichkeiten in Abbildung 7.11 auf der nächsten Seite zu wählen. Geht man bei der Integration der transitiven Verben in eine Typhierarchie danach, ob transitive Verben mehr Eigenschaften mit intransitiven Verben oder mit Verben allgemein teilen, dann muß man die linke Hierarchie wählen, was ich – wie bereits erwähnt – sehr unintuitiv finde. Die Alternative ist die rechte Hierarchie. Wenn man die Gemeinsamkeiten der intransitiven und

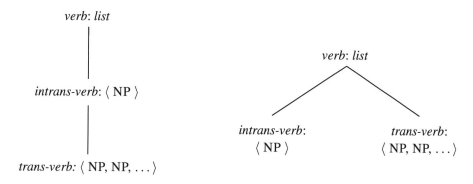

Abbildung 7.11: *Best Fit Principle* und Valenzklassen

der transitiven Verben erfassen will, dann kann man noch einen weiteren Typ einführen, von dem beide Typen erben (Pollard und Sag: 1987, 205).

7.5.4 Derivationelle Morphologie und Vererbung

In diesem Kapitel wurden zwei grundlegende Mittel vorgestellt, die dazu dienen, Generalisierungen zu erfassen und die Information im Lexikon kompakt zu repräsentieren. Argumentstrukturverändernde Prozesse wurden dabei über Lexikonregeln erklärt. In der Literatur wird immer wieder vorgeschlagen, auch derivationelle Morphologie über Vererbung zu beschreiben (Russell, Carroll und Warwick-Armstrong: 1991, 218, Michaelis und Ruppenhofer: 2001). Bei derivationeller Morphologie kann sich die syntaktische Kategorie oder die Bedeutung ändern:

(61)   a.   Les+bar+keit (V → Adj → Nomen)

       b.   be+regnen

Ableitungen wie (61a) lassen sich mit einfacher Vererbung nicht richtig modellieren, da die Kategoriewerte der beteiligten Morpheme inkompatibel sind. Verwendet man Defaults, kann man zwar einzelne Wörter über Vererbung beschreiben, aber man kann kein vernünftiges morphologisches System zusammenstellen, da explizit angegeben werden muß, welche syntaktische Kategorie *lesbar* bzw. *Lesbarkeit* hat.

Michaelis und Ruppenhofer (2001, 38) geben das folgende Prinzip an, das regeln soll, welche Information überschrieben wird:

> OVERRIDE PRINCIPLE. If lexical and structural meanings conflict, the semantic constraints of the lexical element conform to those of the grammatical structure with which it is combined. (Michaelis und Ruppenhofer: 2001, 38)

Man könnte nun annehmen, daß die Kategorie von *lesbar* bzw. *Lesbarkeit* durch ein solches Prinzip bestimmt wird. Das Override Principle läßt sich aber in bezug auf Vererbungshierarchien nicht formalisieren, und wenn man Einbettung hat, braucht man es nicht. Das soll im folgenden kurz erklärt werden: Man könnte das Wort *Lesbarkeit* in einer Vererbungshierarchie wie in Abbildung 7.12 repräsentieren.[20] Das Override Principle würde

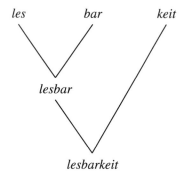

Abbildung 7.12: *Lesbarkeit* über Defaultvererbung

man dann so interpretieren, daß bei Konflikten in bezug auf die syntaktische Kategorie immer das Affix gewinnt. Damit hätte man dann irgendwie zentral geregelt, wie Überschreibung vorgenommen wird (Wie das zu formalisieren wäre, ist eine offene Frage.). Allerdings hat man dann das Problem, daß eine automatische Berechnung aller von einer Grammatik lizenzierten Wörter, wie sie bei Koenig möglich ist (siehe die Abbildungen 7.2 und 7.3 auf Seite 105), nicht mehr durchgeführt werden kann. Der Grund hierfür ist, daß Restriktionen, die ein Affix in bezug auf das Element spezifiziert, mit dem es kombiniert werden kann, nicht mehr zur Wirkung kommen, da sie einfach überschrieben werden. Wenn z. B. *-bar* verlangt, daß der Verbstamm, mit dem es kombiniert wird, transitiv ist, würde es bei der Kombination mit einem intransitiven Stamm die Valenzinformation des intransitiven Stammes einfach überschreiben. In einem System, das Derivation über Einbettung beschreibt, braucht man das Override Principle überhaupt nicht, da man die Information des Mutterknotens unabhängig von der des eingebetteten Objekts spezifizieren kann: (62) auf der gegenüberliegenden Seite skizziert eine Lexikonregel für die *-bar*-Derivation (für die vollständige Version der Lexikonregel für die *-bar*-Derivation siehe (18) auf Seite 378). *-bar*-Derivation ist nur für Verben mit Subjekt und Akkusativobjekt produktiv. Die LEX-DTR ist in (62) entsprechend spezifiziert. □ steht für einen beliebigen Wert.

Für die Behandlung von Ausnahmen wie z. B. *brennbar*, das nicht von einem transitiven Verb abgeleitet ist, benötigt man keine Defaults. Es reicht, eine entsprechend allgemeine (nicht produktive) Lexikonregel zu haben, die keine (oder andere) Restriktionen in bezug auf die Valenzliste des Verbs enthält. Diese allgemeinere Lexikonregel ist Bestandteil der im Lexikon gespeicherten Information zum idiosynkratischen *brennbar*, für die produktiven Formen wird die Lexikonregel in (62) verwendet (Riehemann: 1998).

Es gibt einen weiteren Grund dafür, warum man derivationelle Morphologie nicht mit Vererbung beschreiben kann: Mit Vererbung läßt sich keine rekursive Einbettung erzeu-

---

[20]Eine komplexere Analyse mit explizit als überschreibbar gekennzeichneten Defaults nach Lascarides und Copestake: 1999 findet man in Müller: 2005a. Die Behandlung der Derivation über Default-Vererbung ist auch in einem solchen System nicht ohne erhebliche Erweiterungen des Formalismus (zum Beispiel um reguläre Ausdrücke in Merkmalstrukturen) möglich. Valenzänderungen, wie sie für den Übergang vom Adjektiv zum Nomen nötig sind, können bei der Annahme von listenwertigen Valenzmerkmalen nicht so modelliert werden, daß das morphologische System automatisch Wörter erzeugen kann.

(62)   Lexikonregel für -*bar*-Derivation (Skizze):

$$
\begin{bmatrix}
\text{PHON} & \boxed{1} \oplus \langle\, bar \,\rangle \\
\text{CAT} & \begin{bmatrix} \text{HEAD} & adj \\ \text{SUBCAT} & \langle\, \text{NP}[nom]_{\boxed{2}} \,\rangle \end{bmatrix} \\
\text{LEX-DTR} & \begin{bmatrix} \text{PHON} & \boxed{1} \\ \text{CAT} & \begin{bmatrix} \text{HEAD} & verb \\ \text{SUBCAT} & \langle\, \text{NP}[nom],\ \text{NP}[acc]_{\boxed{2}} \,\rangle \oplus \square \end{bmatrix} \end{bmatrix}
\end{bmatrix}
$$

gen. Man kann also ein Nomen wie *Vorvorvorvorversion*[21] bzw. *Vorvorvorvorvorversion*[22]
nicht auf sinnvolle Weise analysieren, denn wenn man die Information, die in *Vorversion*
enthalten ist, noch einmal mit der Information von *vor-* kombiniert, kommt nichts Neues
hinzu (Krieger und Nerbonne: 1993). Man könnte nun behaupten, daß die zehnfache Präfi-
gierung von *vor-* an ein Nomen ohnehin nicht vorkommt und daß man alle vorkommenden
Wörter über Vererbung kompakt repräsentieren kann, aber eine solche Analyse bedeutet,
daß man alle möglichen Stamm-Affix-Kombinationen aufschreiben muß, und entspricht
dem in der Einleitung diskutierten Aufschreiben aller möglichen Sätze, ist somit wenig
erhellend und spiegelt die menschliche Sprachfähigkeit nicht adäquat wider.

Kontrollfragen

1. Welche Möglichkeiten gibt es in HPSG-Theorien, Generalisierungen in bezug auf
   das Lexikon zu erfassen?

Übungsaufgaben

1. Schreiben Sie eine Lexikonregel, die für Adjektivstämme wie den in (63a) einen
   Lexikoneintrag für die attributiveVerwendung wie in (63b) lizenziert.

(63)   a. *reif-*:

$$
\begin{bmatrix}
\text{CAT} & \begin{bmatrix} \text{HEAD} & \begin{bmatrix} \text{MOD} & none \\ adj \end{bmatrix} \\ \text{SUBCAT} & \langle\, \text{NP}_{\boxed{1}} \,\rangle \end{bmatrix} \\
\text{CONT} & \begin{bmatrix} \text{THEMA} & \boxed{1} \\ reif \end{bmatrix}
\end{bmatrix}
$$

---

[21] http://www.sgaf.de/viewtopic.php?t=21551&postdays=0&postorder=asc&start=0. 11.11.2006.
[22] http://forum.geizhals.at/t393036,3147329.html 11.11.2006.

b. *reifes*:

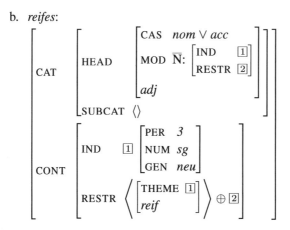

Die PHON-Werte können dabei unberücksichtigt bleiben. Wichtig ist, daß die Regel für alle Adjektivstämme funktioniert, also z. B. auch für *groß-/großem*.

2. Laden Sie die zu diesem Kapitel gehörende Grammatik von der Grammix-CD (siehe Übung 3 auf Seite 61).

   Oben in der Menüleiste des Fensters, in dem die Grammatik geladen wird, gibt es einen Menüpunkt Trale. Gehen Sie zum Unterpunkt Draw│Hierarchy. In der Statusleiste unten im Fenster erscheint der Text: *Enter type to display [bot]:*. Geben Sie dort *word* bzw. *phrase* ein, um sich die Typhierarchie unter *word* bzw. *phrase* anzusehen. Die Beschränkungen, die zu den Typen gehören, finden Sie in der Datei le_macros.pl, die Sie über das Menü File│Open File öffnen können. Die genaue Syntax der Typbeschränkungen ist im Trale- bzw. ALE-Manual beschrieben.[23]

Literaturhinweise

Zu Lexikonregeln in den verschiedenen Grammatikframeworks siehe Jackendoff: 1975, Williams: 1981, Bresnan: 1982b, Shieber, Uszkoreit, Pereira, Robinson und Tyson: 1983, Flickinger, Pollard und Wasow: 1985, Flickinger: 1987, Copestake und Briscoe: 1992 und Meurers: 2000. Einen guten Überblick über das Lexikon in der HPSG bietet Meurers: 2001. Meurers geht auch auf den formalen Hintergrund der Lexikonregeln ein.

---

[23]http://www.ale.cs.toronto.edu/docs/. 28.12.2006.

8 Ein topologisches Modell des deutschen Satzes

In diesem Kapitel werden einige Grundbegriffe eingeführt, die ich in den folgenden Kapiteln benutze. Andere, ausführlichere Einführungen in die Topologie deutscher Sätze findet man in Reis: 1980, Höhle: 1986 und Askedal: 1986.

8.1 Verbstellungstypen

Man teilt deutsche Sätze in Abhängigkeit von der Stellung des finiten Verbs in drei verschiedene Klassen ein:

- Sätze mit Verbendstellung

- Sätze mit Verberststellung

- Sätze mit Verbzweitstellung

Beispiele dafür sind folgende Sätze:

(1)   a. (Peter hat erzählt,) daß er das Eis gegessen *hat*.
         b. *Hat* Peter das Eis gegessen?
         c. Peter *hat* das Eis gegessen.

8.2 Satzklammer, Vorfeld, Mittelfeld und Nachfeld

Man kann feststellen, daß das finite Verb mit seinen verbalen Komplementen nur in (1a) eine Einheit bildet. In (1b) und (1c) hängen Verb und verbale Komplemente nicht zusammen, sind diskontinuierlich. Man teilt den deutschen Satz auf Grundlage dieser Verteilungen in mehrere Bereiche ein. In (1b) und (1c) rahmen die Verbteile den Satz ein. Man spricht deshalb von der Satzklammer. Sätze mit Verbendstellung werden meistens durch Konjunktionen wie *weil*, *daß*, *ob* oder dergleichen eingeleitet. Diese Konjunktionen stehen an der Stelle, an der in Verberst- bzw. Verbzweitsätzen das finite Verb steht. Man rechnet sie deshalb mit zur linken Satzklammer. Mit Hilfe dieses Begriffs von der Satzklammer kann man den deutschen Satz in Vorfeld, Mittelfeld und Nachfeld einteilen: Das Vorfeld ist der Bereich vor der linken Satzklammer. Das Mittelfeld befindet sich zwischen linker und rechter Satzklammer, und das Nachfeld ist der Bereich rechts der rechten Satzklammer. Beispiele zeigt die Übersicht in Tabelle 8.1 auf der folgenden Seite.

Die rechte Satzklammer kann mehrere Verben enthalten und wird auch Verbalkomplex (*verbal complex* oder *verb cluster*) genannt.

Vorfeld	linke Klammer	Mittelfeld	rechte Klammer	Nachfeld
Karl	schläft.			
Karl	hat		geschlafen.	
Karl	erkennt	Maria.		
Karl	färbt	den Mantel	um	den Maria kennt.
Karl	hat	Maria	erkannt.	
Karl	hat	Maria als sie aus dem Zug stieg sofort	erkannt.	als sie aus dem Zug stieg.
Karl	hat	Maria sofort	erkannt	
Karl	hat	Maria zu erkennen	behauptet.	
Karl	hat		behauptet	Maria zu erkennen.
	Schläft	Karl?		
	Schlaf!			
	Iß	jetzt dein Eis	auf!	
	Hat	er doch das ganze Eis alleine	gegessen.	
	weil	er das ganze Eis alleine	gegessen hat	ohne mit der Wimper zu zucken.
	weil	er das ganze Eis alleine	essen können will	ohne gestört zu werden.

Tabelle 8.1: Beispiele für die Besetzung topologischer Felder

8.3 Zuordnung zu den Feldern

Prädikative Adjektive verhalten sich in bezug auf ihre Stellungsmöglichkeiten in vielerlei Hinsicht wie Verben (vergleiche Kapitel 15.2), weshalb ich das Adjektiv in (2) ebenfalls der rechten Satzklammer zuordne.

(2)   Karl ist seiner Frau treu.

Wie die Beispiele in Tabelle 8.1 zeigen, müssen nicht immer alle Felder besetzt sein, selbst die linke Satzklammer kann leer bleiben, wenn man die Kopula *sein* wie in den folgenden Beispielen wegläßt:

(3)   a.   [...] egal, was noch passiert, der Norddeutsche Rundfunk steht schon jetzt als Gewinner fest.[1]

      b.   Interessant, zu erwähnen, daß ihre Seele völlig in Ordnung war.[2]

      c.   Ein Treppenwitz der Musikgeschichte, daß die Kollegen von Rammstein vor fünf Jahren noch im Vorprogramm von Sandow spielten.[3]

Die Sätze in (3) entsprechen denen in (4):

(4)   a.   Was noch passiert, ist egal, ...

      b.   Interessant ist zu erwähnen, daß ihre Seele völlig in Ordnung war.

      c.   Ein Treppenwitz der Musikgeschichte ist, daß die Kollegen von Rammstein vor fünf Jahren noch im Vorprogramm von Sandow spielten.

Wenn Felder leer bleiben, ist es mitunter nicht ohne weiteres ersichtlich, welchen Feldern Konstituenten zuzuordnen sind. Für die Beispiele in (3) muß man die Kopula an der entsprechenden Stelle einsetzen und kann dann feststellen, daß sich jeweils eine Konstituente dem Vorfeld zuordnen läßt und welche Felder den restlichen Konstituenten zugeordnet werden müssen.

Im folgenden Beispiel von Hermann Paul (1919, 13) liefert die Einsetzung der Kopula ein anderes Ergebnis (5b):

(5)   a.   Niemand da?

      b.   Ist niemand da?

Es handelt sich um einen Fragesatz. *niemand* ist also in (5a) nicht dem Vorfeld, sondern dem Mittelfeld zuzuordnen.

In (6) gibt es Elemente im Vorfeld, in der linken Satzklammer und im Mittelfeld. Die rechte Satzklammer ist leer.

(6)   Er gibt der Frau das Buch, die er kennt.

Wie ist nun der Relativsatz *die er kennt* einzuordnen? Gehört er zum Mittelfeld oder zum Nachfeld? Dies läßt sich mit der sogenannten Rangprobe (Bech: 1955, 72) herausfinden: Der Satz in (6) wird ins Perfekt gesetzt. Da infinite Verben die rechte Satzklammer besetzen, kann man mit dieser Umformung das Mittelfeld klar vom Nachfeld abgrenzen. Die Beispiele in (7) zeigen, daß der Relativsatz nicht im Mittelfeld stehen kann, es sei denn als Teil einer komplexen Konstituente mit dem Kopfnomen *Frau*.

---

[1] Spiegel, 12/1999, S. 258.
[2] Michail Bulgakow, *Der Meister und Margarita*. München: Deutscher Taschenbuch Verlag. 1997, S. 422.
[3] Flüstern & Schweigen, taz, 12.07.1999, S. 14.

(7)   a.   Er hat der Frau das Buch gegeben, die er kennt.

      b.   * Er hat der Frau das Buch, die er kennt, gegeben.

      c.   Er hat der Frau, die er kennt, das Buch gegeben.

Diese Rangprobe hilft nicht, wenn der Relativsatz wie in (8) am Ende des Satzes neben seinem Bezugsnomen steht:

(8)   Er gibt das Buch der Frau, die er kennt.

Setzt man (8) ins Perfekt, so kann das Hauptverb vor oder nach dem Relativsatz stehen:

(9)   a.   Er hat das Buch der Frau gegeben, die er kennt.

      b.   Er hat das Buch der Frau, die er kennt, gegeben.

In (9a) ist der Relativsatz extraponiert, in (9b) ist er Bestandteil der Nominalphrase *der Frau, die er kennt* und steht als solcher innerhalb der NP im Mittelfeld. Für (8) kann man sich also nicht auf den Test verlassen. Man geht davon aus, daß in (8) der Relativsatz zur NP gehört, da das die einfachere Struktur ist, denn wenn der Relativsatz im Nachfeld steht, muß es sich um eine Verschiebung des Relativsatzes aus der NP heraus handeln, d. h. die NP-Struktur muß ohnehin angenommen werden und die Verschiebung kommt noch dazu.

8.4 Rekursion

Wie schon Reis (1980, 82) festgestellt hat, kann das Vorfeld, wenn es eine komplexe Konstituente enthält, selbst wieder in Felder unterteilt sein und z. B. ein Nachfeld enthalten. In (10b) befindet sich *für lange lange Zeit* und in (10d) *daß du kommst* innerhalb des Vorfelds rechts der rechten Satzklammer *verschüttet* bzw. *gewußt*, d. h. innerhalb des Vorfelds im Nachfeld.

(10) a.   Die Möglichkeit, etwas zu verändern, ist damit verschüttet für lange lange Zeit.

      b.   [Verschüttet für lange lange Zeit] ist damit die Möglichkeit, etwas zu verändern.

      c.   Wir haben schon seit langem gewußt, daß du kommst.

      d.   [Gewußt, daß du kommst,] haben wir schon seit langem.

Elemente im Mittelfeld und Nachfeld können natürlich ebenso wie Vorfeldkonstituenten eine interne Struktur haben und somit wieder in Felder unterteilt werden. Zum Beispiel ist *daß* die linke Satzklammer des Teilsatzes *daß du kommst* in (10c), *du* steht im Mittelfeld und *kommst* bildet die rechte Satzklammer des Teilsatzes.

Literaturhinweise

Reis (1980) begründet, warum die Feldertheorie für die Beschreibung der Wortstellungsdaten im Deutschen sinnvoll und notwendig ist.

Höhle (1986) erwähnt noch ein weiteres Feld links des Vorfeldes, das man für Linksherausstellungen wie die in (11) braucht.

(11) Der Mittwoch, der paßt mir gut.

Höhle geht auch auf die historische Entwicklung der Feldertheorie ein.

Die Begriffe Vorfeld, Mittelfeld und Nachfeld sind ausführlicher in Grewendorf: 1988, Kapitel 4 erklärt.

Kontrollfragen

1. Wie sind die Begriffe Vorfeld, Mittelfeld, Nachfeld und linke bzw. rechte Satzklammer definiert?

Übungsaufgaben

1. Bestimmen Sie Vorfeld, Mittelfeld und Nachfeld in den folgenden Sätzen:

    (12)   a. Karl ißt.

            b. Der Mann liebt eine Frau, den Peter kennt.

            c. Der Mann liebt eine Frau, die Peter kennt.

            d. Die Studenten behaupten, nur wegen der Hitze einzuschlafen.

            e. Die Studenten haben behauptet, nur wegen der Hitze einzuschlafen.

9 Konstituentenreihenfolge

Das Deutsche ist eine Sprache mit relativ freier Konstituentenstellung. Außerdem wird das Deutsche typologisch zu den Verbletztsprachen (SOV) gezählt. In deklarativen Hauptsätzen und in Fragesätzen steht das Verb jedoch an zweiter bzw. an erster Stelle. In den folgenden Abschnitten soll erklärt werden, wie man die relativ freie Konstituentenstellung behandeln kann, und in Abschnitt 9.4 wird gezeigt, wie die Verberststellung zur Verbletztstellung in Beziehung gesetzt werden kann.

9.1 Anordnung von Konstituenten im Mittelfeld

Das Deutsche ist eine Sprache mit relativ freier Konstituentenstellung. Im Mittelfeld können Argumente in nahezu beliebiger Abfolge angeordnet werden. So kann man statt der Abfolge in (1a) auch die Abfolgen in (1b–f) verwenden:

(1)   a. weil der Mann der Frau das Buch gibt

          b. weil der Mann das Buch der Frau gibt

          c. weil das Buch der Mann der Frau gibt

          d. weil das Buch der Frau der Mann gibt

          e. weil der Frau der Mann das Buch gibt

          f. weil der Frau das Buch der Mann gibt

Bei den Abfolgen in (1b–f) muß man die Konstituenten anders betonen und die Menge der Kontexte, in denen der Satz mit der jeweiligen Abfolge geäußert werden kann, ist gegenüber der Menge der Kontexte, in denen (1a) geäußert werden kann, eingeschränkt (Höhle: 1982a). Man nennt die Abfolge in (1a) deshalb auch die Normalabfolge bzw. die unmarkierte Abfolge.

Außer den Argumenten können sich noch Adjunkte im Mittelfeld befinden. Diese können an beliebigen Positionen zwischen den Argumenten stehen. Für (1b) ergeben sich z. B. folgende Möglichkeiten:

(2)   a. weil morgen der Mann das Buch der Frau gibt

          b. weil der Mann morgen das Buch der Frau gibt

          c. weil der Mann das Buch morgen der Frau gibt

          d. weil der Mann das Buch der Frau morgen gibt

Skopustragende Adjunkte unterscheiden sich aber von Argumenten dadurch, daß man mehrere Adjunkte im Mittelfeld nicht einfach umordnen kann, ohne die Bedeutung des Satzes zu ändern. Die beiden Sätze in (3) bedeuten verschiedene Sachen:[1]

---

[1] Im Gegensatz dazu ändert sich bei sogenannten intersektiven Adjunkten die Hauptbedeutung nicht:

   (i)   a. weil er morgen in der Schule singt

           b. weil er in der Schule morgen singt

(3)   a. weil er absichtlich nicht lacht

      b. weil er nicht absichtlich lacht

In der HPSG-Theorie wurde eine große Anzahl von alternativen Vorschlägen zur Erklärung der Daten in (1)–(3) diskutiert. Bei der Behandlung der Mittelfeldabfolgen spielt immer auch die Behandlung der Verbstellung eine Rolle. Diese wird jedoch erst im folgenden Abschnitt behandelt. Wichtig für die Auswahl des richtigen Ansatzes sind bestimmte Arten von Vorfeldbesetzung. Vorfeldbesetzung ist Gegenstand des Kapitels 10, so daß es erst im Anschluß an das Kapitel 10 möglich ist, alternative Analysen für (1)–(3) zu besprechen.

Bisher wurden binär verzweigende Strukturen angenommen (Schema 1 auf Seite 54 und Schema 3 auf Seite 78). Mit den entsprechenden Schemata können wir (1b), (2) und auch (3) ohne Probleme analysieren: Bei der Analyse von (1b) wird das Verb mit dem jeweils letzten Element der SUBCAT-Liste kombiniert. Bei der Analyse der Sätze in (2) wird eine bestimmte Verbalprojektion mit einem Adjunkt kombiniert, und die verbleibenden Argumente werden danach gesättigt. Die unterschiedliche Bedeutung der Sätze in (3) ergibt sich daraus, daß in (3a) *absichtlich* mit der Projektion *nicht lacht* verbunden wird, wohingegen in (3b) *nicht* mit *absichtlich lacht* kombiniert wird.

Es bleibt zu klären, wodurch die Abfolgen in (1a,c–f) lizenziert sind. Diese Sätze lassen sich nach einer leichten Änderung des Kopf-Argument-Schemas ebenfalls analysieren: Das Schema muß so abgeändert werden, daß es die Sättigung von Argumenten in beliebiger Reihenfolge erlaubt. Das wird dadurch erreicht, daß die SUBCAT-Liste nicht mittels *append* in einen Listenanfang und einen einelementigen Rest geteilt wird, sondern daß die Relation *delete* benutzt wird, die ein beliebiges Element aus einer Liste nimmt und den Rest der Liste zurückgibt.[2] Das Kopf-Argument-Schema hat also folgende Form:

Schema 4 (Kopf-Argument-Schema (binär verzweigend, vorläufige Version))
head-argument-structure →

$$
\begin{bmatrix}
\text{CAT}|\text{SUBCAT del}(\boxed{1},\boxed{2}) \\
\text{HEAD-DTR}|\text{CAT}|\text{SUBCAT } \boxed{2} \\
\text{NON-HEAD-DTRS } \langle \boxed{1} \rangle
\end{bmatrix}
$$

Mit diesem Schema kann man alle Abfolgen in (1) analysieren. Das soll anhand der einfacheren Sätze in (4) verdeutlicht werden.

(4)   a. weil jeder das Buch kennt

      b. weil das Buch jeder kennt

Die beiden Sätze in (i) unterscheiden sich hinsichtlich der Kontexte, in denen sie geäußert werden können, aber in beiden Sätzen wird etwas darüber ausgesagt, was jemand morgen tut und wo das entsprechende Ereignis stattfindet.

[2]Gunji (1986) hat in seiner Analyse des Japanischen die Verwendung eines mengenwertigen SUBCAT-Merkmals vorgeschlagen, wodurch ebenfalls eine variable Sättigungsreihenfolge entsteht. Hinrichs und Nakazawa (1989b), Pollard (1996) und Engelkamp, Erbach und Uszkoreit (1992) nehmen für das Deutsche ein mengenwertiges SUBCAT-Merkmal an. Die Verwendung eines listenwertigen Merkmals hat den Vorteil, daß die Elemente geordnet sind und man somit Beschränkungen, die sich auf Hierarchien beziehen, formulieren kann. Siehe Seite 45 zur Obliqueness-Hierarchie.

Frank und Reyle (1992, 185) und Kiss (1995b, 218–223) nehmen ebenfalls eine SUBCAT-Liste und ein Valenzprinzip an, das es erlaubt, einen Kopf mit einem beliebigen Element aus der SUBCAT-Liste zu kombinieren.

Die Analyse von (4a) zeigt Abbildung 9.1 und die von (4b) Abbildung 9.2. Die beiden

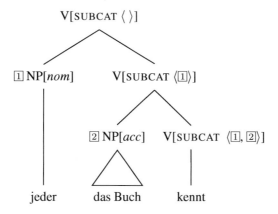

Abbildung 9.1: Analyse für *jeder das Buch kennt*

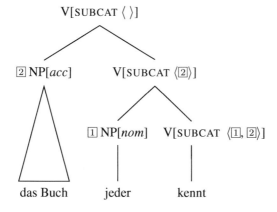

Abbildung 9.2: Analyse für *das Buch jeder kennt*

Analysen unterscheiden sich einzig und allein darin, welches Element der SUBCAT-Liste zuerst abgebunden wird: In Abbildung 9.1 wird zuerst das Akkusativobjekt mit dem Verb kombiniert und in Abbildung 9.2 zuerst das Subjekt.

9.2 Linearisierungsregeln

Wie auf der Seite 44 bei der Diskussion der Regelschemata in (10) angemerkt, sind die Dominanzschemata in der HPSG abstrakte Repräsentationen, die nur etwas über die Bestandteile einer Phrase (unmittelbare Dominanz) aussagen, jedoch keine Beschränkungen über die Abfolge von Töchtern (lineare Präzedenz) enthalten. Eine solche Trennung zwischen unmittelbarer Dominanz (*immediate dominance*) und linearer Abfolge (*linear precedence*)

gab es schon in der GPSG (Gazdar, Klein, Pullum und Sag: 1985). Grammatiken, die eine solche Trennung zwischen *immediate dominance* und *linear precedence* vornehmen,
nennt man ID/LP-Grammatiken. Regeln, die die lineare Abfolge beschränken, werden *LP-Regeln* genannt.

Zur Motivation dieser Trennung erinnern wir uns an die einfache Phrasenstrukturgrammatik, die im Abschnitt 1.7 auf Seite 18 diskutiert wurde. Will man mit solchen Phrasenstrukturregeln ausdrücken, daß alle Abfolgen in (1) möglich sind, dann braucht man für
ditransitive Verben die folgenden sechs Phrasenstrukturregeln:

(5)   S → NP[nom], NP[acc], NP[dat], V
      S → NP[nom], NP[dat], NP[acc], V
      S → NP[acc], NP[nom], NP[dat], V
      S → NP[acc], NP[dat], NP[nom], V
      S → NP[dat], NP[nom], NP[acc], V
      S → NP[dat], NP[acc], NP[nom], V

Die Gemeinsamkeit, die diese sechs Regeln haben, wird in (5) nicht erfaßt. Abstrahiert
man dagegen von der linearen Abfolge und läßt Regeln nur etwas über Dominanz aussagen, so erhält man statt der Regeln in (5) nur die eine Regel in (6):

(6)   S → NP[nom] NP[acc] NP[dat] V

(6) besagt, daß der S-Knoten drei Nominalphrasen und ein Verb in beliebiger Reihenfolge
dominiert. Das ist natürlich zu wenig restriktiv, da so auch zugelassen wird, daß das Verb
an beliebiger Stelle zwischen den Nominalphrasen steht. Entsprechend formulierte Lineia-
risierungsbeschränkungen schließen dann Abfolgen wie NP[nom] NP[acc] V NP[dat] aus.

Zu Beschränkungen in bezug auf die Abfolge wurde in der in den vorigen Kapiteln entwickelten HPSG-Grammatik noch nichts gesagt. Betrachtet man das Schema 4, so sieht
man, daß die Kopftochter und die Nicht-Kopftöchter im Schema übereinander und nicht
in irgendeiner Reihenfolge nebeneinander stehen. Durch das Schema wird also keine Reihenfolge festgelegt. Bei binär verzweigenden Strukturen mit Kopf gibt es somit zwei Möglichkeiten für die Anordnung der Konstituenten:

- der Kopf kommt zuerst: Beispiel:

$$\begin{bmatrix} \text{PHON} & \boxed{1} \oplus \boxed{2} \\ \text{HEAD-DTR} & [\text{PHON } \boxed{1}] \\ \text{NON-HEAD-DTRS} & \langle [\text{PHON } \boxed{2}] \rangle \end{bmatrix} \qquad \begin{bmatrix} \text{PHON} & \langle \textit{schläft, Karl} \rangle \\ \text{HEAD-DTR} & [\text{PHON } \langle \textit{schläft} \rangle] \\ \text{NON-HEAD-DTRS} & \langle [\text{PHON } \langle \textit{Karl} \rangle] \rangle \end{bmatrix}$$

- der Kopf kommt zum Schluß: Beispiel:

$$\begin{bmatrix} \text{PHON} & \boxed{2} \oplus \boxed{1} \\ \text{HEAD-DTR} & [\text{PHON } \boxed{1}] \\ \text{NON-HEAD-DTRS} & \langle [\text{PHON } \boxed{2}] \rangle \end{bmatrix} \qquad \begin{bmatrix} \text{PHON} & \langle \textit{Karl, schläft} \rangle \\ \text{HEAD-DTR} & [\text{PHON } \langle \textit{schläft} \rangle] \\ \text{NON-HEAD-DTRS} & \langle [\text{PHON } \langle \textit{Karl} \rangle] \rangle \end{bmatrix}$$

Mit den bisher formulierten Beschränkungen kann man also auch Phrasen wie die in (7)
und (8) ableiten:

(7)   a. * [[den Schrank] in]

     b. * daß [er [es [gibt ihm]]]

(8)   a. * daß [er [es [ihm [gibt nicht]]]]

     b. * [der [Mann kluge]]

     c. * [das [[am Wald] Haus]]

In (7a) steht die Präposition *in* rechts der Nominalphrase, obwohl sie eigentlich links von ihr stehen müßte, und in (7b) handelt es sich um einen Verbletztsatz, in dem aber *gibt* und *ihm* vertauscht sind, d. h. eigentlich müßte das Verb an letzter Stelle stehen. In (8a) steht das Verb vor dem Adjunkt, obwohl es danach stehen müßte, in (8b) folgt das Adjektiv dem Nomen, obwohl es ihm vorangehen müßte, und in (8c) schließlich steht die PP vor dem Nomen, obwohl PPen, die ein Nomen modifizieren, diesem innerhalb von NPen folgen.

Linearisierungsregeln sagen etwas über die Reihenfolge von zwei beschriebenen Objekten aus. Es gibt verschiedene Arten von Linearisierungsregeln: Manche nehmen nur Bezug auf Merkmale der jeweiligen Objekte, andere beziehen sich auf die syntaktische Funktion (Kopf, Argument, Adjunkt, ...) und wieder andere mischen beides. Wenn man für alle Köpfe ein Merkmal INITIAL annimmt, dann kann man Köpfe, die ihren Argumenten vorangehen, den INITIAL-Wert '+' geben und Köpfen, die ihren Argumenten folgen, den Wert '–'. Die Linearisierungsregeln in (9) sorgen dann dafür, daß ungrammatische Abfolgen wie die in (7a,b) ausgeschlossen sind.[3]

(9)   a. Head[INITIAL +] < Argument

     b. Argument < Head[INITIAL–]

Präpositionen haben den INITIAL-Wert '+', und Regel (9a) erzwingt somit die Anordnung des präpositionalen Kopfes vor dem nominalen Argument. Verben in Letztstellung haben den INITIAL-Wert '–'. (9b) schließt also die Abfolge in (7b) aus.

Die beiden Regeln in (10) sorgen dafür, daß Prämodifikatoren immer vor den Köpfen, die sie modifizieren, angeordnet werden und daß Postmodifikatoren immer nach den Köpfen angeordnet werden.

(10)   a. Adjunct[PRE-MODIFIER +] < Head

      b. Head < Adjunct[PRE-MODIFIER –]

Die erste Linearisierungsregel sorgt dafür, daß die Phrasen in (8a,b) ausgeschlossen sind, und die zweite schließt (8c) aus.

Die Konsequenz der Linearisierungsregel in (9) ist, daß jetzt nur noch die beiden Kopf-Argument-Strukturen durch die Grammatik lizenziert werden, die durch (11a) und (11b) beschrieben werden:[4]

---

[3]Nominalphrasen sind in bezug auf (9) ein Problem: Der Determinierer wurde bisher wie ein Argument behandelt und in der SUBCAT-Liste des Kopfnomens aufgeführt. Determinierer stehen allerdings links des Nomens, wohingegen alle anderen Argumente des Nomens rechts stehen. Man kann dieses Problem entweder dadurch lösen, daß man die Linearisierungsregeln entsprechend verfeinert oder dadurch, daß man ein spezielles Valenzmerkmal für Determinatoren einführt. Pollard und Sag (1994, Abschnitt 9.4) verwenden das Merkmal SPR zur Selektion von Determinierern, und ich schließe mich dem an. Siehe Abschnitt 9.3.

[4]Sätzen wie in (i) wenden wir uns im Kapitel 10 zu.

   (i)   Das Buch kennt jeder.

(11) a.
$$\begin{bmatrix} \text{PHON } \boxed{1} \oplus \boxed{2} \\ \text{CAT}|\text{SUBCAT del}(\boxed{3},\boxed{4}) \\ \text{HEAD-DTR} \begin{bmatrix} \text{PHON } \boxed{1} \\ \text{CAT} \begin{bmatrix} \text{HEAD}|\text{INITIAL } + \\ \text{SUBCAT } \boxed{4} \end{bmatrix} \end{bmatrix} \\ \text{NON-HEAD-DTRS } \langle \boxed{3} [\text{ PHON } \boxed{2}] \rangle \end{bmatrix}$$

b.
$$\begin{bmatrix} \text{PHON } \boxed{2} \oplus \boxed{1} \\ \text{CAT}|\text{SUBCAT del}(\boxed{3},\boxed{4}) \\ \text{HEAD-DTR} \begin{bmatrix} \text{PHON } \boxed{1} \\ \text{CAT} \begin{bmatrix} \text{HEAD}|\text{INITIAL } - \\ \text{SUBCAT } \boxed{4} \end{bmatrix} \end{bmatrix} \\ \text{NON-HEAD-DTRS } \langle \boxed{3} [\text{ PHON } \boxed{2}] \rangle \end{bmatrix}$$

Diese beiden Beschreibungen entsprechen dem Schema 4, enthalten aber zusätzlich Information über den INITIAL-Wert der Kopftochter und die entsprechende Verknüpfung der PHON-Werte der Töchter: In (11a) stehen alle Elemente aus der PHON-Liste der Kopftochter links der Elemente aus der PHON-Liste der Nichtkopftochter. In (11b) ist es andersherum.

Bevor wir uns den Spezifikator-Kopf-Strukturen zuwenden, möchte ich noch kurz auf die Stellung von Adjunkten eingehen. Sie können überall zwischen den Argumenten stehen, wie die Beispiele in (2) zeigen. Die Sätze kann man analysieren, indem man annimmt, daß ein Adjunkt sich prinzipiell mit einer beliebigen Verbprojektion verbinden kann. In (12) sind entsprechende Beispielstrukturen zu sehen:

(12) a. weil morgen [der Mann das Buch der Frau gibt]

b. weil der Mann morgen [das Buch der Frau gibt]

c. weil der Mann das Buch morgen [der Frau gibt]

d. weil der Mann das Buch der Frau morgen gibt

In (12a) wurde *gibt* mit all seinen Argumenten kombiniert und erst danach mit dem Adverb. In (12b) wurde *gibt* mit den Objekten kombiniert. Nach der Modifikation der Phrase *das Buch der Frau gibt* durch *morgen* wird dann in einem weiteren Schritt das Subjekt gesättigt. (12c) und (12d) zeigen Beispiele mit kleineren Projektionen von *gibt*. Genauso lassen sich natürlich die Sätze in (13) analysieren:

(13) a. weil der Mann der Frau morgen [das Buch gibt]

b. weil der Mann der Frau das Buch morgen gibt

Diese Sätze sind Varianten von (12c) und (12d), die sich von den ersten Sätzen nur durch die Anordnung der Objekte unterscheiden. Da das Kopf-Argument-Schema die Kombination eines Kopfes mit seinen Argumenten in beliebiger Reihenfolge gestattet, kann auch wie in (13a) das Akkusativobjekt mit dem Verb kombiniert werden, bevor das Adverb die entsprechende Wortgruppe modifiziert.

9.3 Spezifikator-Kopf-Strukturen

Im vorigen Abschnitt wurden Kopf-Argument-Strukturen mit dem Kopf in Erst- bzw. Letztstellung diskutiert. Betrachtet man die Nominalphrase in (14), sieht man, daß der Determinator links des Nomens steht und alle anderen abhängigen Elemente rechts.

(14)   die Zerstörung der Stadt durch die Soldaten

Man kann diese Fälle nicht mit dem Kopf-Argument-Schema behandeln, da die Linearisierungsregel (10) je nach INITIAL-Wert des Nomens die Stellungen in (15) erzwingen würde:

(15)   a. * Zerstörung die der Stadt durch die Soldaten

b. * die der Stadt durch die Soldaten Zerstörung

Die Beispiele (14) und (15b) zeigen, daß die Argumente, die semantisch von *Zerstörung* abhängen, rechts des Nomens stehen müssen, was für den INITIAL-Wert '+' für Nomina spricht.

Würde man annehmen, daß der Determinator der Kopf ist, bekäme man Strukturen, in denen die Argumente immer nur auf einer Seite des Kopfes stehen. Im Kapitel 6.6.1 wurde aber gezeigt, daß die DP-Analyse Probleme mit der Behandlung der Possessivpronomina hat, weshalb wir bei der NP-Analyse geblieben sind. Auch ist es nicht so, daß diese Art Abfolge etwas völlig Ungewöhnliches ist. Im Englischen steht zum Beispiel das Subjekt immer links des Verbs, aber alle anderen Argumente stehen rechts. Diesen Unterschieden in der Verzweigungsrichtung wird durch eine eigene Grammatikregel Rechnung getragen (Pollard und Sag: 1994, 38,362). Ich nehme also an, daß es für Determinatoren (allgemeiner Spezifikatoren) ein eigenes Valenzmerkmal (SPR) gibt. Die Kombination einer $\overline{\text{N}}$ mit dem Determinator wird dann durch das folgende Schema lizenziert, das analog zum Kopf-Argument-Schema auf Seite 54 ist.

Schema 5 (Spezifikator-Kopf-Schema)
head-specifier-structure →

$$
\begin{bmatrix}
\text{CAT}|\text{SPR } \boxed{1} \\
\text{HEAD-DTR}|\text{CAT} \begin{bmatrix} \text{SPR} & \boxed{1} \oplus \langle \boxed{2} \rangle \\ \text{SUBCAT} & \langle \rangle \end{bmatrix} \\
\text{NON-HEAD-DTRS } \langle \boxed{2} \rangle
\end{bmatrix}
$$

Für das Nomen *Zerstörung* wird der folgende CAT-Wert angenommen:

$$
(16) \quad
\begin{bmatrix}
\text{HEAD} & \begin{bmatrix} \text{INITIAL } + \\ noun \end{bmatrix} \\
\text{SPR} & \langle \text{ DET } \rangle \\
\text{SUBCAT} & \langle \text{ NP}[gen], \text{ PP}[durch] \rangle
\end{bmatrix}
$$

Das Kopf-Argument-Schema lizenziert Phrasen wie *Zerstörung der Stadt durch die Soldaten*. Diese Phrase hat eine leere SUBCAT-Liste und einen Determinator in SPR. Damit kann sie als Kopftochter in das Schema 5 eingesetzt werden und dann Nominalphrasen wie (14) lizenzieren. Die Spezifikation der SUBCAT-Liste der Kopftochter im Schema 5 ist wichtig, da man sonst für (14) eine ungewollte Analyse bekäme, in der das Nomen zuerst mit dem Spezifikator und erst danach mit den anderen Argumenten kombiniert würde. Man hätte dann zwei Analysen für (14) mit derselben Bedeutung. Da den beiden Strukturen keine Mehrdeutigkeit der Phrase zugrunde liegt, nennt man solche Zuweisung mehrerer Strukturen *unechte Mehrdeutigkeit*. Durch die Spezifikation des SUBCAT-Wertes wird solch eine unechte Mehrdeutigkeit verhindert.

Die Anordnung der Elemente in der NP wird dann durch die Linearisierungsregel in (9a) zusammen mit der LP-Regel in (17) erzwungen, die besagt, daß Spezifikatoren vor ihren jeweiligen Köpfen stehen:

(17)   Specifier < Head

Die Regel in (9a) sorgt dafür, daß *Zerstörung* vor allen Elementen steht, die in seiner SUBCAT-Liste enthalten sind, d. h. vor *der Stadt* und *durch die Soldaten*, und die Regel in (17) sorgt dafür, daß der Determinator *die* vor *Zerstörung der Stadt durch die Soldaten* angeordnet wird.

Als Gegenstück zum Typ *head-non-argument-structure*, der auf Seite 79 diskutiert wurde, braucht man den Typ *head-non-specifier-structure*, für den die folgenden Beschränkungen gelten:

(18)   *head-non-specifier-structure* → $\begin{bmatrix} \text{CAT} | \text{SPR} \; \boxed{1} \\ \text{HEAD-DTR} | \text{CAT} | \text{SPR} \; \boxed{1} \end{bmatrix}$

Dieser Typ ist Bestandteil des Valenzprinzips und sorgt dafür, daß Information über nicht abgebundene Spezifikatoren im Baum nach oben gereicht wird.

Die aktuelle Hierarchie unter dem Typ *phrase* zeigt Abbildung 9.3. Man sieht, daß

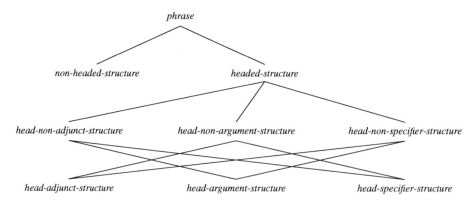

Abbildung 9.3: Typhierarchie für *phrase*

sowohl *head-argument-structure* als auch *head-adjunct-structure* Untertypen von *head-non-specifier-structure* sind. Deshalb ist in Strukturen dieses Typs der SPR-Wert der Kopftochter immer mit den SPR-Wert der Mutter identisch.

9.4 Verberststellung

Innerhalb der Transformationsgrammatik wird angenommen, daß das Deutsche eine SOV-Sprache ist, d. h. daß die Stellung Subjekt Objekt Verb als die Normalstellung betrachtet wird (Bach: 1962; Bierwisch: 1963, 34; Reis: 1974; Thiersch: 1978, Kapitel 1).[5] Sätze wie (19b, c), bei denen das finite Verb an der ersten oder zweiten Stelle steht, gelten als aus Verbletztsätzen durch Umstellung des finiten Verbs abgeleitet.

(19)   a. daß er ihr gestern das Buch gegeben hat.

      b. Hat er ihr gestern das Buch gegeben?

      c. Er hat ihr gestern das Buch gegeben.

Dabei wird folgendes Bild verwendet: Das finite Verb kämpft mit der Konjunktion um die linke Satzklammer: Wenn die Konjunktion in der linken Satzklammer steht, muß das finite Verb in die rechte Satzklammer. Ansonsten steht das Finitum in der linken Satzklammer. Man geht davon aus, daß die subordinierende Konjunktion der Kopf ist. Diese wird auch Komplementierer genannt.

Ähnliche Ansätze gibt es auch innerhalb der GPSG (Jacobs: 1986, 110) und innerhalb der HPSG (Kiss und Wesche: 1991; Oliva: 1992; Netter: 1992; Kiss: 1993; Frank: 1994; Kiss: 1995a; Feldhaus: 1997; Meurers: 2000; Müller: 2005b).

Die Annahme der Verbletztstellung als Grundstellung wird durch folgende Beobachtungen motiviert:[6]

1. Sogenannte Verbzusätze oder Verbpartikel bilden mit dem Verb eine enge Einheit.

    (20)   a. weil er morgen anfängt

         b. Er fängt morgen an.

Diese Einheit ist nur in der Verbletztstellung zu sehen, was dafür spricht, diese Stellung als Grundstellung anzusehen.

Verben, die aus einem Nomen durch Rückbildung entstanden sind, können oft nicht in ihre Bestandteile geteilt werden, und Verbzweitsätze sind dadurch ausgeschlossen:

    (21)   a. weil sie das Stück heute uraufführen

         b. * Sie uraufführen heute das Stück.

         c. * Sie führen heute das Stück urauf.

Es gibt also nur die Stellung, von der man auch annimmt, daß sie die Grundstellung ist.

2. Verben in infiniten Nebensätzen und in durch eine Konjunktion eingeleiteten finiten Nebensätzen stehen immer am Ende (von Ausklammerungen ins Nachfeld abgesehen):

---

[5]Bierwisch schreibt die Annahme einer zugrundeliegenden Verbletztstellung Fourquet zu (Fourquet: 1957). Eine Übersetzung des von Bierwisch zitierten französischen Manuskripts kann man in Fourquet: 1970, 117–135 finden.

[6]Zu den Punkten 1 und 2 siehe auch Bierwisch: 1963, 34–36. Zum Punkt 3 siehe Netter: 1992, Abschnitt 2.3.

(22)   a. Der Clown versucht, Kurt-Martin die Ware zu geben.

         b. daß der Clown Kurt-Martin die Ware gibt

3. Im Abschnitt 9.1 wurden die Beispiele (3) diskutiert, und es wurde darauf hinge-
wiesen, daß die Skopusbeziehung der Adverbien von ihrer Reihenfolge abhängt.
Das links stehende Adverb hat Skopus über das folgende Adverb und das Verb in
Letztstellung.[7] Das wurde dann mittels folgender Struktur erklärt:

(23)   a. weil er [absichtlich [nicht lacht]]

         b. weil er [nicht [absichtlich lacht]]

Nun kann man feststellen, daß sich bei Verberststellung die Skopusverhältnisse nicht
ändern. Nimmt man an, daß Sätze mit Verberststellung eine Struktur haben, die der
in (23) ähnelt, dann ist diese Tatsache automatisch erklärt. Eine solche Parallelität
kann man erreichen, indem man ein leeres Element annimmt, das den Platz des
Verbs in (23) füllt und bis auf die Tatsache, daß es phonologisch leer ist, identisch
mit dem normalen Verb ist, d. h. es hat dieselbe Valenz und leistet auch denselben
semantischen Beitrag. Dieses leere Element (auch *Spur* oder *Lücke* oder *Trace* bzw.
Gap genannt) ist in (24) als $\_i$ gekennzeichnet. Daß das Verb *lacht* zu dieser Spur
gehört, wird durch den gemeinsamen Index gekennzeichnet.

(24)   a. Lacht$_i$ er [absichtlich [nicht $\_i$]]?

         b. Lacht$_i$ er [nicht [absichtlich $\_i$]]?

---

[7] An dieser Stelle darf nicht verschwiegen werden, daß es Ausnahmen von der Regel zu geben scheint, daß
weiter links stehende Modifikatoren Skopus über Modifikatoren rechts von ihnen haben. Kasper (1994, 47)
diskutiert die Beispiele in (i), die auf Bartsch und Vennemann (1972, 137) zurückgehen.

(i)   a. Peter liest gut wegen der Nachhilfestunden.

       b. Peter liest wegen der Nachhilfestunden gut.

Wie Koster (1975, Abschnitt 6) und Reis (1980, 67) gezeigt haben, sind diese Daten jedoch nicht zwingend,
weil in den Beispielen die rechte Satzklammer nicht besetzt ist, und es sich somit nicht zwangsläufig um eine
normale Umstellung im Mittelfeld handeln muß, sondern um eine Extraposition handeln kann. Wie Koster
und Reis festgestellt haben, sind die von Kasper diskutierten Beispiele sogar ungrammatisch, wenn man die
rechte Satzklammer ohne Ausklammerung der Kausalbestimmung besetzt:

(ii)   a. * Hans hat gut wegen der Nachhilfestunden gelesen.

       b. Hans hat gut gelesen wegen der Nachhilfestunden.

Das folgende Beispiel von Crysmann (2004, 383) zeigt allerdings, daß auch bei besetzter Satzklammer eine
Anordnung der Adjunkte möglich ist, in der ein weiter rechts stehendes Adjunkt Skopus über ein links
stehendes hat:

(iii) Da muß es schon erhebliche Probleme mit der Ausrüstung gegeben haben, da wegen schlechten Wet-
       ters ein Reinhold Messner niemals aufgäbe.

Das ändert jedoch nichts an der Tatsache, daß die entsprechenden Sätze in (23) und (24) unabhängig von der
Verbstellung dieselbe Bedeutung haben. Die allgemeine Bedeutungskomposition muß man jedoch eventuell
auf die von Crysmann beschriebene Weise behandeln. Crysmann benutzt für die semantische Repräsentation
Minimal Recursion Semantics. Eine Einführung in die *Minimal Recursion Semantics* würde den Rahmen
dieses Buches sprengen.

Zur Verdeutlichung soll die Analyse des Satzes in (25b) erklärt werden:

(25)   a.   daß er das Buch kennt

       b.   Kennt$_i$ er das Buch $\_i$?

Für die Spur in (25b) könnte man den folgenden Lexikoneintrag annehmen:

(26)   Verbspur für *kennt*:

$$
\begin{bmatrix}
\text{PHON } \langle\rangle \\[2pt]
\text{CAT} \begin{bmatrix}
\text{HEAD} \begin{bmatrix} \text{VFORM } \textit{fin} \\ \textit{verb} \end{bmatrix} \\[8pt]
\text{SUBCAT } \left\langle \text{NP}[\textit{nom}]_{\boxed{1}}, \text{NP}[\textit{acc}]_{\boxed{2}} \right\rangle
\end{bmatrix} \\[20pt]
\text{CONT} \begin{bmatrix}
\text{EXPERIENCER } \boxed{1} \\
\text{THEME } \qquad \boxed{2} \\
\textit{kennen}
\end{bmatrix}
\end{bmatrix}
$$

Dieser Lexikoneintrag unterscheidet sich vom normalen Verb *kennt* nur in seinem PHON-Wert.

Die syntaktischen Aspekte der Analyse von (25b) sind in Abbildung 9.4 dargestellt. Die Kombination der Spur mit *das Buch* und *er* folgt den Regeln und Prinzipien, die wir

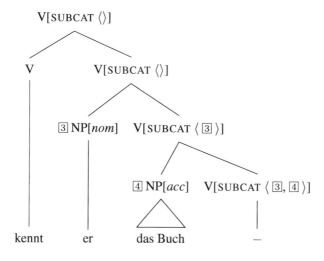

Abbildung 9.4: Analyse von *Kennt er das Buch?*

bisher kennengelernt haben. Es stellt sich aber sofort die Frage, wodurch das Verb *kennt* in Abbildung 9.4 lizenziert wird und welchen Status es hat.

Will man erfassen, daß sich das finite Verb in Initialstellung wie ein Komplementierer verhält, so liegt es nahe, *kennt* in Abbildung 9.4 Kopfstatus zuzuschreiben und *kennt* eine gesättigte Verbalprojektion mit Verbletztstellung selegieren zu lassen. Finite Verben in Initialstellung unterscheiden sich dann von Komplementierern dadurch, daß sie eine Projektion einer Verbspur verlangen, wohingegen Komplementierer Projektionen von overten Verben verlangen:

(27)   a. daß [er das Buch kennt]

        b. Kennt [er das Buch _]

Nun ist es aber normalerweise nicht so, daß *kennen* einen vollständigen Satz selegiert und
sonst nichts weiter, wie es zur Analyse des Verberstsatzes mit *kennt* als Kopf notwendig
wäre. Auch muß sichergestellt werden, daß die Verbalprojektion, mit der *kennt* kombiniert wird, genau die zu *kennt* gehörige Verbspur enthält. Könnte sie nämlich die Verbspur
enthalten, die zu *gibt* gehört, so würde man Sätze wie (28b) analysieren können:

(28)   a.   Gibt [der Mann der Frau das Buch $_{gibt}$].

        b. * Kennt [der Mann der Frau das Buch $_{gibt}$].

In den obigen Erläuterungen wurde die Zusammengehörigkeit von vorangestelltem Verb
und Verbspur durch eine Koindizierung ausgedrückt. In HPSG wird Identität von Information immer durch Strukturteilung hergestellt. Das Verb in Initialstellung muß also fordern,
daß die Spur genau die Eigenschaften des Verbs hat, die das Verb hätte, wenn es sich in
Letztstellung befände. Die Information, die geteilt werden muß, ist also sämtliche syntaktische und semantische Information, d. h. alle bisher eingeführten Merkmale bis auf das
PHON-Merkmal. Um die benötigte Strukturteilung vornehmen zu können, strukturieren
wir unsere Merkmalstrukturen stärker: Syntaktische und semantische Information wird
unter dem Pfad LOCAL gebündelt. Die Datenstruktur in (11) auf Seite 65 wird also zu (29)
erweitert:

$$(29) \quad \begin{bmatrix} \text{PHON} & \textit{list of phoneme strings} \\ \text{LOC} & \begin{bmatrix} \text{CAT} & \begin{bmatrix} \text{HEAD} & \textit{head} \\ \text{SUBCAT} & \textit{list of signs} \end{bmatrix} \\ \text{CONT} & \textit{cont} \end{bmatrix} \end{bmatrix}$$

Die Verbspur für *kennt* hat dann die folgende Form:

(30)   Verbspur für *kennt*:

$$\begin{bmatrix} \text{PHON} & \langle \rangle \\ \text{LOC} & \begin{bmatrix} \text{CAT} & \begin{bmatrix} \text{HEAD} & \begin{bmatrix} \text{VFORM} & \textit{fin} \\ \textit{verb} \end{bmatrix} \\ \text{SUBCAT} & \langle \text{NP}[\textit{nom}]_{1}, \text{NP}[\textit{acc}]_{2} \rangle \end{bmatrix} \\ \text{CONT} & \begin{bmatrix} \text{EXPERIENCER} & 1 \\ \text{THEME} & 2 \\ \textit{kennen} \end{bmatrix} \end{bmatrix} \end{bmatrix}$$

Unter LOCAL steht nun alle Information, die in lokalen Kontexten eine Rolle spielt. Diese
Information wird zwischen Spur und Verb geteilt. Bisher ist es jedoch noch nicht möglich,
eine entsprechende Strukturteilung vorzunehmen, denn das Verb *kennt* kann ja nur die
Eigenschaften der Projektion der Spur selegieren und die SUBCAT-Liste der selegierten
Projektion ist die leere Liste, was uns wieder zu dem Problem mit (28b) bringt. Man muß
also sicherstellen, daß die gesamte Information über die Verbspur am obersten Knoten
ihrer Projektion verfügbar ist. Das kann man erreichen, indem man ein entsprechendes

Kopfmerkmal einführt, dessen Wert genau dem LOCAL-Wert der Spur entspricht. Dieses Merkmal wird DSL genannt. Es steht für *double slash* und wurde so genannt, weil es eine ähnliche Funktion wie das SLASH-Merkmal hat, mit dem wir uns im nächsten Kapitel beschäftigen werden.[8] (31) zeigt den angepaßten Eintrag für die Verbspur:

(31) Verbspur für *kennt*:

$$
\begin{bmatrix}
\text{PHON } \langle \rangle \\
\text{LOC } \boxed{1}
\begin{bmatrix}
\text{CAT}
\begin{bmatrix}
\text{HEAD}
\begin{bmatrix}
\text{VFORM } \textit{fin} \\
\text{DSL} \quad \boxed{1} \\
\textit{verb}
\end{bmatrix} \\
\text{SUBCAT } \langle \text{NP}[\textit{nom}]_{\boxed{2}}, \text{NP}[\textit{acc}]_{\boxed{3}} \rangle
\end{bmatrix} \\
\text{CONT}
\begin{bmatrix}
\text{EXPERIENCER } \boxed{2} \\
\text{THEME} \qquad \boxed{3} \\
\textit{kennen}
\end{bmatrix}
\end{bmatrix}
\end{bmatrix}
$$

Durch die Teilung des LOCAL-Wertes mit dem DSL-Wert in (31) ist die Information über syntaktische und semantische Information der Verbspur auch an ihrer Maximalprojektion verfügbar, und das Verb in Erststellung kann sicherstellen, daß die Projektion der Spur zu ihm paßt.

Der spezielle Lexikoneintrag für die Verberststellung wird durch die folgende Lexikonregel lizenziert:

(32) Lexikonregel für Verb in Erststellung (vorläufige Version):

$$
\begin{bmatrix}
\text{LOC } \boxed{1}
\begin{bmatrix}
\text{CAT}|\text{HEAD}
\begin{bmatrix}
\text{VFORM } \textit{fin} \\
\text{INITIAL } - \\
\textit{verb}
\end{bmatrix}
\end{bmatrix}
\end{bmatrix}
\mapsto
$$

$$
\begin{bmatrix}
\text{LOC}|\text{CAT}
\begin{bmatrix}
\text{HEAD}
\begin{bmatrix}
\text{VFORM } \textit{fin} \\
\text{INITIAL } + \\
\text{DSL} \quad \textit{none} \\
\textit{verb}
\end{bmatrix} \\
\text{SUBCAT } \left\langle
\begin{bmatrix}
\text{LOC}|\text{CAT}
\begin{bmatrix}
\text{HEAD}
\begin{bmatrix}
\text{DSL } \boxed{1} \\
\textit{verb}
\end{bmatrix} \\
\text{SUBCAT } \langle \rangle
\end{bmatrix}
\end{bmatrix}
\right\rangle
\end{bmatrix}
\end{bmatrix}
$$

Das durch diese Lexikonregel lizenzierte Verb selegiert eine maximale Projektion der Verbspur, die dieselben lokalen Eigenschaften wie das Eingabeverb hat. Das wird durch

---

[8] Das Merkmal DSL wurde von Jacobson (1987) zur Beschreibung von Kopfbewegung für englische invertierte Strukturen eingeführt. Borsley (1989) hat diese Idee aufgegriffen, innerhalb der HPSG-Theorie umgesetzt und auch gezeigt, wie Kopfbewegung im CP/IP-System der GB-Theorie mittels DSL modelliert werden kann. Die Einführung des DSL-Merkmals zur Beschreibung von Bewegungsprozessen in die Theorie der HPSG ist dadurch motiviert, daß es sich bei solcherart Bewegung im Gegensatz zu Fernabhängigkeiten, wie sie im Kapitel 10 besprochen werden, um eine lokale Bewegung handelt.
Der Vorschlag, Information über die Verbspur als Teil der Kopfinformation nach oben zu reichen, stammt von Oliva (1992).

die Koindizierung des LOCAL-Wertes des Eingabeverbs und des DSL-Wertes der selegierten Verbalprojektion erreicht. Eingabe für die Regel können nur finite Verben in Endstellung (INITIAL−) sein. Die Ausgabe ist ein Verb in Erststellung (INITIAL+). Die Analyse
von (25b) zeigt Abbildung 9.5. V1-LR steht für die Verberst-Lexikonregel.

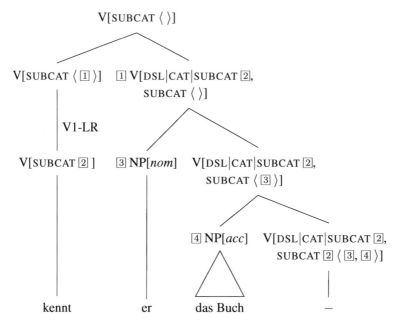

Abbildung 9.5: Analyse von *Kennt er das Buch?*

Die Lexikonregel in (32) lizenziert ein Verb, das eine VP (1 in Abbildung 9.5) selegiert.
Der DSL-Wert dieser VP entspricht dem LOC-Wert des Eingabeverbs für die Lexikonregel.
Teil des DSL-Wertes ist auch die Valenzinformation, die in Abbildung 9.5 dargestellt ist
(2). Da DSL ein Kopfmerkmal ist, ist der DSL-Wert der VP mit dem der Verbspur identisch, und da der LOC-Wert der Verbspur mit dem DSL-Wert identifiziert ist, ist auch die
SUBCAT-Information des Verbs *kennen* in der Spur verfügbar. Die Kombination der Spur
mit ihren Argumenten erfolgt genau so, wie das bei normalen Verben der Fall wäre.

   In der Lexikonregel in (32) wurde noch nichts zur Semantik gesagt. Man geht im allgemeinen davon aus, daß die Verbspur in Verberstsätzen auch semantisch für das Verb in
Erststellung steht und daß Verberstsätze entsprechend ihren Verbletztgegenstücken interpretiert werden. Dies wird dadurch modelliert, daß man den semantischen Beitrag parallel
zur Valenzinformation durch den Baum fädelt. Bei der Kombination mit Argumenten sorgt
das Semantikprinzip dafür, daß der CONT-Wert entlang der Kopfprojektion im Baum nach
oben gereicht wird. Im letzten Projektionsschritt in Abbildung 9.5 ist das Verb in Erststellung der Kopf und deshalb wird auch der semantische Beitrag dieses Verbs projiziert.
In der Lexikonregel (33) für das Verb in Erststellung wird der semantische Beitrag der
Projektion der Spur in Endstellung (2) mit dem CONT-Wert des Verbs in Erststellung
identifiziert:

(33)   Lexikonregel für Verb in Erststellung (mit semantischem Beitrag):

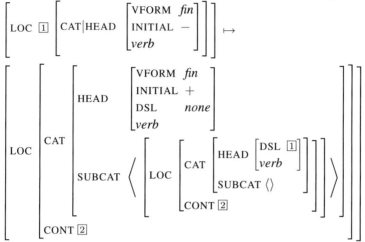

Bei der Kombination des Verbs in Erststellung mit der Projektion der Verbspur wird also der semantische Beitrag von der Verbspurprojektion übernommen und wegen des Semantikprinzips zum Beitrag der gesamten Konstruktion. Abbildung 9.6 zeigt die semantischen Aspekte der Verbbewegungsanalyse mit der Spur in (31) und der Lexikonregel in (33). Rein technisch sind ① und ② in Abbildung 9.6 identisch. Ich habe aus Darstellungsgrün-

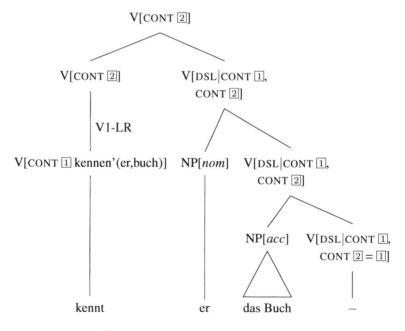

Abbildung 9.6: Analyse von *Kennt er das Buch?*

den dennoch zwei verschiedene Ziffern verwendet. Die Identifikation von ① und ② wird

durch die Identität der Information unter LOCAL und DSL in der Spur (31) erzwungen, da
CONT zu den LOCAL-Merkmalen gehört.

Die Analyse in Abbildung 9.6 mag etwas kompliziert erscheinen, da die semantische
Information einerseits über DSL vom Verb in Verberststellung zur Verbspur und andererseits wieder von der Verbspur zum Verb in Erststellung weitergereicht wird. Anhand eines
Beispiels mit einem Adjunkt wird aber klar, daß diese kompliziert erscheinende Behandlung gerechtfertigt ist. Die Analyse des Satzes (34) zeigt Abbildung 9.7.

(34)   Kennt er das Buch nicht?

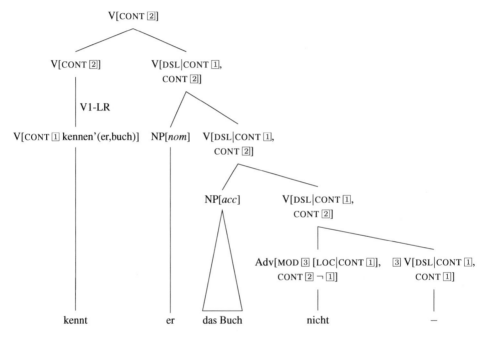

Abbildung 9.7: Analyse von *Kennt er das Buch nicht?*

Das durch die Lexikonregel lizenzierte Verberstverb *kennt* verlangt als Komplement eine
verbale Projektion mit dem DSL|CONT-Wert *kennen'*(x, y), wobei x und y in den Lexi-
koneinträgen für *kennt* bereits mit den Argumenten verbunden sind, die später durch *er*
und *das Buch* gesättigt werden. Der DSL|CONT-Wert der verbalen Projektion ist – da DSL
ein Kopfmerkmal ist – auch in der Spur entsprechend beschränkt. In der Spur wird durch
die Identifikation von DSL und LOCAL dafür gesorgt, daß der CONT-Wert der Spur mit dem
CONT-Wert unter DSL identisch ist, so daß die Spur den semantischen Beitrag des Verbs
kennt hat, das Eingabe zur Verberstlexikonregel war (1 = *kennen'*(er,buch)). Die Verbspur
wird dann vom Adjunkt *nicht* modifiziert. ¬ 1 bzw. ¬ *kennen'*(er,buch) ist das Ergebnis
der Kombination der Bedeutung von *nicht* mit der Bedeutung der Verbspur. Diese ist als
CONT-Wert des Adjunkts repräsentiert und wird innerhalb der Kopf-Adjunkt-Struktur vom
Adjunkt an den Mutterknoten hochgereicht (2), so daß der CONT-Wert der Struktur, die
nicht und die Verbspur enthält, ¬ *kennen'*(er,buch) ist. Bei der Kombination mit Argumenten wird diese Bedeutung dann bis zur Maximalprojektion der Verbspur in Abbildung 9.7

hochgegeben. Der CONT-Wert dieser Projektion ist wegen der Strukturteilung im durch die Lexikonregel (33) lizenzierten Lexikoneintrag für das Verberstverb identisch mit dem CONT-Wert des Verberstverbs. Da das Verberstverb der Kopf der gesamten Struktur ist und da die gesamte Struktur eine Kopf-Argument-Struktur ist, ist der semantische Beitrag der gesamten Struktur identisch mit dem semantischen Beitrag des Verberstverbs, also ② in Abbildung 9.7.

Zum Schluß müssen noch Sätze wie (35) ausgeschlossen werden:

(35)   * Kennt er das Buch kennt.

(35) könnte analysiert werden, wenn das erste Vorkommen von *kennt* als Ausgabe der Verbbewegungsregel analysiert wird und wenn der DSL-Wert des zweiten *kennt* nicht restringiert ist, so daß das zweite *kennt* dieselbe Rolle wie die Verbspur in der Analyse übernehmen könnte. Man kann nicht allgemein für alle overt realisierten Verben verlangen, daß deren DSL-Wert *none* ist, da die Verben ja die Eingabe für die Verbbewegungslexikonregel darstellen und der LOCAL-Wert des Eingabeverbs mit dem DSL-Wert der vom Ausgabeverb selegierten Verbspur identifiziert wird. Hätten alle overten Verben den DSL-Wert *none*, entstünde bei der Kombination mit der Spur ein Widerspruch, da die Spur einen spezifizierten DSL-Wert hat (Die Spur ist zyklisch, deshalb ist der Wert von LOC|CAT|-HEAD|DSL|LOC|CAT|HEAD|DSL mit *none* unverträglich.). (35) muß durch eine Beschränkung ausgeschlossen werden, die besagt, daß ein Verb, wenn es overt realisiert wird und in syntaktische Strukturen eintritt, den DSL-Wert *none* haben muß. (36) leistet das Verlangte:

$$(36) \quad \begin{bmatrix} \text{HEAD-DTR} & \begin{bmatrix} \text{PHON } \textit{non-empty-list} \\ \textit{word} \end{bmatrix} \end{bmatrix} \rightarrow$$

$$\begin{bmatrix} \text{LOC|CAT|HEAD|DSL } \textit{none} \end{bmatrix}$$

Diese Beschränkung unterscheidet sich von der von Meurers (2000, 207) angegebenen u. a. dadurch, daß die Kopftochter im Antezedens vom Typ *word* sein muß. Ohne diese Einschränkung auf *word* würde das Constraint auch auf Projektionen der Verbspur anwendbar sein und somit wohlgeformte Sätze ausschließen.

Es wäre unbefriedigend, wenn man für jedes Verb eine spezielle Spur haben müßte. Das ist aber zum Glück nicht nötig, da eine ganz allgemeine Spur der Form in (37) für die Analyse von Sätzen mit Verbbewegung ausreicht.

(37)   Allgemeine Verbspur:

$$\begin{bmatrix} \text{PHON } \langle \rangle \\ \text{LOC} & \boxed{1} \begin{bmatrix} \text{CAT|HEAD|DSL } \boxed{1} \end{bmatrix} \end{bmatrix}$$

Dies mag auf den ersten Blick verwundern, doch wenn man sich das Zusammenspiel der Lexikonregel (33) und die Perkolation des DSL-Merkmals im Baum genau ansieht, wird man erkennen, daß der DSL-Wert der Verbprojektion und somit der LOCAL-Wert der Verbspur durch den LOCAL-Wert des Eingabeverbs bestimmt ist. In Abbildung 9.5 und 9.6 ist *kennt* die Eingabe zur Verbbewegungsregel. Der LOCAL-Wert der Verbspur entspricht also dem LOCAL-Wert von *kennt*. Durch die entsprechenden Strukturteilungen wird sichergestellt, daß bei einer Analyse des Satzes (25b) der LOCAL-Wert der Verbspur genau dem entspricht, was in (31) angegeben ist.

Diese Analyse der Verbstellung ist die komplexeste Analyse im vorliegenden Buch. Wenn man sie verstanden hat, braucht man nichts mehr zu fürchten. Die wichtigsten Punkte seien hier noch einmal zusammengefaßt:

- Eine Lexikonregel lizenziert für jedes finite Verb einen besonderen Lexikoneintrag.

- Dieser Lexikoneintrag steht in Initialstellung und verlangt als Argument eine vollständige Projektion einer Verbspur.

- Die Projektion der Verbspur muß einen DSL-Wert haben, der dem LOCAL-Wert des Eingabeverbs für die Lexikonregel entspricht.

- Da DSL ein Kopfmerkmal ist, ist der selegierte DSL-Wert auch an der Spur präsent.

- Da der DSL-Wert der Spur mit deren LOCAL-Wert identisch ist, ist der LOCAL-Wert der Spur also auch mit dem LOCAL-Wert des Eingabeverbs der Lexikonregel identisch.

Nach der Diskussion der Analyse von Verberstsätzen in diesem Kapitel wird im folgenden Kapitel die Analyse von Verbzweitsätzen erklärt. Vorher sollen aber noch alternative HPSG-Ansätze zur Konstituentenstellung und die Behandlung der Konstituentenstellung in anderen Theorien diskutiert werden.

9.5 Alternativen

Abschnitt 9.5.1 diskutiert einige Aspekte bisheriger HPSG-Ansätze. Abschnitt 9.5.2 setzt sich mit der Behandlung der Konstituentenstellung innerhalb der GB-Theorie bzw. innerhalb des Minimalistischen Programms auseinander.

9.5.1 Alternative HPSG-Ansätze

Alternative HPSG-Ansätze werden ausführlich in Müller: 2004b und in Müller: 2005b,c diskutiert. Hier seien nur einige Punkte kurz erwähnt.

9.5.1.1 Flache Strukturen mit freier Linearisierung des Verbs

Uszkoreit (1987) hat eine GPSG-Grammatik für das Deutsche entworfen, die davon ausgeht, daß das Verb mit seinen Argumenten in einem lokalen Baum realisiert wird. Da das Verb und dessen Argumente vom selben Knoten dominiert werden, können sie nach GPSG-Annahmen beliebig angeordnet werden, solange bestimmte innerhalb der Theorie spezifizierte Linearisierungsbeschränkungen nicht verletzt werden. Pollard (1996) hat Uszkoreits Ansatz für eine Beschreibung der Satzstruktur des Deutschen in seine HPSG-Analyse übernommen. Die Analyse des Satzes (1) zeigt Abbildung 9.8 auf der gegenüberliegenden Seite.

Wie Netter (1992, 220) anmerkt sind Adjunkte in solch flache Strukturen nicht ohne weiteres zu integrieren, da die Bestimmung des semantischen Beitrags der Gesamtphrase sich auf den Beitrag der einzelnen Adjunkte beziehen muß. Kasper (1994) hat gezeigt, wie Adjunkte in so eine flache Analyse integriert werden können. Er verwendet komplexe relationale Beschränkungen, die alle Adjunkttöchter nacheinander in die Berechnung

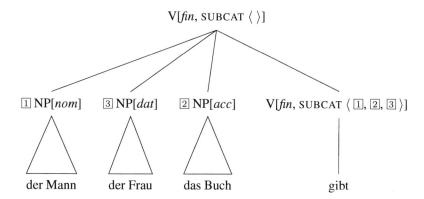

Abbildung 9.8: Analyse von *der Mann der Frau das Buch gibt* mit flachen Strukturen

der Gesamtbedeutung einbeziehen. Da relationale Beschränkungen ein sehr mächtiges Beschreibungsmittel sind, sind Ansätze, die sie vermeiden bzw. sich auf einfache Beschränkungen wie *append* beschränken, vorzuziehen.

Ansätze mit flachen Strukturen haben den Vorteil, daß sie ohne leere Köpfe für die
Beschreibung der Verbstellung auskommen. Bei solchen Analysen scheint es jedoch nicht
möglich zu sein, die scheinbar mehrfache Vorfeldbesetzung (Müller: 2005c) auf adäquate
Weise zu analysieren. Beispiele für solche problematischen Voranstellungen sind in (38)
gegeben (siehe auch Seite 7):

(38)   a.   [Trocken] [durch die Stadt] kommt man am Wochenende auch mit der BVG.[9]

       b.   Unverhohlen verärgert auf Kronewetters Vorwurf reagierte Silke Fischer.[10]

       c.   [Hart] [ins Gericht] ging Klug mit dem Studienkontenmodell der Landesregie-
            rung.[11]

In diesen Beispielen befinden sich zwei Konstituenten vor dem finiten Verb, obwohl das
Deutsche zu den Verbzweitsprachen gerechnet wird, weil in Aussagesätzen normalerweise
eben nur genau eine Konstituente vor dem Finitum steht (zu den Details siehe Kapitel 10).
Weitere Beispiele und eine ausführliche Diskussion findet man in Müller: 2003a bzw. in
der im WWW zugänglichen Datensammlung[12].

Bei einem Ansatz, der Verbspuren annimmt, kann man davon ausgehen, daß sich in
(38) eine Projektion einer solchen Spur im Vorfeld befindet, d. h. daß das gesamte Material vor dem Finitum eine komplexe Konstituente bildet. Bei Linearisierungsansätzen gibt
es dagegen einfach keine Möglichkeit, die Konstituenten im Vorfeld zu einer Konstituente
zusammenzufassen. Man könnte natürlich – wie in Müller: 2002c,d, 2005c vorgeschlagen
– einen leeren Kopf im Vorfeld annehmen, nur wäre dieser dann ein spezielles leeres Element, was nirgends sonst in der Grammatik gebraucht würde und nur zur Erfassung der
scheinbar mehrfachen Vorfeldbesetzung stipuliert würde.

---

[9]taz berlin, 10.07.1998, S. 22.

[10]taz berlin, 23.04.2004, S. 21.

[11]taz nord, 19.02.2004, S. 24.

[12]http://www.cl.uni-bremen.de/~stefan/Pub/mehr-vf-ds.html.

Alternativ könnte man Spezialregeln formulieren, die das Material im Vorfeld zu einer Konstituente kombinieren. Dabei stellt sich natürlich die Frage nach der syntaktischen Kategorie dieser Konstituente. Nähme man an, daß es sich um eine verbale Projektion handelt, müßte man kopflose Spezialregeln annehmen, da die Konstituenten vor dem finiten Verb in (38) keine Verben sind und demzufolge nicht der Kopf einer verbalen Projektion sein können.

9.5.1.2 Binär verzweigende Strukturen und Linearisierungsdomänen

Reape (1996, 1992, 1994) hat mit seinen Arbeiten den Weg für Linearisierungsgrammatiken geebnet, die binär verzweigende Strukturen, aber flache Linearisierungsdomänen annehmen. Ein Verb befindet sich dann mit seinen Argumenten in derselben Linearisierungsdomäne und kann, obwohl es nicht zum selben lokalen Baum gehört, den Linearisierungsbeschränkungen entsprechend angeordnet werden. Solche Modelle wurden für das Deutsche von Kathol (1995, 2000) und auch von mir vertreten (Müller: 1995, 1999a, 2002b). Wie ich jedoch gleich zeigen werde, gibt es Daten, die sich nicht gut erklären lassen.

Linearisierungsgrammatiken unterscheiden sich von anderen Grammatikmodellen dadurch, daß sie diskontinuierliche Konstituenten zulassen, d. h. es können auch Konstituenten miteinander kombiniert werden, die nicht nebeneinander stehen. Im folgenden soll kurz die formale Umsetzung einer Linearisierungsgrammatik vorgestellt werden: Reape führt ein listenwertiges Merkmal DOM für die Linearisierungsdomäne ein. Alle eingekreisten Elemente in Abbildung 9.9 werden in diese Liste eingesetzt.

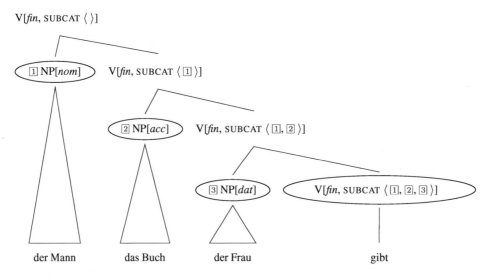

Abbildung 9.9: Eingekreiste Knoten werden in eine Linearisierungsdomäne eingesetzt.

In Müller: 1999a, 162 habe ich vorgeschlagen, Köpfe so zu repräsentieren, daß jeder Kopf in seiner Konstituentenstellungsdomäne eine Beschreibung von sich selbst enthält. (39) zeigt eine Beschreibung, die für alle Köpfe zutrifft:

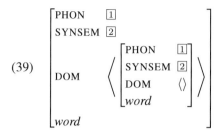

$$(39) \quad \begin{bmatrix} \text{PHON} & \boxed{1} \\ \text{SYNSEM} & \boxed{2} \\ \\ \text{DOM} & \left\langle \begin{bmatrix} \text{PHON} & \boxed{1} \\ \text{SYNSEM} & \boxed{2} \\ \text{DOM} & \langle \rangle \\ \textit{word} \end{bmatrix} \right\rangle \\ \\ \textit{word} \end{bmatrix}$$

Dabei sind unter dem Merkmal SYNSEM sowohl syntaktische als auch semantische Informationen zusammengefaßt. Zu SYNSEM siehe auch Kapitel 12.

In Kopf-Argument- und Kopf-Adjunkt-Strukturen werden Adjunkt- und Komplementtöchter in diese Liste eingesetzt und relativ zum Kopf angeordnet. Das sieht formal wie folgt aus:[13]

$$(40) \quad \textit{headed-structure} \rightarrow \begin{bmatrix} \text{HEAD-DTR}|\text{DOM} & \boxed{1} \\ \text{NON-HEAD-DTRS} & \boxed{2} \\ \text{DOM} & \boxed{1} \bigcirc \boxed{2} \end{bmatrix}$$

Das Symbol '$\bigcirc$' steht für die Relation *shuffle*. Die *shuffle*-Relation besteht zwischen drei Listen A, B und C, gdw. C alle Elemente von A und B enthält und die Reihenfolge der Elemente von A und die Reihenfolge der Elemente in B in C erhalten ist. (41) zeigt die Verknüpfung zweier zweielementiger Listen:

$$(41) \quad \langle a, b \rangle \bigcirc \langle c, d \rangle = \langle a, b, c, d \rangle \vee$$
$$\langle a, c, b, d \rangle \vee$$
$$\langle a, c, d, b \rangle \vee$$
$$\langle c, a, b, d \rangle \vee$$
$$\langle c, a, d, b \rangle \vee$$
$$\langle c, d, a, b \rangle$$

Das Ergebnis ist eine Disjunktion von sechs Listen. In all diesen Listen steht a immer vor b und c immer vor d, weil das in den verknüpften Listen $\langle a, b \rangle$ und $\langle c, d \rangle$ so ist. b kann aber durchaus zwischen a und c stehen.

Elemente in der DOM-Liste können frei angeordnet werden, solange LP-Regeln nicht verletzt werden. Die Linearisierungsdomänen sind Kopfdomänen, d. h. nur Elemente, die zum selben Kopf gehören, können relativ zueinander umgestellt werden. Dadurch wird erfaßt, daß diese Art Umstellung ein lokales Phänomen ist.

Die Elemente der Konstituentenstellungsdomäne sind entsprechend der Oberflächenreihenfolge angeordnet. Der PHON-Wert eines phrasalen Zeichens ergibt sich also aus der Verknüpfung der einzelnen PHON-Werte, der Elemente in der DOM-Liste:

$$(42) \quad \textit{phrase} \rightarrow \begin{bmatrix} \text{PHON} & \boxed{1} \oplus \ldots \oplus \boxed{n} \\ \\ \text{DOM} & \left\langle \begin{bmatrix} \text{PHON} & \boxed{1} \\ \textit{sign} \end{bmatrix}, \ldots, \begin{bmatrix} \text{PHON} & \boxed{n} \\ \textit{sign} \end{bmatrix} \right\rangle \end{bmatrix}$$

---

[13]In Müller: 2002b gilt diese Beschränkung für Verbalkomplexe nicht.

Die folgenden Abbildungen zeigen die Analysen für die wichtigsten Fälle:

(43)   a. (weil) der Mann der Frau das Buch gibt

        b. (weil) der Mann das Buch der Frau gibt

        c. Gibt der Mann das Buch der Frau?

Die Variabilität in der Stellung wird in diesem Ansatz nicht dadurch erreicht, daß ein beliebiges Element aus der SUBCAT-Liste mit dem Kopf verbunden werden kann, sondern dadurch, daß das Element, das mit dem Kopf kombiniert wird, nicht unbedingt neben dem Kopf stehen muß. Abbildung 9.10 zeigt die Analyse von (43b). Die Elemente, die in Abbildung 9.10 kombiniert werden, grenzen aneinander. Die Analyse gleicht also der, die wir mit den in Kapitel 4 beschriebenen Mitteln auch bekommen würden. Neu ist lediglich die DOM-Liste. Bei der Kombination von *gibt* mit seinen Argumenten werden diese in die DOM-Liste eingesetzt. Die Anordnung der Konstituenten entspricht der Abfolge der Domänenelemente am obersten Knoten in Abbildung 9.10.

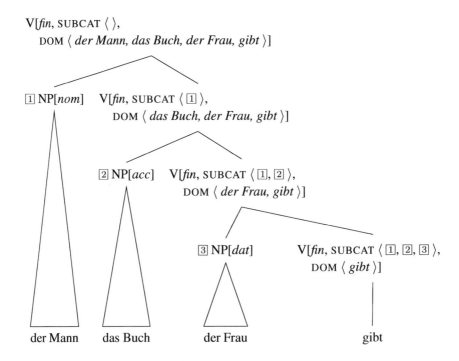

Abbildung 9.10: Linearisierungsanalyse mit einem Beispiel für kontinuierliche Konstituenten

Die Analyse von (43a) zeigt Abbildung 9.11 auf der nächsten Seite. Im Gegensatz zu (43b) grenzt *der Frau* in (43a) nicht an *gibt*. In der Analyse von (43a) bilden *der Frau* und *gibt* eine diskontinuierliche Konstituente. Zwischen den beiden Elementen ist noch Platz, was man daran sehen kann, daß *das Buch* am nächsthöheren Knoten zwischen den beiden Elementen zu stehen kommt.

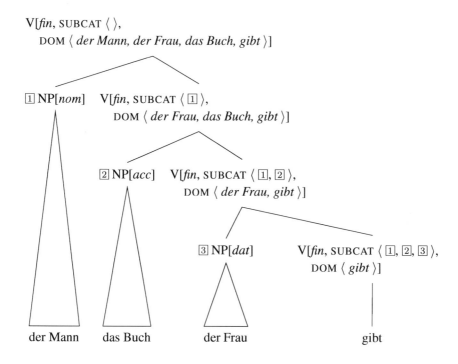

Abbildung 9.11: Linearisierungsanalyse mit einem Beispiel für diskontinuierliche Konstituenten

Abbildung 9.12 auf der nächsten Seite zeigt schließlich die Analyse eines Satzes mit Verb-erststellung. Hier wird das Verb als erstes Element der Linearisierungsdomäne angeordnet. Die entstehenden Konstituenten sind zum Teil wieder diskontinuierlich.

Man kann sich leicht selbst davon überzeugen, daß die Dominanzstrukturen für alle Sätze in (43) identisch sind. Die Analysen unterscheiden sich lediglich hinsichtlich der Anordnung der Elemente in den Stellungsdomänen.

Abbildung 9.13 auf Seite 153 stellt die Analyse von (43c) noch einmal anders dar. Die Konstituenten sind hier entsprechend der Oberflächenreihenfolge angeordnet. Man sieht in dieser Abbildung recht deutlich, daß diskontinuierliche Konstituenten vorliegen.

Nach dieser kurzen Vorstellung der Linearisierungsansätze von Reape, Kathol und mir sollen jetzt die Probleme dieser Ansätze besprochen werden: Diese Ansätze haben denselben Nachteil wie die Ansätze, die von flachen Strukturen ausgehen: Man kann nicht motivieren, daß mehrere Konstituenten im Vorfeld eine gemeinsame Konstituente bilden.

Außerdem haben Linearisierungsanalysen mit binär verzweigender Struktur den Nachteil, daß man nicht ohne weiteres erklären kann, wieso sowohl Dativobjekte als auch Akkusativobjekte mit dem Verb im Vorfeld stehen können. Die Beispiele in (44) zeigen, daß mit demselben Verb verschiedene Voranstellungen möglich sind, je nach dem wie man die Argumentstellen belegt:

(44)   a.   Den Wählern erzählen sollte man diese Geschichte nicht.

       b.   Märchen erzählen sollte man den Wählern nicht.

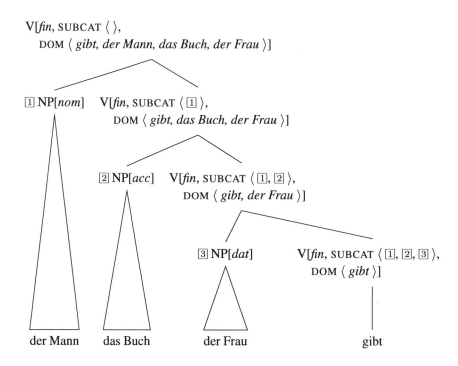

Abbildung 9.12: Linearisierungsanalyse mit einem Beispiel für diskontinuierliche Konstituenten und Verbstellung

den Wählern erzählen und *Märchen erzählen* bilden eine Konstituente (zu den Details siehe Abschnitt 15.2). In Linearisierungsgrammatiken muß man die Argumente eines Kopfes
in einer festen Reihenfolge sättigen, da die Sättigungsreihenfolge von der Oberflächenreihenfolge unabhängig ist. Ließe man beliebige Sättigungsreihenfolgen zu, bekäme man unechte Mehrdeutigkeiten. Nimmt man für *erzählen* eine SUBCAT-Liste der Form ⟨ NP[*nom*],
NP[*acc*], NP[*dat*] ⟩ an, dann kann man nur (44a) analysieren, (44b) bleibt unanalysierbar,
da *Märchen* erst mit *erzählen* kombiniert werden kann, wenn die Kombination mit dem
Dativobjekt erfolgt ist.

Kathol (2000, 242) schlägt zur Lösung dieses Problems vor, für die Objekte keine Reihenfolge in der SUBCAT-Liste festzulegen. Damit sind die Sätze in (44) zwar analysierbar,
aber ein Satz wie (45) hätte dann zwei Analysen:

(45)   daß er den Wählern Märchen erzählt

Da die Reihenfolge der Konstituenten im Satz in Linearisierungsgrammatiken von der
Reihenfolge der Elemente in der SUBCAT-Liste unabhängig ist, kann man für jede Abfolge
in der SUBCAT-Liste jede Oberflächenreihenfolge ableiten und bekommt somit für (45)
unerwünschte unechte Mehrdeutigkeiten.

Für den hier vorgestellten Ansatz sind die Sätze in (44) unproblematisch, da das Kopf-
Argument-Schema auf S. 130 die Kombination von Argumenten mit ihrem Kopf in beliebiger Reihenfolge zuläßt.

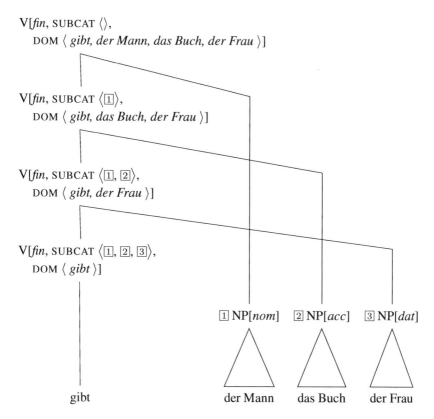

Abbildung 9.13: Linearisierungsanalyse mit Konstituenten in Oberflächenreihenfolge

9.5.1.3 Variable Verzweigung

In Müller: 1999a, Kapitel 11.5.2 und Müller: 2004b habe ich darauf hingewiesen, daß die maschinelle Bottom-Up-Verarbeitung von Grammatiken, die leere verbale Köpfe enthalten, sehr aufwendig ist, da beliebige Phrasen mit den leeren verbalen Köpfen verbunden werden können, weil Valenz und semantischer Beitrag der Verbspur so lange unbekannt sind, bis ihre Projektion mit dem Verb in Erststellung kombiniert wird. Berthold Crysmann hat die von mir im Verbmobil-Projekt entwickelte Grammatik (Müller und Kasper: 2000) so verändert, daß sie sich effektiver verarbeiten läßt (Crysmann: 2003). Er hat dazu die unär verzweigenden Grammatikregeln, die der Verbspur entsprechen, entfernt und statt einer Analyse mit uniformer Rechtsverzweigung eine Analyse mit Linksverzweigung bei unbesetzter rechter Satzklammer und mit Rechtsverzweigung bei besetzter Satzklammer implementiert. Für die beiden Sätze in (46) gibt es also unterschiedliche Verzweigungen:

(46)   a. [[[Gibt er] dem Mann] das Buch]?
        b. [Hat [er [dem Mann [das Buch gegeben]]]]?

In Crysmanns Analyse gibt es somit Verbbewegung, wenn ein Verbalkomplex vorliegt, und es gibt keine Verbbewegung, wenn die rechte Satzklammer nicht besetzt ist. Zu ähnlichen Vorschlägen siehe auch Kiss und Wesche: 1991, 225 und Schmidt, Rieder und Theofilidis:

1996. Auf diese Weise hat man zwar die Verarbeitungsprobleme, die ein leerer verbaler
Kopf mit sich bringt, beseitigt, aber man hat auch keine Möglichkeit mehr, die scheinbar
mehrfache Vorfeldbesetzung mit Hilfe eines leeren verbalen Kopfes zu erklären.

Crysmann (in der Diskussion zu seinem Vortrag auf dem Workshop *Large-Scale Grammar Development and Grammar Engineering* 2006 in Haifa) hat vorgeschlagen, die Tatsache, daß die Elemente, die bei der scheinbar mehrfachen Vorfeldbesetzung vorangestellt
werden, vom selben Verb abhängen müssen (Fanselow: 1993, 67), dadurch zu erfassen,
daß bei der Einführung der Fernabhängigkeiten offen gelassen wird, ob sich ein oder mehrere Elemente in SLASH befinden (zu SLASH und der Behandlung der Fernabhängigkeiten siehe Kapitel 10). Für die mehrfache Vorfeldbesetzung würde man annehmen, daß es
mehrere Elemente in SLASH gibt, die jeweils zum selben Kopf in Beziehung stehen. Die
Fernabhängigkeiten können dann entweder mit einem flach verzweigenden Schema gemeinsam oder aber eins nach dem anderen abgebunden werden. Die Ausarbeitung einer
solchen Analyse muß folgende Fakten erklären:

1. Sowohl Adjunkte als auch Argumente können in Sätzen mit scheinbar mehrfacher
   Vorfeldbesetzung auftreten. Man vergleiche die Datensammlung in Müller: 2003a,
   ein Beispiel sei hier gegeben:

   (47)   [Gezielt] [Mitglieder] [im Seniorenbereich] wollen die Kendoka allerdings
          nicht werben.[14]

2. Die Reihenfolge der Elemente vor dem finiten Verb muß der Reihenfolge entsprechen, die diese bei unmarkierter Stellung im Mittelfeld haben würden (Eisenberg:
   1994, 412–413; Müller: 2005c, Abschnitt 2.10). Die Beispiele in (48) und (49) sollen das verdeutlichen: (48a) ist ein Beleg für mehrfache Vorfeldbesetzung und (48b)
   die Variante mit Umstellung der Konstituenten innerhalb des Vorfelds.

   (48)   a.   [Alle Träume] [gleichzeitig] lassen sich nur selten verwirklichen.[15]
          b.   ?* Gleichzeitig alle Träume lassen sich nur selten verwirklichen.

   (48b) ist markiert und genauso verhält es sich mit der Abfolge in (49b) im Vergleich
   zu (49a):

   (49)   a.   weil sich nur selten alle Träume gleichzeitig verwirklichen lassen
          b.   ?? weil sich nur selten gleichzeitig alle Träume verwirklichen lassen

3. In Fällen, in denen mehr als ein Bestandteil eines idiomatischen Ausdrucks vorangestellt wurde, kann mitunter einer der Idiombestandteile nicht in Isolation vorangestellt werden, ohne daß die Äußerung ungrammatisch würde bzw. die idiomatische
   Lesart verlöre (Müller: 2005c, Abschnitt 2.9).

   (50)   a.   [Öl] [ins Feuer] goß gestern das Rote-Khmer-Radio: ...[16]

---

[14]taz, 07.07.1999, S. 18.
[15]Broschüre der Berliner Sparkasse, 1/1999.
[16]taz, 18.06.1997, S. 8.

    b. [Das Tüpfel] [aufs i] setzte der Bürgermeister von Miami, als er am Sams-
        tagmorgen von einer schändlichen Attacke der US-Regierung sprach.[17]

    c. [Ihr Fett] [weg] bekamen natürlich auch alte und neue Regierung [...][18]

(51) a. * Ins Feuer goß gestern das Rote-Khmer-Radio Öl.

    b. * Aufs i setzte der Bürgermeister von Miami das Tüpfel, als er am Sams-
        tagmorgen von einer schändlichen Attacke der US-Regierung sprach.

    c. * Weg bekamen natürlich auch alte und neue Regierung ihr Fett.

Diese Fakten sind für eine Analyse mit mehreren Elementen in SLASH aus folgenden
Gründen problematisch: Der semantische Beitrag einer Konstituente muß berücksichtigt
werden. In der HPSG-Theorie wird das bei der Einführung der Fernabhängigkeit gemacht.
Deshalb müßte die Tatsache, daß sowohl Adjunkte als auch Argumente in den verschiedensten Kombinationen im Vorfeld stehen können, bei der Einführung der Fernabhängigkeiten berücksichtigt werden. Werden Adjunkte syntaktisch eingeführt, bedeutet das, daß
der MOD-Wert eines zu extrahierenden Adjunkts mit dem SYNSEM-Wert des Kopfes, den
das Adjunkt modifiziert, identifiziert werden muß. Bei Argumenten ist dies natürlich nicht
der Fall.[19] Das heißt, man kann nicht ohne weiteres, wie das von Crysmann vorgeschlagen wurde, annehmen, daß die Anzahl der extrahierten Elemente unterspezifiziert bleibt.
Es ist sicher möglich, eine unterspezifizierte Einführung von Fernabhängigkeiten zu entwickeln, allerdings ist das dann eine Spezialbehandlung, während bei Verwendung eines
leeren Kopfes, wie er für die Verbbewegung verwendet wurde, keine zusätzlichen Annahmen nötig sind. Adjunkte im Vorfeld werden ganz normal über das Kopf-Adjunkt-Schema
mit dem leeren verbalen Kopf verbunden und Argumente werden ebenfalls unspektaku-
lär über das Kopf-Argument-Schema mit dem leeren verbalen Kopf kombiniert (Müller:
2005c, Abschnitt 4).

    Zum zweiten Punkt ist zu sagen, daß eine Analyse ohne einen verbalen Kopf im Vor-
feld nicht erklären kann, warum das nichtverbale Material im Vorfeld denselben Linea-
risierungsgesetzmäßigkeiten wie im Mittelfeld unterliegt.[20] Wollte man die Abfolge der
SLASH-Elemente bei der Einführung der Fernabhängigkeiten regeln, so müßte man dort
auf alle linearisierungsrelevante Information Bezug nehmen und z. B. sagen, daß Pronomina in der SLASH-Liste vor nichtpronominalen Elementen stehen müssen (siehe auch
Kapitel 10.5.2 zur lexikalischen Einführung von Fernabhängigkeiten). Alternativ könnte
man diese Beschränkungen bei der Abbindung der Fernabhängigkeiten überprüfen. In jedem Fall wären gesonderte Mechanismen stipuliert worden, die von den Mechanismen,
die für die Anordnung im Mittelfeld verwendet werden, verschieden sind.

    Bei der Annahme eines leeren verbalen Kopfes kann man die Verhältnisse hingegen
leicht erklären: Innerhalb des komplexen Vorfelds gibt es wieder ein Mittelfeld. Die Umordnung im Mittelfeld ist mit bestimmten pragmatischen Effekten verbunden und die Vor-

---

[17]taz, 25.04.2000, S. 3.

[18]Mannheimer Morgen, 10.03.1999, Lokales; SPD setzt auf den „Doppel-Baaß".

[19]Bei einer Analyse, die Adjunkte als Argumente behandelt (Bouma, Malouf und Sag: 2001), entfällt dieses
    Problem. Allerdings hat eine solche Analyse Probleme mit bestimmten Skopusverhältnissen bei koordinier-
    ten VPen. Siehe Cipollone: 2001, Levine: 2003, Levine und Hukari: 2006, Kapitel 3.6.1.

[20]Siehe auch Kapitel 18.3.1 (insbesondere die Diskussion der Beispiele (47) auf Seite 362) zu Verbpartikeln,
    die mit anderem Material zusammen innerhalb eines komplexen Vorfelds stehen können. Die Partikel steht
    dann in der rechten Satzklammer und die anderen Konstituenten im Mittelfeld bzw. im Nachfeld.

anstellung von komplexen Verbalprojektionen ebenso. Wenn beides zusammen auftritt, gibt es Konflikte bei der Erfüllung der pragmatischen Restriktionen, weshalb die Beispiele mit Umstellungen innerhalb eines komplexen Vorfelds schlecht sind.

Auch der dritte Punkt läßt sich in einer SLASH-basierten Analyse nicht ohne weiteres erklären: Hier müßten Beschränkungen bei der Einführung bzw. Abbindung von Idiombestandteilen in SLASH formuliert werden. So müßte man z. B. irgendwie sicherstellen, daß *ins Feuer* nur dann in SLASH aufgenommen werden darf, wenn auch *Öl* in SLASH ist. Bei der Analyse mit der Verbspur ist das hingegen nicht nötig: In einer Theorie, die davon ausgeht, daß *Öl ins Feuer gießen* einen Komplex nach der Art der Verbalkomplexe bildet, die in Kapitel 15 besprochen werden, folgt automatisch, daß *ins Feuer* nicht aus der Mitte des Komplexes vorangestellt werden kann. Ob das Verb dabei als Spur oder overt neben *Feuer* realisiert wird, ist dabei unerheblich. Siehe Kapitel 15.2.

9.5.2 Andere Theorien

Im Abschnitt 9.1 wurde eine Möglichkeit für die Analyse der Stellung von Konstituenten im Mittelfeld vorgestellt. In der GB-Theorie und ihren Nachfolgern wird die Umstellung von Konstituenten mitunter mit Bewegung modelliert. Konstituenten werden in einer zugrundeliegenden Struktur in einer bestimmten Abfolge lizenziert und dann über Umstellungen in die endgültige Position gebracht. Welcher Art die Zielpositionen sind, ist von Analyse zu Analyse verschieden. In den folgenden Abschnitten sollen einige GB-Varianten besprochen werden. Eine LFG-Analyse der Abfolgevarianten im Mittelfeld wird erst im nächsten Kapitel besprochen, da sie mit der Vorfeldbesetzung interagiert.

9.5.2.1 Funktionale Kategorien

In den folgenden beiden Teilabschnitten diskutiere ich erst Ansätze, die die funktionalen Projektionen AgrS, AgrO und AgrIO benutzen und dann solche, die spezielle funktionale Projektionen mit Informationsstrukturbezug verwenden.

9.5.2.1.1 AgrS, AgrO und AgrIO

Als Beispiel sei in Abbildung 9.14 auf der gegenüberliegenden Seite eine Struktur von Meinunger (2000) angegeben.[21] Das Subjekt (SU), das indirekte Objekt (IO) und das direkte Objekt (DO) werden als Konstituenten einer komplex strukturierten VP erzeugt und dann in spezielle Positionen (Spezifikatorpositionen) funktionaler Projektionen verschoben. Die Stellen, an denen die Konstituenten eigentlich stehen würden, sind durch Spuren (t_{SU}, t_{IO}, t_{DO}) markiert. AgrS, AgrIO und AgrDO sind dabei leere Kategorien, die für die Analyse von Kongruenz eine Rolle spielen. AgrIO und AgrDO wurden ursprünglich für Sprachen mit Objektkongruenz eingeführt, ein Phänomen, das es im Deutschen nicht gibt.

In der HPSG wurde in den letzten Jahren versucht, ohne leere Elemente auszukommen. Meiner Meinung nach ist dies jedoch nicht möglich, wenn man die Zusammenhänge auf einsichtsvolle Weise erfassen will. Eine genauere Diskussion hierzu findet man in Müller: Erscheintb. Allerdings ist man immer noch bestrebt, so wenig wie möglich leere Elemente zu verwenden, d. h. man versucht die Stipulation unsichtbarer Einheiten zu vermeiden,

---

[21]Siehe auch Haftka: 1996.

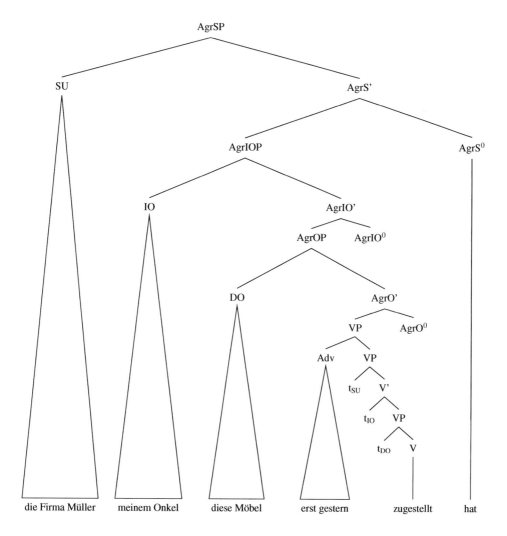

Abbildung 9.14: Analyse für *daß die Firma Müller meinem Onkel diese Möbel erst gestern zugestellt hat* nach Meinunger: 2000, 101

wo immer es geht. Kongruenz wird in der HPSG deshalb über die Identität von Merkmalen erzwungen (siehe Kapitel 13), leere Agreement-Köpfe und Bewegungen in bestimmte Baumpositionen spielen bei der Beschreibung keine Rolle. Man modelliert vielmehr direkt beobachtbare Eigenschaften linguistischer Zeichen: In (52a) haben die NP und das Verb die Eigenschaft, Plural zu sein, und in (52b) sind sie Singular.

(52)   a. Die Kinder schlafen.

        b. Das Kind schläft.

Genauso können informationsstrukturelle Eigenschaften direkt modelliert werden, und man muß dazu keine komplexen Strukturen annehmen. Zur Behandlung der Informationsstruktur im Rahmen der HPSG siehe Kuhn: 1995, Engdahl und Vallduví: 1996 und De Kuthy: 2002.

9.5.2.1.2 TopP, FocP und KontrP

Frey (2004a) nimmt eine KontrP (Kontrastphrase) und Frey (2004b) eine TopP (Topikphrase) an (siehe auch Rizzi: 1997 für TopP und FocP (Fokusphrase) im Italienischen und Haftka: 1995, Abraham: 2003, 19 für Analysen mit TopP und/oder FocP für das Deutsche). Konstituenten müssen je nach ihrem informationsstrukturellen Status in die Spezifikatorpositionen dieser funktionalen Köpfe bewegt werden. Fanselow (2003) hat gezeigt, daß solche bewegungsbasierten Theorien für die Anordnung von Elementen im Mittelfeld nicht mit gegenwärtigen Annahmen innerhalb des Minimalistischen Programms (aus dem diese Theorien stammen) kompatibel sind. Der Grund ist, daß manche Umstellungen erfolgen, um anderen Elementen Platz zu machen. So wird zum Beispiel durch die Anordnung in (53b) erreicht, daß nur *verhaftete* oder auch nur *gestern* fokussiert sein kann.

(53)   a. dass die Polizei gestern Linguisten verhaftete

        b. dass die Polizei Linguisten gestern verhaftete

Fanselow formuliert die Generalisierung in bezug auf Umstellungen so: Ein direktes Objekt wird umgestellt, wenn die mit einem Satz verbundene Informationsstruktur verlangt, daß entweder eine andere Konstituente im Fokus ist oder daß das Objekt nicht Teil des Fokus ist. Im Deutschen kann man Teilfokussierungen auch mit besonderer Intonation erreichen, in Sprachen wie dem Spanischen ist das jedoch nicht möglich.

Man kann also nicht annehmen, daß Elemente in eine bestimmte Baumposition bewegt werden müssen, da dort ein Merkmal überprüft werden muß. Das ist jedoch eine Voraussetzung für Bewegung in der gegenwärtigen Minimalistischen Theorie. Fanselow (2003, Abschnitt 4; 2006, 8) hat außerdem gezeigt, daß sich die Abfolgebeschränkungen, die man für Topik und Fokus und Satzadverbiale feststellen kann, mit einer Theorie erfassen lassen, die zu der hier vorgestellten parallel ist: Argumente können eins nach dem anderen mit ihrem Kopf kombiniert (in Minimalistischer Terminologie: *gemergt* werden) und Adjunkte können an jede Projektionsstufe angeschlossen werden. Die Stellung der Satzadverbien direkt vor dem fokussierten Teilbereich des Satzes wird semantisch erklärt: Da Satzadverbien sich wie fokussensitive Operatoren verhalten, müssen sie direkt vor den Elementen stehen, auf die sie sich beziehen. Daraus folgt, daß Elemente, die nicht zum Fokus gehören (Topiks), vor dem Satzadverb stehen müssen. Eine besondere Topikposition ist zur Beschreibung lokaler Umstellungen im Mittelfeld jedoch nicht nötig.

9.5.2.2 Quantorenskopus

Außer dem Ziel, Eigenschaften von Objekten möglichst direkt zu modellieren, gibt es aber noch wichtigere Gründe, keine Bewegungsanalyse für die relativ freie Abfolge von Konstituenten im Mittelfeld anzunehmen: Lange Zeit wurde gegen Ansätze, die die Konstituentenstellung im Mittelfeld ohne Bewegung erklären wollen, mit Skopus-Daten argumentiert. Sätze wie (54b) sind hinsichtlich des Quantorenskopus ambig.

(54) a. Es ist nicht der Fall, daß er mindestens einem Verleger fast jedes Gedicht anbot.

b. Es ist nicht der Fall, daß er fast jedes Gedicht$_i$ mindestens einem Verleger $_{-i}$ anbot.

Es wurde behauptet, daß man zur Erklärung der Ambiguität verschiedene Strukturen benötigt, nämlich zum einen die direkt beobachtbare und zum anderen solche, die der Rückübertragung einer oder mehrerer umgestellter Phrasen in die Position der Spur entsprechen (Frey: 1993). Nun hat sich aber herausgestellt, daß Ansätze, die Spuren annehmen, problematisch sind, denn sie sagen für Sätze, in denen es mehrere Spuren gibt, Lesarten voraus, die nicht wirklich vorhanden sind (siehe Kiss: 2001, 146 und Fanselow: 2001, Abschnitt 2.6). So könnte z.B. in (55) *mindestens einem Verleger* an der Stelle von $_{-i}$ interpretiert werden, was dann zur Folge hätte, daß man eine Lesart bekommt, in der *fast jedes Gedicht* Skopus über *mindestens einem Verleger* hat.

(55) Ich glaube, daß mindestens einem Verleger$_i$ fast jedes Gedicht$_j$ nur dieser Dichter $_{-i \ -j}$ angeboten hat.

Eine solche Lesart gibt es aber nicht.

9.5.2.3 Freezing

In GB nimmt man an, daß aus bewegten Phrasen nichts mehr extrahiert, d.h. z.B. ins Vorfeld gestellt werden kann. Das wurde als Test für den Status der Umstellungen im Mittelfeld benutzt. Zum Beispiel Diesing (1992) behauptet, daß der Inselstatus von umgestellten Phrasen für eine Bewegungsanalyse spricht. Wie aber das folgende Beispiel aus Müller: 1999a, 101 zeigt, ist die Behauptung empirisch nicht haltbar:

(56) a. [Zum Gartenvereinsvorsitzenden]$_i$ hätte er [das Talent $_{-i}$].

b. [Zum Gartenvereinsvorsitzenden]$_i$ hätte [das Talent $_{-i}$] wohl nur dieser Mann.

Siehe auch Fanselow: 1991, 187–192 und Fanselow: 2001, Abschnitt 2.3.

Kontrollfragen

1. Welche Konstituentenstellungsphänomene kennen Sie?

2. Warum wurden Kopf-Spezifikator-Strukturen eingeführt?

Übungsaufgaben

1. Skizzieren Sie die Analysebäume für folgende Sätze und erläutern Sie, wie die Unterschiede zwischen den Sätzen von der in diesem Kapitel vorgestellten Analyse erfaßt werden:

   (57)   a. daß Max den Hasen der Frau schenkt
          b. daß der Frau den Hasen Max schenkt
          c. Schenkt Max der Frau den Hasen?

2. Laden Sie die zu diesem Kapitel gehörende Grammatik von der Grammix-CD (siehe Übung 3 auf Seite 61). Im Fenster, in dem die Grammatik geladen wird, erscheint zum Schluß eine Liste von Beispielen. Geben Sie diese Beispiele nach dem Prompt ein und wiederholen Sie die in diesem Kapitel besprochenen Aspekte.

3. (Zusatzaufgabe) Laden Sie das Babel-System, das ebenfalls auf der Grammix-CD enthalten ist. Nach Beendigung des Ladevorgangs erscheint ein Prompt (>>>). Geben Sie den folgenden Satz ein:

   (58)   Er glaubt, dass der Mann der Frau das Buch gibt.

   Sehen Sie sich im Chart-Display die Kanten für *der Mann der Frau das Buch gibt* an. Mit der rechten Maustaste bekommen Sie im Chart-Display ein Menü, in dem es einen Eintrag gibt, mit dem man nur die Kanten anzeigen lassen kann, die zu einer Analyse der vollständigen Eingabe beitragen. Wenn sie diesen Menüpunkt anklicken, werden Sie sehen, daß es zwei Kanten gibt, die *der Frau das Buch gibt* überspannen. Die untere der beiden ist diskontinuierlich, was man sehen kann, wenn man die Kante anklickt und den Menüpunkt „Zeige Kinder" auswählt. Experimentieren Sie mit anderen Sätzen aus dem Abschnitt 9.5.1.2.

Literaturhinweise

Müller: 2004b diskutiert die Möglichkeiten, die es im Rahmen der HPSG für die Analyse der relativ freien Konstituentenstellung gibt. Teile dieser Diskussion sind auch hier im Alternativenabschnitt enthalten.

Die Analyse des Deutschen als Verbletztsprache ist relativ alt (Bach: 1962; Bierwisch: 1963, 34; Reis: 1974; Thiersch: 1978, Kapitel 1). Bierwisch schreibt die Annahme einer zugrundeliegenden Verbletztstellung Fourquet (1957) zu. Eine Übersetzung des von Bierwisch zitierten französischen Manuskripts kann man in Fourquet: 1970, 117–135 finden.

Auf Seite 137 habe ich Argumente für die Annahme aufgeführt, daß die Stellung mit dem Verb in Letztposition die Grundstellung ist. Die Linearisierungsanalysen, die in Reape: 1994, Kathol: 2001 und Müller: 1999a, 2002b, 2004b vertreten wurden, sind mit diesen Beobachtungen aber auch kompatibel. Einzig und allein das Phänomen der scheinbar mehrfachen Vorfeldbesetzung (Müller: 2005c) stellt wirklich harte Evidenz gegen linearisierungsbasierte Analysen dar.

10 Nichtlokale Abhängigkeiten

Bisher können wir Verbletzt und Verberstsätze analysieren. In diesem Kapitel werden wir die Mechanismen kennenlernen, die zu einer adäquaten Behandlung der Vorfeld- und der Nachfeldbesetzung benötigt werden. Damit werden wir dann in der Lage sein, Verbzweitsätze zu analysieren.

10.1 Verschiedene Arten von Fernabhängigkeiten

Das Vorfeld kann mit einer Konstituente (Adjunkt, Subjekt oder Komplement) besetzt sein (Erdmann: 1886, Kapitel 2.4; Paul: 1919, 69, S. 77), weshalb das Deutsche zu den Verbzweitsprachen gezählt wird.[1] (1) zeigt einige Beispiele für mögliche Vorfeldbesetzungen:

(1) a. Schläft Karl?   Karl schläft.
     b. Kauft Karl diese Jacke?   Karl kauft diese Jacke.
                                          Diese Jacke kauft Karl.
     c. Kauft Karl morgen diese Jacke?   Morgen kauft Karl diese Jacke.
     d. Wird die Jacke von Karl gekauft? Von Karl wird die Jacke gekauft.
     e. Ist Maria schön?   Schön ist Maria.
     f. Muß man sich kämmen?   Man muß sich kämmen.
                                          Sich kämmen muß man.
     g. Glaubt Karl, daß Maria ihn liebt? Daß Maria ihn liebt, glaubt Karl.
     h. Lacht Karl, weil er den Trick kennt? Weil er den Trick kennt, lacht Karl.
     i. Schlaf jetzt endlich!   Jetzt schlaf endlich!

Man könnte versucht sein, die Sätze mit Vorfeldbesetzung als einfache Anordnungsvarianten der Verberstsätze aufzufassen: Das Verb würde dann mit dem Kopf-Argument-Schema mit seinen Argumenten kombiniert, wobei diese links oder rechts des Verbs angeordnet werden dürfen. Abbildung 10.1 auf der folgenden Seite zeigt, wie eine solche Analyse für (2) bei der Annahme flacher Strukturen aussehen würde.

(2) Dem Mann gibt die Frau das Buch.

Bei der Annahme binär verzweigender Strukturen bekäme man die Analyse in Abbildung 10.2.

Solche Analysen würden funktionieren, wenn die Argumente nur in unmittelbarer Umgebung des Verbs angeordnet werden könnten, d. h. wenn es sich bei den Vorfeldbesetzungen

---

[1]Die Kategorisierung des Deutschen als Verbzweitsprache scheint im Widerspruch zur Aussage zu stehen, daß das Deutsche eine Verbletztsprache (siehe Seite 137) ist. Dem ist jedoch nicht so, da bei der Klassifizierung von Sprachen nach der Zugehörigkeit zu den Verbzweitsprachen andere Eigenschaften eine Rolle spielen als bei der Klassifikation nach der Zugehörigkeit zu einem der Grundmuster SVO, SOV, VSO, VOS, OSV bzw. OVS. Das Deutsche wird zu den SOV-Sprachen gezählt, weil davon ausgegangen wird, daß diese Abfolge die zugrundeliegende Abfolge ist. Das Verb kann jedoch auch nach vorn gestellt werden. Im Gegensatz zum Englischen, das eine SVO-Sprache ist, kann im Deutschen nicht nur das Subjekt vor dem finiten Verb stehen, sondern auch Adjunkte und Komplemente, was eine Eigenschaft von V2-Sprachen ist.

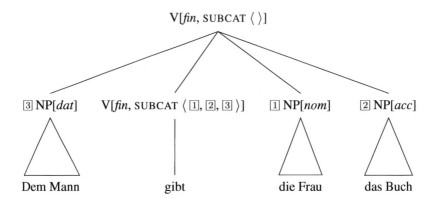

Abbildung 10.1: Analyse von *Dem Mann gibt die Frau das Buch.* mit einer flachen Struktur, die das Vorfeld enthält

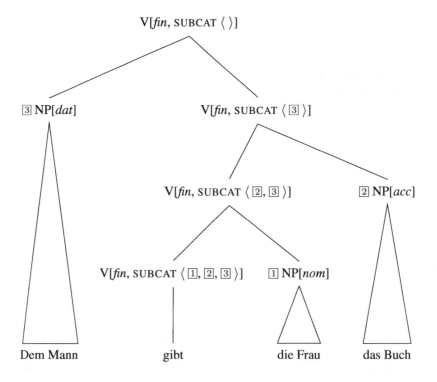

Abbildung 10.2: Analyse von *Dem Mann gibt die Frau das Buch.* mit binär verzweigenden Strukturen

um lokale Umstellungen handelte. Allerdings gibt es Daten, die zeigen, daß es sich bei der Vorfeldbesetzung nicht um eine lokale Umstellung handeln kann. So gehören in (3) die Konstituenten im Vorfeld zu einem tief eingebetteten Kopf:

(3)   a. [Um zwei Millionen Mark]$_i$ soll er versucht haben, [eine Versicherung $_{-i}$ zu betrügen].[2]

    b. „Wer$_i$, glaubt er, daß er $_{-i}$ ist?" erregte sich ein Politiker vom Nil.[3]

    c. Wen$_i$ glaubst du, daß ich $_{-i}$ gesehen habe.[4]

um zwei Millionen Mark gehört zu *betrügen* und nicht zu einem der Verben *soll, versucht* oder *haben*. Da sich die Verbalphrase *eine Versicherung zu betrügen* im Nachfeld befindet, kann also *um zwei Millionen Mark* nicht aufgrund einer Umstellung vorn realisiert worden sein.

Deshalb werden Verbzweitsätze in den meisten Grammatiken für das Deutsche zu Verberstsätzen in Beziehung gesetzt. Die Stelle, an der die Vorfeldkonstituente stehen würde, wird meist durch einen '_' gekennzeichnet. Man nennt diesen Platzhalter auch Spur, Lücke oder *Trace* bzw. *Gap*. Vergleiche auch Kapitel 9.4. Das zur Lücke gehörige Element im Vorfeld wird auch Füller genannt.

Abhängigkeiten, die über Phrasengrenzen hinweggehen, nennt man *Fernabhängigkeiten* oder *nichtlokale Abhängigkeiten*. Die Anzahl der Phrasengrenzen, die bei der Voranstellung überschritten werden können, ist im Prinzip unbegrenzt. Auch Satzgrenzen können überschritten werden. Bei zu hoher Komplexität ergeben sich dann allerdings Verarbeitungsprobleme für den Menschen. Die englische Bezeichnung für Fernabhängigkeiten, die mehrere Satzgrenzen überschreiten können, ist *unbounded dependencies*. Im Unterschied dazu gibt es Fernabhängigkeiten, die begrenzt sind, aber dennoch nicht lokal. Diese werden auch *long distance dependencies* genannt. Ein Beispiel für solch eine Fernabhängigkeit ist die Extraposition. In (4a) ist ein Relativsatz extraponiert worden, der *Frau* im Mittelfeld modifiziert. In (4b) ist ein Infinitivkomplement ins Nachfeld gestellt worden.

(4)   a. Der Mann hat [der Frau $_{-i}$] den Apfel gegeben, [die er am schönsten fand]$_i$.

    b. Der Mann hat $_{-i}$ behauptet, [einer Frau den Apfel gegeben zu haben]$_i$.

Wie bei den Sätzen in (1) könnte man für (4b) eine lokale Umstellung annehmen, doch ist eine Theorie, die mit nur einem Mechanismus zur Erklärung bestimmter Abfolgen auskommt, einer Theorie, die zwei verschiedene Analysen verwendet, vorzuziehen.

Daß es sich bei der Extraposition wirklich um eine nichtlokale Abhängigkeit handelt, zeigen die Beispiele in (5):

(5)   a. Karl hat mir [von [der Kopie [einer Fälschung [eines Bildes [einer Frau $_{-i}$]]]]] erzählt, [die schon lange tot ist]$_i$.

    b. Ich habe [von [dem Versuch [eines Beweises [der Vermutung $_{-i}$]]]] gehört, [daß es Zahlen gibt, die die folgenden Bedingungen erfüllen]$_i$.

In (5a) gehört der Relativsatz zu einem Nomen, das in fünf maximale Phrasen eingebettet ist. Zu solchen und anderen Extrapositionsdaten siehe auch Müller: 1999a, Kapitel 13.1

---

[2]taz, 04.05.2001, S. 20.
[3]Spiegel, 8/1999, S. 18.
[4]Scherpenisse: 1986, 84.

und Müller: 2004a, Erscheintc. Im Gegensatz zur Vorfeldbesetzung ist die Extraposition jedoch keine *unbounded dependency*, denn die Verschiebung von Material nach rechts ist durch die Satzgrenze beschränkt:

(6) a. Karl hat, daß [$_S$ John $_{-i}$ erzählt hat, [daß Maria schläft,]$_i$] nicht wirklich behauptet.

b. * Karl hat, daß [$_S$ John $_{-i}$ erzählt hat] nicht wirklich behauptet, [daß Maria schläft]$_i$.

c. Der Mann, [$_S$ der $_{-i}$ behauptet hat, [daß Maria nicht kommt]$_i$], steht da drüben.

d. * Der Mann, [$_S$ der $_{-i}$ behauptet hat], steht da drüben, [daß Maria nicht kommt]$_i$.

Extrapositionsanalysen finden sich in Keller: 1995, Bouma: 1996 und Müller: 1999a, Kapitel 13.2. Spezielle Analysen für die Relativsatzextraposition findet man in Kiss: 2005 und Crysmann: 2004. In diesem Buch werde ich nicht weiter auf Extraposition eingehen.

Nichtlokale Abhängigkeiten sind auch innerhalb von Relativsätzen zu beobachten: Die Phrase, die das Relativpronomen enthält, kann zu tiefer eingebetteten Konstituenten gehören, wie die Beispiele in (7) und (8) zeigen:

(7) a. das Thema, [über das]$_i$ er Peter gebeten hat, [$_{VP}$ [einen Vortrag $_{-i}$] zu halten],

b. Das Tor, [von dem]$_i$ Stein versuchte, [das Schild mit der Aufschrift »Zu verkaufen« $_{-i}$ zu entfernen], sank mit einem Klagelaut um.[5]

(8) Wollen wir mal da hingehen, wo$_i$ Jochen gesagt hat, [daß es $_{-i}$ so gut schmeckt]?

Relativsätze werden im Kapitel 11 behandelt. Interrogativnebensätze sind syntaktisch ähnlich aufgebaut. Sie werden in diesem Buch nicht behandelt. Im folgenden wenden wir uns der Vorfeldbesetzung zu.

10.2 Vorfeldbesetzung

Im letzten Kapitel haben wir bereits Spuren kennengelernt. Die Abhängigkeit zwischen vorangestelltem Verb und Verbspur war aber lokaler Natur, was dadurch erfaßt wurde, daß die entsprechende Information als Teil der Kopfinformation nach oben gereicht wurde. Wie wir aber im vorigen Abschnitt gesehen haben, können Fernabhängigkeiten mehrere Maximalprojektionen überschreiten. Eine Projektion von Merkmalen bis zur phrasalen Ebene ist also nicht ausreichend. Deshalb wird die Datenstruktur noch einmal geändert, und es wird zusätzlich zu der unter LOCAL repräsentierten lokal relevanten Information noch ein Merkmal für Information über Fernabhängigkeiten eingeführt. Dieses Merkmal heißt NONLOC. Die Datenstruktur in (29) auf Seite 140 wird also zu (9) erweitert:

$$(9) \begin{bmatrix} \text{PHON} & \textit{list of phoneme strings} \\ \text{LOC} & \begin{bmatrix} \text{CAT} & \begin{bmatrix} \text{HEAD} & \textit{head} \\ \text{SUBCAT} & \textit{list of signs} \end{bmatrix} \\ \text{CONT} & \textit{cont} \end{bmatrix} \\ \text{NONLOC} & \textit{nonloc} \end{bmatrix}$$

---

[5] Judith Hermann, *Sommerhaus, später*, Frankfurt: S. Fischer Verlags GmbH, 3. Auflage, 2001, S. 148.

Der NONLOC-Wert ist selbst noch weiter strukturiert:

(10)
$$\begin{bmatrix} \text{QUE} & \textit{list of npros} \\ \text{REL} & \textit{list of indices} \\ \text{SLASH} & \textit{list of local structures} \\ \textit{nonloc} & \end{bmatrix}$$

Dabei ist QUE für die Analyse von Interrogativsätzen wichtig. Da diese in diesem Buch nicht behandelt werden, wird es im folgenden weggelassen. REL ist eine Liste referentieller Indizes von Relativpronomina. Auf REL wird im Kapitel 11 über Relativsätze noch genauer eingegangen. SLASH ist eine Liste von *local*-Objekten. Diese Liste wird zur Analyse der Vorfeldbesetzung benötigt. Für die Analyse von Relativsätzen und Interrogativnebensätzen ist sie ebenfalls von Bedeutung.

Im vorigen Kapitel haben wir die Verberststellung für Sätze wie (11a) analysiert, nun wenden wir uns dem Beispiel (11b) zu:

(11)   a.   Kennt$_i$ das Buch jeder $\_i$?

   b.   [Das Buch]$_j$ kennt$_i$ $\_j$ jeder $\_i$?

Die Analyse der Vorfeldbesetzung kann nur unter Einbeziehung der Analyse der Verberststellung erklärt werden. Entsprechende Darstellungen würden aber sehr komplex werden. Ich erkläre deshalb die Mechanismen im folgenden an einer Struktur für die Verberststellung, die man in einem Ansatz bekommen würde, bei dem das Verb in Erststellung wie auch in Abbildung 10.2 direkt mit seinen Argumenten kombiniert wird. D. h. statt der korrekten Analyse in (11b) erkläre ich zuerst die Analyse in (12):

(12)   [Das Buch]$_j$ [[kennt $\_j$] jeder].

Die komplette Analyse mit korrekter Modellierung der Verberststellung zeigt die Abbildung 10.5 auf Seite 169.

Wie bei der Analyse der Verbbewegung geht man davon aus, daß es an der Stelle, an der das Objekt normalerweise stehen würde, eine Spur gibt, die die Eigenschaften des Objekts hat. Das Verb kann also seine Valenzanforderungen lokal befriedigen. Die Information darüber, daß eine Kombination mit einer Spur und nicht mit einem echten Argument erfolgt ist, wird innerhalb des entstehenden komplexen Zeichens repräsentiert und im Baum nach oben gereicht. Die Fernabhängigkeit kann dann weiter oben im Baum durch ein Element im Vorfeld abgebunden werden.

Eingeführt wird die Fernabhängigkeit durch die Spur, die eine Merkmalstruktur, die dem LOCAL-Wert des geforderten Arguments entspricht, in ihrer SLASH-Liste hat. (13) zeigt eine Beschreibung der Spur, wie sie für die Analyse von (12) benötigt wird:

(13) Spur für das Akkusativkomplement von *kennen* (vorläufig):

$$
\begin{bmatrix}
\text{PHON} & \langle \rangle \\[4pt]
\text{LOC} & \boxed{1} \begin{bmatrix} \text{CAT} & \begin{bmatrix} \text{HEAD} & \begin{bmatrix} \text{CAS } acc \\ noun \end{bmatrix} \\[6pt] \text{SUBCAT } \langle \rangle \end{bmatrix} \end{bmatrix} \\[18pt]
\text{NONLOC} & \begin{bmatrix} \text{SLASH } \langle \boxed{1} \rangle \end{bmatrix} \\[6pt]
word
\end{bmatrix}
$$

Da Spuren keine interne Struktur, d. h. keine Töchter haben, sind sie vom Typ *word*. Die Spur hat die Eigenschaften eines Akkusativobjekts. Daß das Akkusativobjekt an der Stelle der Spur fehlt, ist durch den entsprechenden Wert in SLASH ausgedrückt. Abbildung 10.3 zeigt das Weiterreichen der Information. Für das Weiterleiten der NONLOC-Information ist

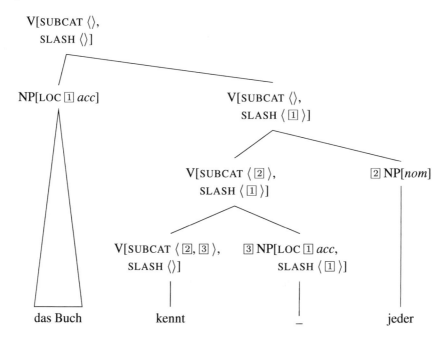

Abbildung 10.3: Perkolation von nichtlokaler Information in einer Struktur mit variabler Verzweigung

das folgende Prinzip der nichtlokalen Merkmale verantwortlich.

Prinzip 6 (Prinzip der nichtlokalen Merkmale)
Der Wert des NONLOC-Merkmals eines phrasalen Zeichens ist die Vereinigung der NON-LOC-Werte der Töchter des Zeichens abzüglich der abgebundenen Elemente.

Wie auch bei den in Kapitel 6.3 besprochenen Prinzipien gibt es eine Formalisierung dieses Prinzips, der wir uns dann nach der Diskussion des Kopf-Füller-Schemas zuwenden.

Das Kopf-Füller-Schema lizenziert den obersten Knoten in Abbildung 10.3:

Schema 6 (Kopf-Füller-Schema)

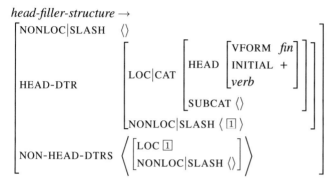

Dieses Schema kombiniert einen finiten Satz mit Verb in Verberststellung (INITIAL+) und einem Element in SLASH mit einer Nicht-Kopftochter, deren LOCAL-Wert identisch mit diesem SLASH-Element ist. In der Struktur werden keine Argumente gesättigt. *head-filler-structure* ist Untertyp von *head-non-argument-structure* (siehe Abbildung 10.4). Dadurch

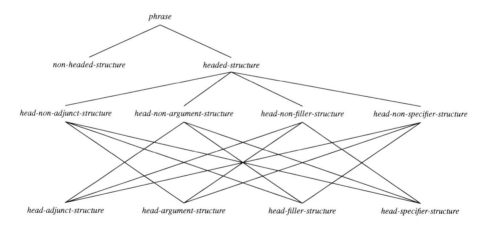

Abbildung 10.4: Typhierarchie für *phrase*

wird der SUBCAT-Wert der Kopftochter automatisch mit dem der Mutter identifiziert (siehe Abschnitt 6.3.2 zum Valenzprinzip). Der semantische Beitrag kommt vom Verb (der Kopftochter). Das folgt aus dem Semantikprinzip, denn der Typ *head-filler-structure* ist ein Untertyp von *head-non-adjunct-structure*.

Die Abbildung 10.4 enthält auch einen Typ *head-non-filler-structure*. Die Beschränkung für diesen Typ sieht wie folgt aus:

(14)   *head-non-filler-structure* →
$$\begin{bmatrix} \text{NONLOC|SLASH } \boxed{1} \oplus \boxed{2} \\ \text{HEAD-DTR|NONLOC|SLASH } \boxed{1} \\ \text{NON-HEAD-DTRS } \langle\, [\ \text{NONLOC|SLASH } \boxed{2}\ ]\, \rangle \end{bmatrix}$$

Diese Implikation sorgt dafür, daß in allen bisher eingeführten Strukturen außer der eben
besprochenen die SLASH-Werte der Töchter zum SLASH-Wert der Mutter verknüpft werden. Zusammen mit Teilen der Beschränkungen für den Typ *head-filler-structure*, die in
(15) wiederholt sind, stellt (14) die Formalisierung des Prinzips der nichtlokalen Merkmale dar.

(15) *head-filler-structure* $\rightarrow$

$$\begin{bmatrix} \text{NONLOC}|\text{SLASH} \langle \rangle \\ \text{HEAD-DTR}|\text{NONLOC}|\text{SLASH} \langle \boxed{1} \rangle \\ \text{NON-HEAD-DTRS} \langle \, [\, \text{LOC} \boxed{1} \,] \, \rangle \end{bmatrix}$$

In (13) wurde eine Spur für das Akkusativobjekt von *kennen* angegeben. Genau wie bei
der Analyse der Verbbewegung ist es jedoch nicht nötig, verschiedene Spuren mit unterschiedlichen Eigenschaften im Lexikon zu haben. Ein allgemeiner Eintrag wie der in (16)
ist ausreichend:

(16) Extraktionsspur:

$$\begin{bmatrix} \text{PHON} \langle \rangle \\ \text{LOC} \boxed{1} \\ \text{NONLOC}|\text{SLASH} \langle \boxed{1} \rangle \\ \textit{word} \end{bmatrix}$$

Das liegt daran, daß der Kopf die LOCAL-Eigenschaften seiner Argumente und damit auch
die LOCAL-Eigenschaften von Spuren, die mit ihm kombiniert werden, ausreichend bestimmt. Durch die Identifikation des Objekts in der SUBCAT-Liste mit der Spur und durch
die Identifikation der Information in SLASH mit der Information über das Element im
Vorfeld wird sichergestellt, daß nur Elemente im Vorfeld realisiert werden, die zu den
Anforderungen in der SUBCAT-Liste passen. Genauso funktioniert die Analyse von vorangestellten Adjunkten: Dadurch daß der LOCAL-Wert der Konstituente im Vorfeld über die
Vermittlung durch SLASH mit dem LOCAL-Wert der Spur identifiziert wird, ist ausreichend
Information über die Art der Spur vorhanden.

Im folgenden zeige ich, wie die Extraktionsanalyse mit der Verberstanalyse aus Kapitel 9.4 kombiniert werden kann. Abbildung 10.5 auf der nächsten Seite zeigt die Analyse
für (12), hier als (17) mit Markierungen für die Verbspur wiederholt:

(17) [Das Buch]$_i$ kennt$_j$ _$_i$ jeder _$_j$.

Die Verbbewegungsspur für *kennt* wird mit einer Nominativ-NP und einer Extraktionsspur
kombiniert. Die Extraktionsspur steht im Beispiel für das Akkusativobjekt. Das Akkusativobjekt ist in der SUBCAT-Liste des Verbs beschrieben ($\boxed{4}$). Über den Verbbewegungs-
mechanismus gelangt die Valenzinformation, die im ursprünglichen Eintrag für *kennt* ent-
halten ist ($\langle \boxed{3}, \boxed{4} \rangle$), zur Verbspur. Die Kombination der Projektion der Verbspur mit der
Extraktionsspur verläuft genau so, wie wir es bisher gesehen haben. Der SLASH-Wert der
Extraktionsspur wird im Baum nach oben gereicht und letztendlich durch das Kopf-Füller-
Schema abgebunden.

Die wesentlichen Punkte der Analyse kann man wie folgt zusammenfassen:

• Nichtlokale Information wird nach oben weitergereicht.

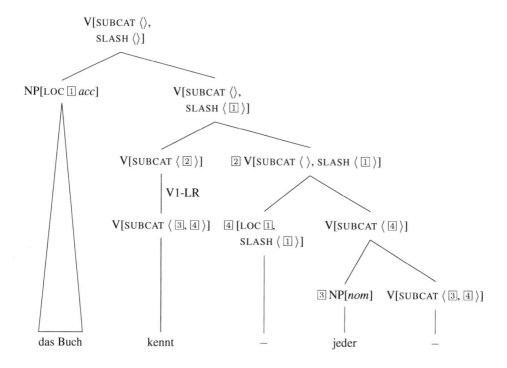

Abbildung 10.5: Analyse für: *Das Buch kennt jeder.* kombiniert mit der Verbbewegungsanalyse für die Verberststellung

- Das erfolgt über Strukturteilung.

- Die Information über nichtlokale Abhängigkeiten ist gleichzeitig an den entsprechenden Knoten präsent.

Diese Analyse hat gegenüber Transformationsanalysen, die einen Baum mit einer Konstituentenstellung auf einen anderen Baum mit anderer Konstituentenstellung abbilden, den
Vorteil, daß man Sprachen erklären kann, in denen bestimmte Elemente in Abhängigkeit
davon flektieren, ob sie Bestandteil einer Konstituente sind, durch die eine Fernabhängigkeit hindurchgeht. Bouma, Malouf und Sag (2001) nennen Irisch, Chamorro, Palauan, Is-
ländisch, Kikuyu, Ewe, Thompson Salish, Moore, Französisch, Spanisch und Jiddisch als
Beispiele für solche Sprachen und geben entsprechende Literaturverweise. Da in HPSG-
Analysen die Information Schritt für Schritt weitergegeben wird, können alle Knoten in
der Mitte einer Fernabhängigkeit auf die Elemente, die in Fernabhängigkeiten eine Rolle
spielen, zugreifen.

10.3 Anhang 1: Der semantische Beitrag von V1- bzw. V2-Sätzen

Neben der Verbsemantik spielt die Verbstellung eine entscheidende Rolle bei der Bestimmung der Bedeutung eines Satzes. So bedeuten die Sätze in (18) verschiedenes:

(18)   a. Kommt Peter heute?

       b. Peter kommt heute.

Der erste Satz ist eine Frage, mit der der Wahrheitsgehalt der Aussage *Peter kommt heute* erfragt wird. Der zweite Satz sagt aus, daß es eine Tatsache ist, daß Peter heute kommt. Die beiden Sätze unterscheiden sich lediglich durch ihre Verbstellung voneinander. Der Satz mit Verberststellung ist ein Entscheidungsfragesatz und der mit Verbzweitstellung ist ein Aussagesatz. Man muß jedoch vorsichtig sein, denn der Satztyp läßt sich nicht ohne weiteres an der Position des Verbs festmachen. So gibt es zum Beispiel auch Fragen wie (19), in denen ein Fragepronomen vor dem Finitum steht.

(19)   Wer kommt heute?

Und es gibt elliptische Äußerungen, in denen keine Konstituente vor dem finiten Verb zu sehen ist:

(20)   A: Und was ist mit Peter?
       B: Kommt heute.

Im Antwortsatz in (20) wurde das Subjekt weggelassen. Es würde normalerweise vor dem Finitum im Vorfeld stehen, weshalb man auch von Vorfeldellipse spricht. Bei Verben mit optionalen Argumenten kann man mitunter sogar den Aussagesatz mit Vorfeldellipse nicht von einem Fragesatz unterscheiden, wenn man einfach nur die Abfolge der Wörter betrachtet:

(21)   a. Hat er schon gegessen?

       b. Und was ist mit dem Kuchen?
          Hat er schon gegessen.

Außerdem ist zu berücksichtigen, daß es auch Imperativsätze mit den beiden Verbstellungen gibt:

(22)   a. Gib du mir jetzt das Buch!

       b. Jetzt gib du mir das Buch!

Die Verberststellung kann auch in Konditionalsätzen vorkommen:

(23)   a. Gibst du mir das Buch, helfe ich dir.

       b. Hätte er Karl das Buch rechtzeitig gegeben, hätte Karl ihm helfen können.

Das sind längst nicht alle Verwendungsweisen für Sätze mit Verberst- bzw. Verbzweitstellung, für einen detaillierteren Überblick siehe Zifonun: 1997, Kapitel 4.

Die Bedeutungskomponente, die durch die Verbstellung in den Satz kommt, kann man zu einem großen Teil bereits im Lexikon bestimmen, und zwar in der Lexikonregel, die für die Lizenzierung des Verbs in Erststellung verantwortlich ist (Kiss: 1995b, 205). Das mag sich merkwürdig anhören, denn es scheint so zu sein, daß das Verb nicht wissen kann, ob es in einem Verberst- oder Verbzweitsatz verwendet wird. Dem ist aber nicht so, denn das Verb in Erststellung verlangt eine Projektion der Verbspur als Argument, und diese Projektion hat entweder ein Element in SLASH oder nicht. Wenn ein Element in SLASH enthalten ist, kann die Kombination aus Verb und Verbspurprojektion nur zu einem

Verbzweitsatz führen, da Elemente in SLASH abgebunden werden müssen. Ist nichts in SLASH enthalten, kann auch nichts vor das Finitum gestellt werden, und das Verb kann also nur in einem Verberstsatz verwendet werden.

Die Verberstlexikonregel von Seite 143 muß entsprechend modifiziert werden. Die neue Version in (24) bettet den semantischen Beitrag der Projektion der Verbspur (2) unter eine zusätzliche Relation ein.

(24)   Lexikonregel für Verb in Erststellung:

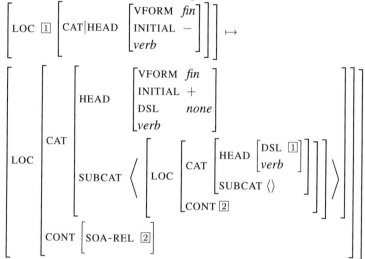

Der genaue Typ der Relation ist jedoch unterspezifiziert und wird in Abhängigkeit vom SLASH-Wert der Projektion der Verbspur festgelegt. Das wird durch die folgenden Implikationen geregelt:

(25)   Verberstsätze:
$$\begin{bmatrix} \text{LOC|CAT|SUBCAT} \langle \, [\, \text{NONLOC|SLASH} \, \langle\rangle] \, \rangle \\ \textit{verb-initial-lr} \end{bmatrix} \rightarrow$$

$$\begin{bmatrix} \text{LOC|CONT} \ \textit{conditional\_or\_imperative\_or\_interrogative} \end{bmatrix}$$

(26)   Verbzweitsätze:
$$\begin{bmatrix} \text{LOC|CAT|SUBCAT} \langle \, [\, \text{NONLOC|SLASH} \, \langle \, [\,] \, \rangle] \, \rangle \\ \textit{verb-initial-lr} \end{bmatrix} \rightarrow$$

$$\begin{bmatrix} \text{LOC|CONT} \ \textit{assertion\_or\_imperative\_or\_interrogative} \end{bmatrix}$$

(25) und (26) beziehen sich auf den Typ der Lexikonregel (*verb-initial-lr*). Dieser ist in (24) nicht sichtbar, aber in Kapitel 7.2 auf Seite 96 wurde erklärt, daß die Notation in (24) als Variante einer Lexikonregel gesehen werden kann, die durch eine typisierte Merkmalstruktur modelliert wird. *verb-initial-lr* ist dann der Typ der entsprechenden Struktur. Die

Implikationen in (25) und (26) unterscheiden sich im Hinblick auf den SLASH-Wert des Elements in der SUBCAT-Liste. Ist dieser die leere Liste, so kann das Verb nur in der ersten Position realisiert werden.[6] Der semantische Beitrag muß also vom Typ *conditional*, *imperative* oder *interrogative* sein. Der Typ *conditional_or_imperative_or_interrogative* ist ein Obertyp dieser drei Typen, und man muß weiter Information wie zum Beispiel Information über die Flexion des Verbs (Imperativ oder nicht, Verknüpfung mit anderen Sätzen, Intonation) heranziehen, um den genauen Typ der Relation zu bestimmen.

Enthält die SLASH-Liste ein Element, so muß das Verb an zweiter Stelle realisiert werden. Es kann sich dann nur um eine Aussage, einen Imperativ oder eine Frage handeln. Auch in diesem Fall braucht man für die Bestimmung der genauen Relation weitere Information. Flexionsinformation und Information über die Realisierung von Argumenten kann Evidenz für das Vorliegen eines Imperativs sein. Ist das vorangestellte Element ein Fragepronomen, so liegt eine Frage vor, ansonsten kann es sich um eine Frage oder einen Aussagesatz handeln. Der Bedeutungsbeitrag in (27) läßt sich nur unter Bezug auf die Intonation bestimmen:

(27) a. Peter kommt morgen?

      b. Peter kommt morgen.

Der aufmerksame Leser wird sich fragen, wie man den korrekten Bedeutungsbeitrag für die Sätze in (21) bekommt. Die Analyse des Fragesatzes ist einfach: Das optionale Argument von *essen* wird nicht realisiert. In (21a) liegt ein ganz normaler Verberstsatz vor. Da es sich nicht um einen Konditionalsatz handelt, da keine Imperativmorphologie vorliegt und da der Satz mit Fragesatzintonation gesprochen wird, handelt es sich um einen Fragesatz, d. h. nur der Typ *interrogative* kommt als semantischer Beitrag in Frage. In der Analyse von (21b) wird der Lexikoneintrag mit dem Akkusativobjekt verwendet. Das Akkusativobjekt wird durch eine Spur abgebunden und befindet sich dann in der SLASH-Liste des Arguments des Verbs in Erststellung. Deshalb sind die Bedingungen der Beschränkung in (26) erfüllt, und der semantische Beitrag muß demzufolge *assertion_or_imperative_or_interrogative* sein. Da weder Imperativmorphologie noch Frageintonation vorliegt, ist nur die Relation *assertion* angebracht. Das Element in SLASH wird dann entweder durch ein spezielles Dominanzschema für die Vorfeldellipse abgebunden (Müller: Erscheintb) oder ein leeres Element im Vorfeld fungiert als Füller in einer Füller-Kopf-Struktur.

10.4 Anhang 2: Interaktion mit der Informationsstruktur

Eine Eigenschaft der Analyse wurde bisher noch nicht erklärt: Bei der Voranstellung nimmt die Extraktionsspur immer die höchste Position im Mittelfeld ein. Das heißt bei

---

[6]Das positionale *es* in Sätzen wie (i.a) kann entweder als Funktor analysiert werden, der einen Fragesatz als Argument nimmt, die Fragesemantik unterdrückt und eine entsprechende Aussagesatzsemantik beisteuert (Tibor Kiss, p. M. 2006), oder aber als extrahiertes Adjunkt, das selbst nichts zur Semantik des von ihm modifizierten Kopfes beiträgt. Bei der zweiten Analyse muß man sicherstellen, daß dieses Adjunkt wirklich extrahiert ist, d. h. daß das *es* im Mittelfeld ausgeschlossen ist.

(i) a. Es kamen drei Männer herein.

     b. * daß es drei Männer hereinkamen

der Analyse von (28a) geht man von der Struktur in (28b) und nicht von der Struktur in (28c) aus:

(28)   a. Das Buch kennt jeder.

      b. [Das Buch]$_i$ kennt$_j$ $\_i$ jeder $\_j$.

      c. [Das Buch]$_i$ kennt$_j$ jeder $\_i$ $\_j$.

Das mag überraschen, denn die Normalstellung der Argumente von *kennen* ist ja Nominativ vor Akkusativ. Prinzipiell läßt die Analyse bisher beide Abfolgen zu: Da wir sowohl (29a) als auch (29b) analysieren können (siehe Kapitel 9.1), wären ohne eine weitere Einschränkung auch beide Strukturen in (28) möglich.

(29)   a. Kennt jeder das Buch?

      b. Kennt das Buch jeder?

Fanselow (2002b) und Frey (2004a) argumentieren jedoch dafür, daß der Satz in (28a) nach dem Muster von (28b) analysiert werden sollte. Frey hat festgestellt, daß die pragmatischen Bedingungen für die Voranstellung von Elementen aus einem einfachen Satz ins Vorfeld den Bedingungen der Voranstellung im Mittelfeld entsprechen. Insbesondere kann man feststellen, daß die Plazierung von Subjekten (30a), bestimmten Objekten (30b–c) und bestimmten Adverbialen (30d–e) im Vorfeld pragmatisch unmarkiert ist (Lenerz: 1977, Haider: 1984b, 73–74, Fanselow: 2002b; G. Müller: 2004, 189, Frey: 2004a), d. h. es muß sich beim vorangestellten Element nicht zwangsläufig um einen Topik oder um einen Fokus handeln.[7]

(30)   a. Karl hat das Paket weggebracht.

      b. Dem Karl hat das Spiel gut gefallen.

      c. Einem Mitbewohner wurde die Geldbörse entwendet.

      d. Leider hat keiner dem alten Mann geholfen.

      e. In Europa spielen Jungen gerne Fußball.

Daß das Vorfeld nicht mit einer pragmatischen Funktion wie Topik oder Fokus verbunden ist, wird noch klarer, wenn man sich die Wetterverben ansieht:

(31)   Es wird bald regnen.

Das Expletivum in (31) ist nicht referentiell, kann also keinen Anschluß an bereits Gesagtes bilden.

Der Zusammenhang zwischen der pragmatischen Funktion, die ein Element in der ersten Position des Mittelfelds haben würde, und der Vorfeldpositionierung wird erfaßt, wenn man annimmt, daß die Vorfeldbesetzung bei einfachen Sätzen durch das Element erfolgt, das in einem Verbletztsatz am weitesten links im Mittelfeld stehen würde.

Frey (2004a) weist darauf hin, daß Sätze wie (32) gesondert behandelt werden müssen:

(32)   a. weil es den Otto friert

      b. Den Otto friert es.

      c. * weil den Otto es friert

---

[7]Die Beispiele in (30) und (31) sind von Frey (2004a).

Obwohl *den Otto* nicht vor dem Pronomen stehen kann, ist die Stellung in (32b) unmarkiert. Frey behandelt das *es* deshalb als Klitikon, das für die Besetzung des Vorfeldes keine Rolle spielt. Alternativ kann man – wie das in der HPSG üblich ist – annehmen, daß die Abfolge der Elemente im Mittelfeld über Linearisierungsbeschränkungen geregelt wird, und diese würden Pronomina im Mittelfeld vor der Spur anordnen, so daß man auch die Unmarkiertheit von (32b) ableiten kann.

10.5 Alternativen

In diesem Abschnitt sollen zwei Alternativen zu Teilbereichen der hier vorgestellten Analyse untersucht werden: Die Bestimmung der Satztypen aufgrund von Abfolgemustern und die lexikalische Einführung von Fernabhängigkeiten.

10.5.1 Bestimmung des Satztyps in Abhängigkeit von der Reihenfolge sichtbarer Elemente

Kathol (1995, 1997, 2000, 2001) hat eine Theorie des deutschen Satzes entwickelt, die die von Mike Reape in die HPSG eingeführten Linearisierungsdomänen benutzt (Siehe Reape: 1996, 1992, 1994 und Kapitel 9.5.1.2). Die Linearisierungsdomänen verbaler Köpfe werden nach den im Kapitel 8 eingeführten topologischen Feldern eingeteilt. Die Felder werden durchnumeriert: 1 = Vorfeld, 2 = linke Satzklammer, 3 = Mittelfeld und 4 = rechte Satzklammer. Linearisierungsbeschränkungen sorgen dann dafür, daß Elemente, die den entsprechenden Feldern zugewiesen wurden, auch in der bekannten Reihenfolge stehen, d. h. 1-Elemente vor 2-Elementen usw.

Kathol schlägt vor, den Satztyp in Abhängigkeit von sichtbarem Material zu bestimmen. Kathol (1997) weist die klassische CP/IP-Analyse der deutschen Satzstruktur aufgrund von Lernbarkeitserwägungen zurück und argumentiert für eine nicht-abstrakte Syntax, d. h. eine Syntax, in der nur die Reihenfolge sichtbarer Elemente eine Rolle spielt und in der abstrakte syntaktische Objekte wie z. B. leere funktionale Köpfe keine Rolle spielen (S. 89).

Kathol (2001) definiert die Satztypen mit Bezug auf die Domänenelemente. Er nimmt an, daß alle Satztypen Untertypen der folgenden drei Typen sind:

(33) a. *V1-clause* $\rightarrow$ $\begin{bmatrix} \text{S}[\mathit{fin}] \\ \text{DOM} \left\langle \begin{bmatrix} \text{V}[\mathit{fin}] \\ 2 \end{bmatrix}, \ldots \right\rangle \end{bmatrix}$

  b. *V2-clause* $\rightarrow$ $\begin{bmatrix} \text{S}[\mathit{fin}] \\ \text{DOM} \left\langle [\ 1\ ], \begin{bmatrix} \text{V}[\mathit{fin}] \\ 2 \end{bmatrix}, \ldots \right\rangle \end{bmatrix}$

  c. *subord-clause* $\rightarrow$ $\begin{bmatrix} \text{S}[\mathit{fin}] \\ \text{DOM} \left\langle \ldots, \begin{bmatrix} \text{HEAD} \neg \ \text{V}[\mathit{fin}] \\ 2 \end{bmatrix}, \ldots \right\rangle \end{bmatrix}$

Die Beschränkung für den ersten Typ besagt, daß das finite Verb an erster Stelle stehen muß, die für den zweiten Typ sagt, daß es ein Element im Feld *1* geben muß und daß das finite Verb unmittelbar anschließend im Feld *2* steht. Für Sätze vom Typ *subord-clause* muß gelten, daß im Feld *2* (der linken Satzklammer) kein finites Verb steht. Das finite Verb muß in solchen Sätzen also in einem anderen Feld stehen. Da das finite Verb aber nur in einer der beiden Satzklammern stehen kann, bleibt nur die rechte Satzklammer – also das Feld *4* – übrig.

Kathol kreuzklassifiziert die Typen in (33) mit den Typen *declarative*, *wh-interrogative* und *polar*. Die entsprechende Typhierarchie zeigt Abbildung 10.6. Die Boxen stehen hier

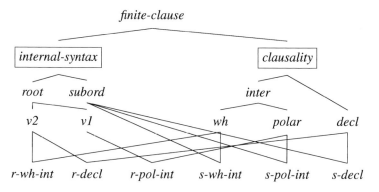

Abbildung 10.6: Satztypen nach Kathol: 2001

für sogenannte Partitionen, d. h. linguistische Objekte müssen jeweils einen der Typen haben, die direkt von einer Box dominiert werden.

Ein solcher Ansatz zur Satztypbestimmung wäre sehr attraktiv, wenn es eine eineindeutige Beziehung zwischen der Abfolge sichtbarer Elemente und dem Satztyp gäbe. Dem ist jedoch nicht so: In elliptischen Äußerungen kann man alle Elemente, die in Kathols Satztypbestimmung eine Rolle spielen, weglassen. Wie bereits in den Kapiteln 1.3.2.3 und 9.5.1.1 erwähnt wurde, scheint bei oberflächlicher Betrachtung das Vorfeld auch mehrfach besetzbar zu sein. Die relevanten Beispiele werden im folgenden diskutiert.

Kathol definiert Verberst- und Verbzweitsätze als Sätze, in deren linker Satzklammer ein finites Verb steht. Es gibt im Deutschen aber Äußerungen wie die in (34), in denen es (im Hauptsatz) kein Finitum gibt (siehe auch Paul: 1919, 41 für weitere Beispiele).

(34) a. Doch egal, was noch passiert, der Norddeutsche Rundfunk steht schon jetzt als Gewinner fest.[8]

    b. Interessant, zu erwähnen, daß ihre Seele völlig in Ordnung war.[9]

    c. Ein Treppenwitz der Musikgeschichte, daß die Kollegen von Rammstein vor fünf Jahren noch im Vorprogramm von Sandow spielten.[10]

In den Äußerungen in (34) wurde die Kopula *sein* weggelassen. Diese Äußerungen entsprechen den Sätzen in (35):

---

[8]Spiegel, 12/1999, S. 258.
[9]Michail Bulgakow, *Der Meister und Margarita*. München: Deutscher Taschenbuch Verlag. 1997, S. 422.
[10]Flüstern & Schweigen, taz, 12.07.1999, S. 14.

(35)   a. Doch was noch passiert, ist egal, ...

      b. Zu erwähnen, daß ihre Seele völlig in Ordnung war, ist interessant.

      c. Daß die Kollegen von Rammstein vor fünf Jahren noch im Vorprogramm von Sandow spielten ist ein Treppenwitz der Musikgeschichte.

Die Kopula, die mit Adjektiven benutzt wird, leistet keinen eigenen semantischen Beitrag, sie stellt lediglich die Kongruenzinformation und die verbalen Merkmale zur Verfügung, die von anderen Prädikaten gebraucht werden, die das Adjektiv + Kopula einbetten (Paul: 1919, 41). Wie die Beispiele in (34) zeigen, kann die Kopula weggelassen werden. Das Ergebnis sind dann Sätze ohne finites Verb.

    Die Beispiele in (34) sind Deklarativsätze, d. h. sie sollten dem Muster in (33b) entsprechen. (36) ist ein Beispiel für eine verblose Frage. Dieser Satz entspricht einem Verberstsatz mit der Kopula an der ersten Position, d. h. er sollte dem Muster in (33a) entsprechen.

(36)   Niemand da?[11]

Man kann die Satztypbestimmung retten, indem man ein phonologisch leeres Verb annimmt.[12] Kathol: 1995, Kapitel 5.4.1 schließt jedoch phonologisch leere Domänenelemente explizit aus. Eine weitere Argumentation gegen leere Elemente findet sich in Kathol: 2001, 38. In Kathols nicht-abstrakter Syntax haben leere Elemente keinen Platz.

    Ein anderes Phänomen, das ebenfalls problematisch für den Linearisierungsansatz ist, ist die sogenannte Vorfeldellipse, die auch *Topic Drop* genannt wird. Huang (1984), Fries (1988) und Hoffmann (1997) diskutieren diese Konstruktion im Detail. Wie bereits im Abschnitt 10.3 festgestellt wurde, läßt sich in bestimmten Fällen die Vorfeldellipse nicht von Fragen unterscheiden, wenn man nur die lineare Abfolge von realisierten Elementen betrachtet. Das entsprechende Beispiel sei hier wiederholt:

(37)   a. Hat er schon gegessen?

      b. Und was ist mit dem Kuchen?
         Hat er schon gegessen.

Die Sätze unterscheiden sich nur in bezug auf ihre Intonation.

    Die Bestimmung des Satztyps würde funktionieren, wenn man annehmen würde, daß das Vorfeld durch ein leeres Element besetzt sein kann. Dann wäre (37b) als Verbzweitsatz analysierbar.

    Will man keine leeren Elemente verwenden, bleibt nur, weitere Muster aufzuschreiben. Für die Vorfeldellipse müßte man dann z. B. folgende Beschränkung formulieren:

$$
(38)\quad \textit{V1-topic-drop-clause} \rightarrow
\begin{bmatrix}
\text{S}[\textit{fin}] \\
\text{DOM} \quad \left\langle \begin{bmatrix} \text{V}[\textit{fin}] \\ 2 \end{bmatrix}, \ldots \right\rangle
\end{bmatrix}
$$

Der Typ *V1-topic-drop-clause* wäre dann ein Untertyp von *root*, und man müßte noch einen gemeinsamen Untertyp von *V1-topic-drop-clause* und *decl* definieren.

---

[11]Paul: 1919, 13.

[12]Siehe auch Bender: 2002 und Sag, Wasow und Bender: 2003, 464 für Analysen mit einer phonologisch leeren Kopula für *African American Vernacular English*.

Genauso könnte man Typen für die Fälle mit fehlender Kopula definieren. Auf diese Weise würde man jedoch nur alle Abfolgemuster aufzählen, ohne die Zusammenhänge zwischen diesen Mustern zu erfassen. Für die bisher diskutierten Fälle ist es zwar unschön, aber doch immerhin möglich, sie in die Typhierarchie zu integrieren. Betrachtet man jedoch die Beispiele mit scheinbar mehrfacher Vorfeldbesetzung, wie sie schon im Kapitel 1.3.2.3 diskutiert wurden, sieht man, daß ein rein linearisierungsbasierter Ansatz ohne leere Elemente erhebliche Probleme bekommt.

(39) a. [Nichts] [mit derartigen Entstehungstheorien] hat es natürlich zu tun, wenn …[13]

      b. [Trocken] [durch die Stadt] kommt man am Wochenende auch mit der BVG.[14]

      c. [Alle Träume] [gleichzeitig] lassen sich nur selten verwirklichen.[15]

In diesen Beispielen steht das finite Verb nicht an zweiter Stelle, obwohl es sich um Deklarativsätze handelt. Eine Möglichkeit, das zu erfassen, wäre, die Typbeschränkung in (33b) so aufzuweichen, daß beliebig viele Elemente vor dem Verb in der linken Satzklammer stehen können:

$$(40) \quad \textit{Vn-clause} \rightarrow \begin{bmatrix} \text{S}[\textit{fin}] \\ \text{DOM} \left\langle [\ 1\ ], \dots, \begin{bmatrix} \text{V}[\textit{fin}] \\ 2 \end{bmatrix}, \dots \right\rangle \end{bmatrix}$$

Das ist aber problematisch, da Kathol Linearisierungsbeschränkungen annimmt, die dafür sorgen, daß alle Domänenelemente entsprechend ihrer Feldnummer angeordnet sind. Daraus folgt, daß vor 2 nur 1-Elemente stehen können. Für die Sätze in (41) ergibt sich deshalb, daß *los* und *damit* und *den Atem* und *an* bzw. *gut* und *an* im Vorfeld stehen müssen.

(41) a. *Los* damit *geht* es schon am 15. April.[16]

      b. Den Atem an hielt die ganze Judenheit des römischen Reichs und weit hinaus über die Grenzen.[17]

      c. Sein Vortrag wirkte […] ein wenig arrogant, nicht zuletzt wegen seiner Anmerkung, neulich habe er bei der Premiere des neuen „Luther"-Films in München neben Sir Peter Ustinov und Uwe Ochsenknecht gesessen. Gut *an kommt* dagegen die Rede des Jokers im Kandidatenspiel: des Thüringer Landesbischofs Christoph Kähler (59).[18]

In einem solchen Setting kann man nicht erklären, wieso die Sätze in (42) schlecht sind:

(42) a. * An den Atem hielt die ganze Judenheit.

      b. * An gut kommt dagegen die Rede des Jokers im Kandidatenspiel.

---

[13]K. Fleischmann, *Verbstellung und Relieftheorie*, München, 1973, S.72. zitiert nach van de Velde: 1978, 135.

[14]taz berlin, 10.07.1998, S.22.

[15]Broschüre der Berliner Sparkasse, 1/1999.

[16]taz, 01.03.2002, S.8.

[17]Lion Feuchtwanger, *Jud Süß*, S.276, zitiert nach Grubačić: 1965, 56.

[18]taz, 04.11.2003, S.3, siehe auch Müller: 2005c, 313.

In der Analyse der Sätze in (41), die ich in Müller: 2005c vertrete, bildet die Verbpartikel die rechte Satzklammer in einem komplexen Vorfeld und *den Atem* bzw. *gut* stehen davor. Es ist jedoch nicht so, daß die Verbpartikel und das jeweils andere Element als eigenständige Konstituenten im Vorfeld stehen. Würde man eine eigenständige Voranstellung der Elemente annehmen, so ließe sich nicht erklären, wieso die Sätze in (42) ungrammatisch sind, denn prinzipiell kann eine Partikel auch an erster Stelle stehen, wie (41a) zeigt. Mit einem intern strukturierten komplexen Vorfeld sind die Verhältnisse in (41) und (42) dagegen erklärbar, denn dann ist die Abfolge in (41a) eine Extraposition von *damit*, wie sie auch sonst möglich ist (43a), und die Beispiele in (42) sind schlecht, weil *den Atem* und *gut* auch ansonsten nicht ins Nachfeld gestellt werden können, wie (43b,c) zeigen:

(43)   a.   Es geht schon am 15. April los damit.

        b.   * Deshalb hielt die ganze Judenheit an den Atem.

        c.   * Die Rede kommt an gut.

Eine Alternative zur Aufweichung der Beschränkung, daß nur eine Konstituente vor dem finiten Verb stehen darf, besteht darin anzunehmen, daß die Elemente vor dem Finitum eine Konstituente bilden. Ich habe vorgeschlagen, die Elemente mit dem leeren verbalen Kopf zu kombinieren, der auch im Kapitel 9.4 für die Analyse der Verbstellung verwendet wurde. Wenn man keine leeren Köpfe annehmen will, bleibt nur, spezielle Grammatikregeln anzunehmen, die die Elemente im Vorfeld zu größeren Konstituenten kombinieren. Die Daten, die ich in Müller: 2003a diskutiert habe, zeigen jedoch, daß sehr viele verschiedene Arten von Kombinationen im Vorfeld möglich sind. So können zwei Argumente (39a) oder wie in (39b) und in (39c) Adjunkte und Argumente gemeinsam im Vorfeld auftreten. Die Beispiele in (41) zeigen, daß eine Verbpartikel zusammen mit einem anderen Element im Vorfeld stehen kann. Somit braucht man mindestens drei zusätzliche Grammatikregeln, die Argumente, Adjunkte und Prädikatskomplexbestandteile zu Verben projizieren und auf diese Weise erreichen, was ein einziger leerer Kopf leisten würde. In Analysen der Verbstellung, die einen leeren Kopf für das Verb in Endstellung annehmen, ist der entsprechende leere Kopf ohnehin vorhanden, muß also nicht stipuliert werden. In einer Linearisierungsanalyse gibt es den leeren Kopf dagegen nicht, weshalb die Stipulation eines leeren Kopfes oder der drei Grammatikregeln zur Vermeidung des leeren Kopfes nur für die Analyse der scheinbar mehrfachen Vorfeldbesetzung in die Grammatik aufgenommen werden müssen. Aus diesem Grund ist der in Kapitel 9.4 und im Abschnitt 10.3 entwickelten Analyse der Satztypen im Deutschen gegenüber der linearisierungsbasierten Analyse der Vorzug zu geben.

10.5.2 Lexikalische Einführung von Fernabhängigkeiten

Bouma, Malouf und Sag (2001) entwickeln eine Analyse der Fernabhängigkeiten, bei der die Information über die Fernabhängigkeit im Lexikon eingeführt wird. Es gibt eine Liste, die Information über die Valenz eines Kopfes enthält (ARG-ST). Von dieser Liste gibt es eine Abbildung auf eine weitere Liste (DEPS), die sowohl Argumente als auch Adjunkte enthält.

(44)   Argument Structure Extension (Bouma, Malouf und Sag: 2001, 12)

$$verb \rightarrow \begin{bmatrix} \text{ARG-ST} & \boxed{1} \\ \text{DEPS} & \boxed{1} \oplus list(\text{'adverbial'}) \end{bmatrix}$$

Von dieser Liste gibt es schließlich eine Abbildung auf die SUBJ- und COMPS-Liste. SUBJ
und COMPS regeln die Kombinatorik in der Syntax, auf diese Merkmale wird in den Dominanzschemata Bezug genommen. (SUBJ und COMPS entsprechen der hier verwendeten
SUBCAT-Liste, wobei Subjekte getrennt von Komplementen repräsentiert werden.)

(45)   Argument Realization (Bouma, Malouf und Sag: 2001, 12)

$$word \rightarrow \begin{bmatrix} \text{SUBJ} & \boxed{1} \\ \text{COMPS} & \boxed{2} \ominus list(\text{'gap-ss'}) \\ \text{DEPS} & \boxed{1} \oplus \boxed{2} \end{bmatrix}$$

Dabei ist *gap-ss* ein Untertyp von *synsem*, für den gilt, daß der LOCAL-Wert mit einem Element in SLASH identisch ist. Das Subtraktionszeichen $\ominus$ wird dazu benutzt, alle Objekte
vom Typ *gap-ss* von der Liste $\boxed{2}$ abzuziehen. Das heißt, die Liste der abhängigen Elemente ist DEPS. Davon werden die Elemente abgezogen, die Gaps sind, und das Ergebnis der
Subtraktion wird mit der COMPS-Liste identifiziert.

Paßt man das Argumentrealisierungsprinzip an die in diesem Buch vertretene Merkmalsgeometrie an, bekommt man für finite Verben folgendes (siehe Kapitel 17):

(46)   Argument Realization

$$word \rightarrow \begin{bmatrix} \text{SUBCAT} & \boxed{1} \ominus list(\text{'gap-ss'}) \\ \text{DEPS} & \boxed{1} \end{bmatrix}$$

Für ein ditransitives Verb wie *geben* bekommt man in einem solchen Ansatz unter anderem
die drei SUBCAT-Listen in (47b–d):

(47)   a. $\langle \text{NP}[nom], \text{NP}[acc], \text{NP}[dat] \rangle$

     b. $\langle \qquad\quad \text{NP}[acc], \text{NP}[dat] \rangle$

     c. $\langle \text{NP}[nom], \qquad\quad \text{NP}[dat] \rangle$

     d. $\langle \text{NP}[nom], \text{NP}[acc] \qquad \rangle$

Das Subjekt, das Akkusativ-Objekt bzw. das Dativ-Objekt ist in (47b–d) extrahiert, wird
also nicht von DEPS auf die SUBCAT-Liste übernommen.

Nerbonne (1994, 147–148) argumentiert gegen die Verwendung von Spuren und für
die lexikalische Einführung von Fernabhängigkeiten, da man bei der Verwendung von
Spuren das Problem der Serialisierung der Spuren hat. Wie sich in den letzten Jahren gezeigt hat, ist das aber kein Problem, sondern im Gegenteil erwünscht. Die Diskussion in
Abschnitt 10.4 hat gezeigt, daß das Element im Vorfeld bei Voranstellung aus dem lokalen Satz dieselbe pragmatische Funktion hat, die es haben würde, wenn es ganz links im
Mittelfeld stehen würde. In einem Ansatz mit Spuren kann man die entsprechenden Beschränkungen formulieren, d. h. man kann erzwingen, daß die Spur am weitesten links im
Mittelfeld steht, und durch die Interaktion mit Linearisierungsregeln läßt sich die informationsstrukturelle Funktion der extrahierten Konstituente bestimmen. Im lexikonbasierten
Ansatz läßt sich hingegen nicht feststellen, ob die Argumente des Verbs definit oder in-
definit sind, ob es unbetonbare Pronomina sind oder nicht usw. Diese Information ist in
den Beschreibungen NP[nom] nicht enthalten, da man nicht im Lexikon festlegen muß,
daß *geben* mit einer definiten Nominalphrase vorkommt. Die Beschreibung NP[nom] sagt

nichts über die Definitheit/Indefinitheit des Subjekts von *geben* aus und läßt damit sowohl Definitheit als auch Indefinitheit zu. Da die extrahierten Elemente in bezug auf ihre
informationsstrukturellen Eigenschaften nicht bestimmt sind, sind also auch die informationsstrukturellen Eigenschaften, die der zum extrahierten Element gehörende Füller haben
muß, nicht beschränkt. Der einzige Ausweg scheint hier zu sein, daß man alle Information,
die im Zusammenhang mit der Linearisierung relevant ist, im Lexikon spezifiziert. Man
würde dann für jede Abfolge einen eigenen Lexikoneintrag mit entsprechend geordneter
Valenzliste annehmen und verlangen, daß die Elemente der Valenzliste von rechts nach
links abgebunden werden (also mit *append* statt *delete*). Für das Verb *geben*, wie es in
(48a) benutzt wird, müßte man also eine SUBCAT-Liste wie in (48b) annehmen:

(48) a. weil dem Mann eine Frau ein Buch gibt

      b. $\langle$NP[*dat*, DEF+], NP[*nom*, DEF−], NP[*acc*, DEF−]$\rangle$

Uszkoreit (1986) hat eine solche Analyse vorgeschlagen. Da Bouma, Malouf und Sag
(2001) Adjunkte genau wie Argumente in den DEPS-Listen verwalten, würde die Liste für
(49a) auch ein Adjunkt enthalten:

(49) a. weil dem Mann hoffentlich eine Frau ein Buch gibt

      b. $\langle$NP[*dat*, DEF+], ADJUNCT, NP[*nom*, DEF−], NP[*acc*, DEF−]$\rangle$

Die beiden folgenden Beispiele von Frey (2004a) zeigen, daß Frame-Adverbiale (50a) im
Gegensatz zu Instrumental-Präpositionalphrasen (50b) ins Vorfeld gestellt werden können,
ohne daß die Sätze pragmatisch markiert wären.

(50) a. In Europa spielen Jungen gerne Fußball.

      b. Mit dem Hammer hat Otto das Fenster eingeschlagen.

Das entspricht der Markiertheit/Unmarkiertheit der entsprechenden Sätze in (51):

(51) a. daß in Europa Jungen gerne Fußball spielen

      b. daß Otto mit dem Hammer das Fenster eingeschlagen hat

      c. daß mit dem Hammer Otto das Fenster eingeschlagen hat

Um diesen Unterschied im Lexikon erfassen zu können, muß man bereits bei der lexikalischen Einführung der Adjunkte und Fernabhängigkeiten sagen, welcher Art die Adverbiale im Vorfeld sein werden, d. h. die Tatsache, daß eine Instrumental-PP bzw. ein Frame-
Adverbial oder Satzadverb extrahiert wurde, muß bereits im Lexikoneintrag eines Verbs
enthalten sein.

Überlegt man sich, was das genau bedeutet, so sieht man, daß die gesamte Sprache
einfach im Lexikon aufgeschrieben wird. Einzig die genaue phonologische Realisierung
und die semantische Relation werden ausgelassen.

Darüber hinaus gibt es das Problem, daß man normalerweise davon ausgeht, daß Elemente in Valenzlisten Objekte vom Typ *synsem* sind (siehe Kapitel 12 zur Lokalität der
Selektion) und daß deshalb im Lexikon phonologische Information abhängiger Elemente
nicht zur Verfügung steht, da PHON nicht Teil der in *synsem*-Objekten enthaltenen Information ist. Man kann also nicht erkennen, ob ein unbetonbares Pronomen vor dem zu
extrahierenden Element steht oder nicht, was für die Analyse von Sätzen wie (32b) – hier
als (52) wiederholt – ein Problem darstellt.

(52) Den Otto friert es.

Vielleicht könnte man dieses Problem lösen, indem man ein syntaktisches Merkmal BE-TONBAR innerhalb von SYNSEM stipuliert, aber Abraham (1995, 178) formuliert für die Abfolge von Pronomina die Regel Dentale vor Labialen. Information über die Aussprache von syntaktischem Material gehört aber eindeutig zu PHON und nicht zu SYNSEM.

Kontrollfragen

1. Nennen Sie Beispiele für Fernabhängigkeiten.

2. Warum kann man Fernabhängigkeiten nicht wie Umstellungen im Mittelfeld behandeln?

3. Was unterscheidet die HPSG-Analysen von transformationsgrammatischen Analysen?

Übungsaufgaben

1. Skizzieren Sie einen Baum für den folgenden Satz:

   (53) Diese Wohnung mietet er.

2. Laden Sie die zu diesem Kapitel gehörende Grammatik von der Grammix-CD (siehe Übung 3 auf Seite 61). Im Fenster, in dem die Grammatik geladen wird, erscheint zum Schluß eine Liste von Beispielen. Geben Sie diese Beispiele nach dem Prompt ein und wiederholen Sie die in diesem Kapitel besprochenen Aspekte.

Literaturhinweise

Die Analyse der Fernabhängigkeiten in der HPSG geht auf Arbeiten von Gazdar (1981) im Rahmen der GPSG zurück. Einen guten Überblick über Extraktionsphänomene im Englischen, die Geschichte der Extraktionsanalysen und einen Vergleich mit transformationellen Analysen geben Levine und Hukari (2006).

11 Relativsätze

Nach der Behandlung der Vorfeldbesetzung im vorigen Kapitel widmen wir uns jetzt der Analyse der Relativsätze. Im Abschnitt 11.1 werden die syntaktischen Eigenschaften von Relativsätzen diskutiert, und in Abschnitt 11.2 wird die Analyse vorgestellt.

11.1 Das Phänomen

Relativsätze bestehen aus einer Phrase, die ein Relativpronomen enthält, die ich im folgenden *Relativphrase* nennen werde, und einem sich daran anschließenden finiten Satz mit dem finiten Verb in Endstellung, aus dem die Relativphrase vorangestellt wurde. Beispiele verschiedenster Art zeigt (1):

(1)   a.   Der Mann, [*der*] Maria küßt, liebt sie.

     b.   Der Mann, [*den*] Maria küßt, liebt sie.

     c.   Der Mann, [*dem*] Maria zuhört, liebt sie.

     d.   Der Mann, [von *dem*] Maria geküßt wird, liebt sie.

     e.   Die Stadt, [in *der*] Karl arbeitet, ist attraktiv.

     f.   Ich machte Änderungen, [*deren* Tragweite] mir nicht bewußt war.

     g.   es hätte die FDP zerrissen und Kandidat Scharping das Signal gebracht, [*dessen* entbehrend] er schließlich scheiterte.[1]

     h.   Das ist ein Umstand, [*den* zu berücksichtigen] meist vergessen wird.[2]

     i.   Die Nato befindet sich in einem Zustand, [*den* zu verhindern] sie eigentlich gegründet wurde.[3]

Die Relativphrase kann ein Subjekt, (Akk/Dat/Gen/PP) Objekt, Adjunkt oder VP-Komplement sein. Die Relativphrase kann komplex sein (VP, PP, NP) oder nur aus einem Pronomen bestehen. Bei komplexen NPen ist das Relativwort ein Possesivum. Beispiele wie (1d–i) werden nach Ross (1967, 108) in Anlehnung an die Geschichte vom Rattenfänger von Hameln auch Rattenfängerkonstruktionen genannt, weil das Relativpronomen das Material in der jeweils vorangestellten Konstituente „mitzieht", d. h. zusammen mit anderem Material vorangestellt wird.

Das Relativwort muß mit seinem Bezugsnomen in Numerus und Genus übereinstimmen. Die Kasus von Bezugsnomen und Relativpronomen können allerdings verschieden sein. Der Kasus des Relativpronomens wird nur von dessen jeweiligem Kopf, meist dem Verb im Relativsatz bestimmt.

In (1) handelt es sich bei den Relativpronomina um sogenannte *d*-Pronomina, aber auch *w*-Pronomina kommen als Relativum vor, wie die Beispiele in (2) zeigen.

---

[1]taz, 20.10.1998, S. 1.

[2]Bech (1955, 79) gibt ein nahezu identisches Beispiel.

[3]Martin Schulze, Bericht aus Bonn, ARD, 23.04.1999.

(2)   a. Studien haben gezeigt, daß mehr Unfälle in Städten passieren, [*wo*] die Zebra-
        streifen abgebaut werden, weil die Autofahrer unaufmerksam werden.[4]

      b. Zufällig war ich in dem Augenblick zugegen, [*wo*] der Steppenwolf zum erstenn-
        mal unser Haus betrat und bei meiner Tante sich einmietete.[5]

      c. Tage, [an *welchen*] selbst die Frage, ob es nicht an der Zeit sei, dem Beispiele
        Adalbert Stifters zu folgen und beim Rasieren zu verunglücken, ohne Aufregung
        oder Angstgefühle sachlich und ruhig erwogen wird,[6]

      d. War das, [*worum*] wir Narren uns mühten, schon immer vielleicht nur ein Phan-
        tom gewesen?[7]

      e. Den Hass gegen Bill Gates' Firma schürten auch Meldungen, [*wonach*] die USA
        die Angriffssoftware taiwanischer Kampfjets auf Microsoft-Basis „zielangepaßt"
        hätten.[8]

      f. Dort vielleicht war das, [*was*] ich begehrte, dort vielleicht würde meine Musik
        gespielt.[9]

      g. [...], das ist nun wieder eine Frage, [über *welche*] müßige Leute nach Belieben
        brüten mögen.[10]

      h. [...], heute gibt es nichts, [*was*] der kritischen Betrachtung wert wäre oder [*wor-
        über*] sich aufzuregen lohnte.[11]

Es gibt verschiedene Arten von Relativsätzen: Sie können wie in (3) Nomina modifizieren,
sie können sich als weiterführende Relativsätze auf einen ganzen Satz beziehen (4), oder
sie können direkt als Argument (5) oder Adjunkt (6) eines Kopfes frei auftreten.

(3)   der Mann, der schläft

(4)   Anna hat die Schachpartie gewonnen, was Peter ärgerte.

(5)   a. Wer das schriftliche Produkt eines Verwaltungsbeamten als „mittleren Schwach-
        sinn" bezeichnet, muß mit 2.400 Mark Geldstrafe rechnen.[12]

      b. Macht kaputt, [*was*] euch kaputtmacht![13]

(6)   a. Wo das Rauchen derartig stigmatisiert ist wie von Köppl geplant, kann man sich
        leicht als Rebell fühlen, bloß weil man raucht.[14]

      b. Wo noch bis zum Dezember vergangenen Jahres die „Projekte am Kollwitzplatz"
        und „Netzwerk Spielkultur" ihren Sitz hatten, prangt heute das Schild „Zu ver-
        mieten".[15]

---

[4]taz berlin, 03.11.1997, S. 23.
[5]Herman Hesse, *Der Steppenwolf*. Berlin und Weimar: Aufbau-Verlag. 1986, S. 6.
[6]ebenda, S. 27.
[7]ebenda, S. 39.
[8]taz, 12.01.2000, S. 9.
[9]Herman Hesse, *Der Steppenwolf*. Berlin und Weimar: Aufbau-Verlag. 1986, S. 40.
[10]ebenda, Tractat vom Steppenwolf, S. 6.
[11]taz, 14.11.1996, S. 13.
[12]taz, 30.11.1995, S. 20.
[13]Ton, Steine, Scherben, *Warum geht es mir so dreckig?*, erschienen bei Indigo, David Volksmund Prod. als
   LP und CD, 1971.
[14]taz, 15.11.1996, S. 10.
[15]taz berlin, 27.07.1997, S. 23.

Weiterführende und freie Relativsätze können hier nicht besprochen werden. Der interessierte Leser sei auf Holler: 2003 bzw. auf Bausewein: 1990 und Müller: 1999a,b verwiesen.

Wie bereits im vorigen Kapitel gezeigt wurde (siehe Seite 164), kann man die Abfolgen in Relativsätzen nicht durch eine lokale Umordnung der Relativphrase erklären. Beispiele wie die in (7) zeigen klar, daß hier eine Fernabhängigkeit vorliegt:

(7) das Thema, [über das]$_i$ er Peter gebeten hat, [$_{VP}$ [einen Vortrag $_{-i}$] zu halten],

(8) Wollen wir mal da hingehen, wo$_i$ Jochen gesagt hat, [daß es $_{-i}$ so gut schmeckt]?

Hier besteht eine Analogie zur Vorfeldbesetzung in (9).

(9) a. Über dieses Thema hat er Peter gebeten, einen Vortrag zu halten.

    b. Wo hat Jochen gesagt, daß es so gut schmeckt?

11.2 Die Analyse

Dieser Abschnitt ist in zwei Teile geteilt: Zuerst beschäftigen wir uns mit der Syntax der Relativsätze. Im Abschnitt 11.2.2 wird dann ihre Semantik behandelt.

11.2.1 Die Syntax von Relativsätzen

Nach der Lektüre des vorangegangenen Kapitels ist klar, wie Fernabhängigkeiten wie z. B. die Vorfeldbesetzung und die Voranstellung in Relativsätzen modelliert werden können. In Relativsätzen gibt es jedoch noch eine zweite Fernabhängigkeit: Relativpronomina können tief in der Relativphrase eingebettet sein. Die Information darüber, daß eine Phrase ein Relativpronomen enthält, muß am obersten Knoten der betreffenden Phrase vorhanden sein, denn sonst wäre es nicht möglich zu erklären, wieso die Sätze in (10b,c) keine Relativsätze sind und höchstens als Einschübe zu verstehen sind.

(10) a. Der Mann, der schläft, schnarcht.

     b. * Der Mann, er schläft, schnarcht.

     c. * Der Mann, der Mann schläft, schnarcht.

In (10b) und (10c) steht *er* bzw. *der Mann* an der Stelle des Relativpronomens, und weder *er* noch *der Mann* enthält ein Relativpronomen.

Außerdem muß man die Übereinstimmung des Relativpronomens mit seinem Bezugswort in Numerus und Genus sicherstellen.

(11) a. Der Mann$_i$, [von *dem*$_i$] Maria geküßt wird, liebt sie.

     b. Die Stadt$_i$, [in *der*$_i$] Karl arbeitet, ist attraktiv.

     c. Änderungen$_i$, [*deren*$_i$ Tragweite] mir nicht bewußt war

     d. das Signal$_i$, [*dessen*$_i$ entbehrend] er schließlich scheiterte

     e. ein Umstand$_i$, [*den*$_i$ zu berücksichtigen] meist vergessen wird

Die Kongruenz und Koreferenz von Bezugsnomen und Relativpronomen läßt sich einfach durch eine Koindizierung, eine Strukturteilung der INDEX-Werte ausdrücken. Dazu wird

der referentielle Index des Relativwortes nach oben gereicht, so wie das für die Vorfeldbesetzung mit LOCAL-Werten gemacht wurde (vergleiche die Extraktionsspur in (16) auf
Seite 168). Die entsprechende Fernabhängigkeit beginnt jedoch in einem phonologisch
gefüllten Lexikoneintrag:

$$
(12) \quad
\begin{bmatrix}
\text{PHON} & \langle\, dem\,\rangle \\[2pt]
\text{LOC} &
\begin{bmatrix}
\text{CAT} &
\begin{bmatrix}
\text{HEAD} & \begin{bmatrix} \text{CAS} \ dat \\ noun \end{bmatrix} \\
\text{SPR} & \langle\,\rangle \\
\text{SUBCAT} & \langle\,\rangle
\end{bmatrix} \\[10pt]
\text{CONT} & \begin{bmatrix} \text{IND} \ \boxed{1} & \begin{bmatrix} \text{PER} & 3 \\ \text{NUM} & sg \\ \text{GEN} & mas \vee neu \end{bmatrix} \end{bmatrix}
\end{bmatrix} \\[10pt]
\text{NONLOC} & \begin{bmatrix} \text{REL} & \langle\,\boxed{1}\,\rangle \\ \text{SLASH} & \langle\,\rangle \end{bmatrix} \\[6pt]
word &
\end{bmatrix}
$$

In der Extraktionsspur wird der LOCAL-Wert mit dem SLASH-Element identifiziert, in
den Einträgen für Relativpronomina gibt es eine Strukturteilung zwischen dem Index des
Pronomens und dem Element von REL.

Abbildung 11.1 zeigt das Weiterreichen der Information über den referentiellen Index
eines Relativpronomens in einer komplexen Präpositionalphrase.

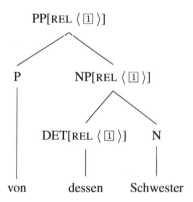

Abbildung 11.1: Weiterreichen des REL-Wertes in Relativphrasen

Bei der Analyse des Relativsatzes in (13) muß die Fernabhängigkeit, die im finiten Satz
beginnt, abgebunden werden.

(13)   Mann, [von dessen Schwester]$_i$ [Maria ein Bild $\_{-i}$ gemalt hat]

Der Füller der Fernabhängigkeit ist die Relativphrase. Da der gesamte Relativsatz Eigenschaften hat, die nicht mit denen von finiten Sätzen kompatibel sind, kann das finite Verb

nicht der Kopf des Relativsatzes sein (mehr dazu im nächsten Abschnitt). Ich gehe deshalb davon aus, daß sowohl die Relativphrase als auch der finite Satz, aus dem sie extrahiert wurde, Nicht-Kopftöchter sind. Abbildung 11.2 zeigt die syntaktischen Aspekte der Analyse im Überblick. Der REL-Wert wird vom Relativpronomen bis zum obersten

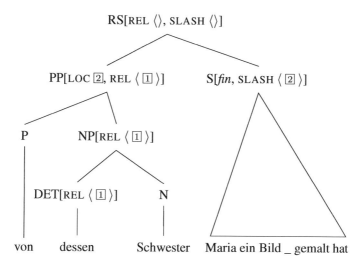

Abbildung 11.2: Perkolation und Abbindung der REL- und SLASH-Werte

Knoten der Relativphrase hochgereicht. Im Relativsatzschema wird überprüft, ob die erste Nicht-Kopftochter einen gefüllten REL-Wert enthält, d. h. ob es in der ersten Phrase ein Relativpronomen gibt. Der REL-Wert der Mutter ist die leere Liste, da der zum Relativpronomen gehörige Index nicht aus dem Relativsatz hinaus weitergereicht wird. Die Abbindung des SLASH-Wertes aus dem finiten Satz funktioniert parallel zur Vorfeldbesetzung: Der SLASH-Wert des Satzes wird mit dem LOCAL-Wert der Relativphrase identifiziert, der SLASH-Wert des Mutterknotens ist die leere Liste, da die Fernabhängigkeit durch die Relativphrase abgebunden wird. Schema 7 zeigt einen Auszug des Schemas, das die Struktur in Abbildung 11.2 lizenziert. Die erste Nicht-Kopftochter muß ein Element in REL enthalten. Der LOCAL-Wert der ersten Nicht-Kopftochter (⒈) entspricht dem SLASH-Wert, der zweiten Nicht-Kopftochter, einer vollständig gesättigten (SUBCAT ⟨⟩) Projektion eines finiten Verbs in Letztstellung. Der DSL-Wert *none* schließt die Verwendung der Verbspur in Relativsätzen aus. Ohne diese Restriktion würde die Grammatik die ungrammatische Folge in (14a) lizenzieren, die aus (14b) entsteht, wenn man statt des Verbs eine Verbspur einsetzt:

(14) a. * Der Mann, den Maria, schläft.

     b. Der Mann, den Maria kennt, schläft.

Die Relativphrase bindet die Fernabhängigkeit aus dem finiten Satz in Verbletztstellung ab, weshalb der SLASH-Wert der Mutter die leere Liste ist. Genauso wird die Information über das Relativpronomen innerhalb des Relativsatzes abgebunden: Der REL-Wert der Gesamtstruktur ist die leere Liste.

Das Ergebnis der Kombination ist ein Relativsatz und hat deshalb den Kopfwert *relativizer*. Relativsätze unterscheiden sich von normalen Sätzen dadurch, daß sie Nomina

Schema 7 (Relativsatzschema (strukturelle Aspekte))

relative-clause →

$$
\begin{bmatrix}
\text{LOC|CAT}\begin{bmatrix}\text{HEAD} & relativizer\\ \text{SPR} & \langle\rangle\\ \text{SUBCAT} & \langle\rangle\end{bmatrix}\\[4mm]
\text{NONLOC}\begin{bmatrix}\text{REL} & \langle\rangle\\ \text{SLASH} & \langle\rangle\end{bmatrix}\\[6mm]
\text{NH-DTRS}\left\langle
\begin{bmatrix}\text{LOC} & \boxed{1}\\ \text{NONLOC}\begin{bmatrix}\text{REL} & \langle\,[\,]\,\rangle\\ \text{SLASH} & \langle\rangle\end{bmatrix}\end{bmatrix},
\begin{bmatrix}
\text{LOC|CAT}\begin{bmatrix}\text{HEAD}\begin{bmatrix}\text{INITIAL} & -\\ \text{VFORM} & \mathit{fin}\\ \text{DSL} & none\\ verb\end{bmatrix}\\ \text{SUBCAT} & \langle\rangle\end{bmatrix}\\[4mm]
\text{NONLOC}\begin{bmatrix}\text{REL} & \langle\rangle\\ \text{SLASH} & \langle\,\boxed{1}\,\rangle\end{bmatrix}
\end{bmatrix}
\right\rangle
\end{bmatrix}
$$

modifizieren können, d. h. sie haben einen gefüllten MOD-Wert. Würde man Relativsätze einfach als eine Projektion des finiten Verbs (mit entsprechendem MOD-Wert beim Verb) analysieren, müßten finite Verben, auch wenn sie nicht in Relativsätzen verwendet werden, Nomina modifizieren können. (15) sollte also grammatisch sein, was aber nicht der Fall ist.

(15)   * der Mann, Maria den Mann kennt

Die Modifikation setzt die Relativsatzsyntax voraus, d. h. es muß eine Relativphrase geben und einen finiten Satz mit Verbletztstellung, aus dem diese Relativphrase vorangestellt wurde. Einfache Projektionen von Verben wie *Maria den Mann kennt* können nicht modifizieren.

Bisher wurden noch keine Beschränkungen für die Abfolge der Nicht-Kopftöchter in Relativsätzen angegeben. Natürlich muß die das Relativpronomen enthaltende Phrase immer vor dem finiten Satz stehen, aus dem sie bewegt wurde. Eine andere Abfolge ist ungrammatisch, wie das folgende Beispiel zeigt:

(16)   * Mann, [$_S$ Maria $\_{i}$ liebt] den$_{i}$

Außerdem kann die Relativphrase nicht innerhalb einer komplexen Nominalphrase rechts des Kopfnomens stehen:[16]

(17)   a. * Der Mann, [ein Bild von dessen Schwester] Maria malt, schläft.

        b. * der Vortrag, die Verfasserin dessen uns sehr attraktiv erscheint[17]

---

[16]Hierin unterscheiden sich Relativsätze von Interrogativsätzen, denn bei letzteren sind solche Abfolgen möglich:

   (i)   Viele Angehörige wußten nicht, an Bord welcher Maschine ihre Angehörigen waren. (Tagesschau, 03.01.2004, 20:00)

[17]Fanselow: 1987, 211.

In (17a) gibt es eine nach vorn bewegte Konstituente, die ein Relativpronomen enthält (*ein Bild von dessen Schwester*), und dennoch ist der Satz ungrammatisch. Konstituenten, die ein Relativpronomen enthalten, stehen immer vor anderen Konstituenten. Eine Ausnahme bilden Präpositionen und koordinierende Konjunktionen.

(18) a. der Stuhl, [auf dem] Maria sitzt

     b. der Moment, [auf den] ich gewartet habe

(19) der Mann, [dessen Frau [und dessen Tochter]] ich kenne,

Das wird von der folgenden Linearisierungsregel korrekt erfaßt. [18]

(20) REL ⟨ *index* ⟩ < ¬ P

Diese Regel besagt, daß jede Tochter eines Zeichens mit nichtleerer REL-Liste vor allen anderen Töchtern steht, wobei Präpositionen ausgenommen sind.

    Man beachte, daß die LP-Regel in (20) für das Englische nicht gilt.

(21) Here's the minister [[in [the middle [of [whose seremon]]]] the dog barked]. [19]

Diesen Satz kann man nicht mit (22) übersetzen.

(22) * Das ist der Pfarrer, in der Mitte von dessen Predigt der Hund bellte.

Eine Übersetzung wie (23) wäre wohl angebrachter.

(23) Das ist der Pfarrer, der die Predigt hielt, in deren Mitte der Hund bellte.

11.2.2 Die Semantik von Relativsätzen

Die hier betrachteten Relativsätze (24a) verhalten sich wie pränominale Adjektive (24b) oder PPen, die Nomina modifizieren (24c).

(24) a. die Frau, die alle kennen

     b. die schöne Frau

     c. die Frau im Cafe

Genau wie diese selegieren sie ein N̄ über das MOD-Merkmal und integrieren den semantischen Beitrag des Nomens in ihre Restriktionsliste (siehe Abschnitt 6.2). Das heißt, die Relativsätze verhalten sich anders als normale finite Sätze, denn normale Verbletztsätze können keine Nomina modifizieren:

(25) a. * die Frau, den Bruder alle kennen

     b. * die Frau, alle deren Bruder kennen

---

[18]Riemsdijk (1985) formuliert eine ähnliche Regel. Zu einer Präzisierung dieser Regel in bezug auf Koordinationsstrukturen siehe Müller: 1999a, 151.

[19]Pollard und Sag: 1994, 212.

Die Modifikation ist nur genau dann möglich, wenn die spezielle Relativsatzsyntax vorliegt. Enthält der Satz kein Relativpronomen oder ist dieses irgendwo anders als in der ersten Phrase, werden die Äußerungen ungrammatisch.

Es gibt mehrere Möglichkeiten, mit dieser Situation umzugehen: Man kann einen phonologisch leeren Kopf annehmen, der einen Satz als Komplement nimmt und selbst ein Modifikator ist, der dann nach der Kombination mit dem Satz die $\overline{\text{N}}$ modifizieren kann. Diesen Weg sind Pollard und Sag (1994, Kapitel 5) gegangen.[20] Eine Alternative ist, ein Schema zu verwenden, das den Satz zu einem Modifikator projiziert. In einem solchen Schema gibt es dann keinen Kopf. Der leere Kopf ist quasi direkt in die Regel integriert. Dieser Ansatz entspricht dem aus Abschnitt 11.2.1. Das folgende Schema zeigt die semantischen Aspekte des Relativsatzschemas:

Schema 8 (Relativsatzschema (semantische Aspekte und Kongruenz))
relative-clause →

$$
\begin{bmatrix}
\text{LOC} \begin{bmatrix}
\text{CAT} \begin{bmatrix} \text{HEAD} \begin{bmatrix} \text{MOD } \overline{\text{N}}: \begin{bmatrix} \text{IND} & \boxed{1} \\ \text{RESTR} & \boxed{2} \end{bmatrix} \\ \\ relativizer \end{bmatrix} \end{bmatrix} \\ \\
\text{CONT} \begin{bmatrix} \text{IND} & \boxed{1} \\ \text{RESTR} & \langle \boxed{3} \rangle \oplus \boxed{2} \end{bmatrix}
\end{bmatrix} \\ \\
\text{NH-DTRS} \left\langle [\text{ NONLOC}|\text{REL } \langle \boxed{1} \rangle \text{ }], [\text{ LOC}|\text{CONT } \boxed{3} \text{ }] \right\rangle
\end{bmatrix}
$$

Dabei gleicht das, was unter LOC steht, dem, was wir schon im Abschnitt 6.2 kennengelernt haben. Man vergleiche den LOC-Wert mit dem Lexikoneintrag für das Adjektiv *interessantes* in (10) auf Seite 77. Der LOC-Wert von *interessantes* ist der Übersichtlichkeit halber auch hier in (26) angegeben:

(26) LOC-Wert für *interessantes*:

$$
\begin{bmatrix}
\text{CAT} \begin{bmatrix}
\text{HEAD} \begin{bmatrix} \text{MOD } \overline{\text{N}}: \begin{bmatrix} \text{IND} & \boxed{1} \\ \text{RESTR} & \boxed{2} \end{bmatrix} \\ \\ adj \end{bmatrix} \\ \\
\text{SUBCAT} \langle \rangle
\end{bmatrix} \\ \\
\text{CONT} \begin{bmatrix}
\text{IND} & \boxed{1} & \begin{bmatrix} \text{PER} & 3 \\ \text{NUM} & sg \\ \text{GEN} & neu \end{bmatrix} \\ \\
\text{RESTR} & \left\langle \begin{bmatrix} \text{THEME} & \boxed{1} \\ interessant \end{bmatrix} \right\rangle \oplus \boxed{2}
\end{bmatrix}
\end{bmatrix}
$$

Das Adjektiv hat aufgrund seiner Flexion einen bestimmten Genus-Wert, der sich unter IND widerspiegelt. Bei Relativsätzen sind die Numerus- und Genuswerte durch das Relativpronomen bestimmt. Die entsprechende Information wird im Baum nach oben gereicht,

---

[20]Diese Analyse für das Deutsche findet man neben der hier vorgestellten in Müller: 1999a,b. Sag (1997) schlägt eine weitere Möglichkeit vor: Der MOD-Wert von Verben ist bei ihm unterspezifiziert. Verben können also in Relativsatzkonstruktionen als Kopf auftreten. Fälle wie (25) muß er anders ausschließen. Siehe Abschnitt 11.3.1.

und durch die Strukturteilung des REL-Wertes (□ im Schema 8) mit dem IND-Wert wird
dann sichergestellt, daß der gesamte Relativsatz einen referentiellen Index hat, der dcs
Relativpronomens entspricht. Dadurch daß der semantische Index des modifizierten Nomens ebenfalls mit dem semantischen Index des Relativsatzes identifiziert wird, ist sichergestellt, daß das Relativpronomen mit dem Nomen, auf das sich der Relativsatz bezieht,
in Numerus und Genus kongruiert.

Adjektive wie *interessantes* steuern in ihrem Lexikoneintrag eine Relation zur Gesamtbedeutung der Phrase, in der sie dann verwendet werden, bei. In Relativsätzen entspricht
diese Relation der Relation, die vom Verb im Relativsatz kommt, also der ③ im Schema 8.
Für einen einfachen Relativsatz wie den in (27) bekommt man somit eine Struktur wie
(28):

(27)   das Kind, das lacht

(28)
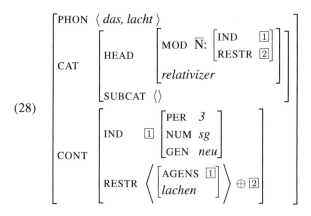

Die Bedeutungskombination der gesamten Nominalphrase in (27) erfolgt dann wie in Abschnitt 6.2 beschrieben: Da Relativsätze Adjunkte sind, werden sie in Kopf-Adjunkt-Strukturen mit einer entsprechenden N̄ kombiniert. In (27) ist das das Nomen *Kind*. Der MOD-
Wert des Relativsatzes wird mit der Kopftochter identifiziert. Die Restriktionsliste von
Kind (②) wird, wie in (28) zu sehen ist, mit der vom Relativsatz beigesteuerten vereinigt.
Da der semantische Beitrag in Kopf-Adjunkt-Strukturen von der Adjunkttochter übernommen wird, enthält der Gesamtbeitrag dann ⟨ kind(□), lachen(□) ⟩.

Die Analyse unseres Standardbeispiels in (29) mit Modifikation der N̄ zeigt Abbildung 11.3 auf der folgenden Seite.

(29)   Mann, von dessen Schwester Maria ein Bild gemalt hat

Schema 9 auf der nächsten Seite enthält sowohl die bisher diskutierten syntaktischen als
auch die semantischen Beschränkungen.

relative-clause ist kein Untertyp von *headed-structure*, das Valenzprinzip und das Semantikprinzip gelten deshalb nicht. Die entsprechende Information ist im Schema daher
explizit spezifiziert. Einen Überblick über die aktuelle Typhierarchie unter *sign* gibt Abbildung 11.4 auf Seite 193.

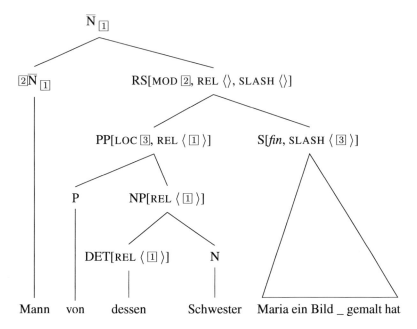

Abbildung 11.3: Perkolation und Abbindung der REL- und SLASH-Werte

Schema 9 (Relativsatzschema)

relative-clause →

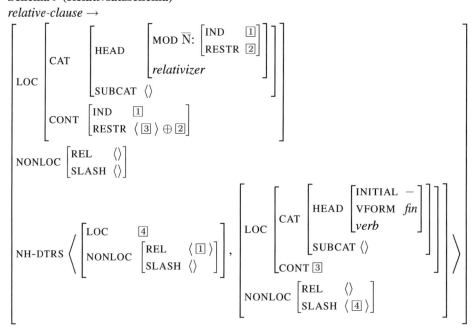

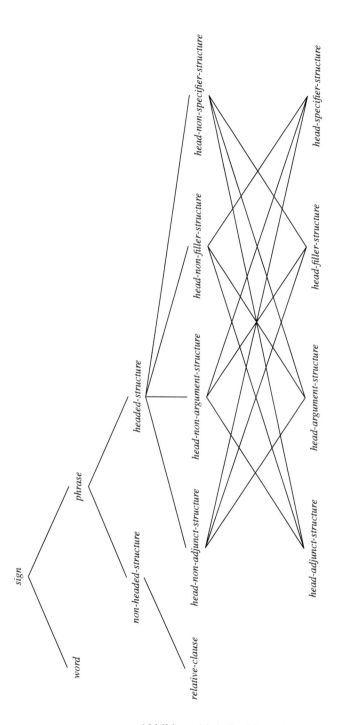

Abbildung 11.4: Typhierarchie für *sign*

11.3 Alternativen

In den beiden folgenden Abschnitten wird eine alternative HPSG-Analyse und ein Kategorialgrammatik-Ansatz diskutiert.

11.3.1 Eine konstruktionsbasierte Relativsatzanalyse

Die klassische Relativsatzanalyse in Pollard und Sag: 1994, Kapitel 5 geht davon aus, daß ein leerer Komplementierer mit einer Relativphrase und einem Satz, aus dem die Relativphrase extrahiert wurde, kombiniert wird. Für den Relativsatz *to whom Kim gave a book* nehmen Pollard und Sag folgende Struktur an:

(30) $[_{RP}$ $[_{PP}$ to whom$]_i$ $[_{R'}$ e $[_{S/PP}$ Kim gave a book $\_i]]]$

e ist dabei ein leerer Kopf der Kategorie Relativierer (*relativizer*). Er wird zuerst mit *Kim gave a book* kombiniert und bildet eine R'-Projektion. Die R'-Projektion selegiert die Relativphrase und bildet mit ihr zusammen dann eine vollständige R-Projektion. Diese Analyse entspricht der $\overline{\text{X}}$-Theorie: Es gibt einen Kopf in jeder der Teilstrukturen. Der Kopf selegiert entsprechende Argumente und bestimmt den Bedeutungsbeitrag der Gesamtkonstruktion. Die im Abschnitt 11.2 vorgestellte Analyse unterscheidet sich nur darin in der von Pollard und Sag, daß der Effekt des leeren Kopfes in eine Grammatikregel integriert wurde. Bar-Hillel, Perles und Shamir (1961, 153, Lemma 4.1) haben gezeigt, daß man Phrasenstrukturgrammatiken mit leeren Elementen in solche ohne leere Elemente umwandeln kann. Dieselbe Technik, die sie vorgeschlagen haben, wurde auch hier für die Relativsatzanalyse verwendet: Statt einen leeren Kopf mit zwei Argumenten zu kombinieren, verwendet man eine Grammatikregel, die die beiden Elemente direkt kombiniert und das Ergebnis, das die Kombination des leeren Kopfes mit seinen zwei Argumenten hätte, direkt am Mutterknoten repräsentiert.

Einen anderen Weg geht Sag (1997). Er schlägt zwar ebenfalls Grammatikregeln statt leerer Köpfe für die Analyse von Relativsätzen vor, geht aber davon aus, daß in Relativsätzen das Verb der Kopf ist. Aus dieser Annahme ergeben sich zwei Probleme: Das erste wurde bereits auf Seite 187 angesprochen. Wenn das Verb der Kopf des Relativsatzes ist, dann muß das Verb einen spezifizierten MOD-Wert haben (können), und man muß sicherstellen, daß Verbalprojektionen, die nicht in Relativsätzen vorkommen, nicht $\overline{\text{N}}$s modifizieren können. Das zweite Problem besteht darin, daß man für die Kombination eines Relativsatzes mit einem $\overline{\text{N}}$ eine nominale Semantik braucht. Verbalprojektionen haben aber eine verbale Semantik. Sag löst das erste Problem, indem er für den Typ *clause* die als Default spezifizierte Beschränkung einführt, daß der MOD-Wert *none* ist (S. 480). Der MOD-Wert von Verben ist damit nicht mehr eine lexikalische Eigenschaft der Verben, sondern wird je nach Verwendungsweise des Verbs festgelegt. Damit die erwünschten Resultate erzielt werden, muß man bei einem solchen Vorgehen also mindestens zwei Typen von Sätzen unterscheiden: Relativsätze und Nicht-Relativsätze. Bei Relativsätzen wird der Default-Wert überschrieben, bei Nicht-Relativsätzen bleibt er erhalten. Sag geht von mindestens vier Untertypen von *clause* aus: *decl-cl*, *inter-cl*, *imp-cl* und *rel-cl*.

Die Lösung des zweiten Problems ist sehr unschön: Da die Relativsätze eine verbale Semantik haben, muß die Verrechnung dieser Semantik mit der des modifizierten Nomens außerhalb des Relativsatzes passieren. Sag (1997, 475) schlägt deshalb ein spezielles Schema vor, das eine $\overline{\text{N}}$ mit einem Relativsatz kombiniert. Diese Analyse widerspricht den Grundannahmen in der HPSG, die auf Saussure (1916) zurückgehen: Sprachliche Zeichen sollen Form-Bedeutungs-Paare sein. So ist ein Relativsatz etwas, das einen bestimmten syntaktischen Aufbau hat, der einer Relativsatzbedeutung entspricht. In der Sagschen Analyse ist das nicht widergespiegelt, denn dort hat der Relativsatz die dem Verb entsprechende Bedeutung, die Relativsatzbedeutung kommt erst bei Kombination mit einem Nomen hinzu.

Zusätzlich zur $\overline{\text{N}}$-Relativsatz-Spezialregel, die nur für die Analyse von Nominalstrukturen mit Relativsatz gebraucht wird, gibt es noch das allgemeine Kopf-Adjunkt-Schema (*simple-hd-adj-ph*). Die im Abschnitt 11.2 vorgestellte Analyse kommt dagegen mit einem sehr allgemeinen Kopf-Adjunkt-Schema aus.

11.3.2 Das Relativpronomen als Kopf

Steedman (1989) stellt in seinem Artikel die Kategorialgrammatik vor. Er diskutiert englische Relativsätze wie (31) und gibt den Lexikoneintrag in (32) für Relativpronomina wie *which* und *who(m)* (S. 217):[21]

(31) apples which Harry eats

(32) (N\N)/(S/NP)

Die Symbole '/' und '\' stehen für Kombination nach links bzw. rechts, d. h. S/NP steht für etwas, das einen Satz ergibt, wenn es mit einer NP, die sich rechts von ihm befindet, kombiniert wird. In (32) steht S/NP für *Harry eats*, d. h. die Verbprojektion, der ein Objekt fehlt. Der Eintrag für das Relativpronomen bedeutet folgendes: Das Relativpronomen verlangt rechts von sich eine Wortgruppe der Kategorie S/NP (den Satz mit einer fehlenden NP), und wenn es mit dieser Wortgruppe kombiniert worden ist, ist das Ergebnis N\N. N\N steht für eine Kategorie, die sich nach links mit einem Nomen verbindet und ein Nomen ergibt. Der Aspekt der Analyse, der hier interessiert, ist, daß das Relativpronomen die externen Eigenschaften des gesamten Relativsatzes bestimmt. Das Relativpronomen ist ein Funktor, der einen Satz mit fehlendem Objekt selegiert und festlegt, daß das Resultat der Kombination ein Nomen modifizieren kann.

Ähnliche Analysen wurden im Rahmen der HPSG für sogenannte freie Relativsätze vorgeschlagen. Freie Relativsätze sind Relativsätze, die im Satz ohne Bezugsnomen stehen und direkt als Argument oder Adjunkt zu einem höheren Verb fungieren. Der Satz in (33) ist ein Beispiel für eine Konstruktion mit einem freien Relativsatz.

(33) Wer die Hausaufgaben sofort abgibt, kann die Ferien genießen.

In (33) gibt es für den Relativsatz *wer die Hausaufgaben sofort abgibt* kein sichtbares Bezugswort. Man kann sich überlegen, daß der Satz einem Satz wie (34) mit sichtbarem Bezugswort entspricht:

(34) Jeder, der die Hausaufgaben sofort abgibt, kann die Ferien genießen.

Eine Analyse, die für das Deutsche (Kubota: 2002) und das Englische (Wright und Kathol: 2003) vorgeschlagen wurde, geht davon aus, daß in Sätzen wie (33) das Relativpronomen der Kopf ist. Damit wäre ohne weitere Annahmen *wer die Hausaufgaben sofort abgibt*

---

[21] Siehe auch Steedman und Baldridge: 2006, 614.

eine NP und es wäre erklärt, warum dieser Relativsatz an Stelle einer Argument-NP stehen kann.

Das Problem, das alle Ansätze haben, die davon ausgehen, daß das Relativpronomen der Kopf/Funktor ist, ist jedoch, daß Relativpronomina tief eingebettet sein können. (35) zeigt englische Beispiele von Pollard und Sag (1994, 212) bzw. von Ross (1967, 109):

(35)   a. Here's the minister [[in [the middle [of [whose sermon]]]] the dog barked].

       b. Reports [the height of the lettering on the covers of which] the government prescribes should be abolished.

In (35a) ist das Relativpronomen der Determinator von *sermon*. Je nach Analyse ist *whose* der Kopf der Phrase *whose sermon*, diese NP allerdings ist unter *of* eingebettet und die Phrase *of whose sermon* ist von *middle* abhängig. Die gesamte NP *the middle of whose sermon* ist ein Komplement der Präposition *in*. Wollte man behaupten, daß *whose* der Kopf des Relativsatzes in (35a) ist, müßte man schon einige Handstände (oder Kopfstände?) machen. In (35b) ist das Relativpronomen noch tiefer eingebettet. In der Kategorialgrammatik gibt es neben der Funktionalapplikation, die für die Kombination von Konstituenten verwendet wird, noch die Typanhebung von Konstituenten. Mit solchen Typanhebungen ist es dann möglich, Wortfolgen als Konstituenten zu analysieren, die normalerweise nicht als Konstituenten betrachtet werden, aber zum Beispiel für die einfache Analyse von Koordinationsstrukturen gebraucht werden (Steedman: 1989). Es könnte sein, daß man durch geschickte Umkategorisierung der Elemente in (35) oder durch verschiedene Lexikoneinträge für Relativpronomina wie *whose* auch alle Verwendungsweisen der Relativpronomina abdecken kann, die Einsicht, daß es sich bei Relativsätzen um eine Phrase mit einem Relativpronomen + Satz, dem die Relativphrase fehlt, handelt, geht in solchen Analysen jedoch verloren.

Für die Behandlung freier Relativsätze wie (36) schlägt Kubota (2002, 164) im Rahmen der HPSG vor, das Relativpronomen als Kopf zu betrachten, wobei das Relativpronomen eine Präposition und einen finiten Satz mit extrahierter PP selegiert.

(36)   Aus wem noch etwas herausgequetscht werden kann, ist sozial dazu verpflichtet, es abzuliefern; ...[22]

Diese Analyse kann nicht erfassen, wieso das Relativpronomen den Kasus hat, den die Präposition *aus* verlangt (Dativ) und wieso der gesamte freie Relativsatz trotzdem den Platz des Nominativarguments von *verpflichtet* einnehmen kann. Man könnte die Analyse technisch retten, wenn man annehmen würde, daß es sich bei *wem* um ein Pronomen mit dem Kasus Nominativ handelt, das eine Präposition selegiert, die ein Element im Dativ verlangt. Da es so etwas aber an keiner anderen Stelle in der deutschen Grammatik gibt, ist eine solche Lösung abzulehnen. Alternative Lösungen, die *aus wem noch etwas herausgequetscht werden kann* als vollständigen Relativsatz analysieren, der dann die Nominativstelle einnehmen kann, sind Kubotas Ansatz vorzuziehen. Siehe Müller: 1999a,b für eine entsprechende Analyse im Rahmen der HPSG.

Kontrollfragen

1. Wie sind Relativsätze aufgebaut?

---

[22]Wiglaf Droste, taz, 01.08.1997, S. 16.

Übungsaufgaben

1. Welche Relativpronomina kennen Sie?

2. Skizzieren Sie die Analyse für die folgende Phrase:

   (37)   die Blume, die allen gefällt

3. Laden Sie die zu diesem Kapitel gehörende Grammatik von der Grammix-CD (siehe Übung 3 auf Seite 61). Im Fenster, in dem die Grammatik geladen wird, erscheint zum Schluß eine Liste von Beispielen. Geben Sie diese Beispiele nach dem Prompt ein und wiederholen Sie die in diesem Kapitel besprochenen Aspekte.

12 Lokalität

In diesem kurzen Kapitel wird die Frage der Lokalität von Selektion erörtert.

12.1 Einschränkung der selegierbaren Merkmale

Mit der aktuellen Merkmalsgeometrie in (1) hat ein Kopf Zugriff auf die phonologische Form und die interne Struktur von selegierten Elementen, da Köpfe ganze Zeichen selegieren.

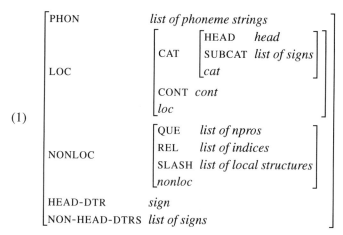

(1)

Man könnte z. B. einen Kopf spezifizieren, der ein Argument mit dem PHON-Wert *dem Mann* selegiert. Genauso ist es möglich, eine Nominalphrase zu selegieren, die einen Relativsatz enthält, weil man im bisherigen Setup auch auf Tochterkonstituenten zugreifen kann.

Da man zwischen den Ebenen Phonologie, Syntax/Semantik und Konstituentenstruktur trennen will und da solcherart Selektion nicht möglich sein soll (Pollard und Sag: 1987, 142–143), gruppiert man die Merkmale so, daß genau die Merkmale, die für Selektion zugänglich sein sollen, unter einem gemeinsamen Pfad repräsentiert sind (Pollard und Sag: 1994, 23). Sowohl syntaktische als auch semantische Information kann selegiert werden, weshalb diese Information als Wert des Merkmals SYNTAX-SEMANTICS (SYNSEM) zusammengefaßt wird. (2) zeigt die neue Datenstruktur. Nur der in (2) markierte Bereich soll selegierbar sein. Damit ist der direkte Zugriff auf Töchter oder PHON-Werte ausgeschlossen. Die Elemente von SUBCAT-Listen und der Wert des MOD-Merkmals sind nicht mehr wie bisher vom Typ *sign*, sondern vom Typ *synsem*.

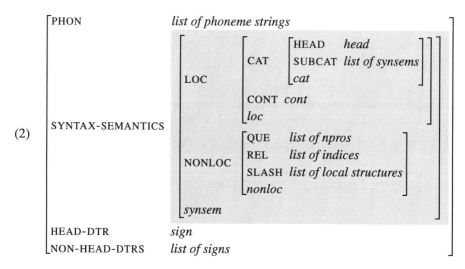

(2)

Die Schemata müssen entsprechend angepaßt werden. Das neue Kopf-Argument-Schema hat folgende Form:

Schema 10 (Kopf-Argument-Schema)

head-argument-structure →

$$\begin{bmatrix} \text{SYNSEM} & \left[\text{LOC|CAT|SUBCAT del}(\boxed{1},\boxed{2})\right] \\ \text{HEAD-DTR} & \left[\text{SYNSEM|LOC|CAT|SUBCAT } \boxed{2}\right] \\ \text{NON-HEAD-DTRS} & \left\langle \left[\text{SYNSEM } \boxed{1}\right] \right\rangle \end{bmatrix}$$

Statt wie in der Version auf Seite 130 ein Element der SUBCAT-Liste vollständig mit der Nicht-Kopftochter zu identifizieren, wird das Element aus der SUBCAT-Liste nur mit dem SYNSEM-Wert der Nicht-Kopftochter identifiziert. Die hier direkt in die Merkmalsgeometrie integrierte Annahme der Lokalität der Selektion wird im Abschnitt 12.2 noch kritisch beleuchtet.

12.2 Lokalität und Idiome

Im Abschnitt 12.1 habe ich versucht, deutlich zu machen, daß Selektion im allgemeinen lokal ist, daß also nicht die interne Struktur abhängiger Elemente selegiert wird, sondern nur deren unmittelbare Eigenschaften. Genauso soll die Selektion phonologischer Information ausgeschlossen sein. Leider liegen die Dinge nicht ganz so einfach: In der Phraseologieforschung ist man sich inzwischen einig, daß idiomatische Ausdrücke wie *den Garaus machen* nicht einfach als feste, untrennbare Ausdrücke ins Lexikon geschrieben werden können (Nunberg, Sag und Wasow: 1994, Burger: 1998). In der GB-Theorie geht man mitunter davon aus, daß *den Garaus mach-* oder auch *kick the bucket* ('ins Gras beißen' = sterben) ein einziges Wort (V^0) ist.[1] In solchen Analysen entspricht *den Garaus mach-* einem Verb, das ein Dativobjekt und ein Subjekt verlangt, und *kick the bucket* entspricht dem intransitiven Verb *die*, das nur ein Subjekt selegiert. Der Grund für die Annahme, daß

---

[1]Siehe z. B. Abraham: 2005, 609–610 für einen entsprechenden Vorschlag.

Idiome V^0-Status haben, ist, daß sie manchmal Umstellungen, Passivierungen oder andere syntaktische Umformungen nicht ohne einen Verlust der idiomatischen Lesart erlauben. So hat zum Beispiel (3b) im Gegensatz zu (3) keine idiomatische Lesart mehr.

(3)   a. Er goß noch mehr Öl ins Feuer.

         b. Ins Feuer goß er noch mehr Öl.

Allerdings können selbst intransparente idiomatische Ausdrücke mitunter in vielen verschiedenen syntaktischen Konfigurationen auftreten. So kann *Garaus machen* z. B. passiviert bzw. in passivähnlichen Konstruktionen verwendet werden (4), und Teile des Idioms können umgestellt werden (5).

(4)   in Heidelberg wird „parasitären Elementen" unter den Professoren *der Garaus gemacht*[2]

(5)   a. In Amerika sagte man der Kamera nach, die größte Kleinbildkamera der Welt zu sein. Sie war laut Schleiffer am Ende der Sargnagel der Mühlheimer Kameraproduktion. *Den Garaus machte* ihr die Diskussion um die Standardisierung des 16-Millimeter-Filmformats, an dessen Ende die DIN-Norm 19022 (Patrone mit Spule für 16-Millimeter-Film) stand, die im März 1963 zur Norm wurde.[3]

         b. In der zweiten Hälfte des letzten Jahrhunderts gehörten Bordelle zum Stadtbild. *Den Garaus machten* ihnen hier vor fast genau 100 Jahren die Zürcherischen Vereine zur Hebung der Sittlichkeit.[4]

         c. Nur noch rund 19 Landwirte haben sich der Viehzucht verschrieben. Neun davon züchten Rinder, zehn davon Schweine. *Den Garaus* haben den Viehzüchtern vor allem Anrainerproteste wegen Geruchs- und Lärmbelästigung sowie Probleme mit Auflagen – etwa bei der Kanalisation – *gemacht*.[5]

Man könnte denken, daß in (5a,b) das Idiom als Ganzes umgestellt wurde, aber wenn man sich erinnert, wie in den Kapiteln 9 und 10 deutsche Sätze analysiert wurden, wird klar, daß die Abfolge *den Garaus machten* dadurch zustande kommt, daß *machten* in Verberststellung steht und daß *den Garaus* vor das Verb gestellt wurde. Das diese Analyse auch für die Spezialfälle der Idiome sinnvoll ist, zeigt der Satz in (5c), in dem *den Garaus* im Vorfeld steht, ohne daß *machen* in Erststellung steht.

Das Idiom *den Garaus machen* ist also eindeutig syntaktisch aktiv und dieser Variabilität muß Rechnung getragen werden. Eine Analyse als V^0 ist deshalb nicht angebracht. Andererseits sind gewisse Bestandteile und Eigenschaften des Idioms fest. So kann man z. B. den definiten Artikel nicht durch einen indefiniten Artikel ersetzen:

(6)   * weil er ihm einen Garaus gemacht hat

Erbach (1992) und Krenn und Erbach (1994) entwickeln eine Analyse, die die Selektion von Töchtern zuläßt und können somit einen Lexikoneintrag für *machen* formulieren, der eine NP mit der Kopftochter *Garaus* und eine Nicht-Kopftochter für den definiten Artikel

---

[2]Mannheimer Morgen, 28.06.1999, Sport; Schrauben allein genügen nicht.

[3]Frankfurter Rundschau, 28.06.1997, S. 2.

[4]St. Galler Tagblatt, 25.02.1998 ; Rotlichtlokal ohne Missbrauch?

[5]Die Presse, 20.03.1997, Bald gibt's kein Wiener Rindvieh mehr.

selegiert. Für das Idiom *jemandem die Leviten lesen* nehmen Krenn und Erbach an, daß
die phonologische Form von *die Leviten* direkt selegiert wird.

Eine Alternative besteht darin, die Merkmalsgemotrie, die direkte Selektion von Töchtern und PHON ausschließt, beizubehalten und relationale Beschränkungen zu formulieren,
die etwas darüber aussagen, wie bestimmte Töchter innerhalb eines bestimmten strukturellen Kontextes aussehen müssen. Diesen Weg geht z. B. Sailer (2000). Hier stellt sich
die Frage, ob man solche komplexen Mechanismen zur Umgehung der selbstauferlegten
Lokalitätsbeschränkung in der Grammatik haben will oder ob es nicht ehrlicher wäre, die
direkte Selektion gleich zuzulassen. Der Vorteil der Beibehaltung der in diesem Kapitel eingeführten Merkmalsgeometrie ist, daß man die Verhältnisse im nichtidiomatischen
Bereich korrekt repräsentiert und die aufwendigen Mechanismen nur in ohnehin idiosynkratischen Bereichen der Grammatik verwendet.

12.3 Lokalität in der Repräsentation von Phrasen

Sag, Wasow und Bender (2003, 475–489) und Sag (Erscheint) schlagen eine andere Merkmalsgeometrie vor, um noch stärkere Lokalitätsrestriktionen für die Formulierung von Dominanzschemata zu haben. Zusätzlich zu den Tochterwerten verwenden sie ein MOTHER-
Merkmal. Das Kopf-Argument-Schema mit der hier verwendeten Repräsentation für Valenzinformation und Töchter hätte die Form in (7):

(7)   Kopf-Argument-Schema nach Sag, Wasow und Bender (2003, 481):
      head-argument-construction →
      $$\begin{bmatrix} \text{MOTHER|SYN|SUBCAT} & \boxed{1} \\ \text{HEAD-DTR|SYN|SUBCAT} & \boxed{1} \oplus \boxed{2} \\ \text{NON-HEAD-DTRS} & \langle \boxed{2} \rangle \end{bmatrix}$$

Über Valenzlisten werden nicht mehr *synsem*-Objekte, sondern Zeichen selegiert. Eine
an die hier verwendete Darstellungsform angepaßte Beispielstruktur für die Analyse der
Phrase *aß eine Pizza* zeigt (8).

(8)

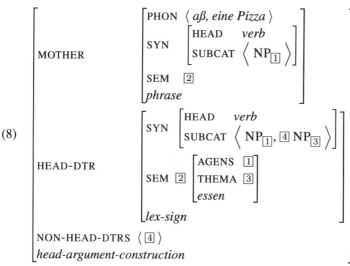

Der Unterschied zu der bisher in diesem Buch entwickelten Grammatik ist, daß Zeichen
bei Sag, Wasow und Bender keine Töchter haben, weshalb diese auch nicht selegiert werden können. Das SYNSEM-Merkmal wird dadurch überflüssig. (Die Selektion von PHON
ist in Sag, Wasow und Bender: 2003 erlaubt.) Die Information über den Tochterstatus
ist nur noch ganz außen in der Struktur repräsentiert. Das unter MOTHER repräsentierte
Zeichen ist vom Typ *phrase*, enthält aber keine Information über die Töchter. Das in (8)
beschriebene Objekt ist natürlich von einem anderen Typ als die phrasalen oder lexikalischen Zeichen, die als Töchter vorkommen können. Man braucht daher noch die folgende
Erweiterung, damit die Grammatik funktioniert:

(9)   Φ ist eine wohlgeformte Struktur in bezug auf eine Grammatik *G* gdw.

    1. es eine Konstruktion *K* in *G* gibt und

    2. es eine Merkmalstruktur *I* gibt, die eine Instanz von *K* ist, so daß Φ der Wert
        des MOTHER-Merkmals von *I* ist.

Zum Vergleich sei hier die Struktur angegeben, die in diesem Buch angenommen wird:

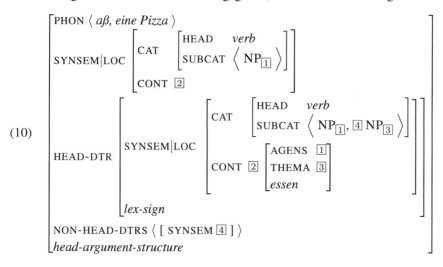

In (10) gehören die Merkmale HEAD-DTR und NON-HEAD-DTRS zu den Merkmalen, die
z. B. Phrasen vom Typ *head-argument-structure* haben. In (8) entsprechen Phrasen dagegen dem, was unter MOTHER repräsentiert ist, haben also keine im Zeichen selbst repräsentierten Töchter. Mit der Merkmalsgeometrie in (10) ist es prinzipiell möglich, Beschränkungen für die Töchter des Objekts in der NON-HEAD-DTRS-Liste zu formulieren,
was bei der Annahme der Merkmalsgeometrie in (8) zusammen mit der Beschränkung in
(9) ausgeschlossen ist.

    Im folgenden möchte ich begründen, warum ich diese Merkmalsgeometrie nicht über-
nehme: Ein Grund ist, daß eine solche Einschränkung eventuell zu stark ist, weil es sein
könnte, daß man bei der Beschreibung von bestimmten, phrasal festen Idiomen genau solche Bezugnahmen auf Töchter von Töchtern braucht.

    Davon abgesehen gibt es mit (9) noch ein konzeptuelles Problem: (9) ist nicht Bestand-
teil des HPSG-Formalismus, sondern eine Meta-Aussage. Somit lassen sich Grammatiken,
die (9) verwenden, nicht mit dem normalen HPSG-Formalismus beschreiben. Auch ist das

Problem, das (9) lösen soll, nicht gelöst, denn das eigentliche Problem ist nur auf eine
andere Ebene verlagert, da man nun eine Theorie darüber braucht, was an Meta-Aussagen
zulässig ist und was nicht. So könnte ein Grammatiker zu (9) eine weitere Beschränkung
hinzufügen, die besagt, daß Φ nur dann eine wohlgeformte Struktur ist, wenn für die Töchter einer entsprechenden Konstruktion K gilt, daß sie der MOTHER-Wert einer Konstruktion K' sind. Über die Konstruktion K' oder einzelne Werte innerhalb der entsprechenden
Merkmalbeschreibungen könnte man innerhalb der Meta-Aussage ebenfalls Beschränkungen formulieren. Auf diese Weise hat man die Lokalität wieder aufgehoben, da man auf
Töchter von Töchtern Bezug nehmen kann. Durch (9) ist also das theoretische Inventar
vergrößert worden, ohne daß dadurch irgend etwas gewonnen wäre.

Frank Richter (p. M. 2006) hat mich darauf hingewiesen, daß man auch mit der neuen
Merkmalsgeometrie einfach auf Töchter zugreifen kann, wenn man die gesamte Konstruktion zum Wert eines Merkmals innerhalb von MOTHER macht:

(11) $\boxed{1}$
$$\begin{bmatrix} \text{MOTHER} & \begin{bmatrix} \text{STRUCTURE} \ \boxed{1} \\ \textit{phrase} \end{bmatrix} \\ \text{HEAD-DTR} & \ldots \\ \text{NON-HEAD-DTRS} \ \ldots \\ \textit{head-complement-construction} \end{bmatrix}$$

Durch die Spezifikation des Zyklus in (12) ist die gesamte Beschreibung selbst innerhalb
des MOTHER-Wertes enthalten. Insbesondere gibt es unter dem Pfad MOTHER|STRUC-
TURE|HEAD-DTR Information über die Kopftochter, was durch die neue Merkmalsgeo-
metrie ja ausgeschlossen werden sollte. Ist die Kopftochter phrasal, so kann man den Pfad
entsprechend erweitern, z. B. auf MOTHER|STRUCTURE|HEAD-DTR|STRUCTURE|HEAD-
DTR.

Sag (p. M., 2006) schließt Zyklen per Definition aus (siehe auch Pollard und Sag: 1987,
37). Damit ist aber auch eine gegenseitige Selektion von Determinator und Nomen, wie sie
von Pollard und Sag (1994) vorgeschlagen wurde (siehe auch Kapitel 6.5), ausgeschlossen.
Bei der Kombination eines Possessivpronomens mit einem Nomen entsteht eine Struktur,
die durch (12) beschrieben wird:

(12)
$$\begin{bmatrix} \text{PHON} & \langle \ \textit{seine, Freundin} \ \rangle \\ \text{HEAD-DTR} & \begin{bmatrix} \text{SYNSEM} \ \boxed{1} \ \text{LOC}|\text{CAT}|\text{SUBCAT} \ \langle \boxed{2} \rangle \end{bmatrix} \\ \text{NON-HEAD-DTRS} & \langle [\ \text{SYNSEM} \ \boxed{2} \ \text{LOC}|\text{CAT}|\text{HEAD}|\text{SPEC} \ \boxed{1} \ ] \rangle \end{bmatrix}$$

Die Nicht-Kopftochter ist in der Valenzliste des Nomens enthalten, und die Kopftochter
wird über SPEC vom Possessivum selegiert. Folgt man dem Pfad NON-HEAD-DTRS|HD|
SYNSEM|LOC|CAT|HEAD|SPEC|LOC|CAT|SUBCAT|HD[6], so gelangt man wieder zu $\boxed{2}$, d. h.
es liegt ein Zyklus vor, da $\boxed{2}$ auch schon am Beginn des genannten Pfades nämlich als Wert
von NON-HEAD-DTRS|HD|SYNSEM auftritt.

Auch die Analyse von Idiomen, die von Soehn und Sailer (2003) diskutiert wird, wäre dann nicht mehr ohne weiteres möglich. Man könnte statt des einfachen Prinzips auf
Seite 83 ein komplizierteres formulieren, das nur relevante Merkmale teilt und nicht die
gesamte Struktur. So würden keine Zyklen entstehen, aber die Analyse wäre komplexer.

---

[6]HD steht dabei für den Pfad zum ersten Element einer Liste.

Ein weiteres Beispiel für die Verwendung zyklischer Strukturen ist die Verbspur in (37) auf Seite 145. Auch sie ließe sich umformulieren, doch wäre die entstehende Analyse komplizierter und würde nicht direkt das ausdrücken, was man ausdrücken will.

Wegen der konzeptuellen Probleme mit Meta-Aussagen und der leichten Umgehbarkeit der Restriktion durch zyklische Merkmalstrukturen bleibe ich bei der von Pollard und Sag (1994) eingeführten Merkmalsgeometrie.

Übungsaufgaben

1. Suchen Sie ein Idiom, das syntaktische Umformungen erlaubt. Erläutern Sie, wie Sie bei Ihrer Suche vorgegangen sind.

2. Laden Sie die zu diesem Kapitel gehörende Grammatik von der Grammix-CD (siehe Übung 3 auf Seite 61). Im Fenster, in dem die Grammatik geladen wird, erscheint zum Schluß eine Liste von Beispielen. Geben Sie diese Beispiele nach dem Prompt ein und wiederholen Sie die in diesem Kapitel besprochenen Aspekte.

13 Kongruenz

In diesem Kapitel werden Kongruenzphänomene behandelt. Man sagt, daß zwei linguistische Objekte kongruieren, wenn sie in bestimmten morpho-syntaktischen Merkmalen (z. B. Kasus, Person, Numerus, Genus) immer übereinstimmen. So gibt es im Deutschen zum Beispiel Subjekt-Verb-Kongruenz: Das Verb muß mit dem Subjekt in Person und Numerus übereinstimmen. Wie wir gleich sehen werden, sind Kongruenzphänomene in der HPSG sehr einfach zu beschreiben.

13.1 Subjekt-Verb-Kongruenz

Im Deutschen gibt es Subjekt-Verb-Kongruenz. Person und Numerus des Subjekts müssen zur Form des Verbs passen:

(1) a. Ich lache.

   b. Du lachst.

   c. Er/sie/es lacht.

   d. Wir lachen.

   e. Ihr lacht.

   f. Sie lachen.

Die Analyse der Subjekt-Verb-Kongruenz liegt auf der Hand: Das Verb selegiert das Subjekt und kann also auch Anforderungen an Person- und Numerus-Werte stellen (Pollard und Sag: 1994, 82). Den LOCAL-Wert des Lexikoneintrags für das finite Verb *lachst* zeigt (2):

(2) LOCAL-Wert für *lachst*:

$$
\begin{bmatrix}
\text{CAT} & \begin{bmatrix} \text{HEAD} & \begin{bmatrix} \text{VFORM } \textit{fin} \\ \textit{verb} \end{bmatrix} \\ \text{SPR} & \langle \rangle \\ \text{SUBCAT} & \langle \text{NP}[\textit{nom}]_{\boxed{1}} \rangle \end{bmatrix} \\
\text{CONT} & \begin{bmatrix} \text{AGENS } \boxed{1} & \begin{bmatrix} \text{PER} & 2 \\ \text{NUM} & \textit{sg} \end{bmatrix} \\ \textit{lachen} \end{bmatrix}
\end{bmatrix}
$$

In diesem Lexikoneintrag sind die Person- und Numerus-Werte des Subjektindexes ($\boxed{1}$) spezifiziert. Wird *lachst* mit einer Subjektsnominalphrase kombiniert, muß diese zweite Person Singular sein.

   Interessant sind Fälle, in denen Formen zusammenfallen. So kann zum Beispiel das Wort *gab* sowohl mit einem Subjekt in der ersten Person als auch mit einem in der dritten Person vorkommen:

(3)   a. Ich gab ihm das Buch.

       b. Er gab ihm das Buch.

Das kann man modellieren, indem man zwei Lexikoneinträge für *gab* annimmt. Bei einem solchen Vorgehen wird allerdings nicht erfaßt, daß diese beiden Einträge bis auf den Wert des PERSON-Merkmals absolut identisch sind. Statt auf der Ebene der Lexikoneinträge eine Disjunktion zu verwenden, verwendet man die Disjunktion im Wert des PERSON-Merkmals.[1] Für *gab* hat man also:

(4)   LOCAL-Wert für *gab*:

$$
\begin{bmatrix}
\text{CAT} & \begin{bmatrix} \text{HEAD} & \begin{bmatrix} \text{VFORM} & \textit{fin} \\ \textit{verb} \end{bmatrix} \\ \text{SPR} & \langle\rangle \\ \text{SUBCAT} & \langle \text{NP}[\textit{nom}]_{\boxed{1}}, \text{NP}[\textit{acc}]_{\boxed{2}}, \text{NP}[\textit{dat}]_{\boxed{3}} \rangle \end{bmatrix} \\
\text{CONT} & \begin{bmatrix} \text{AGENS} & \boxed{1} & \begin{bmatrix} \text{PER} & \textit{1} \vee \textit{3} \\ \text{NUM} & \textit{sg} \end{bmatrix} \\ \text{THEMA} & \boxed{2} \\ \text{GOAL} & \boxed{3} \\ \textit{geben} \end{bmatrix}
\end{bmatrix}
$$

Verwendet man diesen Lexikoneintrag für die Analyse von (3a), so wird die Agens-Rolle von *geben* mit dem Index des Pronomens *ich* identifiziert. Der PERSON-Wert von *ich* ist *1*, weshalb die Kombination der Beschränkung *1* ∨ *3* mit dem PERSON-Wert des Pronomens *1* ergibt. Bei der Analyse von (3b) ist das Ergebnis der Kombination der PERSON-Werte *3*.

   Verlangt ein Verb keine Nominalphrase im Nominativ, muß es in der dritten Person Singular stehen. Beispiele zeigt (5):

(5)   a. Ihm graut vor der Prüfung.

       b. Daß er kommt, gefällt mir.

       c. Den Männern wird geholfen.

       d. Heute wird gefeiert!

---

[1]Die beiden Ansätze sind logisch äquivalent. Das kann man sich verdeutlichen, wenn man die beiden Repräsentationen in (i) vergleicht:

(i)   a. [PER 1] ∨ [PER 3]

       b. [PER 1 ∨ 3]

Beide beschreiben dieselbe Menge von Objekten. Dennoch wird die Repräsentation in (ii.b) der in (ii.a) vorgezogen, da der Numerus-Wert nicht wie in (ii.a) mehrfach aufgeführt werden muß und es somit von vornherein ausgeschlossen ist, daß die Numerus-Werte in den Disjunkten verschieden sein können.

(ii)   a. $\begin{bmatrix} \text{PER} & \textit{1} \\ \text{NUM} & \textit{sg} \end{bmatrix} \vee \begin{bmatrix} \text{PER} & \textit{3} \\ \text{NUM} & \textit{sg} \end{bmatrix}$

       b. $\begin{bmatrix} \text{PER} & \textit{1} \vee \textit{3} \\ \text{NUM} & \textit{sg} \end{bmatrix}$

e. Hier scheint gefeiert zu werden.

Formen wie * *graust* oder *gefällst* mit Satzargument nach dem Muster von (5b) gibt es im Lexikon nicht. Die Interaktion von Kongruenzbedingungen mit der Flexionsmorphologie wird im Kapitel 19.2.1 genauer besprochen. Hier soll lediglich festgehalten werden, daß z. B. die Endung für die zweite Person Singular nur mit einem Verb verknüpft werden kann, das ein entsprechend kongruierendes Subjekt hat. Da das bei *grauen* nicht der Fall ist, können die Formen der zweiten Person Singular nicht gebildet werden. Bei (5c,e) ist die Sache etwas schwieriger, da *wird* und *scheint* Verben sind, die mit vielen verschiedenen Verben vorkommen können. Wie das Subjekt aussieht bzw. ob es überhaupt eins gibt, wird von den jeweils anderen Verben bestimmt. Siehe hierzu auch Kapitel 16.2.2 und Kapitel 17.2. Die Flexionsregeln erzwingen das Vorhandensein eines Subjekts, wenn die Endung von der dritten Person Singular verschieden ist. Der Unterschied in (6) ist also durch das Zusammenspiel mehrerer Beschränkungen erklärt: Ob *scheinst* ein Subjekt hat oder nicht, hängt vom eingebetteten Verb ab, ob der Satz grammatisch ist oder nicht, hängt vom Flexionsmorphem ab, das im Fall von *scheinst* ein Subjekt verlangt und im Fall von *scheint* sowohl mit subjektlosen Verben als auch mit Verben, die ein Subjekt haben, kompatibel ist.

(6) a. * Dir scheinst zu grauen.

     b. Du scheinst zu schlafen.

     c. Ihm scheint zu grauen.

     d. Er scheint zu schlafen.

Das gilt genauso für das Passivhilfsverb *werden*:

(7) a. Die Männer werden geschlagen.

     b. * Die Männer wird geschlagen.

     c. * Den Männern werden geholfen.

     d. Den Männern wird geholfen.

Das Akkusativobjekt von *schlagen* wird bei Passivierung zum Subjekt und muß deshalb mit dem finiten Verb kongruieren. Das Dativobjekt von *helfen* wird nicht zum Subjekt, weshalb der gesamte Satz dann kein Subjekt hat und das finite Verb in der dritten Person Singular stehen muß.

Die Subjekt-Verb-Kongruenz soll im folgenden noch präzisiert werden. Dazu müssen wir jedoch auf die Kapitel 15 und 16 zum Verbalkomplex und das Kapitel 17 zum Passiv vorgreifen: Ich gehe davon aus, daß Verbalkomplexe im Deutschen so analysiert werden, daß die Argumente des eingebetteten Verbs zu Argumenten des gesamten Komplexes werden. In den obigen Beispielen bilden dann *zu grauen* und *scheinen* bzw. *zu schlafen* und *scheinst* einen Komplex. Selbiges gilt auch für das Passivhilfsverb und das eingebettete Partizip. Für die Beispiele in (6) und (7) ergeben sich die folgenden SUBCAT-Listen:

(8)   SUBCAT

    a. zu schlafen scheinst: ⟨NP[*nom*]⟩

    b. zu grauen scheint: ⟨NP[*dat*]⟩

    c. geschlagen werden: ⟨NP[*nom*]⟩

    d. geholfen wird: ⟨NP[*dat*]⟩

Diese Valenzlisten enthalten jeweils nur ein Argument, und bei Nominativ-NPen muß es Kongruenz geben, bei Nicht-Nominativ-NPen muß das Verb in der dritten Person stehen.

    Die Verhältnisse sind bei Verben mit mehr Argumenten genauso. (10) zeigt die SUB-CAT-Listen für die Verbalkomplexe in (9):

(9)   a. weil den Studenten vor der Prüfung zu grauen scheint

        b. weil die Frauen ihn zu lieben scheinen

        c. weil die Bücher dem Mann überreicht werden

(10)   SUBCAT

    a. zu grauen scheint: ⟨NP[*dat*], PP[*vor*]⟩

    b. zu lieben scheinen: ⟨NP[*nom*], NP[*acc*]⟩

    c. überreicht werden: ⟨NP[*nom*], NP[*dat*]⟩

Gibt es ein Nominativelement, so muß das Verb mit ihm übereinstimmen, ist das wie in (9a) nicht der Fall, so muß das Verb in der dritten Person Singular stehen.

    Bisher stand das Nominativ-Element immer an der ersten Stelle in der SUBCAT-Liste. Das ist aber nicht immer so. Im Kapitel 17.1.4 wird das sogenannte Fernpassiv diskutiert, das sich dadurch auszeichnet, daß Objekte des eingebetteten Verbs zum Subjekt werden können. Die hier interessierenden Beispiele sind die mit dem Objektkontrollverb *erlauben* (siehe auch Beispiel (50) auf S. 296). In einem Satz wie (11) wird das Objekt von *lesen* zum Subjekt des gesamten Satzes.

(11)   Die Aufsätze wurden ihm zu lesen erlaubt.

Die Valenzlisten für den Aktivsatz in (12) und den Passivsatz in (11) zeigt (13):

(12)   Ich habe ihm die Aufsätze zu lesen erlaubt.

(13)   SUBCAT

    a. zu lesen erlaubt habe: ⟨NP[*nom*], NP[*dat*], NP[*acc*]⟩

    b. zu lesen erlaubt wurde: ⟨NP[*dat*], NP[*nom*]⟩

Bei der Passivierung wird das Subjekt von *erlauben* unterdrückt, so daß das Dativobjekt an erster Stelle steht. Das Objekt von *lesen* wird im Nominativ realisiert und muß auch mit dem Verb kongruieren.

    Man kann die Generalisierung in bezug auf die obigen Daten wie folgt zusammenfassen: Das Verb muß mit der NP im Nominativ kongruieren, wenn es keine gibt, muß das

Verb in der dritten Person Singular stehen.[2] Es ist nun interessant zu sehen, daß dieses Kongruenzprinzip auch für andere Sprachen wie z. B. Spanisch[3] und Hindi korrekte Vorhersagen macht (Müller und Vasishth: In Vorbereitung). Hindi hat wesentlich komplexere Kongruenzphänomene (Arsenault: 2002), und man kann auch Subjekt nicht ohne weiteres mit Nominativ gleichsetzen. Durch ein Kongruenzprinzip, das sicherstellt, daß das Verb mit dem am wenigsten obliquen Nominativ-Element kongruiert, werden die Hindi-Daten korrekt erfaßt.

13.2 NP-interne Kongruenz

In der Nominalphrase müssen Determinator, Adjektiv und Nomen in Kasus, Numerus, Genus und Flexionsklasse übereinstimmen. (14) zeigt einige Beispiele:

(14) a. der kluge Mann

  b. des klugen Mannes

  c. ein kluger Mann

In (14a,b) sieht man, daß Artikel, Adjektiv und Nomen je nach Kasus variieren. (14c) zeigt, daß es im Vergleich zu (14a) Unterschiede in der Adjektivform gibt, wenn der indefinite Artikel benutzt wird. Um den Unterschied zwischen (14a) und (14c) erfassen zu können, teilt man Determinatoren und Adjektive in Flexionsklassen ein und verlangt, daß die jeweils in NPen realisierten Elemente bezüglich ihrer Flexionsklassen zueinander passen.

Wie bei *gab* fallen in der Flexion im Nominalbereich viele Formen zusammen. So ist zum Beispiel der Kasuswert von *Mann* die Disjunktion *nom* ∨ *dat* ∨ *acc*. Im Singular ist nur der Genitiv von *Mann* morphologisch gekennzeichnet.

Betrachtet man die Beispiele in (14), könnte man annehmen, daß die Kongruenz in der Flexionsklasse nur den Determinator und das Adjektiv betrifft. Dem ist aber nicht so, denn es gibt eine (kleine) Klasse von Nomen, die wie Adjektive mit dem Determinator kongruieren. Zu diesen Nomina gehören *Gesandter*, *Verwandter*, *Beamter*.

(15) a. ein (frustrierter) Beamter

  b. der (frustrierte) Beamte

Diese Nomina werden wie Adjektive flektiert, Genus und Flexionsklasse sind morphologisch markiert.

Traditionell werden die Adjektivformen in drei Flexionsklassen eingeteilt: schwach, gemischt und stark. Dieter Wunderlich hat 1988 in einer unveröffentlichten Arbeit, die von

---

[2] Normalerweise gibt es nur eine NP im Nominativ in einer Valenzliste. In Kopula-Konstruktionen wie (i) kommen zwei Nominative vor:

  (i) Er ist ein Lügner.

Hier kann man davon ausgehen, daß das Verb mit der am wenigsten obliquen NP im Nominativ (dem Subjekt) kongruiert. Die Beschreibung der Kongruenzphänomene innerhalb von Kopulakonstruktionen ist jedoch nicht trivial (Reis: 1982, 197–198, Müller: 1999a, 274).

[3] Zu den spanischen Daten siehe Vogel und Villada (2000). Die Analyse, die Vogel und Villada vorschlagen, ist im Gegensatz zu der hier vorgeschlagenen keine prinzipielle, sondern nur eine einzelsprachliche Analyse.

Pollard und Sag (1994, 66) zitiert wird, vorgeschlagen, nur noch zwei Klassen zu verwenden: stark und schwach. Mit dieser Einteilung ergibt sich folgende Tabelle, wobei *strong* heißt, daß der Determinator stark sein muß und *weak*, daß der Determinator schwach sein muß.

(16)

Form	DTYPE	NUM	GEN	CASE
kluge	*dtype*	*sg*	*fem*	*nom* ∨ *acc*
	strong	*sg*	*mas*	*nom*
	strong	*sg*	*neu*	*nom* ∨ *acc*
	weak	*pl*	*genus*	*nom* ∨ *acc*
klugen	*strong*	*sg*	*genus*	*gen* ∨ *dat*
	strong	*pl*	*genus*	*case*
	dtype	*sg*	*mas*	*acc*
	weak	*sg*	*mas* ∨ *neu*	*gen*
	weak	*pl*	*genus*	*dat*
klugem	*weak*	*sg*	*mas* ∨ *neu*	*dat*
kluger	*weak*	*sg*	*fem*	*gen* ∨ *dat*
	weak	*pl*	*genus*	*gen*
	weak	*sg*	*mas*	*nom*
kluges	*weak*	*sg*	*neu*	*nom* ∨ *acc*

Die Typen *dtype*, *case* und *genus* stehen dabei für den jeweils allgemeinsten Typ, d. h. es gibt keine Einschränkung in bezug auf den Wert von DTYPE, CASE bzw. GENUS für die entsprechenden Adjektivformen.

Die definiten Artikel haben die Flexionsklasse *strong*. Alle flektierten Formen des Determinators *ein* werden ebenfalls zu den starken Determinatoren gezählt, wohingegen die unflektierte Form als schwacher Determinator gilt.

(17)   a. ein kluger Mann (schwacher Determinator)

       b. einem klugen Mann (starker Determinator)

In Nominalphrasen ohne Determinator müssen die Adjektive den DTYPE-Wert *weak* haben.

(18)   a. mit frischer Milch

       b. mit gutem Wein

       c. mit trockenem Getreide

Die Kongruenz zwischen Determinator und Nomen wird genauso sichergestellt wie die zwischen Subjekt und Verb: Das Nomen seleg iert einen Determinator, der in den entsprechenden morpho-syntaktischen Merkmalen mit ihm übereinstimmt:

(19) LOCAL-Wert für *Mann*:

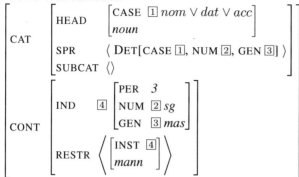

Hierbei ist es wichtig, daß die Kasuswerte des Determinators mit denen des Nomens identifiziert sind. Der Wert ist identisch, denn wäre er nur gleich, würde die Grammatik ungrammatische Sätze zulassen. Mit einem Lexikoneintrag, der den CAT-Wert in (20) hat,
könnte man den Satz (21) analysieren.

(20) CAT-Wert für *Mann* (falsch!):

$$
\begin{bmatrix}
\text{HEAD} & \begin{bmatrix} \text{CASE} & nom \lor dat \lor acc \\ noun \end{bmatrix} \\
\text{SPR} & \langle\; \text{DET}[\text{CASE}\ nom \lor dat \lor acc,\ \text{NUM}\ sg,\ \text{GEN}\ mas] \;\rangle \\
\text{SUBCAT} & \langle\rangle
\end{bmatrix}
$$

(21) * Dem Mann schläft.

Das liegt daran, daß *dem* den Kasuswert *dat* hat. Die Kombination der Beschränkung
nom ∨ dat ∨ acc mit *dat* ist *dat*, d. h. man kann *dem* mit *Mann* kombinieren. Durch die
Identifikation der Beschreibung des Artikels in der SPR-Liste mit dem SYNSEM-Wert des
Determinators wird der Kasuswert in der SPR-Liste in (20) zu *dat*, der Kasuswert des Nomens bleibt davon aber unberührt, ist also weiterhin *nom ∨ dat ∨ acc*. Somit wäre die
Nominalphrase *dem Mann* mit den Anforderungen des Verbs *schläft* kompatibel, was der
Datenlage nicht entspricht. Bei (19) gibt es dagegen kein Problem: Wenn der Determinator
mit dem Nomen kombiniert wird, wird der Kasuswert in der SPR-Liste spezifischer und da
dieser Wert mit dem Kasuswert des Nomens identisch ist, hat die gesamte NP den Kasuswert, der sich aus der Kombination der Kasuswerte des Nomens und des Determinators
ergibt.

Für Nomina wie *Beamter* wird zusätzlich noch die Flexionsklasse des Determinators
spezifiziert. (22) zeigt ein Beispiel:

(22) LOCAL-Wert für *Beamter*:

$$
\begin{bmatrix}
\text{CAT} & \begin{bmatrix}
\text{HEAD} & \begin{bmatrix} \text{CASE} \; \boxed{1} \; nom \lor dat \lor acc \\ noun \end{bmatrix} \\
\text{SPR} & \langle \; \text{DET}[\text{CASE} \, \boxed{1}, \text{NUM} \, \boxed{2}, \text{GEN} \, \boxed{3}, \text{DTYPE } weak] \; \rangle \\
\text{SUBCAT} & \langle\rangle
\end{bmatrix} \\
\text{CONT} & \begin{bmatrix}
\text{IND} & \boxed{4} \begin{bmatrix} \text{PER} & 3 \\ \text{NUM} & \boxed{2} \; sg \\ \text{GEN} & \boxed{3} \; mas \end{bmatrix} \\
\text{RESTR} & \left\langle \begin{bmatrix} \text{INST} \; \boxed{4} \\ beamter \end{bmatrix} \right\rangle
\end{bmatrix}
\end{bmatrix}
$$

Die Kongruenz der Adjektive ist nicht ganz so einfach zu erfassen, aber auch nicht wirklich schwierig: Ein Adjektiv modifiziert eine N̄-Projektion, d. h. eine Nominalprojektion, die noch mit einem Determinator kombiniert werden muß. Das Adjektiv kann also Beschränkungen über die Eigenschaften des Determinators formulieren. Insbesondere kann es Kasus, Genus, Numerus und Flexionsklasse des Determinators bestimmen. Da das Nomen selbst mit dem Determinator in Kasus, Numerus, Genus und Flexionsklasse kongruiert, ist somit auch die Kongruenz des Adjektivs mit dem Nomen gewährleistet. (23) zeigt das am Beispiel des Adjektivs *interessantes*, das bereits im Kapitel über Modifikation auf Seite 77 besprochen wurde:

(23) Adjektiveintrag mit Kongruenzinformation (LOCAL-Wert für *interessantes*):

$$
\begin{bmatrix}
\text{CAT} & \begin{bmatrix}
\text{HEAD} & \begin{bmatrix}
\text{MOD}|\text{LOC} & \begin{bmatrix}
\text{CAT}|\text{SPR} & \left\langle \begin{array}{l} \text{Det}[\text{CASE } nom \lor acc, \\ \quad \text{NUM } sg, \text{GEN } neu, \\ \quad \text{DTYPE } weak] \end{array} \right\rangle \\
\text{CONT} & \begin{bmatrix} \text{IND} & \boxed{1} \\ \text{RESTR} & \boxed{2} \end{bmatrix}
\end{bmatrix} \\
adj
\end{bmatrix} \\
\text{SPR} & \langle\rangle \\
\text{SUBCAT} & \langle\rangle
\end{bmatrix} \\
\text{CONT} & \begin{bmatrix}
\text{IND} & \boxed{1} \\
\text{RESTR} & \left\langle \begin{bmatrix} \text{THEME} \; \boxed{1} \\ interessant \end{bmatrix} \right\rangle \oplus \boxed{2}
\end{bmatrix}
\end{bmatrix}
$$

In (23) wird anders als im auf Seite 77 angegebenen Eintrag nur auf die morpho-syntaktischen Eigenschaften des Determinators Bezug genommen. Über den semantischen Index des Adjektivs wird nichts gesagt, außer daß er mit dem des Nomens identisch sein muß. Behandelt man die morpho-syntaktischen Merkmale des Determinators als Kopfmerkmale, ist sichergestellt, daß die morpho-syntaktischen Eigenschaften des Determinators und des Adjektivs von den semantischen Eigenschaften des Nomens unabhängig sind. Das ist wichtig für Nomina wie *Mädchen* und *Weib*, die innerhalb der NP das Genus Neutrum haben, auf die man sich aber sowohl mit *es* als auch mit *sie* beziehen kann:

(24) a. „Farbe bringt die meiste Knete!" verriet ein 14jähriges türkisches *Mädchen*,
          die die Mauerstückchen am Nachmittag am Checkpoint Charlie an Japaner und
          US-Bürger verkauft.[4]

      b. Es ist ein junges *Mädchen, die* auf der Suche nach CDs bei Bolzes reinschaut.[5]

(25) a. Das *Mädchen, das* Rosen und andere Blumen herumtrug, bot ihm *ihren* Korb
          dar, ...[6]

      b. Nun sitz ich hier, wie ein altes *Weib, das* ihr Holz von Zäunen stoppelt und *ihr*
          Brot an den Türen, um ihr hinsterbendes, freudloses Dasein noch einen Augen-
          blick zu verlängern und zu erleichtern.[7]

Der Genus-Wert im semantischen Index von *Mädchen* und *Weib* muß also *fem* ∨ *neu* sein,
Artikel und Adjektiv dürfen aber nie *fem* sein.[8] Das wird korrekt erfaßt, wenn *Mädchen*
von seinem Determinator verlangt, daß dieser das Genus Neutrum hat. Adjektive beziehen
sich immer auf die Merkmale des Determinators (in der SPR-Liste des Nomens).

Behandelt man Possessivpronomina als Determinatoren, folgt zwangsläufig, daß die
Kongruenzmerkmale der Determinatoren keine semantischen Merkmale sein können, wie
das z. B. von Pollard und Sag (1994, 88) im Zusammenhang mit deutschen Kongruenzphänomenen vorgeschlagen wurde, denn das Pronomen *seine* in (26) referiert auf ein Masku-
linum oder Neutrum, kongruiert aber mit einem Femininum:

(26) seine Frau

Den Eintrag für das Possessivum zeigt (27):

(27) *seine*:

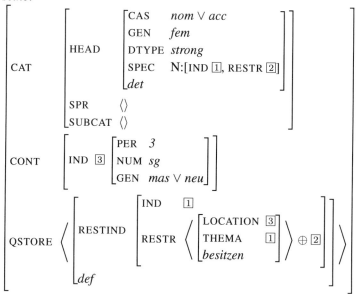

[4]taz, 14.06.90, S. 6.
[5]taz, 13.03.96, S. 11.
[6]Goethe, *Wilhelm Meisters Lehrjahre*, Hamburger Ausgabe, Band 7, S. 90.
[7]Goethe, *Die Leiden des jungen Werther*, Hamburger Ausgabe, Band 6, S. 99.
[8]Zu Problemen, die Nomina wie *Mädchen* für die Bindungstheorie aufwerfen, siehe Müller: 1999a, 417–418.

Kontrollfragen

1. Welche Kongruenzphänomene kennen Sie?

Übungsaufgaben

1. Überlegen Sie, wie die Kongruenzverhältnisse in den folgenden beiden Sätzen erfaßt werden:

    (28)   Das kluge Mädchen konnte über diese Dummheit nur lächeln. Sie wußte längst, daß das Gegenteil richtig war.

2. Laden Sie die zu diesem Kapitel gehörende Grammatik von der Grammix-CD (siehe Übung 3 auf Seite 61). Im Fenster, in dem die Grammatik geladen wird, erscheint zum Schluß eine Liste von Beispielen. Geben Sie diese Beispiele nach dem Prompt ein und wiederholen Sie die in diesem Kapitel besprochenen Aspekte.

Literaturhinweise

Pollard und Sag (1994, Kapitel 2) setzen sich ausführlich mit Kongruenzphänomenen auseinander und diskutieren auch alternative Ansätze. In diesem Kapitel wurde semantische Kongruenz (mit bezug auf Index-Merkmale) und syntaktische Kongruenz (mit bezug auf Kopfmerkmale) vorgestellt. Eine Arbeit, die sich detailliert mit den verschiedenen Kongruenzformen beschäftigt, ist Kathol: 1999. Ein gutes Buch zur Analyse von Kongruenz im Rahmen der HPSG ist Wechsler und Zlatić: 2003.

14 Kasus

In diesem Kapitel werden verschiedene Arten von Kasus vorgestellt, und es wird gezeigt, wie sich die Kasusvergabe in Abhängigkeit vom syntaktischen Kontext regeln läßt. Die Formulierung allgemeiner Prinzipien für die Kasusvergabe ist sehr sinnvoll, da sie es ermöglicht, im Lexikon Information über Kasus unterspezifiziert zu lassen. Somit braucht man für die Sätze in (1) nur einen Lexikoneintrag für das Verb *lesen*:

(1)   a. Er möchte das Buch lesen.

      b. Ich sah ihn das Buch lesen.

In (2a) hat das Subjekt von *lesen* Nominativ, in (2b) dagegen Akkusativ. Welchen Kasus das Subjekt von *lesen* bekommt, hängt vom Kontext ab, in dem das Verb *lesen* verwendet wird, und wird über ein allgemeines Prinzip geregelt. Damit ein solches Prinzip formuliert werden kann, muß klar sein, was für Arten von Kasus es (im Deutschen) gibt. Verschiedene Kasusarten werden im folgenden Abschnitt vorgestellt.

14.1 Das Phänomen

Im folgenden Abschnitt wird die Unterscheidung zwischen lexikalischem und strukturellem Kasus eingeführt. Abschnitt 14.1.2 beschäftigt sich mit dem sogenannten semantischen Kasus, bestimmten Kasusformen, die durch die Verwendung eines Adjunkts mit einer bestimmten Bedeutung erzwungen sind.

14.1.1 Der Kasus von Argumenten: Struktureller und lexikalischer Kasus

Es gibt Prädikate, deren Argumente Kasus haben, der von der syntaktischen Umgebung, in der das Prädikat realisiert wird, abhängt. Man bezeichnet solche Argumente als Argumente mit strukturellem Kasus. Bei kasusmarkierten Argumenten, die keinen strukturellen Kasus haben, spricht man von lexikalischem Kasus.

Beispiele für strukturellen Kasus sind:[1]

(2)   a. Der Installateur kommt.

      b. Der Mann läßt den Installateur kommen.

      c. das Kommen des Installateurs

Im ersten Satz wird dem Subjekt Nominativ zugewiesen, wogegen *Installateur* im zweiten Satz im Akkusativ steht und im dritten in Verbindung mit der Nominalisierung im Genitiv. Der Akkusativ von Objekten ist gewöhnlich auch ein struktureller Kasus. Bei Passivierung wird er zum Nominativ:

---

[1] Vergleiche Heinz und Matiasek: 1994, 200.

Bei (2b) handelt es sich um eine AcI-Konstruktion. AcI heißt Akkusativ mit Infinitiv. Das logische Subjekt des eingebetteten Verbs (im Beispiel *kommen*) wird zum Akkusativobjekt des Matrixverbs (im Beispiel *lassen*). Beispiele für AcI-Verben sind Wahrnehmungsverben wie *hören* und *sehen* sowie *lassen*. Siehe auch Kapitel 16.1.6.

(3)   a. Karl schlägt den Hund.

       b. Der Hund wird geschlagen.

Im Gegensatz zum Akkusativ ist der von einem Verb abhängige Genitiv ein lexikalischer
Kasus: Bei Passivierung ändert sich der Kasus eines Genitivobjekts nicht.

(4)   a. Wir gedenken der Opfer.

       b. Der Opfer wird gedacht.

In (4b) handelt es sich um ein sogenanntes unpersönliches Passiv, d. h. im Gegensatz zum
Beispiel (3b), in dem das Akkusativobjekt zum Subjekt wird, gibt es in (4b) kein Subjekt.
    Genauso gibt es keine Veränderungen bei Dativobjekten:

(5)   a. Der Mann hat ihm geholfen.

       b. Ihm wird geholfen.

Es wird kontrovers diskutiert, ob einige oder alle Dative in verbalen Umgebungen als
strukturelle Kasus behandelt werden sollten (den Besten: 1985a,b, Fanselow: 1987, 2000,
2003, Czepluch: 1988, Wegener: 1990, Wunderlich: 1997b,a, Ryu: 1997, Molnárfi: 1998,
Gunkel: 2003) oder ob alle Dative lexikalischen Kasus bekommen (Haider: 1985a, 1986a,
1993, Haider und Rosengren: 2003, Heinz und Matiasek: 1994, Scherpenisse: 1986, Pollard: 1994, Müller: 1999a, 2001a, Meurers: 1999b, Vogel und Steinbach: 1998, Abraham:
1995). Das sogenannte Dativpassiv, das mit Verben wie *bekommen*, *erhalten* und *kriegen*
gebildet werden kann, wird als Evidenz für den Dativ als strukturellen Kasus gesehen. In
(6b) steht das Dativargument von *schenken* im Nominativ:

(6)   a. Der Mann hat den Ball dem Jungen geschenkt.

       b. Der Junge bekam den Ball geschenkt.

Manche derjenigen, die den Dativ zu den lexikalischen Kasus zählen, nehmen einen besonderen Prozeß an, der im Zusammenhang mit dem Dativ-Passiv eine Dativ-NP in eine
NP mit strukturellem Kasus umwandelt (Haider: 1986a, Abschnitt 4.1; Heinz und Matiasek: 1994, 228; Müller: 1999a, 298). Gunkel (2003) kritisiert diese Ansätze zu Recht, denn
wenn man all die Kasus zu den strukturellen Kasus zählen will, die sich in Abhängigkeit
von ihrer syntaktischen Umgebung ändern können, dann muß man Argumentdative wie
die in (6a) zu den strukturellen Kasus zählen.
    Ich werde trotzdem den Dativ zu den lexikalischen Kasus zählen und möchte dies im
folgenden begründen: Haider (1986a, 20) führt folgende Beispiele als Evidenz für eine
Behandlung des Dativs als lexikalischen Kasus an:

(7)   a.   Er streichelt den Hund.

       b.   Der Hund wurde gestreichelt.

       c.   sein Streicheln des Hundes

       d.   Er hilft den Kindern.

       e.   Den Kindern wurde geholfen.

       f.   das Helfen der Kinder

       g.   * sein Helfen der Kinder

Der Akkusativ in (7a) ist strukturell und kann bei Passivierung als Nominativ und nach einer Nominalisierung als Genitiv realisiert werden. Der Dativ in (7d) kann dagegen in Nominalisierungen nicht zum Genitiv werden, sondern nur in einer komplexen Nominalisierung pränominal realisiert werden:

(8)   das Den-Kindern-Helfen

Die Genitiv-NP *der Kinder* in (7f) bezieht sich auf das Agens von *helfen*. Das Agens hat strukturellen Kasus und kann deshalb auch als Genitiv in nominalen Umgebungen auftreten. Wenn das Subjekt wie in (7g) durch ein Possessivum ausgedrückt wird, wird die Phrase ungrammatisch. Die Verhältnisse in (7) sind erklärt, wenn man annimmt, daß in Nominalisierungen nur Elemente mit strukturellem Kasus realisiert werden können und daß der Dativ ein lexikalischer Kasus ist. Die Daten in (7) werden von denjenigen, die annehmen, daß der Dativ ein struktureller Kasus ist, oft nicht besprochen.

Ein weiteres Problem, das sich ergibt, wenn man den Dativ zu den strukturellen Kasus zählt, ist, daß man die Dativobjekte zweistelliger Verben nicht von Akkusativobjekten unterscheiden kann, wenn man als einzige Information über den Kasus eines Objektes die Information hat, daß es strukturellen Kasus hat. Man betrachte z. B. *helfen* und *unterstützen* in (9).

(9)   a. Er hilft ihm.

      b. Er unterstützt ihn.

Beide Verben haben ein Subjekt mit strukturellem Kasus. Wären nun sowohl der Dativ als auch der Akkusativ strukturelle Kasus, würden sich die Valenzanforderungen der beiden Verben nicht unterscheiden, was nicht adäquat ist.[2]

Bei ditransitiven Verben kann man sagen, daß das erste Argument Nominativ, das zweite Akkusativ und das dritte Dativ bekommt, aber bei zweistelligen Verben kann man nicht aus allgemeinen Prinzipien ableiten, wann Akkusativ und wann Dativ auftreten muß. Von Stechow und Sternefeld (1988, 435) und von Stechow (1990, 187) und Autoren, die die Unterscheidung zwischen strukturellem und lexikalischem Kasus aus semantischer Sicht machen,[3] nehmen deshalb an, daß der Dativ zweistelliger Verben ein lexikalischer Kasus ist. Das sagt voraus, daß das Dativpassiv mit solchen Verben nicht möglich ist. Es ist richtig, daß das Dativpassiv mit zweistelligen Verben selten ist (Hentschel und Weydt: 1995), aber es ist entgegen den Vorhersagen nicht ausgeschlossen. Wegener (1990, 75) erklärt die Seltenheit mit der niedrigen Frequenz zweistelliger unakkusativer[4] Verben mit Dativobjekt. Wegener (1985b, 134; 1990, 75) gibt die Beispiele in (10) an:[5]

(10)   a. Er kriegte von vielen geholfen / gratuliert / applaudiert.

      b. Man kriegt täglich gedankt.

Die Beispiele in (11) sind Korpusbelege:

---

[2]Gunkel (2003) führt zwei verschiedene strukturelle Kasus ein, so daß man die Verben in (9) wieder unterscheiden kann. Zu einer Diskussion seines Ansatzes siehe Abschnitt 14.3.1.

[3]Kaufmann: 1995, 12; Stiebels: 1996, 21–26; Olsen: 1997a, 313; Rapp: 1997, 57, S. 129. Siehe jedoch Wunderlich: 1997b, 51.

[4]Zur Unterscheidung zwischen unergativen und unakkusativischen Verben siehe Kapitel 17.1.1. Die unergativen Verben erlauben kein Passiv oder wenn, dann nur unter sehr eingeschränkten Bedingungen.

[5]Siehe auch Fanselow: 1987, 161–162 und Eisenberg: 1994, 143.

(11)   a. „Da kriege ich geholfen."[6]

     b. Heute morgen bekam ich sogar schon gratuliert.[7]

     c. „Klärle" hätte es wirklich mehr als verdient, auch mal zu einem „unrunden" Geburtstag gratuliert zu bekommen.[8]

     d. Mit dem alten Titel von Elvis Presley „I can't help falling in love" bekam Kassier Markus Reiß zum Geburtstag gratuliert, [...][9]

Die Beispiele (11a), (11c) und (11d) sind aus folgendem Grund besonders interessant: Hentschel und Weydt (1995) stellen fest, daß es im Korpus des Instituts für Deutsche Sprache in Mannheim keine Belege für das Dativpassiv mit zweistelligen Verben gibt, stufen dieses Muster aber als grammatisch möglich ein. Eine Sichtweise, die auch von Wegener, Fanselow und Eisenberg geteilt wird (siehe (10)). 1999 finden sich dann plötzlich Sätze aus der Frankfurter Rundschau und dem Mannheimer Morgen im IDS-Korpus, die genau dem Muster entsprechen. Man kann also aus der Nichtexistenz von Daten im Korpus nicht unbedingt etwas schließen. Man kann sich Gedanken darüber machen, warum ein Muster relativ selten ist und vielleicht auch strukturelle Gründe dafür finden, das Korpus aber als alleiniges Mittel zur Rechtfertigung negativer Aussagen zu verwenden, ist gefährlich. Negative Aussagen sollten immer noch durch Experimente abgesichert werden. (11b) zeigt übrigens, daß es das *bekommen*-Passiv mit *gratulieren* schon 1943 gab. Hätte das IDS-Korpus diese Daten 1995 enthalten, hätte man auch 1995 schon etwas finden können.

Nach der Besprechung der strukturellen Kasus Nominativ und Akkusativ haben wir bereits den Genitiv und den Dativ von Verbargumenten bei den lexikalischen Kasus eingeordnet. Neben den bisher besprochenen strukturellen Akkusativen gibt es aber auch lexikalische:

(12)   Ihn dürstet.

In (12) hat *ihn* nicht die Möglichkeit, seinen Kasus (z. B. durch Passivierung) zu ändern, weshalb es sinnvoll ist, diese Akkusative zu den lexikalischen Akkusativen zu zählen.

Haider argumentiert dafür, daß auch die Nominalphrasen in Präpositionalobjekten vom Verb strukturellen Kasus zugewiesen bekommen (bei Haider kommt hier nur der Akkusativ in Frage, da er den Dativ als lexikalischen Kasus behandelt). Modifizierende Präpositionen sollen dagegen ihren nominalen Komplementen selbst Kasus zuweisen. In Abhängigkeit von der jeweiligen Präposition ist der Kasus dann Genitiv, Dativ bzw. Akkusativ oder hängt – wie in (13) – von der Bedeutung der Präposition ab.

(13)   a. Er läuft in diesen Wald.

     b. Er läuft in diesem Wald.

Eine strukturelle Vergabe von Kasus an Präpositionalobjekte wäre in Haiders System nur gerechtfertigt, wenn es keine Präpositionalobjekte mit Dativ-Objekt gäbe. Eisenberg (1994, 78) gibt aber die Beispiele in (14), und (14a) zeigt, daß es durchaus Komplementpräpositionalphrasen gibt, deren NP nicht im Akkusativ steht.

(14)   a. Sie hängt an ihrer elektrischen Eisenbahn.

---

[6]Frankfurter Rundschau, 26.06.1998, S. 7.

[7]Brief von Irene G. an Ernst G. vom 10.04.1943, Feldpost-Archive mkb-fp-0270.

[8]Mannheimer Morgen, 28.07.1999, Lokales; „Klärle" feiert heute Geburtstag.

[9]Mannheimer Morgen, 21.04.1999, Lokales; Motor des gesellschaftlichen Lebens.

b. Sie denkt an ihre Vergangenheit.

Nimmt man an, daß der Dativ auch ein struktureller Kasus ist, könnte man zwar trotzdem davon ausgehen, daß Präpositionalobjekte strukturellen Kasus tragen, doch entfällt hier die Motivation über das (Dativ-)Passiv, denn die Präpositionalobjekte können im Deutschen nie zum Subjekt werden, und der Kasus der NP ändert sich in Präpositionalobjekten auch nicht.

Ich behandle also Präpositionen einheitlich: Eine Präposition weist unabhängig von ihrer Verwendung als Modifikator oder Komplement der von ihr selegierten Nominalphrase lexikalischen Kasus zu.

Genau wie der Kasus von NPen in Präpositionalphrasen sich nicht ändern kann, kann sich der Kasus von Objekten von Adjektiven nicht ändern. Adjektive können Genitiv und Dativ zuweisen:

(15)   a. Er war sich dessen sicher.

        b. Sie ist ihm treu.

Die Zuweisung von Akkusativ ist ebenfalls möglich, wie die folgenden Beispiele zeigen:

(16)   a. Das ist diesen Preis nicht wert.

        b. Der Student ist das Leben im Wohnheim nicht gewohnt.[10]

        c. Du bist mir eine Erklärung schuldig.[11]

Der Akkusativ ist bei Komplementen von Adjektiven aber selten (Haider: 1985a, 98, Fn. 3).

Im Gegensatz zum Kasus der Objekte hängt der Kasus der Adjektivsubjekte von der syntaktischen Umgebung ab:[12]

(17)   a. Der Mond wurde kleiner.

        b. Er sah den Mond kleiner werden.

14.1.2 Semantische Kasus

Nominalphrasen können sowohl als Komplement als auch als Adjunkt auftreten. Haider (1985a) gibt folgende Beispiele für adverbiale Nominalphrasen:

(18)   a. Sie hörten *den ganzen Tag* dieselbe Schallplatte.

        b. Laßt *mir* den Hund in Ruhe!

        c. *Eines Tages* erschien ein Fremder.

Haider rechnet auch Dative, die auf denjenigen referieren, zu dessen Gunsten (19a) bzw. Ungunsten (19b) etwas geschieht (*dativus commodi* und *dativus incommodi*)[13], zu den adverbialen Nominalphrasen.

---

[10]Helbig und Buscha: 1972, 312.

[11]Heidolph, Fläming und Motsch: 1981, 620.

[12]Siehe auch Wunderlich: 1984, 84 zur Diskussion ähnlicher Beispiele.

[13]Die Unterscheidung zwischen *dativus commodi* und *dativus incommodi* ist aus syntaktischer Sicht wenig sinnvoll, wie Wegener (1985a, 100) gezeigt hat. Ob es sich um einen *dativus commodi* oder um einen *dativus incommodi* handelt, hängt von außersprachlichen Faktoren ab.

(i)   a. Der kleine Junge / der berühmte Maler bemalt ihr den Tisch.

(19)   a. Er goß *ihr* die Blumen.

         b. Er zündete *ihr* das Haus an.

Wegener (1985a) hat jedoch gezeigt, daß diese Dative Komplementstatus haben. Nur der ethische Dativ (18b) und der Urteilsdativ (*Dativ iudicantis*) (20) sind als Adjunkte und als wirklich „freie Dative" einzuordnen.[14]

(20)   a. Das ist *mir* zu schwer.

         b. Das ist *dem Kind* zu langweilig / nicht interessant genug.

         c. Du läufst *der Oma* zu schnell.

         d. Das Wasser ist *dem Baby* warm genug.

Haider zeigt, daß die Annahme, daß in (18a) beide Nominalphrasen vom Verb den Akkusativ zugewiesen bekommen, nicht sinnvoll ist, da Zeitangaben wie *den ganzen Tag* auch in adjektivischen und nominalen Umgebungen vorkommen.

(21)   a. die Ereignisse *letzten Sommer*

         b. der Flirt *vorigen Dienstag*

         c. die *diesen Sommer* sehr günstige Witterung

         d. die *diesen Sommer* sehr teuren Urlaubsreisen

Da Elemente mit strukturellem Kasus in Nominalumgebungen im Genitiv stehen müssen, kann es sich in (21a,b) nicht um die Zuweisung eines strukturellen Kasus handeln. Die Kasus in (21) werden nicht aufgrund ihres Vorkommens in einer bestimmten syntaktischen Struktur zugewiesen, sondern sind vielmehr durch die Bedeutung des Nomens bestimmt.

    Der freie Akkusativ kommt bei Maßangaben (Zeitdauer und Zeitpunkt) vor (22) und Genitiv bei Lokalangaben oder Zeitangaben (23).

(22)   a. Sie studierte *den ganzen Abend.*

         b. *Nächsten Monat* kommen wir.

(23)   a. Ein Mann kam *des Weges.*

         b. *Eines Tages* sah ich sie wieder.

14.1.3 Der Kasus nicht ausgedrückter Subjekte

Höhle (1983, Kapitel 6) hat gezeigt, wie man den Kasus nicht an der Oberfläche auftretender Elemente bestimmen kann. Mit der Phrase *ein- nach d- ander-* kann man sich auf mehrzahlige Konstituenten beziehen. Dabei muß *ein- nach d- ander-* in Kasus und Genus mit der Bezugsphrase übereinstimmen. (24) zeigt einfache Sätze, in denen *ein- nach d-ander-* sich auf Subjekte bzw. Objekte bezieht:[15]

(24)   a. Die Türen sind eine nach der anderen kaputtgegangen.

---

         b. Er öffnet ihr die Bluse.

Selbst (19b) kann als *dativus commodi* verstanden werden, wenn er ihr bei einem Versicherungsbetrug hilft.

[14] Die Beispiele in (20) sind von Wegener (1985a, 53).

[15] (24) – (26) sind von Höhle.

b. Einer nach dem anderen haben wir die Burschen runtergeputzt.

c. Einen nach dem anderen haben wir die Burschen runtergeputzt.

d. Ich ließ die Burschen einen nach dem anderen einsteigen.

e. Uns wurde einer nach der anderen der Stuhl vor die Tür gesetzt.

In (25) bezieht sich *ein- nach d- ander-* auf Dativ- bzw. Akkusativobjekte eingebetteter Infinitive mit *zu*:

(25) a. Er hat uns gedroht, die Burschen demnächst einen nach dem anderen wegzu-
          schicken.

      b. Er hat angekündigt, uns dann einer nach der anderen den Stuhl vor die Tür zu
          setzen.

      c. Es ist nötig, die Fenster, sobald es geht, eins nach dem anderen auszutauschen.

In (26) befindet sich *ein- nach d- ander-* ebenfalls innerhalb der Infinitiv-VP:

(26) a. Ich habe den Burschen geraten, im Abstand von wenigen Tagen einer nach dem
          anderen zu kündigen.

      b. Die Türen sind viel zu wertvoll, um eine nach der anderen verheizt zu werden.

      c. Wir sind es leid, eine nach der anderen den Stuhl vor die Tür gesetzt zu kriegen.

      d. Es wäre fatal für die Sklavenjäger, unter Kannibalen zu fallen und einer nach
          dem anderen verspeist zu werden.

ein- nach d- ander- ist in keinem der Sätze in (26) das Subjekt, da dieses in dieser Form Infinitivkonstruktion nie realisiert wird. *Ein- nach d- ander-* bezieht sich jedoch auf das Subjekt des *zu*-Infinitivs. Daraus daß *ein- nach d- ander-* in (26) im Nominativ steht, kann man schließen, daß das nicht realisierte Subjekt ebenfalls im Nominativ stehen muß.

Dasselbe gilt für nicht realisierte Subjekte in Umgebungen adjektivischer Partizipien.

(27) a. die eines nach dem anderen einschlafenden Kinder

      b. die einer nach dem anderen durchstartenden Halbstarken

      c. die eine nach der anderen loskichernden Frauen

Die Wörter *Kinder*, *Halbstarken* und *Frauen* sind in (27) keine syntaktischen Argumente der Partizipien. Sie sind vielmehr der Kopf der Nominalphrase und werden von den Partizipien modifiziert. Daß die Nomina nicht die Subjekte der Partizipien sein können, kann man daran feststellen, daß sie in Kasus stehen können, die als Kasus von Subjekten im Deutschen nicht möglich sind:

(28) Sie helfen den einer nach dem anderen durchstartenden Männern.

In (28) steht *den ... Männern* im Dativ. Der Dativ wurde von uns zu den lexikalischen Kasus gezählt, Subjekte haben aber immer strukturellen Kasus. Zu Subjektstests und Dativen im Deutschen siehe auch Seite 284. Das Subjekt der adjektivischen Partizipien ist also nicht als syntaktisches Argument des Adjektivs ausgedrückt.

Man muß deshalb sicherstellen, daß auch nicht realisierte Subjekte Kasus zugewiesen bekommen. Würde man diesen Kasus unterspezifiziert lassen, würden Sätze wie (29) falsch analysiert werden.

(29)   # Ich habe den Burschen geraten, im Abstand von wenigen Tagen einen nach dem
        anderen zu kündigen.

In der zulässigen Lesart von (29) ist die Phrase *einen nach dem anderen* das Objekt von
kündigen und kann sich nicht auf das Subjekt des Infinitivs, das referenzidentisch mit *den
Burschen* ist, beziehen.

14.2 Die Analyse

In den folgenden beiden Abschnitten werden die Vergabe von Kasus an Argumente und
die Restriktionen in bezug auf semantische Kasus erklärt.

14.2.1 Kasus von Argumenten

Ich gehe im folgenden davon aus, daß der Dativ immer ein lexikalischer Kasus ist. Ein
ditransitives Verb wie *geben* hat dann einen SUBCAT-Wert $\langle$ NP[*str*], NP[*str*], NP[*ldat*] $\rangle$,
wobei *str* für strukturellen Kasus und *ldat* für lexikalischen Dativ steht. Die Zuweisung
struktureller Kasus wird durch das folgende Prinzip geregelt (Przepiórkowski: 1999b;
Meurers: 1999b; Meurers: 2000, Kapitel 10.4.1.4; Meurers und De Kuthy: 2001):[16]

Prinzip 7 (Kasusprinzip)
- *In einer Liste, die sowohl das Subjekt als auch die Komplemente eines verbalen
  Kopfes enthält, bekommt das am wenigsten oblique Element mit strukturellem Ka-
  sus Nominativ, es sei denn es wird von einem übergeordneten Kopf angehoben.*

- *Alle anderen nicht angehobenen Elemente der Liste, die strukturellen Kasus tragen,
  bekommen Akkusativ.*

- *In nominalen Umgebungen wird Elementen mit strukturellem Kasus Genitiv zugewiesen.*

Die Einschränkung in bezug auf die Anhebung von Elementen dient zur korrekten Erfassung der Kasuszuweisung in bestimmten Sätzen mit mehreren Verben (z. B. AcI-Konstruktionen, siehe Kapitel 16 und S. 225).

Das Wirken des Kasusprinzips soll an den Beispielen in (30) erklärt werden. Die SUB-
CAT-Listen der jeweiligen Verben sind entsprechend der Obliqueness der Argumente geordnet (siehe Seite 45), d. h. das Subjekt steht an erster Stelle. Wenn es ein Akkusativobjekt gibt, steht es an zweiter Stelle. Gibt es zusätzlich zum Akkusativobjekt ein Dativobjekt
folgt dieses dem Akkusativobjekt:

(30)   a. *schläft*:   SUBCAT $\langle$ NP[*str*]$_j$ $\rangle$

        b. *unterstützt*: SUBCAT $\langle$ NP[*str*]$_j$, NP[*str*]$_k$ $\rangle$

        c. *hilft*:   SUBCAT $\langle$ NP[*str*]$_j$, NP[*ldat*]$_k$ $\rangle$

        d. *schenkt*:   SUBCAT $\langle$ NP[*str*]$_j$, NP[*str*]$_k$, NP[*ldat*]$_l$ $\rangle$

---

[16]Eine korrekte Formalisierung wurde von Detmar Meurers vorgeschlagen (Meurers: 1999b; Meurers und De
Kuthy: 2001; Meurers: 2000, Kapitel 10.4.1.4). Diese ist recht komplex und wird deshalb hier in einem
Anhang diskutiert (siehe Abschnitt 17.4). Zu Przepiórkowskis Ansatz siehe Abschnitt 14.3.3.

Die SUBCAT-Liste von *schläft* enthält genau ein Element: eine NP mit strukturellem Kasus. Da diese NP das erste Element der SUBCAT-Liste ist, bekommt sie Nominativ. Genauso bekommt die erste NP in der SUBCAT-Liste von *unterstützt* Nominativ, die zweite bekommt allerdings Akkusativ. Bei *hilft* bekommt das erste Element Nominativ, das zweite ist lexikalisch als Dativ markiert. Bei *schenkt* bekommen die ersten beiden Elemente wieder jeweils Nominativ und Akkusativ, das dritte Element ist wie das Objekt von *hilft* lexikalisch als Dativ markiert.

Bei Passivierung der Verben in (30) ergeben sich die folgenden SUBCAT-Listen:

(31)   a. *geschlafen wird*: SUBCAT $\langle\,\rangle$

      b. *unterstützt wird*: SUBCAT $\langle$ NP$[str]_k\,\rangle$

      c. *geholfen wird*:   SUBCAT $\langle$ NP$[ldat]_k\,\rangle$

      d. *geschenkt wird*: SUBCAT $\langle$ NP$[str]_k$, NP$[ldat]_l\,\rangle$

In (31) steht jetzt eine andere NP an erster Stelle. Wenn diese NP strukturellen Kasus hat, bekommt sie Nominativ, wenn das wie in (31c) nicht der Fall ist, bleibt der Kasus wie er ist, nämlich lexikalisch spezifiziert.

Für das Dativpassiv muß man ein bißchen zaubern: Bei der Kombination von *geholfen* und *bekommen* bzw. von *geschenkt* und *bekommen* wird das Dativargument von *geholfen* bzw. von *geschenkt* zum ersten Argument gemacht und der lexikalische Dativ beim eingebetteten Verb wird zu einem strukturellen Kasus bei der Kombination mit dem Passiv-Hilfsverb:

(32)   a. *geholfen bekommt*: SUBCAT $\langle$ NP$[str]_k\,\rangle$

      b. *geschenkt bekommt*: SUBCAT $\langle$ NP$[str]_l$, NP$[str]_k\,\rangle$

Wie diese Umordnung genau passiert, wird im Kapitel 17.1.3 ausführlicher erklärt. Hier ist nur wichtig, wie die Kasusvergabe funktioniert: Dadurch daß das Dativargument bei Kombination mit dem Passivhilfsverb strukturellen Kasus hat und an erster Stelle in der Valenzliste von *geholfen bekommen* bzw. von *geschenkt bekommen* steht, kriegt es Nominativ. Bei *geschenkt bekommen* bekommt das zweite Element (das direkte Objekt) Akkusativ.

Die Umwandlung eines lexikalischen in einen strukturellen Kasus ist unschön, aber es scheint zur Zeit keine bessere Alternative zu geben. Einen Vorschlag diskutiere ich in Abschnitt 14.3.1.

Für die Erklärung der Kasusvergabe in AcI-Konstruktionen müssen wir etwas vorgreifen: Bei der Analyse der AcI-Konstruktion findet eine Argumentkomposition statt, d. h. die Argumente des eingebetteten Verbs werden zu Argumenten des AcI-Verbs (z. B. *sehen*, *lassen*). Man sagt, daß Verben wie *sehen* und *lassen* die Argumente der unter sie eingebetteten Verben anheben. Solche Verben werden deshalb auch Anhebungsverben (*raising verbs*) genannt. Entsprechende Valenzlisten sind in (33) zu sehen:

(33)   a. *schlafen läßt*:   SUBCAT $\langle$ NP$[str]_i$, NP$[str]_j\,\rangle$

      b. *unterstützen läßt*: SUBCAT $\langle$ NP$[str]_i$, NP$[str]_j$, NP$[str]_k\,\rangle$

      c. *helfen läßt*:   SUBCAT $\langle$ NP$[str]_i$, NP$[str]_j$, NP$[ldat]_k\,\rangle$

      d. *schenken läßt*:   SUBCAT $\langle$ NP$[str]_i$, NP$[str]_j$, NP$[str]_k$, NP$[ldat]_l\,\rangle$

NP[*str*]$_i$ steht hierbei jeweils für das Subjekt des AcI-Verbs. NP[*str*]$_j$, NP[*str*]$_k$ bzw. NP[*ldat*]$_l$ sind die Argumente des eingebetteten Verbs. Für die Kasusvergabe sind nur die Valenzlisten in (33) maßgeblich. Die Argumente in den Valenzlisten der eigentlichen Verben spielen für die Kasusvergabe keine Rolle, da das Kasusprinzip die Kasuszuweisung ausschließt, wenn ein Element angehoben wird. Damit sind nur die Verhältnisse in (33) für die Kasuszuweisung interessant, das erste Element in den Listen in (33) bekommt immer Nominativ, die restlichen Elemente mit strukturellem Kasus bekommen Akkusativ. Die logischen Subjekte der eingebetteten Verben werden also im Akkusativ realisiert.

Die Kasuszuweisung an das Subjekt von Adjektiven funktioniert analog. Die Kopula wird mit dem Adjektiv verbunden, und es entsteht eine Valenzliste, die die Argumente des Adjektivs enthält (34a). Wird ein solcher Komplex noch unter ein AcI-Verb wie *sehen* eingebettet, erhält man die Liste in (34b):

(34)   a. *kleiner werden*:   SUBCAT $\langle$ NP[*str*]$_j$ $\rangle$

      b. *kleiner werden sah*: SUBCAT $\langle$ NP[*str*]$_i$, NP[*str*]$_j$ $\rangle$

Die Kasuszuweisung funktioniert analog zu den bereits diskutierten Fällen. In den verbalen Umgebungen der Kopula bzw. des AcI-Verbs bekommen die NPen mit strukturellem Kasus Nominativ bzw. Akkusativ.

14.2.2 Semantischer Kasus

Der Kasus von NPen wie *den ganzen Tag* in (35) ist von der syntaktischen Umgebung unabhängig.

(35)   a. Sie arbeiten den ganzen Tag.

      b. Den ganzen Tag wird gearbeitet, [...].[17]

Daß die NP im Akkusativ steht, hängt mit ihrer Funktion zusammen. Der Lexikoneintrag für das Nomen *Tag* in der Verwendung in (35) unterscheidet sich vom Lexikoneintrag für *Tag*, wie man ihn für die Analyse der Sätze in (36) braucht:

(36)   a. Ich liebe diesen Tag.

      b. Dieser Tag gefällt mir.

In (36) liegen ganz gewöhnliche Argumente vor, in (35) dagegen ein Adjunkt. Adjunkte unterscheiden sich von Argumenten durch ihren MOD-Wert: Bei Argumenten ist der MOD-Wert *none*, bei Adjunkten ist der MOD-Wert eine Merkmalstruktur vom Typ *synsem*. Für die Analyse von (35) und (36) braucht man also unterschiedliche Lexikoneinträge für *Tag*. Der Lexikoneintrag für das modifizierende Nomen muß neben der Nominalsemantik auch noch die Modifikatorensemantik, also Information darüber, daß es eine Dauer-Relation geben muß, enthalten. Zusammen mit dieser Information wird im Lexikoneintrag für das modifizierende Nomen der Kasus fest kodiert. Die morphologische Komponente kann dann für diesen Lexikoneintrag nur die Akkusativform erzeugen, da alle anderen Flexionsformen mit der bereits im Lexikoneintrag angegebenen Kasusinformation inkompatibel sind. Dadurch wird sichergestellt, daß Sätze wie (37) nicht analysiert werden:

---

[17]http://www.philo-forum.de/philoforum/viewtopic.html?p=146060. 12.05.2005.

(37)   a.   * Er arbeitet der ganze Tag.

         b.   * weil der ganze Tag gearbeitet wurde

14.3 Alternativen

In den Abschnitten 14.3.1–14.3.3 diskutiere ich verschiedene HPSG-Ansätze, und Abschnitt 14.3.4 beschäftigt sich mit der Kasuszuweisung in der GB-Theorie.

14.3.1 Struktureller Dativ

Gunkel (2003, 76) kritisiert andere HPSG-Analysen, die Vorschlägen von Haider folgend den Dativ als lexikalischen Kasus behandelt haben. Er entwickelt eine Typhierarchie, in die er zwei spezielle Typen *scase1* und *scase2* aufnimmt (S. 96). Dabei steht *scase1* für die strukturellen Kasus, die in verbalen Umgebungen als Nominativ oder Akkusativ realisiert werden können, und *scase2* steht für die Kasus, die in verbalen Umgebungen als Nominativ (im Dativpassiv) oder Dativ realisiert werden können. Auf die Kasusvergabe in nominalen Umgebungen geht Gunkel nicht ein. Integriert man den Genitiv in die Typhierarchie, bekommt man etwas wie Abbildung 14.1. Statt Gunkels *scase1* und *scase2* habe ich die etwas aussagekräftigeren Bezeichnungen *structural_nga* und *structural_nd* gewählt. Wie das Nominalisierungsbeispiel in (7g) – hier als (38) wiederholt – zeigt, kön-

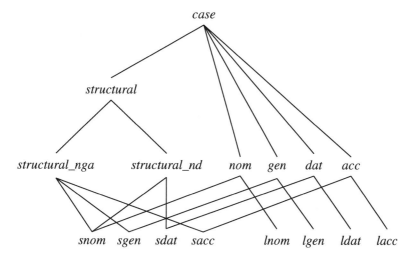

Abbildung 14.1: Typhierarchie für die Subtypen von *case* nach Gunkel: 2003 erweitert um *sgen*

nen Dativargumente nie im Genitiv realisiert werden.

(38)   * sein Helfen der Kinder

In Abbildung 14.1 hat der Typ *structural_nd* deshalb nur die Untertypen *snom* und *sdat*, nicht aber *sgen*. *structural_nga* hat dagegen *snom*, *sgen* und *sacc* als Untertypen.

Die Valenzrepräsentationen für einige typische Verben sind in (39) zu sehen:

(39) a. *schlafen*:   SUBCAT $\langle$ NP[*str_nga*] $\rangle$
      b. *unterstützen*: SUBCAT $\langle$ NP[*str_nga*], NP[*str_nga*] $\rangle$
      c. *helfen*:   SUBCAT $\langle$ NP[*str_nga*], NP[*str_nd*] $\rangle$
      d. *schenken*:   SUBCAT $\langle$ NP[*str_nga*], NP[*str_nga*], NP[*str_nd*] $\rangle$

Gunkels Kasusprinzip (Kapitel 2.3.12) sagt dann, daß in verbalen Umgebungen das erste Argument Nominativ bekommt und alle anderen Argumente nicht Nominativ ($\neg nom$)
sind. Wenn man den Genitiv in die Hierarchie aufnimmt, bleiben für den Kasus des Objekts
von *unterstützen* dann immer noch *sgen* und *sacc*. Man müßte also bei der Verwendung der
Typhierarchie in Abbildung 14.1 auch den Genitiv ausschließen, das kann man wie folgt
tun: Man sagt, daß alle Argumente, die in verbalen Umgebungen nicht an erster Stelle stehen, weder Nominativ noch Genitiv sein dürfen ($\neg nom \wedge \neg gen$). Das ist aber äquivalent
mit $dat \vee acc$ bzw. mit einem in die obige Hierarchie integrierten Typ *structural_da*. Macht
man sich klar, daß ein Typ in einer Hierarchie für eine Disjunktion all seiner maximal spezifischen Untertypen steht, so wird auch klar, daß die Kodierung in Abbildung 14.1 nichts
anderes ist als eine disjunktive Aufzählung von Möglichkeiten. *structural_nga* steht für
$snom \vee sgen \vee sacc$. Damit stehen die Lexikoneinträge in (39) aber für folgendes:

(40) a. *schlafen*:   SUBCAT $\langle$ NP[*snom* $\vee$ *sacc* $\vee$ *sgen*] $\rangle$
      b. *unterstützen*: SUBCAT $\langle$ NP[*snom* $\vee$ *sacc* $\vee$ *sgen*], NP[*snom* $\vee$ *sacc* $\vee$ *sgen*] $\rangle$
      c. *helfen*:   SUBCAT $\langle$ NP[*snom* $\vee$ *sacc* $\vee$ *sgen*], NP[*snom* $\vee$ *sdat*] $\rangle$
      d. *schenken*:   SUBCAT $\langle$ NP[*snom* $\vee$ *sacc* $\vee$ *sgen*], NP[*snom* $\vee$ *sacc* $\vee$ *sgen*],
                                   NP[*snom* $\vee$ *sdat*] $\rangle$

Damit die Analyse funktioniert, muß man also in Lexikoneinträgen Möglichkeiten disjunktiv spezifizieren (bzw. entsprechend unterspezifizieren) und im Kasusprinzip auch,
d. h. man zählt entweder alle Möglichkeiten einfach auf oder kodiert sie in Typen. Ich
ziehe das sehr viel einfachere[18], im vorigen Abschnitt formulierte Prinzip vor. Der Preis,
den man dafür zahlen muß, ist ein spezieller Lexikoneintrag für die Hilfsverben, die beim
Dativpassiv vorkommen. In diesem Lexikoneintrag wird der lexikalische Dativ zum strukturellen Nominativ gemacht. Wie das genau funktioniert, wird im Kapitel 17 erklärt.

Ein weiterer Nachteil des Gunkelschen Ansatzes ist, daß nicht ohne weiteres erklärt
werden kann, wieso Partizipien wie *geholfen* nicht wie in (41) pränominal verwendet werden können.

(41) * der geholfene Mann

Mit der Passivanalyse, die in Kapitel 17 vorgestellt wird, würde man die folgende Valenzliste für *geholfen* bekommen:

(42) *geholfen*: SUBCAT $\langle$ NP[*str_nd*] $\rangle$

An der ersten Stelle der Valenzliste stünde ein struktureller Kasus. Die Lexikonregel für
die Ableitung von adjektivischen Partizipien in (117) auf Seite 317 ist für den im vorigen
Abschnitt vorgestellten Ansatz sehr einfach: Sie besagt, daß eine Adjektivform abgeleitet
werden kann, wenn das erste Element der SUBCAT-Liste des Partizips strukturellen Kasus
hat. Dieses Element mit strukturellem Kasus wird dann zum Subjekt des Adjektivs, d. h. zu

---

[18]Die formale Umsetzung ist nicht einfach. Das liegt aber an der Einschränkung in bezug auf Anhebung. Eine
solche Einschränkung braucht Gunkel auch.

dem Element, über das prädiziert wird. Das entspricht dem modifizierten Nomen. Das Objekt von *unterstützt* wird somit zu dem Element, das dem modifizierten Nomen entspricht. Da der Kasus des Objekts von *helfen* aber lexikalisch ist, wird ein Wort wie * *geholfene* überhaupt nicht lizenziert. Mit einer SUBCAT-Liste wie in (42) müßte man dagegen in der Lexikonregel für die Adjektivderivation noch festlegen, daß das Objekt des Verbs, das dann zum Subjekt des Adjektivs wird, kein Dativobjekt sein darf. Dies ist jedoch nicht ohne weiteres möglich, denn *str_nd* steht für *nom* ∨ *dat*, und wenn man so etwas wie ¬*dat* sagt, bleibt immer noch *nom* übrig. Man kann auch nicht verlangen, daß das Objekt nicht vom Typ *str_nd* sein darf, denn das würde den Nominativ ausschließen, und Subjekte von adjektivischen Partizipien haben strukturellen Nominativ, wie die Beispiele in (27) für adjektivische Partizipien gezeigt haben. Was man zur Lösung dieses Problems braucht und was Gunkel auch vorschlägt, ist ein listenwertiges[19] Merkmal (IA = *internal argument*), das eine Liste mit dem Element mit Akkusativobjekteigenschaften zum Wert hat. Die Adjektivlexikonregel kann dann dieses Element zum Subjekt des Adjektivs machen. Bei unakkusativen Verben ist das logische Subjekt in IA, bei unergativen Verben ist es das Akkusativobjekt (Gunkel: 2003, 97). Verben, die nur ein Subjekt und ein Dativobjekt regieren, haben die leere Liste als Wert von IA. Wie ich in Kapitel 17 zeigen werde, braucht man ein Merkmal zur Auszeichnung des Akkusativobjekts nicht, wenn man annimmt, daß der Dativ ein lexikalischer Kasus ist.

14.3.2 Zuweisung in Abhängigkeit von phrasaler Konfiguration

Heinz und Matiasek: 1994, 209–210, Müller: 1999a, 280–281 und Gunkel: 2003, 112 schlagen Kasusprinzipien vor, die Kasus innerhalb von Kopf-Argumentstrukturen, d. h. in bestimmten phrasalen Konfigurationen zuweisen. So sorgt z. B. die folgende Implikation dafür, daß wenn es an der ersten Stelle der SUBCAT-Liste der Kopftochter eine NP mit strukturellem Kasus gibt, diese NP Nominativ bekommt:[20]

(43) Ausschnitt aus dem Kasusprinzip von Müller: 1999a, 280

$$\begin{bmatrix} \text{SYNSEM} & \begin{bmatrix} \text{LOC}|\text{CAT}|\text{HEAD} & \begin{bmatrix} \text{VFORM} & \textit{fin} \\ \textit{verb} \end{bmatrix} \end{bmatrix} \\ \text{H-DTR}|\text{SYNSEM}|\text{LOC}|\text{CAT}|\text{SUBCAT} \langle \text{NP}[\textit{str}] \rangle \oplus \boxed{1} \\ \textit{head-argument-structure} \end{bmatrix} \rightarrow$$

$$\begin{bmatrix} \text{H-DTR}|\text{SYNSEM}|\text{LOC}|\text{CAT}|\text{SUBCAT} \langle \text{NP}[\textit{snom}] \rangle \oplus \boxed{1} \end{bmatrix}$$

Das Problem an dieser Art Kasuszuweisung ist, daß phrasale Strukturen vorliegen müssen, damit Kasus zugewiesen werden kann. Die Konsequenz ist, daß auch intransitive Verben

---

[19]Gunkel verwendet Mengen.

[20]Im 99er Buch gehe ich davon aus, daß die Argumente vom Ende der SUBCAT-Liste vor denen am Anfang der Liste gesättigt werden. Das Kopf-Argument-Schema entspricht also dem Schema auf Seite 54 mit *append* und nicht dem Schema auf Seite 130 mit *delete*. Deshalb steht das Subjekt auch bei Verbprojektionen immer an erster Stelle der SUBCAT-Liste. Es kann nicht passieren, daß das Subjekt gesättigt wird und dann eine Objektsnominalphrase mit strukturellem Kasus an erster Stelle der SUBCAT-Liste steht.

wie *schlafen* in Infinitivkonstruktionen wie (44) in Kopf-Argument-Strukturen oder ähnlichen Strukturen projiziert werden müssen, damit das Subjekt Kasus erhält.

(44)   weil er nicht versucht hat zu schlafen

Eine solche unäre Projektion wurde von Pollard und Sag (1994, 32, Fn. 32) für das Englische angenommen, würde aber zu vielfältigen Interaktionen mit der hier für das Deutsche entwickelten Grammatik führen. Zum Beispiel bekommt man unechte Mehrdeutigkeiten, wenn man annimmt, daß die Information über den phrasalen Status eines Komplements nicht Teil der Information ist, die in nichtlokalen Abhängigkeiten durch Strukturteilung identifiziert wird (wenn der LEX-Wert Teil von SYNSEM und nicht von LOC ist).[21]

(45)   Schlafen will Maria.

Bei einer Analyse für (45), wie sie im Kapitel 15.2 vorgestellt wird, ergeben sich dann zwei Lesarten: eine, in der *schlafen* direkt Füller für *will Maria* ist, und eine, in der *schlafen* vorher projiziert wird (zu diesem und anderen Problemen siehe Müller: 1999a, Kapitel 15.8).

Gunkel schlägt eine andere Behandlung der Voranstellung von Teilphrasen vor, die zwar dieses Problem nicht, aber dafür andere, schwerwiegendere hat. Gunkels Analyse für die Voranstellung von Phrasen wird in Kapitel 15.3.2 genauer diskutiert.

14.3.3 Przepiórkowski: 1999b

Für das Verständnis der beiden folgenden Abschnitte wird die Lektüre der Kapitel 15–17 empfohlen.

Przepiórkowski (1999b) schlägt vor, Kasus in bezug auf die ARG-ST-Liste zuzuweisen. ARG-ST ist eine Liste, die sämtliche Argumente eines Kopfes enthält. Die Verwendung einer Liste mit allen Argumenten wurde von Pollard und Sag (1994, Kapitel 9) eingeführt. Pollard und Sag schlagen vor, Fernabhängigkeiten über Lexikonregeln einzuführen. Extrahierte Elemente sind dann nicht mehr in den Valenzlisten enthalten. Da extrahierte Elemente aber auch für andere Teilbereiche der Theorie – wie z. B. die Bindungstheorie – wichtig sind und da Eigenschaften wie relative Obliqueness durch die Stellung in einer Liste kodiert sind, wird für die Kodierung dieser Eigenschaften eine weitere Liste, die ARG-ST-Liste, verwendet.

Przepiórkowski schlägt vor, die Repräsentation von Argumenten in Valenzlisten weiter zu strukturieren. Zusätzlich zur *synsem*-Information wird ein Boolesches Merkmal (REALIZED) verwendet, das Auskunft darüber gibt, ob ein Argument lokal realisiert oder angehoben wurde. Elemente, die mit ihrem Kopf über das Kopf-Argument-Schema verbunden werden, werden als REALIZED+ gekennzeichnet. Dasselbe gilt für Argumente, die extrahiert oder als Klitikon morphologisch realisiert werden. Argumente, die von übergeordneten Köpfen angezogen werden, werden als REALIZED− markiert. Für die Kasuszuweisung ist dann jeweils nur die Umgebung relevant, in der ein Element realisiert wird. Przepiórkowski (1999b, 238) gibt folgendes Kasusprinzip an:

(46)   a. $\begin{bmatrix} \text{HEAD} & \textit{verb} \\ \text{ARG-ST} & \left\langle \begin{bmatrix} \text{ARGUMENT} & \text{NP}[\textit{str}] \\ \text{REALIZED} & + \end{bmatrix} \right\rangle \oplus \boxed{2} \\ \textit{cat} & \end{bmatrix} \rightarrow$

---

[21]Zu LEX siehe Kapitel 15.

$$
\left[\text{ARG-ST} \left\langle \left[\text{ARGUMENT} \ \text{NP}[\textit{snom}] \right] \right\rangle \oplus \boxed{2} \right]
$$

$$
\text{b.} \quad
\begin{bmatrix}
\text{HEAD} & \textit{verb} \\
\text{ARG-ST} & \boxed{1} \ \textit{ne\_list} \oplus \left\langle \begin{bmatrix} \text{ARGUMENT} & \text{NP}[\textit{str}] \\ \text{REALIZED} & + \end{bmatrix} \right\rangle \oplus \boxed{2} \\
\textit{cat}
\end{bmatrix} \rightarrow
$$

$$
\left[\text{ARG-ST} \ \boxed{1} \oplus \left\langle \left[\text{ARGUMENT} \ \text{NP}[\textit{sacc}] \right] \right\rangle \oplus \boxed{2} \right]
$$

Diese Formalisierung erfaßt die Kerndaten in (47) und (48) korrekt:

(47)   a. Er repariert den Wagen.

       b. Sie läßt ihn den Wagen reparieren.

(48)   a. weil er den Wagen zu reparieren versuchte

       b. weil der Wagen zu reparieren versucht wurde

In (47a) werden die Argumente von *repariert* direkt realisiert. Sie bekommen deshalb entsprechend der Implikationen in (46) Nominativ bzw. Akkusativ zugewiesen. In (47b) dagegen werden die Argumente von *reparieren* nicht als Argumente des Hauptverbs, sondern als Argumente von *reparieren läßt* realisiert. Dies führt dazu, daß das Subjekt von *reparieren* Akkusativ bekommt, da es an der zweiten Stelle der Argumentstruktur des Komplexes *reparieren läßt* steht.

Die Erklärung des sogenannten Fernpassivs in (48b) verläuft analog: In (48a) wird dem Objekt von *reparieren* als Argument von *reparieren* Kasus zugewiesen, in (48b) dagegen wird das Objekt angehoben, und da das Subjekt von *versucht* durch die Passivierung unterdrückt wird, wird das Objekt von *zu reparieren* zum ersten Element der Argumentstruktur von *zu reparieren versucht wurde* und erhält somit Nominativ.

Bestimmte schwierige Fälle von Fernpassiv lassen sich mit den Implikationen in (46) aber nicht erfassen. Sätze wie die in (49) werden im Kapitel 17.1.4 noch ausführlich diskutiert:

(49)   Der Erfolg wurde uns nicht auszukosten erlaubt.[22]

In (49) wurde das Objektkontrollverb *erlauben* passiviert, und das Objekt von *auskosten* wird zum Subjekt der gesamten Konstruktion. Der Verbalkomplex *auszukosten erlaubt wurde* hat die Valenz- bzw. Argumentstrukturliste in (50):

(50)   *auszukosten erlaubt wurde*: SUBCAT $\langle$ NP[*ldat*], NP[*str*] $\rangle$

Die Implikation in (46) würden der NP[*str*] Akkusativ zuweisen. Das läßt sich reparieren, indem man verlangt, daß in der ersten Implikation keine Nominalphrase mit strukturellem Kasus vor der NP[*str*] steht, die dann Nominativ bekommt, d. h. entweder steht vor dieser NP nichts, eine NP mit lexikalischem Kasus oder etwas, das keine NP ist. Analog muß die zweite Implikation so geändert werden, daß beliebiges Material vor der NP[*str*] stehen kann, vorausgesetzt dieses enthält eine weitere NP mit strukturellem Kasus.

---

[22]Haider: 1986b, 110.

Przepiórkowski kritisiert Heinz und Matiaseks Bezugnahme auf die Konstituentenstruktur als nicht angemessen, da Kasusvergabe ein lokales Phänomen ist und eine Analyse
deshalb ohne Bezug auf bestimmte Konfigurationen auskommen sollte. Przepiórkowskis
Analyse ist aber mit der normalerweise angenommenen Analyse der Voranstellung von
Teilverbalphrasen nicht verträglich, wenn er nicht selbst Restriktionen in bezug auf Lokalität aufgibt. Das soll im folgenden etwas ausführlicher erläutert werden: ARG-ST ist ein
Merkmal, das nur für Wörter zulässig ist (Przepiórkowski: 1999b, 236). Betrachtet man
nun Sätze wie (51), sieht man, daß das Vorfeld von einer komplexen Projektion besetzt
wird.

(51)   a. [Der Aufsatz gelesen] wurde am Wochenende.

        b. [Den Aufsatz gelesen] hat er am Wochenende.

Innerhalb dieser Projektion wird ein Argument des Verbs realisiert, aber welchen Kasus es
tragen muß, hängt vom Rest des Satzes ab. Zu weiteren Daten nach dem Muster von (51a)
siehe auch (92) auf Seite 308.

Die Kombination der Hilfsverben (bzw. der entsprechenden Verbspur) mit der Projektion im Vorfeld kann nicht auf die Argumentstruktur von *gelesen* Bezug nehmen, da diese
nicht Bestandteil der Projektion *der/den Aufsatz gelesen* ist. Sie ist nur bei *gelesen* selbst
repräsentiert.

Man könnte dieses Problem zu lösen versuchen, indem man die Argumentstruktur projiziert, so daß sie auch an phrasalen Knoten präsent ist. Dann könnten Perfekt und Passiv-
Hilfsverb auf die Argumentstruktur von *gelesen* zugreifen. Für die korrekte Kasuszuweisung in (51) muß man aber zusätzlich in der Argumentstruktur von *gelesen* markieren, daß
das Subjekt in (51a) blockiert, also für die Kasuszuweisung irrelevant ist. Diese argumentstrukturbezogene Lösung läßt sich aber nicht auf Beispiele wie (52) anwenden. In (52)
muß das Subjekt des Verbs im Vorfeld als Akkusativ realisiert werden.

(52)   a. ? [Den Sänger jodeln] läßt der König.[23]

        b. * Der Sänger jodeln läßt der König.

        c. [Den Mechaniker das Auto reparieren] ließ der Lehrer schon oft.[24]

        d. * Der Mechaniker das Auto reparieren ließ der Lehrer schon oft.

Selbst wenn die Argumentstruktur von *jodeln* bzw. *reparieren* für *lassen* zugänglich ist,
nützt das nichts, denn in Przepiórkowskis Ansatz ist für die Kasusvergabe entscheidend,
wo ein Element realisiert wird.

Przepiórkowski (1999a) integriert deshalb Meurers Ansatz der Kasuszuweisung (1999b;
2000, Kapitel 10.4.1.4) in seine Theorie und führt zusätzlich zum REALIZED-Merkmal das
Merkmal RAISED ein, das den Wert + hat, wenn ein Argument angehoben wird, und den
Wert −, wenn das nicht der Fall ist. Der RAISED-Wert eines Arguments wird über die
folgende Beschränkung festgelegt:

(53)   *unembedded-sign* →

$$(\forall \boxed{0}, \boxed{1}, \boxed{2}, \boxed{3} \; (\boxed{0} \begin{bmatrix} \text{HEAD} & \boxed{1} \\ \text{ARG-ST} & \boxed{2} \\ \textit{cat} \end{bmatrix} \land \text{member}(\boxed{3}[\text{ARG} \; \boxed{4}\;], \boxed{2})) \rightarrow$$

---

[23]Oppenrieder: 1991, 57.

[24]Grewendorf: 1994, 32.

$$(\boxed{3}\,[\text{RAISED }+] \leftrightarrow$$
$$\exists [\text{ARG-ST } \boxed{5}\,]$$
$$(\text{member}([\text{ARG } \boxed{4}\,],\boxed{5}) \wedge \text{member}([\text{ARG}\,|\,\text{LOC}\,|\,\text{CAT}\,|\,\text{HEAD } \boxed{1}\,], \boxed{5}))))$$

Übersetzt man diesen Ausdruck in eine besser lesbare Form, erhält man:

(54) In einem nicht eingebetteten Zeichen (d. h. in einer Äußerung)
   gilt für alle *category*-Objekte in diesem Zeichen, die den HEAD-Wert $\boxed{1}$ und
   die ARG-ST $\boxed{2}$ haben, wobei $\boxed{3}$ ein Element von $\boxed{2}$ mit dem ARGUMENT-Wert $\boxed{4}$
   ist,
   daß dieses Element $\boxed{3}$ RAISED+ ist gdw.
      es eine ARG-ST-Liste gibt, die ein Element mit demselben [ARG $\boxed{4}$] und
      außerdem noch ein Element mit demselben HEAD-Wert wie $\boxed{0}$, nämlich $\boxed{1}$,
      enthält.

Das heißt, man sucht nach einer Argumentstrukturliste, die zu einem Matrixverb gehört,
das $\boxed{0}$ einbettet. Ein Argument von $\boxed{0}$, nämlich $\boxed{3}$, kommt in beiden Argumentstrukturlisten
vor und wird deshalb in der Argumentstrukturliste des eingebetteten Kopfes als RAISED+
markiert.

Das Kasusprinzip wird dann unter Bezugnahme auf die RAISED-Werte wie folgt neu
formuliert:

(55) a.
$$\begin{bmatrix} \text{HEAD} & verb \\ \text{ARG-ST} & \left\langle \begin{bmatrix} \text{ARGUMENT} & \text{NP}[str] \\ \text{RAISED} & - \end{bmatrix} \right\rangle \oplus \boxed{2} \\ cat \end{bmatrix} \rightarrow$$

$$\begin{bmatrix} \text{ARG-ST} & \langle\, [\, \text{ARGUMENT} \quad \text{NP}[snom]\,]\, \rangle \oplus \boxed{2} \end{bmatrix}$$

b.
$$\begin{bmatrix} \text{HEAD} & verb \\ \text{ARG-ST} & \boxed{1}\,ne\_list \oplus \left\langle \begin{bmatrix} \text{ARGUMENT} & \text{NP}[str] \\ \text{RAISED} & - \end{bmatrix} \right\rangle \oplus \boxed{2} \\ cat \end{bmatrix} \rightarrow$$

$$\begin{bmatrix} \text{ARG-ST} & \boxed{1} \oplus \langle\, [\, \text{ARGUMENT} \quad \text{NP}[sacc]\,]\, \rangle \oplus \boxed{2} \end{bmatrix}$$

Diesen Ansatz kann man aus zweierlei Gründen kritisieren: Zum einen ist die globale
Beschränkung unschön, die nur für eine gesamte Äußerung festlegt, welche Elemente an-
gehoben wurden und welche nicht. Die Theorie würde Äußerungen wie (56) also nur mit
Bezug auf eine vollständige Struktur zurückweisen.

(56) a. * Der Mann, den ihn kennt, lacht.

   b. * Er kommt herüber, um der Mann zu begrüßen.

In beiden Fällen ist jedoch klar, daß Kasus innerhalb des Relativsatzes bzw. innerhalb des
Infinitivs zugewiesen wird, denn aus diesen Bereichen kann nichts angehoben werden.
Siehe Kapitel 17.4 zu einem anderen Vorschlag zur Bestimmung des RAISED-Wertes.

Das zweite Problem mit dem revidierten Ansatz ist dasselbe, das bereits diskutiert wurde: Die Argumentstruktur wird bei Przepiórkowski nicht projiziert. Deshalb ist unklar, wie in (51) bzw. (52) die Information über die Argumentstruktur des Verbs im Vorfeld zum Matrixverb gelangen soll. Man muß also die Argumentstruktur bzw. eine entsprechende Repräsentation projizieren. Ein entsprechender Vorschlag wurde von Detmar Meurers gemacht. Dieser kann erst im Kapitel 17.4 vorgestellt werden, da erst dann die Verbalkomplexbildung und das Fernpassiv besprochen wurden.

14.3.4 Nominativzuweisung durch das finite Verb und Nullkasus

Ansätze, die davon ausgehen, daß der Nominativ nur vom finiten Verb[25] zugewiesen wird (Chomsky: 1993, 50, Haider: 1984c, 26, Fanselow und Felix: 1987, 73, Bierwisch: 1990, 183, Molnárfi: 1998, Bayer, Bader und Meng: 2001, 475, Abraham: 2005, 21, 45, 295), können die Daten in (26) und (27) nicht erklären. In (26) wird das nicht realisierte Subjekt der Infinitivverbphrase zwar vom finiten Verb kontrolliert, der Kasus wird jedoch nicht durch das finite Verb bestimmt. So ist z. B. in (26a) – hier als (57) wiederholt – das Dativobjekt des finiten Verbs (*raten*) koreferent mit dem Subjekt von *kündigen*.

(57)   Ich habe den Burschen geraten, im Abstand von wenigen Tagen einer nach dem anderen zu kündigen.

Der Kasus der beiden Elemente ist jedoch verschieden. Das heißt, daß der Kasus in (57) innerhalb der Infinitivumgebung zugewiesen werden muß. In der GB-Theorie wird meist davon ausgegangen, daß das Subjekt von kontrollierten Infinitiven nicht regiert ist, also auch keinen Kasus bekommen kann. Es wird gesagt, daß solche Subjekte Null-Kasus bzw. keinen Kasus haben (Grewendorf: 1988, 161; Frey: 1993, 42). Wenn das Subjekt von *kündigen* Null-Kasus hat, dann braucht man einen speziellen Mechanismus, der sicherstellt, daß *ein- nach d- ander-* immer im Nominativ steht, wenn es sich auf ein nicht ausgedrücktes Subjekt bezieht. Die hier vertretene Analyse scheint einfacher, da nicht angehobene Subjekte immer Nominativ bekommen und somit die Kongruenz der *ein- nach d- ander-*Phrase erwartet ist.

Kontrollfragen

1. Welche Arten von Kasus unterscheidet man?

2. Warum wird bei der Passivierung von (58a) der Akkusativ nicht zum Nominativ?

   (58)   a.   weil er den ganzen Tag arbeitete

           b.   * weil der ganze Tag gearbeitet wurde

           c.   weil den ganzen Tag gearbeitet wurde

---

[25]Mitunter wird angenommen, daß Nominativ nur von funktionalen Köpfen wie INFL (Inflection) oder T (Tense) zugewiesen wird. Aus den Texten wird dann nicht ganz klar, ob die Autoren annehmen, daß INFL bzw. T nur für die Projektionen finiter Verben eine Rolle spielen, oder ob sie davon ausgehen, daß auch Infinitive unter T eingebettet sind. Siehe Wurmbrand (2001, 58) für einen Vorschlag der Einbettung der Infinitive mit *zu* unter T.

Übungsaufgaben

1. Welche der NPen in den folgenden Sätzen haben strukturellen, welche lexikalischen Kasus?

   (59) a. Der Junge lacht.

   b. Mich friert.

   c. Er zerstört das Auto.

   d. Das dauert ein ganzes Jahr.

   e. Er hat nur einen Tag dafür gebraucht.

   f. Er denkt an den morgigen Tag.

2. Laden Sie die zu diesem Kapitel gehörende Grammatik von der Grammix-CD (siehe Übung 3 auf Seite 61). Im Fenster, in dem die Grammatik geladen wird, erscheint zum Schluß eine Liste von Beispielen. Geben Sie diese Beispiele nach dem Prompt ein und wiederholen Sie die in diesem Kapitel besprochenen Aspekte.

Literaturhinweise

Kasus werden von Wissenschaftlern aus dem angloamerikanischen Raum oft vernachlässigt, da das Englische in bezug auf Kasus nicht so interessant zu sein scheint. Pollard und Sag (1987, 1994) machen zum Beispiel keinen Unterschied zwischen strukturellen und lexikalischen Kasus. In HPSG-Grammatiken für das Deutsche wurden dagegen schon in den ersten Arbeiten zum Deutschen Haiders Ansätze (1985a) aus der GB-Theorie übernommen und wurde struktureller Kasus in Abhängigkeit von der syntaktischen Konfiguration zugewiesen (Heinz und Matiasek: 1994, 209–210). Es hat sich jedoch gezeigt, daß eine rein strukturelle Kasuszuweisung ungeeignet ist. Meurers (1999a) und Przepiórkowski (1999a) haben deshalb Analysen entwickelt, die für die Kasuszuweisung auf die Argumentstruktur bzw. Valenzinformation eines Kopfes Bezug nehmen. Siehe auch Kapitel 17.4. Das hier vorgestellte Kasusprinzip ähnelt sehr stark dem von Yip, Maling und Jackendoff (1987) vorgeschlagenen und kann damit auch die Kasussysteme verschiedener Sprachen erklären, die von den genannten Autoren besprochen wurden, insbesondere auch das komplizierte Kasussystem des Isländischen. Ein wesentlicher Unterschied zwischen dem hier angegebenen Kasusprinzip und dem von Yip, Maling und Jackendoff ist, daß das Prinzip 7 wegen der Anhebungseinschränkung monoton ist, d. h. Kasus, die einmal zugewiesen wurden, werden nicht von einem übergeordneten Prädikat überschrieben.

15 Der Verbalkomplex

In diesem Kapitel wird die Analyse des Verbalkomplexes vorgestellt (Abschnitt 15.1). Die für die Analyse notwendige Technik der Argumentanziehung wird hier eingeführt. Diese spielen auch bei der Analyse sogenannter kohärenter Konstruktionen (Kapitel 16) und bei der Analyse des Passivs (Kapitel 17) eine wesentliche Rolle. Abschnitt 15.2 geht auf ein interessantes Kapitel der deutschen Syntax ein: das Voranstellen von Phrasenteilen, auch unter den Bezeichnungen *Incomplete Category Fronting* oder *Partial Verb Phrase Fronting* bekannt.

15.1 Die Analyse des Verbalkomplexes in der rechten Satzklammer

In verschiedenen anderen Arbeiten (z. B. Uszkoreit: 1987, Kapitel 3) wird angenommen, daß ein Hilfsverb eine Verbphrase als Komplement verlangt.

(1)   daß niemand [[[das Buch lesen] können] wird]

Mit solchen Strukturen ist jedoch innerhalb der HPSG-Theorie die Abfolge der Verben in (2) schwer zu erklären, da das Hilfsverb *wird* zwischen Bestandteilen der Verbphrase steht.

(2)   daß niemand das Buch wird lesen können

Außerdem sind die Sätze in (3) mit einer solchen Analyse nicht ohne weiteres auszuschließen, da *das Buch lesen* eine Phrase bildet, die im Mittelfeld nach links verschoben werden bzw. in einer sogenannten Rattenfängerkonstruktion (siehe S. 183) in einem Relativsatz auftreten könnte.

(3)   a.   * daß das Buch lesen niemand wird

       b.   * das Buch, das lesen niemand wird

Daß Stellungen wie die in (3) prinzipiell möglich sind, zeigt (4):

(4)   a.   daß [das Buch zu lesen] niemand versucht

       b.   Für einige Länder Afrikas ist der Export von Kakao und Kakaobutter eine wichtige Einnahmequelle, [die zu erhalten] sich die EU im Kakaoabkommen von 1993 ausdrücklich verpflichtet hat.[1]

Es muß also eine Unterscheidung in der Grammatik geben, die für den Kontrast zwischen (3) und (4) verantwortlich ist. Hinrichs und Nakazawa (1994a) schlagen deshalb die Benutzung eines speziellen Dominanzschemas vor, das dafür sorgt, daß (bestimmte) verbale Argumente vor nichtverbalen gesättigt werden. Das heißt, in der Analyse von (1) und (2) wird zuerst *lesen* mit *können* und dann der entstandene Verbalkomplex mit *wird* kombiniert:

---

[1]taz, 23.11.1997, S. 9.

(5)   daß niemand das Buch [[lesen können] wird]

wird kann wie in (1) rechts oder wie in (2) links des eingebetteten Verbalkomplexes stehen. Nach dem Aufbau des Verbalkomplexes *lesen können wird* wird dieser mit den Argumenten der beteiligten Verben, also mit *das Buch* und *niemand* kombiniert.[2]
Für ein solches Vorgehen sprechen auch Koordinationsdaten wie der Satz in (6).

(6)   Ich liebte ihn, und ich fühlte, daß er mich auch geliebt hat oder doch, daß er mich
         hätte lieben wollen oder lieben müssen.[3]

Auf Seite 65 wurde dafür argumentiert, syntaktische Information unter CAT zu bündeln. In Koordinationsstrukturen werden dann einfach die CAT-Werte der Konjunkte identifiziert. Würde man – wie z. B. Bouma und van Noord (1996, 1998) – eine völlig flache Struktur annehmen, in der alle Verben gleichzeitig miteinander und mit ihren Komplementen kombiniert werden, so wäre die Koordination in (6) nicht als symmetrische Koordination zu erklären.[4] Geht man dagegen von Strukturen wie (5) aus, bilden *lieben wollen* und *lieben müssen* in (6) jeweils eigene Konstituenten, die dann auch mit einer Konjunktion verknüpft werden können. Die gesamte Wortgruppe *lieben wollen oder lieben müssen* wird dann unter *hätte* eingebettet.
   Das folgende Schema, das eine Abwandlung des von Hinrichs und Nakazawa vorgeschlagenen ist, lizenziert die Prädikatskomplexe:

Schema 11 (Prädikatskomplexschema)
head-cluster-structure →
$$
\begin{bmatrix}
\text{SYNSEM} & \left[\text{LOC}|\text{CAT}|\text{SUBCAT} \; \boxed{1}\right] \\
\text{HEAD-DTR} & \left[\text{SYNSEM}|\text{LOC}|\text{CAT}|\text{SUBCAT} \; \boxed{1} \oplus \langle \; \boxed{2} \; \rangle\right] \\
\text{NONHEAD-DTRS} & \langle \; [\; \text{SYNSEM} \; \boxed{2} \;] \; \rangle
\end{bmatrix}
$$

Dieses Schema entspricht dem Kopf-Argument-Schema, das wir bis zum Kapitel 9 benutzt haben, bzw. der angepaßten Version auf Seite 200. Im Kapitel 9 wurde das *append* durch *delete* ersetzt, um die relativ freie Anordnung von Konstituenten im Mittelfeld erklären zu können. Bei der Verbalkomplexbildung ist die Stellung strikt, weshalb im Prädikatskomplexschema *append* (⊕) verwendet wird. Das Kopf-Argument-Schema wird auf Seite 242 noch so revidiert, daß es korrekt mit dem Schema 11 und den entsprechenden Lexikoneinträgen für komplexbildende Verben interagiert.
   Für das Hilfsverb *werden* nehme ich die Repräsentation in (7) an:[5]

---

[2]Eine solche Struktur wurde schon von Johnson (1986) im Zusammenhang mit der Positionierung des Verbalkomplexes im Vorfeld vorgeschlagen.

[3]Hoberg: 1981, 36.

[4]Es existiert zur Zeit keine umfassende Analyse für Koordinationsphänomene. Es ist also nicht völlig auszuschließen, daß (6) auch mit einer flachen Struktur zu erklären ist. Mit einem strukturierten Verbalkomplex ist (6) jedenfalls unproblematisch.

[5]Pollard (1996) und Kiss (1992) haben vorgeschlagen, das Subjekt infiniter Verben nicht in der SUBCAT-Liste des Verbs, sondern als Element einer gesonderten Liste (SUBJ) zu repräsentieren. Aus Gründen der Übersichtlichkeit habe ich im folgenden die Subjekte finiter und infiniter Verben gleichermaßen auf der SUBCAT-Liste repräsentiert. Diese Annahme wird im Kapitel 16.2.1 revidiert.

(7) *wird* (Futur-Hilfsverb):

$$\begin{bmatrix} \text{HEAD} & verb \\ \text{SUBCAT} & \boxed{1} \oplus \langle\, \text{V}[bse,\ \text{LEX}+,\ \text{SUBCAT}\ \boxed{1}]\rangle \\ cat \end{bmatrix}$$

werden selegiert ein Verb in der *bse*-Form[6], d. h. einen Infinitiv ohne *zu*. Bevor das LEX-Merkmal erklärt wird, soll der Aufbau der SUBCAT-Liste des Hilfsverbs anhand eines Beispiels erklärt werden: Im Satz (8) übernimmt *wird* die Teilspezifikationen der Argumente *Karl* und *mir* von *helfen*.

(8) daß Karl mir helfen wird

Diese Übernahme erfolgt mit Hilfe der durch die Box $\boxed{1}$ ausgedrückten Strukturteilung. Die SUBCAT-Liste von *helfen wird* hat also die gleiche Form wie die SUBCAT-Liste für *hilft*. Man sagt auch, daß das Hilfsverb die Argumente des eingebetteten Verbs anhebt bzw. anzieht und spricht von Argumentanziehung, Argumentanhebung bzw. Argumentkomposition. Die Kombination von *helfen* und *wird* zeigt Abbildung 15.1.

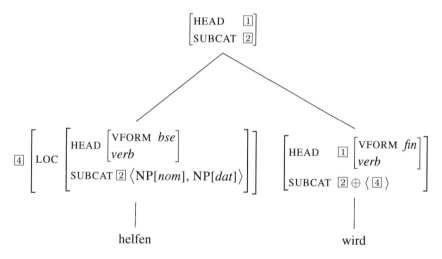

Abbildung 15.1: Analyse von *helfen wird*

Hilfsverben weisen weder einem Subjekt noch Komplementen semantische Rollen zu. So ist es auch nicht verwunderlich, daß $\boxed{1}$ in (7) durch die leere Liste instantiiert werden kann:

(9) Morgen wird getanzt werden.

In (9) ist eine durch Passiv entstandene subjektlose Konstruktion (*getanzt werden*) unter das Futur-Hilfsverb eingebettet worden. Das Passiv wird im Kapitel 17 behandelt.

Die Spezifikation des LEX-Wertes des eingebetteten Verbalkomplexes in (7) schließt unechte Mehrdeutigkeiten aus. Ohne eine solche Spezifikation wären alle drei Strukturen in (10) möglich (Pollard: 1996, 303; Hinrichs und Nakazawa: 1994b):

---

[6]*bse* ist die Abkürzung für *base*.

(10)   a. er seiner Tochter ein Märchen [erzählen wird]

         b. er seiner Tochter [[ein Märchen erzählen] wird]]

         c. er [[seiner Tochter ein Märchen erzählen] wird]]

Die Spezifikation des LEX-Wertes von *erzählen* stellt sicher, daß *erzählen* mit *wird* kombiniert wird, bevor *erzählen* mit seinen Argumenten kombiniert wird. Da der Mutterknoten in Kopf-Argument-Strukturen als LEX− spezifiziert ist (in anderen Strukturen übrigens auch), können die Projektionen von *erzählen* in (10b–c) nicht mit *wird* kombiniert werden.

Der LEX-Wert der Mutter in Prädikatskomplexstrukturen ist im Unterschied zu Kopf-Argument-Strukturen nicht restringiert, da Prädikatskomplexe unter andere Verben eingebettet werden können und mit diesen einen Prädikatskomplex bilden können, wie (11) zeigt.

(11)   daß er dem Mann [[geholfen haben] wird].

Will man unechte Mehrdeutigkeiten vermeiden, so muß man sicherstellen, daß Sätze wie (11) nur auf die in (11) dargestellte Weise und nicht auch wie in (12) analysiert werden können.

(12)   daß er dem Mann [geholfen [haben wird]].

Der Analyse in (11) ist gegenüber der in (12) der Vorzug zu geben, da *geholfen haben* als Konstituente vorangestellt werden kann, *haben wird* bildet dagegen keine irgendwie nachweisbare Einheit. In der Analyse in (12) wurde das verbale Argument von *haben* zum Argument des Komplexes *haben wird* angehoben. Der Komplex *haben wird* wird mit *geholfen* über das Prädikatskomplexschema kombiniert. Die Analyse in (12) läßt sich ausschließen, wenn man in Lexikoneinträgen für Anhebungsprädikate die Art der Elemente, die angehoben werden können, beschränkt. Als zusätzliche Bedingung für (7) muß gelten, daß ☐1 nur vollständig gesättigte Elemente mit LEX-Wert − enthält. Formal kann das als Beschränkung über ☐1 ausgedrückt werden:[7]

(13)   list_of_non_c_forming_synsems($\langle\rangle$).

$$\text{list\_of\_non\_c\_forming\_synsems}(\left\langle \begin{bmatrix} \text{LOC}|\text{CAT} \begin{bmatrix} \text{SUBCAT} \langle\rangle \end{bmatrix} \\ \text{LEX} - \end{bmatrix} \mid \text{Rest} \right\rangle) :=$$

$$\text{list\_of\_non\_c\_forming\_synsems}(\text{Rest}).$$

---

[7]Bouma und van Noord (1998) formulieren in Prosa eine äquivalente Beschränkung. Sie unterscheiden im Satz eine *Inner Zone* und eine *Outer Zone*. Die *Inner Zone* entspricht dem Prädikatskomplex. Elemente, die von dem sie regierenden Kopf als zur *Inner Zone* gehörig markiert werden, dürfen nicht angehoben werden. Mit der hier angegebenen Beschränkung für angehobene Elemente wird meine Kritik (Müller: 1999a, 351–352) an Kiss' Behandlung der obligatorischen Kohärenz als Unterfall der optionalen Kohärenz (Kiss: 1995a, 183) hinfällig: Für optional kohärent konstruierende Verben reicht in der hier vorgestellten Analyse ein Lexikoneintrag aus. Zur Behandlung kohärenter Konstruktionen siehe Kapitel 16.2.

Eine Liste besteht aus Elementen, die keinen Prädikatskomplex bilden, wenn die Liste die leere Liste ist (erste Klausel) oder wenn das erste Element gesättigt ist und einen LEX-Wert — hat und wenn der Rest der Liste dieselbe Bedingung erfüllt.[8]

Weiter unten wird erklärt, warum diese Beschränkung nicht nur für den Ausschluß unechter Mehrdeutigkeiten, sondern auch für den Ausschluß unmöglicher Vorfeldbesetzungen eine Rolle spielt.

Wie die Analyse von (11) im Detail funktioniert, zeigt die Abbildung 15.2. Das Perfekt-

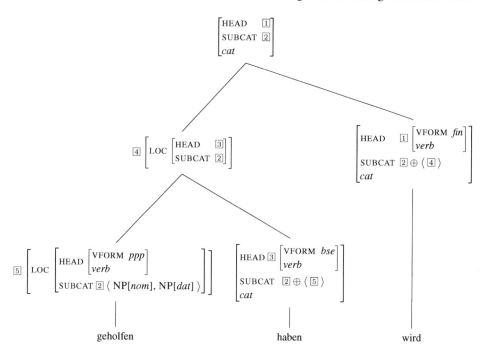

Abbildung 15.2: Analyse des Verbalkomplexes in: *daß Karl dem Mann geholfen haben wird*

hilfsverb *haben* bettet das Partizip *geholfen* (ein Verb mit VFORM *ppp*) ein. Es übernimmt die Argumente dieses Verbs (②). Der resultierende Verbalkomplex hat dieselbe Valenz wie *geholfen*. Dieser Komplex wird unter *wird* eingebettet. *wird* zieht ebenfalls die Argumente des eingebetteten Komplexes an, so daß der gesamte Komplex *geholfen haben wird* dieselben Argumente wie *geholfen* verlangt.

---

[8] Auf die Erwähnung des LEX-Wertes kann man in (13) nicht verzichten, da intransitive Verben – wenn das Subjekt separat repräsentiert wird – eine leere Valenzliste haben. Der LEX-Wert intransitiver Verben wird im Lexikon nicht spezifiziert. Sie können deshalb sowohl an Stellen auftreten, an denen nur Phrasen erlaubt sind (in sogenannten inkohärenten Konstruktionen (Bech: 1955)) als auch an Stellen, an denen nur lexikalische Elemente erlaubt sind (in kohärenten Konstruktionen). Das ist auch der Grund dafür, daß der LEX-Wert der Mutter in Prädikatskomplexstrukturen nicht als LEX+ spezifiziert ist, wie z.B. bei Hinrichs und Nakazawa (1994a), De Kuthy und Meurers (2001), da Kombinationen aus Verben, die ein intransitives Verb einbetten, vollständig gesättigt sein können. Solche vollständig gesättigten Verbalkomplexe können dann eine inkohärente Konstruktion mit einem Matrixverb eingehen. Der LEX-Wert eines Verbalkomplexes wird also nur durch das übergeordnete Verb restringiert.

Mit den bisher vorgestellten Komponenten der Analyse kann man erklären, warum (3a)
– hier als (14) wiederholt – ausgeschlossen ist:

(14)   * daß [das Buch lesen] niemand wird

Eine Kombination von *wird* und *das Buch lesen* wird weder durch das Verbalkomplexschema noch durch das Kopf-Argument-Schema lizenziert, da die Kombination von *das
Buch* und *lesen* eine Verbalphrase ergibt, die den LEX-Wert − hat, und demzufolge nicht
unter *wird* eingebettet werden kann, da *wird* ein Verb mit dem LEX-Wert + selegiert.

Diese Beschränkungen schließen aber die folgenden Sätze noch nicht aus:

(15)   a. * daß lesen er den Aufsatz wird

       b. * daß er lesen den Aufsatz wird

Auch der Satz (3b) – hier als (16) wiederholt – wird nicht ausgeschlossen.

(16)   * das Buch, das lesen niemand wird

Die Sätze in (15) können mit dem Kopf-Argument-Schema analysiert werden, da dieses
eine Kombination der Elemente in der SUBCAT-Liste von *wird* in beliebiger Reihenfolge
zuläßt. Genauso gibt es eine Analyse für (16): *lesen* und *niemand* werden mit *wird* über
das Kopf-Argument-Schema kombiniert. Eine Spur nimmt den Platz für das Relativpronomen in einer Kopf-Argument-Struktur ein, und das Relativsatzschema lizenziert dann den
gesamten Relativsatz:

(17)   * das Buch, [$_{rc}$ das$_i$ [$_{h\text{-}arg}$ _$_i$ [$_{h\text{-}arg}$ lesen [$_{h\text{-}arg}$ niemand wird]]]]

Es ist klar, daß einzelne Verben bzw. Verbalkomplexe nicht als Argumente in Kopf-Argument-Strukturen vorkommen sollen. Ein solches Vorkommen kann man dadurch ausschließen, daß man verlangt, daß die Argumente immer den LEX-Wert − haben. Schema 12 ist
das entsprechend angepaßte Schema.

Schema 12 (Kopf-Argument-Schema (binär verzweigend, vorläufige Version))
head-argument-structure →

$$\begin{bmatrix} \text{SYNSEM|LOC|CAT|SUBCAT del(}\boxed{1},\boxed{2}) \\ \text{HEAD-DTR|CAT|SUBCAT } \boxed{2} \\ \text{NON-HEAD-DTRS } \langle \, [\, \text{SYNSEM } \boxed{1} \, [\text{LEX } - \,] \,] \, \rangle \end{bmatrix}$$

Der aufmerksame Leser wird sich fragen, was die Theorie in bezug auf Sätze wie (18)
vorhersagt.

(18)   * daß lachen er wird

In Fußnote 8 wurde schließlich gesagt, daß der LEX-Wert intransitiver Verben im Lexikon
nicht spezifiziert wird, so daß diese an Positionen vorkommen können, an denen Phrasen
verlangt werden, aber auch innerhalb von Verbalkomplexen. Man könnte nun annehmen,
daß das intransitive Verb *lachen* in (18) als phrasales Argument realisiert werden kann,
da der LEX-Wert von *lachen* mit den Anforderungen des Kopf-Argument-Schemas kompatibel ist. Der Satz in (18) wird aber dennoch nicht von der Theorie zugelassen, da das
regierende Verb, also *wird*, von seinem verbalen Argument verlangt, daß dessen LEX-Wert
+ ist. Somit kommt es in Kopf-Argument-Strukturen zu konfligierenden LEX-Werten, weshalb der Satz (18) auch ausgeschlossen ist.

15.2 Voranstellung von Verbalphrasenteilen

Daß man Phrasen wie *ein Märchen erzählen* für Sätze braucht, in denen sich diese Wortgruppe im Vorfeld befindet, scheint auf den ersten Blick problematisch zu sein: Während man diese Phrase als Komplement in (10b) – hier als (19a) wiederholt – ausschließen will, soll sie in (19b) als Binder der Fernabhängigkeit für die Vorfeldbesetzung auftreten:

(19) a. er ihr [[ein Märchen erzählen] muß]

      b. Ein Märchen erzählen wird er ihr müssen.

Sätze wie in (19b) sind aber unproblematisch, wenn man LEX nicht wie Pollard und Sag (1987) unter CAT, also innerhalb von LOCAL, sondern unter SYNSEM, also außerhalb von LOCAL, repräsentiert (Müller: 1997, 1999a, 2002b, Meurers: 1999a). Da ein Füller einer Fernabhängigkeit nur die Merkmale mit der Spur teilt, die unter LOCAL stehen, kann ein Verb von einer eingebetteten Spur verlangen, daß diese den LEX-Wert + hat. Der LEX-Wert der Spur muß nicht mit dem LEX-Wert der Konstituente im Vorfeld identisch sein, d. h. Wortgruppen mit einem LEX-Wert – sind als Füller durchaus zulässig.[9] Abbildung 15.3 auf der folgenden Seite zeigt die Analyse von (20).

(20) Seiner Tochter erzählen wird er das Märchen.

Ungrammatische Sätze wie der in (21) werden durch die Bedingung in (13) ausgeschlossen.

(21) * Müssen wird er ihr ein Märchen erzählen.

wird verlangt einen Infinitiv in der *bse*-Form, dessen Argumente es anzieht. Die angezogenen Elemente müssen aber LEX− sein. *erzählen* kann deshalb nicht angezogen werden, weshalb eine Struktur wie (22) ausgeschlossen ist:

(22) * Müssen$_i$ wird$_j$ er ihr ein Märchen [erzählen [$_{-i}$ $_{-j}$]].

Siehe hierzu auch die Diskussion von (12) auf Seite 240.

Die Analyse in (23) ist durch eine allgemeine Bedingung ausgeschlossen, die Extraktionsspuren in Kopfpositionen verbietet.

(23) * Müssen$_i$ wird$_j$ er ihr ein Märchen [[erzählen $_{-i}$] $_{-j}$].

15.3 Alternativen

In diesem Abschnitt werden drei alternative Vorschläge zur Analyse der Verbalkomplexe diskutiert: In Abschnitt 15.3.1 wird die Verwendung eines speziellen Valenzmerkmals für

---

[9]Das heißt, daß es für HPSG-Grammatiken nicht sinnvoll ist, ein Strukturerhaltungsprinzip zu formulieren, das besagt, daß eine bewegte Konstituente mit ihrer Spur identisch sein muß. (Siehe z. B. Emonds: 1976 zur Formulierung eines solchen Prinzips für Transformationen). Ein solches Strukturerhaltungsprinzip ist für HPSG-Grammatiken ohnehin nicht sinnvoll, da overte Realisierungen sich meist von ihren Spuren dadurch unterscheiden, daß die overten Realisierungen Töchter haben, was bei Spuren nicht der Fall ist. In HPSG-Grammatiken wird für gewöhnlich nur die Information unter LOCAL geteilt. Alles andere (PHON, HEAD-DTR, NON-HEAD-DTR, SYNSEM|NONLOCAL, SYNSEM|LEX, ...) kann bei Spur und Füller verschiedene Werte haben. Daß die Theorie nicht übergeneriert, wird über allgemeine Beschränkungen zur Extraktion geregelt, die mit Bezug auf lokale Kontexte spezifiziert werden.

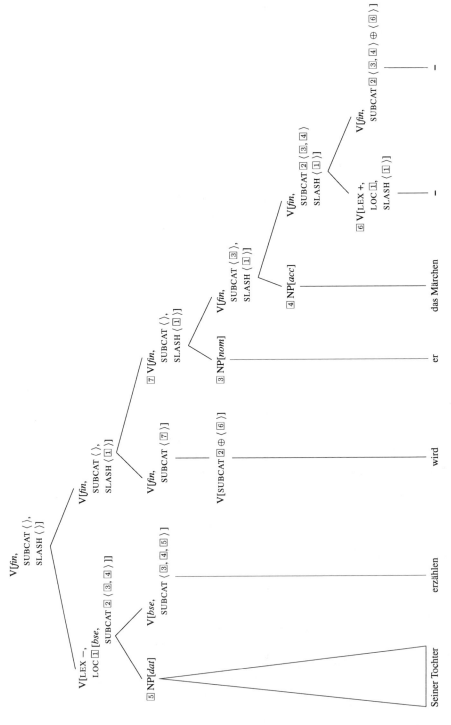

Abbildung 15.3: Analyse von *Seiner Tochter erzählen wird er das Märchen.*

komplexbildende Prädikate verworfen. Abschnitt 15.3.2 zeigt, daß man erhebliche Probleme bekommt, wenn man Voranstellungen ungesättigter Phrasen mit ganz flachen Strukturen erklären will, und Abschnitt 15.3.3 widmet sich Ansätzen, die annehmen, daß im Vorfeld nur maximale Projektionen stehen können und daß die im Abschnitt 15.2 diskutierten Voranstellungen Voranstellungen von Maximalprojektionen sind, aus denen vor der Voranstellung ins Vorfeld Phrasenteile herausbewegt wurden.

15.3.1 Spezielle Valenzmerkmale für komplexbildende Argumente

Chung (1993) hat für das Koreanische und Rentier (1994) für das Niederländische vorgeschlagen, ein spezielles Valenzmerkmal (GOV) für die Selektion von Elementen zu verwenden, die mit ihrem Kopf einen Verbalkomplex bilden. Dieser Vorschlag wurde von Kathol (1998, 2000) und mir (Müller: 1997, 1999a) für das Deutsche übernommen. Die Merkmale heißen bei uns VCOMP bzw. XCOMP. In Müller: 2002b habe ich die Analysen um Resultativkonstruktionen und Subjekts- und Objektsprädikative nach dem Muster *jemanden für etwas/jemanden halten* erweitert. Die eingebetteten Prädikate werden in der Analyse ebenfalls über ein spezielles Valenzmerkmal selegiert.

Die hier vorgestellte Theorie kommt ohne ein solches zusätzliches Merkmal aus. Das hat den Vorteil, daß man optionale Kohärenz als Spezialfall der Kohärenz analysieren kann, wie das von Kiss (1995a) vorgeschlagen wurde. Für Verben wie *versprechen* benötigt man dann nur noch einen Lexikoneintrag statt der zwei verschiedenen, die für die kohärente bzw. inkohärente Konstruktion benötigt wurden. Zu den Details der Analyse siehe Kapitel 16.2.

Durch die Reduktion der Anzahl der Valenzmerkmale ist es außerdem möglich geworden, die Analyse der scheinbar mehrfachen Vorfeldbesetzung wesentlich zu vereinfachen. Für die Analyse von Sätzen wie (38) auf Seite 147 schlage ich in Müller: 2005c eine Lexikonregel vor, die zur Verbbewegungsregel in (33) völlig parallel ist. Bisherige Vorschläge von mir zur Behandlung der scheinbar mehrfachen Vorfeldbesetzung (Müller: 2002c,d) haben noch ein spezielles Valenzmerkmal verwendet, wodurch die Parallelität der beiden Verbbewegungsregeln verdeckt blieb. Mit der hier verwendeten Merkmalsgeometrie kann die scheinbar mehrfache Vorfeldbesetzung als optional komplexbildende Variante der einfachen Verbbewegung verstanden werden (Müller: 2005c).

15.3.2 Ganz flache Strukturen für Satz inklusive Vorfeld

Gunkel (2003, 170–171) schlägt vor, Sätze wie (24) als Verbdrittsätze mit einer ganz flachen Struktur zu analysieren.

(24) a. Reparieren müssen wird er die Brille.

     b. Die Brille reparieren wird er müssen.

reparieren und *müssen* bzw. *die Brille* und *reparieren* stehen dabei nicht als Konstituente, sondern einzeln im Vorfeld. Wie die Linearisierungsbeschränkungen für solche Sätze aussehen, läßt er offen. Analysiert man Sätze wie (25) mit total flachen Strukturen und mit drei Konstituenten im Vorfeld, kann man nicht erklären, wieso sich die Konstituenten vor dem finiten Verb genauso verhalten als gäbe es dort ein Mittelfeld, eine rechte Satzklammer und ein Nachfeld.

(25)   Den Kunden sagen, daß die Ware nicht lieferbar ist, wird er wohl müssen.

Nimmt man dagegen an, daß die Konstituenten vor dem finiten Verb eine Verbalprojektion bilden, können die Bestandteile der Verbalprojektion wieder topologischen Feldern zugeordnet werden, und die Anordnung der Wortgruppen vor dem Finitum muß nicht gesondert erklärt werden. Siehe auch Reis: 1980, 82 und Kapitel 8.4.

Unabhängig davon, ob man den Wörtern vor dem finiten Verb Konstituentenstatus zuspricht (Kathol: 1995) oder nicht (Gunkel: 2003), können Ansätze, die Sätze wie (25) über lokale Umstellung erklären, Sätze wie (26) nicht erfassen.

(26)   a. Das Buch gelesen glaube ich nicht, dass er hat.[10]

      b. Angerufen denke ich, daß er den Fritz nicht hat.[11]

In (26) kommen die Wortgruppen vor dem Finitum aus dem eingebetteten Satz, können also nicht durch lokale Umstellung nach vorn gelangt sein.

Ein anderes Problem ergibt sich im Zusammenhang mit der Kasusvergabe: In Müller: 2002b, 93–94 habe ich gezeigt, daß die Tatsache, daß *den Wagen* in (27) Akkusativ hat, nicht zu erklären wäre, wenn man annehmen würde, daß sich in (27) zwei unabhängige Konstituenten im Vorfeld befinden.[12]

(27)   a. Den Wagen zu reparieren wurde versucht.

      b. * Der Wagen zu reparieren wurde versucht.

In Konstruktionen mit dem sogenannten Fernpassiv (siehe Kapitel 17.1.4) kann das Objekt von *reparieren* durchaus im Nominativ stehen, wie (28a) zeigt. Betrachtet man (28b), stellt man fest, daß die Nominativ-NP allein vorangestellt werden kann.

(28)   a. weil der Wagen zu reparieren versucht wurde

      b. Der Wagen wurde zu reparieren versucht.

Auch der *zu*-Infinitiv kann einzeln vorangestellt werden, wie (29) zeigt:

(29)   Zu reparieren wurde der Wagen versucht.

Bei einer solchen Voranstellung ist der Nominativ von *der Wagen* zwingend. Läge nun bei (27) eine Voranstellung des Infinitivs und der Nominalphrase als einzelne Konstituente vor, so müßte auch hier ein Nominativ möglich sein, was nicht den beobachtbaren Fakten entspricht.

15.3.3 Restbewegung

Im Prinzipien-und-Parameter-Framework werden die im Abschnitt 15.2 diskutierten Voranstellungen unvollständiger Projektionen oft als Restbewegung (*Remnant Movement*) analysiert (siehe z. B. G. Müller: 1996, 1998). Haider (1993, 281), De Kuthy (2002, Kapitel 4.2.5), De Kuthy und Meurers (2001) und Fanselow (2002a) haben jedoch gezeigt, daß Restbewegungsansätze mit empirischen Problemen zu kämpfen haben, die Argumentkompositionsansätze wie der hier vorgestellte nicht haben.

---

[10]Sabel: 2000, 82.

[11]Fanselow: 2002a, 110.

[12]Siehe auch Müller: 2005c.

Kontrollfragen

1. Welche Teile des Verbalkomplexes können vorangestellt werden?

Übungsaufgaben

1. Zeichnen Sie einen Analysebaum für den Satz (30):

   (30)   weil er singen können muß

   Geben Sie die Lexikoneinträge für die beteiligten Verben an.

2. Laden Sie die zu diesem Kapitel gehörende Grammatik von der Grammix-CD (siehe Übung 3 auf Seite 61). Im Fenster, in dem die Grammatik geladen wird, erscheint zum Schluß eine Liste von Beispielen. Geben Sie diese Beispiele nach dem Prompt ein und wiederholen Sie die in diesem Kapitel besprochenen Aspekte.

Literaturhinweise

Die Analyse der Verbalkomplexe in der HPSG-Theorie ist wesentlich von Hinrichs und Nakazawa (1989a,b, 1994a) geprägt worden. Hinrichs und Nakazawas Arbeiten gehen auf Arbeiten im Rahmen der Kategorialgrammatik zurück (Geach: 1970).

16 Kohärenz, Inkohärenz, Anhebung und Kontrolle

Im vorigen Kapitel wurde gezeigt, wie man Verbalkomplexe mittels Argumentanhebung analysieren kann. Die Analyse wurde unter Bezug auf Modalverben und Futur- und Perfekthilfsverben erklärt. Diese bilden mit den Verben, die sie einbetten, immer einen Komplex. Das ist jedoch nicht bei allen Verben, die verbale Argumente nehmen, so. Gunnar Bech (1955) hat das in einer herausragenden Arbeit untersucht und Kriterien dafür zusammengetragen, wann Komplexbildung vorliegt und wann nicht. Die Tests sollen in diesem Kapitel besprochen werden.

Außerdem werde ich die Unterschiede zwischen Anhebung und Kontrolle diskutieren.

16.1 Die Phänomene

Gunnar Bech hat zur Unterscheidung der sogenannten kohärenten von der inkohärenten Konstruktion topologische Felder definiert. Die genaue Definition der Begriffe ist leider sehr komplex, aber man kommt wohl nicht umhin, sich damit auseinanderzusetzen, wenn man der Literatur zum deutschen Verbalkomplex folgen können will. Im folgenden Abschnitt werden die Bechschen Begriffe eingeführt, und im Abschnitt 16.1.2 werden dann Tests zur Unterscheidung der kohärenten und inkohärenten Konstruktion vorgestellt.

16.1.1 Die topologische Einteilung Bechs

Um Phänomene wie Extraposition, Umstellung von Argumenten, verschiedene Stellungen von Verben im Verbalkomplex und Skopus von Adverbien erklären zu können, definiert Bech die Begriffe Verbalfeld, Restfeld und Schlußfeld, die ich im folgenden erklären will.

Verbale Köpfe können eine Verbalprojektion als Argument verlangen. Der Kopf bestimmt Eigenschaften seines Arguments, und bei verbalen Argumenten gehört die Verbform zu den vom Kopf bestimmten Eigenschaften. In den Sätzen (1) bestimmt *darf* die Verbform von *behaupten* und *behaupten* die von *zu kennen*.

(1) a. daß Karl den Mann zu kennen behaupten darf

　　 b. daß Karl behaupten darf, den Mann zu kennen

Eine Kette von Verben, die in Kopf-Argument-Beziehung stehen, nennt Bech eine subordinative bzw. hypotaktische Kette.

Zu jedem Verb gehört ein Verbalfeld (F), das das Verb selbst und alle nichtverbalen Argumente des Verbs und alle Adjunkte des Verbs enthält.[1] Im Satz (2) gibt es zwei Verbalfelder: $F^1 = $ *ich bitte ihn* und $F^2 = $ *morgen zu kommen*.

---

[1] Diese Festlegung ist in einer Grammatik mit Argumentanziehung (siehe Kapitel 15) etwas problematisch, da ja zum Beispiel in (i) *die Frau* sowohl ein Argument von *erkannt* als auch ein Argument von *hat* ist. Es wird nur nicht als Argument von *erkannt* gesättigt.

(i) Karl hat die Frau erkannt.

(2)   Ich bitte ihn, morgen zu kommen.

Die Zugehörigkeit zu Verbalfeldern ist nicht immer eindeutig:

(3)   da Peter nicht zu kommen versprach

Folgende Aufteilungen in Verbalfelder sind möglich: $F^1 = Peter + versprach$, $F^2 = nicht$
$zu\ kommen$ oder $F^1 = Peter + nicht + versprach$, $F^2 = zu\ kommen$.

Des weiteren führt Bech den Begriff des Kohärenzfeldes (K) ein. Ein Kohärenzfeld
besteht aus einem Schlußfeld (S) und einem Restfeld (R). Das Schlußfeld steht immer
nach dem Restfeld. Ein Schlußfeld enthält im allgemeinen alle Verben des Kohärenzfeldes
(4a). Eine Ausnahme bildet – wenn es existiert – das Verb in der linken Satzklammer (4b).

(4)   a.   daß Peter nicht zu kommen versprach

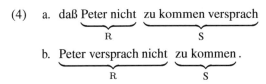

      b.   Peter versprach nicht zu kommen.

Eine hypotaktische Kette von Verbalfeldern besteht aus einem (5a) oder mehreren (5b) Kohärenzfeldern. Jedes Kohärenzfeld umfaßt mindestens ein Verbalfeld. Bech trennt Kohä-
renzfelder durch '|' voneinander ab (Bech: 1955, §77). Dieses Symbol entspricht einer
Grenzpause. '|' markiert die Stelle in einem Satz, an der beim Sprechen des Satzes eine
Pause gemacht wird.

(5)   a.   daß Peter nicht zu kommen versprach

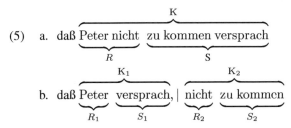

      b.   daß Peter versprach, | nicht zu kommen

(5b) unterscheidet sich von (4b) dadurch, daß es sich um einen Verbletztsatz handelt, d. h.
$versprach$ steht in der rechten Satzklammer und somit im Schlußfeld. In (4b) steht ver-
$sprach$ in der linken Satzklammer und zählt deshalb zum Restfeld.

Ein Kohärenzfeld ist eine Gruppe von Verbalfeldern. Das schließt den Fall ein, daß ein
Kohärenzfeld aus genau einem Verbalfeld besteht. Das Kohärenzfeld umfaßt alle Bestandteile der zum Kohärenzfeld gehörenden Verbalfelder. Es bildet in topologischer Hinsicht
eine geschlossene Einheit. Ein Element eines Kohärenzfeldes kann nie zwischen zwei Elementen eines anderen Kohärenzfeldes stehen. Elemente eines Verbalfeldes dagegen können sehr wohl zwischen zwei Elementen eines anderen Verbalfeldes stehen (siehe (3)).

Zwei Verbalfelder, die zur selben hypotaktischen Kette gehören, werden $koh\ddot{a}rent$ genannt, wenn sie zum selben Kohärenzfeld gehören, und $inkoh\ddot{a}rent$, wenn sie zu zwei verschiedenen Kohärenzfeldern gehören.[2] Der Satz in (6) besteht zum Beispiel aus zwei Ko-

---

[2]Bech untersucht Kohärenzphänomene nur für Verbalfelder. In Analogie zum Begriff des Verbalfelds kann
man auch den Begriff des Adjektivfeldes einführen. In (i) gibt es die Felder $F^1 = er\ wollte$, $F^2 = sein$ und
$F^3 = ihr\ immer\ treu$ bzw. $F^1 = er\ immer\ wollte$, $F^2 = sein$ und $F^3 = ihr\ treu$.

   (i)   daß er ihr immer treu sein wollte

F^1, F^2 und F^3 bilden ein Kohärenzfeld.

härenzfeldern (Bech: 1955, §58).

$$\overbrace{\qquad\qquad}^{K_1} \qquad \overbrace{\qquad\qquad}^{K_2}$$

(6)   Er soll den Vater gebeten haben, | den Jungen laufen zu lassen .

F^1 = *er soll*, F^2 = *haben*, F^3 = *den Vater gebeten*, F^4 = *den Jungen zu lassen*, F^5 = *laufen*. $F^1 + F^2 + F^3$ und $F^4 + F^5$ bilden jeweils ein Kohärenzfeld. Keines der Felder F^1, F^2, F^3 ist mit einem Feld außerhalb dieser Gruppe kohärent. Dasselbe gilt für F^4 und F^5.

Bech unterscheidet zwischen finiten und infiniten Kohärenzfeldern. Ein Kohärenzfeld ist genau dann finit, wenn es ein finites Verb enthält. Es ist möglich, daß finite Kohärenzfelder kein Schlußfeld haben (7).

(7)   Otto läuft nach Hause.

Bei infiniten Kohärenzfeldern muß es nicht unbedingt ein Restfeld geben. (8) ist ein Beispiel für einen solchen Fall.

$$\quad\quad\quad \overbrace{\qquad}^{K_1} \quad \overbrace{\qquad}^{K_2}$$

(8)   weil er mir versprochen hat | zu kommen

$$\quad\quad\quad\; \underbrace{\quad}_{R_1} \underbrace{\qquad}_{S_1} \underbrace{\qquad}_{S_2}$$

Für Schlußfelder gilt (mit Ausnahme der sogenannten Oberfeldumstellung und der sogenannten dritten Konstruktion, die hier nicht besprochen werden können), daß Verben links von den sie einbettenden Verben stehen. Da *zu kommen* in (8) nicht vor *versprochen* steht, sondern rechts von allen übergeordneten Verben, wird es einem anderen Kohärenzfeld zugeordnet. Es bildet ein eigenes Schlußfeld (Bech: 1955, §78). Außerdem ist das Kohärenzfeld K_2 intonatorisch durch die Grenzpause von K_1 abgegrenzt.

16.1.2 Tests zur Unterscheidung kohärenter und inkohärenter Konstruktionen

Ob Verben in eine inkohärente Konstruktion eingehen können oder ob sie immer kohärent konstruieren, ist eine Eigenschaft, die für die Klassifizierung von Verben wichtig ist. Im folgenden sollen einige Tests vorgestellt werden, die Auskunft darüber geben, ob Verbalfelder zum gleichen Kohärenzfeld gehören oder nicht, d. h. ob ein Verb mit dem ihm untergeordneten Verb eine kohärente Konstruktion bildet oder nicht.

16.1.2.1 Skopus von Adjunkten

Adjunkte können nur Skopus über Elemente haben, die sich im selben Kohärenzfeld wie das Adjunkt befinden.

$$\overbrace{\qquad\qquad\qquad}^{K}$$

(9)   Karl darf das Buch nicht zu lesen versuchen.

Der Satz in (9) ist dreideutig, wenn alle drei Verben zum selben Kohärenzfeld gehören. Er kann bedeuten, daß es Karl gestattet ist zu versuchen, das Buch nicht zu lesen (10a), oder daß es Karl gestattet ist, nicht zu versuchen, das Buch zu lesen (10b), oder daß es Karl nicht gestattet ist zu versuchen, das Buch zu lesen (10c).

(10)   a. *dürfen'*(*versuchen'*(¬ *lesen'*(karl,buch)))

      b. *dürfen'*(¬ *versuchen'*(*lesen'*(karl,buch)))

      c. ¬ *dürfen'*(*versuchen'*(*lesen'*(karl,buch)))

In (11) und (12) liegen jeweils zwei Kohärenzfelder vor, so daß sich die Anzahl der Lesarten pro Satz entsprechend reduziert.

$$\overbrace{\qquad}^{K_1}\qquad\overbrace{\qquad}^{K_2}$$

(11)   Karl darf nicht versuchen, das Buch zu lesen.

$$\overbrace{\qquad}^{K_1}\qquad\overbrace{\qquad}^{K_2}$$

(12)   Karl darf versuchen, das Buch nicht zu lesen.

In (11) gehört das *nicht* zum selben Kohärenzfeld wie *darf* und *versuchen*. Der Satz hat die beiden Lesarten in (10b) und (10c). In (12) dagegen gehört das *nicht* in das Kohärenzfeld von *zu lesen*. (12) hat nur die Lesart in (10a). In (11) und (12) konstruieren *darf* und *versuchen* jeweils kohärent und *versuchen* und *zu lesen* inkohärent. In (9) konstruieren *darf* und *versuchen* und *versuchen* und *zu lesen* kohärent.

16.1.2.2 Permutation im Mittelfeld

Im folgenden Satz bilden *zu lesen*, *versprochen* und *hat* ein gemeinsames Schlußfeld.

$$\overbrace{\phantom{\text{es ihm jemand zu lesen versprochen hat}}}^{K}$$

(13)   weil $\underbrace{\text{es ihm jemand}}_{R}\;\underbrace{\text{zu lesen versprochen hat}}_{S}$[3]

Das Objekt von *zu lesen* (*es*) und das Subjekt und Objekt von *versprochen* (*jemand* und *ihm*) bilden gemeinsam ein Restfeld. Die Elemente des Restfelds können in bezug auf einander in relativ freier Reihenfolge stehen, so daß das Komplement von *zu lesen* wie in (13) nicht unbedingt adjazent zu seinem logischen Kopf sein muß.

    Eine alternative Anordnung mit anderer lexikalischer Besetzung zeigt (14):

(14)   weil ihm den Aufsatz jemand zu lesen versprochen hat

Mitunter ist die Umstellung von Argumenten in kohärenten Konstruktionen nur eingeschränkt möglich, was auf Performanzfaktoren[4] zurückzuführen ist (Bayer und Kornfilt: 1989, 37).

---

[3]Siehe Haider, 1986b, 110; Haider, 1990, 128.

[4]Man unterscheidet zwischen Performanz und Kompetenz. Kompetenz beschreibt unser linguistisches Wissen, d. h. Wissen über die mögliche Struktur sprachlicher Äußerungen. Performanz bezeichnet dagegen unsere Fähigkeit, mit diesem Wissen umzugehen. Das klassische Beispiel für ein Performanzproblem ist die Selbsteinbettung bei Relativsätzen. Je tiefer man Relativsätze nach dem Muster von (i) einbettet, desto schwerer sind die Sätze für Menschen zu verarbeiten.

    (i)   Der Hund, [RS der die Katze, [RS die die Maus gefangen hat,] jagt,] bellt.

    Die Regeln, die man für solche Einbettungen braucht, sind Bestandteil unseres Wissens, wir können die Sätze aber mitunter dennoch nicht verarbeiten, da die Kapazitäten des Gehirns bei besonders komplexen Strukturen nicht ausreichen (Miller und Chomsky: 1963).

16.1.2.3 Intrapositon

Ein weiteres Kriterium zur Unterscheidung zwischen der kohärenten und der inkohärenten Konstruktion ist die Möglichkeit, in Relativsätzen das eingebettete Verb mit seinen abhängigen Elementen voranzustellen:

(15)   a.   den Keks, den zu essen Karl versucht

        b.   * den Keks, den essen Karl darf / wird

        c.   * den Keks, den gegessen Karl hat

Diese Konstruktion wird nach Ross (1967, 108) auch Rattenfängerkonstruktion genannt, weil das Relativpronomen das Material in der Verbphrase *den zu essen* mitzieht (siehe auch S. 183).

Verben, die obligatorisch kohärent konstruieren (Modalverben wie *dürfen* und Hilfsverben wie *haben* und *werden*), erlauben die Rattenfängerkonstruktion nicht (15b,c).

Für Sätze wie (15a) gibt es mehrere Analysemöglichkeiten: Das Relativpronomen kann aus der Infinitiv-Phrase mit *zu essen* extrahiert worden sein (16a) oder *den zu essen* bildet die Relativphrase und ist als ganze Phrase extrahiert worden (16b).[5]

(16)   a.   den Keks, den$_i$ [$\_i$ zu essen] Karl versucht

        b.   den Keks, [den zu essen]$_i$ $\_i$ Karl versucht

In jedem Fall muß es bei der Analyse von (15) eine Verbalphrase geben, die nicht adjazent zu den Verben im Verbalkomplex ist: entweder *den zu essen* oder *zu essen* mit einer Lücke für die Relativphrase.

In Relativsätzen wie (15a) bilden die Verben mit den von ihnen abhängenden Elementen ein eigenständiges Kohärenzfeld, d. h. *zu essen* und das Relativpronomen stehen zusammen und bilden ein Restfeld und ein Schlußfeld. Genauso bilden *Karl* und *versucht* ein Restfeld und ein Schlußfeld. Die Analysen, die in (16) skizziert sind, gehen davon aus, daß *versuchen* in der inkohärenten Konstruktion eine Verbalphrase einbettet. Diese kann dann als Einheit umgestellt werden. Wenn man annimmt, daß sich inkohärent konstruierende Verben von kohärent konstruierenden Verben dadurch unterscheiden, daß sie eine VP statt eines Verbs einbetten, dann kann man auch die Umstellungen in (17) als Inkohärenz-Test heranziehen: (17a–b) sind ungrammatisch, da Modalverben wie *dürfen* und Hilfsverben wie *haben* und *werden* obligatorisch kohärent konstruieren. (17c) dagegen ist möglich, da *versuchen* inkohärent konstruieren kann.

(17)   a.   * daß Karl den Keks essen nicht darf

        b.   * daß Karl den Keks essen nicht wird

        c.   daß Karl, den Keks zu essen, nicht versucht

Wie auch bei der Extraposition ist die Infinitiv-VP in Sätzen wie (17c) oft durch Pausen vom restlichen Material abgehoben.

---

[5] Solche Rattenfängerkonstruktionen wurden in den 80er Jahren kontrovers diskutiert (Riemsdijk: 1985, Haider: 1985b, Grewendorf: 1986, Trissler: 1988, Riemsdijk: 1994). Die Autoren versuchten zu zeigen, welche der beiden Strukturen in (16) die besser geeignete ist. Meiner Meinung nach muß man sowohl die Voranstellung der gesamten Infinitivphrase als auch die Voranstellung des einzelnen Relativpronomens zulassen (Müller: 1999a, Kapitel 10.7).

16.1.2.4 Extraposition

Wenn das Matrixverb in einer inkohärenten Konstruktion vorkommen kann, dann ist die Extraposition der Projektion des eingebetteten verbalen Kopfes möglich:

(18)   Karl hat versucht, den Keks zu essen.

Das Verb *versuchen* kann inkohärent konstruieren, und in (18) bildet die Phrase *den Keks zu essen* ein eigenes Kohärenzfeld.

Nicht alle *zu*-Infinitive können extraponiert werden. Anhebungsverben wie *scheinen* konstruieren obligatorisch kohärent. Das Verb, das unter *scheinen* eingebettet wird, befindet sich immer im selben Kohärenzfeld wie *scheinen*.

(19)   a.   daß Karl den Keks zu essen scheint

      b.   * daß Karl scheint den Keks zu essen

Die Extraposition von Infinitiven ohne *zu* und von Partizipien ist nicht möglich:

(20)   a.   daß Karl den Keks zu essen versucht

      b.   daß Karl versucht, den Keks zu essen

      c.   daß Karl den Keks essen wird

      d.   * daß Karl wird den Keks essen

      e.   daß Karl den Keks gegessen hat

      f.   * daß Karl hat den Keks gegessen

16.1.2.5 Voranstellung ins Vorfeld

Die Voranstellung von VPen mit *zu*-Infinitiven ist immer möglich.

(21)   Den Keks zu essen, hat Karl versucht.

Wie bei der Intraposition und der Extraposition bildet die vorangestellte VP ein separates Kohärenzfeld.

Zusätzlich zu solchen Voranstellungen sind auch Voranstellungen von Verben bzw. Verbalprojektionen möglich, die nicht intraponiert oder extraponiert werden können.[6]

(22)   a.   Erzählen wird er seiner Tochter ein Märchen.

      b.   Ein Märchen erzählen wird er seiner Tochter.

      c.   Seiner Tochter ein Märchen erzählen wird er.

Das Hilfsverb *wird* konstruiert obligatorisch kohärent. In (22) gibt es verschiedene Arten von Voranstellungen: In (22a) ist das eingebettete Verb vorangestellt, und die Elemente, die von ihm abhängen – das direkte und indirekte Objekt – bleiben im Mittelfeld zurück. In (22b) ist das Akkusativobjekt zusammen mit dem Verb vorangestellt, und das Dativobjekt bleibt zurück, und in (22c) befinden sich beide Objekte zusammen mit dem Verb im Vorfeld.

Man beachte, daß das vorangestellte Material eine separate Skopusdomäne bildet. (23a) ist mehrdeutig, (23b) dagegen hat nur die eine Lesart, in der *nicht* Skopus über *gewinnen* hat.

---

[6]Die Beispiele in (22) sind von Haftka (1981, 720–721).

(23) a. daß er das Rennen nicht gewinnen darf

  b. Das Rennen nicht gewinnen darf er.

Eine interessante Eigenschaft solcher Voranstellungen ist, daß sie beliebig komplex sein können, daß es jedoch nicht möglich ist, Teile aus der Mitte eines Verbalkomplexes voranzustellen. Elemente, die ein anderes Element in einer kohärenten Konstruktion regieren, können nicht ohne dieses Element vorangestellt werden:[7]

(24) a. daß er ihr ein Märchen erzählen müssen wird

  b. Erzählen müssen wird er ihr ein Märchen.

  c. * Müssen wird er ihr ein Märchen erzählen.

Es ist nicht der Fall, daß das Zurücklassen von Hilfsverben in der rechten Satzklammer bei Voranstellung eingebetteter Verbalkomplexe im Deutschen nicht möglich ist, wie das von Stiebels und Wunderlich (1994, 942) behauptet wird. Ihr Satz (25a) ist wegen allgemeiner Prinzipien zur Organisation der Informationsstruktur eines Satzes merkwürdig und nicht wegen allgemeiner Beschränkungen für Voranstellungen.

(25) a. § Gegessen wird er wohl den Braten haben.

  b. Gegessen wird er den Braten wohl haben.

Mit anderer Anordnung und daraus resultierendem anderen Skopus von *wohl* ist der Satz wohlgeformt und selbst für (25a) kann man sich einen speziellen Kontext überlegen, in dem der Satz geäußert werden kann:[8]

(26) Wir haben ihm verschiedene Getränke angeboten und auch Braten und Tofu. Getrunken hat er Wein und gegessen wird er wohl den Braten haben.

Haider (1993, 283) behauptet etwas Ähnliches, nämlich, daß die Komplemente von nichtfinitem *haben* nicht voranstellbar sind.

(27) a. Im Radio gehört hat er die Nachricht.

  b. * Im Radio gehört glaubt er die Nachricht zu haben.

Der Kontrast zwischen (27a) und (27b) ist klar, aber das liegt nicht an *haben*. Meurers (2000, 93) gibt das Beispiel in (28).

(28) Im Radio gehört wird er die Nachricht sicher nicht haben.

Das Trennbarkeitsprinzip (*Principle of Separability*), das Stiebels und Wunderlich (1994, 942) formulieren, um das Voranstellen eines Basisverbs aus einer Partikelverbkombination zu erklären, würde grammatische Sätze wie (24b) und (25) ausschließen und muß deshalb verworfen werden. In Kapitel 15.2 wurde bereits gezeigt, daß die Unmöglichkeit der Voranstellung wie in Fällen wie (24c) aus einer allgemeinen Bedingung für die Voranstellbarkeit von Teilen des Prädikatskomplexes folgt.

---

[7]Haftka (1981, 720–721) gibt Beispiele ähnlicher Struktur, die andere ausgeschlossene Voranstellungen zeigen, die in den nächsten Kapiteln diskutiert werden.
[8]Ich danke Felix Bildhauer für die Konstruktion dieses Kontextes.

16.1.3 Anhebung und Kontrolle

Ob Verben in eine inkohärente Konstruktion eingehen können oder ob sie immer kohärent konstruieren, ist eine Eigenschaft, die für die Klassifizierung von Verben wichtig ist. Eine andere wichtige Klassifizierung betrifft die Zuordnung zur Klasse der Anhebungsbzw. Kontrollverben. Im folgenden sollen Eigenschaften der beiden Verbklassen vorgestellt werden.

16.1.3.1 Einbettung expletiver Prädikate und subjektloser Konstruktionen

Der wichtigste Unterschied zwischen Kontroll- und Anhebungsverben ist, daß das Subjekt des eingebetteten Verbs bei Kontrollverben eine semantische Rolle füllt.

(29)   a. Karl versucht zu schlafen.

        b. *versuchen'*(Karl, *schlafen'*(Karl))

Man sagt, daß das Subjekt des eingebetteten Verbs kontrolliert wird. Die Kontrolle kann wie in (29a) durch das Subjekt oder durch ein Objekt erfolgen. Ein Beispiel mit Kontrolle durch ein Akkusativobjekt zeigt (30a):

(30)   a. Karl zwingt den Mann, das Buch zu lesen.

        b. zwingen(Karl,Mann,lesen(Mann,Buch))

In (30a) ist der Mann sowohl derjenige, der zu etwas gezwungen wird, als auch derjenige, der das Buch lesen muß.

Anhebungsverben weisen dagegen keinem der Argumente des eingebetteten Verbs eine semantische Rolle zu.[9] In (31) füllt *Karl* nur eine Rolle der Relation *schlafen*.

(31)   a. Karl scheint zu schlafen.

        b. *scheinen'*(*schlafen'*(Karl))

Daß es dennoch eine Beziehung zwischen dem Subjekt von *schlafen* und dem Anhebungsverb *scheint* gibt, zeigt Subjekt-Verb-Kongruenz:

(32)   a.   Die Männer scheinen zu schlafen.

        b. * Die Männer scheint zu schlafen.

Man sagt, daß das Subjekt von *schlafen* zum Subjekt von *scheinen* angehoben wurde.

Ein weiterer Unterschied zwischen Anhebungs- und Kontrollverben, der sich daraus ableiten läßt, daß Kontrollverben eine Rolle zuweisen, ist, daß Kontrollverben keine subjektlosen Konstruktionen einbetten können, wohingegen die Einbettung subjektloser Konstruktionen unter die meisten Anhebungsverben möglich ist:

(33)   a.   daß (es) dem Student vor der Prüfung graut

        b. * Der Professor versucht, dem Student vor der Prüfung zu grauen.

---

[9]Siehe auch Pütz: 1982, 347. Zur Unterscheidung von Anhebungs- und Kontrollverben an Hand der Einbettbarkeit expletiver Prädikate siehe auch Pütz: 1982, 353.

Das Verb *grauen* in (33a) verlangt ein Dativobjekt und eine Präpositionalphrase. Optional kann es auch mit Subjekt verwendet werden, doch das Subjekt muß dann ein Expletivum – ein semantisch leeres Füllwort – sein. Wie (33b) zeigt, kann *grauen* nicht unter Kontrollverben eingebettet werden. Das zeigt, daß weder die Variante mit dem Expletivum noch die subjektlose kontrolliert werden kann. Die Einbettung unter ein Anhebungsverb ist jedoch möglich.

(34) daß (es) dem Student vor der Prüfung zu grauen schien

Das Beispiel (35b) ist eine andere Art subjektlose Konstruktion, das sogenannte unpersönliche Passiv.

(35) a. Der Student arbeitet.

  b. daß gearbeitet wurde

  c. * Der Student versucht, gearbeitet zu werden.

Die Einbettung der subjektlosen Konstruktion unter ein Kontrollverb ist wieder ungrammatisch (35c), die unter Anhebungsverben dagegen grammatisch, wie (36) zeigt:

(36) Dort schien noch gearbeitet zu werden.

Kontrollverben haben Selektionsrestriktionen für das kontrollierende Argument, d. h. für das Argument, das mit dem Subjekt des eingebetteten Verbs koreferiert. Die Einbettung von expletiven Prädikaten, also Prädikaten mit expletivem Subjekt, unter Kontrollverben ist ungrammatisch. Ein prominentes Beispiel für expletive Prädikate sind die Witterungsverben:[10]

(37) a. * Es versucht zu regnen.

  b. * Karl zwingt es zu regnen.

Egal ob man die *es* in (37) als Wetter-*es* oder als ein referentielles *es*, das Argument von *zwingen* bzw. *versuchen* sein kann, interpretiert, die Sätze sind ungrammatisch. Anhebungsverben können dagegen Witterungsverben einbetten:

(38) a. Es scheint zu regnen.

  b. Er sah es regnen.

---

[10]Verschiedene *es* werden mitunter als Quasi-Argumente behandelt (Chomsky: 1993, 324), die Quasi-Theta-Rollen zugewiesen bekommen. Als Argument hierfür wird immer angeführt, daß diese *es* kontrolliert werden können:

 (i) Es blitzt, ohne gleichzeitig zu donnern.

Solche Sätze sind mit der Behandlung des *es* als echtes Expletivum durchaus kompatibel. Es wird nur verlangt, daß der Index des Subjekts des unter *ohne* eingebetteten Infinitivs mit dem Index des Matrixsubjekts kompatibel ist, was in (i) der Fall ist. Der folgende Satz, der einem Beispiel von Fanselow (1991, 84) ähnelt, wird dadurch ausgeschlossen, daß *ohne* das Vorhandensein eines Subjekts verlangt.

 (ii) * Heute wird getanzt, ohne gesungen zu werden.

Siehe hierzu auch Kapitel 3.2.2.

16.1.3.2 Identität vs. Koindizierung

Das Verb *sehen* ist ein Anhebungsverb, was in Fällen wie (39), in denen ein Wetterverb bzw. eine subjektlose Konstruktion eingebettet ist, offensichtlich ist (Reis: 1976a, 66; Höhle: 1978, 70).

(39) a. Karl sah es regnen.

     b. ? Ich sah ihm schlecht werden.

Für Sätze wie (39) kann man annehmen, daß das Subjekt des eingebetteten Verbs mit dem Objekt des Matrixverbs identisch ist. Wenn das eingebettete Verb kein Subjekt hat, wie in (39b), dann hat das Matrixverb kein zusätzliches Objekt. Das kann man erfassen, indem man festlegt, daß bei solchen Objektanhebungsverben das Subjekt des eingebetteten Verbs und das Objekt des Matrixverbs identisch sind. Ob das eingebettete Prädikat ein Subjekt hat oder nicht, ist dabei irrelevant. Wenn das eingebettete Prädikat kein Subjekt hat, dann bekommt das Anhebungsverb kein (zusätzliches) Objekt.

Die Frage ist, ob das bei Kontrollkonstruktionen auch so ist oder ob sich der Anhebungssatz in (40) von dem Kontrollsatz unterscheidet.

(40) a. Der Wächter sah den Einbrecher und seinen Helfer stehenbleiben.

     b. Der Wächter zwang den Einbrecher und seinen Helfer stehenzubleiben.

zwingen ist ein Objektkontrollverb, d. h. das Akkusativobjekt und das nicht ausgedrückte Subjekt des kontrollierten Infinitivs sind koreferent. Wegen der Daten in (39) scheint es angebracht anzunehmen, daß das Subjekt von *stehen bleiben* in Anhebungskonstruktionen wie (40a) mit *den Einbrecher und seinen Helfer* identisch ist. Im folgenden werde ich untersuchen, ob die Annahme einer solchen Identität für Kontrollkonstruktionen wie in (40b) sinnvoll ist.

Höhle (1983, Kapitel 6) hat gezeigt, wie man den Kasus nicht sichtbar realisierter Elemente bestimmen kann. Mit der Phrase *ein- nach d- ander-* kann man sich auf mehrzahlige Konstituenten beziehen. Dabei muß *ein- nach d- ander-* in Kasus und Genus mit der Bezugsphrase übereinstimmen. Höhles Beispiele wurden bereits im Kapitel 14.1.3 diskutiert (siehe Seite 222). Hier seien nur die Beispiele aus (26) noch einmal wiederholt:

(41) a. Ich habe den Burschen geraten, im Abstand von wenigen Tagen einer nach dem anderen zu kündigen.

     b. Die Türen sind viel zu wertvoll, um eine nach der anderen verheizt zu werden.

     c. Wir sind es leid, eine nach der anderen den Stuhl vor die Tür gesetzt zu kriegen.

     d. Es wäre fatal für die Sklavenjäger, unter Kannibalen zu fallen und einer nach dem anderen verspeist zu werden.

In (41) ist *ein- nach d- ander-* nicht das Subjekt der Infinitivverbphrase, da dieses in dieser Form Infinitivkonstruktion nie realisiert wird. *Ein- nach d- ander-* bezieht sich jedoch auf das Subjekt. Daraus daß *ein- nach d- ander-* in (41) im Nominativ steht, kann man schließen, daß das nicht realisierte Subjekt ebenfalls im Nominativ stehen muß.

In (41a) ist der Kasus der kontrollierenden NP *den Burschen* Dativ, wohingegen der Kasus des kontrollierten Subjekts des *zu*-Infinitivs Nominativ ist, wie man aus dem Kasus von *einer nach dem anderen* schließen kann.[11] Das zeigt, daß das Subjekt des eingebetteten Verbs nicht identisch mit dem Objekt des Kontrollverbs sein kann.

Ändert man das Genus des Pronomens in *ein- nach d- ander-*, ändert sich die Bedeutung des Satzes.

(42)   Ich habe [den Burschen]$_i$ geraten, im Abstand von wenigen Tagen [eine nach der anderen]$_{*i}$ zu kündigen.

(42) ist nur grammatisch, wenn *ein- nach d- ander-* nicht ein Adjunkt ist, das sich auf das nicht-overte Subjekt bezieht, sondern ein direktes Objekt von *kündigen*. Das ist erklärt, wenn man Kontrolle als Koindizierung der kontrollierenden Phrase mit dem nicht-overten Subjekt des kontrollierten Infinitivs beschreibt. Der Index von *den Burschen* ist identisch mit dem Index des nicht an der Oberfläche realisierten Subjekts. Deshalb kann kein Adjunkt, das in Genus bzw. Numerus mit seinem Bezugsausdruck übereinstimmen muß, in der Domäne des kontrollierten Infinitivs auftreten, wenn es sich auf das nicht-overte Subjekt bezieht, aber keine zum kontrollierten Element passenden Genus- und Numerus-Werte hat.

Zu guter Letzt zeigen auch Beispiele wie (43), daß eine Identität von kontrollierendem Element und kontrolliertem Subjekt nicht adäquat ist, da in (43) eine PP eine NP kontrolliert.[12]

---

[11] Adam Przepiórkowski (P. m. 1999) hat mich darauf hingewiesen, daß es im Polnischen zwei Klassen von im Kasus übereinstimmenden Elementen gibt: zum einen die, die im Instrumental stehen, wenn sie sich auf ein unrealisiertes Subjekt beziehen, und zum anderen die, die dann im Dativ stehen. Würde man diese Elemente benutzen, um Rückschlüsse auf nicht realisierte Subjekte zu machen, käme man zu der Schlußfolgerung, daß diese im Polnischen sowohl Dativ als auch Instrumental sein können. In Sätzen ohne kasuskongruierendes Adverbial ist das problematisch, da man ja davon ausgeht, daß die Modelle maximal spezifische Werte haben (siehe Abschnitt 2.7). Man hätte dann für solche Sätze zwei Strukturen: eine mit Dativsubjekt und eine mit Instrumentalsubjekt. Aufgrund der polnischen Daten könnte man annehmen, daß nicht ausgedrückte Subjekte kasuslos sind und daß sich auf kasuslose NP beziehende Adverbialphrasen im Deutschen im Nominativ stehen müssen und im Polnischen im Dativ bzw. Instrumental.

Hennis (1989) diskutiert Daten der Sprache Malayalam. In Malayalam gibt es sowohl Nominativ- als auch Dativsubjekte. Sätze, in denen eine VP mit einem Nominativsubjekt mit einer VP mit Dativsubjekt koordiniert wurde, sind ungrammatisch. Sie schließt daraus, daß nicht ausgedrückte Subjekte Kasus haben müssen. Adam Przepiórkowski hat mir mitgeteilt, daß das für das Polnische nicht gilt, d. h. man kann eine VP mit einer Adverbialphrase im Instrumental und eine VP mit einer Adverbialphrase im Dativ koordinieren.

Andrews (1982), Neidle (1982) und Bresnan (1982a, 396) diskutieren isländische und russische Daten und schlagen vor, prädikative Adjunkte mit Kasuskongruenz parallel zu Anhebungskonstruktionen zu analysieren (funktionale Kontrolle in ihrer Terminologie) und prädikative Adjunkte ohne Kasuskongruenz parallel zu Kontrollkonstruktionen zu behandeln (anaphorische Kontrolle in ihrer Terminologie). Neidle (1982, 404) diskutiert russische Daten und nimmt mit Comrie an, daß Subjekte nicht-finiter Sätze im Russischen Dativ tragen. Sekundäre Prädikate, die als Adjunkte analysiert werden, stimmen mit ihrer Bezugsphrase im Kasus überein und stehen demzufolge bei Bezug auf ein nicht ausgedrücktes Subjekt im Dativ. Die prädikativen Phrasen, die im Instrumental stehen, behandelt sie als Komplemente, die nicht mit ihrem Subjekt im Kasus kongruieren. Wenn diese Analyse auch für das Polnische verwendbar ist, dann ist die Tatsache, daß sich sowohl Elemente im Dativ als auch solche im Instrumental auf dasselbe Element beziehen können, unproblematisch.

Daten aus dem Isländischen, Russischen und Polnischen zeigen, daß sich die Sprachen darin unterscheiden, wie sie ihren (nicht ausgedrückten) Subjekten Kasus zuweisen. Da mir keine weiteren Tests bekannt sind, die man benutzen könnte, um den Kasus nicht ausgedrückter Subjekte im Deutschen zu bestimmen, werde ich bei der Annahme bleiben, daß Subjekte im Nominativ stehen. Selbst wenn man ein kasusloses Subjekt annehmen würde, könnte dieses nicht identisch mit der kasustragenden NP des Matrixverbs sein.

[12] Pollard und Sag (1994, 139) geben das folgende englische Beispiel.

(i)   Kim appealed to Sandy to cooperate.

(43)   Die Lehrer, von denen erwartet wird, diesen aufgeputschten Kohlehydratkolossen
        etwas beizubringen, verdienen jedermanns Anteilnahme.[13]

Die Kontrollbeziehungen sind im folgenden einfacheren Satz leichter zu durchschauen:

(44)   a. Man erwartet von Peter, den Kindern etwas beizubringen.

       b. *erwarten'*(man, Peter, *beibringen'*(Peter, Kindern, etwas))

Im skizzierten Bedeutungsbeitrag von (44a) in (44b) sieht man, daß Peter sowohl eine Rolle von *erwarten* als auch von *beibringen* füllt. Die syntaktische Kategorie der jeweiligen
Argumente von *erwarten* und *beibringen* ist aber PP bzw. NP. Die syntaktische Kategorie
kann also nicht identisch sein, der semantische Index jedoch schon.

Die Kongruenzeigenschaften von *ein- nach d- ander-* helfen übrigens auch bei der Bestimmung des Skopus in kohärenten Konstruktionen:

(45)   a. Der Wächter erlaubte den Einbrechern einem nach dem anderen wegzulaufen.

       b. Der Wächter erlaubte den Einbrechern, einer nach dem anderen wegzulaufen.

In (45a) ist nur Skopus über *erlauben* möglich, da die Adjunktphrase mit einem Objekt
dieses Verbs übereinstimmt. In (45b) dagegen ist nur der Skopus über *weglaufen* möglich,
da die Adjunktphrase mit dem nicht-overten Subjekt von *weglaufen* übereinstimmt.
Interessanterweise ist das bei Anhebungsprädikaten anders:[14]

(46)   a.   Der Wächter sah den Einbrecher und seinen Helfer einen nach dem anderen
            weglaufen.

       b. * Der Wächter sah den Einbrecher und seinen Helfer einer nach dem anderen
            weglaufen.

Bei Anhebungsverben sind die Nominativ-Adjunktphrasen ungrammatisch, was darauf
hindeutet, daß das Subjekt des eingebetteten Prädikats identisch mit dem Objekt des Matrixverbs ist, d. h. sowohl syntaktische als auch semantische Information wird geteilt, und
deshalb stehen sowohl das Objekt des Matrixsatzes als auch das Subjekt des eingebetteten
Prädikats im Akkusativ.

Nach der generellen Diskussion von Kohärenz und Inkohärenz und von Anhebung und
Kontrolle sollen nun die Eigenschaften bestimmter Verbklassen untersucht werden. Dabei
ist besonders interessant, ob die Eigenschaften unabhängig voneinander sind.

16.1.4 Subjektanhebungsverben

Die meisten Subjektanhebungsverben kommen nur in kohärenten Konstruktionen vor. Die
Phasenverben (Verben wie *beginnen*, *anfangen* und *aufhören*) können allerdings auch in
inkohärenten Konstruktionen vorkommen.

---

[13]Max Goldt, *Die Kugeln in unseren Köpfen*. München: Wilhelm Heine Verlag. 1997, S. 145.

[14]Wie Kordula De Kuthy (persönliche Mitteilung, 1998) festgestellt hat, scheint der Satz (46b) besser zu
werden, wenn man statt *die Männer* das Pronomen *sie* verwendet.

(i)   ?* Der Wächter sah sie$_i$ [einer nach dem anderen]$_i$ weglaufen.

Das Pronomen ist hinsichtlich seines Kasus morphologisch unterspezifiziert. Für manche Sprecher ist der
Nominativ auch mit vollen, morphologisch eindeutig markierten NPen möglich.

16.1.4.1 Skopus von Adjunkten

Das Beispiel in (47) zeigt, daß bei *scheinen* sowohl enger als auch weiter Skopus des Adjunkts möglich ist.

(47)   daß Karl Maria nicht zu lieben scheint

In der einen Lesart scheint es der Fall zu sein, daß Karl Maria nicht liebt (enger Skopus) und in der anderen Lesart scheint es nicht der Fall zu sein, daß Karl Maria liebt.

16.1.4.2 Permutation im Mittelfeld

Die Beispiele in (48) zeigen, daß NPen, die vom eingebetteten Verb abhängen, mit NPen, die vom Matrixverb abhängen, vertauscht werden können:

(48)   a. daß niemandem der Mann zu schlafen scheint

       b. daß der Mann niemandem zu schlafen scheint

Das Subjekt eines Phasenverbs kann ebenfalls mit einem Objekt des eingebetteten Verbs vertauscht werden:

(49)   a. Leise begann der Tote sich zu bewegen.

       b. Leise begann sich der Tote zu bewegen.[15]

16.1.4.3 Intraposition und Extraposition

Die meisten Anhebungsverben erlauben weder die Intraposition (50b) noch die Extraposition des Infinitivs (50c), so daß manchmal behauptet wird, daß Anhebungsverben immer obligatorisch kohärent konstruieren (siehe z. B. Haider: 1990, 128).

(50)   a. daß Karl Maria zu lieben scheint

       b. * daß Karl Maria zu lieben zumindest scheint

       c. * daß Karl scheint, Maria zu lieben

Sogenannte Phasenverben wie *anfangen*, *aufhören* und *beginnen* sind jedoch Ausnahmen (Kiss: 1995a, 18). In (51b) ist ein Verb mit expletivem Subjekt unter *anfangen* eingebettet und der Infinitiv ist extraponiert.

(51)   a. daß es wie aus Kübeln zu regnen begonnen hatte

       b. daß es begonnen hatte, wie aus Kübeln zu regnen

Daß es sich bei den Phasenverben wirklich um Anhebungsverben handelt, sieht man daran, daß sie Prädikate mit expletivem Subjekt (51) und subjektlose Konstruktionen (52) einbetten können.

(52)   daß dem Studenten vor der Prüfung zu grauen anfing

---

[15]Bech: 1955, 121.

Bisher wurden in der Literatur als Beleg dafür, daß Phasenverben auch inkohärent konstruieren können, nur Extrapositionsbeispiele angeführt. Reis (2005) hat darauf hingewiesen,
daß die Extrapositionsdaten auch als eine andere Konstruktion, nämlich als die sogenannte
„dritte Konstruktion"[16] analysiert werden könnten. Die folgenden Beispiele zeigen jedoch,
daß auch die Intraposition von unter Phasenverben eingebetteten Infinitiven möglich ist:

(53)   a.   von seiner Gewandtheit, alte Bilder wiederherzustellen, darf ich [zu erzählen]
            nicht anfangen,[17]

       b.   so ging es auch mir, der ich, in Ermangelung einer vorzüglichen Bühne, [über
            das deutsche Theater zu denken] nicht aufhörte,[18]

       c.   In der Tat ist es auch heute noch beeindruckend, mit welcher nie erlahmenden
            Energie der Seefahrer [seine Idee einer Westfahrt nach Asien, allen Widerstän-
            den und Rückschlägen zum Trotz, zu propagieren] nicht aufhörte.[19]

(54)   a.   Für manche einfache Schützen wurde aus dem Krieg ein großes Abenteuer, [von
            dem zu erzählen] sie kaum mehr aufhören konnten.[20]

       b.   Von dieser Wirkstätte aus hatte es ihn auch häufig in die belgischen Industrie-
            landschaften gezogen, [die zu zeichnen] er bis heute nicht aufgehört hat.[21]

In (53) liegen Umordnungen des eingebetteten Infinitivs im Mittelfeld vor. Bei (54) handelt
es sich um die Voranstellung einer Relativphrase.

Das Verb *versprechen* gibt es sowohl als Anhebungs- als auch als Kontrollverb. Der
Satz (55a) hat zwei Lesarten.

(55)   a.   daß Peter ein erfolgreicher Sportler zu werden versprach

       b.   daß Peter versprach, ein erfolgreicher Sportler zu werden

In einer Lesart versprach Peter etwas, in der anderen wird ausgesagt, daß es wahrscheinlich
war, daß Peter ein erfolgreicher Sportler werden würde. In der ersten Lesart handelt es
sich um das Kontrollverb, in der zweiten um das Anhebungsverb. Das Anhebungsverb
konstruiert obligatorisch kohärent und das Kontrollverb *versprechen* optional kohärent. In
(55b) ist das Infinitivkomplement extraponiert. Es liegen zwei Kohärenzfelder vor, d. h. es
handelt sich um inkohärente Konstruktionen, und wie zu erwarten hat (55b) auch nur eine
Lesart, nämlich die des optional kohärent konstruierenden Kontrollverbs *versprechen*, also
die Lesart, in der Peter etwas versprach. Siehe hierzu auch Netter: 1991, 5.

Meurers (2000, 43) benutzt die von mir gefundenen Beispiele in (56) zusammen mit
Beispielen, die Phasenverben enthalten, um zu zeigen, daß Kohärenz und Anhebung unabhängige Phänomene sind.

---

[16]Die Bezeichnung dritte Konstruktion stammt von den Besten und Rutten (1989).Sie haben sie für eine ähnliche Konstruktion im Niederländischen verwendet. Den Besten und Rutten zeigen, daß es sich bei der
Konstruktion weder um die reine Bildung eines Verbalkomplexes noch um normale Extraposition, sondern
eben um eine dritte Konstruktion handelt. Broekhuis, den Besten, Hoekstra und Rutten (1995) nennen die
dritte Konstruktion *Remnant Extraposition*. Wunderlich (1980, 145) nennt diese Konstruktion „Extraposition
schwerer Infinitivketten", und Uszkoreit (1987, 151) verwendet den Begriff *Focus Raising*. Auf die Analyse
der dritten Konstruktion kann hier nicht eingegangen werden. Siehe jedoch Müller: 1999a, Kapitel 17.5.
[17]Goethe, *Italienische Reise*, Hamburger Ausgabe, Band 11, S. 207.
[18]Goethe, *Dichtung und Wahrheit*, Hamburger Ausgabe, Band 9, S. 566.
[19]Salzburger Nachrichten, 31.12.1991; URS BITTERLI.
[20]Oberösterreichische Nachrichten, 22.11.1996; Vom Grauen des Vernichtungskrieges im Osten.
[21]Die Presse, 30.06.1998; Jubiläum.

(56) a. Im Herbst schließlich stoppte Apple die Auslieferung einiger Power Books,
           weil sie drohten sich zu überhitzen und in Flammen aufzugehen.[22]
      b. Das elektronische Stabilitätsprogramm ESP überwacht die Fahrzeugbewegun-
           gen und greift in kritischen Situationen ein, wenn der Wagen droht, außer Kon-
           trolle zu geraten.[23]

Fanselow (1987, 189) diskutiert das Beispiel in (57a) und Rosengren (1992, 279) und
Cook (2001, 16) diskutieren die Beispiele in (57b) bzw. (57c):[24]

(57) a. Ludwig der Deutsche glaubt nicht, daß der Rhein droht, über die Ufer zu treten.
      b. weil das Wetter verspricht, heiter zu werden
      c. obwohl heute verspricht, ein wunderschöner Tag zu werden

Ich würde die Sätze in (56) und (57) als Ausnahmen einordnen, aber Reis (2005) zitiert
eine Korpusuntersuchung von *drohen/versprechen* in der Anhebungsversion, derzufolge
im COSMAS-Korpus bei 5,4% der Belege für *drohen* (45 von 828 Belegen) und bei 6,6%
der Belege für *versprechen* (30 von 458 Belegen) Extraposition vorliegt. Es scheint also adäquater zu sein, für Verben wie *drohen* und *versprechen* beide Muster zuzulassen.
Den Kontrast in (55) müßte man dann über Präferenzen erklären. Reis argumentiert – wie
bereits erwähnt – dafür, die Extrapositionsvarianten nicht als inkohärente Konstruktion,
sondern als „dritte Konstruktion" zu analysieren. Da die dritte Konstruktion nicht von allen Sprechern gleichermaßen akzeptiert wird, wären bei einer solchen Analyse auch die
Unterschiede in der Bewertung von Daten wie (56) und (57) erklärt. Außerdem ist erklärt,
warum *drohen* und *versprechen* mit der entsprechenden Lesart keine Intraposition zulassen.

Die Phasenverben wären so die einzige Unterklasse der Anhebungsverben, die eine
inkohärente Konstruktion erlauben.

16.1.5 Subjektkontrollverben

Die meisten der Beispiele, die in diesem Abschnitt diskutiert werden, habe ich schon im
Abschnitt 16.1.2 diskutiert, wo es um Kohärenztests ging.

16.1.5.1 Skopus von Adjunkten

Wie bereits im Abschnitt 16.1.2 gezeigt wurde, können Subjektkontrollverben kohärent
konstruieren. In kohärenten Konstruktionen ist weiter Adjunktskopus möglich.

(58) daß Karl ihm nicht einzuschlafen verspricht

Der Satz (58) kann bedeuten, daß Karl jemanden verspricht, nicht einzuschlafen. Er kann
aber auch bedeuten, daß Karl jemandem nicht verspricht einzuschlafen.

---

[22] taz 20./21.01.1996, S. 7.

[23] Spiegel, 41/1999, S. 103.

[24] Es gibt eine Verwendung von *weil* mit V2-Satz. Ein solcher könnte in (57b) vorliegen. Für eine korrekte
Beurteilung der Daten sollte man also (i) betrachten.

(i) daß das Wetter verspricht, heiter zu werden

Das Beispiel in (59) ist ein Korpus-Beleg für eine kohärente Konstruktion, in der *nicht* und *etwas* semantisch zu *nichts* verschmolzen sind. Bech (1955, § 80) nennt solche Verschmelzungen *Kohäsion*.

(59)   daß ich den Betrug mitbekommen hatte und mich nur nichts zu sagen traute[25]

Das *nicht* hat, obwohl es Bestandteil eines Arguments von *sagen* ist, Skopus über *trauen*.

16.1.5.2 Permutation im Mittelfeld

Wie die Beispiele in (60)–(61) zeigen, gibt es Subjektkontrollverben, die die Permutation der Argumente des Matrixverbs und des eingebetteten Verbs erlauben.

(60)   a. daß niemand das Buch zu lesen versucht

         b. daß das Buch niemand zu lesen versucht

In (61) hat das Subjektkontrollverb zusätzlich zum kontrollierenden Subjekt noch ein Dativobjekt.

(61)   a. daß Karl dem Mann das Buch zu lesen verspricht

         b. daß Karl das Buch dem Mann zu lesen verspricht

In Beispielen mit Pronomina ist die Anordnung des kurzen Pronomens *es* links der Argumente des Matrixverbs die bevorzugte Anordnung.

(62)   weil es ihm jemand zu lesen versprochen hat[26]

Es wird oft behauptet, daß Kontrollverben, die ein Objekt verlangen, nicht in kohärenten Konstruktionen vorkommen. *versprechen* ist ein Subjektkontrollverb mit Dativobjekt, das in kohärenten Konstruktionen vorkommt. Im Abschnitt 16.1.7 werde ich zeigen, daß kohärente Konstruktionen auch mit Objektkontrollverben vorkommen, obwohl das oft ausgeschlossen wird.

16.1.5.3 Intraposition und Extraposition

Subjektkontrollverben, die *zu*-Infinitive regieren, erlauben sowohl die Intraposition (63) als auch die Extraposition (64) ihrer Infinitivkomplemente.

(63)   daß Karl, das Rennen zu gewinnen, nicht versuchen will

(64)   daß Karl versuchen will, das Rennen zu gewinnen

16.1.6 Objektanhebungsverben: AcI-Verben

AcI steht für *Akkusativ mit Infinitiv*. Beispiele für AcI-Verben sind Wahrnehmungsverben wie *hören* und *sehen*, sowie das permissive und kausative *lassen*.

---

[25]Jochen Schmidt, *Müller haut uns raus.* München: Verlag C. H. Beck. 2002, S. 277.
[26]Haider, 1986b, 110; 1990, 128.

16.1.6.1 Skopus von Adjunkten

Im Beispiel (65) kann die Negation wie bei anderen kohärenten Konstruktionen Skopus über beide Verben haben.

(65) daß ich den Jungen das Buch nicht holen ließ

Bei Wahrnehmungsverben kann man die verschiedenen Skopen der Negation aus seman- tischen Gründen nicht beobachten, da man zum Beispiel nicht hören kann, wie jemand nicht singt. Allerdings kann man die Skopusphänomene bei anderen Adjunkten genauso feststellen, wie das folgende Beispiel von Pütz (1982, 340) zeigt:

(66) Peter hat es im Laboratorium blitzen sehen.

In der einen Lesart blitzt es im Laboratorium und Peter sieht das, und in der anderen Lesart befindet sich Peter im Laboratorium und sieht, wie es blitzt. Wo es blitzt, ist nicht gesagt. Das kann außerhalb des Laboratoriums sein.

16.1.6.2 Permutation im Mittelfeld

Das Subjekt von *lassen* kann nach dem Subjekt des eingebetteten Verbs stehen, wie (67) zeigt.

(67) daß ihn der Max nicht schlafen ließ[27]

Es wird manchmal behauptet, daß der Akkusativ des Matrixverbs vor dem Akkusativ des eingebetteten Verbs stehen muß (Eisenberg: 1999, 356). Die Beispiele (68b), (69) und (70) zeigen, daß das nicht richtig ist. (68a) zeigt die Reihenfolge, in der das Komplement von *holen* adjazent zum Verb ist, und in (68b) ist das Objekt des eingebetteten Verbs von diesem durch den Akkusativ getrennt, der das logische Subjekt von *holen* ist.

(68) a. Ich ließ den Jungen das Buch holen.

      b. Ich ließ es (das Buch) den Jungen holen.[28]

In (69) sind die beiden Akkusative Pronomina. Aus dem Kontext wird klar, daß *sie* in (69a) das Objekt von *verbrennen* und in (69b) das Objekt von *bringen* ist, in (69c) ist das *es* Objekt von *machen*:

(69) a. Schau auf zum Himmel
        Diese Erde, sie ist gelb wie Stroh
        Komm, laß *sie uns* verbrennen
        Ich will es so
        Jetzt weißt du, wer ich bin[29]

      b. Was ist denn mit den alten Zeitungen? Laß sie mich gleich zum Altpapier brin- gen![30]

---

[27]Haider: 1993, 260.
[28]Bech: 1955, 136.
[29]Herwig Mitteregger, *Herzlichen Glückwunsch*, CBS Schallplatten GmbH, Germany, 1982.
[30]Gärtner und Steinbach: 1997.

c. Mr. King fasste derweil schon eine Neuauflage dieser harmonischen WM-Nacht ins Auge: „Lasst es uns doch noch mal machen."[31]

Das folgende Beispiel von Lenerz (1993, 142), zeigt, daß eine solche Umstellung auch möglich ist, wenn beide Akkusative als nichtpronominale Nominalphrasen realisiert sind:

(70)   Wenn du das Buch eine Kundin lesen siehst, die dir verdächtig vorkommt ...

Es ist auch möglich, Dativobjekte links des AcI-Akkusativs anzuordnen:

(71)   Man ließ der Feuerwehr am nächsten Tag die Polizei helfen.[32]

Für Sätze wie (72) ist die Reihenfolge, in der der Dativ dem Akkusativ vorangeht, die bevorzugte, da es im Deutschen eine Tendenz gibt, NPen, die auf belebte Elemente referieren, NPen, die auf unbelebte Elemente referieren, voranzustellen (Hoberg: 1981, 46).

(72)   Karl sieht seinem Gläubiger einen Ziegel auf den Kopf fallen.

Sogar das Subjekt des Matrixverbs kann dem Akkusativ- oder Dativobjekt folgen, was auch oft bestritten wird (Grewendorf: 1987, 138, Grewendorf: 1988, 284; Wurmbrand: 1998, 207; Cook: 2001, 117, 306).

(73)   daß ihn (den Erfolg) uns niemand auskosten ließ[33]

M. Richter (2002, 249) behauptet, daß die Voranstellung vor das Subjekt des Matrixverbs nur möglich ist, wenn die beteiligten Elemente Pronomina sind:

(74)   a.   weil ihn niemand singen hörte

       b.   * weil den Mann der Chef singen hörte

Ich teile seine Beurteilung der Daten in (74) nicht. Bei entsprechender Intonation ist (74b) durchaus akzeptabel. Man kann die Intonation durch weiteres Material nahelegen:

(75)   weil diesen Mann der Chef höchstpersönlich singen hörte

Permutationen wie die in (68)–(75) sind nur dann möglich, wenn die Sätze verstehbar bleiben, d. h. wenn die Vertauschung der NPen sich für den Hörer rekonstruieren läßt (Müller: 1999a, 172).

16.1.6.3 Intraposition und Extraposition

Der vom AcI-Verb abhängige Infinitiv kann nicht intraponiert werden:

(76)   a.   daß ich den Jungen das Buch holen ließ / sah

       b.   * daß ich das Buch holen den Jungen ließ / sah

       c.   * daß den Jungen das Buch holen niemand ließ / sah

Extraposition des Infinitivs ist ebenfalls ausgeschlossen:

(77)   a.   * daß ich ließ / sah, den Jungen das Buch holen

       b.   * daß ich den Jungen ließ / sah, das Buch holen

---

[31] taz, 17.03.2003, S. 19.
[32] Bierwisch: 1963, 125.
[33] Haider (1991, 5) schreibt ein ähnliches Beispiel Tilman Höhle zu. Siehe auch Haider: 1990, 136.

16.1.6.4 Einbettung expletiver Prädikate und subjektloser Konstruktionen

Wie bereits im Abschnitt 16.1.3.2 gezeigt wurde, sind die Wahrnehmungsverben zu den Anhebungsverben zu zählen. Sie erlauben die Einbettung expletiver und subjektloser Prädikate (Reis: 1976a, 66; Höhle: 1978, 70).[34]

(78) a. Karl sah es regnen.

       b. ? Ich sah ihm schlecht werden.

Dasselbe gilt für *lassen*.

(79) Er läßt es regnen.

(79) hat die Lesart, wo er den Regen Regen sein läßt (permissiv), aber auch die Lesart, in der er das Regnen verursacht (kausativ).[35] In der Sowjetunion wurden zu jedem ersten Mai vor den Paraden die Wolken abgeregnet. Solche Techniken werden auch angewendet, um Hagelschäden zu verhindern. Sowohl das kausative als auch das permissive *lassen* läßt also die Einbettung expletiver Prädikate zu. (80) hat einen anderen Kontext, aber es gibt genauso zwei Lesarten:

(80) Er läßt es Konfetti regnen.

Manchmal wird behauptet, daß es sich beim *es* der Wetterverben nicht um expletive Elemente handelt (Paul: 1919, 35), aber die folgenden Beispiele lassen keinen Zweifel daran, daß expletive Prädikate unter *lassen* eingebettet werden können:

(81) a. Er läßt es sich gut gehen.

       b. Schließlich hätten es Kriminalpolizei, Staatsanwaltschaft und Gericht zu diesem Prozeß kommen lassen.[36]

Bei subjektlosen Konstruktionen ist die Sache weniger klar:

(82) a. ? Er ließ ihm schlecht werden und kümmerte sich nicht drum.

       b. ?? Der Versuchsleiter gab ihm die Probe und ließ ihm schlecht werden.

       c. ? Er ließ den Studenten vor der Prüfung grauen und kümmerte sich nicht drum.

       d. * Er gab den Studenten eine schwere Probeklausur und ließ ihnen vor der Prüfung grauen.

Die Einbettung subjektloser Prädikate unter das permissive *lassen* (82a,c) scheint besser zu sein als die Einbettung unter die kausative Version (82b,d).

Mit einem unbelebten Subjekt von *lassen* kann man auch Belege für das kausative *lassen* und Einbettung subjektloser Konstruktionen finden:

(83) a. allein der Gedanke daran was passieren würde, würde Reno hinter sein Geheimnis kommen, ließ ihm schlecht werden.[37]

---

[34]In (78b) liegt eine Konstruktion ohne Akkusativ vor. Man kann also hier eigentlich nicht von der AcI-Konstruktion sprechen.

[35]Gunkel (2003, 238) unterscheidet zwischen direktiver und faktitiver Lesart und setzt für die direktive Kausation eine Patient-Rolle an. Bei faktitiver Lesart gibt es dagegen keine Rolle. Einbettung von Witterungsverben behandelt er als faktitive Kausation.

[36]taz, 09.09.2005, S. 7.

[37]http://www.chibi-fich.de/Geschichten/o_foto07_09.htm. 09.07.2005.

b. und ein automatischer Blick nach unten ließ ihm schlecht werden.[38]

c. Allein der Geruch der Lebensmittel ließ ihr schlecht werden.[39]

AcI-Verben weisen dem Subjekt des eingebetteten Verbs keine thematische Rolle zu. In Fällen, wo das eingebettete Verb ein referentielles Subjekt hat, wird manchmal behauptet, daß das Matrixverb eine thematische Rolle zuweist. Eisenberg (1994, 387) z. B. behauptet, daß (84b) aus (84a) folgt.

(84)   a. Ich sehe Hans rauchen.

       b. Ich sehe Hans.

Das ist jedoch nicht notwendigerweise der Fall, wie (85) zeigt:

(85)   Ich sehe jemanden rauchen.

(85) kann in einer Situation geäußert werden, in der sich ein Rauchender hinter einer Abtrennwand befindet und man nur den Rauch der Zigarette sieht. Wie Kirsner und Thompson (1976) schlüssig darlegen, ist die Information, daß man, wenn man Hans rauchen sieht, gewöhnlich auch Hans sieht, nicht in der Bedeutung von *sehen* enthalten, sondern wird aus Weltwissen erschlossen. Auf Seite 209 führen sie Beispiele mit unterschiedlichen Wahrnehmungsverben an, die ich ins Deutsche übertragen habe:

(86)   a. Wir haben das unsichtbare Nervengas alle Schafe töten sehen, aber natürlich haben wir das unsichtbare Nervengas selbst nicht gesehen.

       b. Ich fühlte Georg sich auf das andere Ende des Wasserbetts setzen, aber natürlich habe ich ihn selbst nicht gefühlt.

       c. Ich roch Sylvia das Wohnzimmer aussprühen, aber ich konnte Sylvia selbst nicht riechen.

       d. Von meinem Beobachtungspunkt, der fünfzehn Kilometer weit entfernt war, sah ich sie die Brücke sprengen, aber es erübrigt sich zu sagen, daß ich die einzelnen Arbeiter aus der Entfernung nicht sehen konnte.

       e. Wir hörten den Bauer das Schwein schlachten.[40]

Die Beispiele zeigen, daß Situationen als Ganzes wahrgenommen werden können, ohne daß dabei der Referent des Subjekts des eingebetteten Verbs wahrgenommen wird.

16.1.7 Objektkontrollverben

Einige Autoren haben behauptet, daß kohärente Konstruktionen mit Objektkontrollverben nicht möglich sind (Sternefeld: 1985b, 276). Im folgenden werde ich zeigen, daß kohärente Konstruktionen sowohl mit Objektkontrollverben, die den Dativ regieren, als auch mit solchen, die ein Akkusativobjekt verlangen, möglich sind.

---

[38] http://www.foren.de/system/printview.php?threadid=215003. 09.07.2005.

[39] http://www.web-site-verlag.de/images/dds-tp.pdf. 09.07.2005.

[40] De Geest (1970, 45) gibt ein analoges niederländisches Beispiel. Was man wahrscheinlich hört, ist nicht der Bauer, sondern das Schwein.

16.1.7.1 Skopus von Adjunkten

Jacobs (1991, 20) diskutiert die folgenden Sätze:

(87) a. weil er dem Mann den Kindern sicher zu helfen verbietet

　　　b. weil er das Buch den Kindern sicher zu lesen verbietet

Beide Sätze haben die Lesart mit weitem Skopus. Die Lesart mit weitem Skopus wäre in (87a) nicht möglich, wenn *den Kindern sicher zu helfen* ein separates Kohärenzfeld wäre. Jacobs versieht das Beispiel mit den beiden Dativen mit einem Fragezeichen, (87b) ordnet er als völlig akzeptabel ein. Er nimmt an, daß eine Valenzliste, die aus dem Transfer von Argumenten vom eingebetteten Verb zum Matrixverb entsteht, eine Form haben muß, die es auch bei einfachen Lexikoneinträgen gibt.[41,42] Wie er selbst feststellt, sollten Beispiele wie (87a) nicht möglich sein, da das Deutsche keine einfachen Köpfe hat, die zwei Dative regieren.

---

[41] Diese Annahme ist wohl von Bakers *Case Frame Preservation Principle* inspiriert.

A complex X^0 of category A in a given language can have at most the maximal Case assigning properties allowed to a morphologically simple item of category A in that language. (Baker: 1988, 122).

Baker bezieht sich auf Grimshaw und Mester: 1985. Grimshaw und Mester (1985, 15) merken aber an, daß es in Inuit Eskimo, der von ihnen untersuchten Sprache, schon Ausnahmen zu einer solchen Beschränkung gibt.

[42] Haider (1986b, 94; 1990, 131), Kiss (1995a, 215) und Kathol (2000, 32) machen dieselbe Annahme. Kiss räumt ein, daß diese Annahme mit einem Argumentanziehungsansatz für AcI-Konstruktionen inkompatibel ist.

Auch bei kohärenten Konstruktionen mit Subjektanhebungsverben gibt es Beispiele für Valenzrahmen, die bei Simplexverben (d. h. bei einfachen Verben im Gegensatz zu komplexen Verben bzw. Verbalkomplexen) nicht belegt sind:

(i)　a. daß der Helden mir niemand zu gedenken schien

　　　b. weil sie mir dem Hans untreu zu werden scheint

　　　c. weil mir dem Hans die Sache über den Kopf zu wachsen scheint

Grewendorf (1994, 34) diskutiert diese Beispiele von Olsen (1981, 136) und Fanselow (1989) und verwirft aber nicht das *Case Frame Preservation Principle*, sondern benutzt die Beispiele – wie auch Fanselow selbst – als Argument gegen eine monosentiale Struktur deutscher Anhebungsinfinitive. Fanselow (1989, 7) zeigt, daß das *Case Frame Preservation Principle* in bezug auf die Verteilung von Kasus bei Verben wie *anheften* eine Rolle spielt: Der Kasus des durch *an* lizenzierten Elements ist nicht Akkusativ, wie man es aufgrund der Kasusvergabe der Präposition *an* erwarten könnte, sondern Dativ.

(ii)　a. daß ich an das Buch einen Zettel hefte

　　　b. daß ich dem Buch einen Zettel anhefte

Dies ist erklärt, wenn man sagt, daß das *Case Frame Preservation Principle* den Akkusativ an dieser Stelle ausschließt und das Argument deshalb als Dativ realisiert werden muß. Gegen dieses Argument läßt sich vorbringen, daß die Verbalkomplexe sich klar von den Präposition-Verb-Komplexen unterscheiden und daß man – so wie das ja auch die Autoren tun, die eine bisentiale Struktur, d. h. eine Struktur, in der zwei vollständige Teilsätze miteinander kombiniert werden, annehmen – diese Komplexe anders behandeln muß. Es stellt sich nun die Frage, ob die Andersartigkeit der Behandlung sich in einer anderen syntaktischen Grundstruktur oder in anderen Beschränkungen, die auf Grundstrukturen operieren, äußern sollte. Ich plädiere hier für den zweiten Weg, nämlich dafür anzunehmen, daß das *Case Frame Preservation Principle* für Verbalkomplexe im Deutschen nicht gilt.

Die Bindungsdaten, die Fanselow gegen eine monosentiale Struktur anführt, sind für valenz- bzw. argumentstrukturbezogene Bindungstheorien wie die von Pollard und Sag: 1994 kein Problem.

Den Satz (88a) gibt Jacobs ohne Fragezeichen.[43]

(88) a. weil er es sie tatsächlich zu reparieren bat[44]

b. weil der Fritz es ihn nicht zu lesen bat[45]

In diesen Sätzen sind beide Skopen möglich, da beide Prädikate mit dem Adverb kompatibel sind. Wenn man einen Argumentkompositionsansatz annimmt, enthält die Argumentstruktur, die man bei einer Kombination der Argumente des eingebetteten Verbs mit den Argumenten des Matrixverbs bekommt, zwei Akkusative, was es im Deutschen bei einfachen Verben nicht gibt.[46]

Bayer und Kornfilt (1989, 37), Haider (1990, 136), Vogel und Steinbach (1998, 79) und Abraham (2005, 503) behaupten explizit, daß kohärente Konstruktionen mit Kontrollverben, die ein Akkusativobjekt verlangen, nicht möglich sind. Wie Jacobs nimmt auch Haider (1986b, 94; 1990, 131) an, daß Verbalkomplexe in kohärenten Konstruktionen eine Argumentstruktur haben, die auch bei einfachen Verben gefunden werden kann. Da es im Deutschen aber keine einfachen Verben gibt, die eine Argumentstruktur der Art haben, wie man sie für (88) braucht, ist Haiders Annahme widerlegt.

Wie Askedal (1988, 13) festgestellt hat, muß es sich bei (89) auch um eine kohärente Konstruktion handeln:

(89) Keine Zeitung wird ihr zu lesen erlaubt.[47]

Die Negation in *keine* kann Skopus über *erlauben* haben, was für ein Argument von *lesen* in einer inkohärenten Konstruktion nicht möglich wäre. Siehe Bech: 1955, § 80 und S. 264 des vorliegenden Buches zu Beispielen mit sogenannter Kohäsion. *erlauben* ist wie *verbieten* ein Objektkontrollverb, das ein Dativobjekt regiert. Es wurde also gezeigt, daß es sowohl Objektkontrollverben mit Dativobjekt als auch Objektkontrollverben mit Akkusativobjekt gibt, die kohärent konstruieren können.

16.1.7.2 Permutation im Mittelfeld

Die Beispiele in (90) zeigen, daß die Permutation der Elemente im Mittelfeld möglich ist.

(90) a. weil dieses Machwerk kein Vater seinen Kindern zu lesen erlauben würde[48]

b. daß ihn (den Erfolg) uns niemand auszukosten erlaubte[49]

---

[43]Man beachte, daß beide Sätze in (88) mehrdeutig sind. Das Pronomen *es* kann sich z. B. auf ein Buch, ein Kind oder ein Mädchen beziehen. Genauso kann *sie* sich auf eine Zeitung und *ihn* sich auf einen Aufsatz beziehen. Je nach Referenz der Pronomina haben die Sätze in (88) umgestellte oder nicht-umgestellte Elemente im Mittelfeld.

[44]Jacobs: 1991, 20.

[45]Reape: 1994, 174.

[46]Es gibt natürlich Verben wie *lehren*, aber bei *lehren* ist ein Akkusativ strukturell und einer lexikalisch. In den Komplexen, die man für (88) annehmen muß, gibt es zwei strukturelle Akkusative, und so etwas kommt im Deutschen bei einfachen Verben nicht vor. Zur Unterscheidung zwischen lexikalischem und strukturellem Kasus siehe Kapitel 14.1.1.
In der kohärenten Konstruktion in (59) auf Seite 264 liegen ebenfalls zwei Akkusative vor. Da es sich bei *trauen* aber um ein inhärent reflexives Verb handelt, könnte man behaupten, daß der Kasus des Reflexivums lexikalisch ist.

[47]Stefan Zweig. *Marie Antoinette*. Leipzig: Insel-Verlag. 1932, S. 515, zitiert nach Bech: 1955, 309.

[48]Reape: 1994, 174.

[49]Haider (1991, 5) schreibt das Beispiel Tilman Höhle zu.

Die Beispiele in (88) sind ebenfalls Beispiele für Permutationen, wenn das *es* sich auf einen unbelebten Diskursreferenten bezieht. Siehe auch Fußnote 43.

16.1.7.3 Intraposition und Extraposition

Sowohl Intraposition (91a) als auch Extraposition (91b) ist möglich.

(91) a. daß Karl [den Aufsatz zu lesen] niemandem versprochen hat

  b. daß Karl niemandem versprochen hat, [den Aufsatz zu lesen]

Zusammenfassend kann man festhalten, daß Kontrollverben sowohl kohärent als auch inkohärent konstruieren können. Bei Subjektanhebungsverben erlauben nur die Phasenverben die inkohärente Konstruktion. Alle anderen Subjektanhebungsverben und die Objektanhebungsverben konstruieren obligatorisch kohärent.

16.2 Die Analyse

Im Abschnitt 16.2.1 führe ich kurz das SUBJ-Merkmal ein. Danach werden die Lexikoneinträge für Subjektanhebungsverben, Subjektkontrollverben, Objektanhebungsverben und Objektkontrollverben vorgestellt.

16.2.1 Das SUBJ-Merkmal

Bisher wurden alle Argumente eines Verbs in der SUBCAT-Liste repräsentiert. In Grammatiken für das Englische wird zwischen Subjekten und anderen Argumenten unterschieden, da das Subjekt eines Verbs sich unter anderem durch sein Stellungsverhalten von den anderen Argumenten unterscheidet. Im Englischen muß das Subjekt immer links vom Verb stehen, die anderen Argumente stehen jedoch rechts. Im Deutschen steht das Verb (bzw. die Verbspur) rechts von seinen Argumenten. In bezug auf die Stellung des Kopfes relativ zu seinen Argumenten gibt es keinen Unterschied zwischen Subjekten und anderen Argumenten.

(92) He gives the man a   book.

  er gibt dem Mann ein Buch

Für das Englische wird ein Dominanzschema für eine VP-Projektion angenommen, die das Verb mit allen vom Subjekt verschiedenen Argumenten enthält. Ein weiteres Dominanzschema kombiniert dann die VP mit dem Subjekt. Für das Deutsche ist eine solche Sonderbehandlung nicht angebracht, da sich das Subjekt finiter Verben genauso wie die restlichen Argumente verhält. Allerdings ist es so, daß das Subjekt in Kontrollkonstruktionen nie sichtbar realisiert wird.

(93) a. Er hat versucht, ein Buch zu schreiben.

  b. Er hat ihn gezwungen, das Buch zu lesen.

Auch bei adjektivischen Verwendungen kommt das Subjekt nicht sichtbar vor, sondern ist nur mit dem modifizierten Nomen koindiziert. Siehe Seite 223.

(94) der das Buch lesende Junge

Kiss (1992, 1995a) hat deshalb vorgeschlagen, das Subjekt infiniter Verben als Element einer SUBJ-Liste zu repräsentieren, wohingegen das Subjekt finiter Verben weiterhin als Element der SUBCAT-Liste repräsentiert wird. Da dann bei einer infiniten Form eines Verbs wie *lesen* nur das Objekt Element der SUBCAT-Liste ist, bildet *das Buch zu lesen* eine vollständige Projektion. Genauso ist *das Buch lesende* gesättigt. Man kann somit die Generalisierung aufrecht erhalten, daß in Adjunktionspositionen und im Nachfeld nur Maximalprojektionen stehen können.

In Kontrollkonstruktionen wie in (93) ist das Subjekt des eingebetteten Infinitivs mit einem Argument des Matrixverbs koindiziert. In Anhebungskonstruktionen wird das Subjekt des eingebetteten Verbs als Argument des Matrixverbs realisiert. Das Subjekt des eingebetteten Verbs muß also verfügbar sein, wenn die Kombination (der Projektion) des eingebetteten Verbs mit dem Matrixverb stattfindet. Kiss hat deshalb vorgeschlagen, das SUBJ-Merkmal zum Kopfmerkmal zu machen. Es wird dadurch automatisch durch das Kopfmerkmalsprinzip entlang des Kopfpfades einer Projektion nach oben gereicht und ist auch innerhalb der Maximalprojektion zugänglich.

Bevor ich mich der Analyse der Anhebungsverben zuwende, möchte ich noch beispielhaft die Einträge für den Verbstamm (95), die finite (96) und die infinite Form (97) des Verbs *helfen* zeigen:

(95)   Verbstamm *help-*:
$$\begin{bmatrix} \text{HEAD} & [verb] \\ \text{SUBCAT} & \langle \text{NP}[str], \text{NP}[ldat] \rangle \end{bmatrix}$$

(96)   finite Form *hilft*:
$$\begin{bmatrix} \text{HEAD} & \begin{bmatrix} \text{SUBJ} & \langle\rangle \\ \text{VFORM} & \textit{fin} \\ verb \end{bmatrix} \\ \text{SUBCAT} & \langle \text{NP}[str], \text{NP}[ldat] \rangle \end{bmatrix}$$

(97)   infinite Form *helfen*:
$$\begin{bmatrix} \text{HEAD} & \begin{bmatrix} \text{SUBJ} & \langle \text{NP}[str] \rangle \\ \text{VFORM} & \textit{bse} \\ verb \end{bmatrix} \\ \text{SUBCAT} & \langle \text{NP}[ldat] \rangle \end{bmatrix}$$

Sowohl die finite als auch die infinite Form sind mittels Lexikonregeln vom Verbstamm abgeleitet (zu Lexikonregeln siehe Kapitel 7.2). Die SUBCAT-Liste des finiten Verbs in (96) entspricht der SUBCAT-Liste des Verbstamms, beim infiniten Verb ist das Subjekt nicht in der SUBCAT-Liste enthalten, sondern in der SUBJ-Liste (zu den Details siehe Kapitel 17.2.3).

16.2.2 Subjektanhebung

Im Abschnitt 16.1.3.2 wurde gezeigt, daß Anhebungskonstruktionen als Identität sowohl der syntaktischen als auch der semantischen Information des Subjekts bzw. Objekts analysiert werden sollten, wohingegen bei Kontrollkonstruktionen nur eine Koindizierung zwischen kontrollierendem und kontrolliertem Element hergestellt werden sollte. Diese Analyse wird auch in der LFG (Andrews: 1982; Neidle: 1982; Bresnan: 1982a, 396) und in den Arbeiten von Pollard und Sag (1994, Kapitel 7), Kiss (1995a) und anderen Autoren im Paradigma der HPSG vertreten.

Die Analyse von kohärenten und inkohärenten Konstruktionen und Anhebungs- und Kontrollverben, die in den nächsten Abschnitten präsentiert wird, geht auf Kiss (1995a) zurück.

(98) zeigt den LOC-Wert von *scheinen*:

(98) *schein-* (Subjektanhebungsverb, obligatorisch kohärent):

$$
\begin{bmatrix}
\text{CAT} & \begin{bmatrix} \text{SUBCAT} & \boxed{1} \oplus \boxed{2} \oplus \langle \text{V}[\mathit{inf}, \text{LEX+}, \text{SUBJ } \boxed{1}, \text{SUBCAT } \boxed{2}]{:}\boxed{3}\rangle \end{bmatrix} \\
\text{CONT} & \begin{bmatrix} \text{SOA} & \boxed{3} \\ \mathit{scheinen} & \end{bmatrix}
\end{bmatrix}
$$

Der SUBJ-Wert des eingebetteten Verbs ($\boxed{1}$) wird mit dem SUBCAT-Wert des eingebetteten Verbs ($\boxed{2}$) verknüpft und zum SUBCAT-Wert des Verbs *scheinen* angehoben. Der Lexikoneintrag in (98) ist parallel zu dem für das Futur-Hilfsverb in (7) auf Seite 239. Er unterscheidet sich in der VFORM des selegierten Verbs und in der Erwähnung des SUBJ-Merkmals. Wie bei der Kombination von *werden* mit einem Verb werden auch bei der Kombination eines Verbs mit *scheinen* alle Argumente des eingebetteten Verbs angezogen. Für die angezogenen Argumente ($\boxed{1} \oplus \boxed{2}$ in (98)) muß wie bei *werden* die Beschränkung (13) auf Seite 240 gelten, die sicherstellt, daß keine lexikalischen Verben angezogen werden. Der semantische Beitrag des eingebetteten Verbs wird unter die *scheinen*'-Relation eingebettet und als Wert des SOA-Merkmals repräsentiert. SOA steht dabei wieder für *State of Affairs*.

Wird ein subjektloses Verb wie *grauen* unter *scheinen* eingebettet, so ist $\boxed{1}$ die leere Liste, und der Komplex *zu grauen scheint* ist ebenfalls subjektlos. Nur die Formen der dritten Person Singular von *scheinen* sind mit Prädikaten bzw. Prädikatskomplexen kompatibel, die keine Nominalphrase mit strukturellem Kasus verlangen. Siehe auch Seite 209.

Wird ein Verb wie *schlafen* unter *scheinen* eingebettet, so ist $\boxed{1}$ eine Liste, die eine NP mit strukturellem Kasus enthält. Diese wird zum ersten Element der SUBCAT-Liste des Komplexes *zu schlafen scheint* und bekommt deshalb Nominativ und muß auch mit *scheinen* kongruieren, wenn *scheinen* finit ist.

Wird das intransitive Verb *schlafen* unter *scheinen* eingebettet, ist $\boxed{2}$ die leere Liste, und der Komplex aus eingebettetem Verb und *scheinen* verlangt außer dem Subjekt kein weiteres Argument. Hat das eingebettete Verb außer dem Subjekt noch weitere Argumente, wie z. B. bei transitiven Verben wie *kennen*, so werden diese entsprechend angehoben. Der Komplex *zu kennen scheint* verlangt demzufolge zwei Nominalphrasen mit strukturellem Kasus, von denen die erste Nominativ und die zweite Akkusativ erhält. Die erste muß wieder mit dem Verb kongruieren.

Daß die beiden Argumente umgestellt werden können, wird von der bisher entwickelten Analyse vorausgesagt, denn *zu kennen scheint* verhält sich als komplexer Kopf genauso wie der einfache Kopf *kennen*. Die Argumentanordnungen können genauso analysiert werden wie die Umordnung der Argumente von *kennen*. Siehe dazu Kapitel 9.1.

Die Spezifikation des LEX-Wertes des eingebetteten Verbs schließt die Kombination mit Verbprojektionen aus. Somit ist erklärt, warum Sätze wie (50b,c) – hier als (99) wiederholt – ausgeschlossen sind.

(99)   a. * daß Karl Maria zu lieben zumindest scheint

        b. * daß Karl scheint, Maria zu lieben

Diese Analyse obligatorisch kohärent konstruierender Verben ist eigentlich völlig parallel zur Analyse der Hilfsverben, die im Kapitel 15 vorgestellt wurde. Die Komplexität ist leicht höher, da inzwischen noch das SUBJ-Merkmal eingeführt wurde. Zum besseren Verständnis wird in Abbildung 16.1 die zu Abbildung 15.1 auf Seite 239 parallele Analyse von *zu helfen scheint* wiedergegeben.

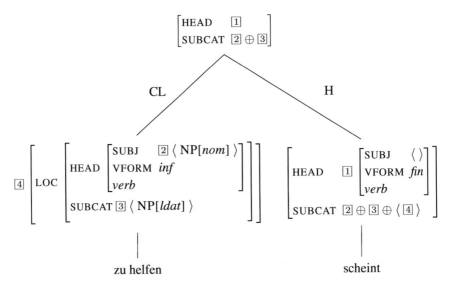

Abbildung 16.1: Analyse von *zu helfen scheint*

Da *zu helfen* eine infinite Form ist, ist das Subjekt als Wert von SUBJ repräsentiert ([2]). Der SUBJ-Wert wird von *scheint* angehoben, genauso wie die Elemente der SUBCAT-Liste ([3]). Da *scheint* finit ist, ist das Subjekt des Verbs in der SUBCAT-Liste von *scheint* repräsentiert und demzufolge auch ein Element der SUBCAT-Liste des gesamten Komplexes.

Den Fall mit infinitem *scheinen* zeigt Abbildung 16.2 auf der gegenüberliegenden Seite. Diese Analyse gleicht der von *zu helfen scheint*, nur daß das Subjekt von *scheinen* als Kopfmerkmal repräsentiert ist.

Für Phasenverben gibt es den Eintrag in (100), der dem Eintrag für *schein-* in vielen Punkten gleicht.[50]

---

[50]Für Phasenverben benötigt man immer zwei Lexikoneinträge, da Phasenverben mit agentivem Subjekt sich wie Kontrollverben verhalten. Siehe auch Perlmutter: 1970.

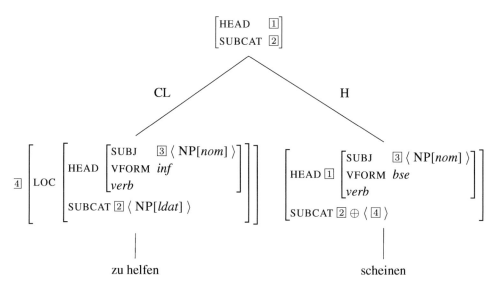

Abbildung 16.2: Analyse von *zu helfen scheinen*

(100) *beginn-* (Phasenverb, optional kohärent):

$$
\begin{bmatrix}
\text{CAT} & \begin{bmatrix} \text{SUBCAT } \boxed{1} \oplus \boxed{2} \oplus \langle\, \text{V}[\textit{inf}, \text{SUBJ } \boxed{1}, \text{SUBCAT } \boxed{2}\,]{:}\boxed{3}\,\rangle \end{bmatrix} \\[2ex]
\text{CONT} & \begin{bmatrix} \text{SOA } \boxed{3} \\ \textit{beginnen} \end{bmatrix}
\end{bmatrix}
$$

Der Eintrag unterscheidet sich von dem für *schein-* – abgesehen vom Bedeutungsbeitrag – in einem Punkt: Der LEX-Wert des eingebetteten Verbs ist nicht spezifiziert. Deshalb kann sowohl eine VP als auch ein einzelnes Verb bzw. ein Verbalkomplex unter *beginnen* eingebettet werden. Man kann mit diesem Eintrag also auch Sätze wie die in (101) analysieren:

(101)   a. daß [den Aufsatz zu lesen] der Mann beginnt

   b. daß der Mann [den Aufsatz zu lesen] morgen beginnt

Bei der Kombination von *der Mann beginnt* mit *den Aufsatz zu lesen* mittels Kopf-Argument-Schema muß das Argument eine Phrase sein, was im Fall von *den Aufsatz zu lesen* gegeben ist. Obligatorische Kohärenz, wie sie bei Verben wie *scheinen* vorkommt, ist also ein Unterfall der optionalen Kohärenz, da bei der obligatorischen Kohärenz der LEX-Wert des eingebetteten Verbs spezifiziert ist, bei der optionalen Kohärenz dagegen nicht.

16.2.3 Subjektkontrollverben

(102) zeigt den Lexikoneintrag für das optional kohärent konstruierende Subjektkontrollverb *versuchen*.

(102) *versuch-* (Kontrollverb, optional kohärent):

$$
\begin{bmatrix}
\text{CAT}|\text{SUBCAT} \left\langle \text{NP}[str]_{\boxed{1}} \right\rangle \oplus \boxed{2} \oplus \left\langle \begin{array}{l} \text{V}[inf,\ \text{SUBJ} \left\langle \text{NP}[str]_{\boxed{1}} \right\rangle, \\ \quad \text{SUBCAT}\ \boxed{2}\ ]{:}\boxed{3} \end{array} \right\rangle \\[3ex]
\text{CONT} \begin{bmatrix} \text{AGENS} & \boxed{1} \\ \text{SOA} & \boxed{3} \\ versuchen \end{bmatrix}
\end{bmatrix}
$$

Im Gegensatz zu den bisher diskutierten Anhebungsverben ist das Subjekt des eingebetteten Verbs nicht mit dem Subjekt des Matrixverbs identisch. Wie gezeigt wurde, können das kontrollierende Element und das kontrollierte Subjekt verschiedene Kasuswerte haben, ja sie können sich sogar in der Wortart unterscheiden (siehe Abschnitt 16.1.3.2). Selbst für Subjektkontrollverben, bei denen der Kasusunterschied zwischen kontrolliertem Subjekt und kontrollierendem Subjekt nicht ohne weiteres sichtbar gemacht werden kann, da es sich ja bei beiden Nominalphrasen um Subjekte handelt, die normalerweise im Nominativ stehen, kann man sich Beispiele ausdenken, die zeigen, daß die jeweiligen Kasuswerte unabhängig voneinander sein müssen. So zeigt (103) einen Satz, in dem das Kontrollverb unter ein AcI-Verb eingebettet wurde und in dem somit das Subjekt des Kontrollverbs Akkusativ bekommt.

(103) Er ließ den Jungen und den Mann versuchen, einer nach dem anderen über den Zaun zu klettern.

Das Subjekt des eingebetteten Verbs muß aber im Nominativ stehen, wie die Kongruenz mit dem Adverbial zeigt. Eine Adjunktphrase im Akkusativ wäre ungrammatisch. Da die Kasuswerte der beiden Subjekte unabhängig voneinander sind und nur der semantische Index identifiziert ist, erfaßt die Analyse Sätze wie (103) korrekt.

Die Bezugnahme auf das kontrollierte Subjekt schließt die Einbettung unpersönlicher Konstruktionen aus. Die Abkürzung $\text{NP}_{\boxed{1}}$ steht für eine referentielle Nominalphrase, weshalb auch die Einbettung expletiver Prädikate ausgeschlossen ist.

16.2.4 Objektanhebungsverben: AcI-Verben

Der Lexikoneintrag in (104) zeigt den LOCAL-Wert für das AcI-Verb *sehen*:[51]

(104) *seh-* (AcI-Verb, obligatorisch kohärent):

$$
\begin{bmatrix}
\text{CAT}|\text{SUBCAT} \left\langle \text{NP}[str]_{\boxed{1}} \right\rangle \oplus \boxed{2} \oplus \boxed{3} \oplus \left\langle \begin{array}{l} \text{V}[bse,\ \text{LEX}+,\ \text{SUBJ}\ \boxed{2}, \\ \quad \text{SUBCAT}\ \boxed{3}]{:}\boxed{4} \end{array} \right\rangle \\[3ex]
\text{CONT} \begin{bmatrix} \text{EXPERIENCER} & \boxed{1} \\ \text{SOA} & \boxed{4} \\ sehen \end{bmatrix}
\end{bmatrix}
$$

---

[51] Heinz und Matiasek (1994, 231) und Suchsland (1997, 164) nehmen an, daß *sehen* eine VP einbettet. Mit einer solchen Analyse wird es schwierig zu erklären, warum das Subjekt von *sehen* zwischen Argumenten des eingebetteten Verbs stehen kann. Man braucht dazu eine andere Analyse für lokale Umstellungen oder muß wie Reape (1994) diskontinuierliche Konstituenten annehmen. Zu Reapes Ansatz siehe auch Kapitel 9.5.1.2.

Das Subjekt des eingebetteten Verbs wird angehoben (②), wenn es eins gibt. Genauso werden die anderen Argumente des eingebetteten Verbs (③) angehoben. Verlangt das eingebettete Verb ein Subjekt, so steht dieses an zweiter Stelle in der SUBCAT-Liste von *sehen* und bekommt deshalb in Aktivsätzen Akkusativ und in Passivsätzen – in denen das erste Argument von *sehen* unterdrückt wird – Nominativ (vergleiche das Kasusprinzip auf S. 224). Regiert das eingebettete Verb wie in (105) noch weitere Nominalphrasen mit strukturellem Kasus, bekommen diese ebenfalls Akkusativ.

(105)   Er sieht ihn den Aufsatz lesen.

Alle angehobenen Argumente und das Argument, das *sehen* selbst mitbringt, können in Bezug zueinander umgestellt werden. Wie in Abschnitt 16.1.6.2 diskutiert, unterliegen solche Umstellungen von Argumenten eines Verbalkomplexes bestimmten Performanzfaktoren, so daß die Umstellungen nicht im gleichen Maße wie bei einfachen Verben möglich sind. Diese Performanzfaktoren müssen aber in unserer Grammatik nicht modelliert werden.

Wie das Subjektanhebungsverb *scheinen* konstruieren AcI-Verben obligatorisch kohärent. Dies wird durch die Spezifikation des LEX-Wertes des eingebetteten Verbs sichergestellt.

Der semantische Beitrag des eingebetteten Verbs (④) ist mit der SOA-Rolle von *sehen* verbunden und das Subjekt von *sehen* mit der EXPERIENCER-Rolle (①). Das angehobene Subjekt des eingebetteten Verbs – so es denn eins gibt – füllt keine Argumentrolle von *sehen*. Das wurde auf Seite 268 motiviert.

16.2.5 Objektkontrollverben

(106) zeigt den LOCAL-Wert des Lexikoneintrags des Objektkontrollverbs *erlauben*:

(106)   *erlaub-* (Objektkontrollverb, optional kohärent):

$$
\begin{bmatrix}
\text{CAT} & \begin{bmatrix} \text{SUBCAT} & \left\langle \begin{array}{l} \text{NP}[str]_{①}, \text{NP}[ldat]_{②} \rangle \oplus ③ \oplus \\ \text{V}[inf, \text{SUBJ} \langle \text{NP}[str]_{②} \rangle, \text{SUBCAT} ③]{:}④ \rangle \end{array} \right. \end{bmatrix} \\
\text{CONT} & \begin{bmatrix} \text{AGENS} & ① \\ \text{EXPERIENCER} & ② \\ \text{SOA} & ④ \\ erlauben \end{bmatrix}
\end{bmatrix}
$$

Das Dativobjekt ist das kontrollierende Element und wie beim Eintrag des Subjektkontrollverbs mit dem kontrollierten Subjekt koindiziert. Die Koindizierung des Subjekts des eingebetteten Verbs mit einer referentiellen Nominalphrase schließt sowohl die Einbettung expletiver Prädikate als auch die Einbettung subjektloser Konstruktionen aus.

Wird dieser Lexikoneintrag mit finiter Form von *erlauben* in der kohärenten Konstruktion genutzt, so sind die Komplemente des eingebetteten Verbs auch Argumente des gesamten Verbalkomplexes, und es ist erklärt, warum Argumente des Matrixverbs und Argumente des eingebetteten Verbs relativ zueinander umgeordnet werden können.

Bettet *erlauben* ein Verb ein, das ein Objekt mit strukturellem Kasus regiert, so steht dieses in der kohärenten Konstruktion an der dritten Stelle in der SUBCAT-Liste eines finiten Verbalkomplexes. Das Kasusprinzip weist dem ersten Element in der SUBCAT-Liste, das strukturellen Kasus hat (dem Subjekt von *erlauben*), Nominativ zu. Das angehobene Objekt des eingebetteten Verbs mit strukturellem Kasus erhält dagegen Akkusativ. Das Dativobjekt von *erlauben* steht an zweiter Stelle der SUBCAT-Liste, hat aber lexikalischen Kasus und wird deshalb bei der Kasuszuweisung ignoriert. In Passivsätzen wird das Subjekt von *erlauben* unterdrückt. Bei Verbalkomplexbildung und Einbettung eines transitiven Verbs ergibt sich für den Komplex die SUBCAT-Liste in (107):

(107)   SUBCAT $\langle$ NP[*ldat*], NP[*str*] $\rangle$

Das erste Element mit strukturellem Kasus in dieser Liste ist das Objekt des eingebetteten Verbs. Das Kasusprinzip weist diesem Element Nominativ zu. Haiders Satz in (108), der bereits auf Seite 231 diskutiert wurde, wird also von der hier vorgeschlagenen Analyse korrekt erfaßt.

(108)   Der Erfolg wurde uns nicht auszukosten erlaubt.[52]

Zu den Details der Passivanalyse siehe Kapitel 17.2.4.

16.3 Alternativen

Reape (1994) arbeitet in einer HPSG-Variante, die diskontinuierliche Konstituenten zuläßt (siehe auch Kapitel 9.5.1.2). Er schlägt vor, kohärente Konstruktionen als Satzvereinigung (*Clause Union*) zu analysieren. Für (62) – hier als (109) wiederholt – nimmt er an, daß *es zu lesen* eine Phrase ist, die unter *ihm versprochen* eingebettet ist, und die so entstandene Phrase ist unter *jemand hat* eingebettet.

(109)   weil es ihm jemand zu lesen versprochen hat[53]

Die Phrase *es zu lesen* ist eine diskontinuierliche Maximalprojektion, d. h. bei der Analyse von (109) befindet sich zwischen *es* und *zu lesen* ein Zwischenraum. Die Bestandteile der Phrase *es zu lesen* werden einzeln zu den Bestandteilen der einbettenden Phrasen hinzugefügt. Projektionen verfügen über eine Liste mit Elementen, aus denen sie bestehen (die DOM-Liste, siehe Kapitel 9.5.1.2). Die Elemente in solchen Listen können frei angeordnet werden, vorausgesetzt, es werden keine Linearisierungsbeschränkungen verletzt. Da sich *es*, *ihm* und *jemand* nach der Einsetzung von *es* und *ihm* in die übergeordneten Listen innerhalb derselben Liste befinden, können diese Elemente in jeder Reihenfolge angeordnet werden. Das wurde im vorangegangenen Abschnitt durch Argumentanziehung und freie Abbindung der Argumente im Kopf-Argument-Schema erreicht.

Für Anhebungsverben wie *scheinen* nimmt Reape an, daß das Anhebungsverb einen nicht-finiten Satz einbettet, der auch das Subjekt enthält. Für (109) wäre *der Fritz die Maria zu lieben* also ein Satz, der unter *scheint* eingebettet ist.

(110)   weil der Fritz die Maria zu lieben scheint

---

[52]Haider: 1986b, 110.
[53]Haider, 1986b, 110; 1990, 128.

Das Problem ist nun, daß die Nominativ-NP in (110) mit *scheint* kongruiert, was man noch besser sieht, wenn man eine Plural-NP einsetzt:

(111)   weil die Männer die Maria zu lieben scheinen

Diese Tatsache kann man in Reapes Ansatz nicht erklären, es sei denn man würde annehmen, daß das infinite Verb *zu lieben* Kongruenzmerkmale hat, die mit dem Subjekt von *zu lieben* und außerdem noch mit denen von *scheint* übereinstimmen müssen (Kathol: 1998, Abschnitt 5.1; Müller: 1999a, Kapitel 21.1). Da es bei der infiniten Verbform keinen morphologischen Reflex der Kongruenzmerkmale gibt, wäre eine solche Lösung ad hoc. Die in diesem Buch vorgestellte Analyse, in der ein eventuell vorhandenes Subjekt des eingebetteten Verbs zum Subjekt des Matrixverbs *scheinen* wird und dann mit diesem kongruieren kann, wenn das Matrixverb finit ist, ist also vorzuziehen.

Außer den Kongruenzdaten stellt auch das sogenannte Fernpassiv, das im Kapitel 17.1.4 diskutiert wird, ein Problem für Reapes Analyse dar (Kathol: 1998, Abschnitt 5.2): In Sätzen wie (112) wird ein Objekt eines eingebetteten Infinitivs zum Subjekt.

(112)   weil der Wagen oft zu reparieren versucht wurde

Das läßt sich mit Theorien, die Argumentanziehung für die Analyse des Verbalkomplexes verwenden, leicht erklären: Das Objekt von *zu reparieren* ist bei Verbalkomplexbildung gleichzeitig auch ein Objekt von *zu reparieren versuchen*. Da die Argumentanziehung bereits im Lexikoneintrag des Verbs *versuchen* angelegt ist, kann das Objekt bei Passivierung auch zum Subjekt werden. Geht man dagegen davon aus, daß *versuchen* eine Infinitiv-VP einbettet, ist *Wagen* kein Argument von *versuchen*. Eine solche Theorie sagt fälschlicherweise voraus, daß nur das unpersönliche Passiv in (113) möglich ist:

(113)   weil oft den Wagen zu reparieren versucht wurde

Die im vorigen Abschnitt vorgestellte Theorie kann dagegen sowohl das unpersönliche Passiv in (113) als auch das Fernpassiv in (112) erklären: In (112) konstruiert *versuchen* kohärent und in (113) inkohärent. Der Kasus des Objekts von *reparieren* ergibt sich ganz normal aus der Interaktion zwischen Passivanalyse und Zuweisung von strukturellem Kasus. Zu den Details siehe Kapitel 17.2.4.

Kontrollfragen

1. Wodurch unterscheiden sich Anhebungsverben von Kontrollverben?

2. Wodurch unterscheiden sich kohärente von inkohärenten Konstruktionen?

Übungsaufgaben

1. Handelt es sich bei folgenden Verben um Kontroll- oder um Anhebungsverben?

   (114)   a. scheinen

            b. anfangen

            c. versprechen

    d. drohen

    e. verbinden

    f. zwingen

    g. hören

Stützen Sie Ihre Aussagen auf Belege aus der Zeitung oder aus dem World Wide Web.

2. Schreiben Sie einen Lexikoneintrag für das Verb *scheinen*, wie es in (115) vorkommt:

    (115) a. Mir scheint es zu regnen.

           b. Das Problem scheint mir nicht lösbar zu sein.

3. Laden Sie die zu diesem Kapitel gehörende Grammatik von der Grammix-CD (siehe Übung 3 auf Seite 61). Im Fenster, in dem die Grammatik geladen wird, erscheint zum Schluß eine Liste von Beispielen. Geben Sie diese Beispiele nach dem Prompt ein und wiederholen Sie die in diesem Kapitel besprochenen Aspekte.

Literaturhinweise

Das Standardwerk zu Infinitivkonstruktionen im Deutschen stellt die Arbeit von Gunnar Bech aus den Jahren 1955 und 1957 dar, die 1983 bei Niemeyer einer breiteren Öffentlichkeit zugänglich gemacht wurde. Kiss (1995a) hat auf den bereits im vorigen Kapitel besprochenen Arbeiten von Hinrichs und Nakazawa aufbauend HPSG-Analysen für die infiniten Verben im Deutschen entwickelt. Bech beschreibt neben den hier diskutierten Anordnungen von Verben in kohärenten Konstruktionen noch die sogenannte Oberfeldumstellung. (116) zeigt ein Beispiel für dies Konstruktion:

(116) daß er das Lied wird haben singen können

In (116) stehen die Verben *wird* und *haben* vor dem Verbalkomplex, den sie einbetten, obwohl in kohärenten Konstruktionen Verben normalerweise rechts des Verbalkomplexes stehen, den sie einbetten. Die Analyse dieses Phänomens wurde ebenfalls von Hinrichs und Nakazawa (1989a, 1994a) ausgearbeitet und ist recht einfach in das hier vorgestellte Grammatikfragment zu integrieren. Aus Platzgründen habe ich jedoch darauf verzichtet.

    Eine weitere Stellungsvariante, die von Bech jedoch nicht beschrieben wird, ist die sogenannte dritte Konstruktion (den Besten und Rutten: 1989). Eine Analyse dieser Konstruktion im Rahmen der HPSG findet man in Müller: 1999a, Kapitel 17.5.

    Im Analyseteil wurde auf Adjunkte nicht eingegangen. Wie in Müller: 2006a dargelegt, gibt es mehrere Möglichkeiten für die Analyse von Adjunkten im Zusammenhang mit kohärenten Konstruktionen. Wenn man eine Kombination des Adjunkts mit einem Verbalkomplex vor der Einbettung unter andere Verben erlaubt, kann man folgende Strukturen annehmen:

(117) a. weil er den Wagen [[gestern reparieren] wollte]

        b. weil er [[gestern den Wagen reparieren] wollte]

Eine solche Analyse setzt voraus, daß der LEX-Wert der Mutter in Kopf-Adjunkt-Strukturen unspezifiziert ist. In diesem Zusammenhang sind die folgenden Beispiele von Fanselow (2001, 407) interessant, die zu zeigen scheinen, daß Umstellungen auf Argumente beschränkt sind.

(118) a. dass niemand morgen ein Buch zu lesen versprach

      b. § dass morgen niemand ein Buch zu lesen versprach

Der Satz in (118b) ist abweichend, was Fanselow darauf zurückführt, daß *morgen* durch seine Stellung bedingt nur Skopus über *versprach* haben kann und daß das Präteritum von *versprach* nicht mit der im Adverb enthaltenen Aussage, daß etwas in der Zukunft stattfinden wird, verträglich ist.

Ich denke aber, daß auch hier Performanzphänomene eine Rolle spielen, denn wenn Skopus über das übergeordnete Verb (das Matrixverb) unplausibel ist, ist die Voranstellung eines Adjunkts möglich, wie (119) zeigt:

(119) a. daß so schnell niemand zu laufen versuchte

      b. Bei dem Wetter wird ohne Regenmantel ein besorgter Vater seine Kinder niemals aus dem Haus gehen lassen.[54]

      c. Der diensthabende Beamte gab zu Protokoll, daß in der Dachwohnung zum fraglichen Zeitpunkt ein Rentner von der anderen Straßenseite aus die Angeklagte mehrmals auf das Opfer einstechen sah.[55]

Wenn strukturelle Gründe für die Abweichung in (118) verantwortlich wären, wäre die Analyse in (117) ausreichend. (119a) kann man jedoch nicht so analysieren, da *so schnell* und *zu laufen* nicht adjazent sind und somit keine Phrase bilden können. Entsprechendes gilt für die anderen Beispiele in (119). Es gibt mehrere Vorschläge in der HPSG-Literatur, die dieses Problem lösen: van Noord und Bouma (1994) schlagen eine Lexikonregel vor, die Modifikatoren in SUBCAT-Listen einfügt. Damit sind die Modifikatoren Argumente des Verbs, über das sie Skopue haben. Bei der Verbalkomplexbildung werden auch die Modifikatoren genau wie die anderen Argumente vom einbettenden Verb angehoben. Somit ist erklärt, wieso Modifikatoren, die eingebettete Verben modifizieren, vor Argumenten übergeordneter Verben stehen können. Manning, Sag und Iida (1999) schließen sich van Noord und Bouma (1994) an und machen einen entsprechenden Vorschlag für Japanische Kausativkonstruktionen. Solche lexikalischen Analysen wurden von Bob Levin stark kritisiert, da sie mit bestimmten Koordinationsdaten sowohl syntaktisch als auch semantisch unverträglich sind (Levine: 2003, Levine und Hukari: 2006). Cipollone (2001, Abschnitt 6) stellt eine Analyse vor, die Speichermechanismen für semantische Repräsentationen verwendet. Die semantischen Beiträge der Verben, die an einer Komplexbildung beteiligt sind, werden nicht direkt verrechnet, sondern in einer Liste mit λ-Termen repräsentiert, die für vollständige Sätze über β-Konversion zu einer semantischen Repräsentation des Gesamtsatzes umgewandelt werden können. Da die semantischen Beiträge einzelner Verben auch in der semantischen Repräsentation des Verbalkomplexes zugänglich sind, können Adjunkte, die syntaktisch mit dem gesamten Komplex kombiniert werden, Skopus über tief eingebettete Verben haben. Siehe auch Crysmann (2004) zu einem ähnlichen Vorschlag mit einer MRS-Semantik.

---

[54]Crysmann: 2004, 383.
[55]Crysmann: 2004, 384.

In den Lexikoneinträgen für Kontrollverben, die hier vorgestellt wurden, wurde einfach die Koindizierung eines Arguments des Matrixverbs mit dem Subjekt des eingebetteten Infinitivs stipuliert. Pollard und Sag (1994, Kapitel 7) zeigen, wie man die jeweilige Koindizierung aus der Bedeutung des Verbs ableiten kann.

17 Passiv

In diesem Kapitel untersuche ich verschiedene Passivvarianten. Nach der Datendiskussion im Abschnitt 17.1 entwickle ich im Abschnitt 17.2 eine Analyse, die mit nur einem Lexikoneintrag für das Perfekt- bzw. Passivpartizip auskommt. Die Realisierung der Argumente in Aktiv- und Passivumgebungen hängt nur vom entsprechenden Hilfsverb ab. Das sogenannte Fernpassiv wird mit Bezugnahme auf den in den vorigen Kapiteln vorgestellten Verbalkomplex erklärt.

17.1 Das Phänomen

Der Satz in (1b) ist ein Beispiel für einen Passivsatz. Bei (1b) handelt es sich um das sogenannte Vorgangspassiv, das mit *werden* gebildet wird.

(1)   a. Karl öffnet das Fenster.

        b. Das Fenster wird geöffnet.

Das Passiv kann dazu benutzt werden, das logische Subjekt eines Verbs zu unterdrücken. Der Wunsch, das Subjekt zu unterdrücken, kann verschiedene Ursachen haben: Die Person oder das Ding, das dem logischen Subjekt entspricht, kann weniger wichtig für die Aussage oder bereits durch den Kontext bekannt sein. Das logische Subjekt kann dann auch durch eine Präpositionalphrase (meist mit *von*) ausgedrückt werden. Die Realisierung durch eine *von*-PP macht eine Anordnung möglich, die von der Anordnung des Subjekts im Aktivsatz verschieden ist. Ein anderer Grund für die Benutzung des Passivs ist die Veränderung der Argumentstruktur, die ein Akkusativobjekt zum Subjekt macht und dadurch eine Koordination des passivierten Verbs mit anderen Prädikaten ermöglicht, die das zugrundeliegende Akkusativobjekt des passivierten Verbs als Subjekt haben. (2) zeigt ein Beispiel für solch eine Koordination.

(2)   Der Mann wurde von einem Betrunkenen angefahren und starb an den Folgen.

Beim Passiv unterscheidet man das sogenannte persönliche Passiv vom unpersönlichen Passiv. Ein passivierbares Verb, das im Aktiv ein Akkusativobjekt verlangt, hat eine Passivform, in der dieses Objekt im Nominativ realisiert wird:

(3)   a. Die Frau liebt den Mann.

        b. Der Mann wird geliebt.

Diese Art des Passivs wird *persönliches Passiv* genannt. Im Gegensatz dazu gibt es im Deutschen Passivierungen von Verben, die kein Akkusativobjekt selegieren. In solchen Konstruktionen wird das Subjekt des aktiven Verbs genau wie beim persönlichen Passiv unterdrückt. Da es kein Akkusativobjekt gibt, das zum Subjekt werden könnte, gibt es im Passivsatz kein Nominativelement.

Die Sätze in (4b,d) sind Beispiele für das sogenannte *unpersönliche Passiv*:

(4)   a. Die Frau hilft dem Mann.

      b. Dem Mann wird geholfen.

      c. Hier tanzen alle.

      d. Hier wird getanzt.

helfen ist ein Verb, das einen Nominativ und einen Dativ regiert (4a). In Passivsätzen wird das Subjekt unterdrückt und das Dativobjekt wird ohne irgendeine Veränderung realisiert (4b). *tanzen* ist ein intransitives Verb. Im Passivsatz (4d) ist überhaupt keine NP vorhanden. Die Sätze in (4b) und (4d) sind subjektlose Konstruktionen. Deutsch unterscheidet sich von Sprachen wie dem Isländischen dadurch, daß es keine Dativsubjekte gibt (Zaenen, Maling und Thráinsson: 1985). Ein Test zur Bestimmung von Subjekten, der von Zaenen, Maling und Thráinsson (1985, 477) angewendet wird, ist der Test auf Kontrollierbarkeit eines Elements. Im Kapitel 16.1.3.1 habe ich bereits gezeigt, daß subjektlose Konstruktionen nicht unter Kontrollverben eingebettet werden können. Das Beispiel (5) verdeutlicht das:

(5)   a.   Der Student versucht zu tanzen.

      b.   * Der Student versucht, getanzt zu werden.

(5a) hat ein kontrollierbares Subjekt (das von *zu tanzen*). In (5b) dagegen wurde das Subjekt durch die Passivierung unterdrückt, weshalb der Satz nicht wohlgeformt ist.

   Genauso können Infinitive mit passivierten Verben, die einen Dativ und keinen Akkusativ regieren, nicht unter Kontrollverben eingebettet werden, wie (6) zeigt:

(6)   * Der Student versucht, geholfen zu werden.

Das zeigt, daß der Dativ in (4b) ein Komplement und kein Subjekt ist. Außerdem gibt es beim unpersönlichen Passiv keine Kongruenz zwischen finitem Verb und dem Dativargument (7), was ebenfalls Evidenz dafür ist, daß es sich beim Dativ nicht um ein Subjekt handelt.

(7)   a. weil den Männern geholfen wird

      b. weil die Männer geliebt werden

Das folgende Beispiel ist eine Variante von (1a), die Zustandspassiv genannt und mit *sein* gebildet wird.

(8)   Das Fenster ist geöffnet.

Es ist aber durchaus umstritten, ob in (8) ein Passiv vorliegt, oder ob es sich bei *geöffnet* um ein vom Partizip abgeleitetes Adjektiv handelt, das wie *offen* in *Das Fenster ist offen.* mit *sein* verbunden wurde. Für einen Überblick und Argumente für die Einordnung als Konstruktion mit der Kopula *sein* und einem Adjektiv siehe Maienborn: 2005. Das sogenannte Zustandspassiv wird im folgenden nicht explizit diskutiert. Sollte sich eine Analyse als Adjektiv als empirisch korrekt herausstellen, so ist das durch die Analyse der Adjektivierung im Abschnitt 17.2.6 größtenteils abgedeckt. Zu einer Analyse als Passivform siehe Müller: 2002b, Kapitel 3.2.2.

   Im folgenden Abschnitt diskutiere ich die Einteilung von Verben in unakkusativische und unergativische Verben, die für die Passivbildung und die Bildung adjektivischer Partizipien wichtig ist. Nach der Diskussion der Unakkusativ/Unergativunterscheidung wende ich mich verschiedenen Formen des Passivs und ähnlichen Konstruktionen zu: dem

Vorgangs- und dem Dativpassiv, dem Passiv mit *lassen* und modalen Infinitiven mit *sein*. Ein Spezialfall, das sogenannte Fernpassiv, wird ebenfalls behandelt. Das Fernpassiv ist eine Passivkonstruktion, in der das Akkusativobjekt eines tief eingebetteten Verbs als Nominativ realisiert wird. Die Möglichkeit, ein Fernpassiv zu bilden, hängt mit der Fähigkeit des Matrixverbs zur Verbalkomplexbildung zusammen.

17.1.1 Unakkusativität

Obwohl es prinzipiell möglich ist, intransitive Verben zu passivieren, wie (4b) und (4d) gezeigt haben, gibt es bestimmte Verben, die sich nicht passivieren lassen. So können die Verben *ankommen* und *auffallen* nicht passiviert werden, wie die Beispiele in (9b) und (9d) zeigen:

(9) a. Der Zug kam an.

b. * Dort wurde angekommen.

c. Der Mann fiel ihr auf.

d. * Ihr wurde aufgefallen.

Verben aus dieser Klasse können als pränominale adjektivische Partizipien II vorkommen, wie die folgenden Beispiele zeigen:

(10) a. der angekommene Zug

b. dem Regime aufgefallene „Vaterlandsverräter"[1]

c. Hat er Kontakte zu politisch negativ aufgefallenen Personen?[2]

In den Beispielen in (10) wird die Subjektrolle des adjektivischen Partizips vom modifizierten Nomen gefüllt. Das unterscheidet diese Verben von transitiven Verben, bei denen die Objektrolle des Partizips vom modifizierten Nomen gefüllt wird:

(11) a. die geliebte Frau

b. der geschlagene Hund

In (11a) ist die Frau diejenige, die geliebt wird, und in (11b) wird der Hund geschlagen. Verben ohne Akkusativobjekt bilden normalerweise keine adjektivischen Passivpartizipien:

(12) a. * der getanzte Mann

b. * der (ihm) geholfene Mann

Man hat festgestellt, daß Argumente bestimmter Verben, die in Aktivsätzen im Nominativ realisiert werden, Objekteigenschaften haben. Die entsprechenden Verben werden *unakkusativisch* (Perlmutter: 1978) bzw. *ergativ* (siehe z. B. Grewendorf: 1989 und dort zitierte Publikationen) genannt. Beispiele sind die bereits diskutierten Verben *ankommen* und *auffallen*. Intransitive Verben, die nicht unakkusativisch sind, werden *unergativisch* genannt. Beispiele für unergativische Verben sind *tanzen* und *helfen*. Grewendorf (1989) stellt vierzehn Tests zur Unterscheidung unakkusativischer von unergativischen Verben

---

[1]Die Zeit, 26.04.1985, S. 3.

[2]Klaus Kordon, *Krokodil im Nacken*, Wildheim, Basel, Berlin: Beltz Verlag, 2002, S. 595.

vor. Fanselow (1992) fügt diesen Tests sechs weitere hinzu. Trotz dieser großen Anzahl von Tests ist man sich auch heute nicht in allen Fällen einig, ob bestimmte Verben als unakkusativisch oder als unergativisch einzuordnen sind. Kaufmann (1995) zeigt, daß viele der angeblichen Unterschiede zwischen unakkusativischen und unergativischen Verben auf eine Weise zu erklären sind, die nichts mit der Unakkusativ/Unergativunterscheidung zu tun hat. Siehe auch Abraham: 2005, Kapitel 2.

Die Verhältnisse in (9)–(12) lassen sich unabhängig von der exakten Definition von Unakkusativität einfach erklären, wenn man annimmt, daß das Subjekt der Verben in (9) ein zugrundeliegendes Objekt ist. Wenn Passiv als Unterdrückung des Subjekts gesehen wird, ist klar, warum die Passivierung dieser Verben nicht möglich ist: Da sie kein Subjekt im relevanten Sinne besitzen, kann kein Subjekt unterdrückt werden. Wenn die logischen Subjekte von *ankommen* und *auffallen* zugrundeliegende Objekte sind, können sie bei einer Passivierung nicht unterdrückt werden, und die Passivierung ist deshalb ausgeschlossen.[3] Die Bildung von adjektivischen Partizipien ist möglich, wenn es ein Element mit Akkusativobjekteigenschaften gibt. Da angenommen wird, daß die Subjekte von *ankommen* und *auffallen* zugrundeliegende Objekte sind, ist die Wohlgeformtheit der Phrasen in (10) erklärt. Der Kontrast zwischen Adjektivbildungen wie (10) und (12) ist recht klar, weshalb sich die Möglichkeit der Verwendung eines Verbs als attributives Partizip II gut als Unakkusativitätstest eignet.

Ein weiterer Test für die Unterscheidung von unakkusativischen und unergativischen Verben ist ihr Verhalten in Resultativkonstruktionen: Resultativkonstruktionen werden normalerweise mit einem mono-valenten bzw. einem Verb mit nur einem realisierten Argument, einem zusätzlichen Akkusativelement und einem zusätzlichen Prädikat (einem Adjektiv oder einer Präpositionalphrase) gebildet (Wunderlich: 1997a; Müller: 2002b, Kapitel 5):

(13)   a. Heute verzichten die Hooligans vor und beim Fußballspiel auf Alkohol und
            trinken erst nach dem Spiel *ganze Kneipen* leer.[4]

        b. „Als ich anfing, wollte ich mir eigentlich *den Hintern* nicht so plattsitzen wie
            die älteren Grufties", sagt Pape.[5]

        c. Erinnern Sie sich an A Fish Called Wanda, wo genußvoll *ein Hündchen nach
            dem anderen* plattgefahren wurde?[6]

        d. Ihre Artillerie hatte von den umliegenden Bergen *die Stadt* sturmreif geschossen.[7]

Das Resultativprädikat (*leer*, *platt*, *sturmreif*) sagt etwas über den Resultatszustand aus, der durch das vom Verb beschriebene Ereignis bewirkt wird. Wie die Beispiele zeigen, muß das Akkusativelement in diesen Konstruktionen nicht unbedingt ein Argument des Verbs sein: Die Kneipen in (13a) sind nicht das Objekt von *trinken*, und genausowenig ist der Hintern in (13b) das Objekt von *sitzen* und sind die Hunde in (13c) das Objekt von *fahren*. Städte können nicht das Objekt von *schießen* sein, statt *schießen* müßte man

---

[3]Unter bestimmten Umständen sind auch unakkusativische Verben passivierbar. Siehe hierzu Abschnitt 17.1.7.

[4]Mannheimer Morgen, 16.07.1998, Politik; Kanther sagt Hooligans den Kampf an

[5]taz-Bremen, 07.02.1997, S. 21.

[6]taz-Bremen, 03.03.1990, S. 27.

[7]taz, 15.07.1995, S. 11.

das Verb *beschießen* verwenden, wenn *die Stadt* Objekt sein soll. Sind die Verben in der Resultativkonstruktion unergativisch, dann prädiziert das Resultativprädikat immer über das Akkusativelement (in (13) kursiv gesetzt). Bei unakkusativischen Verben prädiziert das Resultativum dagegen über das Subjekt des Verbs:

(14) a. [...] und im Winter fror *sein Wasser* zu Eis.[8]

b. Dann erzählt Juliane Lumumba von den Tonbändern im Archiv, *die* wegen fehlender Klimaanlage in der tropischen Hitze zu einer schwarzen Masse schmolzen.[9]

c. Dann ging mal das Schreibpapier aus oder *die bestellte Ladung Kerzen* war zu Wachs geschmolzen, ehe sie den Hafen erreicht hatte.[10]

d. In einer derartigen Gesamtrechnung schmilzt *manche Steuerfussdifferenz* zu einer Lappalie.[11]

Diese Daten sind wieder erklärt, wenn man annimmt, daß das Resultativprädikat in Resultativkonstruktionen immer über das Element prädiziert, das Objekteigenschaften hat. Das heißt, die Subjekte in (14) sind keine normalen Subjekte, sondern zugrundeliegend eigentlich Objekte.

Bevor ich mich in den nächsten Abschnitten verschiedenen Passivformen zuwende, möchte ich die Hilfsverbselektion diskutieren, die in der Literatur auch als eins der Kriterien zur Unterscheidung unakkusativischer und unergativischer Verben verwendet wird.[12] Normalerweise bilden unakkusativische Verben das Perfekt mit *sein* und unergativische Verben bilden das Perfekt mit *haben*. Es ist jedoch nicht sinnvoll, sowohl Passivierbarkeit als auch die Auxiliarwahl zu den definierenden Kriterien für Unakkusativität zu zählen, da zum Beispiel Bewegungsverben das Perfekt mit *sein* bilden, aber dennoch passivierbar sind, wie die folgenden Beispiele zeigen:

(15) a. Gestern wurde allerdings noch gefahren, wenn auch erst mit Verzögerung.[13]

b. Aber es wurde damals ununterbrochen marschiert.[14]

c. Im Norden kann nur gelandet werden.[15]

d. In allen anderen Gewässern Berlins und Brandenburgs kann gefahrlos geschwommen und geschluckt werden.[16]

e. Er schaltete auf einen anderen Sender um [...] Ich sah eine Weile zu, aber es wurde überhaupt nicht geredet, nur weggerannt.[17]

Die Verben in (16)–(21) sind homonym mit Bewegungsverben, haben aber eine andere Bedeutung. Sie bilden wie die Bewegungsverben das Perfekt mit *sein* und sind passivierbar:

---

[8]Frankfurter Rundschau, 16.09.1999, S. 3.

[9]Frankfurter Rundschau, 05.08.1997, S. 3.

[10]Frankfurter Rundschau, 28.02.1998, S. 8.

[11]Züricher Tagesanzeiger, 04.01.1997, S. 1.

[12]Siehe auch Ryu: 1997 zur Hilfsverbselektion im besonderen und zu Unakkusativitätstests im allgemeinen.

[13]taz, 25./26.07.1998, S. 1, Bericht über die Tour de France.

[14]taz, berlin, 02.02.2000, S. 19.

[15]taz, 05./06.02.2000, S. 8.

[16]taz, 16./17.06.2001, S. 30.

[17]Jochen Schmidt, *Müller haut uns raus.* München: Verlag C. H. Beck. 2002, S. 140.

(16) a. Ich bin so verfahren, daß ...[18]

b. „Hier muß sensibel verfahren werden."[19]

(17) a. Danach wäre man wieder zur Tagesordnung übergegangen: Abgase in die Luft
blasen, schubkarrenweise FCKW in den Wald schütten, Ozonloch vergrößern.[20]

b. „Am Montag kann auf keinen Fall einfach zur Tagesordnung übergegangen
werden."[21]

(18) a. „Wir sind eine vertragliche Verpflichtung eingegangen, und zu dieser stehen
wir" [...][22]

b. Für jeden Job, [...] bei dem Verantwortung übernommen werden oder hin und
wieder gar ein Kompromiss eingegangen werden muss, ist der ehemalige Fi-
nanzminister absolut ungeeignet.[23]

(19) a. „Wären wir beim Ocean Race so gesegelt, wie wir die Kampagne um den America's Cup angegangen sind, hätten wir das Ziel nicht erreicht", musste er eingestehen.[24]

b. Ob die finanziell aufwendige Restaurierung nun tatsächlich angegangen wird
oder ob die Wandmalereien lediglich fachgerecht konserviert werden, hat der
Heidelberger Gemeinderat demnächst zu entscheiden.[25]

(20) a. Wie „Heise Online" berichtet, ist Hormel bereits gegen die Software-Marke
Spam Arrest vorgegangen.[26]

b. „Gegen Sozialhilfemissbrauch wird künftig konsequent vorgegangen", sagt sie,
als ob nicht schon der rot-grüne Senat Sozialhilfeempfängern unangemeldete
Kontrolleure ins Haus geschickt hätte.[27]

c. daß bei einem solchen Delikt gegen Autobahnpolizisten vorgegangen wird.[28]

(21) a. Dem ist die taz nachgekommen.[29]

b. den finanziellen Verpflichtungen kann nicht nachgekommen werden[30]

(22) a. Er ist dem entgegengetreten.

b. Diesem Qualitätsdumping muss wirksam entgegengetreten werden.[31]

---

[18] Duden: 1991, 764.
[19] taz berlin, 11.08.1998, S. 17.
[20] taz, 29.01.2005, S. 25.
[21] taz, 29.02.2002, S. 21.
[22] taz, 6.3.2002, S. 9.
[23] taz, 28.05.2002, S. 14.
[24] taz Hamburg, 11.6.2002, S. 24.
[25] Mannheimer Morgen, 20.01.1989.
[26] taz, 25.05.2005, S. 20.
[27] taz Hamburg, 27.6.2002, S. 21.
[28] Frankfurter Rundschau, 12.09.1998, S. 31.
[29] taz, 08.06.2002, S. 24.
[30] St. Galler Tagblatt, 30.09.1999.
[31] taz, 02./03.08.2003, S. 26.

Man beachte, daß sowohl in (18b) als auch in (19b) ein persönliches Passiv vorliegt. *angehen* und *eingehen* verlangen in Aktivsätzen einen Akkusativ.[32]

Man kann jedoch auf Grundlage dieser Daten nicht einfach die Generalisierung formulieren, daß alle Verben, die homonym mit Bewegungsverben sind, das Perfekt mit *sein* bilden, da es auch Beispiele wie (23) gibt:

(23)   Ein Organisator im Bundesstaat Iowa hat dieses Problem umgangen.[33]

Ich denke, daß es eher korrekt ist, davon auszugehen, daß Verben, die ein Akkusativobjekt regieren, das Perfekt mit *haben* bilden. *angehen*, *durchgehen* und *eingehen* müssen dann als Ausnahmen behandelt werden.

Nachdem ich gezeigt habe, daß Passivierbarkeit und Hilfsverbselektion, was die Unakkusativ/Unergativunterscheidung angeht, unabhängig voneinander sind, wende ich mich nun den verschiedenen Arten von Passiv zu.

17.1.2 Vorgangspassiv

Eine Anforderung an Subjekte in Passivkonstruktionen scheint zu sein, daß die logischen Subjekte der passivierten Verben referentiell sein müssen. Das Beispiel in (24) zeigt, daß die Passivierung von expletiven Prädikaten nicht möglich ist.

(24)   * Heute wurde geregnet.

Die Beispiele in (25) scheinen dem zu widersprechen:

(25)   a. Naja, wirklich lange Zeit schaffen wir's den schweren Wolken auszuweichen und werden nur ein bissl angeregnet.[34]

        b. [...] denn egal wie schnell man läuft, man wird immer gleich stark von der einen Seite angeregnet.[35]

        c. es ist nicht schlimm, wenn die Karte nassgeregnet wird.[36]

        d. Ich hoffe mal, daß wir dieses Jahr auch mal was vom Osterfeuer haben und nicht wieder nassgeregnet werden.[37]

---

[32]Grewendorf (1989, 9) gibt die folgenden Beispiele für Verben, die eine Passivierung erlauben, ihr Perfekt mit *sein* bilden und ein Akkusativobjekt regieren:

(i)   a. Ich bin die Arbeit durchgegangen.

       b. Er ist den Bund fürs Leben eingegangen.

       c. Er ist die ganze Stadt abgelaufen.

       d. Sie ist ihn geflohen.

       e. Sie ist ihn angegangen.

Das letzte Beispiel ist ambig zwischen der Lesart von *angehen*, die auch in (19) vorliegt, und der Lesart, die körperliche Aggression ausdrückt. Ein Beispiel mit *durchgehen* findet man auch bei Toman (1986, 385). Die Beispiele in (i) zeigen übrigens auch, daß die Generalisierung, wonach Verben genau dann das Perfekt mit *sein* bilden, wenn ihr Partizip 2 bezüglich des externen Arguments attributierbar ist (Gunkel: 2003, 110), nicht ohne Ausnahme ist.

[33]Mannheimer Morgen, 30.05.1989.

[34]http://xor.at/scand2k5-diary.shtml. 09.11.2005.

[35]http://www.swr3.de/fun/alltagsfragen/question.php?fid=65&mode=a. 09.11.2005.

[36]http://www.agrar.de/pferde/forum/index.php?topic=2065.30. 09.11.2005.

[37]http://www.jens-waltermann.de/wetten/1017219329.shtml. 09.11.2005.

e. Nicht das wir etwas davon auf der Bühne abbekommen würden, aber das kann man ja nun auch nicht mit ansehen, wie die Zuschauer draussen vollgeregnet werden.[38]

In den Beispielen in (25) wurde *regnen* mit einem weiteren Prädikat verbunden, welches selbst ein Argument in die Verbindung einbringt. Das Ergebnis der Kombination ist ein Verb, das ein Expletivum verlangt, und das Argument, das von *an, naß* oder *voll* lizenziert wird. (26) zeigt ein Beispiel für eine Verwendung eines solchen Verbs im Aktiv:

(26) a. da hats garnix gemacht, dass es uns auf dem hinweg nassgeregnet hat.[39]

  b. Den Beerengeist habe ich auch gebraucht, weil es uns bei der Besichtigung des Barfußpfads furchtbar nassgeregnet hat.[40]

  c. Letzte Nacht hat es den Teich vollgeregnet,[41]

Es scheint nun so zu sein, daß in (25) Verben, die zusätzlich zu einem expletiven Subjekt noch ein weiteres Argument verlangen, passiviert worden sind.

Die Sache liegt jedoch nicht so einfach, denn wie die *von-* bzw. *durch*-Phrasen in (27) zeigen, muß man für einige Sätze in jedem Fall ein referentielles Subjekt im Aktiv annehmen:

(27) a. eins was von einer dicken schwarzen Wolke (ohne Regenschirm) nassgeregnet wird.[42]

  b. denn unter beiden Kirchendächern kann jemand, der anfängt zu denken und aufhört zu glauben, durch manchen unliebsamen Regen böse naßgeregnet werden.[43]

  c. Nachdem Dario einen dort stehenden Baum volle Kanne abschoss und wir von einem kleinen „Blätterschauer" vollgeregnet wurden,[44]

  d. Wenn er von nem Kübel Kotze vollgeregnet wird[45]

Die Beispiele in (28) zeigen weitere Belege dafür, daß man Verben wie *abregnen* mit einem referentiellen Subjekt verwenden kann.

(28) a. Nachdem Hurrican Floyd seine unglaublichen Regenmassen über North Carolina abgeregnet hatte, überschwemmte der Tar-River das Umland.[46]

  b. Bis dorthin ist die radioaktive Wolke auch nicht gekommen. Sie sei künstlich über der Stadt Gomel abgeregnet worden, behaupten nicht wenige aus der Bürgerinitiative „Kinder von Tschernobyl".[47]

---

[38] http://www.crazycrackers.de/NEWS.htm. 09.11.2005.

[39] http://www.jeg-board.de/index.php?name=PNphpBB2&file=viewtopic&t=52. 09.11.2005.

[40] http://f1.parsimony.net/forum994/messages/31207.htm. 09.11.2005.

[41] http://www.timmendorfer.de/pforum/showthread.php?id=160&eintrag=10. 09.11.2005.

[42] http://forum.htpc-news.de/archive/index.php?t-431.html. 09.11.2005.

[43] http://www.meinhard.privat.t-online.de/frauen/meine_suche.html. 09.11.2005.

[44] http://www.hentscholin.de/archiv/08.11.02.txt. 09.11.2005.

[45] http://forum.esistjuli.de/viewtopic.php?t=1247&postdays=0&postorder=asc&start=0& sid=4ca847b01bd6fc22d2c771fe4d186128. 09.11.2005.

[46] taz, 25.09.1999, S. 5.

[47] taz, 12.11.1990, S. 14.

Im Fall von (28b) deutet das *künstlich* darauf hin, daß es menschliche Verursacher gab, die die Wolke abgeregnet haben.

Da man bei den Fällen in (25) das Aktiv-Subjekt nicht sehen kann, ist es durchaus denkbar, daß hier eine Variante von *regnen* + *an/ab/naß/voll* passiviert wurde, die ein referentielles Subjekt hat. Wir können also bei der Aussage bleiben, daß expletive Subjekte nicht durch Passivierung unterdrückt werden können.

(29) zeigt, daß Verben, die überhaupt kein Subjekt haben, ebenfalls nicht passiviert werden können:

(29)   a.   Dem Student graut vor der Prüfung.

          b.   * Dem Student wird (vom Professor) vor der Prüfung gegraut.

Die Ungrammatikalität von (24) und (29b) folgt aus der Annahme, daß Passivierung die Unterdrückung einer Subjektrolle ist (Pollard und Sag: 1994, 307). Da das Subjekt von *regnen* keine semantische Rolle hat und da *grauen* kein Subjekt hat und somit auch keine Subjektrolle vergibt, können diese Verben nicht passiviert werden. Es folgt auch, daß Subjektanhebungsverben wie z. B. *scheinen* nicht passiviert werden können:

(30)   * weil dann zu schlafen geschienen wurde

Die Beispiele in (31) scheinen dem zu widersprechen:

(31)   a.   Nachdem angefangen worden ist, das teure, architektonisch umstrittene Gebäude nach und nach zu übergeben, stellt man fest, daß die neue Bühnentechnik in keiner Phase des Einbaus auf ihre Eignung geprüft worden ist.[48]

          b.   Seine Kritik richtete sich daran aus, daß leider – wie immer – dann zuallererst am Personal angefangen wird zu sparen.[49]

Aber wie bereits in Fußnote 50 auf S. 274 festgestellt wurde, haben Verben wie *anfangen* sowohl eine Anhebungs- als auch eine Kontrollversion (Siehe auch Perlmutter: 1970 für das Englische und Suchsland: 1987, 658–659 für das Deutsche). In (31) liegt die Kontrollversion von *anfangen* vor. Die Daten in (31) widersprechen also nicht der Behauptung, daß Anhebungsverben nicht passiviert werden können. Sie zeigen jedoch klar, daß Vissers Generalisierung[50] für das Deutsche nicht zutrifft. (32) zeigt zusätzlich noch Passivbeispiele mit dem Subjektkontrollverb *versprechen*:

(32)   a.   Wie oft schon wurde von der Stadtverwaltung versprochen, Abhilfe zu schaffen.[51]

---

[48]Mannheimer Morgen, 21.04.1989, Feuilleton; Nichts geht mehr an der Bastille-Oper.

[49]Mannheimer Morgen, 05.05.1989, Lokales; Den freien Samstag verteidigen.

[50]Bresnan (1982a, 402) zitiert Visser mit der folgenden Behauptung: Verben, deren Komplemente über das Subjekt des Verbs prädizieren, können nicht passiviert werden.

Pollard und Sag (1994, 304) geben als Vissers Generalisierung an, daß Subjektkontrollverben nicht passiviert werden können. Sie diskutieren (i):

(i)   a.   Kim was persuaded to leave (by Dana).

       b.   * Kim was promised to leave (by Dana).

[51]Mannheimer Morgen, 13.07.1999, Leserbriefe; Keine Abhilfe.

b. Erneut wird versprochen, das auf eine Dekade angesetzte Investitionsprogramm mit einem Volumen von 630 Billionen Yen (10,5 Billionen DM) vorfristig zu erfüllen, [...][52]

In (32a) wird das logische Subjekt durch eine PP ausgedrückt, und in (32b) gibt es keine overte kontrollierende Phrase.

Nach der Diskussion des Vorgangspassivs soll jetzt eine besondere Passivvariante diskutiert werden: das Dativpassiv.

17.1.3 Dativpassiv

Eine besondere Variante des Passivs kann mit *bekommen, erhalten* und *kriegen* gebildet werden. In dieser Passivvariante wird eines der genannten Verben mit einem Verb, das im Aktiv den Dativ regiert, kombiniert. Dieser Dativ wird dann als Nominativ realisiert. Ein Beispiel ist in (33b) zu sehen, wo das Dativobjekt des Aktivsatzes (*mir* in (33a)) als Subjekt (*ich*) realisiert wird.

(33)   a. Karl schenkt mir ein Buch.

        b. Ich bekomme ein Buch geschenkt.

Daß die Bezeichnung Rezipientenpassiv, die man auch mitunter in der Literatur für das *bekommen*-Passiv findet, ungeeignet ist, zeigen die Sätze in (34) und (35).[53] Die Sätze in (34) und (35) implizieren nicht, daß jemand etwas bekommt:

(34)   Er bekam zwei Zähne ausgeschlagen.

(35)   a. Der Bub bekommt/kriegt das Spielzeug weggenommen.

        b. Der Mann bekommt/kriegt das Fahren verboten.

        c. Der Betrunkene bekam/kriegte die Fahrerlaubnis entzogen.

Die Bedeutung von *bekommen* und *kriegen* ist in diesen Konstruktionen verblaßt. Es ist also nicht angebracht anzunehmen, daß das Subjekt in solchen Konstruktionen ein Empfänger ist und eine entsprechende thematische Rolle von *bekommen/erhalten/kriegen* bekommt. Auch die Forderung, daß das eingebettete Partizip dem Dativ eine Rezipientenrolle zuweisen muß (Gunkel: 2003, 102), ist nicht adäquat. Die Sätze in (36) zeigen vielmehr, daß Verben, die in Dativpassivkonstruktionen vorkommen, dem Dativ nicht unbedingt eine Rolle zuweisen müssen: (36a) ist eine spezielle Konstruktion, die auch als *Caused-Motion Construction* bezeichnet wird. *die Seife* ist kein logisches Argument von *waschen*. Wer oder was gewaschen wird, wird nicht gesagt, die Information darüber ist in (36a) nur indirekt erschließbar, da von Augen die Rede ist. In (36b) liegt ein Dativ vor, der theoretisch zu zwei Dativklassen gehören kann: zu den sogenannten Pertinenzdativen (Körperteildativen) oder zu den Dativ Commodi/Incommodi, die etwas über Nutznießer oder negativ Betroffene einer Handlung aussagen (Siehe auch Fußnote 13 auf Seite 221). Beide Arten Dativ sind als syntaktische, nicht jedoch als logische Argumente des Verbs einzustufen. Bildet man nun einen zu (36b) äquivalenten Satz mit Dativpassiv, bekommt man (36c).

---

[52]Süddeutsche Zeitung, 28.06.1995, S. 28.

[53]Siehe hierzu auch Askedal: 1984, 9, S. 22 und Wegener: 1985b, 129. Eroms (1978, 371) zitiert Fränkel mit (34). Die Sätze in (35) sind von Reis (1976b, 71).

(36) a. Jemand wäscht die Seife aus den Augen.

b. Jemand wäscht ihm die Seife aus den Augen.

c. Er bekam die Seife aus den Augen gewaschen.

gewaschen weist aber keine Rezipienten-Rolle zu.

(36c) zeigt auch, daß es nicht richtig ist anzunehmen, daß sowohl *bekommen* als auch das eingebettete Verb eine Thema-Rolle an das Akkusativobjekt zuweisen, wie das Haider (1986a, 23), Heinz und Matiasek (1994, 228) und Kathol (2000, 221) tun: *die Seife* ist kein logisches Argument von *gewaschen*. Anstatt anzunehmen, daß *bekommen/erhalten/kriegen* eine semantische Rolle zuweisen, behandle ich diese Verben also als echte Hilfsverben.

Ein Dativpassiv, bei dem eine komplexe Konstruktion mit freiem Dativ eingebettet ist, die ebenfalls kein Akkusativobjekt enthält, zeigt (37b):

(37) a. Jemand klopfte ihnen auf die Finger.

b. daß wir noch nachsitzen mußten und auf die Finger geklopft bekamen[54]

In (37b) handelt es sich um das Dativpassiv von (37a).

Andere Beispiele für das Dativpassiv von Verben, die keinen Akkusativ zuweisen, wurden bereits auf Seite 219 diskutiert und werden hier der Übersichtlichkeit halber als (38) und (39) wiederholt.[55]

(38) a. Er kriegte von vielen geholfen / gratuliert / applaudiert.

b. Man kriegt täglich gedankt.

c. Ich möchte endlich einmal geholfen bekommen.

(39) a. „Da kriege ich geholfen."[56]

b. Heute morgen bekam ich sogar schon gratuliert.[57]

c. „Klärle" hätte es wirklich mehr als verdient, auch mal zu einem „unrunden" Geburtstag gratuliert zu bekommen.[58]

d. Mit dem alten Titel von Elvis Presley „I can't help falling in love" bekam Kassier Markus Reiß zum Geburtstag gratuliert, [...][59]

Hentschel und Weydt (1995) merken an, daß solche Beispiele nicht besonders häufig sind. Wegener (1990, 75) erklärt dies mit der geringen Frequenz bivalenter Verben, die ein Dativobjekt verlangen und unergativisch sind. Zur Diskussion der Frequenz solcher Daten siehe Seite 220.

Die Tatsache, daß Beispiele wie (38)–(39) existieren, ist nicht überraschend, wenn man annimmt, daß *bekommen/erhalten/kriegen* nominalen Elementen keine Rolle zuweisen. Würden sie einem Akkusativobjekt eine thematische Rolle zuweisen, wären Sätze wie (38)–(39) ausgeschlossen.

---

[54]Frankfurter Rundschau, 03.06.1998, S. 2.

[55]Die Beispiele in (38) stammen von Wegener (1985b, 134; 1990, 75). Ähnliche Beispiele findet man auch bei Fanselow: 1987, 161–162 und Eisenberg: 1994, 143. Siehe auch Abraham: 1995, 203.

[56]Frankfurter Rundschau, 26.06.1998, S. 7.

[57]Brief von Irene G. an Ernst G. vom 10.04.1943, Feldpost-Archive mkb-fp-0270.

[58]Mannheimer Morgen, 28.07.1999, Lokales; „Klärle" feiert heute Geburtstag.

[59]Mannheimer Morgen, 21.04.1999, Lokales; Motor des gesellschaftlichen Lebens.

Wie die folgenden Beispiele von Leirbukt (1987, 104) zeigen, kann sich sowohl das logische Subjekt des eingebetteten Verbs (40a) als auch das Subjekt von *bekommen* bzw. *erhalten* (40b) auf einen unbelebten Referenten beziehen:

(40)   a.   [...] während wir im optischen Bereich von der Sonne allein 10^8mal soviel Energie zugestrahlt bekommen wie von allen anderen Himmelskörpern zusammen [...][60]

        b.   Beide Konstruktionen erhalten die gleiche Konstituentenstruktur zugeschrieben.[61]

Das Beispiel (40b) zeigt, daß die Belebtheitsrestriktion, die Reis (1976b, 76), Wegener (1986, 18) und Olsen (1997a, 315) für die Subjekte von Dativpassivkonstruktionen formulieren, empirisch nicht korrekt ist, da *beide Konstruktionen* nicht belebt ist.[62] Solche Beispiele unterstützen Reis' Ansicht, daß *bekommen/erhalten/kriegen* Hilfsverben sind, die keine Restriktionen für nichtverbale abhängige Elemente haben.

Nach diesen Betrachtungen zum Hilfsverbstatus von *bekommen/erhalten/kriegen* soll noch kurz erörtert werden, welche Verben das Dativpassiv (nicht) erlauben: Unakkusativische Verben lassen kein Dativpassiv zu:

(41)   a.   * Ich bekomme (von Maria) aufgefallen.

        b.   * Sie kriegt begegnet.

        c.   * Die Gewerkschaft kriegt beigetreten.

Wie Reis (1976b, 72), Askedal (1984, 22) und Leirbukt (1987) gezeigt haben, lassen nicht alle Verben, die ein Passiv mit *werden* erlauben, auch ein Dativpassiv zu:[63]

(42)   a.   Ihm wurde die Geschichte nicht mehr geglaubt.

        b.   * Er bekam / erhielt / kriegte die Geschichte nicht mehr geglaubt.

Das heißt, die Menge der Verben, die ein Dativpassiv bilden können, ist eine echte Teilmenge der Verben, die ein *werden*-Passiv bilden.

Bevor wir uns modalen Infinitiven und anderen passivähnlichen Konstruktionen zuwenden, möchte ich noch das sogenannte Fernpassiv diskutieren, das zu den interessantesten Phänomenen der deutschen Syntax gehört, da es auf wunderbare Weise mit der bereits diskutierten Verbalkomplexbildung interagiert.

17.1.4 Das Fernpassiv

Normalerweise treten Objekte von eingebetteten Infinitiven nicht im Nominativ auf, doch Höhle (1978, 175–176) hat festgestellt, daß das in bestimmten Kontexten möglich ist. Die folgenden Sätze sind Beispiele für das sogenannte Fernpassiv:

---

[60] Stumpff, Karl, Hans-Heinrich Voigt (Hgg). 1972. *Astronomie*. Frankfurt/M., Fischer Taschenbuch Verlag, S. 229.

[61] Das Beispiel stammt aus einem schwer zugänglichen Aufsatz von Leirbukt, 1977. Ich habe es nach Askedal: 1984, 23 zitiert.

[62] Allerdings ist der folgende, von Reis festgestellte Kontrast nicht zu leugnen:

    (i)   a.   Ich bekam/erhielt/kriegte die notwendige Unterstützung nicht versagt.

           b.   * Der Plan bekam/erhielt/kriegte die notwendige Unterstützung nicht versagt.

[63] Die Beispiele in (42) stammen von Askedal (1984, 22).

(43) a. daß er auch von mir zu überreden versucht wurde[64]

　　　b. weil der Wagen oft zu reparieren versucht wurde[65]

Die Daten in (44) sind Korpusbelege für dieses Muster:

(44) a. Dabei darf jedoch nicht vergessen werden, daß in der Bundesrepublik, wo ein Mittelweg zu gehen versucht wird, die Situation der Neuen Musik allgemein und die Stellung der Komponistinnen im besonderen noch recht unbefriedigend ist.[66]

　　　b. Noch ist es nicht so lange her, da ertönten gerade aus dem Thurgau jeweils die lautesten Töne, wenn im Wallis oder am Genfersee im Umfeld einer Schuldenpolitik mit den unglaublichsten Tricks der sportliche Abstieg zu verhindern versucht wurde.[67]

　　　c. Die Auf- und Absteigenden erzeugen ungewollt einen Ton, der bewusst nicht als lästig zu eliminieren versucht wird, sondern zum Eigenklang des Hauses gehören soll, so wünschen es sich die Architekten.[68]

Im IDS-Korpus habe ich 2002 nur Fernpassive mit *versuchen* gefunden. Susanne Wurmbrand gibt jedoch die folgenden Beispiele mit *beginnen*, *vergessen* und *wagen*, die sie im World Wide Web gefunden hat (Wurmbrand: 2003):

(45) a. der zweite Entwurf wurde zu bauen begonnen,[69]

(46) a. Meist handelt es sich hier um Anordnungen, die zu stornieren vergessen wurden.[70]

　　　b. Hiermit können Aufträge aus der HPC-Analytik gefiltert werden, die zu drucken vergessen worden sind und daher noch nicht abgerechnet sind.[71]

(47) a. NUR Leere, oder doch noch Hoffnung, weil aus Nichts wieder Gefühle entstehen, die so vorher nicht mal zu träumen gewagt wurden?[72]

　　　b. Dem Voodoozauber einer Verwünschung oder die gefaßte Entscheidung zu einer Trennung, die bis dato noch nicht auszusprechen gewagt wurden.[73]

In den Beispielen in (44) und (45) sind die Subjekte in den Passivsätzen maskulin, weshalb ihr Kasus eindeutig als Nominativ zu identifizieren ist. In (46) und (47) ist das nicht der Fall, man kann aber durch die Kongruenz des Passivhilfsverbs das Vorhandensein eines Subjekts erschließen: Wäre das *die* ein Objekt, läge ein unpersönliches Passiv vor, und das Passivhilfsverb müßte in der dritten Person Singular stehen (zur Subjekt-Verb-Kongruenz siehe auch Seite 209).

---

[64]Oppenrieder: 1991, 212.

[65]Siehe Höhle: 1978, 176 für ein ähnliches Beispiel.

[66]Mannheimer Morgen, 26.09.1989, Feuilleton; Ist's gut, so unter sich zu bleiben?

[67]St. Galler Tagblatt, 09.02.1999, Ressort: TB-RSP; HCT und das Prinzip Hoffnung.

[68]Züricher Tagesanzeiger, 01.11.1997, S. 61.

[69]http://www.waclawek.com/projekte/john/johnlang.html, 28.07.2003.

[70]http://www.rlp-irma.de/Dateien/Jahresabschluss2002.pdf, 28.07.2003.

[71]http://www.iitslips.de/news.html, 28.07.2003.

[72]http://www.ultimaquest.de/weisheiten_kapitel1.htm, 28.07.2003.

[73]http://www.wedding-no9.de/adventskalender/advent23_shawn_colvin.html, 28.07.2003.

In Fernpassivkonstruktionen wird das Objekt eines Verbs, das unter ein Passivpartizip eingebettet ist, zum Subjekt des Satzes. Zum Beispiel verlangt das Verb *reparieren* ein Subjekt und ein Akkusativobjekt. In (43b) wird das Objekt im Nominativ realisiert. Solche Realisierungen im Nominativ sind nur bei Vorliegen eines Verbalkomplexes, also bei sogenannten kohärenten Konstruktionen möglich, wie die Beispiele in (48) zeigen:

(48) a. weil oft versucht wurde, den Wagen zu reparieren

      b. * weil oft versucht wurde, der Wagen zu reparieren

      c. Den Wagen zu reparieren wurde oft versucht

      d. * Der Wagen zu reparieren wurde oft versucht

Die Daten in (48) kann man erklären, wenn man annimmt, daß das Fernpassiv eine Passivierung des Verbalkomplexes ist, d. h. wenn man dem Satz (43b) die Struktur in (49) zuweist:

(49) weil der Wagen oft [[zu reparieren versucht] wurde]

In (48a,c) liegen keine Verbalkomplexe vor. Das Objekt von *zu reparieren* ist Teil der VP und bekommt deshalb Akkusativ. Die Passive in (48a,c) sind unpersönliche Passive.

Das Fernpassiv ist nicht auf Subjektkontrollverben beschränkt. Komplexere Beispiele können auch mit Objektkontrollverben wie *erlauben* gefunden werden:

(50) a. Keine Zeitung wird ihr zu lesen erlaubt.[74]

      b. Der Erfolg wurde uns nicht auszukosten erlaubt.[75]

Das Passiv der inkohärenten Konstruktion – der Konstruktion, bei der kein Verbalkomplex vorliegt, – ist ein unpersönliches Passiv:

(51) Uns wurde crlaubt, den Erfolg auszukosten.

Aber wie die Beispiele in (50) zeigen, kann das Akkusativobjekt des eingebetteten Verbs wie in den Beispielen mit *versuchen* als Nominativ auftreten. Die Generalisierung ist: In Passivkonstruktionen, in denen ein Verbalkomplex unter das Passivhilfsverb eingebettet ist, wird das Subjekt unterdrückt, und von den verbleibenden Argumenten wird das erste Argument mit strukturellem Kasus zum Subjekt und bekommt Nominativ.

Nach der Besprechung der Kernfälle des Passivs und der Interaktion zwischen Passiv und Verbalkomplexbildung komme ich jetzt zu verschiedenen passivähnlichen Konstruktionen.

17.1.5 Modale Infinitive

Außer in Perfektkonstruktionen kommen *haben* und *sein* auch noch in Verbindung mit *zu*-Infinitiven vor. Die Sätze haben dann eine modale Bedeutung. Die Realisierung der Argumente entspricht bei *zu*-Infinitiv und *haben* einem Aktivsatz (52) und bei *zu*-Infinitiv und *sein* einem Passiv-Satz (53):[76]

---

[74] Stefan Zweig. *Marie Antoinette*. Leipzig: Insel-Verlag. 1932, S. 515, zitiert nach Bech: 1955, 309. Daß in diesem Beispiel ein Fernpassiv vorliegt, hat Askedal (1988, 13) festgestellt.

[75] Haider: 1986b, 110.

[76] Die Beispiele (52) und (53) sind von Bierwisch (1963, 72).

(52)   a. Ihr habt die Angelegenheit zu erledigen.

     b. Ihr müßt die Angelegenheit erledigen.

(53)   a. Die Angelegenheit ist von euch zu erledigen.

     b. Die Angelegenheit wird von euch erledigt.

     c. Die Angelegenheit muß von euch erledigt werden.

Die modale Lesart kann beim *zu*-Infinitiv mit *sein* Sätzen mit *können* (54), *dürfen* (55), *sollen* (56) oder *müssen* (57) entsprechen (Gelhaus: 1977, Kapitel 2).

(54)   Die Tür ist für Hans leicht zu öffnen.

(55)   a. Auf Liebe und Gunst von uns Menschen ist ohnehin nicht sehr zu bauen.[77]

     b. Ein wütender Straußenhahn ist nicht zu unterschätzen.[78]

(56)   zum Schluß wußte niemand, wie das Erntefest zu feiern wäre[79]

(57)   a. Selbstverständlich ist auch eine Verständigungsmöglichkeit durch Sprechfunk vorzusehen.[80]

     b. Er wußte, daß er ... würde sprechen müssen, über Beerdigung, Verwaltungskram, der unweigerlich zu erledigen sein würde.[81]

Das logische Subjekt kann mit *von*, *durch* oder *für* angeschlossen werden.

(58)   Das Ziel wird für ihn nicht zu erreichen gewesen sein.[82]

In der *können*-Lesart wird normalerweise die Präposition *für* verwendet und in der *müssen/sollen*-Lesart eine der Präpositionen *von* und *durch*. Nach Demske-Neumann (1994, 225) findet sich die *von*-PP ausschließlich bei Verben, deren externes Argument agentiv interpretiert werden kann.

Im allgemeinen gibt es für jeden Aktivsatz einen Satz mit *zu*-Infinitiv und *haben* und für jeden Passivsatz einen Satz mit *zu*-Infinitiv und *sein* (Bierwisch: 1963, 72).[83] Man vergleiche die Sätze in (52) und in (53). Die Umkehrung gilt jedoch nicht: Nicht alle Verben, die in modalen Infinitiven mit *sein* vorkommen, haben auch ein Passiv mit *werden*. Das zeigen die folgenden Beispiele, auf die Höhle (1978, 53) hingewiesen hat:

(59)   a. Dagegen ist schwer anzukommen.

     b. * Dagegen wurde angekommen.

     c. Auch für dich ist etwas Brot zu bekommen.

---

[77]Gelhaus: 1977, 72.

[78]Gelhaus: 1977, 69.

[79]Gelhaus: 1977, 74.

[80]Gelhaus: 1977, 56.

[81]Gelhaus: 1977, 56.

[82]Bierwisch: 1963, 72.

[83]Die folgenden Beispiele von Demske-Neumann (1994, 199) scheinen dem zu widersprechen:

(i)   a. Das Licht wird von der Folie reflektiert.

    b. * Das Licht ist von der Folie zu reflektieren.

    d.   * Auch für dich wurde etwas Brot bekommen.

    e.   Der Zeitpunkt war schwer zu erfahren gewesen.

    f.   * Der Zeitpunkt war erfahren worden.

    g.   Karten waren noch lange zu erhalten.

    h.   # Karten wurden erhalten.

Haider (1986a, 17) diskutiert die Beispiele in (60), die ebenfalls zeigen, daß es Modalkonstruktionen mit *sein* gibt, die kein *werden*-Passiv haben:

(60)   a.   * Ein einziges Würstchen wird noch gehabt.

       b.   Ein einziges Würstchen ist noch zu haben.

       c.   * Ihm wird leicht gefallen.

       d.   Ihm ist leicht zu gefallen.

Haider erklärt den Unterschied, indem er annimmt, daß *sein* weniger restriktiv als das Passivhilfsverb *werden* ist: Während *werden* ein Verb verlangt, das seinem logischen Subjekt die Agens-Rolle zuweist, verlangt *sein* keine bestimmte Rollenzuweisung.[84,85]
Die Beispiele in (61) zeigen, daß modale Infinitive mit *sein* mit unakkusativischen Verben nicht gebildet werden können, obwohl modale Konstruktionen mit *haben* möglich sind.[86]

(61)   a.   die Gesetzesvorschrift selbst hat ersatzlos zu entfallen[87]

---

[84]Eine ähnliche Beschränkung formuliert Toman (1986, 375, 382). Er führt die Ungrammatikalität von Passivierungen des Verbs *ankommen* auf die fehlende Agentivität des Subjekts zurück. Seiner Meinung nach ist *werden* für ein Partizip subkategorisiert, das das Merkmal [-stative] hat.

[85]Man beachte, daß diese Erklärung einen weiten Agensbegriff verlangt. Zum Beispiel muß das Subjekt des Verbs *sehen* als Agens eingestuft werden:

    (i)   a.   Er sah den Einbrecher.

         b.   Der Einbrecher wurde gesehen.

Das Subjekt von *sehen* wird jedoch oft als Experiencer bezeichnet (z. B. Devlin: 1992, 190). Dowty (2000, 65) diskutiert englische Beispiele mit *hear* und *believe* und ordnet die im Passiv unterdrückten Argumente ebenfalls als Experiencer ein.
Abraham (2005, 21) bezeichnet das Subjekt von *verlieren* als Source, aber auch ein solches Subjekt kann durch Passivierung unterdrückt werden:

    (ii)   Und ob der Schlüssel verloren wurde, oder die Katze entlaufen ist, man wendet sich als erstes an die Polizei. (Vorarlberger Nachrichten, 26.07.1997, S. A8)

Die Beispiele in (iii) zeigen, daß man auch unbelebte Argumente wie *die Grammatikalisierung* unter Agens fassen muß, wenn man das Passiv von der semantischen Rolle des Subjekts abhängig macht (Müller: 2002b, Kapitel 3.1.2).

    (iii)   a.   Die Schneeflocken beeinflußten meine Entscheidung.

          b.   Meine Entscheidung wurde durch die Schneeflocken beeinflußt.

          c.   Die Grammatikalisierung überlagert sie.

          d.   [...] da sie von der Grammatikalisierung überlagert werden. (Im Haupttext von Kaufmann: 1995, 190)

Hentschel und Weydt (1995, 175) lassen explizit unbelebte Referenten als Agens zu.

[86]Höhles Beispiel (59a) ist ein modaler Infinitiv mit *sein* und einem unakkusativischen Verb. Ich habe keine Erklärung für die Grammatikalität dieses Beispiels.

[87]Die Zeit, 27.12.1985, S. 4.

    b. * Deshalb ist ersatzlos zu entfallen.

    c. Hat er zu gelingen, ist es wichtig, sich selber zu beobachten[88]

    d. * Deshalb ist zu gelingen.

    e. Das hat Ihnen diesmal zu gelingen.

    f. * Ihnen ist diesmal zu gelingen.

    g. Solche wichtigen Sachen haben dir nicht wieder zu entfallen.

    h. * Dir ist leicht zu entfallen.

Weder die intransitiven unakkusativischen Verben in (61a,c) noch die unakkusativischen Verben mit Dativobjekt in (61e,g) erlauben den modalen Infinitiv mit *sein*.

Es gibt also kein klares Bild der Klasse der Verben, die modale Infinitive mit *sein* erlauben: Einige der Verben, die kein Vorgangspassiv erlauben, lassen aber modale Infinitive mit *sein* zu.

Zuletzt soll noch festgehalten werden, daß das modale *sein* nicht unter ein Passivhilfsverb eingebettet werden kann:

(62)   * Dieser Wagen ist von ihnen bis morgen repariert zu werden.[89]

17.1.6 *lassen*-Passiv

In diesem Abschnitt werden Passivformen mit *lassen* diskutiert. Der Satz in (63a) entspricht einem persönlichem Passiv, und die in (63b,c) entsprechen unpersönlichen Passiven.[90]

(63)   a. Er läßt den Wagen (von einem Fachmann) reparieren.

          b. Der Vater läßt der Mutter (vom Sohn) helfen.

          c. Die Regierung läßt der Toten (vom Volke) gedenken.

Das logische Subjekt der Verben *reparieren*, *helfen* und *gedenken* wird unterdrückt, kann aber mittels einer passivtypischen PP realisiert werden.

Das Verb *lassen* hat eine kausative und eine permissive Lesart:

(64)   a. Der Mann läßt den Fachmann den Wagen reparieren.

          b. Die Mutter ließ das Schnitzel anbrennen.[91]

          c. Peter ließ es regnen.

In der kausativen Lesart verursacht/bewirkt das Subjekt von *lassen*, daß etwas geschieht, in der permissiven Lesart läßt das Subjekt zu, daß etwas geschieht. Je nach Kontext ist in Aktivsätzen sowohl die kausative als auch die permissive Lesart möglich. (Zur Diskussion von (64c) siehe auch Seite 267.) In *lassen*-Passiv-Konstruktionen hat *lassen* normalerweise die kausative Lesart. Reis (1976a, 13) hat jedoch festgestellt, daß die permissive Lesart ebenfalls möglich ist, wenn das Subjekt des eingebetteten Verbs ein Reflexivum ist.

---

[88]St. Galler Tagblatt, 23.10.1998, Ressort: TB-ARB; Wo bleibt die Paar-Beziehung?

[89]Wilder: 1990, 2.

[90]Die Beispiele in (63b,c) stammen von Reis (1976a, 19).

[91]Reis: 1976a, 13.

(65) a. Der Sänger ließ sich schließlich, um endlich seine Ruhe zu haben, von seinen
          Verehrerinnen abküssen.[92]

      b. Gerhard Schröders Doppelgänger mußte sich in Abwesenheit des Originals die
          Leviten lesen lassen.[93]

      c. sich vom Wind streicheln und sich von der feinen Gischt erfrischen zu lassen[94]

Die Beispiele in (66) zeigen, daß das *lassen*-Passiv nicht mit allen Verben möglich
ist, die ein Vorgangspassiv zulassen (Reis: 1976a, 20). Daß das *lassen*-Passiv nur mit einer
echten Teilmenge der Verben, die ein Vorgangspassiv bilden, möglich ist, liegt wahrscheinlich an zusätzlichen semantischen Restriktionen des Verbs *lassen*.

(66) a. Es wurde geglaubt, den Kindern nicht mehr helfen zu können.

      b. * Er ließ (von allen) glauben, den Kindern nicht mehr helfen zu können.

In (67a) liegt eine permissive Lesart vor, die beim *lassen*-Passiv ausgeschlossen ist. Deshalb ist die Einbettung von *glauben* in *lassen*-Passiv-Konstruktionen nicht möglich.

(67) a. Er ließ alle die Geschichte glauben.

      b. * Er ließ die Geschichte (von allen) glauben.

Wie auch das Vorgangspassiv ist das *lassen*-Passiv mit expletiven Prädikaten nicht möglich:

(68) * Karl läßt regnen.

Die Einbettung von Vorgangspassiven unter *lassen* ist nicht möglich, wie Wilder (1990, 3)
festgestellt hat:

(69) a. Er läßt den Wagen von ihnen reparieren.

      b. * Er läßt den Wagen von ihnen repariert werden.

17.1.7 Passivierung unakkusativischer Verben

Der Vollständigkeit halber sollen auch Beispiele wie die Sätze in (70) nicht unerwähnt
bleiben. Diese Beispiele zeigen, daß auch als unakkusativisch einzuordnende Verben unter
Umständen passivierbar sind:

(70) a. Doch im Gleimtunnel wurde schon aus merkwürdigeren Gründen gestorben.[95]

      b. Wann darf gestorben werden?[96]

      c. Gestorben wird immer, eingeäschert und beerdigt immer öfter anderswo. Eine
          Besichtigungsfahrt ins Krematorium von Vysočany in Tschechien – und ein
          Einblick in unsere Zukunft als Leichen[97]

      d. Ein Berlin wie in den zwanziger Jahren, in dem gehurt, gesoffen und geschei-
          tert wird – und der Mann im Chefredaktionsbüro so aussieht, als würde er
          dabei ordentlich mittun.[98]

---

[92]Reis: 1976a, 13.

[93]Mannheimer Morgen, 05.03.1999, Politik; „Derblecken" auf dem Nockherberg.

[94]Mannheimer Morgen, 03.08.1998, Sport; „Fun" beim Sport: Mit Windsurfen fing alles an.

[95]taz berlin, 04.10.1996, S. 26.

[96]Überschrift eines Artikels über Sterbehilfe, taz, taz-mag, 09./10.10.1999, S. VI.

[97]taz, 29.04.2004, S. 13. Zu vier weiteren Beispielen siehe taz, 25./26.11.2006 zum Friedhofssterben in Berlin.

[98]Spiegel, 36/1999, S. 36.

    e.   Beim Anblick eines Exhibitionisten sei heftig geatmet, reihenweise in Ohnmacht gefallen und mit zarter Stimme „Schutzmann" gerufen worden.[99]

Nach Růžička (1989, 350) werden mit solchen Äußerungen spezifische pragmatische bzw. rhetorische Praktiken verfolgt. Diese Äußerungen haben direktive Zwecke (71a) oder ironisch-fatalistische Nuancen (71b).

(71)   a.   ? Hier wird dageblieben und nicht verschwunden.

         b.   Hier wird nur gestorben.

         c.   ? Hier wird nicht angekommen, sondern nur abgefahren.

Sie können allgemeine (71c) oder schicksalhafte (71b) Bestimmung konstatieren, der etwas unterworfen ist. Wunderlich (1985, 205) zählt Sätze wie (71a) ebenfalls zu den idiomatischen Wendungen für Verbote. Wenn diese Passivierungen nur mit einer bestimmten Bedeutung auftreten, ist es gerechtfertigt, diese Konstruktionen gesondert zu behandeln und einen speziellen Lexikoneintrag für *werden* zu verwenden, der die Einbettung unakkusativischer Verben bei entsprechender Interpretation erlaubt.[100] Auf diese Fälle gehe ich im Analyse-Abschnitt nicht mehr ein.

17.1.8 Agensausdrücke

Die Frage, ob Agensausdrücke wie die *von*-PP in (72) als Argumente oder Adjunkte behandelt werden sollen, wurde in der Literatur verschieden beantwortet: Als Argument behandeln die Präpositionalphrase z. B. Heringer (1973, 181), Bresnan (1982b), Pollard und Sag (1987), Manning und Sag (1998) und Müller (1999a, Kapitel 15.3). Höhle (1978, 161), Sadziński (1987), von Stechow (1990, 174), Zifonun (1992, 255), Lieb (1992, 181), Wunderlich (1993, 740), Müller (2003c) und Gunkel (2003, 65) behandeln Agensausdrücke als Adjunkte.

(72)   Er wurde von ihr geküßt.

Es gibt für beide Sichtweisen gute Argumente: Die Agensausdrücke füllen die Agens-Rolle eines Verbs. Die einfachste Art, diese Beziehung auszudrücken, ist anzunehmen, daß Agensausdrücke von ihrem Verb abhängen. Die Syntax-Semantik-Verbindung kann dann im Lexikoneintrag für das Verb oder im Lexikoneintrag für das Hilfsverb, das ja – wenn man eine Verbalkomplexanalyse annimmt – Zugriff auf die Argumente des Hauptverbs hat, stattfinden.

---

[99]taz, 27.06.2003, S. 20.

[100]Im folgenden Beispiel von Faucher (1987, 119) liegt keine solche abweichende Lesart vor.

   (i)   Es konnte ihm nicht entgehen, daß ihm von Reiff und Duquesde, ganz besonders aber von Gruzynski mit einer vornehm ablehnenden Kühle begegnet wurde. (Th. Fontane, *L'Adultera*, NTA-6, 1969, S. 75)

In (i) scheint jedoch trotz der Perfektbildung mit *sein* ein nicht unakkusativisches Verb vorzuliegen, das homonym zum *begegnen* mit der Bedeutung *treffen* ist. Die Passivierung des letzteren ist auch wie erwartet ausgeschlossen.

   (ii)   a.   * Ihm wurde (von Gruzynski) begegnet.

          b.   * Er bekam begegnet.

Will man eine Grammatik entwickeln, in der es nur einen Lexikoneintrag für das Partizip gibt, so kann der Agensausdruck nicht vom Partizip selegiert sein, da in Perfektkonstruktionen wie (73a) keine *von*-PP vorkommt.[101]

(73)   a. Er hat den Weltmeister geschlagen.

       b. Der Weltmeister wurde von ihm geschlagen.

Man müßte demzufolge annehmen, daß die *von*-PP vom Passivhilfsverb selegiert wird. Davon bin ich in Müller: 1999a, 288 ausgegangen. Wie ich aber selbst festgestellt habe, ist eine solche Selektion problematisch, da die Agensausdrücke zusammen mit dem Partizip, aber ohne Hilfsverb im Vorfeld stehen können:

(74)   Von Grammatikern angeführt werden auch Fälle mit dem Partizip intransitiver Verben [...][102]

Diese Daten kann man nicht erklären, wenn man annehmen will, daß *von Grammatikern angeführt* eine Konstituente mit *angeführt* als Kopf bildet, *von Grammatikern* aber von *werden* abhängt.[103] Es bleibt also nur die Möglichkeit, den Agensausdruck als Adjunkt (des Partizips) zu behandeln.

Selbst Autoren, die einen separaten Eintrag für das Partizip in Passivkonstruktionen annehmen, behandeln die Agensausdrücke mitunter als Adjunkte. So argumentiert z. B. Zifonun (1992, 255), daß die *von*-Phrase optional und nicht verbspezifisch ist, und behandelt sie deshalb ebenfalls als Adjunkt.

Höhle (1978, Kapitel 7) hat darauf hingewiesen, daß das Agens nicht nur durch *von*-Phrasen ausgedrückt werden kann. Vielmehr werden allgemeine Inferenzmechanismen und Bezugnahme auf Weltwissen benutzt, um das Agens zu ermitteln. Exemplarisch soll hier das folgende Beispiel von Höhle (1978, 148) diskutiert werden:

(75)   Der Verletzte wurde zwischen zwei Sanitätern zum Krankenwagen gebracht.

(75) legt nahe, daß die Sanitäter den Verletzten zum Krankenwagen gebracht haben. Beispiele wie (76a) sind semantisch abweichend, da das Agens sowohl durch die *von*-PP als auch innerhalb der lokativen PP ausgedrückt zu sein scheint.

(76)   a. # Der Verletzte wurde von Karl zwischen zwei Sanitätern zum Krankenwagen gebracht.

       b. Der Verletzte wurde von Karl zwischen zwei Ziegenböcken zum Krankenwagen gebracht.

---

[101]Man könnte natürlich behaupten, daß der Agens-Ausdruck vom Partizip selegiert wird und daß das Perfekthilfsverb dann dafür sorgt, daß das Subjekt als NP und nicht als eine *von*-PP realisiert wird. Eine solche Analyse ist jedoch abwegig, da es Verben gibt, die ein Perfekt mit *haben* bilden, jedoch kein Passiv zulassen.

   (i)   a.   Ihm hat vor der Prüfung gegraut.

         b.   * Ihm wurde vor der Prüfung gegraut.

Man brauchte also zwei verschiedene *haben*.

[102]Im Haupttext von Askedal: 1984, 28 zu finden.

[103]Man könnte sich auf eine scheinbar mehrfache Vorfeldbesetzung nach dem Muster von (25) auf Seite 7 herausreden. Die Sätze in (74) sind jedoch von ihrer Intonation und ihrer Informationsstruktur her anders als die scheinbar mehrfache Vorfeldbesetzung.

Ich werde also im folgenden Abschnitt die Agensausdrücke als Adjunkte behandeln. Da die *von*-PPen, die beim Passiv als Agensausdruck auftreten, keine eigene Bedeutung haben und ohnehin besonders zu behandeln sind, ist es auch gerechtfertigt, die Spezifikation der PPen so vorzunehmen, daß die Verbindung zur Agensrolle des Hauptverbs hergestellt wird und das Füllen der Agensrolle nicht Inferenzmechanismen und/oder Weltwissen überlassen werden muß.

17.2 Die Analyse

In HPSG-Grammatiken für das Englische wurden lexikonbasierte Analysen des Passivs vorgeschlagen, die zwei Lexikoneinträge für die Partizipformen annehmen: einen für das Partizip Perfekt und einen für das Partizip Passiv. Diese Einträge stehen über eine Lexikonregel zueinander in Beziehung (Pollard und Sag: 1987, 214–218). Entsprechende Vorschläge sind auch aus anderen theoretischen Frameworks bekannt (siehe Literaturhinweise am Ende dieses Kapitels). Eine Alternative zu solchen Ansätzen wurde von Haider (1986a) vorgeschlagen, der nur eine Repräsentation für das Partizip II annimmt.[104] Die Hilfsverben haben Zugriff auf die Argumente der eingebetteten Partizipien und legen fest, welche der Argumente syntaktisch realisiert werden. Viele Autoren, die im Rahmen der HPSG arbeiten, haben Haiders Vorschläge aufgegriffen (Kathol: 1991, 1994, Heinz und Matiasek: 1994, Lebeth: 1994, Pollard: 1994, Ryu: 1997, Müller: 1999a, 2002a, Gunkel: 2003). Der Vorteil solcher Anhebungsanalysen ist, daß ein einziger Eintrag für das Partizip II zur Analyse des Perfekts und des Passivs ausreicht. Das Hilfsverb für das Perfekt (77a), Passiv (77b) oder Dativpassiv (77c) zieht die Argumente des eingebetteten Partizips *geschenkt* auf eine Weise an, die der jeweiligen Konstruktion entspricht.

(77)   a. Der Mann hat den Ball dem Jungen geschenkt.

   b. Der Ball wurde dem Jungen geschenkt.

   c. Der Junge bekam den Ball geschenkt.

Beim Vorgangspassiv (77b) wird das logische Subjekt des Hauptverbs unterdrückt und das Akkusativobjekt wird als Nominativ realisiert. Beim Dativpassiv in (77c) wird das Dativobjekt zum Subjekt.

Bei Infinitiven im Futur (78a), bei AcI-Konstruktionen (78b), beim Kausativpassiv (78c) und bei der Medialkonstruktion (78d) gibt es ebenfalls keine morphologischen Unterschiede, obwohl der Infinitiv in vielen verschiedenen syntaktischen Umgebungen mit unterschiedlichen Argumentrealisierungen verwendet wird:

(78)   a. weil ein Mechaniker den Wagen reparieren wird

   b. weil Karl einen Mechaniker den Wagen reparieren läßt

   c. weil Karl den Wagen (von einem Mechaniker) reparieren läßt

   d. weil sich der Wagen nicht reparieren läßt

In (78a) übernimmt das Hilfsverb die Argumente des eingebetteten Verbs, ohne die Realisierung der Argumente zu beeinflussen, d. h. die Argumente haben die Form, die sie in einem Satz mit finitem Hauptverb auch hätten. In (78b) wird das Subjekt von *reparieren*

---

[104]Siehe auch Bech: 1955, 37 für eine frühe Anhebungsanalyse.

als Objekt von *lassen* realisiert und bekommt Akkusativ. Die Beispiele in (78c,d) kann man ähnlich wie die in (77b) als Objekt-zu-Objekt-Anhebung bzw. Objekt-zu-Subjekt-Anhebung analysieren (Bierwisch: 1990, 191; Gunkel 1999, 151; 2003, Kapitel 4.4.2). Daß das logische Subjekt von *reparieren* beim *lassen*-Passiv in (78c) und in Medialkonstruktionen wie (78d) unterdrückt wird, ist in den entsprechenden Lexikoneinträgen von *lassen* kodiert.

Bevor die Details der Analyse der Sätze in (77) und (78) erörtert werden, muß ich noch eine Vorbemerkung zur Kennzeichnung unakkusativischer Verben machen: Wie in Abschnitt 17.1.1 gezeigt wurde, haben die sogenannten unakkusativischen Verben Subjekte, die sich wie Objekte verhalten. Aus verschiedenen Gründen, die wir gleich kennenlernen werden, möchte man das Element, das Subjekteigenschaften hat, syntaktisch speziell hervorheben und gesondert behandeln. Haider (1986a), der im Framework der GB arbeitet, hat vorgeschlagen, das Argument des Verbs mit Subjekteigenschaften – das sogenannte designierte Argument – in der Argumentstruktur des Verbs speziell zu markieren. Bei unergativischen und transitiven Verben entspricht das Subjekt dem designierten Argument, bei unakkusativischen Verben gibt es kein designiertes Argument. Ich folge Heinz und Matiasek (1994) und Lebeth (1994), die ein listenwertes Merkmal DA zur Repräsentation des designierten Arguments verwenden. Wenn es ein designiertes Argument gibt, ist dieses sowohl Element der SUBCAT-Liste als auch der DA-Liste. Die folgende Aufzählung gibt einige prototypische Beispiele:

(79)   DA   SUBCAT

   a. ankommen (unakkusativisch):   ⟨⟩   ⟨ NP[*str*] ⟩

   b. tanzen (unergativisch):   ⟨ 1 ⟩   ⟨ 1 NP[*str*] ⟩

   c. auffallen (unakkusativisch):   ⟨⟩   ⟨ NP[*str*], NP[*ldat*] ⟩

   d. lieben (transitiv):   ⟨ 1 ⟩   ⟨ 1 NP[*str*], NP[*str*] ⟩

   e. schenken (ditransitiv):   ⟨ 1 ⟩   ⟨ 1 NP[*str*], NP[*str*], NP[*ldat*] ⟩

   f. helfen (unergativisch):   ⟨ 1 ⟩   ⟨ 1 NP[*str*], NP[*ldat*] ⟩

   g. regnen (unergativisch):   ⟨ 1 ⟩   ⟨ 1 NP[*str*] ⟩

Die unakkusativischen Verben *ankommen* und *auffallen* haben die leere Liste als DA-Wert. Die unergativischen und transitiven Verben haben ihr logisches Subjekt in der DA-Liste. Man beachte, daß intransitive Verben wie *ankommen* und *tanzen* und Verben wie *auffallen* und *helfen*, die ein Dativobjekt verlangen, nicht anhand der Argumente, die sie verlangen, unterschieden werden können. D. h. *ankommen* und *tanzen* verlangen jeweils eine NP im Nominativ und *auffallen* und *helfen* verlangen eine Nominativ-NP und eine Dativ-NP. Theorien, die sich nur auf Valenz beziehen, können also den Unterschied zwischen diesen Verben in bezug auf Passivierbarkeit nicht erklären.

Die Annahme eines designierten Arguments für *regnen* muß noch erklärt werden: Die im Abschnitt 17.1.1 diskutierten Tests greifen zum Teil nicht, da Phrasen wie die in (80) ohnehin ausgeschlossen sind, da das Subjekt ein Expletivum ist:

(80)   a. * Heute wurde geregnet.

       b. * das geregnete Kind/es

Der Test mit den Resultativkonstruktionen läßt sich jedoch anwenden, und wie man sieht, muß ein Resultativum über ein Objekt und nicht über das *es* prädizieren (siehe auch die Beispiele in (27)):

(81) Es regnete die Stühle naß.[105]

Für andere Verben, die ein Subjekt haben, das keine semantische Rolle zugewiesen bekommt (Anhebungsverben), nehme ich an, daß der DA-Wert immer die leere Liste ist.

17.2.1 Vorgangspassiv

Wie schon erwähnt, hat Haider eine Analyse vorgeschlagen, die das designierte Argument beim Partizip blockiert. Wird das Partizip in Passivkonstruktionen verwendet, bleibt das designierte Argument blockiert, wird es in Perfektkonstruktionen verwendet, deblockiert das Perfekthilfsverb das blockierte Element. Für die Lizenzierung des Partizips nehme ich die folgende Lexikonregel an, die die Lexikoneinträge in (83) lizenziert.

(82) Argumentblockierungslexikonregel für Partizipien:

$$
\begin{bmatrix} \text{SYNSEM|LOC|CAT} \begin{bmatrix} \text{HEAD} \begin{bmatrix} \text{DA } \boxed{1} \\ verb \end{bmatrix} \\ \text{SUBCAT } \boxed{1} \oplus \boxed{2} \end{bmatrix} \\ stem \end{bmatrix} \mapsto
$$

$$
\begin{bmatrix} \text{SYNSEM|LOC|CAT} \begin{bmatrix} \text{HEAD} \begin{bmatrix} \text{VFORM } ppp \\ \text{SUBJ } \boxed{1} \\ verb \end{bmatrix} \\ \text{SUBCAT } \boxed{2} \end{bmatrix} \\ word \end{bmatrix}
$$

Diese Lexikonregel teilt die SUBCAT-Liste des Eingabezeichens in zwei Teile: Den Teil, der der DA-Liste entspricht ($\boxed{1}$), und einen Rest ($\boxed{2}$). Nur der Rest wird zur SUBCAT-Liste des Ausgabezeichens. Da ein eventuelles Element der DA-Liste nicht in der SUBCAT-Liste des Ausgabezeichens enthalten ist, kann es in Projektionen des Partizips auch nicht realisiert werden, denn die Dominanzschemata kombinieren nur Köpfe mit Elementen aus der SUBCAT- bzw. SPR-Liste des jeweiligen Kopfes (siehe Kapitel 16.2.1 zum Status des SUBJ-Merkmals). (83) zeigt die Ausgabe der Regel für die Verben in (79). Die DA-Liste wird mit der SUBJ-Liste des Ausgabeverbs identifiziert.

Die Lexikonregel in (82) erwähnt den DA-Wert in der Ausgabe der Lexikonregel nicht. Es ist aber wichtig, daß der DA-Wert im Ausgabezeichen ebenfalls enthalten ist, da der DA-Wert dann für die Analyse der Agensausdrücke von adjektivisch verwendeten Partizipien gebraucht wird (siehe Abschnitt 17.2.7). Nach der Konvention, die im Kapitel 7.2 erklärt wurde, sind Werte von Merkmalen, die im Output einer Lexikonregel nicht erwähnt werden, identisch mit den Werten im Input der Lexikonregel.

Der Lexikoneintrag in (84) zeigt das Passivhilfsverb:[106]

---

[105]Wunderlich: 1997a, 118.
[106]Siehe auch Heinz und Matiasek: 1994, 224 zu einem ähnlichen Eintrag.

(83)		SUBJ	SUBCAT
a.	angekommen (unakkusativisch):	$\langle\rangle$	$\langle \text{NP}[str]\rangle$
b.	getanzt (unergativisch):	$\langle \text{NP}[str]\rangle$	$\langle\rangle$
c.	aufgefallen (unakkusativisch):	$\langle\rangle$	$\langle \text{NP}[str], \text{NP}[ldat]\rangle$
d.	geliebt (transitiv):	$\langle \text{NP}[str]\rangle$	$\langle \text{NP}[str]\rangle$
e.	geschenkt (ditransitiv):	$\langle \text{NP}[str]\rangle$	$\langle \text{NP}[str], \text{NP}[ldat]\rangle$
f.	geholfen (unergativisch):	$\langle \text{NP}[str]\rangle$	$\langle \text{NP}[ldat]\rangle$
g.	geregnet (unergativisch):	$\langle \text{NP}[str]\rangle$	$\langle\rangle$

(84) *werden* (Passivhilfsverb):

$$\begin{bmatrix} \text{HEAD}|\text{DA} & \langle\rangle \\ \text{SUBCAT} & \boxed{1} \oplus \langle\, V[ppp, \text{LEX+}, \text{DA}\, \langle\, \text{NP}_{ref}\rangle, \text{SUBCAT}\, \boxed{1}]\,\rangle \end{bmatrix}$$

Das Passivhilfsverb verlangt ein Partizip, das ein designiertes Argument (ein Element in der DA-Liste) hat. Das schließt die Passivierung unakkusativischer Verben aus, da diese kein Element in DA haben. Da vom DA-Element verlangt wird, daß es referentiell ist (Der Index der NP ist vom Typ *ref*.), sind Passivierungen von Verben wie *regnen*, die ein expletives Subjekt haben, ausgeschlossen.

Der Lexikoneintrag in (84) kann sowohl das persönliche als auch das unpersönliche Passiv erklären: Wenn *wird* mit *getanzt* oder *geholfen* kombiniert wird, bekommt man einen Verbalkomplex, der kein Argument selegiert (*getanzt wird*), oder einen, der ein Dativobjekt verlangt (*geholfen wird*). Da der Dativ ein lexikalischer Kasus ist, selegiert der Verbalkomplex kein Element mit strukturellem Kasus, weshalb eine subjektlose Konstruktion vorliegt, d. h. eine Instanz des unpersönlichen Passivs. Wenn wir *geliebt* oder *geschenkt* mit *wird* kombinieren, bekommen wir einen Verbalkomplex mit einer Valenzliste, die eine NP mit strukturellem Kasus enthält. Dieses Element bekommt vom auf Seite 224 angegebenen Kasusprinzip Nominativ zugewiesen, weshalb wir dann ein persönliches Passiv haben.

Nachdem ich gezeigt habe, wie das persönliche und das unpersönliche Passiv erklärt werden kann, soll noch diskutiert werden, wodurch Doppelpassivierungen wie in (85c) ausgeschlossen sind.

(85) a. weil er den Film liebt

b. weil der Film geliebt wurde

c. * weil geliebt worden wurde

Der Satz in (85b) ist das persönliche Passiv von (85a). Ohne Beschränkungen für die Passivierung könnte man zu (85b) ein unpersönliches Passiv bilden, das dann (85c) entspräche. (85c) ist jedoch durch die Spezifikation des DA-Wertes im Lexikoneintrag des Passivhilfsverbs in (84) ausgeschlossen. Der DA-Wert des Passivhilfsverbs ist die leere Liste. Deshalb ist das Ergebnis der Kombination des Hilfsverbs mit dem Partizip parallel zu unakkusativischen Simplexverben. Da die Einbettung unakkusativischer Verben unter das Passivhilfsverb durch die Spezifikation der Valenz des Passivhilfsverbs ausgeschlossen ist, kann auch der unakkusativische Verbalkomplex *geliebt worden* nicht unter das Passivhilfsverb *wurde* in (85c) eingebettet werden.

Im Gegensatz zum Passivhilfsverb in (84) deblockiert das Perfekthilfsverb in (86) das designierte Argument. Es macht die Verknüpfung des SUBJ-Wertes und der SUBCAT-Liste des eingebetteten Partizips zu seinem eigenen SUBCAT-Wert.

(86) *haben* (Perfekthilfsverb):
$$\begin{bmatrix} \text{HEAD|DA} & \langle\rangle \\ \text{SUBCAT} & \boxed{1} \oplus \boxed{2} \oplus \langle\ V[\textit{ppp}, \text{LEX+}, \text{SUBJ}\ \boxed{1}, \text{SUBCAT}\ \boxed{2}]\ \rangle \end{bmatrix}$$

Das blockierte designierte Argument – das ja wegen der Lexikonregel (82) in der SUBJ-Liste der Partizipform repräsentiert ist – wird also vom Hilfsverb wieder in die SUBCAT-Liste aufgenommen.[107] Wenn der SUBJ-Wert des eingebetteten Verbs die leere Liste ist, d. h. wenn ein subjektloses Verb unter *haben* eingebettet wird, dann wird zur SUBCAT-Liste des eingebetteten Verbs nichts hinzugefügt ($\boxed{1} = \langle\rangle$). Da auch nichts blockiert wurde, ist das genau das, was erwünscht ist: Im Perfekt werden alle Argumente realisiert. Das Hilfsverb ist ein Anhebungsverb, d. h. im Lexikoneintrag sind keinerlei Restriktionen in bezug auf ein anzuhebendes Subjekt formuliert. Somit können auch Verben mit expletivem Subjekt und subjektlose Verben unter *haben* eingebettet werden.

(87) a. Es hat geregnet.

     b. Dem Student hat vor der Prüfung gegraut.

Man beachte, daß (87b) ausgeschlossen ist, wenn man verlangt, daß das unter *haben* eingebettete Verb seinem Subjekt eine semantische Rolle zuweist, wie das z. B. von Stechow (1990, 183) vorschlägt. Von Stechow kritisiert Haiders Ansatz (Deblockade eines blockierten Arguments). Sein Versuch, die Beschränkungen mit Bezug auf Rollenzuweisung zu formulieren, ist jedoch nicht äquivalent zu Haiders Ansatz. Bei Haider gibt es die Möglichkeit, daß nichts blockiert wurde, also auch nichts deblockiert werden muß,[108] von Stechows Beschränkung schließt dagegen sowohl (87a) als auch (87b) aus. Für Wetterverben wird mitunter angenommen, daß sie dem Expletivum eine sogenannte Quasi-Argumentrolle zuweisen. Bei *grauen* müßte man etwas Ähnliches annehmen, um von Stechows Analyse retten zu können. Die Konsequenz wäre dann, daß *grauen* sowohl einem leeren Element als auch einem Expletivum eine Rolle zuweisen könnte, da auch Sätze wie (88) möglich sind:

(88) Dem Student hat es vor der Prüfung gegraut.

Wetterverben könnten aber nur dem Expletivum eine Rolle zuweisen, ein leeres Element ist als Subjekt nicht erlaubt. Wie schon auf Seite 51 gesagt, denke ich, daß Analysen, die

---

[107] Es mag hier verwunderlich erscheinen, daß auf den SUBJ-Wert des eingebetteten Verbs und nicht auf den DA-Wert Bezug genommen wird. Der Grund hierfür ist, daß man bei der Bezugnahme auf den SUBJ-Wert über das Perfekthilfsverb *haben* und das *haben* in Konstruktionen mit modalem Infinitiv (siehe Abschnitt 17.2.3) generalisieren kann. Die CAT-Werte der beiden Hilfsverben entsprechen (86). Die jeweiligen Konstruktionen unterscheiden sich nur in der Semantik und in der Art, wie die Form des infiniten Verbs gebildet wird.

[108] Haider (1984a, 28; 1986a, 10) macht die Auxiliarselektion allerdings explizit an dem Vorhandensein eines designierten Arguments fest. Verben mit designiertem Argument nehmen *haben*, Verben ohne designiertes Argument nehmen *sein*. Er muß also annehmen, daß *grauen* ein leeres Subjekt hat, das das designierte Argument ist, da er sonst als Auxiliar *sein* vorhersagen würde.

davon ausgehen, daß Wetterverben dem Expletivum eine Quasi-Rolle zuweisen, syntaktische Fakten unzulässigerweise in die Semantik verschieben.

Das Perfekthilfsverb *sein* ähnelt *haben*. Es unterscheidet sich lediglich in der Deblokkierung des designierten Arguments des eingebetteten Partizips: Der SUBJ-Wert des eingebetteten Verbs wird nicht mit dem SUBCAT-Wert verknüpft, nur die in SUBCAT repräsentierten Argumente (①) werden zu Argumenten des Hilfsverbs angehoben:

(89)   *sein* (Perfekthilfsverb):

$$\begin{bmatrix} \text{HEAD}|\text{DA} & \langle\rangle \\ \text{SUBCAT} & ① \oplus \langle\, \text{V}[\textit{ppp},\ \text{LEX+},\ \text{SUBCAT}\ ①]\,\rangle \end{bmatrix}$$

Da bei der Partizipbildung mit unakkusativischen Verben wie *angekommen* und *aufgefallen* nichts blockiert wurde, muß auch nichts deblockiert werden. Wie wir im Abschnitt 17.2.3 sehen werden, ist der Eintrag für das *sein* mit modalen Infinitiven völlig parallel: Blockierte Argumente werden nicht deblockiert.

Man beachte, daß man mit diesem Lexikoneintrag die im Abschnitt 17.1.1 diskutierten Beispiele in (18) und (19) – hier als (90) wiederholt – nicht analysieren kann.

(90)   a.   „Wir sind eine vertragliche Verpflichtung eingegangen, und zu dieser stehen wir" [...][109]

        b.   Für jeden Job, [...] bei dem Verantwortung übernommen werden oder hin und wieder gar ein Kompromiss eingegangen werden muß, ist der ehemalige Finanzminister absolut ungeeignet.[110]

(91)   a.   „Wären wir beim Ocean Race so gesegelt, wie wir die Kampagne um den America's Cup angegangen sind, hätten wir das Ziel nicht erreicht", musste er eingestehen.[111]

        b.   Ob die finanziell aufwendige Restaurierung nun tatsächlich angegangen wird oder ob die Wandmalereien lediglich fachgerecht konserviert werden, hat der Heidelberger Gemeinderat demnächst zu entscheiden.[112]

Die a-Beispiele zeigen, daß das Perfekt mit *sein* gebildet wird, und die b-Beispiele zeigen, daß die Verben eine Passivierung erlauben. Zeichnet man das Subjekt von *angehen* und *eingehen* als designiertes Argument aus, sollte es beim Partizip blockiert sein und in der Perfektkonstruktion deblockiert werden. Nur *haben* deblockiert Argumente. Entscheidet man sich dafür, kein Argument zum designierten Argument zu machen, sollte das Passiv ausgeschlossen sein. Der einzige Ausweg aus diesem Dilemma scheint die Stipulation eines zusätzlichen Eintrags für *sein* zu sein, der dem Eintrag von *haben* in (86) gleicht und der mit Ausnahmeverben wie *angehen* und *eingehen* kombiniert werden kann.

Interessanterweise kommt die hier vorgestellte Analyse mit den folgenden Daten zurecht:

(92)   a.   Die Nase gebrochen wurde dem Boxer schon zum zweiten Mal.[113]

---

[109]taz, 6.3.2002, S. 9.

[110]taz, 28.05.2002, S. 14.

[111]taz Hamburg, 11.6.2002, S. 24.

[112]Mannheimer Morgen, 20.01.1989.

[113]Lühr: 1984, 386.

b. Zwei Männer erschossen wurden während des Wochenendes.[114]

Das Subjekt von *gebrochen* bzw. *erschossen* wird durch die Argumentblockierungsregel blockiert. Das Objekt ist damit das erste Element in der SUBCAT-Liste der entsprechenden Verben. Das Passivhilfsverb deblockiert kein Element, es verlangt lediglich, daß das eingebettete Verb ein referentielles designiertes Argument hat, wo die anderen Argumente realisiert werden, wird vom Passivauxiliar nicht vorgeschrieben. Das zugrundeliegende Objekt kann also mit dem Partizip im Vorfeld oder wie in (93) im Mittelfeld realisiert werden:

(93) a. Erschossen wurden zwei Männer während des Wochenendes (nicht erstochen).

  b. Während des Wochenendes wurden zwei Männer erschossen.

Das folgende unakkusativische Verb zeigt, daß diese Verben sich parallel zu den Passiven verhalten:

(94) Kein Kraut gewachsen ist allerdings dagegen, dass zum Beispiel Suchmaschinendienste wie Google Ranking-Eintragungen nach hinten rutschen lassen, wenn [...][115]

Da das Verb *gewachsen* kein designiertes Argument hat, wird das Subjekt *kein Kraut* nicht blockiert. Es ist also das erste Element der SUBCAT-Liste und kann als solches zusammen mit dem Partizip im Vorfeld stehen. Das Perfekthilfsverb *sein* deblockiert kein Argument, in (94) werden lediglich die Argumente aus der SUBCAT-Liste des eingebetteten Verbs angezogen, die noch nicht im Vorfeld realisiert wurden.

17.2.2 Dativpassiv

Das Dativpassiv kann wie das Vorgangspassiv über Argumentanziehung erklärt werden. Wie im Abschnitt 17.1.3 gezeigt wurde, ist das Dativ-Passiv mit unakkusativischen Verben nicht möglich. Der folgende Lexikoneintrag verlangt, daß das eingebettete Verb ein designiertes Argument hat. Deshalb werden Dativ-Passive von unakkusativischen Verben von der Grammatik nicht zugelassen:

(95) *bekomm-* (Dativpassivhilfsverb):

$$
\begin{bmatrix}
\text{HEAD|DA} \ \langle \, \rangle \\
\\
\text{SUBCAT} \quad \left\langle \, \text{NP}[str]_{\boxed{1}} \right\rangle \oplus \boxed{2} \oplus \boxed{3} \oplus \left\langle \begin{array}{l} \text{V}[ppp, \text{LEX+}, \text{DA} \ \langle \, \text{NP}_{ref} \, \rangle, \\ \\ \text{SUBCAT} \ \boxed{2} \oplus \left\langle \, \text{NP}[ldat]_{\boxed{1}} \right\rangle \oplus \boxed{3}] \end{array} \right\rangle
\end{bmatrix}
$$

Das Subjekt des Dativ-Passiv-Hilfsverbs ist mit dem Dativargument des eingebetteten Verbs koindiziert. Alle Elemente der SUBCAT-Liste des eingebetteten Verbs mit Ausnahme des Dativobjekts, das zum Subjekt wird, werden in die SUBCAT-Liste von *bekommen* angehoben ($\boxed{2} \oplus \boxed{3}$). Das Dativobjekt kann nicht direkt angehoben werden, da der Dativ ein lexikalischer Kasus ist und somit mit dem Kasuswert, den das Subjekt im Dativpassiv haben muß, unverträglich ist.

---

[114]Webelhuth: 1985, 210.
[115]c't, 9/2005, S. 93.

Der Lexikoneintrag in (95) weicht von dem von Heinz und Matiasek (1994, 228) vorgeschlagenen ab: In (95) wird nicht verlangt, daß die SUBCAT-Liste des eingebetteten Verbs
mit einer NP mit strukturellem Kasus anfängt. Wie im Abschnitt 17.1.3 gezeigt wurde, ist
das Dativpassiv nicht auf Verben beschränkt, die neben dem Dativ auch noch einen Akkusativ regieren. Da der Wert, den ② haben kann, nicht vorgeschrieben ist, können Sätze wie
(96) ebenfalls analysiert werden:

(96)   Ich bekam (von Karl) geholfen.

Bei der Analyse von (96) ist der Wert von ② in (95) die leere Liste.

In Sätzen wie (33b) – hier als (97) wiederholt – hat das eingebettete Verb ein direktes
Objekt, und ② ist demzufolge ⟨ NP[*str*] ⟩.

(97)   Ich bekomme ein Buch geschenkt.

Da der DA-Wert des Hilfsverbs die leere Liste ist, ist eine Doppelpassivierung wie in (98)
ausgeschlossen:

(98)   * In diesem Saal sind viele Preise verliehen bekommen worden.[116]

Zum Lexikoneintrag in (95) muß noch eine Anmerkung gemacht werden: In (95) ist der referentielle Index des Dativobjekts des eingebetteten Verbs mit dem Index des Subjekts von
bekommen identisch (①). Insofern ähnelt *bekommen* einem Kontrollverb. In den Daten-
kapiteln habe ich gezeigt, daß es nicht sinnvoll ist anzunehmen, daß *bekommen* einer Nominalphrase eine semantische Rolle zuweist. Im Lexikoneintrag für *bekommen* wird auch
keinem Element eine Rolle zugewiesen. Das heißt, daß *bekommen* in (95) kein Kontrollverb ist, es gibt lediglich eine Koindizierung von NPen im Lexikoneintrag. Eine ähnliche
Situation gibt es bei den inhärent reflexiven Verben:

(99)   a. Ich erhole mich.

        b. Du erholst dich.

        c. Er erholt sich.

Das Reflexivum muß mit dem Subjekt in der Person übereinstimmen, was durch Koindizierung erreicht wird. Das Reflexivum ist ein syntaktisches Argument des Verbs, bekommt
vom Verb aber keine semantische Rolle zugewiesen. Parallel hierzu weist *bekommen* seinen Argumenten keine semantische Rolle zu, es gibt aber Koindizierungen zwischen den
Argumenten. Zur Diskussion einer Analyse, die davon ausgeht, daß die gesamten *synsem*-
Objekte des Dativobjekts des eingebetteten Verbs und des *bekommen*-Subjekts identifiziert
werden, siehe Kapitel 14.3.1.

17.2.3 Modale Infinitive

Haider hat dafür argumentiert, modale Infinitive mit *sein* nicht völlig parallel zum Passiv
zu behandeln. Anstatt ebenfalls das designierte Argument zu blockieren, läßt er das Infini-
tiv-*zu* das syntaktische Subjekt, d. h. das Element, das in Aktivsätzen Nominativ bekommt,
blockieren. Unsere Beispielverben haben die folgenden DA-, SUBJ- und SUBCAT-Werte:

---

[116]Kathol (1991) markiert diesen Satz mit einem Fragezeichen, eine Einschätzung, die ich nicht teile. Man
    könnte die Theorie so modifizieren, daß (98) analysierbar wird: Man muß dazu nur den DA-Wert von *be-
    kommen* anders spezifizieren.

(100)   DA   SUBJ   SUBCAT

    a. anzukommen (unakkusativisch): $\langle\rangle$ $\langle$ NP[*str*] $\rangle$ $\langle\rangle$

    b. zu tanzen (unergativisch): $\langle\boxed{1}\rangle$ $\langle\boxed{1}$ NP[*str*] $\rangle$ $\langle\rangle$

    c. aufzufallen (unakkusativisch): $\langle\rangle$ $\langle$ NP[*str*] $\rangle$ $\langle$ NP[*ldat*] $\rangle$

    d. zu lieben (transitiv): $\langle\boxed{1}\rangle$ $\langle\boxed{1}$ NP[*str*] $\rangle$ $\langle$ NP[*str*] $\rangle$

    e. zu schenken (ditransitiv): $\langle\boxed{1}\rangle$ $\langle\boxed{1}$ NP[*str*] $\rangle$ $\langle$ NP[*str*], NP[*ldat*] $\rangle$

    f. zu helfen (unergativisch): $\langle\boxed{1}\rangle$ $\langle\boxed{1}$ NP[*str*] $\rangle$ $\langle$ NP[*ldat*] $\rangle$

    g. zu regnen (unergativisch): $\langle\boxed{1}\rangle$ $\langle\boxed{1}$ NP[*str*] $\rangle$ $\langle\rangle$

Das Hilfsverb *haben* deblockiert das blockierte Element in SUBJ und das Hilfsverb *sein* beläßt es im blockierten Zustand.

Die Beschreibung in (101) entspricht einem Supertyp der Lexikonregeln, die Wörter in der *bse*- und in der *inf*-Form lizenzieren. Im Gegensatz zur Partizipregel wird der DA-Wert des Stammes ignoriert. Statt dessen wird das erste Argument mit strukturellem Kasus im SUBJ-Wert der Regelausgabe repräsentiert. *first-np-str* ist eine relationale Beschränkung, die die Liste $\boxed{1}$ in die beiden Teile $\boxed{2}$ und $\boxed{3}$ teilt, wobei $\boxed{2}$ die erste NP mit strukturellem Kasus aus $\boxed{1}$ enthält, wenn es eine gibt, und $\boxed{3}$ die anderen Elemente von $\boxed{1}$ enthält. Wenn $\boxed{1}$ kein Element mit strukturellem Kasus enthält, ist $\boxed{2}$ die leere Liste und $\boxed{1}$ und $\boxed{3}$ sind identisch.

(101) Argumentblockierungslexikonregel für Infinitive mit und ohne *zu*:

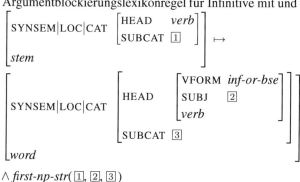

$\wedge$ *first-np-str*($\boxed{1}$, $\boxed{2}$, $\boxed{3}$)

Werte von Merkmalen, die in einer Lexikonregel nicht erwähnt werden, werden per Konvention von der Eingabe der Regel zur Ausgabe übertragen, weshalb der DA-Wert des *zu*- bzw. *bse*-Infinitivs mit dem DA-Wert des Stamms identisch ist. Das ist für die Analyse des *lassen*-Passivs wichtig (siehe Abschnitt 17.2.5).

Lexikoneinträge für das Partizip II unterscheiden sich also dadurch von den Einträgen anderer nicht-finiter Formen, daß sie ein wirkliches Subjekt, in SUBJ haben, d. h. eine NP, die in Aktivsätzen Nominativ bekommt und mit dem Verb kongruiert und keine der im Abschnitt 17.1.1 besprochenen Objekteigenschaften hat, während bei den Infinitiven mit und ohne *zu* alle Subjekte, d. h. auch die mit Objekteigenschaften, in SUBJ repräsentiert werden.

Die Lexikoneinträge für die Hilfsverben, die in Konstruktionen mit modalen Hilfs-verben benutzt werden, sind parallel zu den Perfekthilfsverben in (86) bzw. (89): *haben* deblockiert das logische Subjekt des *zu*-Infinitivs und *sein* läßt das logische Subjekt blockiert: Der Lexikoneintrag für *haben* verlangt vom eingebetteten Verb nicht, daß es ein Subjekt haben muß. Es wird überhaupt keine Beschränkung in bezug auf SUBJ formu-liert, weshalb sowohl die Einbettung eines expletiven Prädikats wie in (102a) als auch die Einbettung eines subjektlosen Prädikats wie in (102b) möglich ist.

(102)   a. Es hat zu regnen.

         b. Den Studenten hat vor der Prüfung zu grauen.

Im Eintrag für das *sein*, das in modalen Konstruktionen benutzt wird, wird genauso wie beim Vorgangspassiv verlangt, daß das eingebettete Verb ein referentielles Element in DA hat, weshalb entsprechende Beispiele mit *sein* ausgeschlossen sind:

(103)   a. * Heute ist zu regnen.

         b. * Den Studenten ist vor der Prüfung zu grauen.

Außerdem wird der folgende von Haider (1990, 137) erwähnte Unterschied korrekt vor-hergesagt:

(104)   a.   daß ihm nicht zu helfen ist

         b. * daß ihm nicht geholfen zu werden ist

zu helfen hat ein designiertes Argument, auf das das Hilfsverb *ist* zugreifen kann. Der Verbalkomplex *geholfen zu werden* ist dagegen eine subjektlose Konstruktion, die auch kein designiertes Argument hat und demzufolge nicht unter *ist* eingebettet werden kann.

Interessant ist der Satz (62), der hier als (105) wiederholt wird:

(105)   * Dieser Wagen ist von ihnen bis morgen repariert zu werden.[117]

Dieser Satz ähnelt Fernpassivkonstruktionen, in denen das Objekt eines tiefer eingebette-ten Verbs zum Subjekt des gesamten Verbalkomplexes wird. Durch die oben vorgestellten Lexikonregeln wird das einzige Argument von *zu werden* unter SUBJ repräsentiert, wie das für die Analyse von Sätzen wie (106) auch sinnvoll ist:

(106)   Dieser Wagen scheint nicht repariert zu werden.

(105) ist ausgeschlossen, weil der DA-Wert von *zu werden* die leere Liste ist und der Ver-balkomplex *repariert zu werden* deshalb nicht unter *ist* eingebettet werden kann.

17.2.4 Das Fernpassiv

Über den Satz (43b) – hier als (107) wiederholt – muß man eigentlich nichts mehr sa-gen, denn die Analyse folgt aus der in Kapitel 16.2 vorgestellten Analyse der kohärent konstruierenden Verben und der bisher besprochenen Passivanalyse.

(107)   weil der Wagen oft zu reparieren versucht wurde

---

[117]Wilder: 1990, 2.

Die Analyse kann wie folgt skizziert werden: *zu reparieren versuchen* bildet einen Verbalkomplex, der zwei Argumente verlangt (den Versuchenden bzw. Reparierenden und das,
was repariert werden soll). Bei der Bildung der Partizipform *versucht* wird das Subjekt
unterdrückt, so daß auch der Komplex *zu reparieren versucht* ein unterdrücktes Subjekt
und somit nur ein nicht blockiertes Argument hat. Das Passivhilfsverb deblockiert das
blockierte Argument nicht, weshalb bei *zu reparieren versucht wurde* nur ein Argument
übrigbleibt, welches dann im Nominativ realisiert wird. Im folgenden sollen die Details
erklärt werden.

Für *versuchen* nehme ich den folgenden Lexikoneintrag an:[118]

(108) *versuch-*:

$$
\begin{bmatrix}
\text{HEAD}|\text{DA} \; \langle \boxed{1} \rangle \\
\text{SUBCAT} \quad \langle \boxed{1}\,\text{NP}[str]_{\boxed{2}} \rangle \oplus \boxed{3} \oplus \langle \text{V}[inf, \text{SUBJ} \langle \text{NP}[str]_{\boxed{2}} \rangle, \text{SUBCAT} \boxed{3}] \rangle
\end{bmatrix}
$$

Die Argumentblockierungsregel in (82) lizenziert den Lexikoneintrag in (109):

(109) *versucht* (Partizip):

$$
\begin{bmatrix}
\text{HEAD}|\text{DA} \; \langle \text{NP}[str]_{\boxed{2}} \rangle \\
\text{SUBCAT} \quad \boxed{3} \oplus \langle \text{V}[inf, \text{SUBJ} \langle \text{NP}[str]_{\boxed{2}} \rangle, \text{SUBCAT} \boxed{3}] \rangle
\end{bmatrix}
$$

Das Ergebnis der Kombination des Partizips in (109) mit dem *zu*-Infinitiv in (110) wird
durch (111) beschrieben.

(110) *zu reparieren*:

$$
\begin{bmatrix}
\text{HEAD}|\text{SUBJ} \; \langle \text{NP}[str] \rangle \\
\text{SUBCAT} \quad \langle \text{NP}[str] \rangle
\end{bmatrix}
$$

(111) *zu reparieren versucht*:

$$
\begin{bmatrix}
\text{HEAD}|\text{DA} \; \langle \text{NP}[str] \rangle \\
\text{SUBCAT} \quad \langle \text{NP}[str] \rangle
\end{bmatrix}
$$

Das Objekt von *zu reparieren* ist in der SUBCAT-Liste von *zu reparieren versucht* enthalten, und das Subjekt von *versucht*, das mit dem Subjekt von *zu reparieren* koindiziert ist,
ist blockiert. Da das Passivhilfsverb keine Argumente deblockiert, enthält die SUBCAT-Liste von *zu reparieren versucht werden* als einziges Element das Objekt von *zu reparieren*.
Abbildung 17.1 auf der folgenden Seite zeigt das im Detail. Wegen der Kontrollbeziehung

---

[118]Der Lexikoneintrag unterscheidet sich von dem von Heinz und Matiasek (1994, 232) dadurch, daß das Subjekt des Matrixverbs nicht mit dem Subjekt des eingebetteten Verbs identifiziert ist. Wie in Kapitel 16.1.3.2
gezeigt wurde, beschreibt man Kontrollrelationen mit Koindizierung, nicht mit Identifikation der gesamten
synsem-Information. Außerdem wird DA als Kopfmerkmal repräsentiert, was sicherstellt, daß der DA-Wert
von *versuch-* auch an Projektionen vorhanden ist, d. h. auch bei *zu reparieren versucht* in (111). Das ist
auch wichtig für die Analyse von Interaktionen zwischen Passiv und partieller Voranstellung, wie sie im
Abschnitt 17.3.3 und 17.4 besprochen werden.

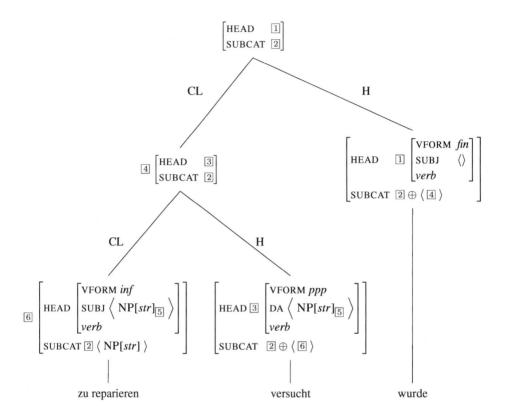

Abbildung 17.1: Analyse des Verbalkomplexes *zu reparieren versucht wurde* in: *daß der Wagen oft zu reparieren versucht wurde*

ist das Subjekt von *versucht* mit dem Subjekt von *zu reparieren* koindiziert (2 in (108) und 5 in Abbildung 17.1). Da *versucht* das Ergebnis der Anwendung der Lexikonregel zur Blockierung des designierten Arguments ist, ist das Subjekt von *versucht* blockiert. Es ist in der DA-Liste von *versucht* repräsentiert. Die SUBCAT-Liste des Komplexes *zu reparieren versucht* ist wegen der Argumentanhebung (3 im Lexikoneintrag (109) und 2 in Abbildung 17.1) mit der SUBCAT-Liste von *zu reparieren* identisch. Das Passivhilfsverb *werden* deblockiert keine Argumente, es hebt nur die Elemente von der SUBCAT-Liste des eingebetteten Verbalkomplexes an (2 in Abbildung 17.1). Außerdem verlangt *wurde*, daß der eingebettete Verbalkomplex eine referentielle NP in der DA-Liste hat, was bei *zu reparieren versucht* der Fall ist. Da *wurde* finit ist, ist das Subjekt von *wurde* nicht unter SUBJ, sondern als Element der SUBCAT-Liste repräsentiert. Die NP, die sich auf das Objekt von *reparieren* bezieht, ist das erste Element der SUBCAT-Liste von *zu reparieren versucht wurde* und bekommt demzufolge Nominativ.

Interessanterweise funktioniert das auch für die Beispiele mit dem Objektkontrollverb *erlauben*:

(112) *erlaub-*:

$$
\begin{bmatrix}
\text{HEAD}|\text{DA} \ \langle \boxed{1} \rangle \\[4pt]
\text{SUBCAT} \quad \langle \boxed{1}\,\text{NP}[str], \text{NP}[ldat]_{\boxed{2}} \rangle \oplus \boxed{3} \oplus \left\langle \begin{array}{l} \text{V}[\textit{inf}, \text{SUBJ} \ \langle \text{NP}[str]_{\boxed{2}} \rangle, \\ \qquad\quad \text{SUBCAT} \ \boxed{3}] \end{array} \right\rangle
\end{bmatrix}
$$

Die Argumentblockierungsregel lizenziert den Eintrag in (113):

(113) *erlaubt*:

$$
\begin{bmatrix}
\text{HEAD}|\text{DA} \ \langle \text{NP}[str] \rangle \\[4pt]
\text{SUBCAT} \quad \langle \text{NP}[ldat]_{\boxed{2}} \rangle \oplus \boxed{3} \oplus \langle \text{V}[\textit{inf}, \text{SUBJ} \ \langle \text{NP}[str]_{\boxed{2}} \rangle, \text{SUBCAT} \ \boxed{3}] \rangle
\end{bmatrix}
$$

Kombiniert man (113) mit dem Eintrag für *auszukosten*, bekommt man (114).

(114) *auszukosten erlaubt*:

$$
\begin{bmatrix}
\text{HEAD}|\text{DA} \ \langle \text{NP}[str] \rangle \\[4pt]
\text{SUBCAT} \quad \langle \text{NP}[ldat], \text{NP}[str] \rangle
\end{bmatrix}
$$

Wenn man diesen Verbalkomplex mit *wurde* kombiniert, bleibt das designierte Argument blockiert, und man bekommt einen Verbalkomplex, der dieselbe SUBCAT-Liste hat wie *auszukosten erlaubt*. Da das Objekt von *auszukosten* das erste Element mit strukturellem Kasus in der SUBCAT-Liste von *auszukosten erlaubt wurde* ist, muß es im Nominativ stehen. Abbildung 17.2 auf der nächsten Seite zeigt die Details. Die Kontrollbeziehung zwischen dem Dativobjekt von *erlaubt* und dem Subjekt von *auszukosten* wird über Koindizierung hergestellt ($\boxed{5}$ in Abbildung 17.2). Die Komplemente von *auszukosten* ($\boxed{7}$) werden von *erlaubt* angehoben. Die SUBCAT-Liste von *auszukosten erlaubt* enthält deshalb ein Dativelement und das Objekt von *auszukosten*. Die SUBCAT-Liste von *auszukosten erlaubt* ist identisch mit der SUBCAT-Liste von *erlaubt* ($\boxed{2}$) abzüglich des eingebetteten Verbs. Das Subjekt von *erlaubt* ist blockiert und das Passivhilfsverb deblockiert es nicht. Somit ist die SUBCAT-Liste von *auszukosten erlaubt wurde* identisch mit der von *auszukosten erlaubt*. Die einzige NP mit strukturellem Kasus auf dieser Liste ist das Objekt von *auszukosten*. Diese NP muß also im Nominativ realisiert werden.

17.2.5 *lassen*-Passiv

Die Passiv-Version des Verbs *lassen* ist völlig parallel zu den Lexikoneinträgen für das Vorgangspassiv und das modale Passiv. Sieht man von der Form des eingebetteten Verbs ab, ist der einzige Unterschied, daß *lassen* ein zusätzliches Argument hat ($\boxed{1}$), das gleichzeitig auch das designierte Argument von *lassen* ist:

(115) *lass-* (Passiv-Version):

$$
\begin{bmatrix}
\text{HEAD}|\text{DA} \ \langle \boxed{1} \rangle \\[4pt]
\text{SUBCAT} \quad \langle \boxed{1}\,\text{NP}[str] \rangle \oplus \boxed{2} \oplus \langle \text{V}[\textit{bse}, \text{LEX}+, \text{DA} \ \langle \text{NP}_{ref} \rangle, \text{SUBCAT} \ \boxed{2}] \rangle
\end{bmatrix}
$$

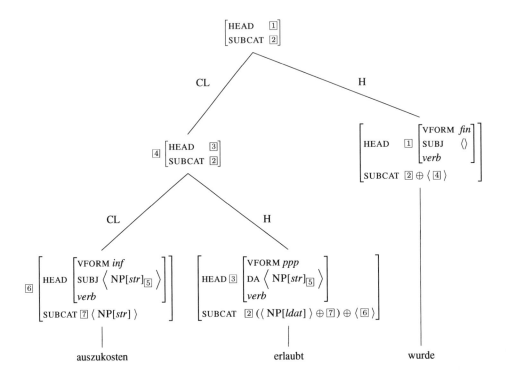

Abbildung 17.2: Analyse des Verbalkomplexes in *auszukosten erlaubt wurde* in: *daß der Erfolg uns nicht auszukosten erlaubt wurde.*

17.2.6 Adjektivische Formen

Wie wir in Abschnitt 17.1.1 gesehen haben, gibt es für bestimmte Partizipien eine adjektivische Form, die pränominal verwendet wird. Das erste Beispiel in (116) zeigt eine adjektivische Form eines transitiven Verbs und das zweite zeigt die partizipiale Verwendung eines unakkusativischen Verbs.

(116)   a. der reparierte Wagen

        b. der angekommene Zug

Wenn ein transitives Verb als pränominaler Modifikator gebraucht wird, werden das direkte Objekt des Verbs und das modifizierte Nomen koindiziert. Bei unakkusativischen Verben wird dagegen das logische Subjekt mit dem modifizierten Nomen koindiziert. In beiden Fällen wird das Element, das mit dem modifizierten Nomen koindiziert ist, nicht als Argument des Partizips realisiert.

Pränominale adjektivische Partizipien sind flektiert, und wenn man annimmt, daß Flexion ein lexikalischer Prozeß ist, dann muß die Eingabe für diesen Prozeß ebenfalls lexikalisch sein (Dowty: 1978, 412; Bresnan: 1982b, 21). Die Lexikonregel für die Adjektivbildung zeigt (117) auf der nächsten Seite.

(117) Adjektivableitungsregel für Partizipien:

$$
\begin{bmatrix}
\text{SYNSEM}|\text{LOC}|\text{CAT}
\begin{bmatrix}
\text{HEAD} & \begin{bmatrix} \text{VFORM } ppp \\ verb \end{bmatrix} \\
\text{SUBCAT} & \langle\; \boxed{1}\, \text{NP}[str]_{ref} \;\rangle \oplus \boxed{2}
\end{bmatrix} \\
word
\end{bmatrix} \mapsto
$$

$$
\begin{bmatrix}
\text{SYNSEM}|\text{LOC}|\text{CAT}
\begin{bmatrix}
\text{HEAD} & \begin{bmatrix} \text{SUBJ } \langle\, \boxed{1}\, \rangle \\ adj \end{bmatrix} \\
\text{SUBCAT} & \boxed{2}
\end{bmatrix} \\
stem
\end{bmatrix}
$$

Diese Regel nimmt ein Partizip als Eingabe, das eine referentielle NP mit strukturellem Kasus als erstes Element der SUBCAT-Liste hat. Da unakkusativische Verben kein designiertes Argument haben, gibt es kein blockiertes Element. Deshalb ist das erste Element der SUBCAT-Liste unakkusativischer Verben das Subjekt (das Element, von dem man sagt, es habe Objekteigenschaften). Bei transitiven Verben ist das erste Element der SUBCAT-Liste mit strukturellem Kasus das direkte Objekt, da das Subjekt blockiert ist. Dieses Element wird zum Subjekt des adjektivischen Partizips. Subjekte von Infinitiven mit und ohne *zu* und von Adjektiven werden einheitlich als Elemente von SUBJ repräsentiert.

Lexikonregeln für die Flexion lizenzieren Lexikoneinträge für Adjektive und adjektivische Partizipien, die pränominal benutzt werden können. Wie in Kapitel 6 dargelegt, selegieren Adjunkte den Kopf, den sie modifizieren, über das MODIFIED-Merkmal. Die Lexikonregel in (118) bildet die Stammeinträge normaler Adjektive und der von (117) lizenzierten adjektivischen Partizipien auf flektierte Formen ab, die pränominal benutzt werden können.

(118) Lexikonregel für pränominale Adjektive:

$$
\begin{bmatrix}
\text{SYNSEM}|\text{LOC}
\begin{bmatrix}
\text{CAT} & \begin{bmatrix} \text{HEAD} & \begin{bmatrix} \text{SUBJ } \langle\, \text{NP}_{\boxed{1}}\, \rangle \\ adj \end{bmatrix} \end{bmatrix} \\
\text{CONT} & \boxed{2}
\end{bmatrix} \\
stem
\end{bmatrix} \mapsto
$$

$$
\begin{bmatrix}
\text{SYNSEM}|\text{LOC}
\begin{bmatrix}
\text{CAT} & \begin{bmatrix} \text{HEAD} & \begin{bmatrix} \text{MOD } \overline{N}: \begin{bmatrix} \text{IND} & \boxed{1} \\ \text{RESTR} & \boxed{3} \end{bmatrix} \end{bmatrix} \end{bmatrix} \\
\text{CONT} & \begin{bmatrix} \text{IND} & \boxed{1} \\ \text{RESTR} & \langle\, \boxed{2}\, \rangle \oplus \boxed{3} \end{bmatrix}
\end{bmatrix} \\
word
\end{bmatrix}
$$

Das Subjekt des Adjektivs ist mit dem Nomen, das durch das Adjektiv modifiziert wird, koindiziert ($\boxed{1}$). Der semantische Beitrag des Adjektivs ($\boxed{2}$) wird mit dem Beitrag des Nomens ($\boxed{3}$) verknüpft. Der semantische Beitrag wird in Kopf-Adjunkt-Strukturen von der Adjunktstruktur projiziert. Im konkreten Fall ist das Adjunkt ein Adjektiv bzw. eine Adjektivphrase, und der semantische Beitrag des Wortes oder der Phrase besteht aus einem

Index, der durch den Beitrag des Adjektivs ([2]) und einer Liste von Restriktionen, die vom Nomen beigesteuert werden ([3]), restringiert wird.

Die Regel in (118) enthält weder für das Eingabezeichen noch für das Ausgabezeichen eine Spezifikation der Phonologie. Kongruenzinformation ist ebenfalls nicht angegeben. Die Details der Flexion werden in Kapitel 19.2.1 besprochen.

Im folgenden wird die Regel anhand zweier Beispiele diskutiert. Zuerst betrachten wir das transitive Verb *reparieren* und dann das unakkusativische Verb *ankommen*. Die Partizipform des Verbs *reparieren* zeigt (119). Dieses Wort ist das Ergebnis der Anwendung der Regel in (82) auf Seite 305.

(119) *repariert* (Partizip):

$$
\begin{bmatrix}
\text{CAT} & \begin{bmatrix} \text{HEAD} & \begin{bmatrix} \text{DA} & \left\langle \text{NP}[str]_{\boxed{1}} \right\rangle \\ verb \end{bmatrix} \\ \text{SUBCAT} & \left\langle \text{NP}[str]_{\boxed{2}} \right\rangle \end{bmatrix} \\
\text{CONT} & \begin{bmatrix} \text{AGENS} & \boxed{1} \\ \text{THEMA} & \boxed{2} \\ reparieren \end{bmatrix}
\end{bmatrix}
$$

Die Adjektivbildungsregel in (117) lizenziert den folgenden Stamm:

(120) *repariert-* (adjektivischer Stamm):

$$
\begin{bmatrix}
\text{CAT} & \begin{bmatrix} \text{HEAD} & \begin{bmatrix} \text{SUBJ} & \left\langle \text{NP}[str]_{\boxed{2}} \right\rangle \\ adj \end{bmatrix} \\ \text{SUBCAT} & \langle\rangle \end{bmatrix} \\
\text{CONT} & \begin{bmatrix} \text{AGENS} & \square \\ \text{THEMA} & \boxed{2} \\ reparieren \end{bmatrix}
\end{bmatrix}
$$

$\square$ steht hierbei für einen beliebigen Wert. Das Agens von *repariert* ist nicht an ein Argument des Adjektivs gelinkt.

Die pränominale adjektivische Form (121) ist durch die Lexikonregel in (118) lizenziert.

(121) *reparierte* (attributives adjektivisches Partizip):

$$
\begin{bmatrix}
\text{CAT} & \begin{bmatrix} \text{HEAD} & \begin{bmatrix} \text{MOD} & \overline{\text{N}}: \begin{bmatrix} \text{IND} & \boxed{1} \\ \text{RESTR} & \boxed{2} \end{bmatrix} \\ adj \end{bmatrix} \\ \text{SUBCAT} & \langle\rangle \end{bmatrix} \\
\text{CONT} & \begin{bmatrix} \text{IND} & \boxed{1} \\ \text{RESTR} & \left\langle \begin{bmatrix} \text{AGENS} & \square \\ \text{THEMA} & \boxed{1} \\ reparieren \end{bmatrix} \right\rangle \oplus \boxed{2} \end{bmatrix}
\end{bmatrix}
$$

Da das Subjekt des adjektivischen Partizips das Objekt des Verbs ist und da das Subjekt des adjektivischen Partizips wegen der Regel (118) mit dem modifizierten Nomen koindiziert ist, ist erklärt, warum das Nomen *Wagen* in (116a) die Thema-Rolle von *reparierte* füllt.

Für das Verb *ankommen* lizenziert die Partizipregel in (82) einen Eintrag mit folgendem LOCAL-Wert:

(122) *angekommen* (Partizip II):

$$
\begin{bmatrix}
\text{CAT} & \begin{bmatrix} \text{HEAD} & \begin{bmatrix} \text{DA} & \langle\rangle \\ verb \end{bmatrix} \\ \text{SUBCAT} & \langle \text{NP}[str]_{\boxed{1}} \rangle \end{bmatrix} \\
\text{CONT} & \begin{bmatrix} \text{THEMA} & \boxed{1} \\ ankommen \end{bmatrix}
\end{bmatrix}
$$

Da *ankommen* kein designiertes Argument hat, wird nichts blockiert und somit ist das Subjekt des Verbs in der SUBCAT-Liste des Partizips II repräsentiert.

Da das erste Element der SUBCAT-Liste von *angekommen* eine NP mit strukturellem Kasus ist, kann die Adjektivbildungsregel in (117) angewendet werden und lizenziert also folgenden Stamm:

(123) *angekommen-* (Adjektivstamm):

$$
\begin{bmatrix}
\text{CAT} & \begin{bmatrix} \text{HEAD} & \begin{bmatrix} \text{SUBJ} & \langle \text{NP}[str]_{\boxed{1}} \rangle \\ adj \end{bmatrix} \\ \text{SUBCAT} & \langle\rangle \end{bmatrix} \\
\text{CONT} & \begin{bmatrix} \text{THEMA} & \boxed{1} \\ ankommen \end{bmatrix}
\end{bmatrix}
$$

Dieser Stamm ist die Eingabe für die Lexikonregel (118), die die pränominale adjektivische Form in (124) lizenziert:

(124) *angekommene* (attributive Form):

$$
\begin{bmatrix}
\text{CAT} & \begin{bmatrix} \text{HEAD} & \begin{bmatrix} \text{MOD} & \overline{\text{N}}: \begin{bmatrix} \text{IND} & \boxed{1} \\ \text{RESTR} & \boxed{2} \end{bmatrix} \\ adj \end{bmatrix} \\ \text{SUBCAT} & \langle\rangle \end{bmatrix} \\
\text{CONT} & \begin{bmatrix} \text{IND} & \boxed{1} \\ \text{RESTR} & \langle \begin{bmatrix} \text{THEMA} & \boxed{1} \\ ankommen \end{bmatrix} \rangle \oplus \boxed{2} \end{bmatrix}
\end{bmatrix}
$$

Dieselbe Erklärung funktioniert auch für bivalente unakkusativische Verben:

(125)   die ihnen zugestoßenen Ereignisse[119]

---

[119]Die Zeit, 11.04.1986, S. 57.

Das Subjekt von *zustoßen* ist nicht blockiert. Es ist das erste Element der SUBCAT-Liste des Partizips II. Deshalb wird es im durch (117) lizenzierten Lexikoneintrag für das Adjektiv unter SUBJ repräsentiert. Das Dativargument von *zugestoßene* wird innerhalb der pränominalen AP realisiert. Diese AP ist ein Beispiel für eine Instantiierung der Lexikonregel in (117), in der ☐2 eine Liste ist, die ein Element enthält.

Nachdem ich gezeigt habe, wie adjektivische Partizipien transitiver und unakkusativischer Verben lizenziert sind, bleibt noch zu erklären, weshalb Phrasen wie (126) ausgeschlossen sind: Da die Eingabe für die Lexikonregel in (117) verlangt, daß die SUBCAT-Liste des Partizips eine NP mit strukturellem Kasus enthält, kann die Regel nicht auf subjektlose Verben oder auf Verben angewendet werden, die nicht unakkusativisch sind und kein Akkusativobjekt verlangen.

(126)   a.   * der (vor der Prüfung) gegraute Student

        b.   * der (eben erst) getanzte Mann

        c.   * der (ihm) geholfene Mann

Da der Lexikoneintrag des Partizips II eines unergativischen intransitiven Verbs wie *tanzen* eine leere SUBCAT-Liste hat, kann die Regel in (117) nicht angewendet werden. Die Unakzeptabilität von (126b), die der Wohlgeformtheit von (116b) mit dem unakkusativischen intransitiven Verb *ankommen* gegenübersteht, ist also erklärt. Genauso kann kein adjektivisches Partizip *geholfene* gebildet werden, da das Partizip *geholfen* eine SUBCAT-Liste hat, die mit einem Dativ beginnt, d. h. mit einem lexikalischen Kasus.

Im Kapitel 16.1.3.2 wurde Höhles Test (1983, Kapitel 6) für die Bestimmung des Kasus nicht ausgedrückter Subjekte vorgestellt. Höhle hat diesen Test auf Infinitive angewendet, aber man kann natürlich parallele Beispiele mit adjektivischen Partizipien konstruieren:

(127)   a.   die [eines nach dem anderen]$_i$ eingeschlafenen Kinder$_i$

        b.   die [einer nach dem anderen]$_i$ durchgestarteten Halbstarken$_i$

In (127a) hat *ein- nach d- ander-* keinen eindeutigen Kasus. Die Kasusform ist *nom* ∨ *acc*. (127b) legt jedoch nahe, daß das Subjekt des adjektivischen Partizips im Nominativ steht. Man beachte, daß die NPen in (127) als Subjekt oder Objekt in einem übergeordneten Satz fungieren können, da der Kasus des modifizierten Nomens unabhängig vom Kasus des Subjekts des adjektivischen Partizips ist. Die Lexikonregel in (118) erfaßt das richtig. Sie stellt eine Koindizierung zwischen dem modifizierten Nomen und dem Subjekt des Partizips her. Die SYNSEM-Werte des modifizierten Nomens und des Subjekts des Partizips sind jedoch nicht identisch. Die Beziehung zwischen diesen beiden NPen ist eine Kontrollbeziehung, keine Anhebungsbeziehung. Es ist deshalb nicht zulässig, die modifizierte NP als Subjekt des Partizips (bzw. in der GB-Terminologie als externes Argument des Partizips) zu bezeichnen, wie das z. B. Levin und Rappaport (1986, 646) und Jacobs (1991, 9, 1992, 98) tun. Jacobs, der eine Theorie im Rahmen der Kategorialgrammatik entwickelt, geht davon aus, daß das modifizierte Nomen ein Argument des adjektivischen Partizips ist. Er beschränkt den Sättigungsgrad von Elementen in den Valenzlisten nicht, so daß auch die (ungesättigte) N̄, die modifiziert wird, gleichzeitig ein Argument des Partizips sein kann. Er nimmt an, daß das Subjekt einen Kasuswert bekommt, der zur Flexion des Adjektivs und somit zum Kasus des Bezugsnomens paßt (Jacobs: 1991, 9). Das bedeutet, daß Subjekte von Partizipien alle vier Kasus haben können. Insbesondere wird auch angenommen, daß es Dativsubjekte gibt, eine Möglichkeit, die von der hier entwickelten

Theorie ausgeschlossen ist, da NP-Subjekte strukturellen Kasus haben und der Dativ lexikalisch ist. Das paßt zu der Feststellung, daß es im Deutschen keine Dativsubjekte gibt
(Siehe auch die Diskussion von (6) auf Seite 284.).

17.2.7 Agensausdrücke

Wie Höhle festgestellt hat, können Agensausdrücke von den verschiedensten PPen ausgedrückt werden. PPen wie *zwischen den Sanitätern* oder *auf dem Meßgerät* unterscheiden
sich jedoch von Präpositionalphrasen mit *von* bzw. *durch* darin, daß die Präposition in
ersteren einen semantischen Beitrag leistet. Für die Präpositionen, die normalerweise zur
Realisierung des Agens benutzt werden, braucht man spezielle Lexikoneinträge, die eben
keine Relation beisteuern. Es wäre schön, wenn man eine Analyse hätte, die die Identifikation der unterdrückten Agens-Rolle mit dem referentiellen Index der NP in der *von*-PP
nicht einer Schlußkomponente überläßt, die Weltwissen zur Bestimmung des Agens benutzt, sondern die Verbindung direkt herstellt. Der folgende Lexikoneintrag für die Präposition *von* leistet dies: Die *von*-PP modifiziert einen verbalen Kopf (ein Verb oder ein
adjektivisches Partizip) mit einem Element in der DA-Liste. Der Index-Wert dieses Elements wird mit dem referentiellen Index des Dativarguments der Präposition identifiziert
($\boxed{1}$).

(128)   Präposition *von* für Agensausdrücke:

$$
\begin{bmatrix}
\text{HEAD} & \begin{bmatrix} \text{MOD}|\text{LOC}|\text{CAT}|\text{HEAD}|\text{DA} & \langle\ [\ \text{LOC}|\text{CONT}|\text{IND}\ \boxed{1}\ ]\ \rangle \\ prep \end{bmatrix} \\
\text{SUBCAT} & \langle\ \text{NP}[ldat]_{\boxed{1}}\ \rangle
\end{bmatrix}
$$

Dieser Lexikoneintrag für die Präposition interagiert auch mit der Analyse der adjektivi-
schen Partizipien. In der Analyse von (129) wird das designierte Argument von *ablehn-*
blockiert. Das blockierte Element ist als SUBJ-Wert und als Element in der DA-Liste des
Partizips repräsentiert. Bei der Adjektivbildungsregel wird das erste Element der SUB-
CAT-Liste von *abgelehnt* (das Objekt von *ablehn-*) zum Subjekt des Adjektivs. Der DA-
Wert wird vom Partizip unverändert übernommen und bleibt auch bei der Anwendung der
Lexikonregel, die pränominale Adjektive lizenziert, erhalten.

(129)   der von Verdi abgelehnte „Solidarpakt"[120]

Deshalb ist die Information über das designierte Argument im Eintrag für *abgelehnte* vorhanden, und die PP *von Verdi* kann sich auf das designierte Argument von *ablehn-* beziehen.

Ein Problem, das diese Analyse hat, ist folgendes: Die Identifikation der semantischen
Rolle ist nicht an die Abbindung einer Valenzstelle gekoppelt, sondern erfolgt durch Identifikation des Indexes mit einem Index innerhalb eines Adjunkts. Wenn keine besonderen
Maßnahmen getroffen werden, könnte das Agensargument auch syntaktisch in Kopf-Argument-Strukturen realisiert werden. Die Perfektkonstruktion in (130) ist ein Beispiel:

(130)   * Anna hat von Anna Peter geküßt.

---

[120]taz bremen, 11.04.2005, S. 21.

Das Partizip ist mit der *von*-PP kombiniert worden, und außerdem wird das SUBJ des Partizips deblockiert, so daß das Agens *Anna* noch als Nominativ-NP realisiert werden kann. Man könnte argumentieren, daß der Satz in (130) durch die Bindungstheorie[121] ausgeschlossen wird, da *Anna* in *von Anna* nicht mit dem Subjekt *Anna* koreferent sein darf. Aber man kann in (130) statt *von Anna* auch *von sich* schreiben, die Sätze wären genauso ungrammatisch. In Müller: 2003c habe ich eine Analyse entwickelt, die doppelte Realisierung des Agens nach dem Muster von (130) ausschließt. Die Analyse verwendet ein binäres Merkmal, das markiert, wenn ein Argument durch eine *von*-PP realisiert wird. Solcherart realisierte Argumente dürfen dann nicht als normale Subjekte in Perfektkonstruktionen realisiert werden. Die vorgeschlagene Analyse kann zwar (130) ausschließen, versagt aber leider bei (131):

(131)   a.   * Der Mann wird von Anna von Anna geliebt.

        b.   * Der Mann wird von Anna von sich/ihr geliebt.

Die *von*-PP ist ein Adjunkt. Es gibt keine Beschränkung für die Anzahl von Adjunkten, da diese normalerweise keine semantischen Rollen füllen und iterierbar sind. Die *von*-PP kann etwas über die Köpfe aussagen, mit denen sie kombiniert werden kann. Sie kann aber nichts darüber aussagen, daß es nur eine solche PP geben kann, denn die Information, die die PP unter MOD enthält, wird mit dem SYNSEM-Wert des Kopfes identifiziert, und wenn das wiederholt wird (beim Vorhandensein mehrerer PPs wie in (131)), ändert sich das Ergebnis der Identifikation nicht.

Es bleibt wohl nur anzunehmen, daß Sätze wie (131) aufgrund von Ökonomiebeschränkungen ausgeschlossen sind, die besagen, daß Argumente nicht mehrfach ausgedrückt werden dürfen. Solche Beschränkungen würden dann auch (130) ausschließen. Daß man solche Beschränkungen braucht, haben auch Höhles Sanitäter-Sätze in (76) auf Seite 302 gezeigt.

17.3 Alternativen

Im Abschnitt 7.5.2 wurden bereits vererbungsbasierte Ansätze zur Analyse des Passivs diskutiert. In den folgenden Abschnitten sollen HPSG-Ansätze besprochen werden, die entweder gar keine oder andere Merkmale benutzen, um Unterschiede zwischen unakkusativischen und unergativischen bzw. transitiven Verben zu modellieren. Abschnitt 17.3.6 setzt sich mit alternativen Behandlungen der Agensausdrücke auseinander.

---

[121] Die Bindungstheorie sagt etwas darüber aus, wann referentielle Nominalphrasen in einem Satz koreferent sein können und wann nicht. Insbesondere werden Gesetzmäßigkeiten für die Bindung von Reflexivpronomina formuliert. Sieht man von speziellen Äußerungskontexten ab, können in (i.a) die beiden Karls nicht identisch sein. Will man etwas Entsprechendes ausdrücken, so muß wie in (i.b) ein Reflexivpronomen verwendet werden.

(i)   a.   Karl kennt Karl.

      b.   Karl kennt sich.

Zur Bindungstheorie im Rahmen der HPSG siehe Pollard und Sag: 1994, Kapitel 6 und Müller: 1999a, Kapitel 20.

17.3.1 Theorien ohne zusätzliche Merkmale

Es wäre wünschenswert, die Passivierbarkeit von Verben allein aus semantischen Eigenschaften abzuleiten und ohne ein Merkmal wie DA auszukommen. Leider scheint das nicht möglich zu sein, da man – wenn man sich nur auf die Bedeutung des eingebetteten Verbs bezieht – mit Daten wie (85) – hier als (132) wiederholt – ein Problem bekommt: Normalerweise wird davon ausgegangen, daß das Passiv bedeutungserhaltend ist, d. h. das Passivhilfsverb führt selbst keine Relation ein, die zur Bedeutung eines Satzes beiträgt.

(132)   a.   weil er das Buch liest

         b.   weil das Buch gelesen wurde

         c.   * weil gelesen worden wurde

Nimmt man an, daß der Bedeutungsbeitrag von *geliebt wurde* mit dem von *geliebt* identisch ist, gibt es nichts, was (132c) ausschließen könnte. Gunkel (2003, 100) behauptet zwar, daß man im Lexikoneintrag verlangen kann, daß ein bestimmtes Argument an das Agens gebunden ist, aber das ist nicht richtig. Man kann sich das verdeutlichen, indem man folgenden hypothetischen Eintrag für das Passivhilfsverb annimmt:

(133)   Hypothetischer Eintrag für das Passivhilfsverb:

$$
\begin{bmatrix}
\text{CAT} | \text{SUBCAT} \; \boxed{1} \oplus \left\langle \begin{bmatrix} \text{LOC} \begin{bmatrix} \text{CAT} \begin{bmatrix} \text{HEAD} \begin{bmatrix} \text{VFORM } ppp \\ verb \end{bmatrix} \\ \text{SUBCAT} \left\langle \text{NP}_{\boxed{2}} \right\rangle \oplus \boxed{1} \end{bmatrix} \\ \text{CONT} \begin{bmatrix} \text{AGENS } \boxed{2} \\ agens\text{-}rel \end{bmatrix} \end{bmatrix} \end{bmatrix} \right\rangle
\end{bmatrix}
$$

Würde Gunkels Vorschlag funktionieren, wäre (132c) dadurch ausgeschlossen, daß die NP in der Valenzliste von *gelesen worden* an das Thema von *lesen* gelinkt ist. Problematisch sind aber Verben, die Argumente mit kompatiblen Selektionsrestriktionen haben. Ein Beispiel dafür ist das Verb *wählen*. Im Satz (134) sind das Subjekt von *wählen* und das Objekt von *wählen* koindiziert, da sie auf dasselbe Objekt verweisen.

(134)   Peter wird nur von sich selbst gewählt.

Somit entspricht der Komplex *gewählt wird* der Struktur in (135):

(135)   *gewählt wird* bei reflexivem Agensausdruck:

$$
\begin{bmatrix}
\text{CAT} \begin{bmatrix} \text{HEAD} \quad verb \\ \text{SUBCAT} \left\langle \text{NP}_{\boxed{2}} \right\rangle \end{bmatrix} \\
\text{CONT} \begin{bmatrix} \text{AGENS } \boxed{2} \\ \text{THEMA } \boxed{2} \\ w\ddot{a}hlen \end{bmatrix}
\end{bmatrix}
$$

Das Subjekt von *wählen* ist unterdrückt, und das Objekt befindet sich an der ersten Position in der SUBCAT-Liste. Wegen der Koindizierung der beiden Argumentrollen ist die

Agensrolle identisch mit dem Index der Nominalphrase in der SUBCAT-Liste und die Beschränkung in (133) somit erfüllt. Eine Mehrfachpassivierung kann also auf diese Weise nicht ausgeschlossen werden.

Ein anderes Problem stellen komplexe Verben wie *anlachen* dar (Die Details der Analyse von Partikelverben werden im Kapitel 18.2.2 besprochen.):

(136) a. Sie lacht ihn an.

  b. weil er angelacht wird

Das Partikelverb *anlachen* ist nach einem produktiven Muster gebildet. Nach Stiebels und Wunderlich: 1994, 956 bedeutet *anlachen und'* (*lachen'* (X), *gerichtet-auf'* (*lachen'* (X),Y)). Die oberste Relation in dieser komplexen semantischen Repräsentation ist *und'*. Da *und'* keine Relation vom Typ *agens-rel* ist, können die Anforderungen des Passivhilfsverbs in (133) nicht erfüllt werden, und der Satz (136b) wäre nicht analysierbar. Es bleibt also nur, zusätzliche Merkmale einzuführen. Man könnte ein semantisches Merkmal einführen, das auf den Beitrag von *lachen* verweist, und die Restriktionen des Passivhilfsverbs könnten dann auf dieses Hilfsmerkmal Bezug nehmen. Die Alternative ist, ein Argument besonders zu kennzeichnen, und von dieser Möglichkeit wurde im vorangegangenen Abschnitt Gebrauch gemacht.

In diesem Kapitel bin ich Vorschlägen von Hubert Haider zur Kennzeichnung eines Arguments mit Subjekteigenschaften gefolgt. In der HPSG-Literatur gibt es Varianten dieses Ansatzes, aber auch andere Analysen, die nicht das Element mit Subjekteigenschaften, sondern das Element mit Akkusativ-Eigenschaften markieren. Auch unterscheiden sich die Vorschläge darin, welche Information zwischen Hilfsverb und eingebettetem Verb geteilt wird. Die beiden folgenden Abschnitte beschäftigen sich mit alternativen Objekt-zu-Subjekt-Anhebungsansätzen, und Abschnitt 17.3.4 und 17.3.5 diskutieren Analysen, die auf Koindizierung basieren.

17.3.2 Kathol: 1994

Kathol (1994, Kapitel 7.3.3) schlägt für Partizipien die Repräsentationen in (137) und für die Hilfsverben die in (138) vor.[122]

(137)

	EXT	SUBJ	SUBCAT
a. angekommen (unakkusativisch):	$\langle \boxed{1}\,NP[nom] \rangle$	$\langle \boxed{1} \rangle$	$\langle \rangle$
b. geschlafen (unergativisch):	$\langle NP[nom] \rangle$	$\langle \rangle$	$\langle \rangle$
c. geliebt (transitiv):	$\langle NP[nom] \rangle$	$\langle NP[acc] \rangle$	$\langle \rangle$

(138) a. *haben* (Perfekthilfsverb)

$$\begin{bmatrix} \text{SUBJ} & \boxed{3} \\ \text{SUBCAT} & \boxed{2} \oplus \boxed{1} \oplus \langle\, V[\text{SUBJ}\,\boxed{2}, \text{EXT}\,\boxed{3}, \text{SUBCAT}\,\boxed{1}]\,\rangle \end{bmatrix} \wedge \boxed{2} \neq \boxed{3}$$

---

[122]Kathol benutzt statt SUBCAT das Merkmal COMPS. Ich habe seine Einträge an die Merkmalsgeometrie, die im vorliegenden Buch verwendet wird, angepaßt.

b. *sein* (Perfekthilfsverb)

$$\begin{bmatrix} \text{SUBJ} & \boxed{2} \\ \text{SUBCAT} & \boxed{1} \oplus \big\langle\, \text{V}[\text{SUBJ}\ \boxed{2},\ \text{EXT}\ \boxed{2},\ \text{SUBCAT}\ \boxed{1}]\,\big\rangle \end{bmatrix}$$

c. *werden* (Passivhilfsverb)

$$\begin{bmatrix} \text{SUBJ} & \big\langle\, \text{NP}[\mathit{nom}]_{\boxed{2}}\,\big\rangle \\ \text{SUBCAT} & \boxed{1} \oplus \big\langle\, \text{V}[\text{SUBJ}\ \big\langle\, \text{NP}[\mathit{acc}]_{\boxed{2}}\,\big\rangle,\ \text{SUBCAT}\ \boxed{1}]\,\big\rangle \end{bmatrix}$$

Das Merkmal EXT wird zur Kennzeichnung des externen Arguments benutzt. Das SUBJ-Merkmal ist bei Kathol wie bei Pollard (1996) und auch im hier vorliegenden Buch kein Valenzmerkmal (Kathol: 1994, 243). Das heißt, daß in den Lexikoneinträgen in (137) sowohl die Elemente in EXT als auch die in SUBJ blockiert sind und nicht direkt mit den Partizipien kombiniert werden können. Das Perfekthilfsverb *haben* in (138a) deblockiert die Elemente in EXT und in SUBJ. Für die unakkusativischen Verben muß das Hilfsverb *sein* in (138b) verwendet werden, das das externe Argument deblockiert.

Der Vorteil von Kathols Ansatz ist, daß das logische Subjekt aller Partizipien einheitlich als Element von EXT repräsentiert ist, der Nachteil ist aber, daß *geliebt* kein Element in der SUBCAT-Liste hat, was fälschlicherweise vorhersagt, daß das Partizip nicht mit Argumenten kombiniert werden kann. Da in Kathols Ansatz das Hilfsverb *hat* das externe Argument und das Element in SUBJ deblockiert, kann *seine Frau* in (139) nur als Argument des Hilfsverbs realisiert werden, und es bleibt unklar, wodurch die Projektion des Partizips im Vorfeld lizenziert wird.

(139)   Seine Frau geliebt hat er nie.

Selbst wenn man eine Spezialregel zur Kombination des Partizips mit dem Subjekt einführen würde, könnte man Kathols Ansatz nicht retten, denn in Sätzen wie (92) – hier als (140) wiederholt – muß das Objekt des Verbs im Vorfeld im Nominativ stehen (vergleiche auch die Subjekt-Verb-Kongruenz, die zeigt, daß es sich um Subjekte – also Nominative – handelt), was den Kasusspezifikationen in (137) widerspricht.

(140)   a. Die Nase gebrochen wurde dem Boxer schon zum zweiten Mal.[123]

      b. Zwei Männer erschossen wurden während des Wochenendes.[124]

Außerdem kann Kathols Ansatz modale Infinitive und inkohärente Infinitivkonstruktionen nicht mit einem Lexikoneintrag parallel zum Vorgangspassiv erklären: Da das Akkusativobjekt als Element der SUBJ-Liste repräsentiert ist, kann man keine VP bilden. Die einzige Lösung für dieses Problem scheint die Stipulation eines zusätzlichen Lexikoneintrags für *zu*-Infinitive, die in einer VP auftreten, zu sein. Wie zum Beginn des Abschnitts 17.2 dargelegt wurde, ist eine der Hauptmotivationen der Objekt-zu-Subjekt-Anhebungsansätze, Mehrfacheinträge für Verben in den jeweiligen Formen zu vermeiden.

Mit dem Lexikoneintrag für das Passivhilfsverb *werden* in (138c) kann Kathol das unpersönliche Passiv nicht erklären, da die eingebetteten Verben bei unpersönlichen Passiven kein Akkusativargument haben. Er muß also noch einen weiteren Lexikoneintrag für *werden* annehmen.

---

[123]Lühr: 1984, 386.
[124]Webelhuth: 1985, 210.

Zu guter Letzt muß man anmerken, daß die Beschränkung, daß unter *haben* eingebettete
Verben verschiedene SUBJ- und EXT-Werte haben müssen, zu stark ist, da durch diese Beschränkung das Perfekt von subjektlosen Verben wie *grauen* (siehe (87b)) ausgeschlossen
wird, denn bei solchen Verben sind sowohl SUBJ als auch EXT die leere Liste.

17.3.3 Kathol: 1991 und Pollard: 1994

Pollard (1994) benutzt nicht wie wir ein Merkmal, das auf das Element mit Subjekteigen-
schaften verweist, sondern verweist statt dessen auf das Element mit Akkusativobjektei-
genschaften.[125] Pollard nimmt an, daß das Subjekt infiniter Verben nicht auf der SUBCAT-
Liste repräsentiert wird, sondern wie im hier vorliegenden Buch auch als Wert von SUBJ.
Zur Auszeichnung eines Arguments benutzt Pollard das Merkmal ERG. Bei transitiven
Verben ist der Wert von ERG mit dem Akkusativobjekt identisch. Bei unakkusativischen
Verben entspricht ERG dem Subjekt. Intransitive unergativische Verben haben als ERG-
Wert die leere Liste. (141) zeigt die SUBJ-, ERG- und SUBCAT-Werte der Verben *ankom-
men, tanzen, auffallen, lieben* und *helfen*.

(141)	SUBJ	ERG	SUBCAT
a. ankommen (unakkusativisch):	$\langle$ ①NP[*str*] $\rangle$	$\langle$ ① $\rangle$	$\langle\rangle$
b. tanzen (unergativisch):	$\langle$ NP[*str*] $\rangle$	$\langle\rangle$	$\langle\rangle$
c. auffallen (unakkusativisch):	$\langle$ ①NP[*str*] $\rangle$	$\langle$ ① $\rangle$	$\langle$ NP[*ldat*] $\rangle$
d. lieben (transitiv):	$\langle$ NP[*str*] $\rangle$	$\langle$ ① $\rangle$	$\langle$ ①NP[*str*] $\rangle$
e. helfen (unergativisch):	$\langle$ NP[*str*] $\rangle$	$\langle\rangle$	$\langle$ NP[*ldat*] $\rangle$

Bei unakkusativischen Verben wie *ankommen* und *auffallen* ist das Element in ERG identisch mit dem Element in SUBJ. Bei transitiven Verben ist das Element in ERG mit dem
direkten Objekt identisch (*lieben*) und bei unergativischen Verben ist der ERG-Wert die
leere Liste, da es kein Element mit Akkusativeigenschaften gibt (*tanzen* und *helfen*).

Das Kernstück von Pollards Passivanalyse ist der Lexikoneintrag für das Passivhilfsverb
in (142).[126] Das Passivhilfsverb bettet ein Verb mit der VFORM *ppp*, d. h. ein Partizip II,
ein. Das Hilfsverb zieht den Wert von ERG (①) von der SUBCAT-Liste des eingebetteten
Verbs ab.

(142)   *werden* (Passivhilfsverb, nicht finite Form):

$$
\begin{bmatrix}
\text{HEAD} & \begin{bmatrix} \text{SUBJ} & ① \\ \text{ERG} & ① \\ \textit{verb} \end{bmatrix} \\
\text{SUBCAT} & ② \oplus \Big\langle \text{V}[\textit{ppp}, \text{LEX+}, \text{SUBJ} \langle \text{NP}[\textit{str}]_{\textit{ref}} \rangle, \text{ERG} ①, \text{SUBCAT} ① \oplus ②] \Big\rangle
\end{bmatrix}
$$

---

[125] Pollards Ansatz ist eine Ausarbeitung von Ideen aus Kathol: 1991. Pollard vereinigt die Analysen des persönlichen und unpersönlichen Passivs und diskutiert außerdem auch das Fernpassiv.

[126] Der Eintrag wurde an die in diesem Buch genutzte Merkmalsgeometrie angepaßt. Pollard repräsentiert das
ERG-Merkmal und das SUBJ-Merkmal nicht als Kopfmerkmal.

Die restlichen Elemente (②) werden auf die SUBCAT-Liste des Hilfsverbs angezogen.

Der Lexikoneintrag in (142) kann sowohl das persönliche als auch das unpersönliche Passiv erklären und schließt das Passiv unakkusativischer Verben aus: Das Passiv unakkusativischer Verben wird dadurch verhindert, daß das ERG-Element unakkusativischer Verben mit deren SUBJ-Element identifiziert und nicht in der SUBCAT-Liste des eingebetteten Verbs enthalten ist. Deshalb ist ERG kein Präfix der SUBCAT-Liste des eingebetteten Verbs und unakkusativische Verben sind somit als Argument des Passivhilfsverbs ausgeschlossen.

Bei *tanzen* ist der ERG-Wert des unter das Hilfsverb eingebetteten Verbs die leere Liste. Das Ergebnis der Subtraktion der leeren Liste von einer anderen Liste ist die Liste selbst. Im Fall von *tanzen* ist ② die leere Liste. Da der ERG-Wert von *tanzen* die leere Liste ist, ist der SUBJ-Wert von *getanzt werden* ebenfalls die leere Liste.

Bei *helfen* ist die Situation ähnlich. ② wird hier durch ⟨ NP[*ldat*] ⟩ instantiiert. Der SUBJ-Wert von *geholfen werden* ist mit dem ERG-Wert von *geholfen* – der leeren Liste – identisch. Abbildung 17.3 zeigt das im Detail. Der ERG-Wert von *helfen* ist die leere

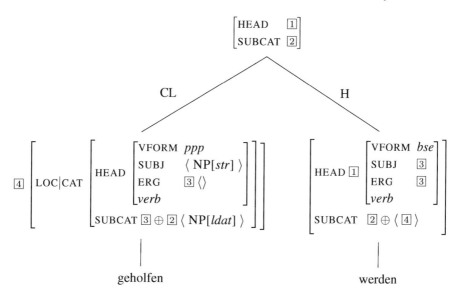

Abbildung 17.3: Pollards Analyse des Verbalkomplexes *geholfen werden* in: *daß dem Mann geholfen werden wird*

Liste. Er wird von der Valenzliste von *helfen* abgezogen. Das Ergebnis ist ②, eine Liste, die das Dativobjekt enthält. Diese Liste wird im Lexikoneintrag des Passivhilfsverbs übernommen. Der ERG-Wert von *helfen* ist mit dem SUBJ-Wert von *werden* identisch. Da dieser SUBJ-Wert zu den Kopfmerkmalen von *werden* gehört (①), wird er durch das Kopfmerkmalsprinzip projiziert. Deshalb hat der Verbalkomplex *geholfen werden* die leere Liste als SUBJ-Wert. Innerhalb der Verbalkomplexstruktur wird das verbale Argument des Hilfsverbs abgebunden, die verbleibenden Element der SUBCAT-Liste werden hochgereicht (②). Deshalb hat der gesamte Verbalkomplex *geholfen werden* eine SUBCAT-Liste, die nur das Dativobjekt enthält.

Abbildung 17.4 zeigt eine Beispielanalyse für das persönliche Passiv mit dem transitiven Verb *lieben*. Der ERG-Wert von Verben wie *lieben* ist eine Liste mit einem Element

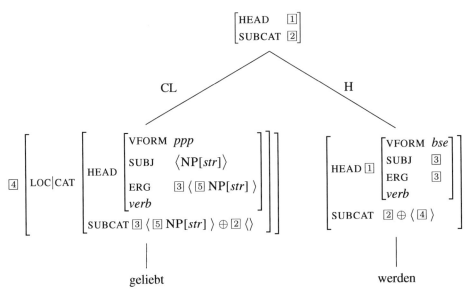

Abbildung 17.4: Pollards Analyse des Verbalkomplexes *geliebt werden* in: *daß der Mann geliebt werden wird*

(③). Diese Liste wird von der SUBCAT-Liste des Partizips *geliebt* abgezogen. Das Ergebnis ist die leere Liste (②). Diese leere Liste wird von *werden* angezogen, d. h. bei bivalenten transitiven Verben wie *lieben* enthält die SUBCAT-Liste von *werden* nur das selegierte Partizip. Der ERG-Wert des Partizips *geliebt* ist mit dem SUBJ-Wert des Hilfsverbs *werden* identisch. Das Kopfmerkmalsprinzip sorgt dafür, daß die Kopfmerkmale von *werden* projiziert werden, und da das SUBJ-Merkmal zu den Kopfmerkmalen gehört, hat der Verbalkomplex *geliebt werden* als SUBJ-Wert eine Liste, die ein Element enthält, das identisch mit dem Akkusativobjekt von *geliebt* ist. Wenn ein finiter Verbalkomplex analysiert wird, wird das zugrundeliegende Akkusativobjekt genauso zum Subjekt angehoben. Da das Hilfsverb finit ist, bekommt das zugrundeliegende Akkusativobjekt durch Pollards Kasusprinzip Nominativ zugewiesen.

Nachdem ich Pollards Analyse erklärt habe, wende ich mich nun den problematischen Aspekten zu: Die bereits als (92) diskutierten und als (143) wiederholten Beispiele stellen ein Problem für Pollards Ansatz dar, da das Subjekt der Passivkonstruktion zusammen mit dem Partizip im Vorfeld stehen kann (Müller: 1999a, 374).

(143) a. Die Nase gebrochen wurde dem Boxer schon zum zweiten Mal.[127]

      b. Zwei Männer erschossen wurden während des Wochenendes.[128]

Das Objekt von *erschießen* in (143a) kann mit dem Partizip die Phrase *zwei Männer erschossen* bilden, aber dann ist es nicht mehr in der SUBCAT-Liste von *zwei Männer er-*

---

[127]Lühr: 1984, 386.
[128]Webelhuth: 1985, 210.

schossen enthalten. Das Passivhilfsverb *wurden* verlangt, daß der ERG-Wert des eingebetteten Partizips ein Präfix der SUBCAT-Liste des Partizips ist, was dann für die Projektion *zwei Männer erschossen* nicht der Fall wäre. Für Haiders Ansatz besteht dieses Problem nicht: Die Argumentblockierung findet gleichzeitig mit der Ableitung der Partizipform statt, d. h. nicht das Passivhilfsverb blockiert das Subjekt. Da das Akkusativobjekt in der SUBCAT-Liste des Partizips enthalten ist, können Sätze wie (143) in Haiders Analyse erklärt werden.

17.3.4 Kathol: 1994

Kathol (1994, 250) schlägt einen Lexikoneintrag für das Passivhilfsverb *werden* vor, der dem folgenden entspricht:

(144) *werden* (Passivhilfsverb):

$$
\begin{bmatrix}
\text{SUBJ} & \boxed{3} \\
\text{SUBCAT} & \boxed{1} \oplus \left\langle V \begin{bmatrix} \text{VFORM} & \textit{part ii} \\ \text{SUBJ} & \langle \text{NP} \rangle \\ \text{SUBCAT} & \boxed{2} \oplus \boxed{1} \end{bmatrix} \right\rangle
\end{bmatrix}
$$

$$\text{constraint: } (\boxed{2} = \left\langle \text{NP}[acc]_{\boxed{4}} \right\rangle \wedge \boxed{3} = \left\langle \text{NP}[nom]_{\boxed{4}} \right\rangle)$$

$$\text{otherwise: } (\boxed{2} = \boxed{3} = \langle \rangle)$$

Wenn das eingebettete Partizip ein Akkusativobjekt hat ($\boxed{2} = \langle \text{NP}[acc]_{\boxed{4}} \rangle$), wird dieses als Subjekt des Hilfsverbs realisiert ($\boxed{3} = \langle \text{NP}[nom]_{\boxed{4}} \rangle$). In diesem Fall liegt ein persönliches Passiv vor. Wenn das eingebettete Partizip kein Akkusativobjekt hat, werden alle Argumente des eingebetteten Verbs ($\boxed{1}$) angehoben, der entstehende Verbalkomplex hat kein Element in SUBJ ($\boxed{3} = \langle \rangle$), und es liegt somit eine unpersönliche Konstruktion vor.

Wie Pollards Ansatz versagt auch dieser Ansatz bei der Analyse von Sätzen wie (143b): Die Projektion *zwei Männer erschossen* ist eine komplette VP, die nichts in der SUBCAT-Liste enthält. Der Lexikoneintrag in (144) ist mit einem Partizip, das eine leere SUBCAT-Liste hat, kompatibel, aber das Ergebnis der Kombination ist ein subjektloser Verbalkomplex. Subjektlose Verbalkomplexe stehen immer in der dritten Person Singular, d. h. man würde *wurde* statt *wurden* als finites Verb erwarten.

17.3.5 Ryu: 1997

Ryu (1997) schlägt zwei neue Merkmale vor: eins zur Kennzeichnung des Indexes des externen Arguments (EXTARG) und eins zur Kennzeichnung des Indexes des internen Arguments (INTARG). Diese Merkmale repräsentiert er zusammen mit einer Liste der referentiellen Indizes aller Argumente (ARGS) als Wert des Merkmals ARGSTR, das für Argumentstruktur steht. (145) zeigt ein Beispiel für das transitive Verb *schlagen*.

(145) Argumentstruktur von *schlagen* nach Ryu: 1997, 376:

$$
\begin{bmatrix}
\text{EXTARG} & \langle \boxed{1} \rangle \\
\text{INTARG} & \langle \boxed{2} \rangle \\
\text{ARGS} & \langle \boxed{1} \rangle \oplus \langle \boxed{2} \rangle
\end{bmatrix}
$$

Er nimmt die folgenden Lexikoneinträge für das Passivhilfsverb *werden* an:[129]

(146) *werden* (Hilfsverb für das persönliche Passiv, S. 377):

$$
\begin{bmatrix}
\text{HEAD}|\text{SUBJ} \ \left\langle \text{NP}[nom]_{\boxed{2}} \right\rangle \\[2em]
\text{SUBCAT} \ \left\langle \text{PP}[von]_{\boxed{1}} \right\rangle \oplus \boxed{4} \oplus \left\langle
\begin{bmatrix}
\text{HEAD} & \begin{bmatrix} \text{VFORM} \ psp \\ verb \end{bmatrix} \\[1.5em]
\text{SUBCAT} & \left\langle \text{NP}[acc]_{\boxed{2}} \right\rangle \oplus \boxed{4} \\[1em]
\text{ARGSTR} & \begin{bmatrix} \text{EXTARG} \ \langle \boxed{1} \rangle \\ \text{INTARG} \ \langle \boxed{2} \rangle \\ \text{ARGS} \quad \langle \boxed{1} \rangle \oplus \langle \boxed{2} \rangle \oplus \boxed{3} \end{bmatrix}
\end{bmatrix}
\right\rangle
\end{bmatrix}
$$

(147) *werden* (Hilfsverb für das unpersönliche Passiv, S. 379):

$$
\begin{bmatrix}
\text{HEAD}|\text{SUBJ} \ \langle \rangle \\[2em]
\text{SUBCAT} \ \left\langle \text{PP}[von]_{\boxed{1}} \right\rangle \oplus \boxed{4} \oplus \left\langle
\begin{bmatrix}
\text{HEAD} & \begin{bmatrix} \text{VFORM} \ psp \\ verb \end{bmatrix} \\[1.5em]
\text{SUBCAT} & \boxed{4} \\[1em]
\text{ARGSTR} & \begin{bmatrix} \text{EXTARG} \ \langle \boxed{1} \rangle \\ \text{INTARG} \ \langle \ \rangle \\ \text{ARGS} \quad \langle \boxed{1} \rangle \oplus \boxed{3} \end{bmatrix}
\end{bmatrix}
\right\rangle
\end{bmatrix}
$$

Beispiele wie (143b) und (148) sind für Ryus Ansatz problematisch, da er davon ausgeht, daß die Argumentstruktur nur in Lexikoneinträgen, also nicht auf der phrasalen Ebene repräsentiert wird.

(148) Einem Jungen geschenkt wurde das Buch dann doch nicht.

In (143b) und (148) wird das Vorfeld durch eine komplexe Konstituente besetzt. Diese komplexe Konstituente ist der Füller in einer Fernabhängigkeit. *wurde* wird mit einer Spur kombiniert, und die Anforderungen des Passivhilfsverbs werden mit den Eigenschaften der Spur identifiziert. Da die Argumentstruktur nicht projiziert wird, ist die Konstituente *einem Jungen geschenkt* entweder mit der Spur nicht kompatibel oder die Grammatik generiert über: Wenn der Wert von ARGSTR für Phrasen *none* oder etwas Ähnliches ist, schlägt die Analyse fehl, da die Restriktionen für die Spur mit dem Füller inkompatibel sind. Wenn der Wert von ARGSTR für Phrasen nicht beschränkt wird, läßt die Grammatik nicht wohlgeformte Sätze wie (149) zu, in denen das Partizip eines unakkusativischen Verbs zusammen mit einem Argument vorangestellt wurde.

(149) * Dem Mann aufgefallen wurde nicht.

(149) kann als unpersönliches Passiv analysiert werden, da die Beschränkung, daß das eingebettete Partizip ein Element in EXTARG haben muß, nicht erzwungen werden kann, da Information über die Argumentstruktur, die zu einem Widerspruch führen könnte, bei der Projektion *dem Mann aufgefallen* nicht vorhanden ist.

---

[129]Ich habe seine Lexikoneinträge an die Merkmalsgeometrie, die in diesem Buch verwendet wird, angepaßt.

17.3.6 Agensausdrücke

In den beiden folgenden Abschnitten werden Vorschläge zur Analyse der Agensausdrücke untersucht. Der erste Abschnitt widmet sich einem Ansatz, der ein Hilfsprädikat und Schlußregeln verwendet, und der zweite beschäftigt sich mit einem recht einflußreichen Ansatz, der die Subjekte überhaupt nicht als Argumente ihrer Verben analysiert.

17.3.6.1 Ein AGENS-Prädikat und Inferenz

Wunderlich (1993, 740) schlägt vor, die Agens-Phrase beim Passiv als Adjunkt zu behandeln. Die Agens-Rolle von passivierten Verben wird existenziell abgebunden, für *geküßt werd-* nimmt er die Repräsentation in (150a) an, und (150b) zeigt die Repräsentation des Agensausdrucks *von Anna*.

(150)   a.   *geküßt werd-*: $\lambda y \lambda s \exists x \, \text{KÜSS}(x, y)(s)$

         b.   *von Anna*: $\lambda s \, \text{AGENS}(s, a)$

Hierbei steht s für die vom Verb bezeichnete Situation. Die Repräsentation, die man erhält, wenn man beide Phrasen kombiniert, zeigt (151a):

(151)   a. $\lambda y \lambda s (\exists x \, \text{KÜSS}(x, y)(s) \, \& \, \text{AGENS}(s, a))$

         b. $\lambda y \lambda s (\exists x \, \text{KÜSS}(x, y)(s) \, \& \, \text{AGENS}(s, a)) \rightarrow \lambda y \lambda s \, \text{KÜSS}(a, y)(s)$

Die Identifikation der jeweiligen Situationsvariablen erfolgt durch Unifikation[130] bzw. Theta-Identifikation, wie das Verfahren von Higginbotham (1985, 564) genannt wurde.

Besitzt man Wissen darüber, an welcher Stelle der semantischen Repräsentation von Küssen-Situationen welche Argumentrolle steht, dann kann man wie in (151b) aus der AGENS-Relation ableiten, welcher Slot von KÜSS durch a gefüllt werden muß. Da die Information darüber, welches Argument ein AGENS ist, in KÜSS(x,y) nicht explizit enthalten ist, müßte man spezielle Bedeutungspostulate wie in (152) haben, um die entsprechenden Schlüsse ziehen zu können:

(152) $(\text{KÜSS}(x, y)(s) \, \& \, \text{AGENS}(s, a)) \rightarrow \text{KÜSS}(a, y)(s)$

Entsprechende Postulate müßte es für alle Verben mit Agens-Rolle geben. Arbeitet man mit Repräsentationen, wie sie in der HPSG verwendet werden, wäre eine Implikation ausreichend, da man auf die Klasse der Prädikate, die ein Agens-Argument haben, über ihren Typ zugreifen kann. Man könnte somit auf die explizite Erwähnung der einzelnen Prädikate (KÜSS in (152)) verzichten. Allerdings hat man in die Beschreibungen der Situationen, über die man Aussagen macht, ein Prädikat AGENS eingeführt, das nur eine Hilfsfunktion hat: Die Verbindung zum Agens-Argument wurde in der Syntax nicht hergestellt und muß dann mittels Schlußverfahren ermittelt werden. Im Ansatz, der im Abschnitt 17.2.7 vorgestellt wurde, ist weder das Hilfsprädikat AGENS noch ein gesondertes Schlußverfahren nötig.

---

[130]Das ist parallel zur Behandlung der Kombination von Adjektiv und Nomen in Kapitel 6.2.

17.3.6.2 Generelle Ausgliederung der Agens-Rolle

Kratzer (1996) hat vorgeschlagen, das Agens grundsätzlich nicht als Argument von Verben zu behandeln. Statt der Repräsentation in (153a) bzw. der Repräsentation in (153b), bei der die semantischen Rollen in Prädikate ausgelagert sind, nimmt sie die Repräsentation in (153c) bzw. (153d) an:

(153) a. $\lambda x \lambda y \lambda e\ buy(x)(y)(e)$
       b. $\lambda x \lambda y \lambda e\ buying(e)\&Theme(x)(e)\&Agent(y)(e)$
       c. $\lambda x \lambda e\ buy(x)(e)$
       d. $\lambda x \lambda e\ buying(e)\&Theme(x)(e)$

e steht hier für die Event-Variable, die der Situationsvariable anderer Autoren entspricht. Während in (153a,b) die Variable, die dem Agens von *buy* entspricht, durch ein λ gebunden ist, ist das in (153c,d) nicht der Fall. Kratzer behandelt das Agens als Element, das nicht vom Verb selegiert wird (weder syntaktisch, d. h. über Valenzinformation, noch semantisch, d. h. über Zuweisung einer semantischen Rolle), sondern über eine funktionale Projektion (VoiceP) mit dem Verb verbunden wird. Für den Satz (154) nimmt Kratzer (1996, 121) die Tiefenstruktur in Abbildung 17.5 an.

(154) Mittie feeds the dog.

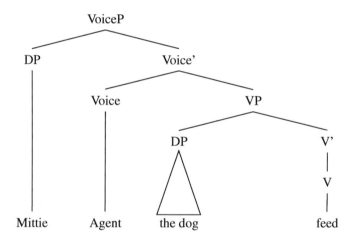

Abbildung 17.5: Das Agens-Prädikat und die funktionale Projektion VoiceP

Kratzer nimmt an, daß im allgemeinen Köpfe ihre Argumente in der D-Struktur in der Spezifikatorposition realisieren (S. 120). Deshalb wird das Objekt von *feed* nicht direkt mit V kombiniert, sondern das V wird zu V' projiziert, und erst danach werden Objekt und V' zu VP verbunden. Der Voice-Kopf ist dabei phonologisch leer. Das Agens-Prädikat, das in semantischen Repräsentationen von Lexikoneinträgen wie (153c) nicht enthalten ist, wird vom Voice-Kopf eingeführt. Kratzer unterscheidet zwischen Voice-Köpfen für Aktivstrukturen und solchen für Passivstrukturen. Der Kopf für Aktivstrukturen realisiert das Agensargument (wie in Abbildung 17.5) und weist der DP in der VP Akkusativ zu. Der Kopf für Passivstrukturen realisiert kein Agensargument und weist keinen Akkusativ zu (S. 123). Diese Art der Kasuszuweisung unterscheidet sich von der hier vorgestellten dadurch, daß sie nicht lokal ist: Voice bestimmt den Kasus eines Elements innerhalb einer eingebetteten Phrase. In früheren Arbeiten zur GB wurde bei Kasuszuweisungen in ähnlichen Konfigurationen immer von *Exceptional Case Marking* gesprochen. In Kratzers Analyse wird diese Art von Kasuszuweisung zum Normalfall.[131]

Kratzer geht nicht darauf ein, wie Sätze ohne (Akkusativ-)Objekt behandelt werden sollen. Für Sätze wie (155) muß man wohl einen weiteren Voice-Kopf (bzw. eine Disjunktion in der Beschreibung des Aktiv-Voice-Kopfes) annehmen, der keinen Akkusativ zuweist.

(155) a. Er schläft.

  b. Er hilft dem Mann.

  c. Er denkt an die Zukunft.

Kratzer (1996, 123) erläutert am Beispiel des Verbs *own*, was mit Prädikaten passiert, die kein Agens verlangen.

(156) Mittie owns a dog.
  Mittie besitzt einen Hund

Für diese Fälle schlägt sie einen zusätzlichen leeren Kopf vor, der ein entsprechendes Prädikat zur Beschreibung der Rolle einführt. Sie nennt das Prädikat *holder*. Kratzer führt getypte Variablen für das Situationsargument ein: Statt der Variable e, die in der lexikalischen Repräsentation von *buy* in (153) eine Rolle spielt, nimmt sie für Zustände eine Variable s an. Die entsprechenden Repräsentationen zeigt (157):[132,133]

(157) a. Holder* $= \lambda x_e \lambda s_s \, holder(x)(s)$

  b. own the dog* $= \lambda s_s \, own(the\ dog)(s)$

Situationsvariablen vom Typ s sind mit solchen vom Typ e unverträglich, weshalb die Kombination eines ein Agens einführenden Kopfes mit *own* ausgeschlossen ist. Genauso kann der *Holder*-Kopf nicht mit einem Aktionsprädikat kombiniert werden.

Diese Art Selektion ließe sich sehr leicht in eine HPSG-Analyse übersetzen, wenn man alle Relationen entsprechend typt: Relationen, die ein Agens-Argument haben, sind vom Typ *agens-rel*, die, die ein Patiens-Argument haben, sind vom Typ *patiens-rel*. Relationen, die sowohl ein Agens-Argument als auch ein Patiens-Argument haben, sind vom Typ *agens-patiens-rel*. Außerdem braucht man Untertypen für Relationen, die ein Agens-, aber kein Patiens-Argument haben (*agens-only-rel*) usw. *agens-only-rel* würde von *agens-rel* erben, aber nicht von *patiens-rel*. Gegen solch eine Analyse sprechen aber folgende Argumente: 1) Man muß für jede semantische Rolle, die auf diese Weise eingeführt werden soll, einen leeren Kopf annehmen. 2) Analysen, die Komplexbildung annehmen, wären nicht mehr möglich. Auf diese Punkte gehe ich im folgenden einzeln ein.

In der in diesem Buch vorgestellten Analyse des Deutschen ist für die Zuweisung von Argumentrollen und von Kasus kein einziger leerer Kopf nötig. Aktiv und Passiv werden

---

[131] Siehe auch Abraham: 2005, 223 zur angestrebten Lokalität der Rektion im Rahmen der GB-Theorie.

[132] Die Sternchen kennzeichnen, daß es hier um die semantische Repräsentation der entsprechenden Wörter geht.

[133] In Kratzers Text steht in (157a) als Argument von *holder* ein e ($holder(x)(e)$), der Text legt aber nahe, daß ein s intendiert ist.

über unterschiedliche Argumentrealisierungen erklärt. Die Theorie benötigt daher weniger Annahmen in bezug auf nicht direkt sichtbare Entitäten und kann trotzdem die Daten erklären. Die lizenzierten Strukturen sind kleiner als in Kratzers System. Der hier vorgestellten Theorie ist also aus diesen Gründen der Vorzug zu geben.

Im Kapitel 16.1.3 wurden Anhebungsverben wie *scheinen* und *sehen* diskutiert. Nimmt man für Sätze mit diesen Verben eine Analyse mit Prädikatskomplex an, so funktioniert Kratzers Rollenzuweisung nicht ohne weiteres.

(158)   a. weil die Männer [zu lächeln scheinen]

  b. weil er die Männer [lächeln sieht]

Die Analyse, die in Kapitel 16.2 vorgestellt wurde, geht davon aus, daß die Verben in (158) jeweils einen Komplex bilden. Die Argumente der an der Komplexbildung beteiligten Verben werden vom jeweils höchsten Verb angezogen und werden so zu Argumenten des gesamten Komplexes. *die Männer* ist deshalb das Subjekt von *scheinen* und auch von *zu schlafen scheinen*. Die Bedeutung des Verbalkomplexes in (158a) wäre in Kratzers System etwas wie (159).

(159) $\lambda s\ scheinen'(lächeln'(e))(s)$

Das heißt, die Event-Variable, die man für die Realisierung des Agens von *lächeln* braucht, wäre nach einer Verbalkomplexbildung nicht mehr zugänglich. Das Prädikat *scheinen* selbst hat aber keine Situationsvariable, die mit einem Agens kompatibel wäre. Für Kratzer ist das kein Problem, wenn sie annimmt, daß *scheinen* einen Satz einbettet, eine solche Analyse ist jedoch mit allgemeinen Annahmen in der HPSG nicht verträglich: Zum Beispiel wird Kongruenz als eine lokale Relation behandelt, weshalb *die Männer* als syntaktisches Argument von *scheinen* behandelt werden sollte.[134]

17.4 Anhang

In diesem Anhang soll das Kasusprinzip, das bisher nur informal angegeben wurde, präzise formalisiert werden. Die Formalisierung kann erst jetzt erfolgen, da erst jetzt die relevanten Phänomene wie Fernpassiv und Verbalkomplexbildung in ausreichendem Maße diskutiert wurden.

Zur Erinnerung sei hier die Prosaform von Meurers' (1999b; 2000, Kapitel 10.4.1.4) Kasusprinzip wiederholt:

  a. Das am wenigsten oblique Argument eines Verbs mit strukturellem Kasus erhält Nominativ, es sei denn, es ist angehoben.

  b. Alle anderen nicht angehobenen Argumente eines Verbs mit strukturellem Kasus erhalten Akkusativ.

Meurers gibt eine sehr komplexe Formalisierung des Prinzips, die vollständige Äußerungen durchwandert und Valenzlisten daraufhin überprüft, ob Argumente angehoben wurden oder nicht (siehe (53) auf Seite 232). Ein Ansatz, der solcherart komplexe Beschränkungen nicht benötigt, ist dem von Meurers vorgeschlagenen vorzuziehen. Meurers und De

---

[134] Siehe Kapitel 16.3 zu Reapes Vorschlag (1994), einen Satz unter *scheinen* einzubetten.

Kuthy (2001, 53–57) greifen die Kritik an der Komplexität früherer Formalisierungen auf und formalisieren das Kasusprinzip auf eine Weise, die Elemente von Przepiórkowskis Ansatz (1999b) verwendet. Wichtig für das Funktionieren der Analyse ist, daß es eine Repräsentation gibt, in der alle Argumente eines Verbs – insbesondere auch die von anderen Verben angezogenen – unabhängig vom Ort ihrer Realisierung repräsentiert sind, denn nur so kann man erklären, warum sich die Kasus der Elemente innerhalb der Projektionen im Vorfeld in den Sätzen in (160) unterscheiden.[135]

(160)   a. [Der Aufsatz gelesen] wurde am Wochenende.

        b. [Den Aufsatz gelesen] hat er am Wochenende.

Die realisierungsunabhängige Repräsentation wird dadurch erreicht, daß Argumente, die mit ihrem Kopf verbunden werden, nicht mehr aus der SUBCAT-Liste entfernt, sondern in der SUBCAT-Liste nur als realisiert markiert werden (siehe auch Higginbotham: 1985, 560 für einen ähnlichen Vorschlag in einem anderen theoretischen Rahmen). Eine Phrase ist dann eine Maximalprojektion eines Kopfes, wenn alle Argumente des Kopfes als realisiert markiert sind. Elemente in der SUBCAT-Liste, die bereits als realisiert markiert sind, nennt Meurers *spirits* (Geister).

Das entsprechend angepaßte Schema sieht folgendermaßen aus:

Schema 13 (Kopf-Argument-Schema (binär verzweigend mit „Geistern"))
head-argument-structure →

$$
\begin{bmatrix}
\text{CAT}|\text{SUBCAT } \boxed{1} \oplus \boxed{2} \begin{bmatrix} \text{ARGUMENT } \boxed{3} \\ \text{REALIZED } + \end{bmatrix} \oplus \boxed{4} \\[2ex]
\text{HEAD-DTR}|\text{CAT}|\text{SUBCAT } \boxed{1} \oplus \boxed{2} \begin{bmatrix} \text{ARGUMENT } \boxed{3} \\ \text{REALIZED } - \end{bmatrix} \oplus \boxed{4} \\[2ex]
\text{NON-HEAD-DTRS } \langle\, \boxed{3}\, \rangle
\end{bmatrix}
$$

Die Merkmale ARGUMENT und REALIZED wurden von Przepiórkowski (1999b) vorgeschlagen und bereits auf Seite 230 diskutiert. Bisher wurde im Kopf-Argument-Schema immer die Relation *delete* verwendet. In Schema 13 tauchen nun diverse ⊕-Relationen (*append*) auf. Die beiden *append*-Relationen werden gebraucht, um die SUBCAT-Liste der Kopftochter in drei Teile zu zerteilen. Im zweiten Teil befindet sich das Element, das realisiert werden soll. Dieses wird aber nicht einfach aus der Liste der noch zu sättigenden Argumente entfernt, sondern es wird nur der REALIZED-Wert verändert. Die Reihenfolge der Elemente in der SUBCAT-Liste der Mutter muß der Reihenfolge in der SUBCAT-Liste der Kopftochter entsprechen. Deshalb muß die SUBCAT-Liste der Mutter mittels *append* aus den Bestandteilen zusammengesetzt werden, aus denen auch die SUBCAT-Liste der Kopftochter besteht. Die SUBCAT-Liste der Mutter ist also bis auf den REALIZED-Wert eines Arguments identisch mit der SUBCAT-Liste der Kopftochter.

Dadurch daß Elemente nicht von der SUBCAT-Liste entfernt, sondern nur markiert werden, erreicht man, daß auch in den für Przepiórkowski (1999b) problematischen Fällen in (160) alle Argumente des eingebetteten Verbs angehoben werden, obwohl sie bereits in einer anderen Umgebung realisiert wurden. (162) zeigt die Valenzlisten für die Sätze (160).

---

[135] Siehe auch Kapitel 14.3.3 zur Diskussion der Probleme, die die Daten in (160) für Przepiórkowskis Ansatz aufwerfen.

(161) a. *der Aufsatz gelesen:*   SUBJ + SUBCAT $\langle$ NP[*str*]$_j$, ~~NP[*str*]$_k$~~ $\rangle$
       b. *den Aufsatz gelesen:*   SUBJ + SUBCAT $\langle$ NP[*str*]$_j$, ~~NP[*str*]$_k$~~ $\rangle$
       c. *der Aufsatz gelesen wurde:* SUBJ + SUBCAT $\langle$ ~~NP[*str*]$_k$~~ $\rangle$
       d. *den Aufsatz gelesen hat er:* SUBJ + SUBCAT $\langle$ ~~NP[*str*]$_j$~~, NP[*str*]$_k$ $\rangle$

Innerhalb der Projektion *der/den Aufsatz gelesen* wird das Objekt von *gelesen* realisiert, weshalb es in (161a, b) durchgestrichen ist. *werden* läßt das designierte Argument von *lesen* blockiert, so daß nur das Objekt von *lesen* angehoben wird und als einziges Element in (161c) repräsentiert ist. In (160b) deblockiert das Perfekthilfsverb das blockierte designierte Argument des Partizips: Sowohl das Subjekt als auch das Objekt von *lesen* sind in (161d) repräsentiert.

Zusätzlich zum Merkmal REALIZED, das etwas über den Geist-Status eines Elements aussagt, braucht man das Merkmal RAISED, das festhält, ob ein Element durch ein übergeordnetes Prädikat angehoben wird oder nicht. Werden die Argumente wie bei *der/den Aufsatz gelesen* angehoben, darf keine Kasuszuweisung durch das eingebettete Verb (*gelesen*) erfolgen. Erst wenn – wie z. B. bei (161c, d) – klar ist, daß Elemente nicht weiter angehoben werden, kann Kasus zugewiesen werden.

Die modifizierten Lexikoneinträge für das Perfekt- und das Passivhilfsverb sind in (162) und (163) zu sehen. *attract* ist dabei eine relationale Beschränkung, die die Elemente einer Liste als angehoben (RAISED+) markiert.[136]

(162) *haben* (Perfekthilfsverb):

$$\begin{bmatrix} \text{DA} & \boxed{1} \\ \text{SUBCAT} & \text{attract}(\boxed{1} \oplus \boxed{2}) \oplus \langle \text{V}[ppp, \text{LEX+}, \text{SUBJ } \boxed{1}, \text{SUBCAT } \boxed{2}] \rangle \end{bmatrix}$$

(163) *werden* (Passivhilfsverb):

$$\begin{bmatrix} \text{DA} & \langle \rangle \\ \text{SUBCAT} & \text{attract}(\boxed{1}) \oplus \langle \text{V}[ppp, \text{LEX+}, \text{DA } \langle \text{NP}_{ref} \rangle, \text{SUBCAT } \boxed{1}] \rangle \end{bmatrix}$$

Die Argumente der Hilfsverben in (162) und (163) sind in bezug auf ihren RAISED-Wert unspezifiziert, aber die Argumente des eingebetteten Verbs werden durch *attract* als RAISED+ gekennzeichnet. Die folgende Implikation drückt aus, daß Argumente finiter Verben nicht angehoben werden können:

(164)

$$\begin{bmatrix} \text{SYNSEM|LOC|CAT|HEAD} & \begin{bmatrix} \text{VFORM } fin \\ verb \end{bmatrix} \end{bmatrix} \rightarrow$$

$$\begin{bmatrix} \text{SYNSEM|LOC|CAT|SUBCAT} & list\_of\_non\_raised\_arguments \end{bmatrix}$$

---

[136]attract($\langle \rangle$) := $\langle \rangle$.

attract($\langle \begin{bmatrix} \text{ARGUMENT} & \boxed{1} \\ \text{REALIZED} & \boxed{2} \\ \text{RAISED} & + \end{bmatrix} \mid \text{Rest} \rangle$) := $\langle \begin{bmatrix} \text{ARGUMENT} & \boxed{1} \\ \text{REALIZED} & \boxed{2} \end{bmatrix} \mid \text{attract(Rest)} \rangle$.

Der Grund dafür, daß Argumente finiter Verben nicht angehoben werden können, ist, daß es keine Verben gibt, die finite Verben einbetten und mit ihnen einen Komplex bilden. Bei einer Komplexbildung, die ein finites Verb enthält, ist das Finitum immer das höchste Verb. Deshalb können die Argumente finiter Verben nicht angehoben werden.[137]

Die Implikation in (164) ist einer globalen Beschränkung wie der von Meurers und Przepiórkowski formulierten (siehe Seite 232) vorzuziehen.

Für andere Kontexte, in denen nicht weiter angehoben werden kann, müssen in den entsprechenden Lexikoneinträgen Beschränkungen formuliert werden. So schließt z. B. *ohne* oder *um* einen Anhebungsbereich ab:

(165) a. Er hat das gesehen, ohne sich zu wundern.

  b. Er hat das gelesen, um sich über diese Angelegenheit zu informieren.

Es ist nicht möglich, wie das von Meurers und De Kuthy (2001, 54, Fußnote 54) mit entsprechend anderer Merkmalsgeometrie vorgeschlagen wurde, die Implikation *sign* → SYNSEM|RAISED− zu verwenden. Diese Implikation würde dafür sorgen, daß alle realisierten Argumente RAISED− sind, was zu Problemen mit Sätzen wie (160) führen würde, denn dann wäre das Objekt von *gelesen* als RAISED− markiert und *attract* würde fehlschlagen, da es ja die Argumente des eingebetteten Verbs *gelesen* als RAISED+ markiert.

Die Information darüber, ob ein Element angehoben wurde oder nicht, darf natürlich bei der Sättigung von Argumenten nicht verlorengehen, weshalb die Strukturteilung der RAISED-Werte in Kopf-Argument-Strukturen explizit gemacht werden muß:

Schema 14 (Kopf-Komplement-Schema (binär verzweigend mit „Geistern"))
head-argument-structure →

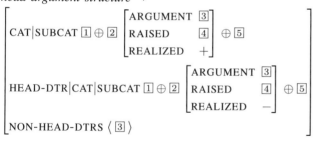

Nach diesen Vorarbeiten kann nun das Kasusprinzip formalisiert werden:

---

[137]Bei der Analyse der scheinbar mehrfachen Vorfeldbesetzung, die ich in Müller: 2005c vorgeschlagen habe, werden auch Argumente finiter Verben angehoben. Dabei handelt es sich aber um die Argumente einer Verbspur. Da Argumente overt realisierter finiter Verben nie angehoben werden, kann man das Antecedens der Implikation in (164) spezifischer machen, so daß die Implikation nur auf overte Verben angewendet wird.

Prinzip 8 (Kasusprinzip)

a. $\left[\text{SYNSEM}|\text{LOC}|\text{CAT}\left[\begin{array}{l}\text{HEAD}\left[\begin{array}{l}\text{SUBJ}\ \boxed{1}\\ \textit{verb}\end{array}\right]\\ \text{SUBCAT}\ \boxed{2}\end{array}\right]\right] \wedge$

$$\boxed{1} \oplus \boxed{2} = \textit{list\_of\_not\_np\_str} \oplus \langle\ \boxed{3}\ \text{NP}[\textit{str},\ \text{RAISED}-]\ \rangle \oplus \square \rightarrow$$

$$\boxed{3} = \text{NP}[\textit{snom}]$$

b. $\left[\text{SYNSEM}|\text{LOC}|\text{CAT}\left[\begin{array}{l}\text{HEAD}\left[\begin{array}{l}\text{SUBJ}\ \boxed{1}\\ \textit{verb}\end{array}\right]\\ \text{SUBCAT}\ \boxed{2}\end{array}\right]\right] \wedge$

$$\boxed{1} \oplus \boxed{2} =$$
$$\textit{list\_of\_not\_np\_str} \oplus \langle\ \text{NP}[\textit{str},\ \text{RAISED}-]\ \rangle \oplus \square \oplus \langle\ \boxed{3}\ \text{NP}[\textit{str},\ \text{RAISED}-]\ \rangle \oplus \square \rightarrow$$

$$\boxed{3} = \text{NP}[\textit{sacc}]$$

Der Ausdruck in a bedeutet folgendes: Wenn sich die Liste, die aus der Verknüpfung des SUBJ-Wertes mit dem SUBCAT-Wert besteht, so unterteilen läßt, daß es einen Listenanfang gibt, der aus Elementen besteht, die keine NP mit strukturellem Kasus sind, und einen Listenrest, der mit einer Nominalphrase mit strukturellem Kasus beginnt, die nicht angehoben ist ($\boxed{3}$), dann muß diese Nominalphrase strukturellen Nominativ (*snom*) haben. $\square$ steht für einen beliebigen Wert, im konkreten Fall also für eine beliebige Liste. Die Unterteilung der Liste $\boxed{1} \oplus \boxed{2}$ in den Listenanfang vom Typ *list_of_not_np_str* ist wichtig, da sonst die bereits in Kapitel 14.3.3 angesprochenen Fälle des Fernpassivs mit Objektkontrollverben nicht analysierbar wären (siehe auch Seite 314). Bei solchen Fernpassiven kann an der ersten Stelle der SUBCAT-Liste ein Dativ stehen und erst an zweiter Stelle eine NP mit strukturellem Kasus.

Die Implikation in b regelt die Akkusativzuweisung in analoger Weise: Zusätzlich zur Spezifikation des Listenanfangs muß es noch eine weitere nicht angehobene Nominalphrase mit strukturellem Kasus geben (diejenige, die Nominativ bekommt). Alle weiteren nicht angehobenen Nominalphrasen mit strukturellem Kasus ($\boxed{3}$) müssen dann im Akkusativ stehen. Durch die beiden $\square$ in (165b) kann die Liste nach der ersten NP[*str*] beliebig zerlegt werden, so daß z. B. in der Liste $\langle$ NP[*str*], NP[*str*], NP[*str*] $\rangle$, wie sie in (166) als SUBCAT-Liste von *ließ* vorkommt, die zweite und dritte NP Akkusativ bekommt.

(166)   Er ließ den Jungen den Aufsatz holen.

Kontrollfragen

1. Welche Arten von Passiv bzw. passivähnlichen Konstruktionen kennen Sie?

2. Worin unterscheiden sich die Hilfsverben für das Vorgangspassiv und das Perfekt in der hier vorgestellten Analyse?

Übungsaufgaben

1. Warum gibt es in (167b) keine Kongruenz zwischen *zwei Wochen* und dem Passiv-hilfsverb?

   (167)   a. Er hat im März zwei Wochen gearbeitet.

             b. weil im März zwei Wochen gearbeitet wurde

2. Laden Sie die zu diesem Kapitel gehörende Grammatik von der Grammix-CD (siehe Übung 3 auf Seite 61). Im Fenster, in dem die Grammatik geladen wird, erscheint zum Schluß eine Liste von Beispielen. Geben Sie diese Beispiele nach dem Prompt ein und wiederholen Sie die in diesem Kapitel besprochenen Aspekte.

Literaturhinweise

Die Vorschläge zur theoretischen Behandlung des Passivs kann man in zwei Klassen teilen: Zum einen gibt es solche, die für das Partizip Perfekt und das Partizip Passiv einen eigenen Lexikoneintrag annehmen (Bresnan: 1978, 1982b; Pollard und Sag: 1987, 214–218; Bierwisch: 1990, 189; Kunze: 1996, 656; Manning und Sag: 1998; Michaelis und Ruppenhofer: 2001, Kapitel 4; Vierhuff, Hildebrandt und Eikmeyer: 2003, 231), und zum anderen gibt es Ansätze, die davon ausgehen, daß es nur einen Eintrag für das Partizip II gibt, der in verschiedenen Umgebungen verwendet werden kann. Die Argumente des Partizips II werden je nach Umgebung realisiert oder unterdrückt (Bech: 1955, 37; Höhle: 1978; Haider: 1986a; Toman: 1986; Fanselow: 1987, 165; Hoekstra: 1987, 283; von Stechow: 1990, 171).

Ähnlich liegt die Sache bei modalen Infinitiven: Haider (1984c) und Demske-Neumann (1994, 174) nehmen an, daß es nur eine Form des *zu*-Infinitivs gibt. Wilder (1990) dagegen geht davon aus, daß es zwei verschiedene *-en*-Morpheme gibt, die für die Aktiv/Passiv-Varianten der Konstruktionen mit *zu*-Infinitiv verantwortlich sind.

Beim *lassen*-Passiv nehmen Reis (1976a, 20), Wilder (1990), Fanselow (1987, 131–149), Demske-Neumann (1994, 265) und Kunze (1996, 665; 1997, 161) an, daß es Aktiv-bzw. Passivstrukturen für die Infinitive bzw. zwei verschiedene Infinitive oder *-en*-Morpheme gibt. Höhle (1978, 70) geht dagegen von zwei verschiedenen Einträgen für *lassen* aus.

In HPSG-Grammatiken für das Englische (Pollard und Sag: 1987, 214–218) und in früheren Versionen bzw. Vorläufern der LFG (Bresnan: 1978, 1982b) wurde das Passiv mittels einer Lexikonregel analysiert, die ein Hauptverb zu einem Passivpartizip in Verbindung setzt, das eine entsprechend veränderte Valenzanforderung hat. Kiss (1992, 276), Hinrichs und Nakazawa (1998), Kathol (1998, 255) und Müller (2001c) haben ähnliche, auf Lexikonregeln basierende HPSG-Analysen für das Deutsche entwickelt.

18 Partikelverben

In diesem Kapitel werden die Partikelverben besprochen. Diese sind aus syntaktischer und auch aus morphologischer Sicht interessant, und es wurde oft versucht, die Partikelverben entsprechend der Vorlieben des jeweiligen Forschers der Morphologie oder der Syntax allein zuzuschlagen. Wie die Diskussion in diesem und im folgenden Kapitel zeigen wird, ist es sinnvoller, Partikelverben sowohl in der Syntax als auch in der Morphologie zu behandeln. In diesem Kapitel werden die syntaktischen Eigenschaften von Partikelverben diskutiert, und es wird eine entsprechende Analyse vorgestellt. Im folgenden Kapitel wird erklärt, wie die morphologischen Eigenschaften von Partikelverben modelliert werden können.

Die in diesem und im folgenden Kapitel entwickelte Analyse der Partikelverben stellt den Höhepunkt des Buches dar: Die Analysen aus vorangegangenen Kapiteln interagieren bei der Analyse der Partikelverben. Wir benötigen Adjunktion (Kapitel 6), Lexikonregeln (Kapitel 7), die Verbstellung und Konstituentenstellung (Kapitel 9), Vorfeldbesetzung (Kapitel 10), Kasuszuweisung (Kapitel 14), Argumentanziehung (Kapitel 15) und Passiv (Kapitel 17).

18.1 Das Phänomen

Im Deutschen gibt es eine Klasse von Verben, die durch morphologisches Material (1) oder syntaktisches Material (2) in zwei Teile geteilt werden können. Der Teil, der bei Verbletztstellung links vom Verb steht und der zurückbleibt, wenn das Verb vorangestellt wird, wird traditionell *abtrennbares Präfix* genannt. Da Präfixe so definiert sind, daß sie nicht abtrennbar sind, verwenden die meisten Wissenschaftler heute die Bezeichnung *Verbpartikel*. Andere Bezeichnungen sind *Verbzusatz* und *Präverb* (Jung: 1967, 99). In (1) sind die Partikel *über* und der Stamm des Basisverbs (*setz-*) durch das *ge*-Präfix bzw. durch den Infinitivmarkierer *zu* voneinander getrennt.

(1) a. Der Fährmann hat Karl übergesetzt.

    b. Der Fährmann versucht, Karl überzusetzen.

In (2a,b) befindet sich das Verb in der linken Satzklammer und die Partikel bleibt zurück.

(2) a. Setzt der Fährmann Karl über?

    b. Der Fährmann setzt Karl über.

    c. daß der Fährmann Karl übersetzt

Die Partikel wird rechts von allen nicht-extraponierten Argumenten und Adjunkten angeordnet. Die Partikel bildet die rechte Satzklammer. Hierin unterscheiden sich Partikelverben von Präfixverben. Die Präfixverben werden nicht aufgeteilt, wenn das Verb in Initialstellung steht:

(3) a. Der Fährmann übersetzt das Buch.

b. Der Fährmann setzt das Buch über.

(3) kann nur bedeuten, daß der Fährmann das Buch in eine andere Sprache überträgt. In (3b) entsteht ein komischer Effekt, weil das Verb nur in der Lesart *Gewässer überqueren* verstanden werden kann und weil in dieser Lesart das Objekt normalerweise – sieht man mal von Kohlköpfen ab – belebt ist.

Viele Partikeln entsprechen Adjektiven (4a), Adverbien (4b), Nomen (4c), Präpositionen (4d) oder Verben (4e).

(4)   a. Sie legten die Sümpfe trocken.

       b. Er lief weg.

       c. Er fuhr Rad.

       d. Er färbte den Mantel um.

       e. Er blieb sitzen.

Es gibt aber auch Partikeln wie *dar* (*darlegen*), *inne* (*innehalten*) und *acht* (*achtgeben*), die nicht unter diese Kategorien fallen. Außerdem gibt es Partikelverben, zu denen es kein entsprechendes Basisverb ohne Partikel gibt. Beispiele sind *abstatten* in *einen Besuch abstatten* und *anstrengen* in *sich anstrengen*. Partikelverben können auch ein Basisverb enthalten, das von einem Adjektiv (5a) oder einem Nomen (5b) abgeleitet ist.[1]

(5)   a. aufheitern, aufhellen

       b. einölen, eindellen, ankreuzen, anprangern

18.1.1 Transparente und nicht-transparente Partikelverben

Man unterscheidet zwischen transparenten und nicht-transparenten Partikelverben. Wörter sind nicht-transparent, wenn man im heutigen Deutsch nicht erklären kann, wie sich die Gesamtbedeutung eines Wortes aus der Bedeutung seiner Bestandteile ergibt. *anfangen* ist z. B. ein nicht-transparentes Partikelverb, da die Bedeutung, die das Verb *fangen* hat, im Partikelverb nicht wiederzufinden ist. Auf der anderen Seite gibt es viele transparente Partikelverbbildungen und auch Kombinationsmuster, die produktiv sind. Was die Sache für diejenigen, die anfangen, sich mit Partikelverben zu beschäftigen, unübersichtlich macht, ist, daß eine Verbpartikel durchaus verschiedene Bedeutungen haben kann und somit neben eventuellen nicht-transparenten Mustern auch in verschiedenen produktiven oder nicht-produktiven transparenten Mustern vorkommen kann. Stiebels (1996) hat die Partikeln *an* und *auf* systematisch untersucht. Für *an* schlägt sie neben einem *an* für idiomatische Partikelverben wie *anfangen* die folgenden sechs Varianten vor:

(6)   a. an_1: anheften, ankleben, annähen   (Stiebels: 1996, Kapitel 6.1.2)

       b. an_2: anjagen, anhüpfen, anschleichen, anrennen   (Stiebels: 1996, Kapitel 6.1.2)

       c. an_3: anerziehen, antrainieren   (Stiebels: 1996, Kapitel 7.1.2)

       d. an_4: anmachen, anknipsen, anschalten   (Stiebels: 1996, Kapitel 7.3.5)

       e. an_5: angrapschen, anpacken, anrühren, antatschen, antippen, anfahren, anfliegen, anfunken, anspielen   (Stiebels: 1996, Kapitel 7.4.1)

---

[1]Stiebels und Wunderlich: 1992, 20.

f. an_6: anschmoren, anlesen, anspielen   (Stiebels: 1996, Kapitel 5.2.3)

(6a) wird mit kausativen Kontaktverben, Verben des Befestigens gebildet. In (6b) werden Bewegungsverben mit *an* kombiniert. Das Muster in (6c) mit Wissensübertragungsverben ist nach Stiebels (1996, 130) nicht produktiv, obwohl sich neue Formen über Analogie bilden lassen. In (6d) entspricht das *an* einem prädikativen *an*, wie es in (7) vorkommt:

(7)   Die Lampe ist an.

Für die Kombination mit an_5 kommen nach Stiebels agentive intransitive Verben in Frage, und das Muster ist hochgradig produktiv. an_6 ist ebenfalls produktiv. Durch diese Partikel wird angezeigt, daß die vom Basisverb bezeichnete Handlung bis zu einem gewissen Grad jedoch nicht vollständig ausgeführt wird. an_6 kann nur mit Verben kombiniert werden, die inkrementelle oder dekrementelle Prozesse beschreiben, so daß ein vorzeitiger Abbruch plausibel ist.

Betrachtet man Partikelverben wie *anfangen*, so scheint es gerechtfertigt, Partikelverben einfach ins Lexikon zu schreiben. Würde man alle Partikelverben ins Lexikon schreiben, würde man aber der Tatsache nicht gerecht, daß es produktive Muster gibt, d. h. Muster, die auch auf neu entstandene Verben anwendbar sind. Für solche Fälle muß man Regeln finden, die die Regelmäßigkeiten erfassen. In der HPSG liegt es nahe, dafür Lexikonregeln zu verwenden. In diesem Kapitel werden solche Lexikonregeln formuliert, wir beschäftigen uns außerdem mit den syntaktischen Eigenschaften der Partikelverben. Ich werde in den folgenden Abschnitten zeigen, daß Partikel und Verb sich wie Verben verhalten, die einen Komplex bilden. Das heißt, daß man die Analyse, die im Kapitel 15 für den Verbalkomplex entwickelt wurde, für Partikelverben übernehmen kann.

18.1.2 Konstituentenstellung

Die Partikel *an* kann mit intransitiven Verben wie *lachen* in (8a) kombiniert werden. Das Resultat ist ein transitives Verb (8c). Die von der Partikel eingeführten Argumente (wie z. B. *ihn* in (8c)) können frei mit den Argumenten des Basisverbs vertauscht werden, wie (8d) zeigt:

(8)   a.   daß niemand lacht.

      b.   * daß niemand ihn lacht

      c.   daß niemand ihn anlacht

      d.   daß ihn niemand anlacht

Das ist parallel zu den kohärenten Konstruktionen, die im Kapitel 15 bzw. 16 diskutiert wurden. Als Beispiel für eine solche kohärente Konstruktion sei hier die Einbettung von *lachen* unter das AcI-Verb *sehen* angegeben:

(9)   a.   daß niemand ihn lachen sieht

      b.   daß ihn niemand lachen sieht

18.1.2.1 Verbstellung

Wenn man annimmt, daß die Verbindung von Partikel und Verb parallel zur Verbalkomplexbildung ist, ist auch sofort erklärt, warum das Verb ohne die Partikel vorangestellt werden kann. Die Voranstellung in (10) ist dann parallel zu der in (11):

(10)   a. weil er ihn anlacht

        b. Lacht er ihn an?

(11)   a. weil er ihn lachen sieht

        b. Sieht er ihn lachen?

Es ist auch klar, warum nicht das gesamte Partikelverb vorangestellt werden kann, denn
in Verbalkomplexen wird auch immer nur das Finitum, also das maximal übergeordnete
Element vorangestellt. (12a) ist also aus demselben Grund ungrammatisch wie (12b):

(12)   a. * Er [anlacht] ihn.

        b. * Er [schlafen sieht] ihn.

18.1.2.2 Vorfeldbesetzung

Auch die Vorfeldbesetzungen ähneln denen, die bei Verbalkomplexen möglich sind. Es
wird zwar oft behauptet, daß die Partikel nicht ins Vorfeld gestellt werden kann,[2] dies ist
jedoch nicht korrekt, wie die folgenden Belege zeigen:[3]

(13)   a. *Los geht* es diesen Mittwoch, [...], mit einem einführenden Vortrag[4]

        b. *Vor hat* er das jedenfalls.[5]

        c. *Entgegen kam* der EuGH den Streitkräften, indem er ... [6]

        d. Es klopfte, *eintrat* der Studienrat.[7]

        e. *Auf fällt*, daß ... [8]

        f. Nach einigen Zügen, „die irgendwie komisch schmeckten", fielen dem Inter-
viewten die Augen zu. *Auf wachte* der „39jährige Mitarbeiter des Mitropa-
Fahrbetriebes, Mitglied der SED. Glücklich verheiratet, drei Kinder" erst wieder im Westen [...] – gerade rechtzeitig, um „einen Packen D-Mark-Scheine
auf dem Tisch" des „gewissenlosen Schleppers" zu sehen.[9]

        g. *Fehl schlug* auch der Versuch, über die örtliche Kinderärztin die Identität des
Mädchens zu erfahren.[10]

---

[2]Diese Behauptung findet man in verschiedenen Versionen in der Literatur. Zu einer ausführlichen Diskussion
der Behauptungen siehe Müller: 2002b,e.

[3]Bei (13h) handelt es sich um ein Beispiel, in dem die Partikel durch eine vollständige Präpositionalphrase
spezifiziert wird (Olsen: 1997b, 1999). Weitere Beispiele hierfür sind:

   (i)   a. Er legte die Folie auf den Projektor auf.

        b. Er warf die Briefe in den Briefkasten ein.

(13h) zeigt, daß die vollständige PP gemeinsam mit der Partikel voranstellbar ist.

[4]Anatol Stefanowitsch, talks@cl.uni-bremen.de, 26.04.2004.

[5]taz, 15.07.1999, S. 19.

[6]taz, 12.01.2000, S. 1.

[7]Walser, *Ohne einander*, S. 51, zitiert nach Hoberg: 1997, 1621.

[8]Duden: 1991, 62.

[9]Die Menthol-Affäre, taz, 03.11.2004, S. 17.

[10]Frankfurter Rundschau, 30.08.1997, S. 22.

h. [...] dass der Unterschied zwischen den beiden sich über die Jahre kaum verändert hat: [...] *Aus dem Schema aus bricht* lediglich das Jahr 2003.[11]

Zu weiteren Daten siehe Müller: 2002b,e.

Interessanterweise können jedoch infinite Verben nicht ohne die Partikel vorangestellt werden.[12] In (14) sind entsprechende Beispiele zu sehen:

(14) a. * Fahren wird Karl Bus / Rad.

      b. * Stehen werden sie Schlange.

      c. * Kommen wird er frei.

      d. * Kommen wird Karl an.

      e. * Schlafen wird Karl ein.

      f. * Fangen will Karl das Buch zu lesen an.

Die Beispiele für Partikelvoranstellung in (13) ähneln Verbvoranstellungen wie denen in (15).

(15) a. Lachen wird er müssen.

      b. Singen wird er das Lied.

Die Verbvoranstellung wurde im Kapitel 15.2 besprochen. (15b) zeigt, daß das Verb *singen* ohne seine Argumente vorangestellt werden kann. Daß bei entsprechender Kontrastierung auch die Voranstellung einer Partikel, die Argumente beisteuert, möglich ist, zeigt (16):

(16) An hat er ihn nicht gelacht, sondern aus.

Die ungrammatischen Beispiele in (14) sind parallel zu dem Beispiel in (17), das ebenfalls im Kapitel 15.2 diskutiert wurde.

(17) * Müssen wird er ihr ein Märchen erzählen.

Die Generalisierung in bezug auf diese Daten ist, daß Teile des Prädikatskomplexes nur vorangestellt werden können, wenn alle Prädikatskomplexteile, die vom vorangestellten Material regiert werden, ebenfalls vorangestellt werden. So regiert z. B. *müssen* in (17) *erzählen*. Wenn *müssen* vorangestellt wird, muß *erzählen* ebenfalls vorangestellt werden.

Überträgt man diese Analyse auf Partikelverben, ist erklärt, warum z. B. *ankommen* nicht wie in (14d) aufgespalten werden kann:[13] Da *an* und *kommen* Bestandteil des Prädikatskomplexes sind und da *kommen* die Partikel *an* regiert, muß diese mit ins Vorfeld, wenn *kommen* vorangestellt wird:

(18) Ankommen wird Karl.

---

[11]taz, 22.07.2005, S. 19.

[12]Siehe Höhle: 1982b, 101, Haftka: 1981, 721, Olszok: 1983, 127, Lötscher: 1985, 212 und Uszkoreit: 1987, 104 zu ähnlichen Beispielen.

[13]Siehe auch Höhle: 1982b für einen Vorschlag, für die Kombination von Partikel und Verb dieselbe Regel wie für den Verbalkomplex zu benutzen.

18.2 Die Analyse

In den folgenden Abschnitten zeige ich, wie ein Lexikoneintrag für ein nicht-transparentes Partikelverb aussieht und stelle eine Lexikonregel vor, die Verbeinträge lizenziert, die mit verschiedenen Partikeln in produktiv auftretenden Mustern verwendet werden können. Analysen für die Verbstellung und die Voranstellung der Partikel werden ebenfalls vorgestellt.

18.2.1 Lexikoneinträge für nicht-transparente Partikelverben und die Analyse der Verbstellung

Die Struktur in (19) zeigt den LOC-Wert des Lexikoneintrags für das nicht-transparente Partikelverb *vorhaben*.

(19)   *(vor) hab-* (nicht-transparentes Partikelverb):

$$
\begin{bmatrix}
\text{CAT} & \begin{bmatrix} \text{SUBCAT} & \left\langle \text{NP}[str]_{\boxed{1}},\ \text{NP}[str]_{\boxed{2}},\ \text{PART}[vor,\ \text{LEX}+] \right\rangle \end{bmatrix} \\[3ex]
\text{CONT} & \begin{bmatrix} \text{ARG1} & \boxed{1} \\ \text{ARG2} & \boxed{2} \\ vorhaben \end{bmatrix}
\end{bmatrix}
$$

Der semantische Beitrag des Partikelverbs wird nicht kompositional aus der Bedeutung des Verbs und der Partikel ermittelt, wenn diese im Satz kombiniert werden, sondern ist bereits im CONT-Wert des Stammeintrags repräsentiert. Die Form der Partikel, die mit einer flektierten Form des Stammes kombiniert werden muß, wird in der SUBCAT-Liste genau angegeben.

Abbildung 18.1 auf der nächsten Seite zeigt die Analyse für das Beispiel (20), in dem das Verb in Letztstellung steht.

(20)   weil er das vorhat

Dabei wird *vor* mit *hat* mit dem Prädikatskomplexschema (siehe Seite 238) kombiniert.

Da *vorhat* finit ist, wird das Subjekt als Element der SUBCAT-Liste repräsentiert. Partikel und Verb werden in einer Struktur vom Typ *head-cluster-structure* kombiniert. Das Akkusativobjekt und das Subjekt werden durch das Kopf-Argument-Schema lizenziert. Da das Kopf-Argument-Schema die Sättigung von Argumenten in beliebiger Reihenfolge zuläßt, können die beiden Abfolgen von Subjekt und Objekt in (21) erklärt werden.

(21)   a.   weil das niemand vorhat

      b.   weil niemand das vorhat

Da die Partikel LEX + sein muß, kann das Kopf-Argument-Schema nicht benutzt werden, um Anordnungen abzuleiten, bei denen die Partikel im Mittelfeld steht. Für solche Abfolgen gibt es zwar Belege (Lüdeling: 2001, 50), bei entsprechenden Umstellungen gibt es aber spezielle informationsstrukturelle Effekte, so daß diese Strukturen anders als normale Umstellungen im Mittelfeld zu analysieren sind.

Für den Satz in (22), in dem das Verb in Initialstellung steht, nehme ich die Analyse in Abbildung 18.2 auf Seite 348 an.

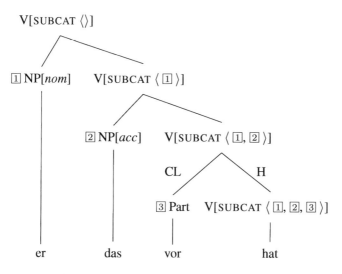

Abbildung 18.1: Analyse von *weil er das vorhat*

(22)   Hat er das vor?

Diese Analyse ist die ganz normale Verbbewegungsanalyse, die in Kapitel 9.4 vorgestellt wurde: Die Lexikonregel für die Verberststellung wird auf einen Eintrag angewendet, der die Verbpartikel selegiert. Die Information über die Valenz des Eingabeverbs der Lexikonregel wird über DSL zur Verbspur transportiert, und da sie dort mit der Valenzinformation der Spur identifiziert wird, verhält sich die Spur genau so, als stünde an ihrer Stelle das Eingabeverb. Die Spur bildet mit der Partikel einen Komplex, so wie das in Abbildung 18.1 für Verb und Partikel der Fall ist.

Nach dieser Diskussion der Repräsentation nicht-transparenter Partikelverben und der grundlegenden Eigenschaften der Kombination von Partikel und Verb, möchte ich im folgenden Partikelverbkombinationen erklären, die einem produktivem Muster folgen.

18.2.2 Lexikoneinträge für produktive Partikelverbkombinationen

Eine große Gruppe von Partikelverben ist transparent und kann kompositional analysiert werden. Im folgenden werde ich Beispielanalysen für transparente Partikelverben geben, die für bestimmte Partikelverbklassen stehen. Ich diskutiere Partikelverben mit *los*, wie z. B. *loslachen* und Partikelverben mit Stiebels' *an*$_5$, wie z. B. *anlachen*. Das *los* ist ein Aspektmarker, der nichts zur Valenz des Partikelverbs beisteuert. Das zeigen die Beispiele in (23):

(23)   a.   Er lacht.

  b.   Er lacht los.

  c.   * Er lacht sie los.

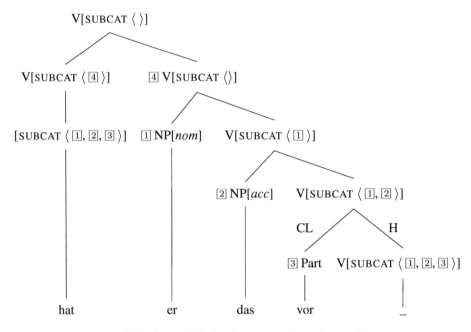

Abbildung 18.2: Analyse von *Hat er das vor?*

(23c) zeigt, daß es nicht möglich ist, ein zusätzliches nicht vom Verb selegiertes Argument zu haben.[14] Die Sätze in (24a,b) zeigen, daß transitive Verben nicht mit der Partikel *los* kombiniert werden können, wenn das Objekt ausgedrückt wird:

(24)   a.   * Er liest das Buch los.

       b.   Er liest los.

Im Unterschied zu *los* lizenziert *an₅* ein zusätzliches Argument:

(25)   a.   Er lacht sie an.

       b.   * Er lacht sie.

Das Basisverb muß intransitiv and agentiv sein (Stiebels und Wunderlich: 1994, 950). Der Unterschied zwischen *los* und *an₅* legt nahe, daß die jeweilige Partikel für die Argumentstruktur des gesamten Partikelverbs mitverantwortlich ist: *an₅* lizenziert ein zusätzliches Argument, *los* dagegen nicht. Beide Partikeln können nur mit intransitiven bzw. ohne Objekt verwendeten Verben kombiniert werden.

Die Partikeln passen nicht zu beliebigen Verben. Die semantische Klasse des Basisverbs wird von der Partikel vorgegeben. Es wäre nicht korrekt, die Partikel als Kopf zu analysieren, wie das z. B. von Trost (1991, 438) vorgeschlagen wurde, da die Rektionsverhältnisse im Verbalkomplex adäquater mit dem Verb als Kopf erfaßt werden können. Ich schlage deshalb vor, Partikeln wie *los* und *an₅* als Modifikatoren zu analysieren. Den Lexikoneintrag für *los* zeigt (26):

---

[14]Es gibt eine Lesart, in der das *los* so viel wie *ab* oder *frei* bedeutet, diese ist jedoch hier nicht von Interesse, da es sich – wenn diese Lesart vorliegt – um eine andere Konstruktion, nämlich um eine Resultativkonstruktion, handelt (siehe Müller: 2002b, 381).

(26) *los* (Aspektmarker):

$$
\begin{bmatrix}
\text{CAT} & \begin{bmatrix} \text{HEAD} & \begin{bmatrix} \text{MOD} & \text{V[SUBCAT} \langle \text{NP[}str\text{]} \rangle, \text{CONT} \boxed{1}] \\ \text{SUBJ} & \langle \rangle \\ particle \end{bmatrix} \\ \text{SUBCAT} & \langle \rangle \end{bmatrix} \\
\text{CONT} & \begin{bmatrix} \text{SOA} & \boxed{1} \\ beginnen \end{bmatrix}
\end{bmatrix}
$$

Die Adjunktanalyse, die in Kapitel 6 vorgestellt wurde, geht davon aus, daß Adjunkte den Kopf, den sie modifizieren, über das MOD-Merkmal selegieren. Da der Wert von MOD ein *synsem*-Objekt ist, können sowohl syntaktische als auch semantische Eigenschaften des modifizierten Kopfes selegiert werden. Im Lexikoneintrag für *los* ist festgelegt, daß das modifizierte Verb nur ein Argument (mit strukturellem Kasus) haben darf. Der Bedeutungsbeitrag des modifizierten Verbs wird unter die *beginnen'*-Relation eingebettet.

Im Kapitel 6 wurde eine Analyse vorgeschlagen, in der Kopf-Adjunkt-Strukturen die Kombination eines Modifikators mit dem jeweiligen Kopf lizenzieren. In der Datendiskussion in diesem Kapitel wurde jedoch dafür argumentiert, die Partikel als Bestandteil des Verbalkomplexes zu analysieren, also nicht innerhalb einer Kopf-Adjunkt-Struktur. Die Lösung für diesen scheinbaren Widerspruch besteht darin, beide Analysen zu kombinieren: Zwischen Partikel und Verb gibt es eine gegenseitige Selektion. Die Partikel selegiert das Verb wie normale Adjunkte über MOD, wird selbst aber in der SUBCAT-Liste des Verbs repräsentiert und mit dem Verb in einer Kopf-Cluster-Struktur kombiniert. Ein intransitives Verb wie *lachen* selegiert jedoch keine Partikel. Man braucht also einen weiteren Lexikoneintrag für das Partikelverb. Einen entsprechenden Lexikoneintrag lizenziert die folgende Lexikonregel:

(27) Lexikonregel für produktive Partikelverbkombinationen (vorläufig):

$$
\begin{bmatrix}
\text{SYNSEM} \boxed{1} & \begin{bmatrix} \text{LOC|CAT} & \begin{bmatrix} \text{HEAD} & verb \\ \text{SUBCAT} & \boxed{2} \end{bmatrix} \end{bmatrix} \\
stem
\end{bmatrix} \mapsto
$$

$$
\begin{bmatrix}
\text{SYNSEM|LOC} & \begin{bmatrix} \text{CAT|SUBCAT} & \boxed{2} \oplus \left\langle \begin{bmatrix} \text{LOC} & \begin{bmatrix} \text{CAT|HEAD} & \begin{bmatrix} \text{MOD} & \boxed{1} \\ particle \end{bmatrix} \\ \text{CONT} & \boxed{3} \end{bmatrix} \\ \text{LEX} & + \end{bmatrix} \right\rangle \\ \text{CONT} & \boxed{3} \end{bmatrix} \\
stem
\end{bmatrix}
$$

Diese Regel kann auf den Stamm *lach-* angewendet werden und lizenziert dann einen Eintrag für den Stamm *lach-*, der mit der Partikel *los* kombiniert werden kann. Die vorliegende Lexikonregel ist eine vereinfachte Version, wir werden später sehen, wie sie erweitert werden muß, damit auch *anlachen* analysiert werden kann.

Die Regel nimmt ein beliebiges Verb als Eingabe und lizenziert ein Verb, das dieselben Argumente wie das Eingabeverb und zusätzlich noch eine Partikel selegiert. Die selegierte Partikel muß den LEX-Wert + haben und kann somit nur über das Prädikatskomplexschema mit dem Verb verbunden werden. Das Kopf-Argument-Schema (siehe Seite 242 bzw. Seite 337) verlangt von seiner Nicht-Kopftochter, daß diese LEX − ist, weshalb eine Kombination von Partikel und Verb nicht über dieses Schema lizenziert werden kann.

Die selegierte Partikel muß einen MOD-Wert haben, der mit dem SYNSEM-Wert des Eingabeverbs identisch ist (⊡). Der CONT-Wert des Ausgabeverbs wird vom CONT-Wert der selegierten Partikel (③) übernommen. Man muß sich das so vorstellen, daß die Modifikation, die in Kopf-Adjunkt-Strukturen in der Syntax geschieht, hier ins Lexikon verlagert wurde. In Abbildung 6.2 auf Seite 76 – hier als Abbildung 18.3 wiederholt – wird der MOD-Wert des Adjektivs mit dem SYNSEM-Wert des modifizierten Nomens identifiziert. In der Lexikonregel in (27) wird der MOD-Wert der Partikel mit dem SYNSEM-Wert des

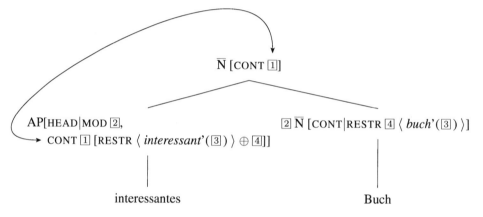

Abbildung 18.3: Kopf-Adjunkt-Struktur (Selektion und Bedeutungsbeitrag)

Verbs identifiziert. Dieser Aspekt der Analyse ist völlig parallel. Verschieden sind aber die Selektionsverhältnisse: In Kopf-Adjunkt-Strukturen werden Adjunkte nicht selegiert. Bei den Partikelverben wird die Partikel dagegen vom Verb selegiert. In beiden Fällen wird der semantische Beitrag vom Modifikator genommen (die ⊡ in Abbildung 18.3 und ③ in der Lexikonregel (27)).[15]

Da die Analyse relativ komplex ist, soll sie ausführlicher anhand des bereits diskutierten Beispielverbs *loslachen* diskutiert werden. (28) zeigt den Lexikoneintrag für den Stamm des intransitiven Verbs *lachen*.

---

[15]Die Lexikonregel ähnelt der Lexikonregel, die van Noord und Bouma (1994) für die Behandlung von Modifikatoren vorgeschlagen haben. Van Noord und Boumas Regel ist jedoch allgemeiner und soll statt der Kopf-Adjunkt-Strukturen verwendet werden. Die Analyse ist auch unter der Bezeichnung „Adjuncts-as-Complements" bekannt. Zur Kritik an dieser Analyse siehe Cipollone: 2001, Levine: 2003, Levine und Hukari: 2006, Kapitel 3.6.1 und Müller: 2002b, Kapitel 4.3.

(28) *lach-* (intransitives Verb):

$$
\begin{bmatrix}
\text{CAT} & \begin{bmatrix} \text{SUBCAT} \ \langle \text{NP}[str]_{\boxed{1}} \rangle \end{bmatrix} \\[2ex]
\text{CONT} & \begin{bmatrix} \text{AGENS} \ \boxed{1} \\ lachen \end{bmatrix}
\end{bmatrix}
$$

Abbildung 18.4 zeigt die Valenzinformation in der Analyse von *loslachen*. Die Partikel *los* wird mit einem Lexikoneintrag kombiniert, der durch die Partikelverblexikonregel lizenziert ist. Eingabe für die Lexikonregel war in diesem Fall der Stamm *lach-* in (28).

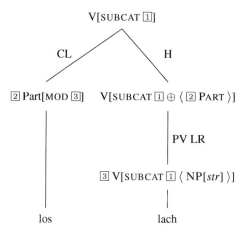

Abbildung 18.4: Kombination von *los* und *lachen* (Valenzinformation)

Die Partikelverblexikonregel wird auf den Stammeintrag *lach-* angewendet und lizenziert einen Lexikoneintrag, der eine Partikel in der SUBCAT-Liste enthält. Der lizenzierte Eintrag ist ein Stamm, der flektiert werden muß, bevor er mit der Partikel kombiniert werden kann. Da Flexion noch nicht behandelt wurde, ist die entsprechende Information nicht in Abbildung 18.4 enthalten. Flexionsmorphologie wird im Kapitel 19.2.1 besprochen.

Da die Partikelverblexikonregel den MOD-Wert des Partikelverbs mit dem SYNSEM-Wert des Basisverbs identifiziert (\boxed{3} in Abbildung 18.4), kann die Partikel *los* auf die Eigenschaften des Basisverbs zugreifen und demzufolge können auch Beschränkungen für die Art der Basisverben formuliert werden, die mit der jeweiligen Partikel kombiniert werden. Somit kann die Partikel auch Beschränkungen in bezug auf die Länge der SUBCAT-Liste des Basisverbs formulieren. Man kann also sicherstellen, daß *los* nur mit intransitiven Verben kombiniert werden kann.

Der aufmerksame Leser wird sich eventuell fragen, was mit infiniten Formen wie *los-gelacht* und *loszulachen* passiert, denn diese haben ja das Subjekt unter SUBJ und nicht in SUBCAT repräsentiert. Die Partikel *los* in (26) scheint also gar nicht zu diesen Formen zu passen. Im Vorgriff auf das folgende Kapitel kann man sagen, daß die entsprechenden Flexionsregeln nach den Partikelverblexikonregeln angewendet werden, weshalb die Partikelverblexikonregeln immer auf Stämme angewendet werden, die noch alle Argumente in der SUBCAT-Liste haben.

Wenden wir uns nun den semantischen Aspekten der Analyse von *loslachen* zu. Abbildung 18.5 zeigt einen Baum mit semantischer Information. Die Partikelverblexikon-

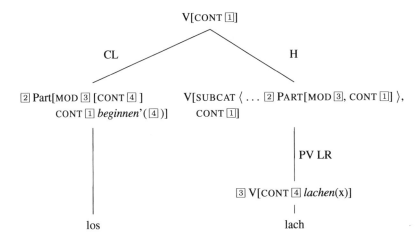

Abbildung 18.5: Kombination von *los* und *lachen* (semantische Information)

regel wird auf *lach*- angewendet und lizenziert einen Lexikoneintrag, der eine Partikel selegiert, deren MOD-Wert mit dem SYNSEM-Wert der Eingabe identisch ist (③ in Abbildung 18.5). Deshalb kann die Partikel auf die semantische Information zugreifen, die vom Basisverb beigesteuert wird. Die Ausgabe der Lexikonregel hat einen CONT-Wert, der mit dem CONT-Wert der Partikel identifiziert ist (①). Der genaue Wert wird durch die Merkmalstruktur des Lexikoneintrags des Verbs, das die Partikel selegiert, nicht bestimmt. Das einzige, was man zu diesem Zeitpunkt weiß, ist, daß die Partikel eine Bedeutung hat und wie sie diese zur Gesamtbedeutung beisteuern wird. Im nächsten Schritt wird das Verb, das die Partikel selegiert, mit der Partikel kombiniert. Diese Kombination ist durch das Prädikatskomplexschema lizenziert, das auf Seite 238 angegeben wurde. Das Semantikprinzip stellt sicher, daß der Bedeutungsbeitrag des Kopfes in einer Prädikatskomplexstruktur mit dem Bedeutungsbeitrag der Mutter identisch ist. Deshalb ist der CONT-Wert des Verbs, das die Partikel selegiert (①), auch der Bedeutungsbeitrag des gesamten Partikelverbs. Der Wert von ① wird durch die Partikel bestimmt.

Im vorliegenden Fall steuert die Partikel *los* die *beginnen*'-Relation bei. Das Argument der *beginnen*'-Relation ist der semantische Beitrag des Basisverbs: *lachen*(x). Die Partikel kann auf den Bedeutungsbeitrag des Basisverbs zugreifen, da der MOD-Wert der Partikel mit dem SYNSEM-Wert des Basisverbs (③) identifiziert ist. Im Lexikoneintrag (26) für *los* ist festgelegt, daß der CONT-Wert des modifizierten Elements das Argument der *beginnen*'-Relation ist. Der vollständige semantische Beitrag der Partikel in Abbildung 18.5 ist deshalb *beginnen*'(*lachen*'(x)), wobei x an das Agens von *lachen* gelinkt ist. Da diese Bedeutungsrepräsentation mit der Bedeutung des Verbs, das die Partikel selegiert, und auch mit der Bedeutung des gesamten Partikelverbs identisch ist, ist die Gesamtbedeutung also ebenfalls *beginnen*'(*lachen*'(x)).

Ich stelle jetzt noch einmal die gesamte Analyse mit allen bisher diskutierten syntaktischen und semantischen Bestandteilen im Detail vor: Das Ergebnis der Anwendung der

Partikelverbregel in (27) auf den Lexikoneintrag für *lach-* in (28) zeigt (29), wobei einige Merkmalsnamen aus Platzgründen abgekürzt sind.

(29)   *lach-* (Selektion der Partikel, vorläufig):

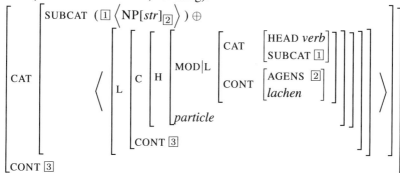

Dieser Eintrag muß flektiert werden, um in syntaktischen Strukturen verwendet werden zu können. Das Ergebnis der Flexion ist ein Lexikoneintrag, der (29) sehr ähnlich ist: Bei finiten Verben ändert sich nur die phonologische Form, d. h. Flexionsendungen werden mit der morphologischen Repräsentation für den Stamm kombiniert, und Information in bezug auf die Verbform und Subjekt-Verb-Kongruenz wird hinzugefügt. Bei infiniten Verben wird das Subjekt bzw. das designierte Argument von der SUBCAT-Liste entfernt, so wie das im Kapitel 17.2.3 erklärt wurde.

Wenn die Partikel in (26) mit dem Verb kombiniert wird, wird das Element in der SUBCAT-Liste des Verbs wie folgt instantiiert:

(30)   *lacht* (bei Kombination mit *los*, Ergebnis der Instantiierung in der SUBCAT-Liste):

$$
\left[
\begin{array}{l}
\text{CAT} \left[
\begin{array}{l}
\text{SUBCAT } \boxed{1} \left\langle \text{NP}[str]_{\boxed{2}} \right\rangle \oplus \\[4pt]
\left\langle \text{L} \left[\text{C} \left[\text{H} \left[
\begin{array}{l}
\text{MOD}|\text{L} \left[
\begin{array}{l}
\text{CAT} \left[
\begin{array}{l}
\text{HEAD } verb \\
\text{SUBCAT } \boxed{1}
\end{array}
\right] \\[4pt]
\text{CONT } \boxed{4} \left[
\begin{array}{l}
\text{AGENS } \boxed{2} \\
lachen
\end{array}
\right]
\end{array}
\right] \\[4pt]
particle
\end{array}
\right] \right] \\[4pt]
\text{CONT } \boxed{3} \left[
\begin{array}{l}
\text{SOA } \boxed{4} \\
beginnen
\end{array}
\right]
\end{array}
\right] \right\rangle
\end{array}
\right] \\[8pt]
\text{CONT } \boxed{3}
\end{array}
\right]
$$

Die von der Partikel hinzugefügte Information besteht aus dem Bedeutungsbeitrag der Verbpartikel und der Strukturteilung zwischen dem Bedeutungsbeitrag des Basisverbs, das Eingabe zur Lexikonregel (27) war, und dem Argument der Relation, die durch die Partikel beigesteuert wird ($\boxed{4}$). Die Bedeutung der Kombination von *lachen* und *los* übernimmt das Verb vom Modifikator ($\boxed{3}$). Das Ergebnis der Kombination von Partikel und Verb zeigt (31).

(31) *loslacht*:

$$
\begin{bmatrix}
\text{CAT} & \begin{bmatrix} \text{SUBCAT} \left\langle \text{NP}[str]_{\boxed{1}} \right\rangle \end{bmatrix} \\
\text{CONT} & \begin{bmatrix} \text{SOA} & \begin{bmatrix} \text{AGENS} & \boxed{1} \\ lachen \end{bmatrix} \\ beginnen \end{bmatrix}
\end{bmatrix}
$$

Nach der Analyse von *loslachen* wenden wir uns nun der etwas komplexeren Analyse von *anlachen* zu: Da Partikeln als lexikalisch abhängige Elemente eingeführt werden, können sie auch zur Argumentstruktur des entstehenden lexikalischen Objekts beitragen. Dieser Beitrag zur Argumentstruktur erfolgt über Argumentanziehung, eine Technik, die im Kapitel 15 für Verbalkomplexe vorgestellt wurde. Auf diese Weise läßt sich *anlacht* parallel zu *lachen sieht* analysieren. Das zusätzliche Argument des Partikelverbs *anlachen* wird durch die Partikel lizenziert. Den Eintrag für die Partikel zeigt (32):

(32) *an₅* (Richtung):

$$
\begin{bmatrix}
\text{CAT} & \begin{bmatrix} \text{HEAD} & \begin{bmatrix} \text{MOD} & \text{V}[\text{SUBCAT} \langle \text{NP}[str] \rangle, \text{CONT } \boxed{1}] \\ \text{SUBJ} & \left\langle \text{NP}[str]_{\boxed{2}} \right\rangle \\ particle \end{bmatrix} \\ \text{SUBCAT} & \langle\rangle \end{bmatrix} \\
\text{CONT} & \begin{bmatrix} \text{ARG1} & \boxed{1} \\ \text{ARG2} & \boxed{2} \\ gerichtet\text{-}auf \end{bmatrix}
\end{bmatrix}
$$

Das zusätzliche Argument – eine NP mit strukturellem Kasus – ist als Element der SUBJ-Liste repräsentiert. Es ist an das Argument der Relation *gerichtet-auf* gelinkt ($\boxed{2}$). Das andere Argument dieser Relation ist mit dem semantischen Beitrag des Basisverbs identifiziert ($\boxed{1}$).

Die Argumentanziehung muß in der Partikelverblexikonregel vorangelegt sein. (33) zeigt die angepaßte Version der Lexikonregel in (27):

(33)   Lexikonregel für produktive Partikelverbkombinationen:

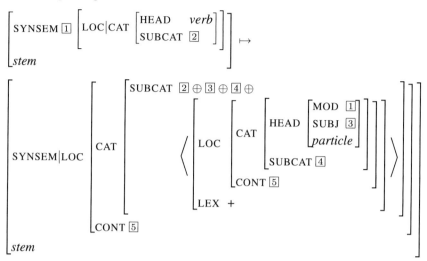

Diese Regel unterscheidet sich von der in (27) dadurch, daß SUBJ und SUBCAT der Partikel angezogen werden. Die Regel lizenziert bei der Eingabe des Stammes *lach-* folgenden Lexikoneintrag:

(34)   *lach-* (Selektion der Partikel):

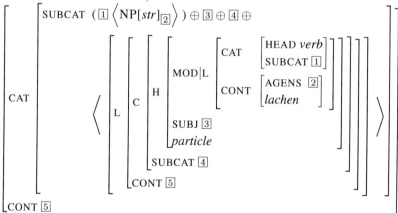

Dieser Lexikoneintrag ist parallel zu den Lexikoneinträgen für AcI-Verben (vergleiche (104) auf Seite 276): SUBJ- und SUBCAT-Wert des eingebetteten Elements werden in die SUBCAT-Liste des Matrixverbs eingefügt. In (34) sind das ③ und ④. Wie für andere Anhebungsverben muß für die Valenzliste gelten, daß sie – vom letzten Element abgesehen – keine lexikalischen Elemente, d. h. Elemente mit dem LEX-Wert +, enthalten darf (siehe Seite 240). Aus diesem Grund kann die Lexikonregel nicht auf ihre eigenen Ausgaben angewendet werden, da die Ausgabe der Lexikonregel ja ein lexikalisches Element in der SUBCAT-Liste enthält. Somit sind ungrammatische Sätze wie (35) ausgeschlossen:

(35)   * weil Maria Karl anloslacht

Das heißt nicht, daß der hier vorgestellte Ansatz voraussagt, daß es keine Partikelverben gibt, die mit anderen Verben eine kohärente Konstruktion eingehen. Solche Verben gibt es natürlich, und ein Beispiel ist *anfangen*. Diese Verben sind aber nicht über produktive Regeln wie die in (33) abgeleitet, sondern wie *vorhaben* einfach im Lexikon aufgeführt.

Abbildung 18.6 zeigt die Valenzrepräsentationen in der Analyse der Kombination der Partikel *an* mit einer finiten Form von *lachen*. *an* enthält ein Element in SUBJ ($\boxed{2}$), und der

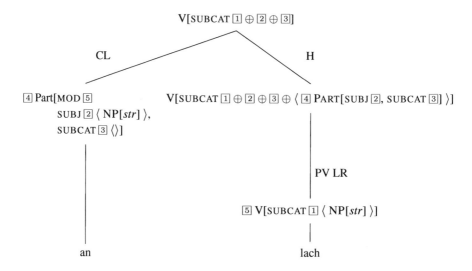

Abbildung 18.6: Kombination von *an* und *lachen* (Valenzinformation)

Wert von SUBCAT ist die leere Liste ($\boxed{3}$). Deshalb ist $\boxed{2} \oplus \boxed{3}$ eine Liste mit genau einem Element. Das Basisverb steuert ein Argument bei ($\boxed{1}$). Das Verb *anlachen* hat also zwei NP[*str*] in seiner SUBCAT-Liste, d. h. es ist ein transitives Verb.

Die Komposition der Bedeutung von *anlachen* ist absolut analog zur Bedeutungskomposition für *loslachen* in Abbildung 18.5 auf Seite 352 und wird hier deshalb nicht separat diskutiert.

Im folgenden soll noch die gesamte Analyse im Detail besprochen werden. (36) zeigt das Ergebnis der Instantiierung der Spezifikation der Partikel in der SUBCAT-Liste von *lacht* in (34) durch *an*$_5$ bei einer Kombination in einer *head-cluster-structure*.

(36) *lacht* (Kombination mit der Partikel *an*$_5$, Ergebnis der Instantiierung in SUBCAT):

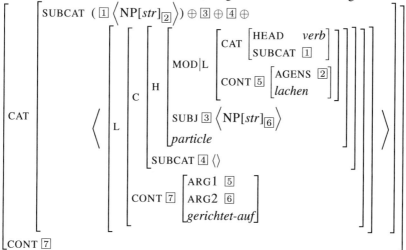

Das Ergebnis der Kombination von *lachen* und *an*$_5$ zeigt (37).

(37) *anlacht* (Kombination mit *an*$_5$):

$$
\begin{bmatrix}
\text{CAT} & \begin{bmatrix} \text{SUBCAT} & \left\langle \text{NP}[str]_{\boxed{1}}, \text{NP}[str]_{\boxed{2}} \right\rangle \end{bmatrix} \\
\text{CONT} & \begin{bmatrix} \text{ARG1} & \begin{bmatrix} \text{AGENS} & \boxed{1} \\ lachen \end{bmatrix} \\ \text{ARG2} & \boxed{2} \\ gerichtet\text{-}auf \end{bmatrix}
\end{bmatrix}
$$

Da *an*$_5$ ein Argument zum gesamten Partikelverb beisteuert, ist das gesamte Verb transitiv. Für finite Verben bekommen wir so einen komplexen Kopf, der sowohl das Subjekt von *lachen* als auch das Element, das von *an*$_5$ beigesteuert wurde, in seiner SUBCAT-Liste enthält. Diese Argumente hängen vom selben Kopf ab und können somit in beliebiger Reihenfolge mit dem Kopf kombiniert werden. Die Beispiele (8c,d), die hier der Übersichtlichkeit halber als (38) wiederholt sind, können also problemlos analysiert werden.

(38) a. daß niemand ihn anlacht

b. daß ihn niemand anlacht

Beide Elemente haben strukturellen Kasus. In Aktivsätzen bekommt das erste Element (das Subjekt des Basisverbs) Nominativ und die zweite NP (die NP, die von *an*$_5$ beigesteuert wurde) erhält Akkusativ. In Passivsätzen wird die erste NP unterdrückt, und das Element, das von *an*$_5$ beigesteuert wurde, wird zum Subjekt.

(39) daß er nie angelacht wurde

Die Lexikoneinträge für *los* und *an* in (26) und (32) haben dieselbe Form wie Adjunkte, und bisher schließt die Grammatik die Verwendung von Partikeln in Kopf-Adjunkt-Strukturen nicht aus. Die Kombination von Partikel und Verb über das Kopf-Adjunkt-Schema ist jedoch nicht erwünscht, da man auf diese Weise falsche Vorhersagen in bezug auf die Voranstellbarkeit des Basisverbs machen würde. Man würde dann nämlich (40b) parallel zu (40a) analysieren können:

(40)   a.   Schlafen will er morgen.

      b.   * Lachen will er los.

Die Partikel *los* wäre dann ein normales Adjunkt zum Simplexverb *lachen*, und wie (40a) zeigt, sind Verben in solchen Konfigurationen voranstellbar.

Dieses Problem läßt sich leicht lösen, wenn man annimmt, daß Adjunkttöchter – wie Komplementtöchter auch – den LEX-Wert – haben müssen, Partikel aber als LEX + im Lexikon spezifiziert sind. Alle anderen Adjunkte sind in bezug auf ihren LEX-Wert unterspezifiziert. Deshalb ist für Adjunkte wie *gestern*, die keine Argumente verlangen, keine Projektion nötig.[16]

18.3 Alternativen

Die Literatur zu Partikelverben ist sehr umfangreich, weshalb ich hier nicht alle Ansätze diskutieren kann. Der interessierte Leser sei jedoch für die Diskussion weiterer Alternativen auf Müller: 2002b, Kapitel 6.3, Kapitel 7 verwiesen. Der folgende Abschnitt beschäftigt sich mit Ansätzen, die diskontinuierliche Lexikoneinträge für Partikelverben vorschlagen. Er berücksichtigt auch Crysmanns Argumente (2002), die in Müller: 2002b noch nicht diskutiert wurden.

18.3.1 Diskontinuierliche Lexikoneinträge

Im Kapitel 9.5.1.2 wurden Linearisierungsgrammatiken vorgestellt, die diskontinuierliche Konstituenten zulassen. In solchen Grammatiken kann man auch annehmen, daß Partikelverben diskontinuierliche Lexikoneinträge haben. Die Idee der diskontinuierlichen Lexikoneinträge findet sich schon bei Wells (1947, 106) (siehe auch McCawley: 1982, 91). Kathol (1995, 244–248) formalisiert diese Idee mit Hilfe der in Kapitel 9.5.1.2 vorgestellten Linearisierungsdomänen. Er schlägt den folgenden Lexikoneintrag für das nicht transparente Partikelverb *aufwachen* vor:

(41)   *aufwachen* (nach Kathol (1995, 246)):

$$\begin{bmatrix} \dots|\text{HEAD } \boxed{1} \ verb \\ \dots|\text{VCOMP } \langle \rangle \\ \\ \text{DOM } \left\langle \begin{bmatrix} \langle \ wachen \ \rangle \\ \dots|\text{HEAD } \boxed{1} \\ \dots|\text{VCOMP } \langle \ \boxed{2} \ \rangle \end{bmatrix} \right\rangle \bigcirc \left\langle \begin{bmatrix} \langle \ auf \ \rangle \\ \text{SYNSEM } \boxed{2} \begin{bmatrix} \dots|\text{HEAD } \begin{bmatrix} \text{FLIP } - \\ sepref \end{bmatrix} \end{bmatrix} \\ vc \end{bmatrix} \right\rangle \end{bmatrix}$$

Dieser Lexikoneintrag repräsentiert syntaktische Struktur im Lexikon. Der DOM-Wert in (41) stimmt mit dem DOM-Wert überein, den man bekommen würde, wenn man ein Partikelverb, das eine Partikel selegiert, mit der Partikel kombinieren würde, denn die abhängigen Elemente werden ja in die Linearisierungsdomäne des Kopfes eingesetzt. Daß

---

[16]Vielen Dank an Detmar Meurers für die Diskussion zu diesem Punkt.

die Domänenelemente in einer Selektionsbeziehung zueinander stehen, ist durch den Wert des VCOMP-Merkmals in der Repräsentation von *wachen* ausgedrückt (Zu VCOMP siehe auch Kapitel 15.3.1). Da Partikel und Verb sich in derselben Linearisierungsdomäne befinden, können sie beliebig zueinander angeordnet werden, solange keine Linearisierungsbeschränkungen verletzt sind. Somit ist die Verberststellung (V > Part) und die Verbletztstellung (Part < V) erklärbar.[17]

Kathols Ansatz hat den Vorteil, daß man kein Merkmal braucht, das sicherstellt, daß die richtige Partikel mit dem Verb verbunden wird. In meinem Ansatz muß die Partikel *vor* markiert sein, so daß das Partikelverb *vorhaben* nicht mit der Partikel *auf* oder *an* gebildet wird. Da PHON außerhalb von SYNSEM liegt, kann man den PHON-Wert der Partikel nicht direkt selegieren.

Das Problem an Kathols Ansatz ist, daß er nicht erklären kann, wieso die Verbpartikel im Vorfeld stehen kann, es sei denn, er nimmt verschiedene syntaktische Strukturen für die Vorfeldbesetzung an: Im einen Fall wird das Vorfeld über eine Fernabhängigkeit besetzt (siehe Kapitel 10) und im anderen durch entsprechende Linearisierung einer Verbpartikel vor dem finiten Verb in Initialstellung. Kathol unterscheidet zwischen kompositionalen und nicht-kompositionalen Partikelverben, die kompositionalen werden über das Verbalkomplexschema lizenziert, die nicht-kompositionalen werden wie in (41) repräsentiert.

Entgegen so mancher Behauptung kann auch die Partikel von nicht-transparenten Partikelverben im Vorfeld stehen, wie die Beispiele in (13e) und (13f) – hier als (42) wiederholt – zeigen:

(42)   a. *Auf fällt*, daß ...[18]

  b. Nach einigen Zügen, „die irgendwie komisch schmeckten", fielen dem Interviewten die Augen zu. *Auf wachte* der „39jährige Mitarbeiter des Mitropa-Fahrbetriebes, Mitglied der SED. Glücklich verheiratet, drei Kinder" erst wieder im Westen – gerade rechtzeitig, um „einen Packen D-Mark-Scheine auf dem Tisch" des „gewissenlosen Schleppers" zu sehen.[19]

Um diese Daten zu erklären, müßte Kathol also annehmen, daß *auf* in (42b) in der Linearisierungsdomäne an erster Stelle angeordnet wurde. Siehe auch Crysmann: 2002 für einen solchen Vorschlag. Voranstellungen wie in (42) unterscheiden sich dann von Vorfeldbesetzungen wie der in (3a) auf Seite 163, die hier als (43) wiederholt ist:

(43)   [Um zwei Millionen Mark]$_i$ soll er versucht haben, [eine Versicherung _$_i$ zu betrügen].[20]

(43) kann nicht als lokale Umstellung erklärt werden. In Kathols Modell würde man also zwei verschiedene Ansätze für die Vorfeldbesetzung haben, was aus Gründen der Sparsamkeit abzulehnen ist (siehe Kapitel 20).

Crysmann (2002, Kapitel 4.2) zitiert frühere Arbeiten von mir, in denen ich angemerkt habe, daß Partikelvoranstellungen besser sind, wenn die Partikel einen semantischen Beitrag leistet und ein Kontrast zu einer anderen Partikel hergestellt werden kann.

---

[17]In Kapitel 9.5.1.2 habe ich jedoch gezeigt, daß eine linearisierungsbasierte Analyse der Verbstellung zu verwerfen ist, da sie die scheinbar mehrfache Vorfeldbesetzung nicht zufriedenstellend zu erklären vermag.

[18]Duden: 1991, 62.

[19]Die Menthol-Affäre, taz, 03.11.2004, S. 17.

[20]taz, 04.05.2001, S. 20.

(44)   a.   § Um färbt Karl den Stoff.

        b.   Nicht um färbt Karl den Stoff, sondern ein.

Crysmann wirft mir vor, daß ich nichts dazu sage, wie der semantische Gehalt einer Partikel gemessen werden kann. Er merkt an, daß man den semantischen Beitrag von Partikeln wohl nur vergleichen kann, wenn alle Partikeln einen CONT-Wert haben, also auch die Partikeln, die Bestandteil von nicht-transparenten Partikelverben sind. Er kritisiert, daß man damit bei den nicht-transparenten Partikelverben einen semantischen Beitrag von der Partikel hat, die nicht wirklich in der semantischen Repräsentation des gesamten Partikelverbs benutzt wird.

Gegen Crysmanns Argumentation kann man zweierlei Dinge vorbringen: Erstens gilt dasselbe für Kathols und seinen Ansatz, da in (41) die Partikel ebenfalls durch ein Objekt mit *synsem*-Eigenschaften repräsentiert ist und demzufolge auch Partikeln nicht-transparenter Partikelverben einen CONT-Wert haben.[21] Zweitens folgt aus der Eigenschaft, daß man einen CONT-Wert hat, nicht unbedingt, daß man einen semantischen Beitrag leistet. So haben Expletivpronomina – wie alle anderen NPen auch – einen CONT-Wert, haben jedoch keinen referentiellen Index. Genauso kann also die Partikel *an* in *anfangen* einen CONT-Wert haben, der besagt, daß kein semantischer Beitrag von dieser Partikel kommt (z. B. *none*). Damit kann man CONT-Werte verschiedener Partikeln vergleichen.

Das zweite Argument von Crysmann ist, daß die Partikelvoranstellungen nicht über Satzgrenzen hinweg vorgenommen werden können, d. h. Sätze wie (45) sind ungrammatisch:

(45)   * Um glaube ich, daß er den Mantel färbt.

Crysmann sagt nun, daß eine Analyse, die die Partikelverbvoranstellung als Fernabhängigkeit modelliert, falsche Vorhersagen in bezug auf (45) macht. Das ist jedoch nicht richtig: Für die Vorfeldbesetzung gibt es vielfältige Beschränkungen, die zum Teil noch nicht richtig verstanden sind. In Bezug auf (45) würde ich sagen, daß die syntaktische Struktur, die man (45) zuordnen müßte, wenn es grammatisch wäre, genau die ist, die man mit der Analyse als Fernabhängigkeit bekommt, daß aber zusätzliche Beschränkungen in bezug auf die Voranstellbarkeit von Elementen dafür sorgen, daß (45) ausgeschlossen wird. Wie diese zusätzlichen Beschränkungen aussehen, ist zur Zeit noch unklar, aber es ist viel interessanter, diese Beschränkungen zu erforschen, als einfach zu sagen, die Partikel kann nicht über die Satzgrenze bewegt werden, und das wird jetzt in der Grammatik hart verdrahtet. Crysmann schlägt vor, kurze Voranstellungen dann dadurch zuzulassen, daß man das topologische Feld der Partikel im Lexikon spezifiziert. Für das *auf* in (41) würde man statt *vc* (für Verbalkomplex) *vc* ∨ *vf* (für Verbalkomplex oder Vorfeld) schreiben. Der Lexikoneintrag würde dann einfach festlegen, daß die Partikel nicht über die Satzgrenze hinaus bewegt werden darf, er sagt aber nicht, warum das so ist.

Ich habe bereits im Kapitel 9.5.1.2 die Probleme von Linearisierungsansätzen mit der scheinbar mehrfachen Vorfeldbesetzung diskutiert. Hier soll noch auf entsprechende Daten mit Partikelverben hingewiesen werden: In (46) befindet sich ebenfalls eine Verbpartikel

---

[21] Siehe Kapitel 2.7 und auch Crysmann: 2002, 19 zur Unterscheidung zwischen Modell und Beschreibung innerhalb der HPSG. In einem Modell haben alle Merkmale einen maximal spezifischen Wert. Das Problem mit dem CONT-Wert von Partikeln existiert für Crysmann und Kathol also genauso. Übrigens gibt es ein ähnliches Problem bei Idiomen mit unikalen Elementen, denen sich keine Bedeutung (mehr) zuordnen läßt.

im Vorfeld. Zusätzlich befindet sich z. B. in (46a) ein Objekt von *anhalten* im Vorfeld und in (46b) ein Adjunkt zu *antreten*:

(46) a. Den Atem *an hielt* die ganze Judenheit des römischen Reichs und weit hinaus über die Grenzen.[22]

b. Im Wahlkampf in Bremen wird er dabei nur in bekannte Gesichter schauen. Denn alle bisherigen Bremer Bundestagsabgeordneten wollen wieder antreten. CDU-Landeschef Bernd Neumann platzt dabei vor Selbstvertrauen. „Natürlich ist Bremen eine Hochburg der Sozialdemokraten, aber unsere Leute sind heiß auf einen Wechsel", sagt er. Der 63-Jährige, der seit 1987 im Bundestag sitzt, strebt erneut die Spitzenkandidatur an. [. . .]
Wieder *an treten* auch die beiden Sozialdemokraten, die bei der Bundestagwahl 2002 die Direktmandate in den beiden Bremer Wahlkreisen gewannen, Volker Kröning und Uwe Beckmeyer.[23]

c. *Los* damit *geht* es schon am 15. April.[24]

d. Sein Vortrag wirkte [. . .] ein wenig arrogant, nicht zuletzt wegen seiner Anmerkung, neulich habe er bei der Premiere des neuen „Luther"-Films in München neben Sir Peter Ustinov und Uwe Ochsenknecht gesessen. Gut *an kommt* dagegen die Rede des Jokers im Kandidatenspiel: des Thüringer Landesbischofs Christoph Kähler (59).[25]

e. *Zurück* zu Kamerakonzepten jenseits des Mainstreams mit flachem Metallgehäuse und schwenkbarem Objektiv *kehrt* Nikon mit der Coolpix S4.[26]

f. Dazu *bei trugen* die Deutsche Börse, die sich weiter Fusionsfantasien hingibt, Bayer und BASF mit guten eigenen Zahlen und Linde, das sich über Quartalserfolge seines britischen Übernahmeopfers BOC freuen konnte.[27]

Ein Linearisierungsansatz kann solche Sätze nur analysieren, wenn er die Beschränkung, daß nur ein Element vor dem finiten Verb stehen kann, aufgibt. Selbst die Verwendung eines leeren Kopfes zur Analyse der scheinbar mehrfachen Vorfeldbesetzung, die ich in Müller: 2002d zusammen mit einer Linearisierungsanalyse vorgeschlagen habe, würde das Problem mit Daten wie (46) nicht lösen, denn der leere Kopf hilft nur, wenn er als Binder einer Fernabhängigkeit verwendet wird. Nimmt man aber wie Kathol und Crysmann Lexikoneinträge der Form in (41) an, so steht bereits bei der Verwendung des Lexikoneintrags fest, daß die Partikel als einzelnes Domänenelement in der Domäne des Verbs auftauchen muß. Damit können weitere Elemente wie *den Atem* und *wieder* in (46) nicht als Bestandteile einer Phrase *den Atem an* bzw. *wieder an* analysiert werden, sondern müssen als eigenständige Elemente betrachtet werden. Die Sätze in (46) wären somit als Verbdrittsätze zu analysieren, eine Situation, die auch in Kathols oberflächenorientierten Satztypendefinitionen (siehe Kapitel 10.5.1) nicht vorgesehen ist. Selbst wenn man Kathols Satztypenmuster um Verbdritt- und Verbviertmuster erweitert, wird man den Daten nicht gerecht, denn die Beispiele in (46) werden nur von einer Theorie korrekt erfaßt, die

---

[22]Lion Feuchtwanger, *Jud Süß*, S. 276, zitiert nach Grubačić: 1965, 56.
[23]taz, bremen, 24.05.2004, S. 21.
[24]taz, 01.03.2002, S. 8, siehe auch Müller: 2005c, 313.
[25]taz, 04.11.2003, S. 3, siehe auch Müller: 2005c, 313.
[26]PixelGuide, 4/05, S. 19.
[27]taz, 12.05.2006, S. 8.

dem Bereich vor dem finiten Verb eine eigene topologische Einteilung zuordnet (vergleiche auch Kapitel 8.4), d. h. in (46a) befindet sich *den Atem* innerhalb des Vorfelds des gesamten Satzes im Mittelfeld und *an* in der rechten Satzklammer, in (46b) befindet sich *wieder* im Mittelfeld und *an* in der rechten Satzklammer, und in (46c) befindet sich *los* in der rechten Satzklammer und *damit* ist extraponiert, d. h. es befindet sich im Nachfeld.

(47) a. [$_{VF}$ [$_{MF}$ Den Atem] [$_{RS}$ an]] hielt die ganze Judenheit.

   b. [$_{VF}$ [$_{MF}$ Wieder] [$_{RS}$ an]] treten auch die beiden Sozialdemokraten.

   c. [$_{VF}$ [$_{RS}$ Los] [$_{NF}$ damit]] geht es schon am 15. April.

In Crysmanns und Kathols Analyse müßte die Partikel aber – wenn sie vor dem finiten Verb steht – als Vorfeldelement ausgezeichnet sein, denn Linearisierungsbeschränkungen schließen aus, daß ein Verbalkomplexelement vor dem Verb in Initialstellung steht (Crysmann: 2002, 143).

Die Theorie, die ich hier vorgeschlagen habe, ist der von Kathol und Crysmann vorzuziehen, da sie nicht auf der im Kapitel 9.5.1.2 verworfenen Analyse der Verbstellung beruht und da sie nur einen – und zwar den den Daten gerecht werdenden – Mechanismus zur Behandlung der Vorfeldbesetzung verwendet.

18.3.2 Phrasale Konstruktionen

Im Abschnitt 18.3.2.1 möchte ich phrasale Analysen für Partikelverben im Niederländischen diskutieren. Abschnitt 18.3.2.2 beschäftigt sich mit einer Analyse für komplexe Prädikate im Persischen von Adele Goldberg, da die persischen Daten Ähnlichkeiten mit den Partikelverben im Niederländischen und in deutschen Dialekten aufweisen und man versucht sein könnte, Goldbergs Analyse auf diese Sprachen zu übertragen.

18.3.2.1 Phrasale Analysen von Partikelverben

Booij (2002, Abschnitt 2) schlägt vor, Partikelverben mit Hilfe der folgenden *Konstruktion* im Sinne der Konstruktionsgrammatik und Jackendoff (1997) zu analysieren, wobei X fest ist und verschiedene Verben in den Verb-Slot gesteckt werden können.

(48) [X [ ]$_V$]$_{V'}$ wobei X = P, Adv, A oder N

Beispiele für die Instantiierung von X zeigt (49):

(49) a. [af [ ]$_V$]$_{V'}$

   b. [door [ ]$_V$]$_{V'}$

   c. [op [ ]$_V$]$_{V'}$

Diese Analyse ähnelt der phrasalen Analyse der Resultativkonstruktion von Goldberg (1995). Probleme, die sich für Goldbergs Analyse ergeben, wurden bereits in Müller: 2002b, 2006b,c diskutiert. Diese scheinen für Booij jedoch nicht relevant zu sein, denn er schreibt auf Seite 31: *By assigning a V'-node to SCVs (separable complex verbs, St. Mü.), we represent their phrasal nature, and hence their syntactic separability.* Booij scheint also Transformationen anzunehmen, die Baumstrukturen auf andere Baumstrukturen abbilden. Somit kann er erklären, wieso Bestandteile von V' an anderer Stelle im Satz stehen können. Booijs phrasale Analyse wird jedoch auch von Blom (2005) vertreten, die im Rahmen der LFG arbeitet, und in der LFG gibt es keine Transformationen. Blom bezieht sich auf einige Argumente und Daten, die ich in Müller: 2002b,e, 2003b vorgebracht habe, weshalb ich ihre Ansichten hier noch einmal diskutieren möchte.

Blom geht wie Booij davon aus, daß bei den meisten Partikelverben die Partikel fest ist und ein Verb-Slot durch ein passendes Verb gefüllt werden muß. Das Problem solcher Analysen ist, daß sie Transformationen benötigen, sobald es Daten gibt, die belegen, daß die Elemente, die in der jeweiligen Konstruktion auftreten, nicht adjazent zueinander sein müssen. Bei Partikelverben kann das Verb wie in (50) durch Anordnung in Initialstellung von der Partikel getrennt werden.

(50)   a. weil er sie anlacht

        b. Lacht er sie an?

Diese Daten sind mit Booijs und Bloms Analyse kompatibel, weil das Verb in den Konstruktionen in (49) durch eine Spur belegt werden kann. Problematisch sind hingegen Sätze mit vorangestellter Partikel bzw. Sätze, bei denen aufgrund von Fokusumstellung die Partikel im Mittelfeld nach links gestellt wurde. Die Voranstellungsdaten habe ich in Müller: 2002b,e ausführlich diskutiert. Einige Daten finden sich auch in diesem Kapitel im Abschnitt 18.1.2.2.

Lüdeling (2001, 50) weist auf das folgende Datum hin, das zeigt, daß die Partikel auch bei Verbletztstellung vom Verb getrennt werden kann:

(51)   Ich weiß, daß die Sonne auf im Osten und unter im Westen geht.[28]

In dem hier vorgestellten Ansatz läßt sich ein Beispiel wie (13b) – hier als (52a) wiederholt – problemlos analysieren: Es bekommt die Struktur in (52b):

(52)   a. *Vor hat* er das jedenfalls.[29]

        b. Vor$_i$ hat$_j$ er das $_{-i}$ $_{-j}$.

Das heißt, sowohl das Verb (*j*) als auch die Partikel (*i*) befinden sich nicht in der rechten Satzklammer: Die Partikel steht im Vorfeld und das Verb in der linken Satzklammer. Obwohl die beiden Elemente nebeneinander stehen, bilden sie keine Konstituente. Man könnte sich vielleicht Analysen ausdenken, bei denen das gesamte Verb vorangestellt wurde, aber diese würden dann an (53) scheitern:

(53)   *Fest*$_i$ scheint auf jeden Fall $_{-i}$ *zu stehen*, daß ...[30]

In (53) ist nur die Partikel umgestellt, die linke Satzklammer ist durch das Verb *scheinen* besetzt.

Das Problem an der phrasalen Analyse ist nun, daß die phonologische Form der Partikel in einer bestimmten phrasalen Konfiguration festgeschrieben ist, d. h. es ist nicht mehr möglich wie in (52b) an der Stelle, an der normalerweise die Verbpartikel stehen würde, eine Spur anzunehmen oder diese Stelle wegzulassen. Das heißt, daß Blom im Rahmen der LFG Voranstellungen von Partikeln nicht analysieren kann.

---

[28]Lüdeling: 2001, 50.

[29]taz, 15.07.1999, S. 19.

[30]Reis: 1976a, 68.

Blom behauptet, daß Partikelvoranstellungen generell schlecht sind und analysiert deshalb Partikelverben als Kombination aus einem Verb und einer nicht projizierenden Partikel.[31] Da in der $\overline{\text{X}}$-Theorie nur Phrasen des Bar-Levels zwei in der Vorfeldposition stehen können, ist die Voranstellung der Partikel ausgeschlossen. Blom (2005, 92) diskutiert das Beispiel in (54) von Hoeksema (1991b, 19):

(54)   Angola voert veel goederen in. Uit voert het land alleen koffie.
          Angola führt viele Waren   ein aus führt das Land nur   Kaffee

Sie schreibt hierzu:

> I will argue in section 4.5 that an element like af 'finished', which shows XP behaviour in various respects (cf. (10)a), is structurally ambiguous between being a particle (X) and being a phrase (XP). This explains why it allows topicalisation, but may also appear in typical particle constructions, which are unavailable to XPs in general (see 4.3.5). Such a dual structure, however, will appear to be available only to a few particles. As for elements such as *uit* in *uitvoeren* 'to export' (cf. (16)), which may be topicalised but do not behave like phrases in other respects (see 4.3.3), I hypothesise that strong contrastive focus may result in the topicalisation of non-maximal elements, which are thereby reanalysed as syntactically independent elements and allowed to project (this is also hypothesised by Neeleman and Weerman 1993: 471, note 21 and Neeleman 1994: 331, note 3).

Sie schlägt also vor, den Ausnahmestatus der Partikelverbvoranstellung dadurch zu erklären, daß die Partikel in diesen besonderen Fällen projizieren kann. Das Problem für ihre Analyse besteht nun aber darin, daß es gar nichts nützt, wenn man zuläßt, daß die Partikel unter bestimmten Umständen projizieren kann, denn man wird die Partikel, die ja neben dem Verb innerhalb der Konstruktion (49) realisiert werden muß, nicht los.

(55)   * Uit$_i$ voert$_j$ het land alleen koffie [uit $_{-j}$].

Was Blom brauchen würde, ist eine Ersetzung der Partikel durch eine Spur oder einen Mechanismus, der das *uit* am Satzende löscht. So etwas gibt es aber weder in der LFG noch in der Konstruktionsgrammatik. Zur Behandlung der Fernabhängigkeiten in der LFG und Konstruktionsgrammatik siehe Kaplan und Zaenen: 1989 und Berman: 1997 bzw. Kay und Fillmore: 1999, Abschnitt 3.8.

   In transformationsbasierten Ansätzen könnte man die beiden Sätze in (56a) und (56c) über mehrere Transformationen in Beziehung zueinander setzen.

(56)   a. het land alleen koffie uit voert

          b. voert het land alleen koffie uit

          c. Uit voert het land alleen koffie.

Eine Transformation stellt *voert* voran (56b), und eine zweite stellt dann *uit* davor (siehe z. B. Koster: 1975). Die Konstruktion [uit voert] würde dann in der zugrundeliegenden Struktur immer mit den beiden adjazenten Elementen vorliegen, andere Konfigurationen

---

[31] Sie bezieht sich dabei unter anderem auch auf Arbeiten von Toivonen (2002).

wären davon abgeleitet. In nicht-transformationellen Theorien wie LFG, HPSG und Konstruktionsgrammatik sind phrasale Analysen für Partikelverben nicht angebracht. Da Analysen mit diskontinuierlichen Wörtern bereits verworfen wurden, bleibt nur die Analyse, die ich hier vorgeschlagen habe.

Ein weiteres Problem für den phrasalen Ansatz stellen Flexions- und Derivationsdaten dar. Der in Abschnitt 18.2 vorgestellte Ansatz hat keine Probleme mit der Flexions- und Derivationsmorphologie: Die entsprechenden Analysen werden im folgenden Kapitel vorgestellt. Blom (2005, 305) behauptet in einer Fußnote, daß die von mir in Müller: 2003b diskutierten Klammerparadoxa für ihren Ansatz nicht relevant sind, da Flexionsmorpheme immer Skopus über den gesamten Satz haben und daher die Tatsache, daß sie auch Skopus über den semantischen Beitrag des Partikelverbs haben, nicht weiter verwunderlich ist. Beispiele wie *Herumgerenne*, in denen das Nominalisierungscircumfix *Ge- -e* mit dem Verbstamm kombiniert wird, erklärt sie für im Niederländischen nicht existent.

Hierzu muß man zwei Anmerkungen machen: Erstens gibt es Belege für solche Ableitungen im Niederländischen:

(57)   a. Maar dan laat de met een klassiek filmsterren uiterlijk gezegende Litvinova het helemaal in de soep lopen en komen we terecht op het terrein van filosofische verhandelingen over de betekenis van liefde *en rondgeren* door een niet nader geïdentificeerd naaldbos.[32]

       b. In haar paniek ging alles echter niet meer zo best, en ook haar gewiebel *en rondgeren* maakte de zaak er niet beter op.[33]

       c. En wij gaan eens kijken wat leuk is voor onze 2e verdieping bove Karel de teju en ik ben nog opzoek naar een klimplant die *het rondgeren* van mijn anolisjes kan hebben[34]

Und selbst, wenn es den Tatsachen entspräche, daß die *Ge- -e*-Nominalisierung im Niederländischen nicht möglich ist, so sollte doch eine Analyse der Partikelverben die deutschen und die niederländischen Daten gleichermaßen erfassen können. Wenn es für das Niederländische im Vergleich zum Deutschen Einschränkungen gibt, so kann das durch zusätzliche Beschränkungen für das Niederländische erfaßt werden, der Grundmechanismus zur Behandlung der Partikelverben sollte aber derselbe sein.

Zweitens zeigen sich Nachteile des phrasenbasierten Ansatzes, wenn man sich die Analyse von Partikelverben mit nicht existierenden Basen ansieht: Das Verb *anstrengen* zum Beispiel ist aus der Partikel *an* und dem verbalen Bestandteil *strengen* zusammengesetzt. Es gibt aber kein eigenständiges Verb *strengen* im Deutschen. Blom schlägt vor, nicht produktive und nicht transparente Partikelverben – im Gegensatz zu den Konstruktionen in (49), die einen offenen Slot für das Verb haben, – als Konstruktionen mit zwei fixierten Slots zu behandeln. Für *anstrengen* ergibt sich also:

(58)   [an [strengen]$_V$]$_{V'}$

Das Problem ist, daß es ein Verb *strengen* im Deutschen nicht gibt. Sämtliche Flexionsformen von *strengen* gibt es also ebenfalls nicht. Die Form *strengen* kommt nur zusammen

---

[32] http://www.subjectivisten.org/cinema/archives/001530.php. 06.01.2007.

[33] http://zonnemeer.sa-af.com/verhalen/herfst2003/17hetbosin.html.

[34] http://forum.dierenparadijs.be/lofiversion/index.php/t22631.html. 06.01.2007.

mit *an* vor, hat aber eine ganz normale Flexion. Um das zu erfassen, müßte man wohl die Flexion mit in die Konstruktion einbauen und bekäme etwas wie (59):[35]

(59)   [an [[streng]$_{\text{V-Stamm}}$]$_\text{V}$]$_{\text{V'}}$

Man muß also die Tatsache, daß Partikelverben flektiert sind, extra in der Grammatik auf-schreiben. Es folgt nicht automatisch aus der Tatsache, daß Partikelverben Verben sind.

Blom (2005, 36) argumentiert gegen das No-Phrase-Constraint, das besagt, daß phrasa-le Einheiten in Wortbildungsprozessen ausgeschlossen sind, und schließt aus dem Nicht-Gelten des No-Phrase-Constraints, daß eine phrasale Analyse der Partikelverben zulässig ist. Wenn ihre Konstruktion aber so aufgebaut ist, daß ein flektiertes Verb mit einer Par-tikel kombiniert wird, dann kann die Derivation nicht mehr auf diese Form angewendet werden, da als Eingabe der Derivation ein unflektierter Stamm gebraucht wird: Aus *an-strengst* kann man nicht *Anstrengung* ableiten, für die Ableitung von *Anstrengung* würde man *anstreng-* brauchen. Dem Stamm *anstreng-* würde sie aber sicher nicht die Kategorie V' zuordnen wollen, denn *anstreng-* hat nicht dieselbe Distribution wie V', es darf – folgt man Bloms Annahmen – gar nicht in der Syntax auftauchen, da es nicht flektiert ist.[36]

Ähnlich liegt das Problem bei Partikelverben wie *eindosen*, das von einem Nomen ab-geleitet ist, ohne daß es ein Verb wie **dosen* gibt. Wenn Blom also eine Konstruktion wie in (60) für die Analyse von *eindosen* vorschlägt, muß sie noch erklären, wie die Flexions-affixe an das Verb kommen.

(60)   [ein [[X]$_\text{N}$]$_\text{V}$]$_{\text{V'}}$

Die Derivation [[X]$_\text{N}$]$_\text{V}$ erzeugt erst einmal nur einen Verbstamm, der noch flektiert wer-den muß. Das heißt, die vollständige Analyse inklusive Flexion müßte wie folgt aussehen:

(61)   [ein [[[X]$_\text{N}$]$_{\text{V-Stamm}}$]$_\text{V}$]$_{\text{V'}}$

Es reicht nicht, nur diese Form mit Flexion zu haben, man benötigt auch die unflektierten Formen, da Ableitungen wie *einbetonierbar* gebildet werden können. Da man für die Ab-leitung von *einbetonierbar* den Verbstamm *einbetonier-* braucht und da die Kombination von Verb und Partikel ein V' ist, ergibt sich ein Widerspruch. Wie im folgenden Kapitel gezeigt wird, muß das *-bar* auf Argumente, die von der Verbpartikel beigesteuert werden,

---

[35]Der Ansatz von Crysmann (2002) würde es erlauben, *an* und *streng* als Elemente einer Domänenliste auf-zuführen und Flexionsaffixe mit dem verbalen Element in der Domäne zu verbinden. *anstreng-* wäre dann bei Bildung von *angestrengt* ein diskontinuierlicher Stamm, der durch das *ge-* getrennt wurde. Diese Möglichkeit scheidet für Blom aus, da die Partikel-Verb-Verbindung bereits ein V' ist und Elemente, die in der Syntax verwendet werden, in ihrem Ansatz vollständig flektiert sein müssen (Siehe Blom: 2005, 25 zur Lexikalischen Integrität. In LFG dürfen in syntaktischen Strukturen nur vollständig flektierte Wörter vorkommen). Die Tatsache, daß die Kombination von Partikel und Verb eine V'-Projektion bildet, benutzt sie, um zu erklären, warum Partikeln nicht iteriert werden können: Dadurch daß die Verbindung von Partikel und Verb ein V' ergibt, kann das Kombinationsergebnis nicht erneut mit einer Partikel kombiniert werden, da die Partikelverbkonstruktionen immer ein V verlangen.

[36]Dasselbe Problem ergibt sich natürlich auch für Booijs Analyse (2002, 32), auf die die Blomsche Analyse zurückgeht. Booij schlägt folgende Konstruktion vor:

(i)   [op [[X]$_\text{A}$]$_\text{V}$]$_{\text{V'}}$

In Frameworks wie GB wird für gewöhnlich angenommen, daß Flexionsaffixe mit Phrasen kombiniert wer-den. Wenn Booij diesen Annahmen folgt, kann das Flexionsaffix mit einer VP kombiniert werden. Das V würde in (i) dann für einen Verbstamm stehen.

Zugriff haben. Die Kombination von Partikel und Verb muß also vor der Derivation stattfinden, weshalb auch eine Anwendung des *-bar*-Suffixes auf *betonier* mit nachfolgender Kombination mit *ein* ausscheidet.

Mit Konstruktionen wie (61) hat man Konstruktionen von großer Komplexität. Die Tatsache, daß Partikelverben flektiert werden können, muß in der Konstruktion (61) extra erwähnt werden. In der Analyse, die in diesem Kapitel entwickelt wurde, sind solche Ableitungen unproblematisch: Ein Nomen wird durch eine Lexikonregel auf einen Verbstamm abgebildet, der die Partikel *ein* selegiert. Dieser Verbstamm kann ganz normal flektiert werden oder mit weiteren Derivationsaffixen kombiniert und danach flektiert werden. Der Fall *anstrengen* verläuft parallel: Es gibt einen Lexikoneintrag für den Verbstamm *streng-*, der die Partikel *an* selegiert. Die Selektion der Partikel stellt sicher, daß *streng-* nicht ohne Partikel für die Analyse von Sätzen verwendet werden kann. Der Verbstamm kann flektiert werden und wird erst nach der Flexion mit der Partikel kombiniert. Zur Morphologie der Partikelverben siehe auch Kapitel 19.2.3.

18.3.2.2 Komplexe Prädikate im Persischen

Goldberg (2003) beschäftigt sich mit komplexen Prädikaten im Persischen. Die Daten erinnern in vielerlei Hinsicht an die hier diskutierten Partikelverben, so daß es sich lohnt, Goldbergs Argumente und ihre Analyse in diesem Kontext zu diskutieren.

Im Persischen können bestimmte Wörter (X0) und Verben (V0) ein komplexes Prädikat bilden. X0 kann dabei ein Nomen, ein Adjektiv oder eine Präposition sein. Nach Goldberg haben die komplexen Prädikate Worteigenschaften, da sie in Nominalisierungen vorkommen. Sie nimmt also an, daß es sich bei der Kombination von X0 und V0 im Normalfall um ein V0 handelt. In der der Konstruktionsgrammatik eigenen Boxschreibweise stellt sie das so dar:

(62)   Komplexes-Prädikat-Konstruktion (CPV0) im Persischen nach Goldberg: 2003:

> Cat: V0
>
> X0 < V0

Das Zeichen '<' drückt aus, daß X0 unmittelbar vor V0 stehen muß. Goldberg argumentiert für solche Konstruktionen, da die Kombination aus X0 und V0 nicht der Bedeutung der Einzelteile entspricht.

Das Futur-Hilfsverb *xâstan* steht im Persischen immer direkt vor dem Simplexverb, das in der Vergangenheitsform stehen muß. Goldberg drückt das wie folgt aus:

(63)   Futurhilfsverbkonstruktion nach Goldberg: 2003:

> Cat: V'
>
> $xâstan\text{-}agr < V0_{past}$

Werden komplexe Prädikate ins Futur gesetzt, so steht das Futurhilfsverb zwischen dem X0 und dem V0 des komplexen Prädikats. Goldberg argumentiert, daß das Futurhilfsverb nicht als Infix behandelt werden sollte, da es Kongruenzmerkmale trägt, die ja zur Flexionsmorphologie zu zählen sind und da Flexion immer außerhalb von Derivation angewendet wird. Deshalb – so argumentiert sie – liegt ein nicht direkt vorhersagbarer morphologischer Fakt vor, was die Stipulation einer Futur-Komplexes-Prädikat-Konstruktion rechtfertigt. Die Gemeinsamkeiten dieser Konstruktion mit der Futurkonstruktion und der Komplexes-Prädikat-Konstruktion werden durch eine entsprechende Vererbungshierarchie mit Defaultvererbung erfaßt, die in Abbildung 18.7 dargestellt ist. Wie man sieht,

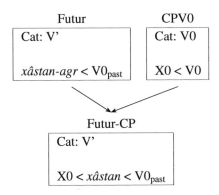

Abbildung 18.7: Kombination der Komplexes-Prädikat-Konstruktion mit der Futurhilfsverbkonstruktion über Mehrfachvererbung mit Defaults

unterscheiden sich die beiden Konstruktionen, von denen die Futur-Komplexes-Prädikat-Konstruktion erbt: Sowohl die syntaktische Kategorie (V0 vs. V') als auch die lineare Abfolge der Konstruktionsbestandteile (*xâstan-agr* < V0 vs. X0 < V0) sind verschieden. Diese Information wird bei der Unterkonstruktion, die von den beiden übergeordneten Konstruktionen erbt, überschrieben.

Goldberg (2003) argumentiert dagegen, beim Vorliegen nicht-transparenter Komplexes-Verb-Konstruktionen die Bedeutung einem der Teile zuzuschreiben (also *roSan* oder *kardan* in (64)), da die Bedeutung des komplexen Prädikats nur beim Vorliegen beider Bestandteile gegeben ist.

(64)   roSan kardan
       Licht tun
       'einschalten'

Das heißt aber, daß es zumindest für diese Fälle Unterkonstruktionen von CPV0 geben muß, denn CPV0 beschreibt nur den allgemeinen Fall, Idiosynkratisches ist in diesem Muster noch nicht erfaßt. Um zu erklären, was ein nicht-transparentes komplexes Prädikat im Futur bedeutet, braucht man aber eine Konstruktion, die vom nicht-transparenten komplexen Prädikat und von der Futurkonstruktion erbt, denn dieser Fall ist in Abbildung 18.7 noch nicht erfaßt. Das heißt, daß es sowohl eine *roSan kardan*-Konstruktion als auch eine *roSan xâstan kardan*-Konstruktion geben muß. Eine entsprechend modifizierte Hierarchie zeigt Abbildung 18.8 auf der gegenüberliegenden Seite. Man muß also alle Kombinationen von nicht-transparenten komplexen Prädikaten mit dem Futurhilfsverb aufschreiben, was diesen Ansatz sehr unattraktiv macht. Man beachte, daß man sich hier nicht dadurch aus der Affäre ziehen kann, daß man die Hierarchie, wie das von Koenig (1999) für Typhierarchien vorgeschlagen wurde, automatisch berechnen läßt, denn Goldbergs Spezifikationen enthalten Defaults. Malouf (2003) schlägt zwar solch eine Berechnung auch für Typhier-

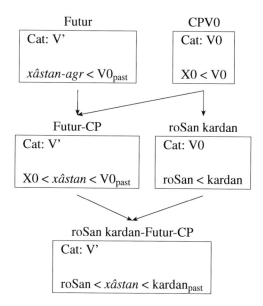

Abbildung 18.8: Modifizierte Hierarchie nach Goldberg

archien mit Defaultvererbung vor, schreibt aber, daß auftretende Konflikte nach der Spezifität der Werte aufgelöst werden (*while conflicts between default constraints are resolved according to specificity* S. 416). Für den Fall in Abbildung 18.7 (bzw. Abbildung 18.8) ist diese Strategie der Default-Auflösung nicht anwendbar, denn keine der beiden Beschränkungen *xâstan-agr* < VO_{past} und X0 < V0 ist spezifischer als die andere. Das heißt, man kann die Berechnung der verschiedenen Futur-CP-Konstruktionen für nicht-transparente komplexe Prädikate keinem automatischen Verfahren überlassen, sondern muß alle Instanzen per Hand kodieren und die Werte, die die Unterkonstruktion nach Überschreibung der Default-Werte haben soll, für jede Konstruktion einzeln spezifizieren. Daß die Abfolge von X0, Futur-Hilfsverb und V0 für alle Fälle demselben Muster entspricht, wird in diesem Ansatz nicht erfaßt, denn die entsprechende Information wird nicht ererbt, sondern für jede einzelne Konstruktion neu spezifiziert.[37]

Darüber hinaus ergibt sich ein formales Problem, das auch im Kapitel 7.5.2.2 über Vererbung im Lexikon schon diskutiert wurde: Die Bedeutung des komplexen Prädikats wird unter die Bedeutung des Futurhilfsverbs eingebettet. Das läßt sich aber per Vererbung nicht modellieren, denn der Semantik-Wert in der Unterkonstruktion überschreibt den Seman-

---

[37] Jochen Trommer (p. M. 2006) hat angemerkt, daß man diskontinuierliche Konstruktionen annehmen könnte. Die Boxen in Abbildung 18.8 würden dann bedeuten, daß die Konstruktion *xâstan-agr* und ein V0 dominiert bzw. ein X0 und ein V0. Das '<' stünde für Präzedenz statt für unmittelbare Präzedenz. Solche Linearisierungsbeschränkungen würden bei der Vererbung keinen Konflikt erzeugen. (Sie könnten sogar unabhängig von den Konstruktionen angegeben werden, wie das in GPSG und HPSG gemacht wird.)
Ähnliche Vorschläge für diskontinuierliche phrasale Konstruktionen wurden von Kathol (1995, 244–248) und Crysmann (2002, Kapitel 4.2) für Partikelverben im Deutschen gemacht. Im Abschnitt 18.3.1 wurden diese Analysen bereits verworfen.
Das Problem, daß man Einbettung für die korrekte Erfassung der semantischen Eigenschaften der komplexen Prädikate braucht, besteht für Analysen mit diskontinuierlichen Prädikaten genauso wie für andere phrasale Analysen.

tik-Wert der von der Komplexes-Prädikat-Konstruktion kommt. Dieses Problem läßt sich nur lösen, indem man Hilfsmerkmale verwendet, wie das Kathol (1994, 262) und Koenig (1999) gemacht haben (siehe Kapitel 7.5.2.2), oder indem man verzeigerte Strukturen und Hilfsmerkmale zusammen mit Defaultvererbung verwendet (Müller: 2005a). In jedem Fall werden Hilfsmerkmale gebraucht, was die Theorie im Vergleich zu Theorien, die ohne solche Merkmale auskommen, abwertet.

Betrachtet man die Daten genauer, stellt man fest, daß ähnliche Datenlagen aus dem Niederländischen und aus deutschen Dialekten bekannt sind. So kann im Niederländischen die Partikel aus Partikelverbkombinationen durch Hilfsverben vom Verb getrennt werden:

(65)   omdat Carol hem op kon bellen[38]
        weil   Carol ihn an kann rufen
        'weil Carol ihn anrufen kann'

Genauso muß im Thüringischen und im Fränkischen die Partikel vor den Verben im Verbalkomplex stehen. Werner (1994, 356) gibt die folgenden Beispiele, die nach Sperschneider zitiert sind und im Nordwesten von Sonneberg/Thüringen gesprochen wurden.

(66)   a. a ... hot aa ze schimpfm gfanga
            er   hat an zu schimpfen gefangen
            'Er hat zu schimpfen angefangen.'

        b. die ham ... auf zu arwettn ghört
            die haben   auf zu arbeiten gehört
            'Die haben zu arbeiten aufgehört.'

        c. ham sa groud aa mit assn gfanga
            haben sie grade an mit essen gefangen
            'Haben sie gerade zu essen angefangen?'

Diese Daten kann man so analysieren, wie das in diesem Kapitel vorgeschlagen wurde: Die Partikel wird vom Verb selegiert, die Gesamtbedeutung des Partikelverbs ist beim Partikelverb spezifiziert. Wenn das Verb unter ein Futurhilfsverb eingebettet wird, wird auch der Bedeutungsbeitrag des Partikelverbs unter die Futursemantik eingebettet. Für Fälle wie in (66) muß man annehmen, daß die Verbpartikel angehoben und erst nach der Kombination von Hauptverb und Futurhilfsverb abgebunden wird (Müller: 2005b, 29–30).

Kontrollfragen

1. Ist *umfahren* ein Partikelverb?

Übungsaufgaben

1. Was braucht man für die Analyse der Sätze in (67)?

    (67)   a. Er kocht die Suppe vor.

            b. Er arbeitet für Weihnachten vor.

---

[38] Koster: 1975, 126.

Skizzieren Sie den Eintrag für *kochen* und für *vor*, und falls Sie der Meinung sind, daß keine der Lexikonregeln in diesem Kapitel anwendbar ist, geben Sie eine Lexikonregel an, die Partikelverben wie *vorarbeiten*, *vorkochen* und *vorschlafen* zu ihren Basisverben in Beziehung setzt.

2. Laden Sie die zu diesem Kapitel gehörende Grammatik von der Grammix-CD (siehe Übung 3 auf Seite 61). Im Fenster, in dem die Grammatik geladen wird, erscheint zum Schluß eine Liste von Beispielen. Geben Sie diese Beispiele nach dem Prompt ein und wiederholen Sie die in diesem Kapitel besprochenen Aspekte.

Literaturhinweise

Partikelverben sind ein Thema, das die Linguisten immer wieder beschäftigt. Unter anderem wird wieder und wieder diskutiert, ob Partikelverben in der Morphologie oder in der Syntax zu analysieren sind. Die Anzahl der Publikationen zu Partikelverben im Deutschen und in anderen Sprachen ist enorm. Hier sei nur auf die Monographie von Barbara Stiebels (1996) und Andrew McIntyre (2001) und den Sammelband Dehé, Jackendoff, McIntyre und Urban: 2002 verwiesen. Stiebels und McIntyre besprechen bestimmte Klassen von Partikelverben sehr genau. Im Sammelband werden Partikelverben aus verschiedenen theoretischen Perspektiven beleuchtet.

19 Morphologie

Die Morphologie ist eine eigenständige Teildisziplin der Linguistik mit vielen interessanten Fragen, die hier nicht einmal gestreift werden können. Im folgenden Kapitel beschränke ich mich also nur auf einige Grundprobleme. Ich werde die bereits im Kapitel 7.2 erwähnten Lexikonregeln vorstellen und den alternativen Ansatz, der Affixe als eigenständige Morpheme annimmt, diskutieren.

19.1 Die Phänomene

In der Morphologie beschäftigt man sich mit Morphen. Ein *Morph* ist die kleinste bedeutungstragende Einheit. Haben zwei oder mehr Morphe dieselbe Bedeutung bei verschiedener Verteilung, spricht man von *Allomorphen*. Eine entsprechende Gruppe von Allomorphen mit derselben Bedeutung nennt man *Morphem*.

In diesem Kapitel sollen Flexion (Abschnitt 19.1.1) und Derivation (Abschnitt 19.1.2) behandelt werden.

19.1.1 Flexion

In (1) liegt eine bestimmte Form der Flexion vor: die Deklination.

(1)   a. Hund
        b. Hundes
        c. Hunde
        d. Hunden

Der Stamm *Hund* wird mit bestimmten Endungen (*Suffixen*) kombiniert. Welche Endung für den Plural verwendet werden muß, hängt von der Flexionsklasse des Nomens ab. So kann neben der Endung *-e*, wie sie bei (1c) zu beobachten ist, auch *-en*, *-n*, *-s*, ∅ den Plural markieren (*Betten, Katzen, Omas, Himmel*). Diese verschiedenen Realisierungsmuster der Pluralendung faßt man unter dem Begriff Pluralmorphem zusammen. Die verschiedenen Realisierungsformen eines Morphems werden Allomorphe genannt. *-e*, *-en*, *-n*, *-s* und ∅ sind also die Allomorphe des Pluralmorphems. ∅ steht für das Null(allo)morph.

Wie (2) zeigt, muß bei einigen Nomina bei der Pluralbildung zusätzlich noch eine Stammumlautung erfolgen:

(2)   a. Mann
        b. Mannes
        c. Männer
        d. Männern

Außer der Flexion der Nomina ist für den in diesem Buch beschriebenen Sprachausschnitt die Flexion der Verben (Konjugation) relevant. (3) zeigt die finiten Formen für den Stamm *lach-*:

(3)   a. Ich lache.   (4)   a. Ich lachte.

     b. Du lachst.   b. Du lachtest.

     c. Er lacht.   c. Er lachte.

     d. Wir lachen.   d. Wir lachten.

     e. Ihr lacht.   e. Ihr lachtet.

     f. Sie lachen.   f. Sie lachten.

Betrachtet man ein anderes Verb wie z. B. *lieb-*, stellt man fest, daß die Endungen gleich sind:

(5)   a. Ich liebe.   (6)   a. Ich liebte.

     b. Du liebst.   b. Du liebtest.

     c. Er liebt.   c. Er liebte.

     d. Wir lieben.   d. Wir liebten.

     e. Ihr liebt.   e. Ihr liebtet.

     f. Sie lieben.   f. Sie liebten.

Es liegt also nahe, z. B. das Suffix *-st* als Markierung der zweiten Person Singular anzusehen. Es gibt jedoch auch andere Formen, wie die in (7) für das Verb *red-*:

(7)   a. Ich rede.   (8)   a. Ich redete.

     b. Du redest.   b. Du redetest.

     c. Er redet.   c. Er redete.

     d. Wir reden.   d. Wir redeten.

     e. Ihr redet.   e. Ihr redetet.

     f. Sie reden.   f. Sie redeten.

Im Vergleich zu *lieb-* und *lach-* steht bei einigen Formen in (7) und (8) noch ein zusätzliches *e*. Man könnte jetzt annehmen, daß *red-* einfach ein Verb ist, daß in der zweiten Person Singular die Endung *-est* haben muß. Es gibt allerdings eine allgemeinere Gesetzmäßigkeit, auf die sich das Auftreten des *e* zurückführen läßt: Das *e* wird eingeführt, wenn an der Morphemgrenze (der Stelle an der zwei Morpheme zusammenstoßen) ein *d* oder ein *t* auf ein *s* oder ein *t* treffen. Die entsprechende Regel heißt *e*-Epenthese und wird wie folgt aufgeschrieben:[1]

(9)   +:e ↔ {d, t} _ {s, t}

In (9) steht das '+' für die Morphemgrenze. Die Regel besagt, daß die Morphemgrenze durch ein *e* ersetzt wird, wenn eins der Elemente der Menge {d, t} links der Morphemgrenze steht und eins der Elemente der Menge {s, t} rechts der Morphemgrenze. Eine alternative Schreibweise ist:

(10) + → e / {d, t} _ {s, t}

---

[1]Zum Beispiel Eisenberg (1998, 183) weist darauf hin, daß diese Regel nicht obligatorisch ist, da Formen wie *du botst* und *du rietst* möglich sind.

Dies ähnelt den Phrasenstrukturregeln aus Kapitel 1.7, wobei die Information hinter dem '/' den Anwendungskontext für die Regel angibt. Verwendet man diese morphophonologischen Regeln, reicht es anzunehmen, daß *st* die zweite Person Singular markiert. Die Regel erklärt auch, warum in der dritten Person Singular ein *e* zwischen *red-* und *-t* steht, und es wird plötzlich möglich, die Präteritummarkierung allein dem *-t-* zuzuordnen (*lieb + e* vs. *lieb + t + e*): Die Person- und Numerus-Markierung ist nämlich im Präsens und im Präteritum gleich. Die Formen der zweiten Person unterscheiden sich lediglich in bezug auf ein vorhandenes *e*: *lieb+st* vs. *lieb+t+e+st*. Dieses eingefügte *e* wird durch die Regel in (9) erklärt, da das Präteritumsmorphem auf *t* endet und die Person-Numerus-Markierung mit *s* beginnt.

Neben den bisher diskutierten Fällen gibt es aber noch Verben wie *geb-*, die unregelmäßige Flexionsformen haben:

(11) a. Ich gebe.

b. Du gibst.

c. Er gibt.

d. Wir geben.

e. Ihr gebt.

f. Sie geben.

(12) a. Ich gab.

b. Du gabst.

c. Er gab.

d. Wir gaben.

e. Ihr gabt.

f. Wir gaben.

Solche Verben werden *starke Verben* genannt, Verben wie *red-* werden *schwache Verben* genannt. Bei den starken Verben wird das Präteritum nicht durch das Einfügen eines *-t-* gebildet, sondern durch die Verwendung einer abgelauteten Stammform.

19.1.2 Derivation

Bei der Flexion ändert sich die Wortart des flektierten Elements nicht, bei der Derivation dagegen ändert sich die Wortart – und damit gewöhnlich auch die Bedeutung – (13a,b) bzw. (13c,d) oder die Wortart bleibt gleich (13b,c) und die Bedeutung wird geändert.

(13) a. *schlag-* (Verb)

b. schlagbar (Adjektiv)

c. unschlagbar (Adjektiv)

d. Unschlagbarkeit (Nomen)

Wie (14) zeigt, kann sich bei Derivation auch die Art der Argumente ändern:

(14) a. X_{akk} auf Y streuen

b. Y_{akk} mit X bestreuen

Betrachtet man (1a) und (1b), so ergibt sich bei den beiden Flexionsformen kein Unterschied in der Bedeutung, es wird lediglich der Kasus des Nomens markiert. Bei den Pluralformen sieht es schon anders aus: Hier könnte man vermuten, daß die Pluralflexion gemeinsam mit einer Pluralsemantik auftritt. In Abhängigkeit von Annahmen, die man in bezug auf die Syntax der Nominalphrase macht, ist es jedoch nicht zwingend, die Pluralsemantik den Nomen zuzuordnen. Es könnte auch hier – wie bei der Kasusmarkierung – eine rein formale Markierung vorliegen, und die Pluralsemantik würde dann durch den

Plural-Determinator beigesteuert. Betrachtet man die Konjugationsmuster in (3) und (4), sieht man, daß es hier einen Unterschied in der zeitlichen Lokalisierung des Ereignisses gibt. Da man diese auch negieren kann, wie (15) zeigt, muß sich dieser Zeitbezug auch in der logischen Repräsentation des Verbs widerspiegeln.

(15)   Sie lacht nicht, aber sie wird lachen.

Die Linguisten sind sich nicht einig, wie sie Derivation und Flexion genau definieren. So zählen Sag, Wasow und Bender (2003, 263–264) die Bildung des Partizips Präsens und Präteritum im Englischen zur Derivation, weil diese Formen im Französischen noch flektiert werden müssen. Sag, Wasow und Bender (2003, 313) behandeln das Passiv mittels einer valenzverändernden Lexikonregel. Alle valenzverändernden Regeln ordnen sie der Derivation zu, weshalb bei ihnen Passivierung zur Derivation gezählt wird.

19.2 Die Analyse

In den beiden folgenden Abschnitten zeige ich, wie Flexion und Derivation mittels lexikalischer Regeln analysiert werden können. Der Abschnitt 19.2.3 zeigt, wie die Analyse der Partikelverben, die im Kapitel 18 vorgestellt wurde, mit der Analyse von Flexion und Derivation zusammenwirkt.

19.2.1 Flexion

Im Kapitel 7 haben wir bereits eine Lexikonregel gesehen, die einen Verbstamm zu einer flektierten Form in Verbindung setzt (S. 97). Wie der PHON-Wert aber genau berechnet wird, wurde bisher nicht erklärt. Betrachtet man die Präsensformen in (3), so liegt z. B. für die zweite Person Singular die folgende Spezifikation nahe:

(16)   Lexikonregel für die zweite Person Singular Präsens (vorläufig):

$$
\begin{bmatrix}
\text{PHON } f(\boxed{1}, \langle\, st \,\rangle) \\[4pt]
\text{SYNSEM|LOC}
\begin{bmatrix}
\text{CAT } \boxed{2}
\begin{bmatrix}
\text{HEAD|VFORM } \mathit{fin} \\
\text{SUBCAT } \mathit{list\_of\_not\_np\_str} \oplus \langle \text{NP}[str]_{2,sg}\rangle \oplus \square
\end{bmatrix} \\[10pt]
\text{CONT }
\begin{bmatrix}
\text{SOA } \boxed{4} \\
\mathit{present}
\end{bmatrix}
\end{bmatrix} \\[20pt]
\text{LEX-DTR}
\begin{bmatrix}
\text{PHON } \boxed{1} \\
\text{SYNSEM|LOC}
\begin{bmatrix}
\text{CAT } \boxed{2}\, [\text{HEAD } \mathit{verb}] \\
\text{CONT } \boxed{4}
\end{bmatrix} \\
\mathit{stem}
\end{bmatrix} \\[10pt]
\mathit{fin\text{-}verb\text{-}infl\text{-}lr}
\end{bmatrix}
$$

Diese Lexikonregel bildet einen Verbstamm (unter LEX-DTR) auf ein Wort ab. Der Typ *fin-verb-infl-lr* ist ein Untertyp von *word*. Der PHON-Wert des Ausgabezeichens wird durch die Funktion *f* berechnet. Der PHON-Wert ist entweder die direkte Verknüpfung des Eingabestamms mit der Endung *-st* (*lachst*) oder, wenn der Eingabestamm auf *d* oder *t* endet (siehe Regel (9) auf Seite 374), die Verknüpfung des Eingabestamms mit einem *-e-* und dem *-st* (*redest*).

Eine finite Form kongruiert mit dem Subjekt, wenn es eins gibt. Im Kapitel 13 wurde eine Analyse der Kongruenz vorgestellt, die auf die Index-Merkmale des Subjekts Bezug nimmt. In der Lexikonregel in (16) wird verlangt, daß das erste Element in der SUBCAT-Liste des Verbs mit strukturellem Kasus einen Index mit der Person 2 und dem Numerus *sg* haben muß. Somit ist die Kongruenz zwischen Subjekt und einem Verb wie *lachst* gewährleistet. Die Regel ist auch so formuliert, daß sie nicht auf das subjektlose Verb *grauen* angewendet werden kann, denn *grauen* hat kein Argument mit strukturellem Kasus. Die Unterteilung der SUBCAT-Liste in einen Anfang, der Elemente enthalten kann, die keine Nominalphrasen mit strukturellem Kasus sind, ist notwendig, um die im Kapitel 17.2.4 diskutierten Beispiele des Fernpassivs mit Objektkontrollverben erfassen zu können.

Der CAT-Wert des Stammes und der CAT-Wert des Wortes sind identisch (⊡), aber der semantische Beitrag des Stammes wird unter die Tempus-Information, die vom Suffix beigesteuert wird, eingebettet.[2]

19.2.2 Derivation

Die Behandlung der Derivation soll am Beispiel der *-bar*-Derivation erklärt werden. Neben einigen idiosynkratischen *bar*-Adjektiven wie z. B. *brennbar* gibt es produktiv gebildete *bar*-Adjektive. Bei diesen Adjektiven wurde ein Verbstamm eines transitiven Verbs mit dem Suffix *-bar* kombiniert.

(17)   a. Er löst das Problem.

         b. Das Problem ist lösbar.

         c. Das Problem kann gelöst werden.

Wie (17c) zeigt, ist die *-bar*-Derivation äquivalent zu einer Einbettung eines Passivs unter ein Modalverb. Neben der Modalbedeutung *können* sind auch andere Modalbedeutungen wie z. B. *sollen* oder *müssen* möglich, wie durch Bildungen wie *zahlbar* belegt ist. Für die Bedeutungsrepräsentation der *-bar*-Derivation wird deshalb oft ein allgemeiner Modaloperator angenommen.

Man sagt, daß ein Muster produktiv ist, wenn es auch auf neu in eine Sprache aufgenommene Wörter anwendbar ist. So kann man z. B. die Wörter *mailbar* und *faxbar* bilden. Die dazugehörigen Verben *mailen* und *faxen* sind erst im vorigen Jahrhundert in die deutsche Sprache aufgenommen worden und sind also relativ neue Wörter.

Die produktive Lexikonregel zur Bildung von *bar*-Adjektiven zeigt (18) (siehe auch Riehemann: 1998 zu einer ähnlichen Regel). Eingabe der Regel ist ein transitives Verb, d. h. ein Verb mit zwei Nominalphrasen mit strukturellem Kasus. Die erste NP – die auch das designierte Argument sein muß (⊡) – wird wie bei der Passivierung unterdrückt, und die zweite NP (⊡) wird zum Subjekt des durch die Regel lizenzierten Adjektivs. Der Bedeutungsbeitrag des Verbs (⊡) wird unter einen Modaloperator eingebettet.

---

[2]Die Tempus-Repräsentation ist eine Vereinfachung.

(18) Lexikonregel für die Derivation von Adjektiven mit -*bar*:

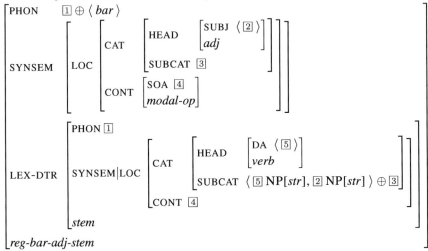

$$
\begin{bmatrix}
\text{PHON} & \boxed{1} \oplus \langle\, bar\,\rangle \\[2pt]
\text{SYNSEM} & \text{LOC} \begin{bmatrix}
\text{CAT} & \begin{bmatrix}\text{HEAD} & \begin{bmatrix}\text{SUBJ} & \langle\boxed{2}\rangle \\ adj \end{bmatrix} \\ \text{SUBCAT} & \boxed{3}\end{bmatrix} \\
\text{CONT} & \begin{bmatrix}\text{SOA} & \boxed{4} \\ modal\text{-}op\end{bmatrix}
\end{bmatrix} \\[2pt]
\text{LEX-DTR} & \begin{bmatrix}
\text{PHON} & \boxed{1} \\
\text{SYNSEM}|\text{LOC} & \begin{bmatrix}\text{CAT} & \begin{bmatrix}\text{HEAD} & \begin{bmatrix}\text{DA} & \langle\boxed{5}\rangle \\ verb\end{bmatrix} \\ \text{SUBCAT} & \langle\boxed{5}\,\text{NP}[str],\,\boxed{2}\,\text{NP}[str]\rangle \oplus \boxed{3}\end{bmatrix} \\ \text{CONT} & \boxed{4}\end{bmatrix} \\
stem
\end{bmatrix} \\[2pt]
reg\text{-}bar\text{-}adj\text{-}stem
\end{bmatrix}
$$

Als Beispiel sei die Lexikonregel auf den Stamm *lös-* in (19) angewendet. Das Ergebnis der Regelanwendung zeigt (20):

(19) *lös-*:

$$
\begin{bmatrix}
\text{CAT} & \begin{bmatrix}
\text{HEAD} & \begin{bmatrix}\text{DA} & \langle\boxed{1}\rangle \\ verb\end{bmatrix} \\
\text{SUBCAT} & \langle\boxed{1}\,\text{NP}[str]_{\boxed{2}},\,\text{NP}[str]_{\boxed{3}}\rangle
\end{bmatrix} \\
\text{CONT} & \begin{bmatrix}\text{AGENS} & \boxed{2} \\ \text{THEMA} & \boxed{3} \\ lösen\end{bmatrix}
\end{bmatrix}
$$

(20) *lösbar-*:

$$
\begin{bmatrix}
\text{CAT} & \begin{bmatrix}
\text{HEAD} & \begin{bmatrix}\text{SUBJ} & \langle\,\text{NP}[str]_{\boxed{3}}\rangle \\ adj\end{bmatrix} \\
\text{SUBCAT} & \langle\rangle
\end{bmatrix} \\
\text{CONT} & \begin{bmatrix}\text{SOA} & \begin{bmatrix}\text{AGENS} & \Box \\ \text{THEMA} & \boxed{3} \\ lösen\end{bmatrix} \\ modal\text{-}op\end{bmatrix}
\end{bmatrix}
$$

Die Agens-Rolle von *lösen* ist nicht an ein Argument des Adjektivs gelinkt. Das wird durch das leere Kästchen in (20) repräsentiert.

Das Ergebnis der Regelanwendung ist ein Adjektivstamm. Dieser muß noch flektiert werden, bevor er in der Syntax verwendet werden kann. Je nach Flexion kann das Adjektiv dann prädikativ oder attributiv gebraucht werden.

Die -*bar*-Derivation ist ein Beispiel für die Ableitung eines Stammes aus einem anderen Stamm, aber auch Wörter können Eingaben für eine Ableitung sein. Ein Beispiel sind die pränominalen Partizipien: In (21a) handelt es sich beim Partizip um ein flektiertes Verb. Die Adjektivbildungsregel, die bereits im Kapitel 17.2.6 auf Seite 317 diskutiert wurde, lizenziert einen Adjektivstamm, der dann wieder flektiert werden muß. In (21b) liegt die maskuline Nominativ-Singular-Form vor.

(21)   a. Der Weltmeister wurde geschlagen.

      b. der geschlagene Weltmeister

19.2.3 Partikelverben

Im folgenden diskutiere ich angebliche Klammerparadoxa, die im Zusammenhang mit der Analyse der morphologischen Eigenschaften von Partikelverben von vielen Autoren diskutiert wurden. Es handelt sich dabei um Paradoxa, in denen sowohl morphologische als auch syntaktische und semantische Paradoxa vorzuliegen scheinen. Würde es sich nur um ein semantisches Paradoxon handeln, so könnte man die von Egg (2004) vorgeschlagenen Techniken verwenden, da aber andere Bereiche betroffen sind, ist eine grundlegendere Lösung des Problems nötig.

Im folgenden sollen drei Fälle betrachtet werden: Der erste Fall stammt aus dem Bereich der Flexion, die Fälle zwei und drei stammen aus dem Bereich der Derivation.

Bierwisch (1987, 163) diskutiert die beiden Analysen für *aufhören* in Abbildung 19.1 auf der folgenden Seite.[3] Er argumentiert, daß die Flexionsendung direkt mit dem Stamm verbunden wird, da sie sensitiv für die Eigenschaften des Stammes ist. Partizipien wie *aufgehört* machen eine solche Analyse plausibel. Allerdings ist es so, daß der semantische Beitrag der Flexion sich auf den gesamten Beitrag des Partikelverbs bezieht und nicht nur auf den Beitrag des Basisverbs. In Müller: 2002b habe ich dargelegt, daß diese Beispiele nicht problematisch sind, da *aufhören* nicht kompositional gebildet ist. Wenn die Partikel keine Bedeutung beisteuert und die Gesamtbedeutung bereits im Basisverb enthalten ist, dann entsteht das Problem gar nicht erst. Allerdings gibt es parallele Fälle mit kompositional gebildeten Partikelverben und für diese gilt es, das scheinbare Paradoxon aufzulösen. Ich werde im folgenden die Struktur 19.1a annehmen und zeigen, daß die im Kapitel 18

---

[3]Bierwisch nimmt eine morphembasierte Analyse an, wir haben dagegen im vorigen Abschnitt eine lexikonregelbasierte Analyse angenommen. Die Analysen sind bis zu einem gewissen Grad ineinander übertragbar (siehe Abschnitt 19.3.1). Das Bild 19.1a entspricht der folgenden Struktur:

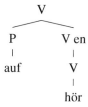

Statt einer binären Regel, die ein Affix mit dem Verbstamm verbindet, wird im lexikonregelbasierten Ansatz die phonologische Information des Affix innerhalb der Regel mit der phonologischen Information des Stammes kombiniert.

Abbildung 19.1: Alternative Strukturen für *aufhören*

entwickelte Analyse der Partikelverben aufs beste mit der Analyse der Flexion und Derivation harmoniert.

Für die Struktur 19.1a sprechen auch die Partizipformen:

(22)   a. anekeln

        b. angeekelt

Die Partizipmarkierung *ge-* und *-t* stehen direkt links und rechts des Verbstammes, die Partikel muß links von *ge-* stehen. Mit einer Struktur wie der in 19.1b müßte man erklären, wieso das *ge* zwischen Partikel und Verb steht, da ja bei Annahme dieser Struktur *aufhör* mit *ge-* und *-t* kombiniert würde. Auch gibt es eine Regel, die bei der Partizipbildung auf phonologische Eigenschaften des Verbs Bezug nimmt: Wenn die erste Silbe betont ist, wird das Partizip mit *ge-* gebildet (23a), ist sie nicht betont, wird das Präfix *ge-* weggelassen (23b).

(23)   a. gerédet, geárbeitet

        b. diskutíert, krakéelt

Für die Anwendung dieser Regel ist es unerheblich, ob das Verb ein Partikelverb ist oder nicht, einzig die phonologischen Eigenschaften des Verbstamms sind entscheidend.

(24)   a. rumgeredet, losgearbeitet

        b. rumdiskutiert, loskrakeelt

Das wird mit einer Struktur wie der in 19.1a direkt erfaßt.

Das zweite scheinbare Klammerparadoxon ist die *Ge-* *-e*-Nominalisierung. Die *Ge-* *-e*-Nominalisierung ist die einzige diskontinuierliche Nominalderivation im Deutschen. Sie besteht aus dem Präfix *Ge-* und dem Suffix *-e*. Deverbale *Ge-* *-e*-Nomina haben die Bedeutung 'andauernd/wiederholtes V-en' und sind mit einer negativen Konnotation verbunden:

(25)   Sein Gepfeife ging ihm auf die Nerven.

Die *Ge-* *-e*-Nominalisierung ist auch bei Partikelverben möglich, und in der Literatur wurden die beiden Strukturen in Abbildung 19.2 auf der gegenüberliegenden Seite vorgeschlagen. Die erste Struktur kann ohne weiteres erklären, warum Präfix und Suffix direkt an den Verbstamm gehen, wohingegen die zweite Struktur erklären kann, warum das *Ge-* *-e* Skopus über das gesamte Partikelverb hat. Die zweite Struktur scheint nötig zu sein, denn *Herumgerenne* bedeutet *wiederholt'(ziellos'(rennen'))* und nicht *ziellos'(wiederholt'(rennen'))*. Siehe zu diesem Punkt Lüdeling: 2001, 106. Die letzte Bedeutung würde man bekommen, wenn man einfach *Gerenne (wiederholt'(rennen'))* mit *herum (ziellos')* kombinieren würde.

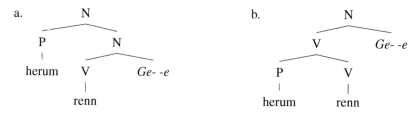

Abbildung 19.2: Alternative Strukturen für *Herumgerenne*

Als drittes Beispiel soll die *-bar*-Derivation diskutiert werden: Auch hier scheint es so zu sein, daß man eigentlich beide Strukturen in Abbildung 19.3 braucht: Man möchte, daß das Affix wie bei der *Ge- -e*-Nominalisierung direkt mit dem Verbstamm kombiniert wird, auf der anderen Seite ist aber *-bar*-Derivation nur mit transitiven Verben produktiv, und das Akkusativargument von *anfahren* ist – wie (26) zeigt – nur durch die Partikel lizenziert.

(26)   „Die Kneipen, Theater und Geschäfte müssen *anfahrbar* bleiben."[4]

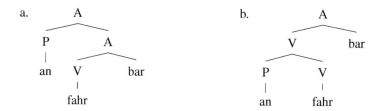

Abbildung 19.3: Alternative Strukturen für *anfahrbar*

Das heißt, daß man sowohl aus Skopusgründen als auch aus Gründen, die mit der Valenz von Verben zu tun haben, die Struktur in Abbildung 19.3b zu brauchen scheint.

In der Literatur sind sehr komplexe Verfahren wie z. B. Umklammerung ('rebracketing') vorgeschlagen worden (Bierwisch: 1987, 165; Stiebels und Wunderlich: 1994, 934; Stiebels: 1996, 46), um mit diesem scheinbaren Paradoxon fertig zu werden. Im folgenden soll gezeigt werden, daß dies nicht nötig ist und daß man aufbauend auf der im vorigen Kapitel vorgestellten Analyse der Partikelverben die Flexionsdaten und Derivationsdaten mit einer Struktur erklären kann, in der die Affixe jeweils direkt mit dem Verbstamm kombiniert werden. Die Lexikonregel für die Lizenzierung von Partikelverben hat ja nicht die Partikel eingeführt, sondern nur eine entsprechende Valenzstelle für die Partikel und eventuell weitere Argumente bereitgestellt. Die Ausgabe dieser Regel kann dann Eingabe für die Flexions- bzw. Derivationsregeln sein.

Wendet man die Lexikonregel in (16) auf das Simplexverb *lach-* in (28) auf S. 351 an, so erhält man ein Objekt mit dem SYNSEM-Wert in (27).

---

[4]taz, 05.06.1997, S. 22.

(27) *lachst*:

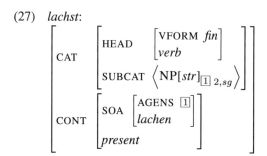

Abbildung 19.4 zeigt, was passiert, wenn man die Flexionslexikonregel auf die Ausgabe der Partikelverblexikonregel (S. 355) anwendet. Diese Abbildung ähnelt der Abbildung 18.5 auf Seite 352, die zur Erklärung der semantischen Kombination von Partikel und Verb benutzt wurde. Sie enthält zusätzlich jedoch noch Flexionsinformation. In der Ausga-

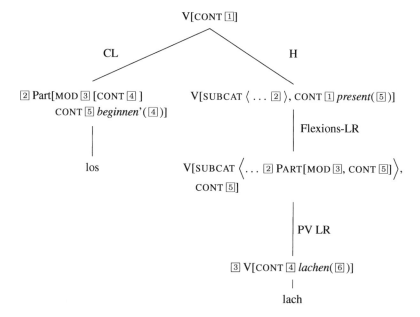

Abbildung 19.4: Flexion von *lach-* und Kombination mit *los*

be der Partikelverblexikonregel wird der CONT-Wert mit dem CONT-Wert der Partikel ([5]) geteilt. Dieser CONT-Wert wird in der Ausgabe der Lexikonregel für die Verbflexion unter die *present*-Relation eingebettet. Wenn die Partikel mit der flektierten Form des Stammes *lach-* kombiniert wird, wird [5] innerhalb der Repräsentation im Verb entsprechend dem von der Partikel beigesteuerten Wert instantiiert. Im Fall von *los* ist der semantische Beitrag der Partikel *beginnen*'([4]), wobei [4] der semantische Beitrag des Basisverbs ist.

Bevor wir uns der derivationellen Morphologie zuwenden, möchte ich die vollständige Analyse von *loslachst* vorstellen: Das Ergebnis der Anwendung der Flexionsregel auf den Lexikoneintrag für das Partikelverb mit dem Stamm *lach-* in (34) auf Seite 355 ist in (28) zu sehen:

(28) *lachst* (Präsens + Selektion einer Partikel):

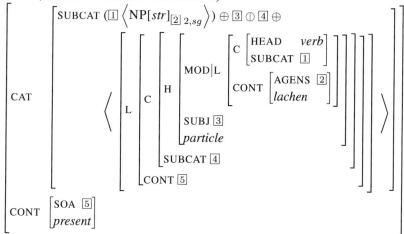

Obwohl der Bedeutungsbeitrag der Partikelverbkombination (⑤) noch unterspezifiziert ist, weil das Verb noch nicht mit der Partikel kombiniert wurde, kann man sich auf den Beitrag beziehen. Der Beitrag, der von der Partikel kommen wird, wird unter die *present*-Relation eingebettet. Wenn die Partikel *los* mit dem lexikalischen Zeichen in (28) kombiniert wird, ergibt sich die Struktur in (29).

(29) *los lachst*:

$$
\begin{bmatrix}
\text{CAT} & \begin{bmatrix} \text{SUBCAT} \left\langle \text{NP}[\mathit{str}]_{\boxed{1}\,2,sg} \right\rangle \end{bmatrix} \\[2ex]
\text{CONT} & \begin{bmatrix} \text{SOA} \begin{bmatrix} \text{SOA} \begin{bmatrix} \text{AGENS} & \boxed{1} \\ \mathit{lachen} \end{bmatrix} \\ \mathit{beginnen} \end{bmatrix} \\ \mathit{present} \end{bmatrix}
\end{bmatrix}
$$

Die Kombination von Partikel und Verb erfolgt so, wie es im Abschnitt 18.2.2 beschrieben wurde. Die einzigen Dinge, die hier noch hinzugefügt wurden, sind die Kongruenzspezifikationen und die semantische Information über Tempus.

19.2.3.1 Derivationelle Morphologie und Partikelverben

In den folgenden Abschnitten zeige ich, daß die *Ge-* *-e*-Nominalisierung und die *-bar*-Derivation mit der bisher eingeführten Analyse der Partikelverben erklärt werden können, ohne daß irgendwelche Klammerparadoxa entstehen. Die Lexikonregel für die *-bar*-Derivation wurde bereits im Abschnitt 19.2.2 vorgestellt, die Interaktion mit der Partikelverbregel wird dann im Abschnitt 19.2.3.1.2 genauer untersucht. Zuvor möchte ich aber noch die *Ge-* *-e*-Nominalisierung erklären.

19.2.3.1.1 Nominalisierungen

Die Lexikonregel in (31) lizenziert Nominalisierungen wie die in (30):[5]

(30)   das Herumgerenne[6]

(31)   Lexikonregel für *Ge- -e*-Nominalisierungen:

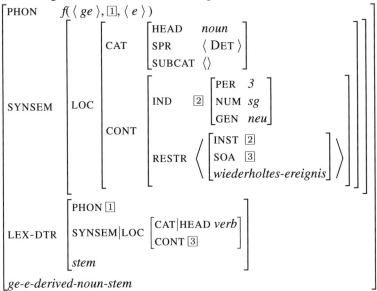

f ist dabei wieder eine Funktion, die den PHON-Wert des Eingabezeichens mit *Ge- -e*
kombiniert. Das *-e* ist optional, wenn das Eingabenomen – wie z. B. in *Rumgeballer* –
mit einer unbetonten Silbe *-er*, *-el*, *-en* endet. Das Ergebnis der Regelanwendung ist ein
nominaler Stamm. Dieser Stamm muß flektiert werden, damit er in der Syntax benutzt
werden kann.[7] Nullflexion führt zu einer Form im Nominativ, Dativ bzw. Akkusativ. Wird
bei der Flexion ein *-s* angehängt, bekommt man die Genitiv-Form.

Da die Nomina, die mittels *Ge- -e*-Nominalisierung abgeleitet sind, Neutra sind, lizenziert die Lexikonregel ein Nomen mit einem referentiellen Index mit dem Genus-Wert *neu*.
Ge- -e-Nominalisierungen haben keine Pluralformen (Bierwisch: 1989, 34), was dadurch
erfaßt wird, daß der Numerus-Wert in der Ausgabe der Lexikonregel ebenfalls spezifiziert
ist. Pluralaffixe können deshalb nicht mit durch die Lexikonregel in (31) lizenzierten Stämmen kombiniert werden. Der referentielle Index ([2]) ist identisch mit dem Wert des INST-
Merkmals der *wiederholtes-ereignis'*-Relation.

Als Beispiel für die Anwendung der Regel soll zuerst die Ableitung von *Gerenne* diskutiert werden. Als Eingabe zur Lexikonregel dient der Stamm des Simplexverbs *renn-*.
Der LOC-Wert für *renn-*, der in (32) angegeben ist, ist parallel zu dem bereits diskutierten
für *lach-*.

---

[5]In dieser Regel werden die Argumente des Eingabeverbs ignoriert. Natürlich gibt es vielfältige Möglichkeiten, diese zu realisieren, was in einem vollständigen Ansatz auch berücksichtigt werden muß.

[6]taz, 01.02.1999, S. 16.

[7]Siehe auch Koenig (1999, 118) für einen ähnlichen Vorschlag zur Interaktion von Flexion und Derivation.

(32) *renn-*:

$$
\left[
\begin{array}{ll}
\text{CAT} & \left[
\begin{array}{ll}
\text{HEAD} & \textit{verb} \\
\text{SUBCAT} & \left\langle \text{NP}[\textit{str}]_{\boxed{1}} \right\rangle
\end{array}
\right] \\[2em]
\text{CONT} & \left[
\begin{array}{l}
\text{AGENS}\ \boxed{1} \\
\textit{rennen}
\end{array}
\right]
\end{array}
\right]
$$

Das Ergebnis der Anwendung der Lexikonregel in (31) auf (32) ist (33).

(33) *Gerenne-*:

$$
\left[
\begin{array}{ll}
\text{CAT} & \left[
\begin{array}{ll}
\text{HEAD} & \textit{noun} \\
\text{SPR} & \langle\, \text{DET}\, \rangle \\
\text{SUBCAT} & \langle\rangle
\end{array}
\right] \\[3em]
\text{CONT} & \left[
\begin{array}{ll}
\text{IND} & \boxed{2}\ \left[
\begin{array}{ll}
\text{PER} & \textit{3} \\
\text{NUM} & \textit{sg} \\
\text{GEN} & \textit{neu}
\end{array}
\right] \\[3em]
\text{RESTR} & \left\langle
\left[
\begin{array}{ll}
\text{INST} & \boxed{2} \\
\text{SOA} & \left[
\begin{array}{l}
\text{AGENS}\ \square \\
\textit{rennen}
\end{array}
\right] \\[1.5em]
\textit{wiederholtes-ereignis}
\end{array}
\right]
\right\rangle
\end{array}
\right]
\end{array}
\right]
$$

Die Agens-Rolle von *rennen* ist nicht an ein Element in der Valenzrepräsentation des Nomens gelinkt, weshalb der Wert des AGENS-Merkmals in (33) als leeres Kästchen visualisiert ist.

Als nächstes soll die Analyse des Wortes *Herumgerenne* vorgeführt werden. Wie *los* kann die Partikel *herum* in der relevanten Lesart nur mit intransitiven Verben kombiniert werden. Das zeigt (34):

(34) a.   Karl rennt / hüpft herum.

       b.   Karl liest (in dem Buch) herum.

       c.   * Karl liest das Buch herum.

Es gibt viele Bedeutungen von *herum*. Die Bedeutung, die hier von Interesse ist, fügt der Bedeutung des Basisverbs eine Komponente hinzu, in der enthalten ist, daß die Aktion des Basisverbs ziellos ist. (35) zeigt den LOC-Wert des Lexikoneintrags von *herum*. Der LOC-Wert ist parallel zu dem von *los*, der auf Seite 349 angegeben wurde.

(35) *herum*:

$$
\left[
\begin{array}{ll}
\text{CAT} & \left[
\begin{array}{ll}
\text{HEAD} & \left[
\begin{array}{ll}
\text{MOD} & \text{V}[\text{SUBCAT}\ \langle\, \text{NP}[\textit{str}]\, \rangle,\ \text{CONT}\ \boxed{1}] \\
\text{SUBJ} & \langle\rangle \\
\textit{particle}
\end{array}
\right] \\[2.5em]
\text{SUBCAT} & \langle\rangle
\end{array}
\right] \\[3em]
\text{CONT} & \left[
\begin{array}{l}
\text{SOA}\ \boxed{1} \\
\textit{ziellos}
\end{array}
\right]
\end{array}
\right]
$$

Die Analyse von *Herumgerenne* zeigt Abbildung 19.5. Um *Herumgerenne* abzuleiten,

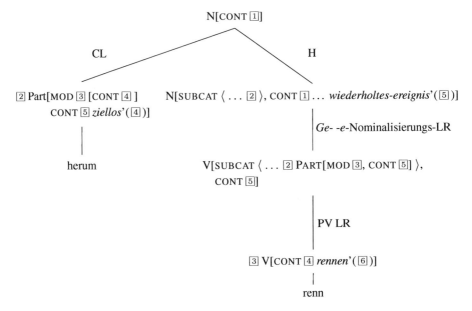

Abbildung 19.5: Analyse von *Herumgerenne*

muß zuerst die Lexikonregel für produktive Partikelverbbildungen ((33) auf Seite 355) auf den im Lexikon gelisteten Eintrag *renn-* angewendet werden. Das Ergebnis der Regelanwendung ist ein lexikalisches Zeichen, das eine Partikel selegiert (2). Der Bedeutungsbeitrag dieser Partikel (5) wird mit der Bedeutung des lexikalischen Zeichens identifiziert, das durch die Partikelverblexikonregel lizenziert wird. Die Nominalisierungsregel wird auf dieses Zeichen angewendet und bettet dessen semantischen Beitrag unter die Relation *wiederholtes-ereignis'* ein. Im nächsten Schritt wird das Nomen flektiert (in Abbildung 19.5 nicht dargestellt) und danach mit der Partikel kombiniert. Da das Nomen der Kopf in einer head-cluster-Struktur ist, ist sein Bedeutungsbeitrag (1) identisch mit dem Beitrag der Mutter in der Struktur. Die Bedeutung der Partikel ist bei der Kombination dann bekannt (sowohl die Bildung von *Losgerenne* als auch die von *Herumgerenne* wäre mit dem *gerenne*, das eine Partikel selegiert, möglich). Über ihren MOD-Wert kann die Partikel auf den semantischen Beitrag des Verbs zugreifen (4) und diesen unter die *ziellos'*-Relation einbetten. Das Ergebnis ist *ziellos'(rennen'(6))*. Da der semantische Beitrag durch die Nominalisierungsregel unter *wiederholtes-ereignis'* eingebettet wird, ist die semantische Repräsentation für die gesamte Nominalisierung *wiederholtes-ereignis'(ziellos'(rennen'(6)))*, was genau dem erwünschten Resultat entspricht.

Nach dieser Skizze der Analyse sollen jetzt die genauen Merkmalbeschreibungen angegeben werden: (36) zeigt die Merkmalbeschreibung des Lexikoneintrags, der durch die Partikelverblexikonregel in (33) auf Seite 355 lizenziert wird. Dieser Eintrag ähnelt dem von *lach-*, der in (34) gezeigt wurde. Der einzige Unterschied besteht in dem Teil der semantischen Repräsentation, der sich unterscheidet, da er vom Basisverb (*lach-* vs. *renn-*) kommt.

(36) *renn-* (mit Selektion einer Partikel):

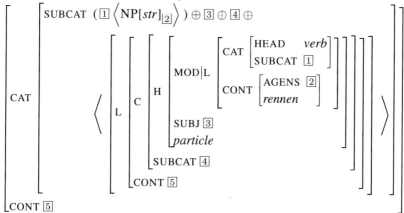

$$
\left[\text{CAT} \left[\text{SUBCAT} \; (\boxed{1} \langle \text{NP}[str]_{\boxed{2}} \rangle) \oplus \boxed{3} \oplus \boxed{4} \oplus \right. \right.
$$

Die Lexikonregel für *Ge- -e*-Nominalisierung wird auf diesen Eintrag angewendet. Das Ergebnis zeigt (37).

(37) *gerenne-* (mit Selektion einer Partikel):

Dieser Stamm wird durch eine Flexionsregel flektiert. Das Ergebnis für Nominativ, Dativ und Akkusativ unterscheidet sich von (37) nur durch die Instantiierung der Kasuswerte, weshalb die entsprechende Merkmalbeschreibung hier nicht gesondert aufgeführt wird. In der folgenden Struktur werden die Kasusinformation und auch die Strukturteilungen, die für die Kongruenz mit dem Determinator benötigt werden, der Übersichtlichkeit halber weggelassen.

Die Bedeutung von *rennen* + Partikel (\boxed{2}) ist ein Argument der Relation *wiederholtes-ereignis'*. In (37) ist der Wert von \boxed{2} noch unterspezifiziert, aber wenn (37) mit einer Partikel kombiniert wird, wird \boxed{2} instantiiert. Das Ergebnis der Kombination der Partikel *herum* in (35) mit (37) zeigt (38).

(38) *Herumgerenne*:

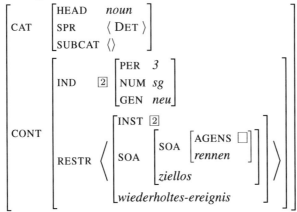

$$
\left[
\begin{array}{ll}
\text{CAT} & \left[
\begin{array}{ll}
\text{HEAD} & noun \\
\text{SPR} & \langle\, \text{DET}\,\rangle \\
\text{SUBCAT} & \langle\,\rangle
\end{array}
\right] \\[3em]
\text{CONT} & \left[
\begin{array}{ll}
\text{IND} & \boxed{2}\ \left[
\begin{array}{ll}
\text{PER} & 3 \\
\text{NUM} & sg \\
\text{GEN} & neu
\end{array}
\right] \\[3em]
\text{RESTR} & \left\langle
\left[
\begin{array}{l}
\text{INST } \boxed{2} \\
\text{SOA}\ \left[
\begin{array}{l}
\text{SOA}\ \left[
\begin{array}{l}
\text{AGENS}\ \boxed{\ } \\
rennen
\end{array}
\right] \\
ziellos
\end{array}
\right] \\
wiederholtes\text{-}ereignis
\end{array}
\right]
\right\rangle
\end{array}
\right]
\end{array}
\right]
$$

Wie beim einfachen *Gerenne* in (33) ist das Agens von *rennen* in (38) nicht spezifiziert. Die Skopusbeziehungen zwischen Partikel und dem semantischen Material, das von der Derivation beigesteuert wird, ist korrekt, Mechanismen wie Umklammerung werden nicht gebraucht, da in dieser Analyse kein Klammerparadoxon vorliegt.

Nach der Behandlung von Flexion und *Ge- -e*-Nominalisierung wende ich mich nun dem schwierigsten Fall zu: der *-bar*-Derivation.

19.2.3.1.2 Adjektivderivation

Die Interaktion der *-bar*-Derivation mit Partikelverben ist die komplexeste, da sowohl Beschränkungen in bezug auf Valenz als auch Skopusbeziehungen eine Rolle spielen. Auf Seite 378 haben wir bereits die Lexikonregel (18) für *-bar*-Derivation vorgestellt.

Im folgenden sollen komplexe Derivationen wie *anfahrbar* in (39) diskutiert werden:

(39) „Die Kneipen, Theater und Geschäfte müssen *anfahrbar* bleiben."[8]

anfahren ist nach einem produktiven Muster gebildet, und die entsprechende Partikelverbregel wurde bereits im Kapitel 18.2.2 besprochen. Die Diskussion der Interaktion der Partikelverbregel mit der *-bar*-Derivation wird in zwei Teile geteilt: Zuerst diskutiere ich die Beschränkungen in bezug auf die Verbvalenz, und dann zeige ich, daß die bisher formulierten Regeln die Bedeutung von *-bar*-Derivationen mit Partikelverben adäquat erfassen.

Abbildung 19.6 auf der gegenüberliegenden Seite zeigt die Anwendung der Partikelverbregel. Das Ergebnis der Anwendung ist ein Lexikoneintrag mit einem unterspezifizierten SUBCAT-Wert. Der letztendliche Wert wird durch die Partikel bestimmt, sobald die Partikel mit dem Kopf-Verb kombiniert wird.

Die Lexikonregel für die *-bar*-Derivation verlangt als Eingabe ein Verb mit einem Objekt mit strukturellem Kasus. Da die Ausgabe der Partikelverbregel kompatibel mit dieser Anforderung ist, kann die Lexikonregel für die *-bar*-Derivation auf das Partikelverb angewendet werden. Das wird in Abbildung 19.7 auf der nächsten Seite gezeigt. Der SUBCAT-

---

[8]taz, hamburg, 05.06.1997, S. 22.

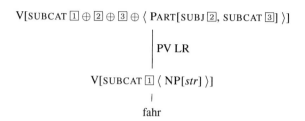

Abbildung 19.6: Anwendung der Partikelverbregel auf *fahr-*

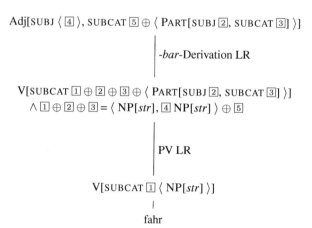

Abbildung 19.7: Anwendung der Lexikonregel für die *-bar*-Derivation auf *fahr-* mit selegierter Partikel

Wert des Eingabezeichens muß eine Liste sein, die mit zwei Nominalphrasen mit strukturellem Kasus beginnt ($\langle$ NP[*str*], ④ NP[*str*] $\rangle$ ⊕ ⑤). Da der SUBCAT-Wert des Eingabezeichens für die -*bar*-Derivation in Abbildung 19.7 die Verknüpfung der SUBCAT-Liste des Basisverbs mit dem SUBJ-Wert und dem SUBCAT-Wert der selegierten Partikel ist, können nur Partikeln, die eine NP[*str*] in ihrer SUBJ-Liste oder in ihrer SUBCAT-Liste haben, mit dem Ergebnis der -*bar*-Derivation kombiniert werden.

Abbildung 19.8 zeigt die Kombination von *an*₅ und *fahrbar*.[9] Die Partikel hat eine

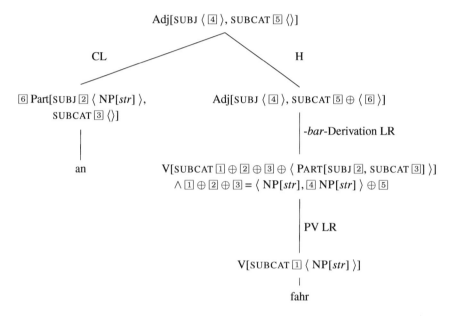

Abbildung 19.8: Kombination von *an*₅ und *fahrbar* (Valenz)

NP[*str*] in ihrer SUBJ-Liste (②). Der SUBCAT-Wert der Partikel (③) ist die leere Liste. Die Verknüpfung von ② and ③ ist deshalb eine Liste, die genau eine NP[*str*] enthält. Dieses Element wird mit dem Element ④ identifiziert, das von der Lexikonregel für die -*bar*-Derivation zum Subjekt angehoben wird. Deshalb hat das Adjektiv *anfahrbar* als Subjekt das Element, das durch die Partikel eingeführt wurde, und die SUBCAT-Liste von *anfahrbar* ist leer. Weil es außer den beiden NPen kein anderes Element in der Verknüpfung von ② and ③ gibt, ist ⑤ die leere Liste.

Interessanterweise ermöglichen die Regeln nicht nur die Analyse von *anfahrbar*, sondern schließen auch ungrammatische Beispiele wie das in (40b) aus.[10]

(40)   a.   die anfahrbaren Geschäfte

          b.   * die losfahrbaren Geschäfte

---

[9]Zu den verschiedenen Formen der Partikel *an* siehe Seite 342.

[10]Das Wort *losfahrbaren* ist vorstellbar in Wortgruppen wie *die losfahrbaren Autos*. In dieser Verwendung liegt aber nicht die Partikel *los* vor, die bisher diskutiert wurde, sondern ein *los* mit der Bedeutung *ab* oder *lose*. Die -*bar*-Derivation nimmt dann als Eingabe einen Verbstamm, wie er in Resultativkonstruktionen verwendet werden kann. Siehe hierzu Müller: 2002b, 380–381.

Der Grund hierfür ist, daß *los* keine Argumente einführt. Da *los* nur mit intransitiven Verben kombiniert werden kann, ist das Ergebnis einer solchen Kombination wieder ein intransitives Verb. Obwohl es eine Form *fahrbare* gibt, die eine Partikel selegiert, kann diese nicht mit *los* kombiniert werden, da die Beschränkung, die durch die Lexikonregel für die *-bar*-Derivation eingeführt wurde (1⃞ ⊕ 2⃞ ⊕ 3⃞ = ⟨ NP[*str*], 4⃞ NP[*str*] ⟩ ⊕ 5⃞) verletzt wäre: 1⃞ ⊕ 2⃞ ⊕ 3⃞ würde nur ein Element enthalten, nämlich das Subjekt von *fahr-*.

Wenden wir uns nun der Bedeutungsrepräsentation in der Analyse von *anfahrbar* zu, die in Abbildung 19.9 gezeigt wird. Die Partikelverblexikonregel führt eine Partikel in die

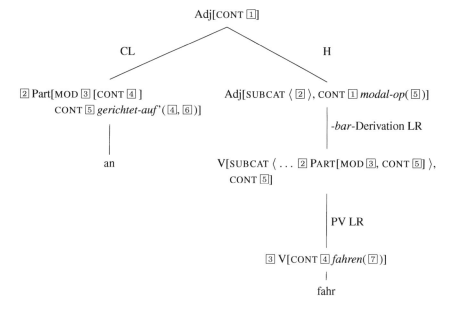

Abbildung 19.9: Kombination von *an₅* und *fahrbar* (Semantik)

SUBCAT-Liste ein, die die Eingaberepräsentation über MOD selegiert (3⃞). In der Ausgabe der Lexikonregel wird der CONT-Wert (5⃞) mit dem CONT-Wert der Partikel in der SUBCAT-Liste identifiziert. Die Lexikonregel für die *-bar*-Derivation bettet diesen CONT-Wert unter einen Modaloperator *modal-op* ein. Zu diesem Zeitpunkt ist keine Partikel vorhanden, und der Wert von 5⃞ ist nicht beschränkt. Im nächsten Schritt wird die Partikel mit *fahrbar* kombiniert. Die Partikel hat die Form eines Adjunkts, ihr MOD-Wert wird mit dem SYNSEM-Wert des Stammes *fahr-* identifiziert, da das in der SUBCAT-Liste des abgeleiteten Eintrags für *fahr-* so spezifiziert ist (innerhalb von 2⃞). Dadurch kann die Partikel *an* auf den semantischen Beitrag des Basisverbs *fahr-* zugreifen und ihn unter den semantischen Beitrag der Partikel einbetten. Das Ergebnis ist *gerichtet-auf'*(4⃞, 6⃞), wobei 4⃞ für *fahren*(7⃞) steht, d. h. wir bekommen *gerichtet-auf'*(*fahren'*(7⃞, 6⃞). 6⃞ und 7⃞ sind an das Objekt bzw. Subjekt von *anfahren* gelinkt. Erst nach der Kombination von *an* und *fahrbar* ist klar, wie der Wert von 5⃞ aussieht. Dieser Wert ist das Argument des Modaloperators *modal-op*, der von der *-bar*-Derivation beigesteuert wird. Da *fahrbar* in Abbildung 19.9 der Kopf von *anfahrbar* ist, ist die Bedeutung von *anfahrbar* identisch mit der von *fahrbar* (1⃞).

Nach dieser Skizze der Analyse werde ich nun wieder die Details erörtern. Leser, die an den Details nicht interessiert sind, können zur Diskussion von (45) auf Seite 394 weiterblättern.

(41) zeigt den Lexikoneintrag, der durch die Partikelverblexikonregel lizenziert wird. Er ist parallel zu *lach-* mit selegierter Partikel in (34) auf Seite 355.

(41) *fahr-*:

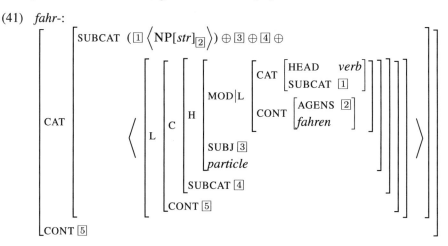

(42) zeigt das Ergebnis der Identifikation von (41) mit der LEX-DTR der *-bar*-Derivation-Lexikonregel in (18).

(42) *fahrbar*:

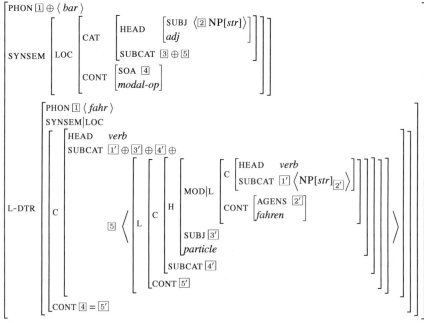

Ich habe die Nummern in den Kästchen innerhalb der Lexikonregel auch in (42) beibe-
halten. Die Nummern, die im Lexikoneintrag für *fahr-* verwendet wurden, sind mit einem
Apostroph markiert. Zusätzlich zu den Nummern, die in der Lexikonregel vorkommen,
habe ich die 5 benutzt, um die Identität der Partikelbeschreibung bei der LEX-DAUGHTER
und der Mutter zu verdeutlichen. Betrachtet man nur den Mutterknoten von (42), bekommt
man (43).

(43) *fahrbar* + Partikel:

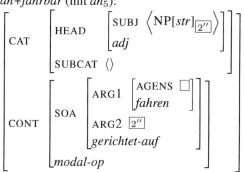

$$\wedge \langle \text{NP}[str], \boxed{2}\, \text{NP}[str] \rangle \oplus \boxed{3} = \boxed{1'} \oplus \boxed{3'} \oplus \boxed{4'}$$

Die Beschränkung, die zusätzlich zu den Beschränkungen innerhalb der Struktur erfüllt
werden muß, besagt, daß die Valenzliste des Partikelverbs ($\boxed{1'} \oplus \boxed{3'} \oplus \boxed{4'}$) in zwei Listen
aufteilbar sein muß: eine Liste mit zwei NPen mit strukturellem Kasus und eine Restliste
($\boxed{3}$). Die Restliste ergibt zusammen mit der Partikel die SUBCAT-Liste des Mutterknotens.

Der Bedeutungsbeitrag, der unter *modal-op* eingebettet wird, ist nicht der von *fahren*,
sondern der von *fahr-* + selegierter Partikel. Das, was die Partikel beisteuert, wird dann
unter *modal-op* eingebettet.

Wenn die Struktur in (43) mit der Partikel *an₅* in (32) auf Seite 354 kombiniert wird,
bekommt man (44) .

(44) *an+fahrbar* (mit *an₅*):

$$\begin{bmatrix} \text{CAT} & \begin{bmatrix} \text{HEAD} & \begin{bmatrix} \text{SUBJ} & \left\langle \text{NP}[str]_{\boxed{2''}} \right\rangle \\ adj \end{bmatrix} \\ \text{SUBCAT} & \langle\rangle \end{bmatrix} \\ \text{CONT} & \begin{bmatrix} \text{SOA} & \begin{bmatrix} \text{ARG1} & \begin{bmatrix} \text{AGENS} & \square \\ fahren \end{bmatrix} \\ \text{ARG2} & \boxed{2''} \\ gerichtet\text{-}auf \end{bmatrix} \\ modal\text{-}op \end{bmatrix} \end{bmatrix}$$

In dieser Struktur sind die Nummern, die durch die Partikel instantiiert werden, mit zwei

Apostrophen markiert. Die Partikel steuert ein NP-Argument bei und instantiiert $\boxed{3'}$ mit
$\langle$ NP[str]$_{\boxed{2''}}$ $\rangle$. Da die SUBCAT-Liste der Partikel leer ist, wird $\boxed{4'}$ durch die leere Liste
instantiiert. Die Subtraktion von $\langle$ NP[str], $\boxed{2}$ NP[str] $\rangle$ von $\boxed{1'} \oplus \boxed{3'} \oplus \boxed{4'}$ ergibt die leere
Liste, und deshalb ist $\boxed{3}$ ebenfalls die leere Liste. Das Subjekt des -*bar*-Adjektivs in (44)
ist identisch mit dem Subjekt, das von der Partikel eingeführt wurde. Es ist das zweite
Argument der *gerichtet-auf*'-Relation. Das Agens von *fahren* wird unterdrückt.

Bevor wir uns im nächsten Abschnitt alternativen Analysen zuwenden, möchte ich kurz
noch die Beispiele in (45) diskutieren, die zeigen, daß Elemente, die von Partikelverben
abgeleitet sind, weitere morphologische Veränderungen zulassen:

(45)   a. unannehmbar

       b. das Pseudo-Herumgerede[11]

In (45a) wurde *annehmbar* mit *un-* präfigiert und in (45b) wurde *Herumgerede* mit *Pseu-
do-* kombiniert. Man muß deshalb zulassen, daß das Schema, das die Partikel mit dem
derivierten Nomen oder Adjektiv kombiniert, innerhalb der Morphologiekomponente angewendet wird bzw. Eingabe zu dieser Komponente sein kann. Das Ergebnis der Kombination von Partikel und Adjektiv bzw. Nomen bildet dann die Basis für die Kombination
mit Elementen wie *un-* oder *Pseudo-*.

19.3 Alternativen

Im folgenden sollen Kopf-Affix-Strukturen als Alternative zu Lexikonregeln diskutiert
werden. Abschnitt 19.3.2 beschäftigt sich mit einer Analyse der Flexion als Kopf-Mar-
ker-Struktur.

19.3.1 Kopf-Affix-Strukturen vs. Lexikonregeln

Alternativ zu Description-Level Lexikonregeln für die Beschreibung von morphologischen Prozessen (Orgun: 1996; Riehemann: 1998; Ackerman und Webelhuth: 1998; Koenig: 1999; Müller: 2002b, Kapitel 6.2.5; Crysmann: 2002) wurden innerhalb des HPSG-
Rahmens auch Kopf-Affix-Strukturen, die binär verzweigenden syntaktischen Strukturen
ähneln, vorgeschlagen (Krieger und Nerbonne: 1993; Krieger: 1994; van Eynde: 1994;
Lebeth: 1994). Zum Beispiel seligert ein Derivationsmorphem dann einen Stamm und
bestimmt die Valenz und Wortart des entstehenden komplexen Stamms. So verlangt das
Derivationsmorphem -*bar* ein transitives Verb. Die Kombination aus transitivem Verb und
-*bar* ergibt ein Adjektiv, das über das Objekt des Verbs prädiziert:

(46)   a. Er löst das Problem.

       b. das lösbare Problem

Manchmal wird es als Vorteil des Lexikonregelansatzes betrachtet, daß man ohne hunderte
von leeren Affixen für Nullflexion und Konversion auskommt. Abstrakte Morpheme, die
Stämme verkürzen, werden bei Verwendung von LR nicht gebraucht, da Morphemverän-
derungen über entsprechende Funktionen in den Lexikonregeln geregelt werden.

Zwicky (1985, 1992) und Koenig (1999, 166) verwenden die folgenden Argumente
gegen eine Behandlung von Affixen als Kopf:

---

[11]Stiebels: 1996, 40.

1. Affixe kongruieren nie mit ihren Argumenten, obwohl das in der Syntax oft vorkommt und deshalb zu erwarten wäre, wenn Affixe Köpfe wären.

2. Syntaktische Köpfe können in elliptischen Konstruktionen weggelassen werden, Affixe dagegen nie.

Diese Argumentation ist jedoch aus den folgenden Gründen nicht korrekt: Es ist durchaus sinnvoll, von einer Menge von Objekten zu behaupten, daß sie bestimmte Eigenschaften haben, auch wenn diese Menge sich in bezug auf weitere Eigenschaften in Teilmengen aufteilen läßt. So kann man durchaus von Köpfen sprechen, auch wenn syntaktische Köpfe sich von morphologischen Köpfen unterscheiden. Daß das so ist, kann man sich auch anhand der Grafik 19.10 verdeutlichen, die dem entspricht, was wir auch über Vererbungshierarchien gelernt haben. Es gibt gewisse Eigenschaften, die für alle Köpfe zutreffen, und

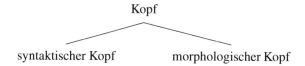

Abbildung 19.10: Syntaktische und morphologische Köpfe

außerdem auch noch Eigenschaften, die jeweils nur für syntaktische bzw. morphologische Köpfe zutreffen.

In vielen Fällen sind die Ansätze ineinander überführbar (Koenig: 1999, 168–169; Müller: 2002b, Kapitel 6.2.5.2), es gibt jedoch ein paar Kleinigkeiten, in denen sie sich unterscheiden. Das soll im folgenden anhand der bereits diskutierten -*bar*-Derivation diskutiert werden. Für die -*bar*-Derivation könnte man zum Beispiel folgendes Suffix für -*bar* annehmen:

$$
(47) \quad
\begin{bmatrix}
\text{PHON } \langle\, bar\,\rangle \\
\text{SYNSEM|LOC}
\begin{bmatrix}
\text{CAT}
\begin{bmatrix}
\text{HEAD}
\begin{bmatrix}
\text{SUBJ } \langle\, \boxed{2}\,\text{NP}[str]\,\rangle \\
adj
\end{bmatrix} \\
\text{SUBCAT } \boxed{3} \oplus \langle\, \text{V}[\text{SUBCAT } \langle \text{NP}[str], \boxed{2}\,\text{NP}[str]\rangle \oplus \boxed{3}]{:}\boxed{4}\,\rangle
\end{bmatrix} \\
\text{CONT}
\begin{bmatrix}
\text{SOA } \boxed{4} \\
modal\text{-}op
\end{bmatrix}
\end{bmatrix}
\end{bmatrix}
$$

Das -*bar* ist in der Struktur für den Stamm *lesbar* der Kopf. Es verlangt als Argument ein transitives Verb, dessen Objekt (⬚2) es zu seinem Subjekt macht. Das logische Subjekt des transitiven Verbs wird unterdrückt. Weitere eventuell vorliegende Argumente des Verbs (⬚3) werden angezogen. Die Kombination von Verbstamm und -*bar* wird durch eine Version des Prädikatskomplexschemas lizenziert, was die Intuition von Bierwisch (1990) erfassen würde, der die Verbalkomplexbildung als quasi-morphologische Bildung versteht. Hierbei gibt es jedoch ein kleines Problem: Es muß sichergestellt werden, daß die Kombination von *lös-* und -*bar* einen Stamm ergibt, da *lösbar* noch flektiert werden muß, bevor es in der Syntax verwendet wird. Das normale Prädikatskomplexschema aus Kapitel 15 lizenziert aber Phrasen und keine Stämme. Um dieses Problem zu lösen, müßte man einen allgemeinen Typ definieren, von dem sowohl das Prädikatskomplexschema für die Syntax als auch ein weiteres Schema für die Morphologie erbt. Die beiden Schemata würden sich dann nur darin unterscheiden, welchen Typ das Ergebnis der Kombination hat und welchen Typ die kombinierten Elemente haben. Das syntaktische Schema lizenziert nur die Kombination von Wörtern bzw. Phrasen miteinander, wohingegen das morphologische Schema die Kombination von Stämmen bzw. Wörtern mit Affixen lizenziert.

Hier gibt es einen weiteren Unterschied zwischen den lexikonregelbasierten und den morphembasierten Ansätzen: Es muß irgendwie sichergestellt werden, daß Affixe mit einem Objekt des jeweils richtigen Typs verbunden werden, d. h. manche Affixe müssen mit Wörtern kombiniert werden, andere mit Stämmen. Im lexikonregelbasierten Ansatz kann man die LEX-DTR entsprechend spezifizieren, im morphembasierten Ansatz gibt es jedoch keine Möglichkeit zu sagen, von welchem Typ das Element sein soll, das mit einem bestimmten Affix kombiniert werden soll. Das liegt daran, daß nur *synsem*-Objekte selegiert werden, und die Typ-Information *stem* bzw. *word* außerhalb von SYNSEM repräsentiert ist. Dieses Problem kann man nun auf verschiedene Weisen lösen: Man kann die Beschränkung in bezug auf die Lokalität der Selektion, die im Kapitel 12 eingeführt wurde, wieder lockern und statt *synsem*-Objekten Objekte vom Typ *sign* selegieren, oder man kann Hilfsmerkmale innerhalb von SYNSEM einführen, die eine Unterscheidung zwischen Stämmen und Wörtern ermöglichen.

Außerdem gibt es das Problem, daß die Kombination von Affix und einem weiteren Element entweder ein Stamm oder ein Wort sein kann. Ein Dominanzschema kann aber nur entweder ein Untertyp des Typs *word* oder des Typs *stem* sein, nicht jedoch beides gleichzeitig. Dieses Problem könnte man dadurch lösen, daß man zwei Untertypen des morphologischen Schemas annimmt, wobei ein Untertyp ein Untertyp von *word* und der andere ein Untertyp von *stem* ist. Würde man alle Affixe als Flexions- bzw. Derivationsaffixe kennzeichnen, so könnte man auch die beiden Dominanzschemata für die Art des Affixes sensitiv machen: Das Schema, das ein Flexionsaffix als Tochter nimmt, lizenziert Wörter, und das Schema mit dem Derivationsaffix als Tochter lizenziert Stämme, die noch flekticrt werden müssen, bevor sie in der eigentlichen Syntax verwendet werden können.

Zum Abschluß dieses Abschnitts soll noch darauf hingewiesen werden, daß es Sprachen wie Portugiesisch gibt, in denen mehrere Argumente eines Verbs durch ein einziges Klitikon realisiert werden, welches sich als Affix mit dem Verb verbindet (Crysmann: 2002, Kapitel 2.1.1.4 und S. 169–171). Dies kann man in einem Ansatz mit Lexikonregeln gut modellieren: Die Lexikonregel bindet die jeweiligen Argumente ab und sorgt für die entsprechenden phonologischen Veränderungen. In einem morphembasierten Ansatz sind solche Fälle schwer zu erfassen, da man ein Morphem annehmen müßte, das für zwei Argumente steht. Die Auffassung, daß Morpheme Form-Bedeutungs-Paare sind, läßt sich für solche Fälle wohl nicht aufrechterhalten. Man könnte annehmen, daß diese Fälle von Klitisierung anders behandelt werden und für die restliche Morphologie davon ausgehen, daß Affixe Köpfe sind, aus Gründen der Sparsamkeit ist aber eine Analyse, die nur einen Mechanismus für die morphologische Analyse verwendet, vorzuziehen.

19.3.2 Flexion als Markierung

Van Eynde (1994) schlägt vor, Flexion mit dem Kopf-Markierer-Schema (Pollard und Sag: 1994, 46) zu beschreiben. In Kopf-Markierer-Strukturen trägt der Markierer Information zur Gesamtstruktur bei, ist aber selbst nicht der Kopf. Die vom Markierer beigesteuerte Information wird als Wert des Merkmals MARKING repräsentiert. In Strukturen ohne

Markierung ist der Wert dieses Merkmals *unmarked*. Das Merkmal MARKING befindet sich unter dem Pfad SYNSEM|LOC|CAT, also innerhalb von SYNSEM, und sein Wert kann somit von anderen Elementen im Rahmen einer Selektion beschränkt werden. Behandelt man Flexionsaffixe als Markierer, ist also automatisch erklärt, warum sich bei Flexion die Wortart nicht ändert, denn die Kopfinformation wird ja vom Stamm übernommen. Der Markierer kann das markierte Element über das Merkmal SPEC selegieren und kann somit verlangen, daß er mit einem bisher nicht markierten Element kombiniert wird. So kann man sicherstellen, daß ein Element nicht mehrfach flektiert wird, und man kann auch sicherstellen, daß z. B. das *-bar* nur mit einem Stamm und nicht mit einem bereits flektierten Word kombiniert wird. Bildungen wie (48b) sind somit ausgeschlossen:

(48) a. lesbar

　　　 b. * liestbar

Der Marker-Ansatz hat allerdings ein Problem, wenn man davon ausgeht, daß Tempus-Morpheme wie die für das Präsens und Präteritum in (49) und das Futur-Morphem im Französischen (50) einen semantischen Beitrag leisten.

(49) a. Er schläft.

　　　 b. Er schlief.

(50) Je le   verrai.
　　　ich ihn sehen.werde
　　　'Ich werde ihn sehen.'

In Kopf-Markierer-Strukturen kommt der semantische Beitrag nämlich vom Kopf (Pollard und Sag: 1994, 56), in der Analyse von (49) und (50) hat das Tempus-Morphem Skopus über den semantischen Beitrag des Stammes, der semantische Beitrag muß also vom Flexionsaffix kommen.

Kontrollfragen

1. Zerlegen Sie die folgenden Wörter in Morpheme:

(51) a. Sprengung

　　　 b. Verarbeitung

　　　 c. klüger

　　　 d. gelesen

　　　 e. salzig

Welche Morpheme sind Flexions- und welche Derivationsmorpheme?

Übungsaufgaben

1. Schreiben Sie eine Lexikonregel für die *-ung*-Nominalisierung.

2. Erklären Sie, wie das Wort *Abtretung* abgeleitet wird. Wieso ist es für die in diesem Kapitel vorgestellte Analyse kein Problem, daß es das Wort * *Tretung* nicht gibt?

3. Laden Sie die zu diesem Kapitel gehörende Grammatik von der Grammix-CD (siehe Übung 3 auf Seite 61). Im Fenster, in dem die Grammatik geladen wird, erscheint zum Schluß eine Liste von Beispielen. Geben Sie diese Beispiele nach dem Prompt ein und wiederholen Sie die in diesem Kapitel besprochenen Aspekte.

20 Argumentation für eine Theorie bzw. gegen andere Theorien

In diesem Kapitel soll erörtert werden, was eine gute Theorie ausmacht und wie man für oder gegen Theorien argumentieren kann. Der Leser mag es merkwürdig finden, daß diese Diskussion zum Schluß des Buches stattfindet. Der Grund hierfür ist, daß erst zu diesem Zeitpunkt das nötige Wissen über Phänomene und Beschreibungsmittel vorhanden ist, um über diese Dinge reden zu können.

20.1 Kriterien für eine gute Theorie

Für eine bestimmte Sprache oder einen Sprachausschnitt lassen sich unendlich viele Grammatiken angeben. Das kann man sich an der Grammatik in (2) klar machen, die den folgenden Satz beschreibt:

(1) Kim sleeps.

(2) S → NP, V   NP → kim
                        V → sleeps

Die Grammatik in (3) beschreibt genau dieselben Sätze wie die in (2), enthält aber eine zusätzliche Regel:

(3) S → NP, V   NP → kim
     PP → P, Det   V → sleeps

Die zweite Grammatikregel ist völlig unsinnig, schadet aber im konkreten Fall nicht, da die Grammatik weder Regeln für P noch für Det enthält. Auf diese Weise können wir aus der Grammatik in (2) unendlich viele andere Grammatiken durch Hinzunahme unsinniger Regeln erzeugen. Vergleicht man die Grammatiken in (2) und (3) miteinander, ist klar, daß die Grammatik in (2) die am besten für ihren Zweck, nämlich die Beschreibung von (1), geeignete ist. Die Anzahl der verwendeten Regeln ist also ein Kriterium für die Güte von Grammatiken. Wie sieht es nun mit der folgenden Grammatik aus?

(4) S → NP, VP   NP → kim
                         VP → sleeps

Die beiden Grammatiken in (2) und (4) sind – betrachtet man die Sprache, die sie beschreiben – identisch, als Linguisten wissen wir aber, was passiert, wenn man die Grammatiken erweitern will: Zur Grammatik in (4) können wir einfach eine Regel für die Ableitung von VPen mit transitiven Verben und einen Lexikoneintrag für ein transitives Verb hinzufügen und können dann sofort einen entsprechenden Satz analysieren:

(5) S → NP, VP   NP → kim
     VP → V, NP   VP → sleeps
                          V → likes

Da wir die Kategorie VP haben, können wir die Grammatik auch so erweitern, daß Adjunkte mit der VP kombiniert werden können. Die Grammatik in (2) können wir nicht so einfach erweitern. Wir müßten die Kategorien umbenennen oder komplizierte Regeln schreiben. Man kann also auch von zwei Grammatiken, die eigentlich denselben Sprachausschnitt beschreiben, sagen, welche die bessere ist, wenn man sich überlegt, wie die betreffenden Grammatiken erweitert werden können.

Hier ist noch eine einschränkende Anmerkung nötig: Nicht immer ist die Theorie, die mit weniger Einheiten eine bestimmte Sprache beschreibt, die bessere, denn man muß auch berücksichtigen, was modelliert werden soll. Zum Beispiel konnte experimentell nachgewiesen werden, daß Menschen bei der Verarbeitung von komplexen Wörtern oder Phrasen mitunter direkt auf in ihrem Kopf abgespeicherte Muster zurückgreifen können, obwohl die komplexen Wörter bzw. Phrasen regulär nach den Gesetzmäßigkeiten der jeweiligen Sprache gebildet sind. Ob solche Einheiten als Ganzes gespeichert werden oder nicht, hängt mit der Häufigkeit der Verwendung dieser Einheiten zusammen. Will man also direkt modellieren, welche Elemente im mentalen Lexikon eines Menschen enthalten sind, so muß man für bestimmte Wörter neben der allgemeinen Wortbildungsregel auch noch die Ergebnisse der Regelanwendung aufführen. Nach den oben beschriebenen Kriterien wäre eine solche Grammatik schlechter als eine, die nur die Wortbildungsregeln aufführt und auf die Listung der Ergebnisse verzichtet. Berücksichtigt man aber die experimentell gewonnenen Einsichten, so ist eine Grammatik, die hochfrequente Wörter, deren Existenz im mentalen Lexikon nachgewiesen werden kann, redundant repräsentiert, bei entsprechendem Modellierungsziel besser geeignet.

Genauso wie man zu jeder Phrasenstrukturgrammatik unendlich viele Grammatiken angeben kann, die dieselbe Sprache beschreiben, kann man zu jeder Repräsentation in Merkmalbeschreibungen noch weitere Merkmale hinzufügen. Zu der in diesem Buch entwickelten Theorie könnte man für jedes Wort noch ein binäres Merkmal IST-LÄNGER-ALS-SIEBZEHN annehmen, das den Wert + hat, wenn das Wort mehr als 17 Buchstaben hat, und − sonst. *Straßenbahnhaltestelle* hätte dann den Wert + und *ja* den Wert −. Die so erweiterte Grammatik würde aber dann nichts anderes tun als die in den vorigen Kapiteln beschriebene. Es ist klar, daß wir ein solches Merkmal nicht brauchen und daß die Grammatik ohne dieses Merkmal besser ist.

Wir haben also bisher Sparsamkeit und Erweiterbarkeit als Kriterien für gute Theorien kennengelernt. Ein weiteres Kriterium ist die Stärke der Vorhersagen, die eine Grammatik macht, und die Konsequenzen, die daraus zu ziehen sind, wenn die Vorhersagen falsch sind. In einer Theorie, die ganz allgemeine Regel-Schemata und Prinzipien verwendet, werden im allgemeinen viel stärkere Vorhersagen gemacht als in Theorien, die einfach vorhandene Daten klassifizieren. Stellt sich eine Vorhersage der Theorie als falsch heraus, so müssen die allgemeinen Prinzipien geändert werden, was mitunter einen erheblichen Eingriff in das System bedeutet, bei klassifizierenden Theorien muß man einfach bisher unbekannte Daten neu klassifizieren.

Das folgende Beispiel aus der Grammatikentwicklung soll das zuletzt Gesagte etwas verdeutlichen: Ich habe Analysen für die sogenannte *dritte Konstruktion* und für die Voranstellung von Teilphrasen (siehe Kapitel 15.2) implementiert und danach in einem Aufsatz von Klaus Netter (1991) die folgenden Sätze gefunden:

(6) a. [Versucht, zu lesen], hat er das Buch nicht.

     b. [Versucht, einen Freund vorzustellen], hat er ihr noch nie.

Mir war völlig schleierhaft, wie diese Sätze zu analysieren sind. Ich habe den Computer eingeschaltet, die Sätze eingegeben, mir die Analyse angesehen und verstanden, wie die bereits einzeln beschriebenen Phänomene interagieren. Das heißt, die implementierte Grammatik machte Vorhersagen in bezug auf Sätze, über die ich noch nie nachgedacht hatte.

Wir können also folgendes festhalten: Muß man zwischen zwei Analysen/Theorien entscheiden, so sollte man die nehmen, die sich durch folgendes auszeichnet:

- ein möglichst kleines Inventar an Beschreibungsmitteln (Merkmale, Typen, Regeln, automatische Typ- oder Regelberechnung, relationale Beschränkungen),

- eine möglichst geringe Anzahl/geringe Mächtigkeit von verwendeten Elementen aus dem Inventar der Beschreibungsmittel,

- Erweiterbarkeit und

- möglichst starke Vorhersagen.

20.2 Argumentation gegen Theorien unter Bezugnahme auf Daten

Leider ist es so, daß in vielen Bereichen der Linguistik sehr schlampig mit Daten umgegangen wird. Dies ist wahrscheinlich das Resultat einer Gegenbewegung von Wissenschaftlern, die sich von allein an Korpusbelegen orientierter Forschung absetzen wollten. Diskutierte Daten sind oft nur durch Introspektion der jeweiligen Autoren abgesichert. In den Anfangszeiten bestimmter Richtungen in der theoretischen Linguistik im vergangenen Jahrhundert war ein solches Vorgehen auch unproblematisch, denn die theoretischen Modelle behandelten unkontroverse Fälle. Mit zunehmender Komplexität der Theorien wurden auch komplexere Daten diskutiert und mitunter auch Daten zur Motivation von Theorien verwendet, deren Akzeptabilitätsstatus unklar ist (Fanselow: 2004). Man findet dann Aussagen wie *in meinem Dialekt ist folgender Satz grammatisch* oder *Es gibt Sprecher, die den Satz akzeptieren, aber man kann keine regionale Verteilung oder sonstige Abhängigkeit vom Register, sozialem Status oder ähnlichem feststellen.* Insbesondere Aussagen der letzten Art sind mit Vorsicht zu genießen, da sie schlecht verifizierbar sind. Nicht verifizierbare Aussagen haben in wissenschaftlichen Arbeiten aber nichts zu suchen:[1] Im besten Fall verschwenden sie nur Zeit und Ressourcen derjenigen, die die Publikationen lesen, im schlechtesten Fall werden die Daten von anderen Wissenschaftlern aufgegriffen und zur Motivation von Analysen in anderen Sprachen verwendet. Es entsteht somit ein riesiges Kartenhaus, dessen Grundlage wacklige Datenbeurteilungen sind. Nach einiger Zeit ist nicht mehr nachzuvollziehen, welche Theorieteile wirklich motiviert sind.

Es ist einfach, auf der Grundlage von Daten gegen Analysen zu argumentieren, wenn Autoren explizit auf Konsequenzen ihrer Analyse hinweisen. Wenn Autoren z. B. schreiben, daß ihre Theorie die Unmöglichkeit der NP-Extraposition im Deutschen dadurch erklärt, daß Kasus vom Verb nur nach links zugewiesen werden kann, dann reicht es zu zeigen, daß NP-Extraposition im Deutschen möglich ist, um die Theorie zu widerlegen.[2]

---

[1] Siehe hierzu auch die DFG-Richtlinien zur Sicherung guter wissenschaftlicher Praxis (Kommission, 1998).
[2] Siehe Müller: 1999a, Kapitel 13.1 und Müller: 2002b, ix–xii zur Extraposition von Nominalphrasen.

Die Widerlegung von aussagekräftigen Theorien ist ein fruchtbarer Prozeß: Die Theorie war gut, da sie bestimmte Vorhersagen gemacht hat. Die Vorhersagen wurden durch die Daten nicht bestätigt, weshalb die Theorie revidiert werden muß und man hinterher eine bessere Theorie bekommt.

Wird nicht explizit auf bestimmte Daten eingegangen, dann ist es nicht ohne weiteres möglich, eine Theorie zu widerlegen. Man kann z. B. nicht sagen, daß eine bestimmte Theorie der *be*-Derivation falsch ist, wenn sie nicht alle Muster von *be*-Verben beschreibt, die im Korpus belegt sind. Die Theorie ist dann nicht falsch, sondern unvollständig. Man kann dann argumentieren, daß der Aufwand, den man für die Erklärung der restlichen Fälle treiben müßte, sehr groß (oder größer als bei einer anderen diskutierten Analyse) wäre oder daß bestimmte bereits getroffene Entscheidungen eine Analyse der verbleibenden Fälle ausschließt, eine solche Argumentation ist aber oft schwierig. Im konkreten Fall ging es um eine morphembasierte Analyse der *be*-Derivation, die einer konstruktionsbasierten Analyse unterlegen sein sollte (Michaelis und Ruppenhofer: 2001). Es wurden verschiedene Konstruktionen für die verschiedenen belegten Muster vorgeschlagen. Natürlich kann man ganz parallel verschiedene *be*-Präfixe vorschlagen, die Kosten sind dieselben.

Jetzt wird auch klar, warum Theorien, die Daten nur mittels Typhierarchien klassifizieren, wenig interessant sind: Wirft man Vertretern solcher Ansätze vor, daß ein bestimmtes Phänomen nicht erfaßt wird, so ist die Antwort: Doch, dafür gibt es einen bestimmten Typ, der von allgemeineren Typen erbt. Wie aus der Diskussion im Abschnitt 20.1 aber klar geworden sein sollte, hat die Stipulation eines Typs seinen Preis. Eine Theorie, die mit weniger Typen und mit wenigen konstruktionsspezifischen Typen und ohne automatische Berechnung von zusätzlichen Typen auskommt, ist die bessere Theorie und macht stärkere Vorhersagen.

20.3 Argumentation gegen Theorien wegen Übergenerierung

Im Abschnitt 20.1 haben wir gesagt, daß eine Theorie möglichst starke Vorhersagen machen sollte. Das schließt ein, daß die Theorie nur grammatischen Sätzen eine Struktur zuweisen darf. Man sagt, daß eine Theorie, die auch ungrammatische Sätze zuläßt, übergeneriert. Im folgenden will ich kurz zeigen, daß es auch legitim sein kann, übergenerierende Theorien zu entwickeln bzw. daß mitunter Argumentation in bezug auf Übergenerierung nicht gerechtfertigt ist.

In der Einleitung wurden im Rahmen der Diskussion der Konstituententests die Beispiele in (25) – hier als (7) wiederholt – angeführt:

(7) a. [Trocken] [durch die Stadt] kommt man am Wochenende auch mit der BVG.[3]

    b. [Wenig] [mit Sprachgeschichte] hat der dritte Beitrag in dieser Rubrik zu tun, [...][4]

In Müller: 2005c habe ich eine Analyse für solche Sätze vorgestellt, die – so wie sie jetzt ist – übergeneriert. Sie läßt Sätze mit beliebig vielen von einem leeren verbalen Kopf abhängenden Konstituenten im Vorfeld zu. Man kann mir nun vorwerfen, eine Analyse

---

[3]taz berlin, 10.07.1998, S. 22.
[4]ZS für Dialektologie und Linguistik, LXIX, 3/2002, S. 339.

entwickelt zu haben, die nicht restriktiv genug ist, die Analyse ist jedoch wegen der mangelnden Restriktivität nicht falsch: Die Beispiele zeigen, daß vor dem finiten Verb mehrere Konstituenten stehen können, die in keiner direkten Beziehung zueinander stehen. Will man solche Beispiele nicht völlig aus grammatischen Beschreibungen ausklammern (und das sollte man nicht, denn es gibt massenhaft Belege für dieses Muster, siehe Müller: 2003a), dann muß es für diese Beispiele syntaktische Strukturen geben. Einen Vorschlag dafür, wie diese aussehen können, habe ich in dem zitierten Aufsatz gemacht. Die pragmatischen Beschränkungen, die für diese Muster gelten, sind noch nicht bekannt, was darauf zurückzuführen ist, daß diese Art Daten bisher in der Literatur bis auf wenige Ausnahmen nicht diskutiert wurden. Man muß also entsprechende Teiltheorien für Prosodie und Informationsstruktur und die Interaktion mit der Vorfeldbesetzung entwickeln, um dann Aussagen darüber treffen zu können, warum eben doch nicht beliebige Kombinationen von Konstituenten im Vorfeld stehen können. Es ist also legitim, Teilaspekte von Phänomenen zu analysieren, wenn es möglich ist, Übergenerierung durch die Formalisierung weiterer Beschränkungen aus anderen linguistischen Teilbereichen einzuschränken bzw. ganz zu eliminieren.

Ich möchte noch ein weiteres Beispiel diskutieren, bei dem Übergenerierung unterstellt wurde, aber in Wirklichkeit einfach nur keine Aussage über einen bestimmten Phänomenbereich gemacht wurde: Gunkel (2003, 73) schreibt folgendes:

> Dass nicht alle nichtergativen Verben passivierbar sind wird in Teilen der HPSG-Literatur immer noch ignoriert. So schlägt Pollard (1994: 282 et passim) eine Analyse des *werden*-Passivs vor, derzufolge alle nichtergativen Verben mit referentiellem Subjekt passivierbar sind. In analoger Weise – wenn auch in technisch anderer Durchführung – ist die Passivanalyse von Heinz/Matiasek (1994: 216, 224f.) konzipiert, die wesentlich auf Haider (1986a) aufbaut und nach der alle Verben mit designiertem Argument passivierbar sind. Angesichts von nichtpassivierbaren Verben wie in (2-26) aufgeführt, sind solche Vorschläge hinfällig.

(2-26)   a. blühen, brennen, funktionieren, glühen, ruhen

b. entsprechen, fehlen, gefallen, gehören

c. ärgern, faszinieren, freuen, schmerzen, stören, wundern

d. haben, bekommen, besitzen, erhalten, kriegen

e. beinhalten, enthalten, fassen

(Gunkel: 2003, 73)

Gunkel merkt in einer Fußnote an: *Müller folgt Pollards Ansatz, obwohl er an anderer Stelle selbst bemerkt, dass Nichtergativität keineswegs Passivfähigkeit impliziert.*

Gunkels Argumentation ist nicht korrekt. Man kann eine Analyse nur dann verwerfen, wenn man zeigen kann, daß es nicht möglich ist, weitere Beschränkungen zu formulieren, die bestimmte Strukturen/Sätze ausschließen. Auf dieselbe Weise, wie er gegen die Pollardsche/Haidersche Passivanalyse argumentiert, könnte Gunkel gegen jede Syntaxtheorie argumentieren, die Strukturen für (8) vorschlägt:

(8)   a. Karl wäscht den Schlafanzug.

b. * Der Schlafanzug wäscht Karl.

Der Unterschied in (8) kann über Selektionsrestriktionen bzw. unter Bezug auf Weltwissen erklärt werden, das muß aber nicht unbedingt Gegenstand syntaktischer Abhandlungen sein.

Genauso ist es nicht unmöglich, Beschränkungen für Thema-Verben zu finden, die entsprechende Passivierungen von Thema-Verben ausschließen, aber mit der restlichen Analyse kompatibel sind. Gunkel kann also Autoren nur vorwerfen, daß sie die Thema-Verben nicht behandelt haben, aber er kann nicht behaupten, daß die Theorien allgemein unbrauchbar seien.

Gunkel fährt fort: *Einer der Gründe für die stillschweigende Gleichsetzung von Ergativität und Nichtpassivierbarkeit* [...]. Aus dieser Passage wird klar, daß niemand explizit die von Gunkel unterstellte Gleichsetzung gemacht hat. Die Analysen von Haider, Heinz und Matiasek, Kathol, Pollard und von mir haben erklärt, warum unakkusative Verben normalerweise nicht passivierbar sind, sie haben auch erklärt, was beim Passiv passiert, wenn es möglich ist, sie haben aber nicht gesagt, daß das Passiv für alle unergativischen Verben möglich ist. Es ist notwendigerweise so, daß Theorien, die nur den syntaktischen Aspekt eines Phänomens betrachten, semantische Aspekte nicht berücksichtigen. Sie sind deshalb nicht falsch, sondern höchstens unvollständig.

Literaturverzeichnis

Abney, Steven (1987), The English Noun Phrase in Its Sentential Aspect. PhD thesis, Cambridge, MA, MIT. http://www.vinartus.net/spa/publications.html, 15.12.2005.

Abraham, Werner (1995), *Deutsche Syntax im Sprachenvergleich. Grundlegung einer typologischen Syntax des Deutschen*, Tübingen: Stauffenburg Verlag.

Abraham, Werner (2003), „The Syntactic Link between Thema and Rhema: the Syntax-Discourse Interface", *Folia Linguistica*, 37(1–2), 13–34.

Abraham, Werner (2005), *Deutsche Syntax im Sprachenvergleich. Grundlegung einer typologischen Syntax des Deutschen*, 2. Auflage, Tübingen: Stauffenburg Verlag, [Studien zur deutschen Grammatik 41].

Abraham, Werner, Hg. (1982), *Satzglieder im Deutschen – Vorschläge zur syntaktischen, semantischen und pragmatischen Fundierung*, Tübingen: original Gunter Narr Verlag jetzt Stauffenburg Verlag, [Studien zur deutschen Grammatik 15].

Abraham, Werner, Hg. (1985), *Erklärende Syntax des Deutschen*, Tübingen: original Gunter Narr Verlag jetzt Stauffenburg Verlag, [Studien zur deutschen Grammatik 25].

Ackerman, Farrell und Gert Webelhuth (1998), *A Theory of Predicates*, Stanford, California: CSLI Publications, [CSLI Lecture Notes 76].

Ágel, Vilmos, Ludwig M. Eichinger, Hans Werner Eroms, Peter Hellwig, Hans Jürgen Heringer und Henning Lobin, Hgg. (2003), *Dependenz und Valenz / Dependency and Valency. Ein internationales Handbuch der zeitgenössischen Forschung / An International Handbook of Contemporary Research*, Vol. 25.1 of *Handbücher zur Sprach- und Kommunikationswissenschaft*, Berlin: Walter de Gruyter Verlag.

Ágel, Vilmos, Ludwig M. Eichinger, Hans Werner Eroms, Peter Hellwig, Hans Jürgen Heringer und Henning Lobin, Hgg. (2006), *Dependenz und Valenz / Dependency and Valency. Ein internationales Handbuch der zeitgenössischen Forschung / An International Handbook of Contemporary Research*, Vol. 25.2 of *Handbücher zur Sprach- und Kommunikationswissenschaft*, Berlin: Walter de Gruyter Verlag.

Ajdukiewicz, Kasimir (1935), „Die syntaktische Konnexität", *Studia Philosophica*, 1, 1–27.

Andrews, Avery D. (1982), „Long Distance Agreement in Modern Icelandic", in: P. Jacobson und G. K. Pullum, Hgg., *The Nature of Syntactic Representation*. Dordrecht, Boston, London: D. Reidel Publishing Company, 1–33, [Synthes Language Library 15].

Arsenault, Paul Edmond (2002), Toward an HPSG Account of Case in Hindi. Master's thesis, University of Hyderabad. http://www.geocities.com/gsgju/paul/thesis.zip, 27.05.2006.

Askedal, John Ole (1984), „Grammatikalisierung und Auxiliarisierung im sogenannten *„bekommen/kriegen/erhalten*-Passiv" des Deutschen", *Kopenhagener Beiträge zur germanistischen Linguistik*, 22, 5–47.

Askedal, John Ole (1986), „Zur vergleichenden Stellungsfelderanalyse von Verbalsätzen und nichtverbalen Satzgliedern", *Deutsch als Fremdsprache*, 23, 269–273 und 342–348.

Askedal, John Ole (1988), „Über den Infinitiv als Subjekt im Deutschen", *Zeitschrift für Germanistische Linguistik*, 16, 1–25.

Bach, Emmon (1962), „The Order of Elements in a Transformational Grammar of German", *Language*, 8(3), 263–269.

Baker, Mark C. (1988), *Incorporation. A Theory of Grammatical Function Change*, Chicago, London: University of Chicago Press.

Ballweg, Joachim, Helmut Frosch und Gisela Zifonun (1997), „Kategoriale Funktionalstruktur", in

Eroms et al. (1997), 961–1025. http://www.ids-mannheim.de/gra/grammar/, 20.07.2004.

Baltin, Mark R. und Anthony S. Kroch, Hgg. (1989), *Alternative Conceptions of Phrase Structure*, Chicago/London: University of Chicago Press.

Bar-Hillel, Yehoshua, Micha A. Perles und Eliahu Shamir (1961), „On Formal Properties of Simple Phrase-Structure Grammars“, *Zeitschrift für Phonetik, Sprachwissenschaft und Kommunikationsforschung*, 14(2), 143–172.

Bartsch, Renate und Theo Vennemann (1972), *Semantic Structures. A Study in the Relation between Semantics and Syntax*, Vol. 9 of *Athenäum-Skripten Linguistik*, Frankfurt/Main: Athenäum.

Barwise, Jon und John Perry (1983), *Situations and Attitudes*, Cambridge: Massachusetts, London: England: The MIT Press.

Barwise, Jon und John Perry (1987), *Situationen und Einstellungen – Grundlagen der Situationssemantik*, Berlin, New York: de Gruyter.

Bausewein, Karin (1990), „Haben kopflose Relativsätze tatsächlich keine Köpfe?“, in Fanselow und Felix (1990), 144–158.

Bayer, Josef und Jaklin Kornfilt (1989), Restructuring Effects in German. DYANA Report, University of Edinburgh.

Bayer, Josef, Markus Bader und Michael Meng (2001), „Morphological Underspecification Meets Oblique Case: Syntactic and Processing Effects in German“, *Lingua*, 111, 465–514.

Bech, Gunnar (1955), *Studien über das deutsche Verbum infinitum*, Tübingen: Max Niemeyer Verlag, [Linguistische Arbeiten 139]. 2. unveränderte Auflage 1983.

Bender, Emily M. (2002), Syntactic Variation and Linguistic Competence: The Case of AAVE Copula Absence. PhD thesis, Stanford University. http://faculty.washington.edu/ebender/dissertation/, 21.05.2004.

Berman, Judith (1997), „Empty Categories in LFG“, in: M. Butt und T. H. King, Hgg., *The Proceedings of the LFG '97 Conference, University of California, San Diego*. Stanford: CSLI Publications. http://csli-publications.stanford.edu/LFG/2/lfg97.html, 20.01.2007.

Berman, Judith (1999), „Does German Satisfy the Subject Condition?“, in: M. Butt und T. H. King, Hgg., *Proceedings of the LFG99 Conference, University of Manchester*. Stanford: CSLI Publications. http://csli-publications.stanford.edu/LFG/4/, 24.11.1999.

Berman, Judith (2003), *Clausal Syntax of German*, Stanford: CSLI Publications, Studies in Constraint-Based Lexicalism.

Berman, Judith und Anette Frank, Hgg. (1996), *Deutsche und französische Syntax im Formalismus der LFG*, Tübingen: Max Niemeyer Verlag, [Linguistische Arbeiten 344].

Bierwisch, Manfred (1963), *Grammatik des deutschen Verbs*, Berlin: Akademie Verlag, studia grammatica II.

Bierwisch, Manfred (1987), „A Structural Paradox in Lexical Knowledge“, in: E. van der Meer und J. Hoffmann, Hgg., *Knowledge Aided Information Processing*. Amsterdam: Elsevier Science Publisher B.V. (North-Holland), 141–172.

Bierwisch, Manfred (1989), „Event Nominalizations“, in: W. Motsch, Hg., *Wortstruktur und Satzstruktur*. Berlin: Akademie Verlag, 1–73, [Linguistische Studien 194].

Bierwisch, Manfred (1990), „Verb Cluster Formation as a Morphological Process“, in: G. E. Booij und J. van Marle, Hgg., *Yearbook of Morphology*. Vol. 3, Dordrecht: Holland, Providence: U.S.A.: Foris Publications, 173–199.

Bird, Steven und Ewan Klein (1994), „Phonological Analysis in Typed Feature Systems“, *Computational Linguistics*, 20(3), 455–491. http://www.hcrc.ed.ac.uk/~ewan/Papers/, 06.01.2006.

Blom, Corrien (2005), *Complex Predicates in Dutch. Synchrony and Diachrony*, Utrecht University, [LOT Dissertation Series 111]. http://www.lotpublications.nl/publish/issues/BlomC/, 31.08.2005.

Bloomfield, Leonard (1933), *Language*, London: George Allen and Unwin.

Booij, Geert E. (2002), „Separable Complex Verbs in Dutch: A Case of Periphrastic Word Formation“, in Dehé et al. (2002), 21–41.

Borsley, Robert D. (1989), „Phrase-Structure Grammar and the Barriers Conception of Clause Structure", *Linguistics*, 27, 843–863.

Borsley, Robert D. (1991), *Syntax-Theory: A Unified Approach*, London: Edward Arnold.

Borsley, Robert D. (1996), *Modern Phrase Structure Grammar*, Oxford, UK/Cambridge, USA: Blackwell Publishers, [Blackwell Textbooks in Linguistics 11].

Borsley, Robert D. (1999), *Syntactic Theory: A Unified Approach*, 2. Auflage, London: Edward Arnold.

Bouma, Gosse (1996), „Extraposition as a Nonlocal Dependency", in Kruijff et al. (1996), 1–14. http://www.let.rug.nl/~gosse/papers/, 24.07.97.

Bouma, Gosse und Gertjan van Noord (1996), „Word Order Constraints on German Verb Clusters", in Kruijff et al. (1996), 15–28. http://www.let.rug.nl/~vannord/papers/, 30.03.98.

Bouma, Gosse und Gertjan van Noord (1998), „Word Order Constraints on Verb Clusters German and Dutch", in Hinrichs et al. (1998), 43–72. http://www.let.rug.nl/~vannord/papers/, 30.03.98.

Bouma, Gosse, Robert Malouf und Ivan A. Sag (2001), „Satisfying Constraints on Extraction and Adjunction", *Natural Language and Linguistic Theory*, 19(1), 1–65. ftp://csli-ftp.stanford.edu/linguistics/sag/bms-nllt.ps, 18.08.2002.

Bresnan, Joan (1978), „A Realistic Transformational Grammar", in: M. Halle, J. Bresnan und G. A. Miller, Hgg., *Linguistic Theory and Psychological Reality*. Cambridge: Massachusetts: MIT Press, 1–59.

Bresnan, Joan (1982a), „Control and Complementation", *Linguistic Inquiry*, 13(3), 343–434.

Bresnan, Joan (1982b), „The Passive in Lexical Theory", in *The Mental Representation of Grammatical Relations* Bresnan (1982c), 3–86.

Bresnan, Joan (2001), *Lexical-Functional Syntax*, Oxford, UK/Cambridge, USA: Blackwell.

Bresnan, Joan, Hg. (1982c), *The Mental Representation of Grammatical Relations*, Cambridge: Massachusetts, London: England: The MIT Press, MIT Press Series on Cognitive Theory and Mental Representation.

Broekhuis, Hans, Hans den Besten, Kees Hoekstra und Jean Rutten (1995), „Infinitival Complementation in Dutch: On Remnant Extraposition", *The Linguistic Review*, 12, 93–122.

Brown, Keith, Hg. (2006), *The Encyclopedia of Language and Linguistics*, 2. Auflage, Oxford: Elsevier Science Publisher B.V. (North-Holland).

Bunt, Harry und Arthur van Horck, Hgg. (1996), *Discontinuous Constituency*, Berlin, New York: Mouton de Gruyter, [Natural Language Processing 6].

Burger, Harald (1998), *Phraseologie. Eine Einführung am Beispiel des Deutschen*, Bielefeld: E. Schmidt.

Bußmann, Hadumod (1983), *Lexikon der Sprachwissenschaft*, Stuttgart: Alfred Kröner Verlag, [Kröners Taschenausgabe 452].

Bußmann, Hadumod (1990), *Lexikon der Sprachwissenschaft*, Stuttgart: Alfred Kröner Verlag.

Carpenter, Bob (1992), *The Logic of Typed Feature Structures*, Cambridge: Cambridge University Press, Tracts in Theoretical Computer Science.

Centre de Recherche en Linguistique Germanique (Nice), Hg. (1987), *Das Passiv im Deutschen*, Tübingen: Max Niemeyer Verlag, [Linguistische Arbeiten 183].

Chomsky, Noam (1957), *Syntactic Structures*, The Hague/Paris: Mouton, [Janua Linguarum / Series Minor 4].

Chomsky, Noam (1981), *Lectures on Government and Binding*, Dordrecht: Foris Publications.

Chomsky, Noam (1993), *Lectures on Government and Binding – The Pisa Lectures*, 7. Auflage, Berlin, New York: Mouton de Gruyter, [Studies in Generative Grammar 9].

Chomsky, Noam (1995), *The Minimalist Program*, Cambridge: Massachusetts, London: England: The MIT Press, [Current Studies in Linguistics 28].

Chung, Chan (1993), „Korean Auxiliary Verb Constructions Without VP Nodes", in: S. Kuno, I.-H. Lee, J. Whitman, J. Maling, Y.-S. Kang und Y. joo Kim, Hgg., *Proceedings of the 1993 Work-*

shop on Korean Linguistics. Cambridge, Massachusetts: Harvard University, Department of Linguistics, 274–286, [Harvard Studies in Korean Linguistics 5].

Cipollone, Domenic (2001), Morphologically Complex Predicates in Japanese and What They Tell us about Grammar Architecture. OSU Working Papers in Linguistics 56, Ohio State Univerity. http://www.ling.ohio-state.edu/publications/osu_wpl/osuwpl-56/, 20.07.2004.

Cole, Peter und Jerrold M. Sadock, Hgg. (1977), *Grammatical Relations*, Vol. 8 of *Syntax and Semantics*, New York, San Francisco, London: Academic Press.

COLING Staff, Hg. (1994), *Proceedings of COLING 94*. Kyoto, Japan: Association for Computational Linguistics.

Cook, Philippa Helen (2001), Coherence in German: An Information Structure Approach. PhD thesis, Departments of Linguistics and German, University of Manchester.

Cooper, Robin, Kuniaki Mukai und John Perry, Hgg. (1990), *Situation Theory And Its Applications, Volume 1*, Stanford: CSLI Publications, [CSLI Lecture Notes 22].

Copestake, Ann, Daniel P. Flickinger, Carl J. Pollard und Ivan A. Sag (2005), „Minimal Recursion Semantics: an Introduction", *Research on Language and Computation*, 4(3), 281–332. http://lingo.stanford.edu/sag/papers/copestake.pdf, 11.10.2006.

Copestake, Ann und Ted Briscoe (1992), „Lexical Rules in a Unification Based Framework", in: J. Pustejovsky und S. Bergler, Hgg., *Lexical Semantics and Knowledge Representation*. Berlin: Springer-Verlag, 101–119, [Lecture Notes in Artificial Intelligence 627]. http://www.cl.cam.ac.uk/Research/NL/acquilex/papers.html, 18.08.2002.

Crysmann, Berthold (2002), *Constraint-Based Coanalysis: Portuguese Cliticisation and Morphology-Syntax Interaction in HPSG*, Saarbrücken: Deutsches Forschungszentrum für Künstliche Intelligenz und Universität des Saarlandes, [Saarbrücken Dissertations in Computational Linguistics and Language Technology 15].

Crysmann, Berthold (2003), „On the Efficient Implementation of German Verb Placement in HPSG", in: *Proceedings of RANLP 2003*. Borovets, Bulgaria, 112–116.

Crysmann, Berthold (2004), „Underspecification of Intersective Modifier Attachment: Some Arguments from German", in Müller (2004c). http://cslipublications.stanford.edu/HPSG/5/, 29.10.2004.

Czepluch, Hartmut (1988), „Kasusmorphologie und Kasusrelationen: Überlegungen zur Kasustheorie des Deutschen", *Linguistische Berichte*, 116, 275–310.

Davis, Anthony R. (1996), Lexical Semantics and Linking in the Hierarchical Lexicon. PhD thesis, Stanford University.

Davis, Anthony R. und Jean-Pierre Koenig (2000), „Linking as Constraints on Word Classes in a Hierarchical Lexicon", *Language*, 76(1), 56–91.

d'Avis, Franz-Josef und Uli Lutz, Hgg. (1997), *Zur Satzstruktur im Deutschen*, Tübingen: Eberhard-Karls-Universität Tübingen, [Arbeitspapiere des SFB 340 90].

de Geest, Wim (1970), „Infinitiefconstructies bij Verba Sentiendi", *Studia Neerlandica*, 3, 33–59.

De Kuthy, Kordula (2002), *Discontinuous NPs in German*, Stanford: CSLI Publications.

De Kuthy, Kordula und Walt Detmar Meurers (2001), „On Partial Constituent Fronting in German", *Journal of Comparative Germanic Linguistics*, 3(3), 143–205. http://www.ling.ohio-state.edu/~kdk/papers/dekuthy-meurers-jcgs.html, 19.08.2002.

De Kuthy, Kordula und Walt Detmar Meurers (2003), „The Secret Life of Focus Exponents, and What it Tells Us about Fronted Verbal Projections", in Müller (2003d), 97–110. http://cslipublications.stanford.edu/HPSG/4/, 31.08.2006.

Dehé, Nicole, Ray S. Jackendoff, Andrew McIntyre und Silke Urban, Hgg. (2002), *Verb-Particle Explorations*, Berlin, New York: Mouton de Gruyter, [Interface Explorations 1].

Demske, Ulrike (2001), *Merkmale und Relationen. Diachrone Studien zur Nominalphrase des Deutschen*, Berlin, New York: Walter de Gruyter Verlag, [Studia Linguistica Germanica 56].

Demske-Neumann, Ulrike (1994), *Modales Passiv und* Tough *Movement. Zur strukturellen Kausali-*

tät eines syntaktischen Wandels im Deutschen und Englischen, Tübingen: Max Niemeyer Verlag, [Linguistische Arbeiten 326].

den Besten, Hans (1985a), „The Ergative Hypothesis and Free Word Order in Dutch and German", in Toman (1985), 23–64.

den Besten, Hans (1985b), „Some Remarks on the Ergative Hypothesis", in Abraham (1985), 53–74.

den Besten, Hans und Jean Rutten (1989), „On Verb Raising, Extraposition and Free Word Order in Dutch", in: D. Jaspers, W. Klooster, Y. Putsey und P. Seuren, Hgg., *Sentential Complementation and the Lexicon: Studies in Honour of Wim de Geest*. Dordrecht: Holland, Cinnaminson: U.S.A.: Foris Publications, 41–56.

den Dikken, Marcel (1995), *Particles. On the Syntax of Verb-Particle, Triadic, and Causative Constructions*, New York, Oxford: Oxford University Press, Oxford Studies in Comparative Syntax.

Devlin, Keith (1992), *Logic and Information*, Cambridge: Cambridge University Press.

Diesing, Molly (1992), *Indefinites*, Cambridge: Massachusetts, London: England: The MIT Press.

Dowty, David R. (1978), „Governed Transformations as Lexical Rules in a Montague Grammar", *Linguistic Inquiry*, 9(3), 393–426.

Dowty, David R. (1979), *Word Meaning and Montague Grammar*, Dordrecht, Boston, London: D. Reidel Publishing Company, [Synthese Language Library 7].

Dowty, David R. (2000), „The Dual Analysis of Adjuncts/Complements in Categorial Grammar", *ZAS Papers in Linguistics*, 17, 53–78.

Duden (1991), *Die deutsche Rechtschreibung*, Vol. 1, Mannheim, Leipzig, Wien, Zürich: Dudenverlag.

Dürscheid, Christa (1989), *Zur Vorfeldbesetzung in deutschen Verbzweit-Strukturen*, Trier: Wissenschaftlicher Verlag, [FOKUS 1].

Dürscheid, Christa, Karl Heinz Ramers und Monika Schwarz, Hgg. (1997), *Sprache im Fokus. Festschrift für Heinz Vater zum 65. Geburtstag*, Tübingen: Max Niemeyer Verlag.

Egg, Markus (2004), „Mismatches at the Syntax-Semantics Interface", in Müller (2004c), 119–139. http://cslipublications.stanford.edu/HPSG/5/, 29.10.2004.

Eisenberg, Peter (1994), *Grundriß der deutschen Grammatik*, 3. Auflage, Stuttgart, Weimar: Verlag J. B. Metzler.

Eisenberg, Peter (1998), *Grundriß der deutschen Grammatik*, Vol. 1. Das Wort, Stuttgart, Weimar: Verlag J. B. Metzler.

Eisenberg, Peter (1999), *Grundriß der deutschen Grammatik*, Vol. 2. Der Satz, Stuttgart, Weimar: Verlag J. B. Metzler.

Emonds, Joseph E. (1976), *A Transformational Approach to English Syntax*, New York: Academic Press.

Engdahl, Elisabet und Enric Vallduví (1996), „Information Packaging in HPSG", in: C. Grover und E. Vallduví, Hgg., *Edinburgh Working Papers in Cognitive Science, Vol. 12: Studies in HPSG*. Scotland: Centre for Cognitive Science, University of Edinburgh, Kapitel 1, 1–32. ftp://ftp.cogsci.ed.ac.uk/pub/CCS-WPs/wp-12.ps.gz, 31.08.2006.

Engel, Ulrich (1994), *Syntax der deutschen Gegenwartssprache*, Vol. 22 of *Grundlagen der Germanistik*, Berlin: Erich Schmidt Verlag. 3., völlig überarbeitete Auflage.

Engelkamp, Judith, Gregor Erbach und Hans Uszkoreit (1992), „Handling Linear Precedence Constraints by Unification", in: H. S. Thomson, Hg., *30th Annual Meeting of the Association for Computational Linguistics. Proceedings of the Conference*. Newark, Delaware: Association for Computational Linguistics, 201–208. auch als CLAUS-Report, Nr. 19, Universität des Saarlandes erschienen.

Erbach, Gregor (1992), „Head-Driven Lexical Representation of Idioms in HPSG", in: M. Everaert, E.-J. van der Linden, A. Schenk und R. Schreuder, Hgg., *Proceedings of the International Conference on Idioms*. Tilburg, The Netherlands: ITK. http://speech.ftw.at/~gor/pub/idioms92/erbach-idioms92.pdf, 31.08.2006.

Erdmann, Oskar (1886), *Grundzüge der deutschen Syntax nach ihrer geschichtlichen Entwicklung*, Vol. 1, Stuttgart: Verlag der J. G. Cotta'schen Buchhandlung. Neudruck: Hildesheim: Georg Olms Verlag, 1985.

Eroms, Hans-Werner (1978), „Zur Konversion der Dativphrasen", *Sprachwissenschaft*, 3, 357–405.

Eroms, Hans-Werner, Gerhard Stickel und Gisela Zifonun, Hgg. (1997), *Grammatik der deutschen Sprache*, Vol. 7 of *Schriften des Instituts für deutsche Sprache*, Berlin, New York: Walter de Gruyter. http://www.ids-mannheim.de/gra/grammar/, 20.07.2004.

Fanselow, Gisbert (1987), *Konfigurationalität*, Tübingen: original Gunter Narr Verlag jetzt Stauffenburg Verlag, [Studien zur deutschen Grammatik 29].

Fanselow, Gisbert (1989), „Coherent Infinitives in German: Restructuring vs. IP-Complementation", in: C. Bhatt, E. Löbel und C. Schidt, Hgg., *Syntactic Phrase Structure Phenomena in Noun Phrases and Sentences*. Amsterdam: John Benjamins Publishing Co., 1–16, [Linguistik Aktuell / Linguistics Today 6].

Fanselow, Gisbert (1991), „Minimale Syntax", *Groninger Arbeiten zur Germanistischen Linguistik*, 32.

Fanselow, Gisbert (1992), „„Ergative" Verben und die Struktur des deutschen Mittelfelds", in Hoffmann (1992), 276–303.

Fanselow, Gisbert (1993), „Die Rückkehr der Basisgenerierer", *Groninger Arbeiten zur Germanistischen Linguistik*, 36, 1–74.

Fanselow, Gisbert (2000), „Optimal Exceptions", in: B. Stiebels und D. Wunderlich, Hgg., *The Lexicon in Focus*. Berlin: Akademie Verlag, 173–209, [studia grammatica 45].

Fanselow, Gisbert (2001), „Features, θ-Roles, and Free Constituent Order", *Linguistic Inquiry*, 32(3), 405–437.

Fanselow, Gisbert (2002a), „Against Remnant VP-Movement", in: A. Alexiadou, E. Anagnostopoulou, S. Barbiers und H.-M. Gärtner, Hgg., *Dimensions of Movement. From Features to Remnants*. Amsterdam, Philadelphia: John Benjamins Publishing Company, 91–127, [Linguistik Aktuell/Linguistics Today 48].

Fanselow, Gisbert (2002b), „Münchhausen-Style Head Movement and the Analysis of Verb Second", in: A. Mahajan, Hg., *Proceedings of the Workshop on Head Movement*. Los Angeles: UCLA, Linguistics Department.

Fanselow, Gisbert (2003), „Free Constituent Order: A Minimalist Interface Account", *Folia Linguistica*, 37(1–2), 191–231.

Fanselow, Gisbert (2004), „Fakten, Fakten, Fakten!", *Linguistische Berichte*, 200. http://www.ling.uni-potsdam.de/~fanselow/download/files/FanselowNeu.pdf, 26.11.2004.

Fanselow, Gisbert (2006), „On Pure Syntax (Uncontaminated by Information Structure)". Ms. Universität Potsdam.

Fanselow, Gisbert und Sascha W. Felix (1987), *Sprachtheorie 2. Die Rektions- und Bindungstheorie*, Tübingen: A. Francke Verlag GmbH.

Fanselow, Gisbert und Sascha W. Felix, Hgg. (1990), *Strukturen und Merkmale syntaktischer Kategorien*, Tübingen: original Gunter Narr Verlag jetzt Stauffenburg Verlag, [Studien zur deutschen Grammatik 39].

Faucher, Eugène (1987), „Von den Toden, die da gestorben waren", in Centre de Recherche en Linguistique Germanique (Nice) (1987), 117–126.

Feldhaus, Anke (1997), Eine HPSG-Analyse ausgewählter Phänomene des deutschen w-Fragesatzes. Working Papers of the Institute for Logic and Linguistics 27, IBM Scientific Center Heidelberg, Institute for Logic and Linguistics.

Felix, Sascha W. (1985), „Parasitic Gaps in German", in Abraham (1985), 173–200.

Fillmore, Charles J. (1968), „The Case for Case", in: E. Bach und R. T. Harms, Hgg., *Universals of Linguistic Theory*. New York: Holt, Rinehart, and Winston, 1–88.

Fillmore, Charles J. (1977), „The Case for Case Reopened", in Cole und Sadock (1977), 59–81.

Fillmore, Charles J., Paul Kay und Mary Catherine O'Connor (1988), „Regularity and Idiomaticity in Grammatical Constructions: The Case of *Let Alone*", *Language*, 64(3), 501–538.

Fischer, Kerstin und Anatol Stefanowitsch, Hgg. (2006), *Konstruktionsgrammatik. Von der Anwendung zur Theorie*, Tübingen: Stauffenburg Verlag, [Stauffenburg Linguistik 40].

Flickinger, Daniel P. (1987), Lexical Rules in the Hierarchical Lexicon. PhD thesis, Stanford University.

Flickinger, Daniel P. und Andreas Kathol, Hgg. (2001), *Proceedings of the HPSG-2000 Conference, University of California, Berkeley*. CSLI Publications. http://cslipublications.stanford.edu/HPSG/ 1/, 11.10.2003.

Flickinger, Daniel P., Carl J. Pollard und Thomas Wasow (1985), „Structure-Sharing in Lexical Representation", in: W. C. Mann, Hg., *Proceedings of the Twenty-Third Annual Meeting of the Association for Computational Linguistics*. Association for Computational Linguistics, Chicago, IL, 262–267.

Fourquet, Jean (1957), „Review of: Heinz Anstock: Deutsche Syntax – Lehr und Übungsbuch", *Wirkendes Wort*, 8, 120–122.

Fourquet, Jean (1970), *Prolegomena zu einer deutschen Grammatik*, Düsseldorf: Pädagogischer Verlag Schwann, [Sprache der Gegenwart. Schriften des Instituts für deutsche Sprache in Mannheim 7].

Francis, Elaine J. und Laura A. Michaelis, Hgg. (2003), *Mismatch: Form-function Incongruity and the Architecture of Grammar*, Stanford: CSLI Publications, [CSLI Lecture Notes 163].

Frank, Anette (1994), Verb Second by Lexical Rule or by Underspecification. Arbeitspapiere des SFB 340 Nr. 43, Heidelberg, IBM Deutschland GmbH. ftp://ftp.ims.uni-stuttgart.de/pub/papers/ anette/v2-usp.ps.gz, 20.08.2002.

Frank, Anette und Uwe Reyle (1992), „How to Cope With Scrambling and Scope", in Görz (1992), 178–187.

Frey, Werner (1993), *Syntaktische Bedingungen für die semantische Interpretation. Über Bindung, implizite Argumente und Skopus*, Berlin: Akademie Verlag, studia grammatica XXXV.

Frey, Werner (2004a), The Grammar-Pragmatics Interface and the German Prefield. Forschungsprogramm Sprache und Pragmatik 52, Germanistisches Institut der Universität Lund.

Frey, Werner (2004b), „A Medial Topic Position for German", *Linguistische Berichte*, 198, 153–190.

Fries, Norbert (1988), Über das Null-Topik im Deutschen. Forschungsprogramm Sprache und Pragmatik 3, Lund, Germanistisches Institut der Universität Lund.

Gärtner, Hans-Martin und Markus Steinbach (1997), „Anmerkungen zur Vorfeldphobie pronominaler Elemente", in d'Avis und Lutz (1997), 1–30. Heck2000a:451.

Gazdar, Gerald (1981), „Unbounded Dependencies and Coordinate Structure", *Linguistic Inquiry*, 12, 155–184.

Gazdar, Gerald, Ewan Klein, Geoffrey K. Pullum und Ivan A. Sag (1985), *Generalized Phrase Structure Grammar*, Cambridge, Massachusetts: Harvard University Press.

Geach, Peter Thomas (1970), „A Program for Syntax", *Synthese*, 22, 3–17.

Gelhaus, Hermann (1977), Der modale Infinitiv. Forschungsberichte des IdS Mannheim 35, Tübingen, Verlag Gunter Narr.

Ginzburg, Jonathan und Ivan A. Sag (2001), *Interrogative Investigations: the Form, Meaning, and Use of English Interrogatives*, Stanford: CSLI Publications, [CSLI Lecture Notes 123].

Goldberg, Adele E. (1995), *Constructions. A Construction Grammar Approach to Argument Structure*, Chicago/London: University of Chicago Press, Cognitive Theory of Language and Culture.

Goldberg, Adele E. (2003), „Words by Default: the Persian Complex Predicate Construction", in Francis und Michaelis (2003), 117–146.

Goldberg, Adele E. und Farrell Ackerman (2001), „The Pragmatics of Obligatory Adjuncts", *Language*, 77(4), 798–814.

Görz, Günther, Hg. (1992), *Konvens 92. 1. Konferenz „Verarbeitung natürlicher Sprache". Nürnberg*

7.–9. Oktober 1992. Berlin, Heidelberg, New York: Springer-Verlag, Informatik aktuell.

Grewendorf, Günther (1983), „Reflexivierungen in deutschen A.c.I.-Konstruktionen – kein transformationsgrammatisches Dilemma mehr", *Groninger Arbeiten zur Germanistischen Linguistik*, 23, 120–196.

Grewendorf, Günther (1985), „Anaphern bei Objekt-Koreferenz im Deutschen. Ein Problem für die Rektions-Bindungs-Theorie", in Abraham (1985), 137–171.

Grewendorf, Günther (1986), „Relativsätze im Deutschen: Die Rattenfänger-Konstruktion", *Linguistische Berichte*, 105, 409–434.

Grewendorf, Günther (1987), „Kohärenz und Restrukturierung. Zu verbalen Komplexen im Deutschen", in: B. Asbach-Schnitker und J. Roggenhofer, Hgg., *Neuere Forschungen zur Wortbildung und Histographie. Festgabe für Herbert E. Brekle zum 50. Geburtstag.* Tübingen: Gunter Narr Verlag, 123–144, [Tübinger Beiträge zur Linguistik 284].

Grewendorf, Günther (1988), *Aspekte der deutschen Syntax. Eine Rektions-Bindungs-Analyse*, Tübingen: original Gunter Narr Verlag jetzt Stauffenburg Verlag, [Studien zur deutschen Grammatik 33].

Grewendorf, Günther (1989), *Ergativity in German*, Dordrecht: Holland, Providence: U.S.A.: Foris Publications, [Studies in Generative Grammar 35].

Grewendorf, Günther (1993), „German. A Grammatical Sketch", in Jacobs et al. (1993), 1288–1319.

Grewendorf, Günther (1994), „Kohärente Infinitive und Inkorporation", in: A. Steube und G. Zybatow, Hgg., *Zur Satzwertigkeit von Infinitiven und Small Clauses.* Tübingen: Max Niemeyer Verlag, 31–50, [Linguistische Arbeiten 315].

Grewendorf, Günther (2002), *Minimalistische Syntax*, Tübingen, Basel: A. Francke Verlag GmbH, [UTB für Wissenschaft: Uni-Taschenbücher 2313].

Grewendorf, Günther und Wolfgang Sternefeld, Hgg. (1990), *Scrambling and Barriers*, Amsterdam, Philadelphia: John Benjamins Publishing Company, [Linguistik Aktuell / Linguistics Today 5].

Grimshaw, Jane und Ralf-Armin Mester (1985), „Complex Verb Formation in Eskimo", *Natural Language and Linguistic Theory*, 3, 1–19.

Grubačić, Emilija (1965), Untersuchungen zur Frage der Wortstellung in der deutschen Prosadichtung der letzten Jahrzehnte. PhD thesis, Zagreb, Philosophische Fakultät.

Gunji, Takao (1986), „Subcategorization and Word Order", in: W. J. Poser, Hg., *Papers from the Second International Workshop on Japanese Syntax.* Stanford: CSLI Publications, 1–21.

Gunkel, Lutz (1999), „Causatives in German", *Theoretical Linguistics*, 25(2/3), 133–159.

Gunkel, Lutz (2003), *Infinitheit, Passiv und Kausativkonstruktionen im Deutschen*, Tübingen: Stauffenburg Verlag, [Studien zur deutschen Grammatik 67].

Haftka, Brigitta (1981), „Reihenfolgebeziehungen im Satz (Topologie)", in Heidolph et al. (1981), 702–764.

Haftka, Brigitta (1995), „Syntactic Positions for Topic and Contrastive Focus in the German Middlefield", in: I. Kohlhof, S. Winkler und H.-B. Drubig, Hgg., *Proceedings of the Göttingen Focus Workshop, 17 DGFS, March 1–3.*. Eberhard-Karls-Universität Tübingen, 137–157, Arbeitspapiere des SFB 340, Bericht Nr. 69.

Haftka, Brigitta (1996), „Deutsch ist eine V/2-Sprache mit Verbendstellung und freier Wortfolge", in: E. Lang und G. Zifonun, Hgg., *Deutsch – typologisch.* Berlin, New York: Walter de Gruyter, 121–141, Institut für deutsche Sprache, Jahrbuch 1995.

Haider, Hubert (1982), „Dependenzen und Konfigurationen: Zur deutschen V-Projektion", *Groninger Arbeiten zur Germanistischen Linguistik*, 21, 1–60.

Haider, Hubert (1984a), „Mona Lisa lächelt stumm – Über das sogenannte deutsche 'Rezipientenpassiv'", *Linguistische Berichte*, 89, 32–42.

Haider, Hubert (1984b), „Topic, Focus, and V-Second", *Groninger Arbeiten zur Germanistischen Linguistik*, 25, 72–120.

Haider, Hubert (1984c), „Was zu haben ist und was zu sein hat – Bemerkungen zum Infinitiv",

Papiere zur Linguistik, 30(1), 23–36.

Haider, Hubert (1985a), „The Case of German", in Toman (1985), 23–64.

Haider, Hubert (1985b), „Der Rattenfängerei muß ein Ende gemacht werden", *Wiener Linguistische Gazette*, 35–36, 28–50.

Haider, Hubert (1986a), „Fehlende Argumente: vom Passiv zu kohärenten Infinitiven", *Linguistische Berichte*, 101, 3–33.

Haider, Hubert (1986b), „Nicht-sententiale Infinitive", *Groninger Arbeiten zur Germanistischen Linguistik*, 28, 73–114.

Haider, Hubert (1990), „Pro-bleme?", in Fanselow und Felix (1990), 121–143.

Haider, Hubert (1991), Fakultativ kohärente Infinitivkonstruktionen im Deutschen. Arbeitspapiere des SFB 340 Nr. 17, Heidelberg, IBM Deutschland GmbH.

Haider, Hubert (1993), *Deutsche Syntax – generativ. Vorstudien zur Theorie einer projektiven Grammatik*, Tübingen: Gunter Narr Verlag, [Tübinger Beiträge zur Linguistik 325].

Haider, Hubert und Inger Rosengren (2003), „Scrambling: Nontriggered Chain Formation in OV Languages", *Journal of Germanic Linguistics*, 15(3), 203–267.

Heidolph, Karl Erich, Walter Fläming und Walter Motsch, Hgg. (1981), *Grundzüge einer deutschen Grammatik*, Berlin – Hauptstadt der DDR: Akademie Verlag.

Heinz, Wolfgang und Johannes Matiasek (1994), „Argument Structure and Case Assignment in German", in Nerbonne et al. (1994), 199–236.

Helbig, Gerhard und Joachim Buscha (1972), *Deutsche Grammatik. Ein Handbuch für den Ausländerunterricht*, Leipzig: VEB Verlag Enzyklopädie.

Helbig, Gerhard und Wolfgang Schenkel (1973), *Wörterbuch zur Valenz und Distribution deutscher Verben*, 2. Auflage, Leipzig: VEB Bibliographisches Institut Leipzig.

Hellan, Lars (1986), „The Headedness of NPs in Norwegian", in: P. Muysken und H. Riemsdijk, Hgg., *Features and Projections*. Dordrecht/Cinnaminson, U.S.A.: Foris Publications, 89–122.

Hennis, Kathryn (1989), „'Covert' Subjects and Determinate Case: Evidence from Malayalam", in: E. J. Fee und K. Hunt, Hgg., *WCCFL 8 / The Proceedings of the Eighth West Coast Conference on Formal Linguistics*. Stanford: CSLI, 167–175.

Hentschel, Elke und Harald Weydt (1995), „Das leidige *bekommen*-Passiv", in Popp (1995), 165–183.

Heringer, Hans-Jürgen (1973), *Theorie der deutschen Syntax*, 2. Auflage, München: Max Hueber Verlag, [Linguistische Reihe 1].

Heringer, Hans-Jürgen (1996), *Deutsche Syntax dependentiell*, Tübingen: Stauffenburg Verlag, Stauffenburg Linguistik.

Higginbotham, James (1985), „On Semantics", *Linguistic Inquiry*, 16(4), 547–593.

Hinrichs, Erhard W., Andreas Kathol und Tsuneko Nakazawa, Hgg. (1998), *Complex Predicates in Nonderivational Syntax*, Vol. 30 of *Syntax and Semantics*, San Diego: Academic Press.

Hinrichs, Erhard W. und Tsuneko Nakazawa (1989a), „Flipped out: AUX in German", in: *Aspects of German VP Structure*. Eberhard-Karls-Universität Tübingen, SfS-Report-01-93.

Hinrichs, Erhard W. und Tsuneko Nakazawa (1989b), „Subcategorization and VP Structure in German", in: *Aspects of German VP Structure*. Eberhard-Karls-Universität Tübingen, SfS-Report-01-93.

Hinrichs, Erhard W. und Tsuneko Nakazawa (1994a), „Linearizing AUXs in German Verbal Complexes", in Nerbonne et al. (1994), 11–38.

Hinrichs, Erhard W. und Tsuneko Nakazawa (1994b), „Partial-VP and Split-NP Topicalization in German—An HPSG Analysis", in: E. W. Hinrichs, W. D. Meurers und T. Nakazawa, Hgg., *Partial-VP and Split-NP Topicalization in German—An HPSG Analysis and its Implementation*. Eberhard-Karls-Universität Tübingen, [Arbeitspapiere des SFB 340 Nr. 58].

Hinrichs, Erhard W. und Tsuneko Nakazawa (1998), „Third Construction and VP Extraposition in German: An HPSG Analysis", in Hinrichs et al. (1998), 115–157.

Hoberg, Ursula (1981), *Die Wortstellung in der geschriebenen deutschen Gegenwartssprache*, München: Max Hueber Verlag, [Heutiges Deutsch. Linguistische Grundlagen. Forschungen des Instituts für deutsche Sprache 10].

Hoberg, Ursula (1997), „Die Linearstruktur des Satzes", in Eroms et al. (1997), 1495–1680. http://www.ids-mannheim.de/gra/grammar/, 20.07.2004.

Hoeksema, Jack (1991a), „Complex Predicates and Liberation in Dutch and English", *Linguistics and Philosophy*, 14(6), 661–710.

Hoeksema, Jack (1991b), „Theoretische Aspekten van Partikelvooropplaatsing", *TABU Bulletin voor Taalwetenschap*, 21(1), 18–26.

Hoekstra, Teun (1987), *Transitivity. Grammatical Relations in Government-Binding Theory*, Dordrecht: Holland, Cinnaminson: U.S.A.: Foris Publications.

Hoffmann, Ludger (1997), „Zur Grammatik von Text und Diskurs", in Eroms et al. (1997), 98–591. http://www.ids-mannheim.de/gra/grammar/, 20.07.2004.

Hoffmann, Ludger, Hg. (1992), *Deutsche Syntax – Ansichten und Aussichten*, Berlin, New York: de Gruyter, Institut für deutsche Sprache, Jahrbuch 1991.

Höhle, Tilman N. (1978), *Lexikalische Syntax: Die Aktiv-Passiv-Relation und andere Infinitkonstruktionen im Deutschen*, Tübingen: Max Niemeyer Verlag, [Linguistische Arbeiten 67].

Höhle, Tilman N. (1982a), „Explikation für „normale Betonung" und „normale Wortstellung"", in Abraham (1982), 75–153.

Höhle, Tilman N. (1982b), „Über Komposition und Derivation: zur Konstituentenstruktur von Wortbildungsprodukten im Deutschen", *Zeitschrift für Sprachwissenschaft*, 1, 76–112.

Höhle, Tilman N. (1983), Topologische Felder. Köln, ms.

Höhle, Tilman N. (1986), „Der Begriff „Mittelfeld", Anmerkungen über die Theorie der topologischen Felder", in: W. Weiss, H. E. Wiegand und M. Reis, Hgg., *Akten des VII. Kongresses der Internationalen Vereinigung für germanische Sprach- und Literaturwissenschaft. Göttingen 1985. Band 3. Textlinguistik contra Stilistik? – Wortschatz und Wörterbuch – Grammatische oder pragmatische Organisation von Rede?*. Vol. 4 of *Kontroversen, alte und neue*, Tübingen: Max Niemeyer Verlag, 329–340.

Höhle, Tilman N. (1988), Verum-Fokus. Netzwerk Sprache und Pragmatik 5, Lund, Universität Lund-German. Inst.

Höhle, Tilman N. (1997), „Vorangestellte Verben und Komplementierer sind eine natürliche Klasse", in Dürscheid et al. (1997), 107–120.

Höhle, Tilman N. (1999), „An Architecture for Phonology", in: R. D. Borsley und A. Przepiórkowski, Hgg., *Slavic in Head-Driven Phrase Structure Grammar*. Stanford: CSLI Publications, 61–90.

Holler, Anke (2003), „An HPSG Analysis of the Non-Integrated Wh-Relative Clauses in German", in Müller (2003d), 163–180. http://cslipublications.stanford.edu/HPSG/4/, 31.08.2006.

Huang, C.-T. James (1984), „On the Distribution and Reference of Empty Pronouns", *Linguistic Inquiry*, 15(4), 531–574.

Hudson, Richard (2003), „Mismatches in Default Inheritance", in Francis und Michaelis (2003). http://www.phon.ucl.ac.uk/home/dick/mismatch.htm, 09.10.2005.

Hudson, Richard (2004), „Are determiners heads?", *Functions of Language*, 11(1), 7–42. http://www.phon.ucl.ac.uk/home/dick/dets.htm, 29.05.2005.

Jackendoff, Ray S. (1975), „Morphological and Semantic Regularities in the Lexikon", *Language*, 51(3), 639–671.

Jackendoff, Ray S. (1977), $\overline{X}$ *Syntax: A Study of Phrase Structure*, Cambridge: Massachusetts, London: England: The MIT Press.

Jackendoff, Ray S. (1997), *The Architecture of the Language Faculty*, Vol. 28 of *Linguistic Inquiry Monographs*, Cambridge, Massachusetts – London, England: The MIT Press.

Jacobs, Joachim (1986), „The Syntax of Focus and Adverbials in German", in: W. Abraham und

S. de Meij, Hgg., *Topic, Focus, and Configurationality. Papers from the 6th Groningen Grammar Talks, Groningen, 1984*. Amsterdam, Philadelphia: John Benjamins Publishing Company, 103–127, [Linguistik Aktuell / Linguistics Today 4].

Jacobs, Joachim (1991), Bewegung als Valenztransfer. SFB 282: Theorie des Lexikons 1, Düsseldorf/Wuppertal, Heinrich Heine Uni/BUGH.

Jacobs, Joachim (1992), „Bewegung als Valenzvererbung – Teil 1", *Linguistische Berichte*, 138, 85–122.

Jacobs, Joachim, Arnim von Stechow, Wolfgang Sterenfeld und Theo Vennemann, Hgg. (1993), *Syntax – Ein internationales Handbuch zeitgenössischer Forschung*, Vol. 9.1 of *Handbücher zur Sprach- und Kommunikationswissenschaft*, Berlin: Walter de Gruyter Verlag.

Jacobson, Pauline (1987), „Phrase Structure, Grammatical Relations, and Discontinuous Constituents", in: G. J. Huck und A. E. Ojeda, Hgg., *Discontinuous Constituency*. Vol. 20 of *Syntax and Semantics*, New York: Academic Press, 27–69.

Johnson, Mark (1986), „A GPSG Account of VP Structure in German", *Linguistics*, 24(5), 871–882.

Johnson, Mark (1988), *Attribute-Value Logic and the Theory of Grammar*, Stanford: CSLI Publications, [CSLI Lecture Notes 14].

Joshi, Aravind K (1987), „Introduction to Tree Adjoining Grammar", in: A. Manaster-Ramer, Hg., *The Mathematics of Language*. Amsterdam, Philadelphia: John Benjamins Publishing Company, 87–114.

Joshi, Aravind K, Leon S. Levy und Masako Takahashi (1975), „Tree Adjunct Grammar", *Journal of Computer and System Science*, 10(2), 136–163.

Joshi, Aravind K. und Yves Schabes (1997), „Tree-Adjoining Grammars", in: G. Rozenberg und A. Salomaa, Hgg., *Handbook of Formal Languages*. Berlin: Springer-Verlag, 69–123.

Jung, Walter (1967), *Grammatik der deutschen Sprache*, 2. Auflage, Leipzig: VEB Bibliographisches Institut.

Kaplan, Ron M. und Annie Zaenen (1989), „Long-Distance Dependencies, Constituent Structure and Functional Uncertainty", in Baltin und Kroch (1989), 17–42. http://www2.parc.com/istl/members/zaenen/publications/LdDCSandFU.pdf, 04.12.2006.

Kasper, Robert T. (1994), „Adjuncts in the Mittelfeld", in Nerbonne et al. (1994), 39–70.

Kasper, Robert T. (1995), „Semantics of Recursive Modification". Handout zum Vortrag auf dem HPSG-Workshop in Tübingen 1995. ftp://ling.ohio-state.edu/pub/HPSG/Workshop.Tue.95/Kasper/modification-handout.ps.gz, 21.05.97.

Kathol, Andreas (1991), „Verbal and Adjectival Passives in German", in: J. D. Bobaljik und T. Bures, Hgg., *Papers from the Third Student Conference in Linguistics*. Vol. 14 of *MIT Working Papers in Linguistics*, Cambridge, Massachusetts: MIT, 115–130.

Kathol, Andreas (1994), „Passives without Lexical Rules", in Nerbonne et al. (1994), 237–272.

Kathol, Andreas (1995), Linearization-Based German Syntax. PhD thesis, Ohio State University.

Kathol, Andreas (1997), „Concrete Minimalism of German", in d'Avis und Lutz (1997), 81–106.

Kathol, Andreas (1998), „Constituency and Linearization of Verbal Complexes", in Hinrichs et al. (1998), 221–270.

Kathol, Andreas (1999), „Agreement and the Syntax-Morphology Interface in HPSG", in Levine und Green (1999), 223–274.

Kathol, Andreas (2000), *Linear Syntax*, New York, Oxford: Oxford University Press.

Kathol, Andreas (2001), „Positional Effects in a Monostratal Grammar of German", *Journal of Linguistics*, 37(1), 35–66.

Kaufmann, Ingrid (1995), *Konzeptuelle Grundlagen semantischer Dekompositionsstrukturen. Die Kombinatorik lokaler Verben und prädikativer Elemente*, Tübingen: Max Niemeyer Verlag, [Linguistische Arbeiten 335].

Kay, Paul (2002), „An Informal Sketch of a Formal Architecture for Construction Grammar", *Grammars*, 5(1), 1–19. http://www.icsi.berkeley.edu/~kay/cg.arch.pdf, 06.10.2004.

Kay, Paul (2005), „Argument Structure Constructions and the Argument-Adjunct Distinction", in: M. Fried und H. C. Boas, Hgg., *Grammatical Constructions: Back to the Roots*. Amsterdam: John Benjamins Publishing Co., 71–98, [Constructional Approaches to Language 4]. http://www.icsi. berkeley.edu/~kay/ASCs.pdf, 07.11.2006.

Kay, Paul und Charles J. Fillmore (1999), „Grammatical Constructions and Linguistic Generalizations: the What's X Doing Y? Construction", *Language*, 75(1), 1–33.

Keenan, Edward L. und Bernard Comrie (1977), „Noun Phrase Accessibility and Universal Grammar", *Linguistic Inquiry*, 8, 63–99.

Keller, Frank (1995), „Towards an Account of Extraposition in HPSG", in: S. P. Abney und E. W. Hinrichs, Hgg., *Proceedings of the Seventh Conference of the European Chapter of the Association for Computational Linguistics*. Dublin. ftp://ftp.ims.uni-stuttgart.de/pub/papers/keller/ eacl95.ps.gz, 15.04.97.

Kim, Jongbok und Stephen Mark Wechsler, Hgg. (2003), *The Proceedings of the 9th International Conference on Head-Driven Phrase Structure Grammar*. Stanford, CA: CSLI Publications. http:// cslipublications.stanford.edu/HPSG/3/, 31.08.2006.

King, Paul (1994), An Expanded Logical Formalism for Head-Driven Phrase Structure Grammar. Arbeitspapiere des SFB 340 Nr. 59, University of Tübingen. http://www.sfs.uni-tuebingen.de/sfb/ reports/berichte/59/59abs.html, 18.08.2002.

King, Paul (1999), „Towards Truth in Head-Driven Phrase Structure Grammar", in: V. Kordoni, Hg., *Tübingen Studies in Head-Driven Phrase Structure Grammar*. Tübingen: Universität Tübingen, 301–352, [Arbeitsberichte des SFB 340 132]. http://www.sfs.uni-tuebingen.de/sfb/reports/ berichte/132/132abs.html, 12.10.2006.

Kirsner, Robert S. und Sandra A. Thompson (1976), „The Role of Pragmatic Inference in Semantics: A Study of Sensory Verb Complements in English", *Glossa*, 10, 200–240.

Kiss, Tibor (1992), „Variable Subkategorisierung. Eine Theorie unpersönlicher Einbettungen im Deutschen", *Linguistische Berichte*, 140, 256–293.

Kiss, Tibor (1993), Infinite Komplementation – Neue Studien zum deutschen Verbum infinitum. Arbeiten des SFB 282 Nr. 42, Bergische Universität Gesamthochschule Wuppertal.

Kiss, Tibor (1995a), *Infinite Komplementation. Neue Studien zum deutschen Verbum infinitum*, Tübingen: Max Niemeyer Verlag, [Linguistische Arbeiten 333].

Kiss, Tibor (1995b), *Merkmale und Repräsentationen*, Opladen/Wiesbaden: Westdeutscher Verlag.

Kiss, Tibor (2001), „Configurational and Relational Scope Determination in German", in Meurers und Kiss (2001), 141–175. http://cslipublications.stanford.edu/site/1575863049.html, 18.08.2002.

Kiss, Tibor (2005), „Semantic Constraints on Relative Clause Extraposition", *Natural Language and Linguistic Theory*, 23(2), 281–334.

Kiss, Tibor und Birgit Wesche (1991), „Verb Order and Head Movement", in: O. Herzog und C.- R. Rollinger, Hgg., *Text Understanding in LILOG*. Berlin Heidelberg New York: Springer-Verlag, 216–242, [Lecture Notes in Artificial Intelligence 546].

Klein, Wolfgang (1985), „Ellipse, Fokusgliederung und thematischer Stand", in: R. Meyer-Hermann und H. Rieser, Hgg., *Ellipsen und fragmentarische Ausdrücke*. Tübingen: Max Niemeyer Verlag, 1–24.

Klenk, Ursula (2003), *Generative Syntax*, Tübingen: Gunter Narr Verlag, Narr Studienbücher.

Koch, Wolfgang und Inger Rosengren (1995), Secondary Predications: Their Grammatical and Conceptual Structure. Forschungsprogramm Sprache und Pragmatik 35, Lund, Germanistisches Institut der Universität Lund.

Koenig, Jean-Pierre (1999), *Lexical Relations*, Stanford: CSLI Publications, Stanford Monographs in Linguistics.

Kommission „Selbstkontrolle in der Wissenschaft" (1998), „Vorschläge zur Sicherung guter wissenschaftlicher Praxis". http://www.dfg.de/aktuelles_presse/reden_stellungnahmen/download/

empfehlung_wiss_praxis_0198.pdf, 26.11.2004.

Kordoni, Valia (2001), „Linking Experiencer-Subject Psych Verb Constructions in Modern Greek", in Flickinger und Kathol (2001), 198–213. http://cslipublications.stanford.edu/HPSG/1/, 11.10.2003.

Kornai, András und Geoffrey K. Pullum (1990), „The X-bar Theory of Phrase Structure", *Language*, 66(1), 24–50.

Koster, Jan (1975), „Dutch as an SOV Language", *Linguistic Analysis*, 1(2), 111–136.

Kratzer, Angelika (1984), On Deriving Syntactic Differences between German and English. TU Berlin, ms.

Kratzer, Angelika (1996), „Severing the External Argument from Its Verb", in: J. Rooryck und L. Zaring, Hgg., *Phrase Structure and the Lexicon*. Dordrecht/Boston/London: Kluwer Academic Publishers, 109–137.

Krenn, Brigitte und Gregor Erbach (1994), „Idioms and Support Verb Constructions", in Nerbonne et al. (1994), 365–396.

Krieger, Hans-Ulrich (1994), „Derivation Without Lexical Rules", in: C. Rupp, M. A. Rosner und R. L. Johnson, Hgg., *Constraints, Language and Computation*. London/San Diego/New York: Academic Press, 277–313, Computation in Cognitive Science. Eine Version dieses Aufsatzes ist auch als DFKI Research Report RR-93-27 verfügbar. Auch in: IDSIA Working Paper No. 5, Lugano, November 1991.

Krieger, Hans-Ulrich und John Nerbonne (1993), „Feature-Based Inheritance Networks for Computational Lexicons", in: T. Briscoe, A. Copestake und V. de Paiva, Hgg., *Inheritance, Defaults, and the Lexicon*. Cambridge: Cambridge University Press, 90–136. A version of this paper is available as DFKI Research Report RR-91-31. Also published in: Proceedings of the ACQUILEX Workshop on Default Inheritance in the Lexicon, Technical Report No. 238, University of Cambridge, Computer Laboratory, October 1991. http://www.dfki.de/lt/publications_show.php?id=342, 31.10.2004.

Kruijff, Geert-Jan, Glynn Morrill und Dick Oehrle, Hgg. (1996), *Proceedings of Formal Grammar 96*. Prag.

Kubota, Yusuke (2002), „Yet Another HPSG-Analysis for Free Relative Clauses in German", in: *Abstracts of HPSG 2002, Seoul.* .

Kuhn, Jonas (1995), „Information Packaging in German. Some Motivation from HPSG-Based Translation". Universität Stuttgart, ms. ftp://ftp.ims.uni-stuttgart.de/pub/papers/kuhn/Info-Pack.pdf, 14.10.2002.

Kunze, Jürgen (1991), *Kasusrelationen und semantische Emphase*, Berlin: Akademie Verlag, studia grammatica XXXII.

Kunze, Jürgen (1996), „Plain Middles and *lassen* Middles in German: Reflexive Constructions and Sentence Perspective", *Linguistics*, 34(3), 645–695.

Kunze, Jürgen (1997), „Typen der reflexiven Verbverwendung im Deutschen und ihre Herkunft", *Zeitschrift für Sprachwissenschaft*, 16(1/2), 83–180.

Lascarides, Alex und Ann Copestake (1999), „Default Representation in Constraint-Based Frameworks", *Computational Linguistics*, 25(1), 55–105. http://acl.ldc.upenn.edu/J/J99/J99-1002.pdf, 09.10.2005.

Lebeth, Kai (1994), Morphosyntaktischer Strukturaufbau – Die Generierung komplexer Verben im HPSG-Lexikon eines Sprachproduktionssystems. Hamburger Arbeitspapiere zur Sprachproduktion – IV Arbeitspapier Nr. 16, Universität Hamburg, Fachbereich Informatik.

Leirbukt, Oddleif (1987), „Bildungs- und Restriktionsregeln des *bekommen*-Passivs", in Centre de Recherche en Linguistique Germanique (Nice) (1987), 99–116.

Lenerz, Jürgen (1977), *Zur Abfolge nominaler Satzglieder im Deutschen*, Tübingen: original Gunter Narr Verlag jetzt Stauffenburg Verlag, [Studien zur deutschen Grammatik 5].

Lenerz, Jürgen (1981), „Zur Generierung der satzeinleitenden Position im Deutschen", in: M. Korth und J. Lenerz, Hgg., *Sprache: Formen und Strukturen. Akten des 15. Linguistischen Kolloquiums Münster 1980*. Tübingen: Max Niemeyer Verlag, 171–182, [Linguistische Arbeiten 98].

Lenerz, Jürgen (1993), „Zur Syntax und Semantik Deutscher Personalpronomina", in: M. Reis, Hg., *Wortstellung und Informationsstruktur*. Tübingen: Max Niemeyer Verlag, 117–154, [Linguistische Arbeiten 306].

Lenerz, Jürgen (1994), „Pronomenprobleme", in: B. Haftka, Hg., *Was determiniert Wortstellungsvariation? Studien zu einem Interaktionsfeld von Grammatik, Pragmatik und Sprachtypologie*. Opladen: Westdeutscher Verlag, 161–174.

Levin, Beth und Malka Rappaport (1986), „The Formation of Adjectival Passives", *Linguistic Inquiry*, 17(4), 623–661.

Levine, Robert D. (2003), „Adjunct Valents, Cumulative Scopings and Impossible Descriptions", in Kim und Wechsler (2003), 209–232. http://cslipublications.stanford.edu/HPSG/3/, 31.08.2006.

Levine, Robert D. und Georgia M. Green, Hgg. (1999), *Studies in Contemporary Phrase Structure Grammar*, Cambridge: Cambridge University Press.

Levine, Robert D. und Thomas E. Hukari (2006), *The Unity of Unbounded Dependency Constructions*, Stanford University: CSLI Publications, [CSLI Lecture Notes 166].

Lieb, Hans-Heinrich (1992), „Zur Polyfunktionalität des deutschen Vorgangspassivs", *Zeitschrift für Phonetik, Sprachwissenschaft und Kommunikationsforschung*, 45(2), 178–188.

Lötscher, Andreas (1985), „Syntaktische Bedingungen der Topikalisierung", *Deutsche Sprache*, 13, 207–229.

Lüdeling, Anke (2001), *On Particle Verbs and Similar Constructions in German*, Stanford: CSLI Publications, Dissertations in Linguistics.

Luger, George F. und William A. Stubblefield (1999), *Artificial Intelligence. Structures and Strategies for Complex Problem Solving*, 3. Auflage, Harlow: England: Addison Wesley Longman, Inc.

Lühr, Rosemarie (1984), „Zu einer besonderen Form der Vorfeldbesetzung im Deutschen", in: H.-W. Eroms, B. Gajek und H. Kolb, Hgg., *Studia Linguistica et Philologica: Festschrift für Klaus Matzel zum 60. Geburtstag überreicht von Schülern, Freunden und Kollegen*. Heidelberg: Carl Winter Universitätsverlag, 385–389, Germanische Bibliothek: Reihe 3, Untersuchungen.

Maienborn, Claudia (2005), „Das Zustandspassiv: Grammatische Einordnung – Bildungsbeschränkungen – Interpretationsspielraum". http://amor.rz.hu-berlin.de/~h0594bbb/pdf-files/2005-Zustandspassiv.pdf, 28.10.2006.

Malouf, Robert (2003), „Cooperating Constructions", in Francis und Michaelis (2003), 403–424. http://bulba.sdsu.edu/~malouf/papers/bfg.pdf, 09.10.2005.

Manning, Christopher D. und Ivan A. Sag (1998), „Argument Structure, Valance, and Binding", *Nordic Journal of Linguistics*, 21(2), 107–144.

Manning, Christopher D., Ivan A. Sag und Masayo Iida (1999), „The Lexical Integrity of Japanese Causatives", in Levine und Green (1999), 39–79.

Marantz, Alec (1981), A Theory of Grammatical Relations. PhD thesis, MIT.

Marantz, Alec (1984), *On the Nature of Grammatical Relations*, Cambridge, Massachusetts: The MIT Press, [Linguistic Inquiry Monographs 10].

Marantz, Alec (1997), „No Escape from Syntax. Don't Try Morphological Analysis in the Privacy of Your Own Lexicon", *U. Penn Working Papers in Linguistics*, 4(2), 201–225. http://www.ling.upenn.edu/papers/v4.2-contents.html, 12.11.2004.

McCawley, James D. (1982), „Parentheticals and Discontinuous Constituent Structure", *Linguistic Inquiry*, 13(1), 91–106.

McIntyre, Andrew (2001), *German Double Particles as Preverbs: Morphology and Conceptual Semantics*, Tübingen: Stauffenburg Verlag, [Studien zur deutschen Grammatik 61].

Meinunger, André (2000), *Syntactic Aspects of Topic and Comment*, Amsterdam, Philadelphia: John Benjamins Publishing Company, [Linguistik Aktuell/Linguistics Today 38].

Meurers, Walt Detmar (1999a), „German Partial-VP Fronting Revisited“, in Webelhuth et al. (1999), 129–144. http://ling.osu.edu/~dm/papers/hpsg-volume98/pvp-revisited.html, 21.08.98.

Meurers, Walt Detmar (1999b), „Raising Spirits (and Assigning Them Case)“, *Groninger Arbeiten zur Germanistischen Linguistik (GAGL)*, 43, 173–226. http://ling.osu.edu/~dm/papers/gagl99.html, 18.04.2000.

Meurers, Walt Detmar (2000), Lexical Generalizations in the Syntax of German Non-Finite Constructions. Arbeitspapiere des SFB 340 Nr. 145, Tübingen, Eberhard-Karls-Universität. http://www.ling.ohio-state.edu/~dm/papers/diss.html, 19.08.2002.

Meurers, Walt Detmar (2001), „On Expressing Lexical Generalizations in HPSG“, *Nordic Journal of Linguistics*, 24(2), 161–217. http://www.ling.ohio-state.edu/~dm/papers/lexical-generalizations.html, 30.11.2006.

Meurers, Walt Detmar und Kordula De Kuthy (2001), „Case Assignment in Partially Fronted Constituents“, in: C. Rohrer, A. Roßdeutscher und H. Kamp, Hgg., *Linguistic Form and its Computation*. Stanford: CSLI Publications, 29–63, [CSLI Studies in Computational Linguistics 1].

Meurers, Walt Detmar und Stefan Müller (In Vorbereitung), „Corpora and Syntax“, in: A. Lüdeling und M. Kytö, Hgg., *Corpus Linguistics. An International Handbook*. Berlin: Walter de Gruyter Verlag, Kapitel 44, Handbücher zur Sprach- und Kommunikationswissenschaft.

Meurers, Walt Detmar und Tibor Kiss, Hgg. (2001), *Constraint-Based Approaches to Germanic Syntax*, Stanford: CSLI Publications, [Studies in Constraint-Based Lexicalism 7]. http://cslipublications.stanford.edu/site/1575863049.html, 18.08.2002.

Michaelis, Laura A. (2006), „Construction Grammar“, in Brown (2006). http://spot.colorado.edu/~michaeli/publications.html, 17.01.2007.

Michaelis, Laura A. und Josef Ruppenhofer (2001), *Beyond Alternations: A Constructional Model of the German Applicative Pattern*, Stanford: CSLI Publications, Stanford Monographs in Linguistics.

Miller, George A. und Noam Chomsky (1963), „Finitary Models of Language Users“, in: R. Luce, R. Bush und E. Galanter, Hgg., *Handbook of Mathematical Psychology*. New York: Wiley.

Molnárfi, László (1998), „Kasusstrukturalität und struktureller Kasus – zur Lage des Dativs im heutigen Deutsch“, *Linguistische Berichte*, 176, 535–580.

Montague, Richard (1974), „The Proper Treatment of Quantification in Ordinary English“, in: R. H. Thomason, Hg., *Formal Philosophy. Selected Papers of Richard Montague*. Yale University Press, 247–270.

Müller, Gereon (1996), „A Constraint on Remnant Movement“, *Natural Language and Linguistic Theory*, 14(2), 355–407.

Müller, Gereon (1998), *Incomplete Category Fronting. A Derivational Approach to Remnant Movement in German*, Dordrecht/Boston/London: Kluwer Academic Publishers, [Studies in Natural Language and Linguistic Theory 42].

Müller, Gereon (2004), „Verb-Second as vP-First“, *The Journal of Comparative Germanic Linguistics*, 7(3), 179–234.

Müller, Stefan (1995), „Scrambling in German – Extraction into the *Mittelfeld*“, in: B. K. T'sou und T. B. Y. Lai, Hgg., *Proceedings of the tenth Pacific Asia Conference on Language, Information and Computation*. City University of Hong Kong, 79–83. http://www.cl.uni-bremen.de/~stefan/Pub/scrambling.html, 12.02.2007.

Müller, Stefan (1997), Yet another Paper about Partial Verb Phrase Fronting in German. Research Report RR-97-07, Saarbrücken, Deutsches Forschungszentrum für Künstliche Intelligenz. Eine kürzere Version dieses Reports ist in *Proceedings of COLING 96*, Seiten 800–805 erschienen. http://www.cl.uni-bremen.de/~stefan/Pub/pvp.html, 12.02.2007.

Müller, Stefan (1999a), *Deutsche Syntax deklarativ. Head-Driven Phrase Structure Grammar für das Deutsche*, Tübingen: Max Niemeyer Verlag, [Linguistische Arbeiten 394]. http://www.cl.uni-bremen.de/~stefan/Pub/hpsg.html, 12.02.2007.

Müller, Stefan (1999b), „An HPSG-Analysis for Free Relative Clauses in German", *Grammars*, 2(1), 53–105. http://www.cl.uni-bremen.de/~stefan/Pub/freeRel.html, 12.02.2007.

Müller, Stefan (2001a), „Case in German – Towards an HPSG Analysis", in Meurers und Kiss (2001), 217–255. http://www.cl.uni-bremen.de/~stefan/Pub/case.html, 12.02.2007.

Müller, Stefan (2001b), „An HPSG Analysis of German Depictive Secondary Predicates", in: *Proceedings of Formal Grammar 2001 / MOL 7*. Helsinki: Elsevier Science Publisher B.V. (North-Holland), [Electronic Notes in Theoretical Computer Science 53]. http://www.cl.uni-bremen.de/~stefan/Pub/depiktive.html, 12.02.2007.

Müller, Stefan (2001c), „The Passive as a Lexical Rule", in Flickinger und Kathol (2001), 247–266. http://cslipublications.stanford.edu/HPSG/1/, 11.10.2003.

Müller, Stefan (2002a), „Blockaden und Deblockaden: Perfekt, Passiv und modale Infinitive", in: D. Reitter, Hg., *Proceedings of TaCoS 2002*. Potsdam, 4–12. http://www.cl.uni-bremen.de/~stefan/Pub/tacos-2002.html, 12.02.2007.

Müller, Stefan (2002b), *Complex Predicates: Verbal Complexes, Resultative Constructions, and Particle Verbs in German*, Stanford: CSLI Publications, [Studies in Constraint-Based Lexicalism 13]. http://www.cl.uni-bremen.de/~stefan/Pub/complex.html, 12.02.2007.

Müller, Stefan (2002c), „Mehrfache Vorfeldbesetzung", in: S. Busemann, Hg., *Konvens 2002, 6. Konferenz zur Verarbeitung natürlicher Sprache, Proceedings*. 115–122. http://www.cl.uni-bremen.de/~stefan/Pub/mehr-vf.html, 12.02.2007.

Müller, Stefan (2002d), „Multiple Frontings in German", in: G. Jäger, P. Monachesi, G. Penn und S. Wintner, Hgg., *Proceedings of Formal Grammar 2002*. Trento, 113–124. http://www.cl.uni-bremen.de/~stefan/Pub/mehr-vf.html, 12.02.2007.

Müller, Stefan (2002e), „Syntax or Morphology: German Particle Verbs Revisited", in Dehé et al. (2002), 119–139. http://www.cl.uni-bremen.de/~stefan/Pub/syn-morph-part.html, 12.02.2007.

Müller, Stefan (2003a), „Mehrfache Vorfeldbesetzung", *Deutsche Sprache*, 31(1), 29–62. http://www.cl.uni-bremen.de/~stefan/Pub/mehr-vf-ds.html, 12.02.2007.

Müller, Stefan (2003b), „The Morphology of German Particle Verbs: Solving the Bracketing Paradox", *Journal of Linguistics*, 39(2), 275–325. http://www.cl.uni-bremen.de/~stefan/Pub/paradox.html, 12.02.2007.

Müller, Stefan (2003c), „Object-To-Subject-Raising and Lexical Rule. An Analysis of the German Passive", in *Proceedings of the HPSG-2003 Conference, Michigan State University, East Lansing* Müller (2003d), 278–297. http://cslipublications.stanford.edu/HPSG/4/, 31.08.2006.

Müller, Stefan (2004a), „Complex NPs, Subjacency, and Extraposition", *Snippets*, 8, 10–11. http://www.cl.uni-bremen.de/~stefan/Pub/subjazenz.html, 12.02.2007.

Müller, Stefan (2004b), „Continuous or Discontinuous Constituents? A Comparison between Syntactic Analyses for Constituent Order and Their Processing Systems", *Research on Language and Computation, Special Issue on Linguistic Theory and Grammar Implementation*, 2(2), 209–257. http://www.cl.uni-bremen.de/~stefan/Pub/discont.html, 12.02.2007.

Müller, Stefan (2005a), „Default Inheritance and Derivational Morphology". Ms. Universität Bremen. http://www.cl.uni-bremen.de/~stefan/Pub/default-morph.html, 12.02.2007.

Müller, Stefan (2005b), „Zur Analyse der deutschen Satzstruktur", *Linguistische Berichte*, 201, 3–39. http://www.cl.uni-bremen.de/~stefan/Pub/satz-lb.html, 12.02.2007.

Müller, Stefan (2005c), „Zur Analyse der scheinbar mehrfachen Vorfeldbesetzung", *Linguistische Berichte*, 203, 297–330. http://www.cl.uni-bremen.de/~stefan/Pub/mehr-vf-lb.html, 12.02.2007.

Müller, Stefan (2006a), „Complex Predicates", in Brown (2006), 697–704.

Müller, Stefan (2006b), „Phrasal or Lexical Constructions?", *Language*, 82(4), 850–883. http://www.cl.uni-bremen.de/~stefan/Pub/phrasal.html, 12.02.2007.

Müller, Stefan (2006c), „Resultativkonstruktionen, Partikelverben und syntaktische vs. lexikonbasierte Konstruktionen", in Fischer und Stefanowitsch (2006), 177–202. http://www.cl.uni-bremen.de/~stefan/Pub/cxg.html, 12.02.2007.

Müller, Stefan (Erscheint a), „Depictive Secondary Predicates in German", in: C. Schroeder, G. Hentschel und W. Boeder, Hgg., *Aspects of Secondary Predication.* . http://www.cl. uni-bremen.de/~stefan/Pub/depiktiv-2006.html, 12.02.2007.

Müller, Stefan (Erscheint b), „Elliptical Constructions, Multiple Frontings, and Surface-Based Syntax", in: G. Jäger, P. Monachesi, G. Penn und S. Wintner, Hgg., *Proceedings of Formal Grammar 2004, Nancy.* Stanford: CSLI Publications. http://www.cl.uni-bremen.de/~stefan/Pub/surface. html, 12.02.2007.

Müller, Stefan (Erscheint c), „Qualitative Korpusanalyse für die Grammatiktheorie: Introspektion vs. Korpus", in: G. Zifonun und W. Kallmeyer, Hgg., *IDS-Jahrbuch 2006.* Berlin: Walter de Gruyter. http://www.cl.uni-bremen.de/~stefan/Pub/intro-korpus.html, 12.02.2007.

Müller, Stefan, Hg. (2003d), *Proceedings of the HPSG-2003 Conference, Michigan State University, East Lansing.* Stanford: CSLI Publications. http://cslipublications.stanford.edu/HPSG/4/, 31.08.2006.

Müller, Stefan, Hg. (2004c), *Proceedings of the HPSG-2004 Conference, Center for Computational Linguistics, Katholieke Universiteit Leuven.* Stanford: CSLI Publications. http://cslipublications. stanford.edu/HPSG/5/, 29.10.2004.

Müller, Stefan und Shravan Vasishht (In Vorbereitung), „Hindi Syntax in Head-Driven Phrase Structure Grammar". Potsdam, ms.

Müller, Stefan und Walter Kasper (2000), „HPSG Analysis of German", in: W. Wahlster, Hg., *Verbmobil: Foundations of Speech-to-Speech Translation.* Berlin Heidelberg New York: Springer-Verlag, 238–253, Artificial Intelligence.

Neidle, Carol (1982), „Case Agreement in Russian", in Bresnan (1982c).

Nerbonne, John (1986), „A Phrase-Structure Grammar for German Passives", *Linguistics*, 24(5), 907–938.

Nerbonne, John (1992), „Representing Grammar, Meaning and Knowledge", in: S. Preuß und B. Schmitz, Hgg., *Workshop on Text Representation and Domain Modelling – Ideas From Linguistics and AI.* Technical University Berlin, KIT-Report 97.

Nerbonne, John (1994), „Partial Verb Phrases and Spurious Ambiguities", in Nerbonne et al. (1994), 109–150.

Nerbonne, John, Klaus Netter und Carl J. Pollard, Hgg. (1994), *German in Head-Driven Phrase Structure Grammar*, Stanford: CSLI Publications, [CSLI Lecture Notes 46].

Netter, Klaus (1991), „Clause Union Phenomena and Complex Predicates in German", in: K. Netter und M. Reape, Hgg., *Clause Structure and Word Order Variation in Germanic.* University of Edinburgh, DYANA Report, Deliverable R1.1.B.

Netter, Klaus (1992), „On Non-Head Non-Movement. An HPSG Treatment of Finite Verb Position in German", in Görz (1992), 218–227. http://www.dfki.de/lt/publications_show.php?id=420, 29.07.2004.

Netter, Klaus (1994), „Towards a Theory of Functional Heads: German Nominal Phrases", in Nerbonne et al. (1994), 297–340.

Netter, Klaus (1996), Functional Categories in an HPSG for German. Dissertation, Saarbrücken, Universität des Saarlandes.

Netter, Klaus (1998), *Functional Categories in an HPSG for German*, Saarbrücken: Deutsches Forschungszentrum für Künstliche Intelligenz und Universität des Saarlandes, [Saarbrücken Dissertations in Computational Linguistics and Language Technology 3].

Nunberg, Geoffrey, Ivan A. Sag und Thomas Wasow (1994), „Idioms", *Language*, 70(3), 491–538.

Oliva, Karel (1992), Word Order Constraints in Binary Branching Syntactic Structures. CLAUS-Report 20, Saarbrücken, Universität des Saarlandes.

Olsen, Susan (1981), *Problems of seem / scheinen constructions and their implications for the theory of predicate sentential complementation*, Tübingen: Max Niemeyer Verlag, [Linguistische Arbeiten 96].

Olsen, Susan (1997a), „Der Dativ bei Partikelverben", in Dürscheid et al. (1997), 307–328.

Olsen, Susan (1997b), „Prädikative Argumente syntaktischer und lexikalischer Köpfe: Zum Status der Partikelverben im Deutschen und Englischen", *Folia Linguistica*, 31(3–4), 301–329.

Olsen, Susan (1999), „*Durch den Park durch, zum Bahnhof hin*: Komplexe Präpositionalphrasen mit einfachem direktionalem Kopf", in: H. Wegener, Hg., *Deutsch kontrastiv. Typologisch vergleichende Untersuchungen zur deutschen Grammatik*. Tübingen: Stauffenburg Verlag, 111–134, [Studien zur deutschen Grammatik 59].

Olszok, Klaus (1983), „Infinite Formen im Vorfeld", in: K. Olszok und E. Weuster, Hgg., *Zur Wortstellungsproblematik im Deutschen*. Tübingen: original Gunter Narr Verlag jetzt Stauffenburg Verlag, 89–169, [Studien zur Deutschen Grammatik 20].

Oppenrieder, Wilhelm (1991), *Von Subjekten, Sätzen und Subjektsätzen*, Tübingen: Max Niemeyer Verlag, [Linguisitische Arbeiten 241].

Orgun, Cemil Orhan (1996), Sign-Based Morphology and Phonology. PhD thesis, University of Califonia, Berkeley.

Paul, Hermann (1919), *Deutsche Grammatik. Teil IV: Syntax*, Vol. 3, Halle an der Saale: Max Niemeyer Verlag. 2. unveränderte Auflage1968, Tübingen: Max Niemeyer Verlag.

Perlmutter, David M. (1970), „The Two Verbs *begin*", in: R. A. Jacobs und P. S. Rosenbaum, Hgg., *Readings in English Transformational Grammar*. Waltham: Massachusetts, Toronto, London: Ginn and Company, 107–119.

Perlmutter, David M. (1978), „Impersonal Passives and the Unaccusative Hypothesis", in: *Proceedings of the 4th Annual Meeting of the Berkeley Linguistics Society*. 157–189.

Perlmutter, David M., Hg. (1984), *Studies in Relational Grammar*, Vol. 1: University of Chicago Press.

Pittner, Karin (1995), „Regeln für die Bildung von freien Relativsätzen. Eine Antwort an Oddleif Leirbukt", *Deutsch als Fremdsprache*, 32(4), 195–200.

Pollard, Carl J. (1994), „Toward a Unified Account of Passive in German", in Nerbonne et al. (1994), 273–296.

Pollard, Carl J. (1996), „On Head Non-Movement", in Bunt und van Horck (1996), 279–305. Veröffentlichte Version eines Ms. von 1990.

Pollard, Carl J. und Andrew M. Moshier (1990), „Unifying Partial Descriptions of Sets", in: P. Hanson, Hg., *Information, Language and Cognition, Vancouver Studies in Cognitive Science I*. Vancouver: University of British Columbia Press, 285–322.

Pollard, Carl J. und Eun Jung Yoo (1998), „A Unified Theory of Scope for Quantifiers and *wh*-Phrases", *Journal of Linguistics*, 34, 415–445.

Pollard, Carl J. und Ivan A. Sag (1987), *Information-Based Syntax and Semantics*, Stanford: CSLI Publications, [CSLI Lecture Notes 13].

Pollard, Carl J. und Ivan A. Sag (1992), „Anaphors in English and the Scope of Binding Theory", *Linguistic Inquiry*, 23(2), 261–303.

Pollard, Carl J. und Ivan A. Sag (1994), *Head-Driven Phrase Structure Grammar*, Chicago, London: University of Chicago Press, Studies in Contemporary Linguistics.

Popp, Heidrun, Hg. (1995), *Deutsch als Fremdsprache. An den Quellen eines Faches. Festschrift für Gerhard Helbig zum 65. Geburtstag*, München: iudicum verlag GmbH.

Przepiórkowski, Adam (1999a), Case Assignment and the Complement-Adjunct Dichotomy: A Non-Configurational Constraint-Based Approach. PhD thesis, Germany, Eberhard-Karls-Universität Tübingen. http://w210.ub.uni-tuebingen.de/dbt/volltexte/1999/72/, 19.11.2005.

Przepiórkowski, Adam (1999b), „On Case Assignment and "Adjuncts as Complements"", in Webelhuth et al. (1999), 231–245.

Pullum, Geoffrey K. (1977), „Word Order Universals and Grammatical Relations", in Cole und Sadock (1977), 249–277.

Pullum, Geoffrey K. (1985), „Assuming Some Version of X-bar Theory", in: *Papers from the 21nd*

Annual Meeting of the Chicago Linguistic Society. 323–353.

Pullum, Geoffrey K. (1988), „Citation Etiquette Beyond Thunderdome", *Natural Language and Linguistic Theory*, 6, 579–588.

Pütz, Herbert (1982), „Objektsprädikate", in Abraham (1982), 331–367.

Rapp, Irene (1997), *Partizipien und semantische Struktur: Zu passivischen Konstruktionen mit dem 3. Status*, Tübingen: Stauffenburg Verlag, [Studien zur deutschen Grammatik 54].

Reape, Mike (1992), A Formal Theory of Word Order: A Case Study in West Germanic. PhD thesis, University of Edinburgh.

Reape, Mike (1994), „Domain Union and Word Order Variation in German", in Nerbonne et al. (1994), 151–198.

Reape, Mike (1996), „Getting Things in Order", in Bunt und van Horck (1996), 209–253. Published version of a Ms. dated January 1990.

Reis, Marga (1974), „Syntaktische Hauptsatzprivilegien und das Problem der deutschen Wortstellung", *Zeitschrift für Germanistische Linguistik*, 2(3), 299–327.

Reis, Marga (1976a), „Reflexivierungen in deutschen A.c.I-Konstruktionen. Ein transformationsgrammatisches Dilemma", *Papiere zur Linguistik*, 9, 5–82.

Reis, Marga (1976b), „Zum grammatischen Status der Hilfsverben", *Beiträge zur Geschichte der Deutschen Sprache und Literatur*, 98, 64–82.

Reis, Marga (1980), „On justifying Topological Frames: 'Positional Field' and the Order of Nonverbal Constituents in German", *Documentation et Recherche en Linguistique Allemande Contemporaine*, 22/23, 59–85.

Reis, Marga (1982), „Zum Subjektbegriff im Deutschen", in Abraham (1982), 171–211.

Reis, Marga (2005), „Zur Grammatik der sogenannten 'Halbmodale' *drohen/versprechen* + Infinitiv", in: F.-J. d'Avis, Hg., *Deutsche Syntax: Empirie und Theorie. Symposium Göteborg 13–15 Mai 2004*. Acta Universitatis Gothoburgensis, 125–145, [Göteborger Germanistische Forschungen 46].

Rentier, Gerrit (1994), „Dutch Cross Serial Dependencies in HPSG", in COLING Staff (1994), 818–822. http://xxx.lanl.gov/abs/cmp-lg/9410016, 18.08.2002.

Richter, Frank (2004), A Mathematical Formalism for Linguistic Theories with an Application in Head-Driven Phrase Structure Grammar. Phil. dissertation (2000), Eberhard-Karls-Universität Tübingen.

Richter, Michael (2002), „Komplexe Prädikate in resultativen Konstruktionen", *Deutsche Sprache*, 30(3), 237–251.

Riehemann, Susanne Z. (1998), „Type-Based Derivational Morphology", *Journal of Comparative Germanic Linguistics*, 2, 49–77. http://doors.stanford.edu/~sr/morphology.ps, 18.08.2002.

Riemsdijk, Henk van (1985), „Zum Rattenfängereffekt bei Infinitiven in deutschen Relativsätzen", in Abraham (1985), 75–98.

Riemsdijk, Henk van (1994), „Another Note on Clausal Pied-Piping", in: G. Cinque, J. Koster, J.-Y. Pollock, L. Rizzi und R. Zanuttini, Hgg., *Paths Towards Universal Grammar. Studies in Honor of Richard S. Kayne*. Washington, D.,C.: Georgetown Univeristy Press, 331–342.

Rizzi, Luigi (1997), „The Fine Structure of the Left Periphery", in: L. Haegeman, Hg., *Elements of Grammar*. Dordrecht: Kluwer, 281–337.

Rosengren, Inger (1992), „Zum Problem der kohärenten Verben im Deutschen", in: P. Suchsland, Hg., *Biologische und soziale Grundlagen der Sprache*. Tübingen: Max Niemeyer Verlag, 265–297, [Linguistische Arbeiten 280].

Ross, John Robert (1967), Constraints on Variables in Syntax. PhD thesis, MIT. Reproduced by the Indiana University Linguistics Club.

Ross, John Robert (1986), *Infinite Syntax!*, Norwood, New Jersey: Ablex Publishing Corporation.

Růžička, Rudolf (1989), „Lexikalische, syntaktische und pragmatische Restriktionen des unpersönlichen Passivs. (Eine komparative Etüde)", *Deutsch als Fremdsprache*, 26(6), 350–352.

Russell, Graham, John Carroll und Susan Warwick-Armstrong (1991), „Multiple Default Inheritance in a Unification-Based Lexicon", in: D. E. Appelt, Hg., *29th Annual Meeting of the Association for Computational Linguistics. Proceedings of the Conference*. Berkeley, California: Association for Computational Linguistics, 215–221. http://www.aclweb.org/anthology/P91-1028, 28.12.2006.

Ryu, Byong-Rae (1997), Argumentstruktur und Linking im constraint-basierten Lexikon: Ein Zwei-Stufen-Modell für eine HPSG-Analyse von Ergativität und Passivierung im Deutschen. Arbeitspapiere des SFB 340 Nr. 124, Tübingen, Eberhard-Karls-Universität.

Sabel, Joachim (2000), „Das Verbstellungsproblem im Deutschen: Synchronie und Diachronie", *Deutsche Sprache*, 28, 74–99.

Sadziński, Roman (1987), „Zur valenztheoretischen Wertung des Agensanschlusses im deutschen Passiv", in Centre de Recherche en Linguistique Germanique (Nice) (1987), 147–159.

Sag, Ivan A. (1997), „English Relative Clause Constructions", *Journal of Linguistics*, 33(2), 431–484. http://lingo.stanford.edu/sag/papers/rel-pap.pdf, 30.05.2004.

Sag, Ivan A. (Erscheint), „Remarks on Locality", in: W. D. Meurers und R. D. Levine, Hgg., *Locality of Grammatical Relationships*. Ohio State University: Department of Linguistics, [OSU Working Papers in Linguistics 58]. http://www.ling.ohio-state.edu/publications/osu_wpl/, 03.10.2004.

Sag, Ivan A., Thomas Wasow und Emily M. Bender (2003), *Syntactic Theory: A Formal Introduction*, 2. Auflage, Stanford: CSLI Publications, [CSLI Lecture Notes 152]. http://cslipublications.stanford.edu/site/1575864002.html, 05.06.2003.

Sailer, Manfred (2000), Combinatorial Semantics and Idiomatic Expressions in Head-Driven Phrase Structure Grammar. Dissertation, Eberhard-Karls-Universität Tübingen. http://w210.ub.uni-tuebingen.de/dbt/volltexte/2003/916/, 18.11.2004.

Sampson, Geoffrey (2001), *Empirical Linguistics*, London and New York: Continuum International.

Saussure, Ferdinand de (1916), *Grundfragen der allgemeinen Sprachwissenschaft*, Berlin: Walter de Gruyter & Co. 2. Auflage 1967.

Scherpenisse, Wim (1986), *The Connection Between Base Structure and Linearization Restrictions in German and Dutch*, Vol. 47 of *Europäische Hochschulschriften, Reihe XXI, Linguistik*, Frankfurt/M.: Peter Lang.

Schmidt, Paul, Sibylle Rieder und Axel Theofilidis (1996), Final Documentation of the German LS-GRAM Lingware. Deliverable DC-WP6e (German), Saarbrücken, IAI.

Shieber, Stuart M. (1986), *An Introduction to Unification-Based Approaches to Grammar*, Stanford: CSLI Publications, [CSLI Lecture Notes 4].

Shieber, Stuart M., Hans Uszkoreit, Fernando Pereira, Jane Robinson und Mabry Tyson (1983), „The Formalism and Implementation of PATR-II", in: *Research on Interactive Acquisition and Use of Knowledge*. Menlo Park, CA: Artificial Intelligence Center, SRI International, 39–79.

Soehn, Jan-Philipp (2006), *Über Bärendienste und erstaunte Bauklötze – Idiome ohne freie Lesart in der HPSG*, Frankfurt/Main: Peter Lang Publishing Group, [Deutsche Sprache und Literatur 1930].

Soehn, Jan-Philipp und Manfred Sailer (2003), „At First Blush on Tenterhooks. About Selectional Restrictions Imposed by Nonheads", in: G. Jäger, P. Monachesi, G. Penn und S. Wintner, Hgg., *Proceedings of Formal Grammar 2003, Vienna, Austria*. 149–161. http://www.sfs.uni-tuebingen.de/hpsg/archive/bibliography/papers/soehnsailer03.ps.gz, 30.05.2004.

Steedman, Mark (1989), „Constituency and Coordination in a Combinatory Grammar", in Baltin und Kroch (1989), 201–231.

Steedman, Mark (2002), *The Syntactic Process*, Cambridge: Massachusetts, London: England: The MIT Press, Language, Speech, and Communication.

Steedman, Mark und Jason Baldridge (2006), „Combinatory Categorial Grammar", in Brown (2006), 610–621.

Steinitz, Renate (1969), *Adverbial-Syntax*, Berlin: Akademie Verlag, studia grammatica X. unter Mitarbeit von Ewald Lang.

Sternefeld, Wolfgang (1985a), „Deutsch ohne grammatische Funktionen: Ein Beitrag zur Rektions- und Bindungstheorie", *Linguistische Berichte*, 99, 394–439.

Sternefeld, Wolfgang (1985b), „On Case and Binding Theory", in Toman (1985), 231–285.

Stiebels, Barbara (1996), *Lexikalische Argumente und Adjunkte: Zum semantischen Beitrag verbaler Präfixe und Partikeln*, Berlin: Akademie Verlag, studia grammatica XXXIX.

Stiebels, Barbara und Dieter Wunderlich (1992), A Lexical Account of Complex Verbs. Arbeiten des SFB 282 Nr. 30, Seminar für Allgemeine Sprachwissenschaft. Universität Düsseldorf.

Stiebels, Barbara und Dieter Wunderlich (1994), „Morphology Feeds Syntax: the Case of Particle Verbs", *Linguistics*, 32(6), 913–968.

Suchsland, Peter (1987), „Zur Syntax und Semantik von *lassen*", *Zeitschrift für Phonetik, Sprachwissenschaft und Kommunikationsforschung*, 40(5), 652–667.

Suchsland, Peter (1997), *Syntax-Theorie. Ein zusammengefaßter Zugang*, Tübingen: Max Niemeyer Verlag, [Konzepte der Sprach- und Literaturwissenschaft 55]. Deutsche Bearbeitung von Borsley (1991) durch Peter Suchsland.

Tesnière, Lucien (1959), *Eléments de syntaxe structurale*, Paris: Librairie C. Klincksieck.

Tesnière, Lucien (1980), *Grundzüge der strukturalen Syntax*, Stuttgart: Klett-Cotta.

Thiersch, Craig L. (1978), Topics in German Syntax. Dissertation, M.I.T.

Toivonen, Ida (2002), „Swedish Particles and Syntactic Projection", in Dehé et al. (2002), 191–209.

Toman, Jindřich (1986), „A (Word-)Syntax for Participles", *Linguistische Berichte*, 105, 367–408.

Toman, Jindřich, Hg. (1985), *Studies in German Grammar*, Dordrecht: Holland, Cinnaminson: U.S.A.: Foris Publications, [Studies in Generative Grammar 21].

Trissler, Susanne (1988), Pied-Piping-Phänomene bei Relativsätzen im Deutschen. LILOG Report 63, Stuttgart, IBM Deutschland.

Trost, Harald (1991), „Recognition and Generation of Word Forms for Natural Language Understanding Systems: Integrating Two-Level Morphology and Feature Unification", *Applied Artificial Intelligence*, 5, 411–457.

Uszkoreit, Hans (1986), Linear Precedence in Discontinuous Constituents: Complex Fronting in German. Report No. CSLI-86-47, Stanford, Center for the Study of Language and Information.

Uszkoreit, Hans (1987), *Word Order and Constituent Structure in German*, Stanford: CSLI Publications, [CSLI Lecture Notes 8].

van de Velde, Marc (1978), „Zur mehrfachen Vorfeldbesetzung im Deutschen", in: M.-E. Conte, A. G. Ramat und P. Ramat, Hgg., *Wortstellung und Bedeutung: Akten des 12. Linguistischen Kolloquiums, Pavia 1977*. Tübingen: Max Niemeyer Verlag, 131–141, [Linguistische Arbeiten 61].

van Eynde, Frank (1994), *Auxiliaries and Verbal Affixes—A Monostratal Cross-linguistic Analysis*, Katholieke Universiteit Leuven, Faculteit Letteren, Departement Linguïstiek. Proefschrift.

van Langendonck, Willy (1994), „Determiners as Heads?", *Cognitive Linguistics*, 5, 243–259. vanEynde: gegen DP, Hudson2004: gegen DP.

van Noord, Gertjan und Gosse Bouma (1994), „The Scope of Adjuncts and the Processing of Lexical Rules", in COLING Staff (1994), 250–256. http://grid.let.rug.nl/~vannoord/papers/coling94.ps.gz, 18.08.2002.

Verspoor, Cornelia Maria (1997), Contextually-Dependent Lexical Semantics. PhD thesis, University of Edinburgh. ftp://ftp.cogsci.ed.ac.uk/pub/kversp/thesis.ps.gz, 31.08.2006.

Vierhuff, Tilman, Bernd Hildebrandt und Hans-Jürgen Eikmeyer (2003), „Effiziente Verarbeitung deutscher Konstituentenstellung mit der Combinatorial Categorial Grammar", *Linguistische Berichte*, 194, 213–237.

Villavicencio, Aline (2000), „The Use of Default Unification in a System of Lexical Types", in: E. W. Hinrichs, W. D. Meurers und S. Wintner, Hgg., *Proceedings of the ESSLLI-2000 Workshop on Linguistic Theory and Grammar Implementation*. Birmingham, UK, August 14–18, 81–96.

Vogel, Carl und Begona Villada (2000), „Spanish Psychological Predicates", in: R. Cann, C. Grover und P. Miller, Hgg., *Grammatical Interfaces in HPSG*. Stanford: CSLI Publications, 251–266,

[Studies in Constraint-Based Lexicalism 8].

Vogel, Ralf und Markus Steinbach (1998), „The Dative – An Oblique Case", *Linguistische Berichte*, 173, 65–91.

von Stechow, Arnim (1990), „Status Government and Coherence in German", in Grewendorf und Sternefeld (1990), 143–198.

von Stechow, Arnim und Wolfgang Sternefeld (1988), *Bausteine syntaktischen Wissens. Ein Lehrbuch der Generativen Grammatik*, Opladen/Wiesbaden: Westdeutscher Verlag.

Webelhuth, Gert (1985), „German is Configurational", *The Linguistic Review*, 4(3), 203–246.

Webelhuth, Gert (1990), „Diagnostics for Structure", in Grewendorf und Sternefeld (1990), 41–75.

Webelhuth, Gert, Jean-Pierre Koenig und Andreas Kathol, Hgg. (1999), *Lexical and Constructional Aspects of Linguistic Explanation*, Stanford: CSLI Publications, [Studies in Constraint-Based Lexicalism 1].

Weber, Heinz J. (1992), *Dependenzgrammatik. Ein Arbeitsbuch*, Tübingen: Gunter Narr Verlag, Narr Studienbücher.

Wechsler, Stephen Mark (1991), Argument Structure and Linking. PhD thesis, Stanford University.

Wechsler, Stephen Mark (1997), „Resultative Predicates and Control", in: R. C. Blight und M. J. Moosally, Hgg., *Texas Linguistic Forum 38: The Syntax and Semantics of Predication. Proceedings of the 1997 Texas Linguistics Society Conference*. Austin, Texas: University of Texas Department of Linguistics, 307–321.

Wechsler, Stephen Mark und Bokyung Noh (2001), „On Resultative Predicates and Clauses: Parallels between Korean and English", *Language Sciences*, 23, 391–423.

Wechsler, Stephen Mark und Larisa Zlatić (2003), *The Many Faces of Agreement*, Stanford: CSLI Publications, Stanford Monographs in Linguistics.

Wegener, Heide (1985a), *Der Dativ im heutigen Deutsch*, Tübingen: original Gunter Narr Verlag jetzt Stauffenburg Verlag, [Studien zur deutschen Grammatik 28].

Wegener, Heide (1985b), „„Er bekommt widersprochen" – Argumente für die Existenz eines Dativpassivs im Deutschen", *Linguistische Berichte*, 96, 127–139.

Wegener, Heide (1986), „Gibt es im Deutschen ein indirektes Objekt?", *Deutsche Sprache*, 14, 12–22.

Wegener, Heide (1990), „Der Dativ – ein struktureller Kasus?", in Fanselow und Felix (1990), 70–103.

Wells, Rulon S. (1947), „Immediate Constituents", *Language*, 23, 81–117. Reprinted in M. Joos, ed, Readings in Linguistics I, University of Chicago Press, Chicago, 1958, 186–207.

Werner, Otmar (1994), „Was da sich ölles aahotmüßhör! ,Was der sich alles hat anhören müssen!' Auxiliar-Inkorporation im Ostfränkisch-Thüringischen", in: H. Löffler, K. Jakob und B. Kelle, Hgg., *Texttyp, Sprechergruppe, Kommunikationsbereich. Studien zur deutschen Sprache in Geschichte und Gegenwart. Festschrift für Hugo Steger zum 65. Geburtstag*. Berlin, New York: Walter de Gruyter, 343–361.

Wilder, Chris (1990), Passive and the German Infinitive. Frankfurter Linguistische Forschungen 9, Universität Frankfurt.

Wilder, Chris (1991), „Small Clauses and Related Objects", *Groninger Arbeiten zur Germanistischen Linguistik*, 34, 215–236.

Williams, Edwin (1981), „Argument Structure and Morphology", *The Linguistic Review*, 1(1), 81–114.

Winograd, Terry (1976), „Towards a Procedural Understanding of Semantics", *Revue Internationale de Philosophie*, 30, 260–303.

Wright, Abby und Andreas Kathol (2003), „When a Head is Not a Head: A Constructional Approach to Exocentricity in English", in Kim und Wechsler (2003), 373–389. http://cslipublications. stanford.edu/HPSG/3/, 31.08.2006.

Wunderlich, Dieter (1980), „Diskontinuierliche Infinitivphrasen im Deutschen. Anmerkungen zu einem Aufsatz von Sigmund Kvam", *Deutsche Sprache*, 8(2), 145–151.

Wunderlich, Dieter (1984), „Zur Syntax der Präpositionalphrase im Deutschen", *Zeitschrift für Sprachwissenschaft*, 3(1), 65–99.

Wunderlich, Dieter (1985), „Über die Argumente des Verbs", *Linguistische Berichte*, 97, 183–227.

Wunderlich, Dieter (1987), „Vermeide Pronomen – Vermeide leere Kategorien", *Studium Linguistik*, 21, 36–44.

Wunderlich, Dieter (1992), CAUSE and the Structure of Verbs. Arbeiten des SFB 282 Nr. 36, Düsseldorf/Wuppertal, Heinrich Heine Uni/BUGH.

Wunderlich, Dieter (1993), „Diathesen", in Jacobs et al. (1993), 730–747.

Wunderlich, Dieter (1997a), „Argument Extension by Lexical Adjunction", *Journal of Semantics*, 14(2), 95–142.

Wunderlich, Dieter (1997b), „Cause and the Structure of Verbs", *Linguistic Inquiry*, 28, 27–68.

Wunderlich, Dieter (1999), „Prelexical Syntax and the Voice Hypothesis", in: C. Féry und W. Sternefeld, Hgg., *Audiatur Vox Sapientiae. Festschrift for Arnim von Stechow*. Berlin: Akademie Verlag, 497–523. http://vivaldi.sfs.nphil.uni-tuebingen.de/~arnim10/Festschrift/wunderlich-99x-komplett%20fer.pdf, 09.02.2005.

Wurmbrand, Susanne (1998), Infinitives. PhD thesis, MIT.

Wurmbrand, Susanne (2001), *Infinitives. Restructuring and Clause Structure*, Mouton de Gruyter, [Studies in Generative Grammar 55].

Wurmbrand, Susanne (2003), „Long Passive (Corpus Search Results)". http://wurmbrand.uconn.edu/research/files/long-passive.pdf, 28.05.2004.

Yip, Moira, Joan Maling und Ray S. Jackendoff (1987), „Case in Tiers", *Language*, 63(2), 217–250.

Zaenen, Annie, Joan Maling und Höskuldur Thráinsson (1985), „Case and Grammatical Functions: The Icelandic Passive", *Natural Language and Linguistic Theory*, 3(4), 441–484. http://www2.parc.com/istl/members/zaenen/publications/Passive.pdf, 04.12.2006.

Zifonun, Gisela (1992), „Das Passiv im Deutschen: Agenten, Blockaden und (De-)gradierungen", in Hoffmann (1992), 250–275.

Zifonun, Gisela (1997), „Der Modus kommunikativer Minimaleinheiten", in Eroms et al. (1997), 605–675. http://www.ids-mannheim.de/gra/grammar/, 20.07.2004.

Zwicky, Arnold M. (1985), „Heads", *Journal of Linguistics*, 21, 1–20.

Zwicky, Arnold M. (1986), „German Adjective Agreement in GPSG", *Linguistics*, 24(5), 957–990.

Zwicky, Arnold M. (1992), „Some Choices in the Theory of Morphology", in: R. D. Levine, Hg., *Formal Grammar: Theory and Implementation*. New York, Oxford: Oxford University Press, 327–371.

Namensverzeichnis

Sachregister